THE
GENRAL ANNALS OF CONFUCIANISM IN
THE 20TH CENTURY
ACADEMICS I

20世纪
儒学通志

庞 朴 主编

学 案 卷

（上）

ZHEJIANG UNIVERSITY PRESS
浙江大学出版社 ｜ 全国百佳图书出版单位

目　录

廖平儒学学案

廖平(1852—1932),初名登廷,字旭陔,又字勖斋,后改名平,字季平,四川井研人。光绪十六年(1890)进士。清末至民国时期经学家。

廖平生于小商人家庭,因兵灾家境窘困,以至无钱供读。后以诸兄共请,父母乃节衣缩食供其入塾就读。1874 年,中秀才。1876 年,入四川尊经书院读书。两年后,其《尔雅舍人注考》等多篇作品入编尊经书院学生作品集《蜀秀集》。1879 年,从习公羊学,旋即转治穀梁,厌弃破碎、专求大义。1900 年,受聘主讲凤山书院。1901 年,又兼任嘉定九峰书院山长。1911 年,四川成立军政府,任枢密院院长。1912 年,刘师培几任国学馆馆长,延其讲经。1914 年,被任命为四川国学学校校长。1919 年,因中风致半身不遂。后十余年不废述作。1932 年 6 月 5 日,于四川病逝。

廖平不长背诵而善神悟,一生之中学经六变正由于此。1885 年春,他分经传抄写《王制》,又偶抄《五经异义》,悟今古学别在礼制,谓古文经以《周礼》为根本,宗周公,为孔子早年之学;今文经以《王制》为根本,宗孔丘,为孔子晚年之学。1886 年,《今古学考》在尊经书院刊行,为其经学思想的第一次跃升或曰初变。1887 年,受聘任尊经书院襄校。期间与友人论学,引发经学思想变化,次年完成《知圣篇》和《辟刘篇》,前者以明今文经学为宗旨,后者强调古文经学出于刘歆伪造,由平分今古到尊今抑古,是其经学二变。1898 年,受聘主讲资州艺风书院,撰《地球新义》等,谓《王制》所述面积几千里为小统,用治中国,《周礼》所言数万里为大统,用治全球,二者一小一大、一内一外,相反相成,各得其所，是经学三变。1902—1913 年，先后完成《知圣续篇》、《天人学考》、《孔经哲学发微》等，强调"言经学者必分六艺为二大宗：一'天学'，一'人学'"，谓《大学》为人学，《中庸》为天学，《尚书》、《春秋》为人学，《诗》、《易》为天学，是其经学四变。其后又糅合大小天人而有五变，以《灵枢》、《素问》解释《诗经》、《易经》而成六变。其一生著作刊印为《六译馆丛书》。

（刘　斌　毕晓乐）

知圣续篇(节选)

初用东汉旧法,作《今古学考》,"今"主《王制》,"古"主《周礼》。一林二虎,合则两伤。参差胶镕,疑不能明。戊戌以后,讲"皇帝之学",始知《王制》专详中国,《周礼》乃全球治法,即外史所掌三皇五帝之典章。土圭之法。《郑注》用纬书"大地三万里"说之。《大行人》:藩以内皇九州。九九八十一,即邹衍之所本。故改"今古"为"大小"。所谓《王制》"今学"者,王霸小一统也;《周礼》"古学"者,皇帝大一统也。一内一外,一行一志;一告往,一知来;一大义,一微言。经传记载,无不贯通。因本《诗》、《易》再作《续篇》。方今中外大通,一处士横议之天下。东南学者,不知六艺广大,统综六合,惑于中外古今之故,倡言废经。中土误于歧途,无所依归,徘徊观望,不能自信。此篇之作,所以开中土之智慧,收异域之尊亲,所谓前知微言者,不在斯欤?将来大地一统,化日舒长,五历周流,寒暑一致。至圣之经营,与天地同覆帱。六艺《春秋》小始,《易象》大终。由禹甸以推六合者,其说皆具于《周礼》。正浮海洋,施之运会,验小推大,俟圣之义始显。时会所值,不能笑古人之愚。而缘经立说,理据章明,亦不敢因知我者希而遂自阻也。光绪壬寅孟冬则柯轩主人序。

言经学者必分六艺为二大宗:一"天学",一"人学"。"人学"为《尚书》、《春秋》,行事明切,所谓"祖述尧舜,宪章文武";"天学"为《诗》、《易》,当时海外未通,无征不信,故托之比兴。后世文体有诗、文二派,文取据事直书,诗取寄托深远。《尚书纬》曰:"《书》者如也;《诗》者志也。"又曰："志在《春秋》,行在《孝经》。"志行之分,即诗文之别。孔子之所以必分二派者,人事可明言,六合以外地舆、国号、人名、事迹,不能实指,故托之草木、鸟兽、卦图、阴阳。自微言一绝,学者遂以孔子所言皆为《春秋》之天下而发。不知"天"、"人"之分,即"古"、"今"之别。即以《论语》言之,为百世以下天下言者较多。于当时海禁未开,共球未显,以百世以下之专说,附会时事,勿怪其然。特先入为主,积非成是,非有明著晓邑之专书,不足以发聋振聩。故别辑《百世可知录》,专明此理。

三千年以前,不必有轮船、铁路、远镜、显微诸仪器;非有能合群力以格致,如今日泰西之事者。而瀛海八十一州与四游等说,乃远在数千年上,不得其说之所本。且西人自明至今,言五大洲而已。而邹子乃以为八十一,合于礼制,比于经义,较西说最为精密。此又何从得之?从可知天纵之圣,不学而知,不学而能,至诚前知,先天不违。且今日"大统"未成,诸经预设之文,已如此明备,他日实见行事,烂然明备,不知其巧合,又当何如此等识量? 若徒推测预知,能者多矣,所谓因时立制。数千年以前,因心作则,以定鸿模,天地、鬼神、名物、象数,必曲折不违,密合无间,略窥一斑,已识梗概。宜子贡、宰我之以为天不可阶。呜呼,尧舜犹病,而谓维摩足以方物乎!

邹子验小推大,即化王伯为皇帝之法。方里而井,可谓小矣,推之小九州而准,更推之大九州而准,六合之内,取譬于方里而已足。此与富家(一牧为一家),京师地中为公(如"公田"、"颠倒自公"、"退食自公"、"夙夜在公"),以八州为八家。"大田多稼",即谓八王为八家,合车辐图为终三十里,象月望三五盈缺。左右前后为十千,所谓"十亩之间"、"十亩之外"、"十千维耦"、"岁取十千"是也。《诗》以公田比天下,为一大例,言耕即井。《乾》"见龙在田",有禽无禽,酒道食德,饮食醉饱,皇道帝德,隰畎、主、伯、亚、旅,疆以二祖六侯,当即八伯名目。皇祖即上帝,多称为并家,饥馑为寋崩。《礼记》礼耕乐耨,亦借田以比治天下之一说也。

《齐》、《商》为"文质"标目,如今之中外华夷。《论语》"文质彬彬,然后君子",是以"君子"二字为文质相合之称。"君"为君臣之君,为东邻,为文家,尊尊,故目"君"也;"子"为父子之子,为女子,为子姓,质家,亲亲,故目"子"。《周颂》合"文质",则君子当直指《周颂》监于二代。《论语》："君子质而已矣,何以文为?"专以为质,所谓子而不君者也。考二字平对,又如父母、君妇、尸且、漆且、君子、"民之父母"、"恺悌君子"、"君子偕老"是也。(又:二伯四岳,皆得称君子,八大州君子为二伯,大荒君子为四岳。)

《列》、《庄》言六经非陈迹刍狗,全为特创百世以下新法、新理,作而非述明矣。故于《诗》以《雅》翻译为名,专言俟后维新,非真言古人内地。则凡帝乙、高宗,即高尚宗公之高宗,故以配《震》。文王、武王、商王、玄王、平王、汾王、成王、康王、氐羌、荆楚、淮夷、幽营等字,固皆翻译托号也。如箕子、穆公、周公、庄公、皇父、南仲、尹氏、家伯、巷伯、孟子,亦皆为托号矣。《诗》述周家祖孙父子,如后稷、公刘、大王、王季、文王、武王,与大任、大姒、大姜,文义相连,不能谓非古人名号。不知托古以译后,亦如山川、氐羌为翻译例,亦无不可。经既云"周虽旧邦,其命维新",又曰"本支百世"。详其文义,为翻译无疑矣。不如此则"古帝命武汤"、"帝谓文王",文王"在帝左右",皆不能解。即如《大明》:"挚仲氏任,自彼殷商,来嫁于周。"仲任与《燕燕》"仲氏任只",同任姓国女,何以直目之曰殷商?又加之以彼二经古人、古地,按实求之,文义多在离合之间,故旧说于平王、文王、箕子,多有别解。必望文生训,则《鲁颂》真鲁僖公作矣。以此立说,又多可疑,则以变异旧文,不合己意,先师改写之事,亦知所不免耳。即如后稷、王季、公刘,周之先祖也,经则托之为二后、八王之父行。故以大妊为殷之女,文质合为父母也。又如文王、武王,父子也,经则东文西武。二王平列,实指文、质二邻,东西大牧。定以父子说之,亦时形龃龉。知经非刍狗陈迹,则必非真古人、真古事。以《雅》之翻译读之,亦如淮夷、氐羌,"物从中国,名从主人"。藉古以喻后,亦无不可。特言在此,意在彼,不专为古人古事而言,则固一定之例也。

《尚书》七政,古皆以日月五星解之。自八行星之说明,则七政当数天王、海王,不用日月明矣。惟西人之命名曰"天王"、"海王",则可异焉。以王命星,是十日为旬,八州八王之说也。"天王"之名,直同《春秋》;"海王"之名,兼主海外,则如《商颂》矣。中国旧说,五星配五行,今加入二星,合地为八,以配八方。八风则可以配四方。五行则取五去三,不可也。然古人五星之说据目见,久成定论。地球自为主人,则不能与诸曜比，亦一定之比例。今因侯旬例拟于日属世界中，以日为上帝，为《周颂》；天王如《鲁颂》；海王如《商颂》。一主文，一主质，天王为文王，海王则为武王。《诗》所谓"文武维后"之比。以《小雅》言之，则《小弁》日，天王《小宛》，海王《小旻》，《节南山》（水），《正月》（木兼土），《十月》（火），《雨无正》（金）。地球为主人，不入数焉。天王大于地球八十二倍，海王大于地球百二十倍，道家所谓"大者居外，小者居内"。又海王最远，今以居中小者为四岳，以在外者为二后。日为天子，天王、海王帅五星以绕日，五行星又各有小星，如方伯卒正之职。古人无事不法天，则二伯、八伯、卒正，知法八行星及诸月而定。是即《左氏》伯帅侯牧以见于王，而侯牧又帅子男以见于伯之义。八行星自外而内，海王、天王为二伯，次土（中央京师）、次木（东方"帝出乎震"）、次火、次金、次水。四时顺行，始于春，终于冬。自内而外为逆行，自外而内为顺行。亦顺逆往来之说。

邹子海外九州之说，至今日始验。学者求其故而不得。余以为经说引《大行人》九州为证，或又以孔子先知为嫌。案先知乃圣神常事，"百世可知"、"至诚前知"，古有明训。宋元以下儒生乃讳言"前知"。然所谓"前知"，不过休咎得失、卜筮占验之琐细，非谓"大经大法"、"先天后天"之本领也。如以为孔子不应知，邹子又何以知？他如地球四游，瀛海五山，海外大荒，与夫纬书所言《河图》、《洛书》之事，何以与今西人说若合符节？谶书占验之前知，如京、郭之流，固不足贵。若夫通天地之情状，洞古今之治理，何嫌何疑，必欲掩之乎？

《列》、《庄》推尊孔子以为圣神，其书为《诗》、《易》师说，学者汇能言之。顾道家之言不尽庄论，设辞讪讥，遂为世诟病。推寻其旨，盖一为抉微，一为防敝。近代"古文家"说孔子直如钞胥，如书厨，墨守诵法，去圣人何啻千里！故二子著书，极言刍狗陈迹之非。所谓"迹而非履"，正以明孔子之为作而非述，以抉其精微也。他如《诗》、《书》发冢，盗亦有道，设为恢诡，以立圣教之防，不使伪儒金士假经术以文奸；又以见圣道自有所在，非诵其言词，服其衣冠，遂得为圣人之徒。大抵知人难，知圣尤难！《列》、《庄》能知圣，遂举后世之误疑圣人之俗说误解，极力洗抉，以见圣人之至大、至高，非世俗所知，非微貌可托。故其诟厉之辞，使孔子闻之，亦相识而笑，莫逆于心，以见其卫道之严。世俗顾以为真訾讪孔子，使所讪辱者果真，则"有过人必知"，孔子当引为诤友矣！尚得以讥讪斥之乎？正当藉其所讥讪，以见吾心中之孔子，非真孔子耳。

道家诸书全为《诗》、《易》师说。《诗》、《易》之不明，不能读诸书之过。其宗旨不具论，佚典坠义，有足以通全经之义例。如"夏革"篇为《诗》"不长夏以革"之说，"大块"为《诗》"大球"、"夙夜"、"寒暑"之说，四极、地中、九军为天子军制，九洛为上皇、六极、五常、九土，各有一中，《鄘》、《卫》两风专详此制。非是不能解《诗》、《易》。以六情为例，哀乐《未》、《既》，层见叠出，非《列子》记孔、颜论忧乐之故，无以起例；《易》"月望"、"轮辐"，《诗》"幅帽"，非《老子》"一毂三十辐"之象（二十四州伯牧，合二伯、四岳、六首，为三旬），无以立图；《诗》"思服"、"瘣瘵"，非《列子》地中一梦一觉，与《庄子》梦觉神形之说，不得其旨。《乾》、《坤》之龙、朋，《剥》之"贯鱼，以宫人宠"，非鲲鹏之论，何以知蜩鸴之指，《周》、《召》螵虫之即《椒聊》乎！博士亦传"大统"，由子夏知其说而不能行，而推颜、闵、仲弓之主皇帝，亦由称述而得。十日并出，为"侯旬"、"维旬"之训；南北二帝报中央之德，乃"冥升"、"冥豫"、"幽谷"之解；《秋水》篇为"河海"二字之起文；《齐俗训》为"颠覆厥德"之作用。大抵道家说必深入其中。诸凡非常可骇，皆读为常语。然后二经可通也。

《中庸》云："万物并育而不相害，道并行而不相悖。"并育万物，人所能知；道之并行，世所罕论。闲尝统天下诸教而合论之：道家本于德行，是为大成；释出于道；天方、天主，又出于释。不惟杨、墨并行不害；天主、释迦，是亦大同。中国夷狄之弱，由于崇尚佛教，谈时务者类能言之。夫蛮夷狂犷，如冒顿番酋，非文教之所能遷化，又谈时务者之常言。古之善医者，因病施方，其术不一。针砭按摩，祝由汤药，苟缺一长，不为名医。近世专尚汤药，习医者遂专擅一门，鄙屑他途。亦如言圣学者专习儒家，非毁异教。考释氏出于老子化胡，由道变释，因地施教。按其宗旨，实出《乐经》。"定能安虑"，《大学》之教，观其初旨，大略相同。戒杀所以化夷俗之凶残，贵贞所以防部落之繁庶；安坐乞食，讽诵梵咒，意在化强为弱，渐就绳墨。与唐宋以下开国大定以后，必开馆修书，所以羁縻英雄，销磨岁月者，事出一律。其中缘讹踵误，节外生枝，万派千奇，不能悉诘。然推其根原，未能大远。若夫轮回、因果，亦神道设教、无终无始之常理。若以其与圣教不合，实与今之八股、试帖、白折、大卷，其去圣贤之途，未能相远。孔子居中持正，老子自任化胡以为先路，一粗一精，一终一始。至今日地球大通，各教乃会其极。天下已定，偃武修文，数百年之后，专行孔教，释法尽灭。乃古之明说，亦或留此一线，以为无告养生之途，亦未为不可。人之恶之者，不过因其安坐享厚糈耳。天下耗财事多，不止此一端。又或因人崇奉太过，激而毁之，则非平心之论。总之，佛教孔子之先锋，马上可得天下，不足以治天下。将来大一统后，存亡听之。若未能大统，则于化夷，不可谓无功也。

凡学问皆有中行、过、不及三等议论，不惟诸子，即孔孟亦然。推类至尽，以诋杨、墨，此求深之说，非通论也。中行如《春秋》二分，不及与过如寒暑，天道有三等。药物甘平，中行也；寒凉、辛热不能废。考《易》《乾》《坤》八卦，反覆不衰，中爻、综卦皆中，此中行，昼夜寒暖适中之谊；长少二局，则互相救，必《损》《益》乃跻于中。故少综长，长综少，长少皆偏。救病则非偏不为功，所谓矫枉过直。《论语》言孔子进退之法：由也过，则以不及救之；求也退，则以闻斯行告之。如就二贤所闻以立宗旨，未尝非孔子之言，则偏执不能为中法。故杨、墨二家，乃寒暑、辛凉，物极必反，不可专就一面推之。必如此推求，即孔子之告二贤者，即杨、墨之宗旨。

孟子为中行，杨近始功，墨为终究。盖人方自修，则主杨氏，《大学》之"明德"也。专于自明，不暇及物，迹近自为。学业已成，推以及物，墨子之"兼爱"，乃"新民"之宗旨。以《孟子》考之，其言非"为我"，则"兼爱"；非"兼爱"，则"为我"。如伯夷之清，为我也；伊尹之任，兼爱也。《孟子》并推为圣，所谓一夫不得其所，若己推而纳之沟中者，与墨子相去几何！圣夷、尹而斥杨、墨，贵远贱近，亦以二说非中，自具利害，以利归古人，以害诋时贤。二义互通，在读者之自悟。所谓无父无君，乃推极其变之辞。推伯夷之教，可云"无君"；极伊尹之弊，亦近"无父"。诸子持论，自成一家，矫枉者必过其正，非过正则其反也必不能中，物极必反，如日之行，从黄道而黑，至于黑则必反。浮久必沈，久升必降，非永远推究，一往不反。故读诸子当知此义，欲明此义，当于《诗》《易》求之。

从荒陬中言治法，则必先"兼爱"而后可及差等。故外夷之教，必先"兼爱"，天方、天主、佛氏，莫不以"兼爱"为主，实即《西铭》之说。西人天主之义,发其仁心,可以止杀、争先,除犷悍;示以乐群,非爱不群,非群不立,此从古中外之分也。今耶稣救世教,较孟、荀宽广,则以中国乃八十一分之九也。知"兼爱"为中行先锋,必至大同,然后示以等差,礼三本之说,所以如近人作以攻袄教者。然以从古地球初辟,人情必同,故今之天主、释氏,全同墨氏。此一定之机局,非人力之所能为也。

《易》之《损》、《益》,以三四为中(《易》六爻分三统:三、四为黄衣,二、五为缁衣,一为地中,一为中国,皆有中可言;上、初失位之卦,为素衣。中为无咎,二、五为吉,初、上为凶),反以二五之中为过、不及,如《小过》、《中孚》是也。故《下经》则以两《济》为两极,二《坎》占二黑道,二《离》占两赤道,分合不同而中边异位。经义"大统"以赤道中心为居衣,临驭四方;以两黄道及冀弁为黄裳;每边极南为裷,分为三终,以比卦之三爻。如《乾》、《坤》四初为居,二五为黄裳,三上为裷服。四方颠倒,如《周》、《召》、《廊》、《卫》八方朝觐巡守图。可见以居为北,地于北极,周旋四边皆南,故《周》、《召》多"南"字。随向背言,八方皆同。服、幅、福音同义同。卦之三爻,《诗》之三终,皆以衣、裳、裷为起例。以赤道地球中心长线为地中,向南而背北,四方皆南流,中线最长,于中分为三段,统曰东、西、中。又以每统所居一方为中,但不言南北,故取假用地中为之三统,不用绀缇红紫。然五帝之法,南北实有帝,既有帝朝诸,则车辐图象月,每方十五服,故曰"三五而盈"、"三五而缺"。如中国之豫州,中天下而立,南极向之,北极亦向之。赤道为北居,以黑道为南行,则亦为颠倒,所谓"以北化南"、"以南化北",为《既》、《未》,大颠倒。大与小有别,小颠倒,如初与三、四与上,于南北两极分内外卦,仍为以水益水、以火益火,此小变,非大变。必大颠倒,以北易南,以南易北,如《中孚》之以三四为中。取初二以与上五相反覆。南北球寒暑全反,二分则平,取《春秋》平分以为中,以一短一寒易一长一暑,先必分卦为小颠倒,赤者不赤,黑者不黑,水火既济,平其寒温二带本位之阴阳;然后合为大变,以夏冬之寒暑相易,集其大成。《诗》以"未、既"为说,今定巡守四方,分方别时者为"未";同主皇居,朝觐会同者为"既"。四帝分方,各主一时,南无定位,分居为"未";皇合四方王,以地中心为"既"。如此则三统各以地中为北居,而衣裷之间为裳,为两黄道及两洛,《诗》之中多取此义。考天文家说,于长短圈加一斜线,由北二十三度半至南二十三度半以为黄道,则直以赤道之界合为黄道,则不分二黄道而合为一大黄道,《易·中孚》二五为中之说。

地球中分有两赤黑道,而两黄道在赤黑中。《诗》之黄裳、黄鸟,指黄道言;赤狐、黑乌,指赤黑二道言。皇极在赤道中心为衣,由衣推裳,则以黄道为中。两黑道为南,合两赤道地中之中为居。从居至远荒,每方三分。极边之南,皆坐北向南,分三段临驭四方,莫不从同。居乃地中赤道,以赤为北极,非北方之极。所向为南,四时朝宗觐遇,四面皆可为南。故《二南》四方皆得称"南",《邶》、《卫》四方皆得言北也。《上经》北《坎》、南《离》,赤道中分,当反覆为二局,如九宫法(宋以下谓之《洛书》)。为冬至局,《坎》一《离》九;颠倒为夏至局,《离》一《坎》九。乃全《诗》之《王》、《郑》、《齐》,《尚书》之"周公篇",《小雅》之分方而治,则如《易》之内外卦,各三爻,以三五为中。如《乾》、《坤》、《坎》、《离》,自卦自综,则为八卦是也。分方之法,如以二五为中,《上经》以之。"大统"则南北合一,以两赤道为中。《诗》之"离离"、"忧心"(绤、绤、缌、绊),皆谓每方之南边。

《易·上经》三十,《乾》、《坤》、《坎》、《离》、《泰》、《否》六首卦,较《下经》少四卦,为禹州起例。《禹贡》较皇辐图少东荒四州,《上经》少四卦,则以《上经》配禹州八伯、十二牧,为"小统"。《下经》益以《震》、《艮》、《巽》、《兑》四卦为十首,故曰"或益之十朋之龟"(益故为大绤)。《上经》法禹州,《下经》为皇辐。《上、下经》亦如《小、大雅》,以"小大"二字为标目。"小"为古之分封,"大"为后之合同。《诗》之"上下"字多指《上、下经》,言"上下"即"古今","古今"即"小大","小大"即"文质"。故上下分图,上为分封之天下,下为合同之天下。以三十卦分三统,上为夏、殷、周,下为天、地、人。三皇、小大相配以分古、今,此一说也。上下各三十六宫,上有化小为大之法,所以四卦由《乾》、《坤》、《坎》、《离》综卦求之自得。既已化小为大,三十六宫与《下经》同,则以《上经》为"大统"地图。如《国风》六定局不入三统之风,又如《鹿鸣》之前,三十卦为定局。但详由小推大,不详三统,《下经》乃蒙《上经》"大统"之文,别为三皇三统循环之法。故《上经》三十为三王之三统,《下经》为三皇之三统。三皇之循环在《下经》,不在《上经》,亦如《小、大雅》之分"大统"。由禹州而推,所谓叔夏、有夏、禹甸、禹绪、禹绩,由《禹贡》为车辐,即由

《小雅》变《大雅》，《上经》变《下经》之说也。《下经》三十四卦为大三统，三十六卦中分，以十二卦为一统，《咸》、《恒》天统伯，《既》、《未》地统伯，《损》、《益》人统伯。以《上经》为案，《下经》每代以十二卦调剂之，故为三统并陈之。如用则但详一代，二后可从略。然《下经》有伯无君，君皆在《上经》。《乾》主《咸》、《恒》，《坤》主《既》、《未》，《泰》、《否》合主《损》、《益》。盖经取义不止一端，或合或分，宗例遂变。特以《下经》三统调用。《上经》定局，盖仿《国风》六定、九行之例。上下各有一三统，皇王所以不同。始小终大，则即变小为大之本例。

《说卦》方位为周都雍，故以《乾》居西北，八州合于方位。以"大统"而言，则如《下经》。以十卦分九洛，用大卦为主，此方位八卦，有小大之分。卦以综言之：长即变少，少即变长。《震》东，自西言之，则为少男；《兑》西，自东言之，则为长女。大卦合长男女为《恒》、《益》，少男女为《损》、《咸》，为婚媾娶生；与小卦内外相同者有别。惟南北冰海，无昼夜寒暑之可言。《既》、《未》反覆，仍为《坎》、《离》，故《诗》于南北言极，东西言罔极，东西曰"东有启明"、"西有长庚"。因地异名，无有定位。南北则曰"莫赤匪狐"、"莫黑匪乌"。三统定都不同，左右随方而改。于《诗》曰："匪鹑匪鸢，翰飞戾天。""匪鳣匪鲔，潜逃于渊。"又曰："匪东方则明，月出之光。"皆南北有极，东西无极之说。

《下经》始《咸》终《未济》，于四爻同言"贞吉、悔亡"，合内外为一，为六爻重覆之卦，故曰"悔亡"。"悔亡"之卦八，《乾》、《坤》、《中孚》、《小过》、《临》、《观》、《大壮》、《遁》为起例。而内变之八少父母，如《咸》、《恒》、《泰》、《否》、《损》、《益》、两《济》，亦为"悔亡"，共十六卦。外有十六卦同此例。

初说《诗》以日为天子，月为伯。据日属世界，日统行星，行星统月之说言之。不如车辐日数，比于州辐。天有十日，故八州为一旬。其外大荒十六牧合四岳为二旬。言车辐以象月，非独一日，所谓"何多日"也。以地中为主，左日右月，日月即夙夜、朝夕之义。又日月虽小大不同，据目见则无别，故至尊无上，托之于天，而以日月寒暑分主四方，东日西月，北寒南暑。又以风雨分阴阳，云从龙，龙在东；风从虎，虎在西。《小畜》"不雨"、"其雨"、"日出"，《东山》"零雨"，皆于日月寒暑外，再以风雨分方，而天乃为之主宰。夫天不言而四时行，日东月西，寒北暑南。

《易大传》曰：日往月来，"寒往暑来"；《中庸》"日月霜露"。以雨比霜，以风比露，故用十干以取"天有十日"之说。八首卦比之旬日，大约经以日比王，王有三十，故日亦有三十。但就中国言，则一王一日。车辐卅王，则为干支八卦卅日也。《易》之《丰》曰"虽旬无咎"，《桑柔》曰"其下侯旬"，又曰"维旬"、"维宣"。旬，十日；宣当为二十日。维旬为八州四维，宣则大荒四维，《泰》之"苞桑"为之统属。《诗》多言"桑"，以桑为日也。

《诗》以文为中国，质为殷商。《荡》七"文王曰咨，咨女殷商"。七章为七襄、七子，为以文化质、周监于殷。一文王为中，东七殷商为七州牧，以中国化海外，为以一服八。除本方不计，故为七子。一章比一州，与《民劳》五章比五大洲同。万不可以为文王谏纣。如"女炰烋于中国"，及"内奰于中国"、"覃及鬼方"，中国、鬼方，文义明白，使为殷纣言，不应外之于中国。且"天不湎尔以酒"，即西北无酒之说。"靡明靡晦"，"俾昼作夜"，非谓长夜之饮，乃谓西极与中国昼夜相反。且二、三、四章，与时下中西相诟之语，如出一辙。章首两"上帝"，旧说皆指为纣，至于"其命多辟"，即"古帝命武汤"之义，殷武所谓"天命多辟"也，旧解乃以为纣之命多邪僻，尤为不合。文王之于纣，不应诟厉如此。如谓召康公所拟，以臣而拟为君祖宗之言以谏君，且诬其祖宗以诟厉旧君，皆非情理所应有。似此议论，而垂为经典，以为世法，未免非怀刑之义。纣至恶，文王至圣，古来谏书多矣，又奚取此乎！

《周》、《召》以"南"为名，《邶》、《卫》则以"北"为主。《周》、《召》不言"北"，屡言南；《邶》、《卫》屡言"北"，而无"南"字。《柏舟》，北流、背堂、沬北，皆为北，盖四篇以居行分。《二南》为朝觐诸侯会同之法。《邶》、《卫》为巡守八洛之法。《邶》居中，《周》、《召》南北，《邶》、《卫》东西，合为五方五极。《民劳》五章，《邶》首五篇，《崧高》五篇，与《易》上下经同，以五极、五元起例。此《诗》首五篇，当读为一篇。一皇二王后二大伯，《王会图》之一成王，二夏公、殷公，二周公、召公也。天有五常，地有五极，《民劳》以下五篇，皆以五起例。《板》八章，九天八极；《荡》八章，文质八荒；《抑》十二章，志言视听以三分；《桑柔》十六章，首四方中央，为谋为毖，下由南而东、而西、而北，四方十二章；《崧高》五篇，五岳分篇，一方一篇。此则合五方言之，每篇皆足。以《崧高》之五合数五方，多至五篇，仿五帝之法，一篇一帝，合数五方，五五合为二十五，为五帝。故为大猷远谟。《嵩高》则一王之五岳五篇，尚不敌《民劳》一篇之大，所以为小也。

《说苑》言："北鄙杀伐，南方生育，王道流南不流北。"董子："阳实阴空，王者贵德贱刑之经义也。"北球以北极为北，赤道为南，东左西右；南球以南极为北，赤道为南，西为左东为右。颠倒反覆，同以所向南面赤道为中心，而背北，黑道不取。今地中海正当赤道，两冰海皆在北，是不北流之实义。所以二《南》同以《南》为名。而五带图又以长短二圈中斜线为黄道，是又合南北二中以为地中，所谓日中，又不在昆仑矣。以地中为公，所谓颠倒召令。维南北纬度以赤道正中纬线为中，东西经度则无正中线，随地可中，故地中、中国，经传已二中并见。

地球五大洲，以五帝分司之，《逸礼》之说详矣。《月令》五帝五色，东青、夏赤、中黄、西白、北黑，乃《诗》于五色独立三《颂》著之。素青黄即东西中，《论语》所谓缁衣、羔裘、素衣、麑裘、黄衣、狐裘是也。南北不立《颂》，故《论语》曰"不以绀緅饰，红紫不以为亵服"。而以二《南》司之，所谓火正、北正之重黎是也。考地球南北极同为冰海，无昼夜寒暑；东西同在黄道纬度，故东西无极，特南北有之。《北风》"赤"、"黑"之下，言"既亟只且"，所谓南北极也；言无极者，"昊天罔极"、"士也罔极"、"畏此罔极"。昊天有二：东为大昊，西为少皞，"昊天罔极"，即谓东西二帝。西北无极，而中央无极，可以起矣。考五帝分司之法，以地中为都邑，则中国为震旦；西美为西极。青帝建都于中国，则西美为东，地中为西；少昊建都于西，则以地中为东，中国为西。东西左右，由三统京城而定，平时背北向南，一定不易。此东西无极、南北有极之说也。（至于四朝、四巡，则以居中赤道为北，所面远服为南。）东西二帝，互相左右。于《诗》为"颠倒衣裳"。《齐风》云："颠之倒之，自公召之。"《小东》："东有启明，西有长庚。"公为京师，东西为左右，左右无定，由三统京城而颠倒名之，此启明、长庚，一星所以有二名也。考《礼记》："日生于东，月生于西。"分阴分阳，一定之例也。《诗》亦以日月分昼夜，乃《齐风》日月皆出东方。又云"匪东方则明，月出之光"；又《东门之枌》"昏以为期"；与夫"不日不月"、"靡明靡晦"、"不夙则莫"，皆颠倒东西而言之。盖素青黄京城不同，则东西左右随之而变。《风》、《雅》中平分三统，各言一朝之制，故东西之例详于南北。三统平居向南而治，非彼此相向。（巡行

□□皆□。)此《诗》南北二极有定,而东西无定之说也。南北有定,故《周》、《召》为小二伯;《唐》、《陈》为大二伯。唐为尧都,陈为舜后,《诗》不见尧舜,以二风为伯,犹"大统"皇为天子,帝为二伯之意也。《小雅》三《小》后平分三统,《有菀》为《周颂》黄帝,所谓"狐裘黄黄","行归于周"。《鱼藻》为青帝,王东方(《鱼藻》为东方)。《常华》之"左"、"右",则指西极为左,地中为右。《瞻洛》为西极(由《瞻洛》而《鱼藻》,由《鱼藻》而《有菀》),即《小旻》、《小宛》、《小弁》素青黄之次序。第三篇之"左右",则以地中为左,中国为右,此《小雅》平分三统,各见左右不同之证。各《风》中比例尤繁,东西左右,其文至于数十见,不能折中一是。今以《邶》、《鄘》、《卫》、《王》、《魏》、《齐》、《豳》、《郑》、《秦》九风,平分三统,一君二臣,三三而九,以明三统左右无定之说。君居中,所从之二国,一左一右,即《易》之一君二臣,《诗》之从两牡、两肩、两狼也。以《邶》、《鄘》、《卫》为三统之主,《王》、《郑》、《齐》、《豳》、《秦》、《魏》各风,为其左右之公卿侯牧也。

《邶》为《周颂》,如黄帝以地中为京。《王》以王见,国在东;《豳》以伯见,主西极。《鄘》、《卫》,则《鄘》东北青帝,以中国为都;《卫》如西极。《郑》与《秦》比,《郑》东左,《秦》西右。《齐》与《魏》比,《齐》于中国为东,《魏》于中国为西。三《颂》三统,东西中无极,故随在可为东西。三《颂》为皇帝、为士,所谓"士也罔极,二三其德";"人之无良,二三其德"。《唐》为北方伯,如共工;《陈》为南方伯,如祝融。五帝五方,以东西中为皇帝,南北为伯、为女,所谓"女也不爽,士贰其行"。三统南北常为伯,所谓"三岁为妇"、"三岁贯女"、"莫赤匪狐,莫黑匪乌"。惟其如此,《唐》、《陈》主南北,故两《风》同言"冬之日,夏之夜",为南北二极。《陈风》三言"东门",因三统有三东三西,故两《风》连类言之。非得此说,《风》、《雅》中东西左右无以驭之矣。

《王风》"一日不见",如"三月"、"三秋"、"三岁"。以三倍之法推之,一秋为三月,三秋为九月,则三岁当为二十七月。《丧服》:五服始于缌麻三月,终于斩衰三年。《礼记》三年之丧,其实二十七月。是《采葛》之三月、三秋、三岁,与丧期巧合。丧服皆麻葛所为,旧说以素衣、素冠、素韠为丧服。东帝为"缁衣羔裘",西帝为"素衣麑裘"。素衣为"麻衣如雪"。"羔裘玄冠不以吊",以此知东西之缁衣、素衣,是以吉服凶服为起例。盖东南生育,西北肃杀,生育者乐,肃杀者哀,《诗》中哀乐实由吉服、凶服而起。《禹贡》"弼成五服",与"衣服"之"服"同字。"大统"十五服,《羔羊》之"五纪"、"五缄"、"五总",《干旄》之"五之"、"四之"、"六之"是也。考《礼》凶服有五,吉服有五,齐服有五,合为十五。以东服为吉,西服为凶,中服为齐。吉服五,冠昏用之,冠用缁布冠。东南喜乐,冠昏属之;西北哀,故用凶服;中央齐,《周礼》齐服有玄端、素端。东吉西凶,中央兼用之。玄端,即《论语》之"不以吊"之玄冠。素端,即《诗》之素冠。以丧服五服比疆域,则《周礼》九畿万里为缌麻三月,帝幅五千里为三秋,皇幅万里为三岁。《齐诗》以哀乐为《诗》大例,孔子论《关雎》亦言哀乐,哀乐实即吉凶。吉服用缁用缘,凶服用麻用葛。必用吉凶二服立说,而后哀乐为有根。且推之《易》之吉凶,疑皆为此例。以齐吉凶三门之十五服立说,而后"大统"之十五服各有宗主。推之于《易》,无不可者也。(裳取七幅,在大八州、八荒之中,布帛幅十五升、三十升,皆于经各有取义。)

《易》上、下经有顺逆两读之法,一卦六爻亦有顺逆两读之法。《上经》以《乾》、《坤》为主,由中及外,则顺行至《离》;再由《未济》逆行至《咸》。如北斗、阳神之左行团团转。《下经》阴神,由外至内,则由《咸》至《未济》,顺行;再由《离》至《乾》,则为逆行。阳于阳地顺,阴地逆;阴于阴地顺,阳地逆。《公羊》"内中国外诸夏,内诸夏外夷狄"之法也。一卦顺逆两读者。《上经》由初爻顺行至上爻,《下经》由上爻逆行至初爻。此《下经》"贞吉、悔、亡"之例。而《上经》之客,亦有由上逆行至四,《下经》之客,亦由初顺行至三。此互为宾主之法也。(《上、下经》十卦二十四皆同,惟《下经》多四首卦,合为十首卦,故曰"益之十朋之龟"。)经六首惟《泰》、《否》相综连茹之说,由《屯》、《蒙》综,故亦有"涟如"、"遭如"之说。由《上经》《泰》、《否》至《坎》、《离》二十卦,似《坎》、《离》为终无统属。不知《泰》、《否》统八卦,由《临》、《观》而止;《坎》、《离》亦统八卦,逆行由《噬嗑》而终。一顺一逆以示例,故中有十六小卦,与《下经》《咸》、《恒》、《损》、《益》所统十六卦同。《下经》由《震》、《艮》至《未济》十四卦,共六首,《震》、《艮》、《巽》、《兑》不计,以两《济》配《坎》、《离》,各统四卦为八卦,以配《坎》、《离》。《损》、《益》居中以统三十二卦,所以为《下经》十朋大龟建侯之法也。《易》以顺逆分古今往来,上自《泰》、《否》,下为大同，为知来，《传》"知来者逆"，"神以知来"。《中庸》："至诚之道，可以前知。"前知所以为下侯之根本。《诗》、《易》之人名、事实，皆指后世以下翻译之辞，断断乎不指古人古事。故其中名字，偶与古人同，万不可以古人说之。以古立说，亦万不能通。圣人不嫌苟同者，以二经专言侯圣。宗旨既别，《尚书》、《春秋》，则所指专为古人，不待知者而决。此前贤以古人古事说二经，所以流弊无穷也。《易》之帝乙，即后世假干支作记之法，"乙"即所谓"某"。《易》之箕子、高宗，《诗》之成王、平王，明明古有其人，而旧说不无异解，特以实指其人则文义多连，不能不别立一说。因此可悟二经必无真古人也。他如《长发》曰商汤、曰商王、曰武王，又曰玄王；《有声》既曰文王、武王，又曰王后，曰王公，又曰皇王。望文生训，左支右绌，故二经无一定说，无一通家。凡旧所传二经解义，于经则实无一明切、文从字顺、心安理得之境。所以不得不求古义，而变通其说，以求微言大义也。

《尚书》周公篇，兼言多士、多方，此从《王会图》起义。内外已通，特未大同混一耳。《王》、《郑》、《齐》为三王起例，《王》比夏，《郑》比商，《齐》比鲁。即《诗》之《鲁颂》，《尚书》之周公篇。《王风·扬之水》四篇为四岳（五《山经》）；《郑风·羔裘》以下十六篇，为要荒外十六州，即《尧典》之十二州（《海内经》）；《齐风》之《东方》为海外八纮八极（《海外四经》）；《邶风》每方二篇，初为八殥（《燕燕》、《雄雉》、《式微》、《泉水》）；次为八纮（《击鼓》、《匏叶》、《旄邱》、《北门》），次为八极（四《风》与《简兮》）；《郑风》首五篇为五《山经》，《缁衣》（东）、《将仲子》（南）、《叔》（西）、《大叔》（北）、《清人》（居中）。

《帝典》二十二人为外诸侯，《春秋》不及要荒，故无外州十二牧。《尚书》八元、八恺，加入羲和、四凶，为二十二人。《下经》则全有之。十首《损》、《益》为二伯，《震》、《艮》、《巽》、《兑》、《既》、《未》、《咸》、《恒》为八伯，外有十六牧八监，共三十六二十四侯监，小卦相综为十二，共为二十二，以合《帝典》外诸侯之数；特首卦一卦为一小卦，合综为二耳。然内八州，外当为十六州，《尚书》如于十二牧外，再数四凶，亦为十六。经有十二州十二牧明文，则必以东边海不立州，故外州只十二。"大统"车辐图，则内八外十六，不如中国东边不置，此《咸》、《恒》、两《济》所以各统八卦，合为十六牧。《损》、《益》所统八小卦当为监，一卦监一内州、二外州,内外共二十四州,一州三监,当得七十二监,今以八卦当之。是三州设一监,一监三大夫,一监一州以示例。监为天子内臣。《易》"蛊",《诗》作"蛊"(从监,古声。蛊即为蛊)。故曰"干蛊"、"裕蛊",曰"不事王侯,高尚其志"。则"蛊"字当以"蛊"为正。王之卿为从王事,监则为天子臣,故曰"高尚其志"。"王事靡蛊",谓从王事者,则不能为监。《周礼》、"大统"之书,屡言立牧、设监;《诗》屡言天监、降监,皆为《蛊》卦言也。皇为《泰》、《否》,大伯为《损》、《益》。二帝二《济》,如《周》、《召》为君子,为父母卦。所以云为"浣父"、"浴母"。"蛊"又作故、作胡,《易》"匪躬之故",《诗》"胡能有定"、"胡然天帝"、"狼蹇胡尾",胡、故,皆谓为监。由天子使,故曰"天命降监"、"天监在下"也。

《尚书》以妹土为土中,推之大九州,当有八妹。故《庄子》有九洛之说,《诗》以此为大例。《豳》、《小雅》两言"予未有家室","未"读为"妹",谓西方妹土立有家室。如周公曰"予未"("未"读如"妹",不如旧读),言"予妹"以别于中国之"妹"。他如"彼其之子","其"为"淇"。"姝者子"("姝"当为"妹")、淇上、浚下,皆谓各州土中,九州有九大荒,更有十六妹土。《易》曰"见妹"、曰"归妹",又曰"王家"、"王庙"、"王居"、"王庭"、"遇主于巷",皆九洛之说,故不一而足。大凡《诗》、《易》之主皆以侯牧为正解,故以王比日而曰旬。《北山》:"普天之下,莫非王土;率土之滨,莫非王臣。"《易》曰:"王臣蹇蹇。"九有则八王布满天下,非一王一国故也。他如"四国有王","王国克生,惟周之桢"。以天下属皇帝,以国属王,国如中国,即曰王国。天下不止一国,则必不止一王。又曰"王于出征,以佐天子";又曰"帝谓文王"。故二经之"王",虽与《春秋》、《尚书》之"王"同。而自皇帝言之,则为侯牧,如秦始皇自称皇帝,则诸侯得以王为号之制也。

《诗》以上帝为皇,所谓"皇矣上帝"、"上帝是皇"、"有皇上帝"是也。又以皇为祖,所谓"皇祖后稷"、"先祖是皇"、"皇尸载起"是也。天下一家,故以皇为祖,二后二帝为父母,八王为昆弟,十六二伯为子,五十六卒正为孙(《桧》、《曹》是也)。朝廷君臣,闺门父子,不用君臣之义,而以祖父孙子言之,所谓天下一家,缩远为近,化疏为亲之法。"乐只君子,民之父母",是以二伯为父母,八王即为民。

五帝:《颂》标素青黄,《论语》所谓"不取绀缌红紫",郯子名亦详龙鸟云,而略水火,以二极为伯,所谓"莫赤匪狐,莫黑匪乌","三岁为妇"之说。郯子于北方,以为共工伯而不王;《左传》于五常墟外,言郑为高辛氏火正祝融之虚。五极,三帝二伯,故《诗》但立三《颂》,而以南北为重黎。考地球南北有极,冰海下不成昼夜寒暑,非黄中,故不入统。东西中则就黄道分为三段,皆在地中心。《诗》云"女也不爽","士也罔极","畏此罔极","昊天罔极"("人之无良","良"读为"常"),皆为东西中无极之说。同以有极为恶,罔极为美。《北风》云"既亟只且","只且"为鸤雎二鸠,为南极北极,以二鸠分占冰海二极。南北经,东西纬。"泾以渭浊",即喻经纬。东西中无极,即"中心有违","违"即"纬"也。如今地球纬线皆黄道,故"东有启明,西有长庚"。随地可以为中,不似南北之以极定位。今故取地中无极之三统以立法。京在赤道地中,四面四时朝。今诸侯以所面为南,所背为北。《王》、《郑》、《齐》,东皇,以西极为左,地中为右,故云"匪鸡则鸣,苍蝇之声";"匪东方则明,月出之光"。东以西为东也。他如"匪鹑匪鸢","匪鳣匪鲔","匪兕匪虎,率彼旷野",皆为此例。《周颂》王中央,固以西极为西,东极为东。《商颂》王西极,则以地中为东,东极为西。(《鲁颂》前已详。)东西左右,随所居之极而变,所谓东家之西,即西家之东。《诗》东西左右有三等之辨,故其例最繁。《大雅》、《三颂》为三皇王地中正例;《小雅》三《小》以下,则就本统分封,各详其左右之所在如战国图,以示三统平等之例。分而不合,故曰《小雅》;若《大雅》、《三颂》,则以周王土中为人皇,东西二极为二皇,后《周》、《召》为二伯,《唐》、《陈》、《桧》、《曹》为四岳,以地中为主,不似《小雅》之平列三等、不分宾主。

火木二道诸小行星,近乃测得,西人皆以"女"名之。列于《谈天表》中一百十余星,皆以"女"名。如穀女、武女、医女、王女、歌女,百二十名无异焉。中唯一星名天后(后亦女也)。《诗》法天行,五际、五行为五纬星。五纬为君、为男、为士,则各小行星为女,以女配子为"好"。《诗》之以女比小国,即西人以名诸行星之法也。尊大者为士、为王,小者为后、为女。《诗》之"士女"当为此例,非真男女也。诸小行星百二十可以比于内官,以诸行星各带有月自绕,如八州牧小卒正。本地球只一月,如《诗》记曹,《春秋》之记许,实有七卒正,经只一见,举以为例耳。《礼运》言天下一家,中国一人,实《诗》、《易》之大例。《佐治刍言》深明此理。

以天下比室家，男女配合，即平治天下之大纲。

董子言《公羊》诸说详矣，五行诸文，则以为子家绪说。今实考之，乃《诗》《易》之微言，所当细心推考。盖《诗》《易》详百世以下之事，故板土、君皆藉位起例。凡地土名号，皆久而必变，不足以与天地终始，如今海国名号，分合疆宇，水陆数十年小变，数百年大变。从开辟以至毁灭，不审作何等变象。故孔子之经，欲括囊终始，不得不藉天道以取象。所谓"万古不失九道谋"，言天道则一成不变，名物象数方能定。所以不言人事而详天，以人无常而天不变也。《诗》之言行皆谓五星阴阳，故阴阳五行为《诗》《易》之专说，非子家，乃经说。

古文家专以"好古""敏求"说孔子，所谓"祖述尧舜，宪章文武"。《孟子》所谓"守先王之道，以待后之学者"。按《春秋》《尚书》为行事，以述古说二经尚可；至于《诗》《易》，全为百世以后言之，事非古事，人非古人。"静言思之"，因心作则。后儒之说二经，亦以为述古。"血气""尊亲"，非古所有，事本创作。以为师法帝王，则宗旨舛失。故《庄》《列》于诸经说，贵作贱述，至比诸经于刍狗、陈迹，其言"迹者，履之所出，而非所以为履"诸条，皆以贱述贵作。"仲尼没而微言绝，七十子卒而大义乖。"后世经说皆以孔子为述，故极言述之不足贵，以明孔子作而非述之宗旨。述于"小统"为近似；至于"大统"，断为作，而非述也。

《大学》"平天下"章，归重"絜矩"。居中为忠，前后左右皆得其宜为恕，"絜矩"即忠恕之道。《论语》由求进退，即裁成狂狷以合中行。《中庸》子路问强，孔子言南北之强，事各不同，而折中于君子，"宽柔以教"，至君子居之，"中立而不倚"，中立为忠，为倚为恕。以《下经》言之，《咸》东《恒》西，《既》北《未》南。四首卦为前后左右，而《损》《益》居中以化成之。东西以仁义比，南北以水火比。于东损柔而益以西方之义，于西损勇而益以东方之仁，北则损水而益火，南则损火而益水。损其本来之性情，而益以相反之学问。由也进，退之；求也退，进之。损益之后，则温而厉，威而不猛；温而厉，刚而无虐。圣人居中，调剂四方，化成万物，不必有所作为。取西方相成相反之义，去其有余，以补不足。《大学》"所恶于前"，至"无以交于右"，人情好恶喜同；柔恶刚，勇恶法；热恶寒，寒恶热。损益之道，损其过，即去其所恶；益其不足，即进之以所喜。既经损益之后，水不易深，火不易热；柔者能刚，刚者能柔，此絜矩之道。

自革纯民以化成天下,功用全在损益。推究其义,未尝不可曰:所欲与之聚之,所恶勿施尔也。但俗解"絜矩",只能求悦于四方,不能化成于天下,乃伯主小康之属,非皇帝甄陶万物大经也。

《论语》"子张问十世"章,三统之法,专主"益损",即《易》二卦名。今按以《上经》言,则《乾》夏、《坤》殷,《泰》、《否》为损益;以《下经》言,则《咸》东、《恒》西,《损》、《益》为损益。夏殷为《鲁》、《商》,即文质二家。《损》、《益》本兼四方,包《坎》、《离》、《未》、《既》而言。详东西青素,而略南北赤黑,故但言二代以成三统之制。犹"学而时习之"章,"时习"为《坤》、为殷;"朋来"为《乾》、夏;"君子",居中皇帝,时以损益为文质以成为"彬彬君子"之义。《月令》"鹰乃学习";《坤》之二曰:"不习无不利。"故"学而时习之"为《坤卦》之说。考《坤卦》二五爻变为《坎》,象二鸟子母双飞之形。《乾》、《坤》:《乾》主东北,《坤》主西南。《时则训》:春则鹰化为鸠;到秋则鸠化为鹰。因时变化,故曰时。《坎》之《象》曰"习坎"。《坤》主西,二五变《坎》,为子母双飞,如鹰之学习。"悦"从"兑"。《兑》西方,《坤·象》曰"东北丧朋",到《乾》,"东北得朋",《乾》居东。二五变而为《离》,二五变则上下皆从之,为"朋来"之象。阳变阴,《乾》之五曰"飞龙在天",由《坤》化"朋"。"飞龙在天,利见大人",即《诗》之"黄鸟于飞,其鸣喈喈"。《坤》变为"时习"、为"学习";《乾》变为"朋来不亦乐乎"。东方主乐,"乐"为文,"悦"为质,"文质彬彬",合二代为君子。《诗》曰:"忧心悄悄,愠于群小。""知我者谓我心忧,不知我者谓我何求。""愠于群小"则分崩不合,因为忧心。不知不愠,则化一为同。皆取二代以成彬彬之君子。孔子之"学",以皇帝为归宿。《论语》首章即言三皇,《诗》之三《颂》,非为儒生言训蒙束脩之事也。

言政有新旧党,言学有新旧派。《大学》"新民",《诗》之"污"、"浣",《盘铭》曰"新",皆取"维新"之义。由开辟以至今日,由今日以至千秋万岁,初蛮夷而继文明,日新不已,臻于美善。今之文明远过古人,后来又必远过今日,一定之例也。孔子之教,创始于春秋,推行于唐宋。今当百世之运,施及蛮貊,方始推行海外。数千百年后,合全球而道一风同。"凡有血气,莫不尊亲",乃将来之事,非古所有,而世俗之说,则与此相反,皆谓古胜于今。《中庸》言"大统",有"生今反古,灾及其身",亦初蛮野、渐进文明之义。乃俗解道家亦贵古贱今,如上古之"民至老死不相往来"，"剖斗折衡，而民不争"，"圣人不死，大盗不止"诸说，不知此乃道家之反言。贵大同，贱小康，道家定说也，今乃贱今贵古，必系有为而言。盖典章文物，后人胜于前人；至于醇朴之风，则实古胜于今。诸家言皇帝、王伯升降，皆以为古风淳厚，后世浇薄，故皇帝功用，典章文物，则欲其日新月异，而性情风俗，则欲其反朴还纯，至新之中有至旧之义。百炼钢化为绕指柔，新则至新，旧则至旧。由小康以臻大同，是由春秋以返古之皇帝，疆域最大，风俗最纯。宰我所问之五帝德。《诗》《易》所谓"不识、不知"、"无声、无臭"；西人所著之百年一觉。文明则极其文明，纯朴则极其纯朴，不用兵争，耻于自私，相忘于善，不知所谓恶，二者并行不悖。惟其未能文明，所以不能纯朴，文明为纯朴之根，文明之至，即纯朴之至。开辟之初，狉狉榛榛，乃未至文明之纯朴，非君子所贵。文明之至，反于纯朴，乃为帝王盛业。比如孺子执笔书写，天然古趣，有善书者所不到，然此乃蛮野之文明。必考古法，就准绳，精诚之至，神明于法度，老而合于赤子，文明与纯朴，皆尽其长，乃为尽美尽善。经传古说兼存二义，相反相成，各有妙理。学者不通其义，偏持一解，以为凡事皆今不如古。不知即纯朴一事，古来犹杂蛮野，必后世之皇帝一统大同，文明与纯朴交尽，乃真所谓纯朴，则亦未尝不后人胜于前人。

旧解《国风》，其分配近于百变矣。今以《易》勘合，于三终外，再详五九例。首五国为一天子、四上公，配《上经》六首；以下十《风》配《下经》，为八伯二小国，所谓"其下维旬"。考《王会图》，王立于中（如《邶风》），二伯周、召二公居左右，《公羊》所谓"天子三公称公"，则《二南》是也。王后夏殷二公居堂下之左，《公羊》所谓"王者之后称公"，《春秋》之杞、宋。《鄘》、《卫》二《风》配之。五方五帝，《邶风》首五篇，《绿衣》为邶；《柏舟》、《燕燕》为周、召；《日月》、《终风》为《鄘》、《卫》。《上经》之《乾》、《坤》、《坎》、《离》居四方，以《泰》、《否》居中临驭四方。一皇四帝，此为《羔羊》之中"五纪"，左右合为十千；《王》、《郑》、《齐》、《唐》、《曹》为"五绒"；《豳》、《秦》、《魏》、《陈》、《桧》为"五总"；如《春秋》之八伯二卒正。以上五《风》为王公，以下十《风》为侯与小国，《下经》之"十日为旬"也。合计全《风》为一天子、二王后二、二伯、八侯牧、二卒正。以前五与后十相比，《邶》中居同《桧》、《曹》，《周》、《召》比《陈》、《唐》、《王》、《齐》、《郑》比《鄘》、《豳》、《秦》、《魏》比《卫》。五王公分司五极，十牧庶邦亦分五极,于"大统",为一皇、二皇后、二帝后、八王牧、二伯公。以配《邶·击鼓》以下十篇,则当合《式微》于《旄邱》,东北方三篇、西南方二篇。以配三《颂》,则《邶》、《周》、《鲁》、《鄘》、《商》、《卫》。配《大雅》,则《文王》十篇分三皇,《生民》、《公刘》八篇以配《周》、《召》,《卷阿》以上十八篇配首五《风》,《民劳》、《嵩高》大小五方以配侯牧之十风。《小雅》则三十辐,为五际、五极,配首五篇。《鹿鸣》以下十二篇配侯牧,再分三统,《瞻洛》三,《卫》前四,《幽》、《秦》、《陈》;《鱼藻》三,《鄘》前四,《王》、《郑》、《齐》;《菀柳》三,《邶》后八,《唐》、《陈》。总计之,则十五国风,合为三皇:《邶》、《鄘》、《卫》。五帝:《周》、《召》、《唐》、《陈》合《邶》。三王:《王》、《幽》、《周》。五伯:《郑》、《齐》、《秦》、《魏》合《周》。

西人重公,公理、公法,皆不主一偏,原本于经。《诗》以九州比井田,京为公,八州为私。所谓"薄污我私","骏发尔私",皆谓八伯之私地;所云"退食自公"、"夙夜在公",皆以"公"为京邑。四隅颠倒,皆折中于公。公者不偏不倚,皇极居中。一贯之道,忠恕之训,即《诗》中心。"恕"即"絜矩",所谓上下、左右、前后,所恶忽施;"忠"不与诈伪对,而与偏倚对,即西人公理之说。《尸子》言"孔子贵公"("孔"当为字误),然"一贯"即中即公。《诗》所谓"进退维谷";《论语》所谓"中行"、"狂狷";《列》、《庄》之言"公"者,尤不一而足。

天主之说,不维诸教同,经教亦然。即其专尊天而薄诸神,经传亦同其义。余以为孔子未出,中国实亦如此。考《丧服传》多主天,《礼三本》所言君亲师三本,皆直刺专主天之非;《春秋》主天,《穀梁传》明云"为天下主者天也"云云;《诗经》有驳专于主天之文,如"天命之辟","多辟"即不专主一天;董子《顺命》篇尤为精详,所谓"臣以君为天,子以父为天,妇以夫为天"者,盖人人习闻专主一天之说,惟知尊天,故以三纲托之于天。因其所知而化一为三,以为之本,实即《诗》"多辟"之义。

汉高祖初定天下,迁豪杰于关中,以消乱也。唐、宋、元、明,初得天下,开文馆,招致隐逸名宿于其中,此师汉高迁豪杰之故智,而变其局者也。国朝崇尚黄教,蒙古、藏卫熬茶入贡,所以驭天骄、消外患,明效大验,可计数者也。老子与孔子善,孔子留驻中国,老子自任出关。一居一行,一精一粗,互相为用。孔子为老子之统帅,佛教为圣门之前锋。中国沿边所有夷狄,今悉化归孔教,皆由佛教开其先,而后徐引之,以进于圣人之道。盖四夷风尚喜争好杀，强悍出于性生，若骤语以伦常尊亲之道，势必扞格不入。必先以守贞，使其生育不至繁衍，以慈悲戒杀消其狂悍之气，然后可以徐徐羁縻之。此一定之势。考列子著书，昔人称为中国之佛，是释出于道既有明征。凡各教之盛行，皆由与其地性情风俗相宜，然后能推行不绝。盛衰存亡皆视乎此。故教通行数百年，少有窒碍，必有豪杰为之因时变通以顺人情，始能历久不绝。由道生释，由释生天方，由天方生罗马，由罗马生天主，由天主生耶稣。近今之释、道、天方、天主、耶稣，与前百年或数百年，莫不各有变通。始则立教以绳人，后乃因人情而改教，明效大验，又一定之势也。凡各岛地开创，其民情风俗不甚相远。中国当开辟之初，与今西国同。孔子未生以前，中国所尚之教，与海外亦无大异。天不生孔子于中国开辟之初，而必生于春秋之世者，开辟之始，狉狉獉獉，以能兴利除害、治器利生为要务，不暇及于伦常。语曰："衣食足，礼义兴。"《孟子》曰："饱食暖衣而无教，圣人有忧之。"中国必待帝王捍灾御难，人民繁庶，天乃生孔子，进以伦常之道。海外必先之以天方、耶稣、天主开其先，而后徐引之以进于孔子，此又一定之势也。海外开辟在后，以今日形势观之，大约如中国春秋时之风尚。孔子曰："百世可知。"《中庸》曰："百世以俟圣人而不惑。"孔子去今二千五六百年，正当百世之时。释家自云佛灭之期，亦近在一二百年内。《荀子》"礼三本"发明圣人君亲师三本，而斥异端一本尊天之非，一本即西人尊天主而不用君亲师，是孔教已行之后，中国尚有祆教一本，故荀子攻之。孔子与老子分道扬镳，六艺所言，实中国之新教；化胡所用，乃帝王之旧教。开辟之初，《旧约》为宜；新教已立，旧无所用，故移中国之旧教以化西方初开之国。孔子为生民未有之圣，世界中一人已足。神州先开，不能不特生于中国，百世以下，天心作合，海外航海以求教于中国，即如各国各生一孔子。释教与孔子所定，法灭大通，期会皆在此时。曦阳一出，星月无光，佛法绝灭之期，即圣教洋溢海外之日。"凡有血气，莫不尊亲"，此世界中，尽用孔子之教以归大同。老释旧教，无所用之，不得不烟消火灭。天方、耶稣、天主为释教之支流，佛教之灭，统此数教而言，非如今之外教攻击佛教，耶稣、天主盛行，而释教独灭也。《中庸》云："天之所覆，地之所载，日月所照，霜露所坠，凡有血气，莫不尊亲。"六合以外，道一风同。老子虽有开创之功，陈涉、吴广不

23

过为真主驱除，然谓陈、吴无功于汉高，则非也。

中国旧所称异教：曰道、曰释。今以道为皇帝之学，归于《诗》、《易》，所统佛释，虽为圣教驱除，然谓其别为一派，不属六艺则非。考佛实出《列子》，其推测民物，谭空说有，皆出于《易》；天堂地狱，轮回一切，"游魂为变"，"方生方死"之说；其善谈名理，皆出于名家，即《论语》《孟子》"坚白异同"之说。至于不婚、戒杀，特因地制宜，所以消淫杀之风，其精微宗旨，流为宋人道学，于乐教尤近，故宋人喜言《乐记》。盖佛书皆梵语，其宗派亦不止一端，昔人谓经由翻译，皆中人以《老》、《庄》之说参入其中。然其议论实多出《庄》、《老》之外，亦非译者所能伪造。总其会归，源出《老子》，与道家之说大同小异。《中庸》云："万物并育而不相害，道并行而不相悖。"知其为因俗立教，不必与中国强同。圣教大明，自消归无有，则又不必攘臂相争矣。

王、韩以《庄》、《老》说《易》，为世诟病。今乃以《庄》、《老》为《易》、《诗》先师，而不与王、韩同病者，盖当时海禁未开，不知《庄》、《列》专言皇帝，由德行科出，但剽窃玄言，流于空渺。以《庄》、《列》论，已失其宗旨，推之于《易》，愈见惝恍。盖《庄》、《列》所言诸经义例大同，典章制度，语语征实。亦如《王制》、《周礼》发明经传义例，精确不移。如"凡之亡非亡，楚之存非存"，即说《井卦》之"无得无丧"，惟自皇帝观之，彼得此失，皆在疆宇之内，楚弓楚得，何得失之足言？又如"夏革"篇，即《诗》之"不长夏以革"，"九雉"即《鄘》、《卫》二风八侯王之淇、沫、浚、妹之师说；"天地之外，更有大天地"，即《乾》、《坤》之外更有《泰》、《否》；"八千岁为春，八千岁为秋"，即《诗》之"君子万年"、"万寿无疆"；《逍遥游》之北溟之鲲、图南之鹏，即《乾》之龙、《坤》之朋。《书》为行，《诗》为志。百世"大统"之治，未见之实行，故托之于思梦神游。"《诗》言志"，《诗》无"志"字，以"思"代之。《诗》多言鬼、言游，即齐思神游之说；"无为而无不为"，即"君逸臣劳"，"舜无为，有五臣而天下治"之意。孔子因百世以后之事，无征不信，故托之于歌谣、占筮。《庄》、《列》师此意，故不庄语而自托于荒唐。至"圣人不死，大盗不止"，谓圣人无死地，大道长存，而后人误读"大道"为"大盗"。孔子作《春秋》以表桓文之功，孟子主王道，则斥二伯之非。《庄》、《列》专言皇帝，故尊道德而薄仁义，与孟子贵王贱伯之意同。韩昌黎不知道德仁义为皇帝王伯之分，乃以道德为虚名。

王、韩之流以此说《老》《庄》,失其旨矣!其书于孔子有尊崇者,有诋毁者,其尊崇者为庄语,其诋毁者皆隐指后世儒家不善学者之流弊。如"《诗》《书》发冢"、"盗亦有道",皆指后世伪儒言之,所以峻其门墙。如盗跖,岂不知其不同时,以此见其寓言。王、韩不惟不知经,亦失《老》、《庄》之意。今者车辐脱,地球通,由言内之意以推言外之旨,诚所谓"无为而无不为"。与王、韩之解,有虚实之不同,其相去不可以道里计也。然亦时势为之,不得为王、韩咎也。

子家为专治海外之学,《庄子》所谓"方术"。今以太史公之六家分配五方,中国为儒家,泰西为墨学,前人皆有定论。今以刑法属北方,《秦本纪》言:秦当水德,尚惨刻;南方为礼,为兄弟,以名家归之,决嫌疑,别同异;以道家居中,辅之以阴阳家。《史记》六家要指:"道家者流,因阴阳之大顺,采儒墨之善,撮名家之要。"道家统五家,如上帝统五帝,上天统五天。《论语》:"夫子温良恭俭让以得之。"五者为五帝德。温东、良西、恭南、俭北,让为土居中。温儒家,良墨家,恭名家,俭法家,让道家。此《民劳》五章五大洲,《周礼》五官奉六牲之说也。道家为皇,阴阳家为二伯,儒、墨、名、法为四岳,颠倒反覆,以济其平。至《汉书·艺文志》,六家之外再有四家,曰农、曰纵横、曰小说、曰杂家。以居四隅,合而为十。六家,为《易·上经》之《乾》、《坤》、《坎》、《离》、《否》、《泰》;十家如下经之十首卦:《咸》、《恒》、《损》、《益》、《震》、《艮》、《巽》、《兑》、《既济》、《未济》。

《上经》小,《下经》大。今以由小推大例,以有定六《国风》比之《上经》,两京《泰》、《否》比《桧》、《曹》,前《离》后《坎》,左《乾》右《坤》,二公二侯,比《唐》、《陈》、《周》、《召》。六合五官为小球。一定起例,如推则《下经》十首比三统。《风》既推大,又循环,两京《损》、《益》;《邶》、《王》(《咸》)、《豳》(《恒》);前后三内公,《郐》(《既》)、《郑》(《震》)、《秦》(《巽》);左右三大伯,《卫》(《未》)、《齐》(《艮》)、《魏》(《兑》)。九风所编之篇目,以配十六牧、八监,此以《风》诗配上下六首、十首之法也。(六定卦九循环,《诗》六定风九循环。)至于推之《上经》,则合三十卦为一统,《泰》、《否》为君,《坎》、《离》前后,《乾》、《坤》东西,为八伯(以一卦综算成二卦)、十六牧(《乾》、《坤》、《坎》、《离》,各统八卦)、八监(《泰》、《否》所统八卦)、二客(《大过》综成二)。以一见以明由小推大之例。以

《小畜》、《大畜》、《大过》、《小过》为之标识。一小一大，借以立法，不再推三统。《下经》不言小，故平列三统之德，再以六合之法推之，《小雅》首四方三十辐三十篇，《节》四岳四篇，三《小》三，上半由大而小，下半外牧十六篇。三统平分十五篇，终以八伯，先大后小。而《大雅》三十一篇，三皇十篇，二伯八，《生民》、《公刘》统之；五极五，《民劳》以下；五岳五，《嵩高》以下；终三统，《云汉》三篇。上下二经，定局六风，循环九风。篇章爻卦，亦各有表。大约明用六合，实则三终始壮终衣裳裘之法，为读《易》一大例也。

予丁酉于资中以释球课同学，颇有切合，因汇集诸作以聚珍板印，名曰《地球新义》。戊戌、己亥续有题，合原本共三十题。罗秀峰再刻于成都（刻成仅二十题，余多未刻；急于成书，故缺略，次序亦未精审）。因分小大，而有百种书目之刻。庚寅《县志·艺文志》采序跋，加提要，所录"大统"各书如《大学》、《大戴》、《逸周书》、《山海经》、《老子》、《列子》、《庄子》、《尹子》、《尹文》、《吕览》、《淮南》、《管》、《晏》、《申》、《韩》、《河图》诸纬、《七经纬》、《史》、《汉》、词赋及释典，"大统"皇帝之说，足与王伯相敌。因取其地舆诸说，辑为《大共图》；政事风俗典章注《周礼》，名《周礼新义》；并推考义例，以注《诗》、《易》二经。辛丑春暮，草稿初毕，乃晚得一巨证曰：《楚辞》屈宋，与《列》、《庄》所学宗旨全同，《骚》为《诗》余，盖实《诗》说。先师举《楚辞》以说《诗》，亦如《诗》、《乐》诸纬，精确不移。考《山海》为地球五洲之古说，《诗》、《易》之于《海经》，亦如《春秋》、《尚书》之于《禹贡》。《楚辞》本之为说。地水、古帝、神祇、鸟兽、草木，如《天问》诸篇，吴氏诸书皆据《海经》为说。所云《远游》上下四旁，与《列》、《庄》之神游、飞升六合、置身于无何有之乡。大约除名物以外，所有章句言语，不出于《诗》，则出《列》、《庄》，本本原原，均可覆按。是屈、宋所学同于蒙庄，游心泰素，步超黄老，所著诸篇，皆以发明道德宗旨、风雅义例。如经之"求女"，即《诗》之求诸侯，东钓鱼，西弋隼，其事同。所云群小、众女，嫉妒、谗诟、怨詈、构陷，亦同于《诗》，以小言、迕言、迕獣为谗言、为忧伤、丧乱，众女为诸侯，即《诗》之"愠于群小""觏闵既多，受侮不少"。《小雅·巧言》、《鹿鸣》四篇，《青蝇》、《柏舟》、《谷风》篇皆同。盖大同至公无我，凡自私自利，五伯攻取，诸侯并争，蜗角蚊睫，所谓申、韩、孙、吴、苏、张论述，以大人观之，所谓谗间觏昏。所云内美外修中情，衣裳冠服亦同于《诗》。为中外地方言之，春秋、寒暑、日月、霜露，亦即四荒、四极之起文。木兰与秋兰分东西，木即《诗》木瓜、木桃、木李之字法；以琼佩为西，亦即琼瑶、琼琚、琼玖之佚文。赤松、王乔皆为求仙。彭咸即《山海经·大荒西经》"有山名曰丰沮玉门，日月所入。有灵山，巫咸（一）、巫彭（四）及即、朌、姑、真、衣、抵、谢、罗（共十巫）。从此升降，百药爰在"。与《地形训》所言"地中"相同。考彭、咸共五六见，经云"愿依彭咸之遗则"，"吾将从彭咸之所居"，又"指彭咸以为仪"，"思彭咸之故也"，"夫何彭咸之造思"，"昭彭咸之所闻"。按：灵山，日月所入，巫咸、巫彭从此升降，即"彭咸之所居"。经中言"巫咸作卜"，别有《卜居》篇，则"咸"即巫咸，"居"即卜居，与灵山十巫升降之区明矣。（或云彭即灵芬，灵山之巫彭，"彭"、"芬"字通。）屈、宋多用《海经》，则《卜居》从居，当即《大荒》灵山、彭咸，为十巫之二，盖可知矣。王《注》以为沉渊之人，经固无此意。使用沉渊事，则《列》、《庄》故事甚多，奚必用此无征之人！

《诗》专详地球五洲之事，为《庄子》"六合以内"；《易》专言天道，为"六合以外"。道家之乘龙、御风，《楚辞》之登天上征，《国语》引《尚书》"绝地天通"，言颛顼以前，人能升天，传述其说，盖专为"小统"言之。至于"大统"，则人实能登天。（如西人所云日轮中通商之说。）《列子·汤问》篇言天地之外，更有大天地；以《易》言之，《乾》、《坤》为小天地，《泰》、《否》为大天地。二氏登天之说，不尽虚空。其说皆发源于《易》，如《庄》、《列》及《楚辞》所云，所谓"上穷碧落下黄泉"、开天门、骋帝京、询太微者，百世后必有之事，如近西人气球，其权舆也。《易》"初登于天，后入于地"，及"上下求索"之意。日不动，地绕日而成昼夜。登天入地，本谓人事。旧说据浑天家说，以登天入地皆指为日体，不谓人事。其实非也。御风上征之说，自《楚辞》、道家以后，词赋家转相习用。所谓游仙，与海外九州之说，实足相敌。元、明以前，同以为悠谬之谈，无稽之说；乾、嘉以后，地球之说大显，四方四极，昼夜反，寒暑异，近人皆知实有其地，实有其事，古说信而有征。惟上天之说，人尚疑之。既无其事，则无稽之谈，何以人人传习？老师宿儒、通人硕辅，凤以正学自命者，亦言之不讳。盖谈天说地，皆为经学旧说。前人囿于耳目，斥为虚诬。纪文达、阮文达于中学最号博通，乃疑西人五洲之说为虚诬，此专任耳目之过。大地之说,今日大显,登天旧义,安知千百年后,游天球一周,不如今环游地球一周乎?今用《庄子》说,六合以内,统归于《诗》,六合以外,统归于《易》。将秦汉以来所有登天之说汇集一书,详其条例,据以说《易》。《列》、《庄》谈地之说,前人以为寓言者,今一一皆可指实。由地推天,其事易也。乘云上升,物理所有,圣神先知垂为典训。必推究其极,以为群经之归宿,一如朱子辑《近思录》,首卷高谈玄渺,采《太极》、《通书》之例。夫明天道,说阴阳,儒家之常语,特未能推究其旨,犹守井蛙夏虫之见耳。

孔子制作,于一定之中,立为三统之变。三统则为三王,"大统"则为三皇。三王之说,《尚书》、《春秋》详之;三皇之说,则义存《诗》、《易》。考《诗》一《风》一篇,多兼言三统,一《风》不止当一代。如《王风》始三篇言苍天,以东方为主,为天统;中四篇言四方,以中为主,为人统;末三章言留、言采葛,为素统,素统乘权为西方之伯。一《风》兼三统,如《诗》著之素、青、黄三章分三统,是三统为循环大例。以此推之,《易》每卦六爻亦当分三统,如《乾》卦三、四为六爻之中,此为地球地中黄帝,故二爻多言"无咎",无咎即黄帝无疆无涯;二、五爻为中国之中,为天统,二、五多言吉,东方为吉;初、上为西极地中,中国为三四、二五之中,西极边远无中可言,故初、上二爻爻词多言凶。素衣麑裘为凶服,一卦六爻分三统,三、四为黄衣狐裘,二、五为缁衣羔裘。六爻分应三统,如《诗》之一风分应三统。实则小王统见于《小雅》、《上经》,大皇统见于《大雅》、《下经》。二经虽以大为主,亦以小配大。由小可推大,大亦可化为小也。

(录自刘梦溪主编、蒙默编校:《中国现代学术经典·廖平 蒙文通卷》,河北教育出版社 1996 年版。)

辜鸿铭儒学学案

辜鸿铭(1857—1928),名汤生,字鸿铭,号立诚,又别署为汉滨读易者,祖籍福建厦门同安县,生于马来西亚槟榔屿。号称"清末怪杰",中国近代翻译家。

辜家早年自福建迁居南洋,多年打拼后家产日丰、声誉渐著。其父辜紫云为当地一家英人橡胶园总管。园主布朗(F. S. Brown)无子,乃在辜鸿铭出生后收养做义子。1867 年,布朗夫妇回苏格兰,随往,从此开始了在欧洲 11 年的游学生涯。期间,先后学习和掌握多门外语,在对西方的历史文化深入了解后,更认同中国文化。他学识渊博,多与西方名流和上层人士接触,率能以才学折西人,故而国际声誉日隆,渐成华人世界的一面旗帜。19 世纪 80 年代中期,因偶然机缘入张之洞幕,此后 20 余年以襄助张之洞故,参与国家政治外交类事。1906 年,将两部英文著作《当今,皇上们,请深思!日俄战争之道德原因》(*ET Nunc,Reges,Intelligite! The Moral Cause of the Russia－Japanese War*)和《尊王篇——一个中国人对义和团运动的兴起和欧洲文明的看法》(*Papers from a Viceroy's Yamen：A Chinese Plea for the Cause of Good Government and True Civilization*)寄给俄国文学家托尔斯泰,托氏以自己著作的英译本回赠,后又以长信回复。同年 10 月,又将英译《中庸》、《大学》寄赠托尔斯泰。1913 年,被提名诺贝尔文学奖,英译《中庸》在伦敦第三次印刷。1917 年,张勋复辟,被授以外务部侍郎职,复辟旋即失败。1924 年,泰戈尔来华,在北京与之会晤并讨论东方文化和宗教问题。同年,应邀观光汉城,又应邀赴日本东京、京都、大阪、神户等地以英文演讲中国文化;其论文演讲被编译为德文著作《呐喊》(*Vox Clamantis*,又名《哀诉之音》)出版。1925 年 4 月,应日本大东文化协会邀请,再度赴日演讲东方文化,直至 1926 年夏天。1928 年 4 月 30 日,于北京病逝。

　　辜鸿铭因其早年游学欧洲时政治保守主义思潮兴盛,故而思想亦不免有相当的保守性,此从其反对康梁维新、反对文学革命、反对五四运动等举止上皆可观见。然他博通中西、宿儒饱学,声及中外、誉满欧亚,是在当时后世皆有定论,故终为国内文化和学界所重,能多年任教于北京大学便是证明。其主要著作有《清流传》、《中国人的精神》等,翻译有《论语》、《中庸》、《大学》等。

（刘　斌　毕晓乐）

中国人的精神(节选)①

　　实际上,我在这里要指出的是:中国人最美妙的特质并非他们过着一种心灵的生活。所有处于初级阶段的民族都过着一种心灵的生活。正如我们大家都知道的一样,欧洲中世纪的基督徒们也同样都过着一种心灵的生活。马太·阿诺德就说过:"中世纪的基督教诗人是靠心灵和想象来生活的。"中国人最优秀的特质是当他们过着心灵的生活、像孩子一样生活时,却同时具有为中世纪基督徒或其他任何处于初级阶段的民族所没有的思想与理性的力量。换句话说,中国人最美妙的特质是:作为一个有着悠久历史的民族,它既有着成年人的智慧,又能够过着孩子般的生活——一种心灵的生活。

　　因此,我们与其说中国人的发展受到了阻碍,不如说它是一个永不衰老的民族。简言之,作为一个民族,中国人最美妙的特质就在于他们拥有了永葆青春的秘密。

　　现在我们可以回答最初提出的问题了——什么是真正的中国人?我们现在已经知道,真正的中国人就是有着赤子之心和成年人的智慧、过着心灵生活的这样一种人。简言之,真正的中国人有着童子之心和成年人的智慧。中国人的精神是一种永葆青春的精神,是不朽的民族魂。那么,这种使民族不朽、永远年轻的秘密又何在呢?诸位一定还记得在篇首我曾说过:是同情的或真正的人类的智能造就了中国式的人之类型,从而形成了真正的中国人那种难以言表的温良。这种真正的人类的智能,是同情与智能的有机结合。它使人的心与脑得以调和。总之,它是心灵与理智的和谐。如果说中华民族之精神是一种青春永

---

　　① 这里节选的是辜鸿铭在北京东方学会上所宣讲的论文。

葆的精神、是不朽的民族魂，那么，民族不朽的秘密就是中国人心灵与理智的完美谐和。

现在诸位或许会问：中国人是从何处、又是怎样得到了这种使民族永远年轻、让心灵与理智得以和谐的秘密的呢？答案只能从他们的文明中去寻找。诸位不可指望我在这短短的时间里做一个关于中国文明的报告。然而，我还是将试着告诉诸位一些涉及目前论题的有关中国文明的一些情况。

首先，我要告诉诸位，中国文明与现代欧洲文明有着根本的不同。著名的艺术评论家勃纳德·贝伦森先生在比较欧洲与东方艺术时曾说过："我们欧洲人的艺术有着一个致命的、向着科学发展的趋向。而且每幅杰作几乎都有着让人无法忍受的、为瓜分利益而斗争的战场的印记。"正如贝伦森先生对欧洲的艺术评价一样，我认为欧洲的文明也是为瓜分利益而斗争的战场。在这种为瓜分利益而进行的连续不断的战争中，一方面是科学与艺术的对垒，另一方面则是宗教与哲学的对立。事实上，这一可怕的战场存在于人们的头脑和心灵中——存在于心灵与理智之间——造成了永恒的冲突和混乱。然而在中国文明中，至少在过去的二千四百年里，是没有这种冲突与混乱的。中国文明与欧洲现代文明的根本区别就在于此。

换句话说，在现代欧洲，宗教拯救人的心却忽略了人的脑；哲学满足了人头脑的需要但又忽视了人心灵的渴望。我们再来看看中国。有人说中国没有宗教。诚然，在中国即使是一般大众也并不太看重宗教，我指的是欧洲人心目中的宗教。对中国人而言，佛寺道观以及佛教、道教的仪式，其消遣娱乐的作用要远远超过了道德说教的作用。在此，中国人的玩赏意识超过了他们的道德或宗教意识。事实上，他们往往更多地求助于想象力而不是求助于心灵。因此，与其说中国没有宗教，还不如说中国人不需要——没有感觉到宗教的必要更确切。

中国人，即使是一般大众也没有宗教需要，这个如此奇特的现象应该做何解释呢？对此，伦敦大学的汉学家道格拉斯先生在其儒学研究中曾有过如下论述："已有四十多代的中国人完全服从于一个人的格言。中国人所受到的孔子之教特别适合中国人的本性。中国人是蒙古人种，其黏液质头脑不善思辨穷理。这就自然会排斥对其经验范围之外的事物进行探究。未来世界的生活是不可知的,孔子所阐述的那些简明易懂的道德规范,已全然满足了中国人的需要。"

这位博学的英国教授说中国人不需要宗教,是因为他们已经受教于儒学,这个观点是正确的。但他认为中国人之所以不需要宗教是由蒙古人种的黏液质头脑及不善思辨所造成的,他就完全错了。宗教最初并非产生于思辨,宗教是一种感情、一种激情的东西,它与人的灵魂相联系。甚至非洲的野蛮人在刚一脱离动物般的生活时、他身上那种称之为心灵的东西刚刚觉醒时,就立刻有了对宗教的需要。因此,虽然蒙古人种的头脑或许是黏液质和不善思辨的,但我们必须承认,作为蒙古人种的中国人与非洲野人相比,毕竟属于更高层次的一种类型。既然非洲蛮人都有心灵,那么中国人就更不必说了。有心灵就需要宗教,除非有别的什么东西能够取代了宗教。

实质上,中国人之所以没有对于宗教的需要,是因为他们拥有一套儒家的哲学和伦理体系,是这种人类社会与文明的综合体儒学取代了宗教。人们说儒学不是宗教,的确,儒学不是欧洲人通常所指的那种宗教。但是,我认为儒学的伟大之处也就在于此。儒学不是宗教却能取代宗教,使人们不再需要宗教。

要搞清儒学是如何取代宗教的,我们就必须首先弄懂人类为什么需要宗教。在我看来,人类需要宗教同需要科学和哲学的原因是一样的,都在于人是有心灵的。我们先以科学为例,这里我指的是自然科学。是什么原因促使人们去追求科学呢?多数人会认为是出于对铁路、飞机一类东西的需要导致了对科学的追求。实际却并非如此。当前所谓进步的中国人为了铁路、飞机去追求科学,他们永远也无法懂得科学的真谛。在欧洲历史上,那些真正献身科学、为科学进步而努力的人们,那些使修筑铁路、制造飞机成为可能的人们,他们最初就根本没有想过铁路和飞机。他们献身科学并为科学进步作出贡献,是因为他们的心灵渴望探求这广袤宇宙那可怕的神秘。人们之所以需要宗教、科学、艺术乃至哲学,都是因为人有心灵。不像野兽仅留意眼前,人类还需要回忆历史、展望未来——这就使人感到有必要懂得大自然的奥秘。在弄清宇宙的性质和自然法则之前,人类就如同处在黑屋之中的孩子,感到危险和恐惧,对任何事情都难以把握。正如一个英国诗人所言,大自然的神秘啊,沉重地压迫着人们。因此,人们需要科学、艺术和哲学,出于同样的原因,也需要宗教,以便减轻神秘的大自然、这个难以理解的世界所带来的重压。

艺术和诗歌能够使艺术家和诗人发现大自然的美妙及宇宙的法则,从而减轻了他们所承受的压力。因此诗人歌德曾这样说过:"谁拥有了艺术,谁就拥有了宗教。"所以,艺术家们不需要宗教。哲学能够使哲学家懂得宇宙的法则和秩序,从而缓解了这种神秘所带来的压力。因此,对像斯宾诺莎那样的哲学家来说,智力生活的极致便是一种转移,正如对于圣徒来说宗教生活的极致是一种转移一样。所以他们不感到需要宗教。最后,科学也能够令科学家认识宇宙的奥秘和秩序,使来自神秘自然的压力得以减轻。因此,像达尔文和海克尔教授那样的科学家也不感到需要宗教。

但对于大多数人来说,他们既不是诗人和艺术家,也不是哲人和科学家,而是一群凡夫俗子。对于他们来说,生活充满了困苦,每时每刻都要经受着各种事故的打击,既有来自自然界的恐怖暴力,也有来自同胞的冷酷无情。有什么东西能够帮助人类减轻这个神秘莫测的世界所造成的重压?唯有宗教。但宗教又是如何起作用的呢?我认为宗教给人以安全感和永恒感。在自然力的恫吓下,在冷酷无情的同胞面前,在令人恐怖的大自然的神秘感的驱使下,普通百姓们转而求助于宗教——在这个避难所里他们找到了安全感。他们确信有一个超自然之物以绝对权力控制着那些给予他们打击的力量。此外,现实中那永恒的变换、人生的变故——从出生,经儿童、青年、老年直至死亡,这些神秘的、不确定的现象,同样使人们需要一个避风港——在那里他们得到了永恒感,确定对于来世的信念。在这个意义上,我认为宗教使那些既非诗人、艺术家,也非哲学家和科学家的百姓们得到了安全感和永恒感,从而减轻了这个世界给他们造成的压力。耶稣说过:"我赐给你安宁,这种安宁,世界不能给予你,也无法将它从你身上剥夺。"这就是我所说的宗教给予众生的安全感和永恒感。因此,除非你能找到像宗教那样能给众生以同样的安全感和永恒感的东西,否则芸芸众生将永远需要宗教。

但是我曾说过,儒学不是宗教却能取代宗教。因此,在儒学中必定存在像宗教那样能给众生以安全感和永恒感的东西。现在，我们就来探寻一下，儒学中这种能给众生以安全感和永恒感的东西究竟是什么。

常常有人问我：孔子对中华民族的贡献何在？我本可以告诉你们许多关于孔子的贡献，但今天由于时间的关系，我只能将孔子最重要也是最主要的一个贡献告诉诸位。孔子自己曾说："知我者其为《春秋》乎？"当我对此加以解释之后，诸位就会明白儒学何以能像宗教那样给人安全感和永恒感。为了将这个问题解释清楚，请允许我先对孔子及其生平做一简要说明。

正如在座诸位中不少人所知道的那样，孔子生活在中国历史上的春秋时期——那时封建时代已进入末期。半宗法式的社会秩序和统治方式必须扩展和重建。这种巨大的变化不仅必然带来了世界的无序，而且造成了人们思想的混乱。我曾说在中国二千五百年的文明史中，没有心灵与头脑的冲突。但我现在必须告诉诸位，在孔子生活的时代里，中国也同现在的欧洲一样，人们的心灵与头脑曾发生过可怕的冲突。生活在孔子时代的中国人拥有一套庞大的制度体系。确立的事物、公认的教义风俗和法律——事实上，拥有一套他们从祖先那里继承下来的社会制度和文明。然而，他们的生活却不得不发生变化。他们开始感到这种制度不是他们的创造，它与他们的实际生活决不相应，只是惯例的沿袭而非理性的选择。中国人在二千五百年前的觉醒，探寻事件的因果，这无异于欧洲所谓的现代精神——自由主义精神，追寻事物因果的探索精神。有着这种现代精神的中国人，认识到传统的社会秩序和文明与现实生活已不甚相符，他们不仅要建立新的社会秩序和文明，而且还要为之寻找一个基础。但是在中国，为这个新秩序和文明寻找基础的尝试均告失败。有的满足了人的头脑——满足了中国人理性的需要，但未能使人的心灵得到抚慰。有的满足了心灵的渴望，却又忽略了头脑的需求。与今日的欧洲相同，在重建秩序和文明的过程中，二千五百年前的中国人也发生了心灵与头脑的冲突。这种冲突使中国人对一切文明感到了厌倦，在极度痛苦与绝望中产生了对文明的不满，他们试图灭绝一切文明。比如中国的老子就仿佛今天欧洲的托尔斯泰，他看到了心脑冲突给人类造成的不幸后果，认为所有的社会制度与文明均有根本性的错误。于是，老子和庄子（后者为老子的得意门生）

就告诉中国人应该抛弃所有文明。老子对中国人说："放弃你所有的一切，跟随我到山中去当隐士，过一种真正的生活——一种心灵的生活、不朽的生活。"

然而，同样是看到了社会与文明造成的苦难和牺牲，孔子却认为错误不在于社会与文明本身，而在于这个社会与文明的发展方向上，在于人们为这个社会与文明打下了错误的基础。孔子告诉中国人不要抛弃他们的文明——在一个有着真实基础的社会与文明中，人们同样能够过上真正的生活、过着心灵的生活。实际上孔子毕生都致力于为社会和文明规定一个正确的发展方向，给它一个真实的基础，并阻止文明的毁灭。但在他的晚年，当他已经意识到无法阻止文明毁灭的时候——他还能够干些什么呢？作为一个建筑师，看到他的房子起火了，屋子在燃烧、坍塌，他已明白无法保住房子了。那么他能够做的一件事就是抢救出房子的设计图。这样就有可能日后重建房屋。因此，当孔子看到中国文明这一建筑已不可避免地趋于毁灭时，他自认只能抢救出一些图纸。这些被抢救出来的东西现在被保存在中国古老的经书中——即著名的五经之中。因此我认为孔子对中华民族的一大贡献，在于他抢救出了中国文明的蓝图。

孔子抢救出中国文明的蓝图是对中华民族的一大贡献，但这还不是最大的贡献。孔子的最大贡献是按照文明的蓝图做了新的综合与阐发。经过他的阐发，中国人民拥有了一个真正的国家观念——为国家奠定了一个真实的、合理的、永久的、绝对的基础。

然而，古代的柏拉图、亚里士多德和近代的卢梭、斯宾塞同样对文明做过新的综合，并试图给予人们一个真正的国家观念。那么这些欧洲大哲学家们的理论体系与儒家的文化哲学、道德规范有何不同呢？我认为不同之处就在于，欧洲哲人们未能将其学说变为宗教或等同于宗教，其哲学并没有被普通民众所接受。相反，儒学在中国则为整个民族所接受，它成了宗教或准宗教。我这里是就广义而言，而非欧洲人所指的狭义宗教。歌德说过："Nur Ssaemtliche Menschen erkennen die Natur；nur saemtliche Menschen leben das Menschliche。"（唯有民众懂得什么是真正的生活，唯有民众过着真正的人的生活。）就广义而言，我们所说的宗教是指带有行为规范的教育系统，它是被许多人所接受并遵守的准则，或者说至少是为一个民族中的大多数人所接受并遵守的准则。就此而言，基督教、佛教是宗教，儒学也是宗教。因为正如你们所知，儒学在中国已得到了全民的信仰，它的规范为全民族所遵从。相反，哲学家柏拉图、亚里士多德、卢梭、斯宾塞的学说即使是在广义上说也未能成为宗教。这就是欧洲哲学与儒学最大的不同——一个是仅为学者所研究的哲学，另一个则不仅是学者所研究的哲学，而且得到中华民族的信仰，成为宗教或相当于宗教的东西。

就广义而言，我认为儒学、基督教、佛教同为宗教。但诸位也许还记得，我曾说儒学并非欧洲人所谓的宗教。那么二者之间有何区别呢？显然，从起源上看，一个有超自然的因素，另一个则没有。但除此之外，儒学与欧洲人心目中的宗教如基督教、佛教仍有不同。这不同之处就在于，欧洲意义上的宗教是教导人们做一个善良的（个）人，儒教，则更进一步，教导人们去做一个善良的公民。基督教的教义这样发问：人的主要目的是什么？而儒教教义却是这般提醒：公民的主要目的是什么？儒教认为没有个人的生活，作为个人，他的生活与他人及国家密切相关。关于人生的目的，基督教的答案是"给上帝增光"。儒教则认为人生的主要目的，是做一个孝顺的儿子和善良的公民。在《论语》这样一部记述孔子言行的著作中，孔子的弟子有若曾引述孔子的论述，说道："君子务本，本立而道生。孝悌也者，其为仁之本欤！"总之，欧洲人心目中的宗教，企图使每一个人都变成一个完人、一个圣者、一个佛陀和一个天使。相反，儒教却仅仅限于使人成为一个好的百姓、一个孝子良民而已。换言之，欧洲人的宗教会这么说——"如果你要信教，你就一定要成为一个圣徒、一个佛陀和天使。"而儒教则言道——"如果你能够像孝顺的儿子和善良的臣民那样生活，你就入了教。"

实际上，儒教与欧洲人心目中的宗教如基督教、佛教之间真正的不同在于：一个是个人的宗教或称教堂宗教，另一个则是社会的宗教或称国教。我说孔子对中华民族最大的贡献，是给予了人们真正的国家观念。孔子正是为了赋予人们真正的国家观念而创立了儒教。在欧洲，政治成了一门科学，而在中国，自孔子以来，政治则成为一种宗教。简言之,孔子对中华民族最大的贡献,即在于他给了人们一个社会宗教或称为国教。

〔录自黄兴涛等编译:《辜鸿铭文集》(下卷),海南出版社 1996 年版。原载《中国评论》(英文),1914 年 6 月。〕

康有为儒学学案

康有为(1858—1927),又名祖诒,字广厦,号长素,又号明夷、更牲、西樵山人、游存叟、天游化人,广东南海人,人称"康南海"。清光绪二十一年(1895)进士,官授工部主事。中国近代政治家、思想家、教育家。

康有为生于仕宦家庭,祖父康赞修是道光年间举人,父亲康达初做过江西补用知县。4 岁受教,5 岁时即能诵唐人诗数百首,6 岁从番禺简凤仪读四书、《孝经》,8 岁学为文,可谓生而颖异、根基早立。1875年,随祖父居广州专习八股。1876 年,乡试不售,乃从同邑朱九江学。1888 年,乡试不第,第一次向光绪上书畅谈自己的政治主张,期以挽救危亡。1891 年,始讲学于长兴里,是年刊行《新学伪经考》。1893 年,仍讲学广州,应乡试中第八名。1895 年 4 月 17 日,清政府与日本签订《马关条约》;5 月 2 日,联合各省应试举人 1300 余人联名上书,请求拒绝对日和约,迁都、练兵、变法,即著名的"公车上书"。其后复两次单独上书光绪。1897 年 11 月,德国强占胶州湾,赴北京第五次上书光绪,提出采法、俄、日以定国是,大集群臣而谋变政,是年刊《春秋董氏学》。1898 年初,又连续两次上书,倡言变法;4 月 17 日,与人发起的"保国会"成立,呼吁"保国"、"保种"、"保教";6 月初,代杨深秀递《请定国是而明赏罚折》《请厘正文体折》等,自上《请告天祖誓群臣以变法定国是折》,代徐致靖拟《请讲明国是正定方针折》;6 月 17 日,光绪帝诏"定国是",决定变法,"百日维新"开始。维新运动期间,曾将《孔子改制考》缮录进呈;9 月 21 日,光绪被幽禁,维新变法宣告失败;9 月 28 日,谭嗣同、林旭、刘光第、杨锐、杨深秀、康广仁因变法死难;10 月 26 日,自香港避走日本。1900 年 7 月 26 日,授意唐才常在上海发起"国会",设立自立会,组自立军,企图用武力恢复光绪帝政权;8 月 21 日,事泄失败,唐才常死难。自 1900 年到民国建立期间,周游世界各地,政治主张一以提倡立宪反对革命为鹄的。1913 年,陈焕章创办《孔教会杂志》,撰《孔教会序》;同月所编《不忍》杂志创刊,力抵革命倡言复辟。1916 年,大力提倡尊孔。1917 年 7 月 1 日,与张勋等拥溥仪复辟,受职"弼德院副院长";12 日,复辟失败。1927 年 2 月 14 日,赴天津为溥仪祝寿,次日上《述戊戌变法经过并向溥仪谢恩折》;3 月 8 日,溥仪"赐寿";18 日赴青岛;31 日,病逝。

　　尽管康有为人生的辉煌在 19 世纪最后 10 年,但到了 20 世纪,政治上过时的他仍不失为儒学界的重要人物,此前托儒学言改制,其后借儒学图保皇,宗旨各异,而援儒则一。梁启超谓其乃清末"今文学运动的中心"。其主要著作有《春秋笔削大义微言考》、《中庸注》、《孟子微》、《大同书》、《论语注》、《大学注》、《官制议》等。

(刘　斌　毕晓乐)

孔教会序一

中国数千年来奉为国教者,孔子也。大哉孔子之道,配天地,本神明,育万物,四通六辟,其道无乎不在,故在中古,改制立法,而为教主,其所为经传,立于学官,国民诵之,以为率由,朝廷奉之,以为宪法,省刑罚,薄税敛,废封建,罢世及,国人免奴而可仕宦,贵贱同罪而法平等,集会言论出版皆自由,及好释、道之说者,皆听其信教自由。凡法国革命所争之大者,吾中国皆以孔子之经说先得之二千年矣。学校遍都邑,教化入妇孺,人识孝弟忠信之风,家知礼义廉耻之化,故不立辩护士,法律虚设而不下逮,但道以德、齐以礼,而中国能晏然一统,致治二千年者何哉?诚以半部《论语》治之也。

盖孔子之道,本乎天命,明乎鬼神,而实以人道为教。《中庸》曰:"道不远人,人之为道而远人,不可以为道。"故凡在饮食男女别声被色而为人者,皆在孔教之中也。尚虑滞于时用,若冬裘之不宜于夏,水舟之不宜于陆,又预陈三统三世小康大同据乱升平之道,而与时推迁,穷变通久,使民不倦,盖如大医王,无方不备也。如使人能去饮食男女别声被色,则孔子之道诚可离也,无如人人皆必须饮食男女别声被色,故无论何人,孔子之道不可须臾离也。故范围不过,曲成不遗,人人皆在孔教中,故不须立会也。

惟今者共和政体大变,政府未定为国教,经传不立于学官,庙祀不奉于有司,向来民间崇祀孔子,自学政吴培过尊孔子,停禁民间之祀,于是自郡县文庙外,民间无祀孔子者。夫民既不敢奉,而国又废之,于是经传道息,俎豆礼废,拜跪不行,衿缨并绝,则孔子之大道,一旦扫地,耗矣哀哉!

夫国所与立,民生所依,必有大教为之桢干,化于民俗,入于人心;奉以行止,死生以之,民乃可治,此非政事所能也,否则皮之不存,毛将焉傅。中国立国数千年,礼义纲纪,云为得失,皆奉孔子之经,若一弃之,则人皆无主,是非不知所定,进退不知所守,身无以为身,家无以为家,是大乱之道也。即国大安宁,已大乱于内,况复国乱靡定乎?恐教亡而国从之。夫耶路撒冷虽亡,而犹太人流离异国,犹保其教,至今二千年,教存而人种得以特存;印度虽亡,而婆罗门能坚守其教,以待后兴焉。若墨西哥之亡也,教化文字并灭,今人种虽存,而所诵皆班文,所行皆班化,所慕皆班人之豪杰,则墨人种面目虽有存乎,然心魂已非,实则全灭也。今中国人所自以为中国者,岂徒谓禹域之山川,羲、轩之遗胄哉,岂非以中国有数千年之文明教化,有无量数之圣哲精英,融之化之,孕之育之,可歌可泣,可乐可观,此乃中国之魂,而令人缠绵爱慕于中国者哉。有此缠绵爱慕之心,而后与中国结不解之缘,而后与中国死生存亡焉。故犹太人之流离去国二千年,而天下尚号之曰犹太人,为有此犹太魂,而爱慕缠绵其犹太故也。若徒以其人种与地域也,则今之巴比仑、雅典之遗黎,殆无存者,而山川易主,万国多有。过西贡之市,昔之孔庙皆毁,昔之诵四书五经者,今后生皆诵法文,而无识华文者矣。鉴于墨、秘,能无恫乎?

且夫虽为野蛮,岂有无教之国者,况欲立于天下者哉?昔者吾国人人皆在孔教之中,鱼相忘于江湖,人相忘于道术,则勿言孔教而教自在也。今则各国皆有教而我独为无教之国,各教皆有信教奉教传教之人,坚持其门户而日光大之。惟孔教昔者以范围宽大,不强人为仪式之信从,今当大变,人人虽皆孔教,而反无信教奉教传教之人。夫人能宏道,非道宏人,无人任之,不殖将落,况今者废教停祀毁庙之议日有闻,甚至躬长教育之司,而专以废孔教为职志者,若无人保守奉传,则数千年之大教将坠于地,而中国于以永灭,岂不大哀哉!印度为佛生之地,自回教行后,佛教遂灭,尽于今千年矣,乃至五印度反无一寺一僧,过舍卫而问佛迹,答之曰,佛乃中国者,印度无之。嗟乎!不可畏耶?或谓教者非以强力取,优胜劣败,教果优者,不患不传,则佛义岂不精深于回教,何以印度故国,荡灭堙夷,至于若是,则信乎在人之宏道也。嗟我同志,为兹忧恐,爰开大会,用宏斯道,以演孔为宗,以翼教为事,其亦仁人志士所不弃也耶,其亦仁人志士所不弃也耶?

（录自汤志钧编:《康有为政论集》,中华书局 1981 年版。原载《孔教会杂志》第 1 卷第 2 号,1913 年 3 月。）

孔教会序二

仆缘于大地之上,古今立国以万数,语人曰:"国不严军兵,不设辩护士,民老死熙熙,不知律例,不识长吏,而能长治久安数千禩,统一方里数千万,孳衍种族数万万,则横览欧亚,竖穷历史,未之有也。"闻者则窃窃笑之,疑其诬也。虽然,吾中国数千年之为治,实有然也,未尝无法律,而实极阔疏,未尝无长上,而皆不逮下,上虽专制,而下实自由,狱讼鲜少,赋敛极薄,但使人知礼义忠信之纲,家知慈孝廉节之化而已。嗟乎!何由而致是哉,昧昧我思之,岂非半部《论语》治之耶?夫《论语》何氏之书也?

其非然耶,或者慕欧思美,偏知政治之为国也。夫人有耳目心思之用,则有情欲好恶之感,若无道教以范之,幽无天鬼之畏,明无礼纪之防,则暴乱恣睢,何所不至。专以法律为治,则民作奸于法律之中;专以政治为治,则民腐败于政治之内。率苟免无耻暴乱恣睢之民以为国,犹雕朽木以抗大厦,泛胶舟以渡远海,岂待风雨波浪之浩淘涌哉。若能以立国也,则世可无圣人,可无教主矣。

今之谬慕欧、美者,亦知欧、美今所以盛强,不徒在其政治,而有物质为之耶?欧、美所以为人心风俗之本,则更有教化为之耶?政治教化之与物质,如鼎之足峙而并立,教化之与政治,如车之双轮而并驰,缺一不可者也。或者以法革命之废教也,岂知法废旧教而已,而尊天与基督无异也。万国自小蛮夷,莫不有教。嗟乎!天下岂有无教而可为国者哉?教宜何从,审其历史风俗之宜、人心之安者,其道至顺,则从之,非其历史风俗之宜、人心之安者,则可以致乱,如是则置之。

举中国万里之土壤,历二千四百年之绵暧,合数万后王卿士绅缨民庶妇孺之礼俗,所信受奉行、诵读尊敬者,岂非先圣孔子之遗教耶?夫孔子之道,本于天,人之性出于天,故因人性以为道,若男女食味被服别声,人之性也,但品而节之,而不绝之,故至易至简,而人不可须臾离其道也。苟非若婆罗门之去肉出家,墨子之非乐不歌,则普大地万国之人,虽欲离孔教须臾而不能也。非惟中国也,凡人之为人,有生我者,有与我并生而配合同游者,有同职事而上下者,则因而立孝慈友弟义顺忠信笃敬之伦行。苟非生于空桑,长于孤岛无人之地,则是道也,凡普大地万国之人,虽欲离孔教须臾而不能也。非惟中国为然也。恻隐羞恶谋虑进取,人之性也,扩而充之,以为仁义智勇之德,虽禽兽亦有是一二焉,但不能合而扩充耳。则是道也,凡普大地万国之人,虽欲离孔教须臾而不能也。

孔子尚虑后世之泥于一端,而不能尽于事变,故曰"书不尽言,言不尽意";又曰"观其会通以行其典礼"、"穷则变,变则通",故为运世之道。近则设三统,远则张三世,以极其变通之宜。三统则有忠质文之异,亲亲尚功明鬼,时为重轻,子丑寅之三正,赤白黑之三色,时为建尚,乃至立明堂,则三十六牖七十二户,或高大圆侈,或椭圆衡方,或卑污方,为衣服,或长前衽,或长后衽,或前后长,而今各国正朔宫室衣服之制皆在焉。今非衣长后衽,而玄冠缁衣耶?其《春秋》明三世之义,则发据乱、升平、太平之异,据乱内其国而刺大夫,升平内诸夏而贬诸侯,太平则内外大小若一,而去天子,其三世之中,各自为三世,亲亲仁民爱物,迟衍达于无穷,故于《诗》首文王以明立宪,《书》称尧、舜以明民主,《易》称"见群龙无首,为天下之至治",于《礼运》尤大畅其微旨,以天下为公,为大同,以正君臣为小康,故子思述祖德,以为"万物并育而不相害,道并行而不相悖,如四时之错行,日月之代明"。善乎庄生尊孔子为神明圣王也,曰"配天地,本神明,育万物,六通四辟,本末精粗,其运无乎不在"。嗟乎!此孔子之道所以为大也。夫大医王者,药笼中无不备,期于瘳民之疾,岂有挟一独步单方,而可以为圣医者乎?

自汉时行孔子拨乱之治,风化至美,廉让大行。宋明儒学,仅割据其一体,或有偏矫,然气节犹可观焉。若夫《春秋》讥世卿,故汉时已去世爵,而布衣徒步,可为公卿。诸经之义,人民平等而无奴,故光武大行免奴,先于林肯二千年,孔子法律尚平,其有讼狱,则亲王宰相受法同罪,未以伪《周礼》议亲议贵为然也。经尤言薄税敛,故轻减税率。今天津亩田税仅十三钱。汉时学校，已遍全国，人民皆得入学，工商惟人民所习，无限制，聚会著书言论皆自由。孔子敷教在宽，其有从佛道教者皆听。凡此皆法革命时流血百万而后得之者，而吾中国以奉孔子教，诸儒日以经义争而得之于二千年前，遍校万国，皆未得有，此吾中国之美化，岂非孔教之盛德大功欤？吾人何幸而受之。

顷年学士不通道教之原，立学官之经传，已有选择，大道沦坠，几付烧薪，用致廉耻扫地，礼化荡夷，极至晚清之季，而大道丧矣。自共和来，礼乐并废，典章皆易，道揆法守，扫地无余，遂至教育之有司，议废孔子之祀典，小则去拜跪而行鞠躬，重则废经传而裁俎豆，黉序鞠茂草之场，庙堂歇丝竹之声。呜呼！曾不意数千年文明之中华，一旦沦胥，至为无教之国也，岂不哀哉。夫印度虽亡，而婆罗门教二万万人，守教之严毅如故，则印度人之政权虽亡，而教化未亡，他日印人即可从此而兴焉。犹太虽亡，而犹太教不亡，虽流离异国，奉之不移，乃至于今，犹太耆旧男女，当日之午，犹抚其大辟所罗门之城石而哭焉，则犹太人之政权虽亡，而教化未亡，他日犹太人，即可由教而兴焉。呜呼！耗矣哀哉，灭绝无余者，墨西哥也。为班所灭，至古文字图画而灭之。今墨人面目，虽为墨之遗黎哉，而所述之圣哲豪杰，往训遗徽，皆班人之贤哲豪杰也，则是全灭也。故灭国不足计，若灭教乎，则举其国数千年之圣哲豪杰，遗训往行尽灭之，所祖述者，皆谓他人父也，是与灭种同其惨祸焉。何其今之人，不自爱国，乃并数千年之文明教化，与其无量数圣哲之心肝、豪杰之骨血，而先灭之欤？彼以孔教为可弃，岂知中国一切文明，皆与孔教相系相因，若孔教可弃也，则一切文明随之而尽也，即一切种族随之而灭也。嗟乎！中国人而有此也，是何心哉？

或谓教不待传，优者自存，劣者自汰，天演之自然也。虽然，吾尝遍游五印度矣，奄万里之境，无一香火之寺，无一印人之僧，驱车于舍卫，止宿于王舍城，问以鹫岭以佛迹，博物院之人曰："佛乃在中国，此地无之。"呜呼！以佛教之精微广大也，至于历劫不能不坏，故曰"人能弘道，非道弘人"，岂得谓教不待传而自行哉？

或谓儒家大义，最重伦纲，今政改共和，君臣道息，则遗经垂教，窒碍难行，此沟犹督儒，未通古义之论也。夫君臣之本义，但指职事之上下言之，非为一帝者言。《传》曰："王臣公，公臣大夫，大夫臣士，士臣皂,皂臣舆,舆臣隶。"由斯而言,士对于大夫为臣,而对于皂则为君矣;舆对于皂为臣,而对于隶亦为君。故大夫有家臣,而家主得称君,《礼·丧服》妾为君,为女君,家人则父母为严君。至汉时人相呼以君臣,而为郡将死节,犹尽君臣之义焉。自梁时改称下官,禁称君臣,于是千年来,但对帝者为君臣,而宋儒益厉天泽之分,遂使今人有专制之忿,而波怒误及于孔子焉。然求以孔子古义,则一切之主伯亚旅,无在不有君臣之义存焉。譬若一肆之中,肆主不以礼待其肆伙,肆伙不以忠事其肆主,而望其肆之兴也,其可得乎?然则君臣之道,不能须臾离,而孔子之教,无可毫厘疑也。况孔子复有天下为公,选贤与能之大同道,群龙无首之太平世哉。执一端以疑先圣,是飞沙眯目,而责日月之失明也,岂不大愚哉。

　　或谓各国宗教,皆主神道,孔子既不语神,则非教主也。愚儒一孔,遂敢妄议孔子只为哲学、政治、教育之名家,仅侪之于希腊索格拉底、伯拉图之列,此自日人不知孔教之谬论,而吾国人为所蔽惑,误祖师其说,而自弃其教,尤愚谬之甚者也。中国数千年之言儒释,只曰教而已矣,无神人之别也。夫今人之称宗教者,名从日本,而日本译自英文之厘离尽 Religion 耳,在日人习用二文,故以佛教诸宗加叠成词,其意实曰神教云尔。然厘离尽之义,实不能以神教尽之,但久为耶教形式所囿,几若非神无教云尔。夫教而加宗,义已不妥,若因佛、耶、回皆言神道,而谓为神教可也,遂以孔子不言神道,即不得为教,则知二五而不知十者也。夫凡为圆首方足之人,身外之交际,身内之云为,持循何方,节文何若,必有教焉以为之导。太古草昧尚鬼,则神教为尊,近世文明重人,则人道为重,故人道之教,实从神道而更进焉。要无论神道人道,而其为教则一也。譬如君主有专制立宪之异,神道之教主独尊,如专制之君主焉,人道之教主不尊,如立宪之君主焉,不能谓专制之君主为君主,而立宪之君主非君主也。然则谓言神道者为教,谓言人道者非教,谓佛、耶、回为教,谓孔子非教,岂不妄哉!况孔子尊天事帝,无贰尔心,明命鬼神,为黔首则,原始反终,而知死生之说,精气为物,游魂为变,而知鬼神之情状,孔道何所不有,乃执不语神之单文,以概孔教之大道,是犹南洋人不知北地之有冰雪,而疑其无也。岂知孔子弟子传道四方,改制立法,实为中国之教主,岂与夫索格拉底仅明哲学者等量齐观哉。

善乎吾友英名卿勃拉士之言曰:"共和国以道德物质为尚,尤过于政治也。国无道德,则法律无能为。今观国者,视政治过重,然政治非有巧妙,在宜其民之风气事势,养其性情,形以法律。"然则今中国之所以为教,宜知所从矣。佛、回久入中国,既以信教自由之故,民久安之,而相忘相混矣。然佛在蒙、藏,久明罪福,其教宜行。夫佛说虽微妙澶漫,然多出世之言,如全施于中国,未见其周于民用也。基督尊天养魂,戒恶劝善,行之欧、美,成效久彰矣。然孔子之道,以人为天所生,故尊天以明万物皆一体之仁,又以人为父母所生,故敬祖以祠墓著传体之孝,若基督只明尊天而敬祖阙焉。今岂能举中国四万万人之祠墓而一旦尽废之,若今不尊孔,则何从焉,将为逸居无教之民欤? 暴戾恣睢,以快嗜欲,而近于禽兽乎,则非待烹灭绝种而何?

嗟乎! 皮之不存,毛将焉傅。今欲存中国,先救人心,善风俗,拒诐行,放淫辞,存道揆法守者,舍孔教末由已。美人杜威告吾曰:"吾美之患,有国而无家。"信如父不父,子不子,夫不夫,妇不妇,虽有粟,其得而食诸。凡我同人,将恐将惧。夫教为天下,不为一国而设,日本近者广厉儒学,崇祀孔子,况吾宗邦而自弃之。且吾国人人,本皆覆帱于孔教中,不待立会,犹吾国人人皆为中国民,不待注籍也。惟今列国交逼,必有国籍,诸教并立,亦有教籍,则教会之立,不可已也。大夫君子,邦人诸友,莫肯念乱乎。谁无良知,谁无责任,服教有年,弘道是务,守死善道之士,血气含识之伦,同扬泗水之波澜,共奏壁中之丝竹,其不致于洪水滔天,猛兽满野耶? 其诸邦人咸乐从于是会欤,吾中国犹有望也。孔子二千四百六十三年秋八月壬子,南海康有为撰。

(录自汤志钧编:《康有为政论集》,中华书局 1981 年版。原载《不忍》第 1 册,1913 年 2 月;又载《孔教会杂志》第 1 卷第 2 号,1913 年 3 月。)

以孔教为国教配天议

购日本《六法全书》一册，夜译而朝布之，神禩其高玄冠，弟佗其缁后衽衣，西食而马车，握手鞠躬，免冠而风趋，若是者，足以治强中国乎？则樵夫负贩之氓睨而笑之。今中国阽危，人心惘惘汹汹，政治之变，能救之欤？意者亦有待于教化耶。

且夫礼俗教化者，人所以行持云为者也，人道以为主宰，奉以周旋者也。何以立身，何以行事，何以云为，何以交接，必有所尊信畏敬者，以为依归，以为法式，此非一日所能致也。积之者数千年，行之者数万万人，上自高曾祖父，至于其身，外自家族乡邑，至于全国，习焉而相忘，化焉而不知，是所谓风俗也。风俗善则易归于善，风俗恶则易归于恶，苟不尊奉一教以之为主，则善者安知其为善。而恶者安知其为恶也。故凡国必有所谓国教也。国教者，久于其习，宜于其俗，行于其地，深入于其人心者是也。虽诸教并立，皆以劝善惩恶，然宜不宜则有别焉。故佛教至高妙矣，而多出世之言，于人道之条理未详也；基督尊天爱人，养魂忏恶，于欧、美为盛矣，然中国四万万人能一旦舍祠墓之祭而从之乎，必不能也。然而今中国人也，于自有之教主如孔子者，而又不尊信之，则是绝去教化也。夫虽野蛮亦有其教，否则是为逸居无教之禽兽也。呜呼！吾四万万之同胞，而甘为无教之禽兽乎？

今以人心之败坏，风俗之衰敝，廉耻伤尽，气节靡荣，盖秦、五代之不若，实数千年未有之厉，稍有识者，亦知非崇道德不足以立国矣。而新学之士，不能兼通中外之政俗，不能深维治教之本原，以欧、美一日之强也，则溺惑之，以中国今兹之弱也，则鄙夷之。溺惑之甚，则于欧、美弊俗秕政，欧人所弃余者，摹仿之惟恐其不肖也；鄙夷之极，则虽中国至德要道，数千年所尊信者，蹂躏之惟恐少有存也。于是有疑孔教为古旧,不切于今者,有以为迂而不可行者。呀！何其谬也。夫伦行或有与时轻重之小异,道德则岂有新旧中外之或殊哉！而今之新学者,竟嚣嚣然昌言曰:"方今当以新道德易旧道德也。"嗟夫！仁义礼智忠信廉耻,根于天性,协于人为,岂有新旧者哉？《中庸》之言德曰:"聪明睿智,宽裕温柔,文理密察,斋庄中正,发强刚毅,而仁智勇为达德。"岂有新旧者哉,岂有能去之者哉？欧、美之贤豪,岂有离此德者哉？即言伦行,父慈子孝,兄友弟恭,君仁臣忠,夫义妇顺,朋友有信,岂如韩非真以孝忠信弟贞廉为六虱乎？则必父不慈,子不孝,兄不友,弟不恭,君不仁,臣不忠,夫不义,妇不顺,朋友欺诈而不信,然后为人而非虱,然后为新德而非旧道乎？则今几几其近是矣。其有此乎,其家必不能一日和,其身必不能一日安,其心必不能一日乐,即其国必不能久存而垂垂以亡。夫道者,人人可行之谓,若此危道,岂可行乎？而可以为新道乎？欧、美未之有行,鄙人未之前闻也。

推彼之谬言新道者,盖以共和立国,君臣道息,因疑经义中之尊君过甚也,疑为专制压民之不可行也,岂知先圣立君臣之义,非专为帝者发也。《传》曰:"王臣公,公臣卿,卿臣大夫,大夫臣士,士臣仆,仆臣隶,隶臣皂,皂臣舆,舆臣台。"由斯以观,士对大夫为臣,而对仆为君,仆对士为臣,而对隶为君矣。故严其父母曰家君,尊家长曰君,此庶人亦为君之证也。故秦、汉人相谓为君臣,汉、晋时郡僚对郡将称臣,且行君臣之义焉。而今人与人言,尚尊人为君,自谦为仆焉。盖君臣云者,犹一肆一农之有主伯亚旅云尔。其司事总理之主者君也,其奔走分司百执事之亚旅臣也。总理待各执事,当仁而有礼,各执事待总理,当敬而尽忠,岂非天然至浅之事义,万国同行之公理者哉。岂惟欧、美力行之,其万国前有千古,后有万年,岂能违之哉？藉使总理司事之待百执事,不仁而无礼,百执事之待总理司事,不忠而傲慢,其可行乎？若以是为道,恐一商肆、一工厂、一农场之不能立也。自梁以后,禁属官不得称臣,改称下官,于是臣乃专以对于帝者;今若不以君臣为然,则攻梁武帝可也,以疑孔子则无预也。孔子之作《春秋》也,各有名分,其道圆周,故书君,君无道也,书臣,臣之罪也,莒人弑其君庶其,《公羊》曰:"书人以弑者,众弑也。"君无道也,岂止诛臣弑君而已哉。故孟子曰:"闻诛一夫纣矣,未闻弑君。"孔子曰:"汤、武革命,顺乎天而应乎人。"今之言革命者,实绍述于孔子，若必如宋儒尊君而抑臣，则孔子必以汤、武为篡贼矣。盖孔子之道，溥博如天，并行不背，曲成不遗，乃定执君臣一义以疑圣，岂不妄哉。孔子于《礼》设三统，于《春秋》陈三世，于乱世贬大夫，于升平世斥诸侯，于太平世去天子，故《礼运》孔子曰："大道之行也，某未之逮也，而有志焉。大道之行也，天下为公，选贤与能。"孔子之所志也，但叹未逮其时耳。孔子何所不备，《礼记》又非僻书也，未读全经，仅执一说以疑孔子者，是坐智井者而谓天小无日月，不亦惧乎？不学之妄人，无责乎尔。

法国经千年封建压制之余，学者乃倡始人道之义，博爱平等自由之说，新学者言共和、慕法国者，闻则狂喜之，若以为中国所无也，揭竿树帜，以为新道德焉，以为可易旧道德焉。夫人道之义固美也，《中庸》曰："仁者人也。"孟子释之曰："仁者人也，合而言之道也。"故人与仁合，即谓之道。孔子曰："道二，仁与不仁而已。"故《中庸》又曰："道不远人，人之远人，不可以为道。"故以人治人，可而止。又曰："道不可须臾离也。"则人道之义，乃吾《中庸》、《孟子》之浅说，二千年来，吾国负床之孩，贯角之童，皆所共读而共知之。昔日八股之士，发挥其说，鞭辟其词，无孔不入，际极天人，是时欧人学说未出未发，但患国人不力行耳，不患不知也。乃今得人道二字，奉为舶来之新道德品，而以为中国所无也，真所谓家有文轩，而宝人之敝驷也。夫《中庸》、《孟子》，孔子之学也，非僻书也，而今妄人不学无知，而欲以旧道德为新道德也。人有醉狂者，见妻于途，惊其美而搂之，以为绝世未见也，及归而醒，乃知其为妻也。今之所谓新道德者，无乃醉狂乎？《论语》曰："仁者爱人，泛爱众。"韩愈《原道》，犹言"博爱之谓仁"。《大学》言平天下，曰："絜矩之道。"《论语》子贡曰："我不欲人之加诸我也，吾亦欲无加诸人。"岂非所谓博爱平等自由而不侵犯人之自由乎？《论语》、《大学》者，吾国贯角之童，负床之孙，皆所共读而共知之。昔日八股之士，发挥其说，鞭辟其义，际极人天，是时欧人学说未出未发，患国人不力行也，乃今得博爱平等自由六字，奉为西来初地之祖诀，以为新道德品，而以为中国所无也，真所谓家有锦衣，而宝人之敝屣也。夫《论语》、《大学》，孔子之学也，非僻书也，而今妄人不学无知，而欲以新道德为旧道德也，贫子早迷于异国，遇父收恤抚养之而不知也，谬以为他富人赠以璎珞也。今之妄人不学无知，奚以异是也。以《论语》、《大学》、《中庸》之未知未读，而妄攻孔子为旧道德，妄攻中国无新道德之人也，妄人也，之说也，瞽说也，岂足较哉。然而竟有惑焉者，举国之人饮狂泉，则以不狂为狂，昔为谬誾之言，今为实事也。嗟夫！吾四万万同胞，得无误饮狂泉乎，盍醒乎来！

夫孔子者，以人为道者也，故公羊家以孔子为与后王共人道之始。盖人有食味被服别声安处之身，而孔子设为五味五色五声宫室之道以处之；人有生我我生同我并生并游并事偕老之身，而孔子设为父子夫妇兄弟朋友君臣之道以处之；内有身有家，外有国有天下，孔子设身家国天下之道以处之；明有天地山川禽兽草木，幽有鬼神，孔子设为天地山川禽兽草木鬼神之道以处之。人有灵气魂知死生运命，孔子于明德养气穷理尽性以至于命，无不有道焉，所谓人道也。上非虚空之航船道，下非蛇鼠之穿穴道，孔子之道，凡为人者，不能不行之道，故曰"何莫行斯道也"，故曰"道也者，不可须臾离也"。凡五洲万国，教有异，国有异，而惟为僧出家者，不行孔子夫妇之一道而已，此外乎，凡圆颅方趾号为人者，不能出孔子之道外者也，而今之妄人，乃欲攻孔，是犹狂夫射天斫地，闭目无睹，含血自噀，多见其妄而已。

顷自晚清以来，学官改法，谬不读经，至于共和，丁祭不祀，乃至天坛经年旷祭，而有司日待议院议之，议院者，经半年不成会，五十四案未决议矣，其可待之，俟河之清，礼坏乐崩久矣。且凡新国未制礼，必沿用前王之礼，乃天下之公理也。按葡宪法八十条曰："凡旧行典例如未经议院删除及与共和政体不碍者，一概照行。"故为神不歆，为教皆绝，道揆堕顿，礼俗凌夷，人心败坏，风俗变革，廉耻扫地，如此而可以为国乎？故昔之争富贵利达也，贿赂之无耻，机诈之相谋而已；今乃至以手枪相劫制也，以谩骂相诟辱也，以仇恨相杀戮也。昔之贪官污吏也，择肥而噬，积以岁月；今则朝不及夕，席卷而逃。昔之士大夫虽无政无学，然或谨守自好，或以诗文金石古董为娱乐；今则消昼夜于麻雀，合官僚以狎邪，耳不闻道德之经，口不讲政治之学，情类乞丐，行同劫盗，惟有欧衣西食，免冠马车，以为欧、美在兹矣，此复安得谓之国乎？岂非无教为之乎？故今欲救人心，美风俗，惟有亟定国教而已；欲定国教，惟有尊孔而已。

凡今各国，虽信教自由，而必有其国教独尊焉。波斯以祚乐阿土堆为国教，立教务院，设教大长以尊崇而保护之，而听人民信教之自由。突厥以摩诃末为国教，设教大长而保护之，而听人民信教自由。暹罗以佛教为国教而保护之，而听人民信教自由。俄罗斯则以希腊教为国教，立教务院，设教大长以尊崇保护之，而听人民信教自由。希腊、布加利牙、罗马尼亚、塞维皆以希腊教为国教，而听人民信教自由，然此犹曰欧东国也。西班牙、奥大利之宪法，皆以罗马旧教为国教，虽许信教自由，而其君后必为奉罗马教之人，其学校皆尊其国教。西班牙宪法第十一条，特著政府存养国教之义，以异于待他教，故以罗马正教为国教，其教法及教僧政府，扶持存养之。意大利以罗马教为国教，尚无信教自由之条。此犹曰罗马旧教国也。丹麦、瑞典，其宪法皆以波罗特士教之新派为国教，声明政府保守之，又特别一条，其国王阁员必以信新教之人为之，而丹麦于信教自由，又别为宪法焉。瑞典无信教自由之条，则其郑重于国教可知矣。那威宪法以路德为国教，特著耶稣会徒不得入国，则并不许信教自由矣。即英、德信教，至自由矣，然其王必信波罗特士教，故英王之即位加冕大婚，必行礼于保罗殿，其大学校，若伦敦检布列住恶士佛，学生晨起，亦必礼基督焉。普国亦然，德诸联邦亦然，此犹曰君主国也。若共和国智利之宪法，拒绝各教，而以罗马旧教为其国教，是不许信教自由矣。阿根廷宪法，只保护其以罗马为正教，并无信教自由之条，甚至瑞士信教自由，而有禁耶稣一部之会不得入国，并禁其会员行动于学校及教堂。即美至自由，其宪法及学校，不限定国教，而总统即位，及人民一切誓书，必大僧举基督新约经而嗅之，则亦为国教矣。墨与中南美各共和国，虽听信教自由，而皆以罗马教为国教。盖信教自由者，宽大以听人民之好尚，特立国教者，独尊以明民俗之相宜，义各有为，不相蒙，亦不相累也。佛教入于汉、晋，回教行于隋、唐，吾为信教自由，行之二千年矣。彼德国之争信教自由也，三十年之教争，死人民千八百万，而英、法之焚烧新教，亦以数十万计，然后争得"信教自由"四字，故矜为广大，写之宪法，岂若我行之二千年从容无事乎？盖孔子之道，本于无我，敷教在宽，而听人之信仰，信佛信回，各听人民之志意，儒生学生，亦多兼信，绝无少碍，故景教流行，始于唐世，而明末利马窦、汤若望、熊三弼、艾儒略，远自意大利来，国家既用以司天，士夫亦从其宗教，大学士徐光启、郎中李之藻既为儒臣，亦事耶教，其前例矣。故信教自由，与特尊国教，两不相妨，而各自有益，正与南美、班、奥、丹、瑞、英、德、俄、波、暹、希、布、罗、塞同矣。今政府震于"信教自由"四字，遂魂魄不敢动，若受束缚，几若必自弃孔教而后可者，非独奴性不自立，亦大愚而不考矣。吾国宪法，宜用丹、班之制，以一条为"信教自由"，以一条"立孔教为国教"，庶几人心有归，风俗有向，道德有定，教化有准，然后政治乃可次第而措施也。

既定孔教为国教，则尊之宜若何？欧、美之尊教也，备极专隆，至以基督配天，扫绝百神，舍弃祠墓，而独奉一尊，甚至于君父之尊亲，亦废跪拜，而但行跪拜之礼于基督天神，盖所以定一尊而致专一也。今吾纵不废百神，奈何偏废天神乎？古今万国，未有不尊天者。孔子曰："人非天不生。"又曰："天者，人之曾祖父也。"故古礼重郊，盖大报天而主日也。故曰"明乎郊社之礼，治国犹运诸掌也"，故坛庙之祭天，至为尊敬，而历朝以其祖先配享焉。今政改共和，国无君主，自无王者所自出，然而天终不可不祭也，祭之，则神不可无配也。《公羊》曰："自内出者，无主不行；自外入者，无主不止。"此配享之义所由生也。《孝经》曰："宗祀文王于明堂，以配上帝。"王愆期曰："文王者，孔子也。"《公羊》于元年春王正月曰："王者孰谓，谓文王也。"何休注谓文王非谥号，法其生不法其死，与后王共之，人道之始也。盖人道之教主，去野蛮之质进而文之，孔子也。孔子曰："文王既没，文不在兹乎。"然则生文王，非孔子而何。天下归往谓之王，非以力服人之霸者所能称也。以文明为治，故谓之文，故曰"见龙在田，天下文明"，非溢也，文教也。王，主也，昔之所谓文王，即今之所谓教主也。中国数千年皆归往孔子，而尊为教主，以文王配上帝，即以教主配上帝也，然则非以孔子配上帝而何也。昔之专制之君主，以其无德无功之祖宗配上帝，今共和之国民，以神明圣王之孔子配上帝，不犹愈乎？故宜复崇天坛，改祈年殿或太和殿为明堂，于冬至祭天坛，上辛祭明堂，以孔子配上帝，义之至也，礼之崇也，无易之者也。（今之妄人，误以宗教为神道，谓孔子不言神，以为教育、哲学、政治家，不为教主，辟在别篇。）孟子曰："虽有恶人，斋戒沐浴，可以祀上帝。"然则凡在国民，皆可以祀上帝明矣。其在天坛明堂，则总统率百官行礼；其在地方乡邑，则各立庙祀天，而以孔子配之；其学宫因文庙之旧，加上帝于中,而以孔子配可也。听立奉祀生,宣讲遗经,民无男女,皆于来复日,释菜而敬礼焉。凡入庙而礼天圣者,必行跪拜礼,以致其极恭尽敬。(今之妄人,于祭谒孔圣亦行鞠躬礼者,其意徒媚师欧、美,以为废跪拜耳。不知欧、美人之废他种跪拜,乃专施其敬于天主。中国人不敬天,亦不敬教主,不知其留此膝以傲慢何为也。学欧、美而不知其所由,则只有颠倒猖狂,可笑而已,否则留此膝以媚富贵人耶?)

(录自汤志钧编:《康有为政论集》,中华书局 1981 年版。原载《不忍》第 3 册,1913 年 4 月。)

蔡元培儒学学案

蔡元培(1868—1940),字鹤卿,号孑民,浙江绍兴人。中国近代民主主义革命家、教育家。

蔡元培生于商人家庭,父亲蔡光普为钱庄经理。5 岁读书,10 岁失怙,12—15 岁,受业于同县秀才王懋修(子庄),且得叔父蔡铭恩(举人)指导,阅读四书五经、《史记》、《汉书》等经史旧典,学做八股文章。17 岁成秀才,18 岁为塾师。后三年,为同乡徐氏"古越藏书楼"校订所刻图书,学问日进。1889 年,赴杭州参加乡试,中举人。1890 年,去北京应会试,中贡士。1892 年,再入京补应殿试,被取为二甲第三十四名进士,授翰林院庶吉士。1894 年,应散馆考试,升补翰林院编修。1898 年,弃官从教。1902 年,组织中国教育会并任会长,创立爱国学社、爱国女学。1904 年,组织光复会。1905 年,参加同盟会。1907 年,赴德国莱比锡大学研读哲学、心理学、美术史等。武昌起义后回国。1912 年 1 月,就任南京临时政府教育总长。不久,因不满袁世凯的专制而辞职,再度赴德、法等国学习和考察。1916 年回国,次年任北京大学校长。在 1924、1926 年的中国国民党第一次、第二次全国代表大会上,入选中央监察委员会。1927 年,倡议成立大学院作为全国最高学术教育行政机关,被任为大学院院长。1928 年,辞去各行政职务,专任中央研究院院长。1932 年,同宋庆龄、杨杏佛等在上海组织中国民权保障同盟,被推为副主席。1940 年 3 月 5 日,于香港病逝。

蔡元培旧学扎实,又热心西学,对中西学术的优劣长短有其对比性认知,故而素持一种兼容并包的办学方针,认为:"(一)对于学说,仿世界各大学通例,循'思想自由'原则,取兼容并包主义……无论为何种学派,苟其言之成理,持之有故,尚不达自然淘汰之运命者,虽彼此相反,而悉听其自由发展……(二)对于教员,以学诣为主。在校讲授,以无背于第一种之主张为界限。其在校外之言动,悉听自由,本校从不过问,亦不能代负责任。"此种办学方针下所养成的以北京大学为依托的开放学风,对现代中国的大学教育影响极为深远。当时来看,还为新文化运动的发生提供了学术环境上的良好条件。民国之初,其所提出借以代替清末学部所谓忠君、尊孔、尚公、尚武、尚实教育宗旨的军国民教育、实利主义、公民道德、世界观和美育等五项新教育宗旨,对后来教育事业的影响亦极重大。蔡元培学术兴趣广博,尤好哲学、民族学,著有《哲学大纲》、《中国伦理学史》、《说民族学》、《社会学与民族学》等。

（刘　斌　毕晓乐）

中国伦理学史(节选)^①

绪　论

伦理学与修身书之别　修身书,示人以实行道德之规范者也。民族之道德,本于其特具之性质、固有之条教,而成为习惯。虽有时亦为新学殊俗所转移,而非得主持风化者之承认,或多数人之信用,则不能骤入于修身书之中,此修身书之范围也。伦理学则不然,以研究学理为的。各民族之特性及条教,皆为研究之资料,参伍而贯通之,以归纳于最高之观念,乃复由是而演绎之,以为种种之科条。其于一时之利害,多数人之向背,皆不必顾。盖伦理学者,知识之径涂;而修身书者,则行为之标准也。持修身书之见解以治伦理学,常足为学识进步之障碍。故不可不区别之。

伦理学史与伦理学根本观念之别　伦理学以伦理之科条为纲,伦理学史以伦理学家之派别为叙。其体例之不同,不待言矣。而其根本观念,亦有主观、客观之别。伦理学者,主观也,所以发明一家之主义者也。各家学说,有与其主义不合者,或驳诘之,或弃置之。伦理学史者,客观也。在抉发各家学说之要点,而推暨其源流,证明其迭相乘除之迹象。各家学说,与作者主义有违合之点,虽可参以评判,而不可以意取去,漂没其真相。此则伦理学史根本观念之异于伦理学者也。

我国之伦理学　我国以儒家为伦理学之大宗。而儒家,则一切精神界科学,悉以伦理为范围。哲学、心理学,本与伦理有密切之关系。我国学者仅以是为伦理学之前提。其他曰为政以德,曰孝治天下,是政

---

① 这里节选的是该书"绪论"和第一期"先秦创始时代"第一至六章。

治学范围于伦理也;曰国民修其孝弟忠信,可使制挺以挞坚甲利兵,是军学范围于伦理也;攻击异教,恒以无父无君为辞,是宗教学范围于伦理也;评定诗古文辞,恒以载道述德眷怀君父为优点,是美学亦范围于伦理也。我国伦理学之范围,其广如此,则伦理学宜若为我国唯一发达之学术矣。然以范围太广,而我国伦理学者之著述,多杂糅他科学说。其尤甚者为哲学及政治学。欲得一纯粹伦理学之著作,殆不可得。此为述伦理学史者之第一畏途矣。

我国伦理学说之沿革 我国伦理学说,发轫于周季。其时儒墨道法,众家并兴。及汉武帝罢黜百家,独尊儒术,而儒家言始为我国唯一之伦理学。魏晋以还,佛教输入,哲学界颇受其影响,而不足以震撼伦理学。近二十年间,斯宾塞尔之进化功利论,卢骚之天赋人权论,尼采之主人道德论,输入我国学界。青年社会,以新奇之嗜好欢迎之,颇若有新旧学说互相冲突之状态。然此等学说,不特深研而发挥之者尚无其人,即斯、卢诸氏之著作,亦尚未有完全移译者。所谓新旧冲突云云,仅为伦理界至小之变象,而于伦理学说无与也。

我国之伦理学史 我国既未有纯粹之伦理学,因而无纯粹之伦理学史。各史所载之儒林传道学传,及孤行之《宋元学案》、《明儒学案》等皆哲学史,而非伦理学史也。日本木村鹰太郎氏,述东洋伦理学史(其全书名《东西洋伦理学史》,兹仅就其东洋一部分言之),始以西洋学术史之规则,整理吾国伦理学说,创通大义,甚裨学子。而其间颇有依据伪书之失,其批评亦间失之武断。其后又有久保得二氏,述东洋伦理史要,则考证较详,评断较慎。而其间尚有蹈木村氏之覆辙者。木村氏之言曰:"西洋伦理学史,西洋学者名著甚多,因而为之,其事不难;东洋伦理学史,则昔所未有。若博读东洋学说而未谂西洋哲学科学之律贯,或仅治西洋伦理学而未通东方学派者,皆不足以胜创始之任。"谅哉言也。鄙人于东西伦理学,所涉均浅,而勉承兹乏,则以木村、久保二氏之作为本。而于所不安,则以记忆所及,参考所得,删补而订正之。正恐疏略谬误,所在多有。幸读者注意焉。

第一章　总　论

伦理学说之起源　伦理界之通例，非先有学说以为实行道德之标准，实伦理之现象，早流行于社会，而后有学者观察之、研究之、组织之，以成为学说也。在我国唐虞三代间，实践之道德，渐归纳为理想。虽未成学理之体制，而后世种种学说，滥觞于是矣。其时理想，吾人得于《易》、《书》、《诗》三经求之。《书》为政事史，由意志方面，陈述道德之理想者也；《易》为宇宙论，由知识方面，本天道以定人事之范围；《诗》为抒情体，由感情方面，揭教训之趣旨者也。三者皆考察伦理之资也。

我国古代文化，至周而极盛。往昔积渐萌生之理想，及是时则由浑而画，由暧昧而辨晰。循此时代之趋势，而集其理想之大成以为学说者，孔子也。是为儒家言，足以代表吾民族之根本理想者也。其他学者，各因其地理之影响，历史之感化，而有得于古昔积渐萌生各理想之一方面，则亦发挥之而成种种之学说。

各家学说之消长　种种学说并兴，皆以其有为不可加，而思以易天下，相竞相攻，而思想界遂演为空前绝后之伟观。盖其时自儒家以外，成一家言者有八。而其中道、墨、名、法，皆以伦理学说占其重要之部分者也。秦并天下，尚法家；汉兴，颇尚道家；及武帝从董仲舒之说，循民族固有之理想而尊儒术，而诸家之说熠矣。

第二章　唐虞三代伦理思想之萌芽

伦理思想之基本　我国人文之根据于心理者，为祭天之故习。而伦理思想，则由家长制度而发展，一以贯之。而敬天畏命之观念，由是立焉。

天之观念　五千年前，吾族由西方来，居黄河之滨，筑室力田，与冷酷之气候相竞，日不暇给。沐雨露之惠，懔水旱之灾，则求其源于苍苍之天。而以为是即至高无上之神灵，监吾民而赏罚之者也。及演进而为抽象之观念，则不视为具有人格之神灵，而竟认为溥博自然之公理。于是揭其起伏有常之诸现象，以为人类行为之标准。以为苟知天理，则一切人事，皆可由是而类推。此则由崇拜自然之宗教心，而推演为宇宙论者也。

天之公理　古人之宇宙论有二：一以动力说明之，而为阴阳二气说；一以物质说明之，而为五行说。二说以渐变迁，而皆以宇宙之进动为对象：前者由两仪而演为四象，由四象而演为八卦，假定八者为原始之物象，以一切现象，皆为彼等互动之结果。因以确立现象变化之大法，而应用于人事。后者以五行为成立世界之原质，有相生相克之性质。而世界各种现象，即于其性质同异间，有因果相关之作用，故可以由此推彼。而未来之现象，亦得而预察之。两者立论之基本，虽有径庭，而于天理人事同一法则之根本义，则若合符节。盖于天之主体，初未尝极深研究，而即以假定之观念，推演之，以应用于实际之事象。此吾国古人之言天，所以不同于西方宗教家，而特为伦理学最高观念之代表也。

天之信仰　天有显道，故人类有法天之义务，是为不容辨证之信仰，即所谓顺帝之则者也。此等信仰，经历世遗传，而浸浸成为天性。如《尚书》中君臣交警之辞，动必及天，非徒辞令之习惯，实亦于无意识中表露其先天之观念也。

天之权威　古人之观天也，以为有何等权威乎。《易》曰："刚柔相摩，鼓之以雷霆，润之以风雨。日月运行，一寒一暑。乾道成男，坤道成女。乾知大始，坤作成物。"谓天之于万物，发之收之，整理之，调摄之，皆非无意识之动作，而密合于道德，观其利益人类之厚而可知也。人类利用厚生之道，悉本于天，故不可不畏天命，而顺天道。畏之顺之，则天锡之福。如风雨以时，年谷顺成，而余庆且及于子孙；其有侮天而违天者，天则现种种灾异，如日月告凶、陵谷变迁之类，以警戒之，犹不悔，则罚之。此皆天之性质之一斑见于诗书者也。

天道之秩序　天之本质为道德。而其见于事物也，为秩序。故天神之下有地祇，又有日月星辰山川林泽之神，降而至于猫、虎之属，皆统摄于上帝。是为人间秩序之模范。《易》曰："天尊地卑，乾坤定矣。卑高以陈，贵贱位矣。"此其义也。以天道之秩序，而应用于人类之社会，则凡不合秩序者，皆不得为道德。《易》又曰："有天地然后有万物，有万物然后有男女，有男女然后有夫妇，有夫妇然后有父子，有父子然后有君臣，有君臣然后有上下，有上下然后礼义有所错。"言循自然发展之迹而知秩序之当重也。重秩序，故道德界唯一之作用为中。中者，随时地之关系，而适处于无过不及之地者也。是为道德之根本。而所以助成此主义者，家长制度也。

　　家长制度　吾族于建国以前，实先以家长制度组织社会，渐发展而为三代之封建。而所谓宗法者，周之世犹盛行之。其后虽又变封建而为郡县，而家长制度之精神，则终古不变。家长制度者，实行尊重秩序之道，自家庭始，而推暨之以及于一切社会也。一家之中，父为家长，而兄弟姊妹又以长幼之序别之。以是而推之于宗族，若乡党，以及国家。君为民之父，臣民为君之子，诸臣之间，大小相维，犹兄弟也。名位不同，而各有适于其时地之道德，是谓中。

　　古先圣王之言动　三代以前，圣者辈出，为后人模范。其时虽未谙科学规则，且亦鲜有抽象之思想，未足以成立学说，而要不能不视为学说之萌芽。太古之事邈矣，伏羲作易，黄帝以道家之祖名。而考其事实，自发明利用厚生诸述外，可信据者盖寡。后世言道德者多道尧舜，其次则禹汤文武周公，其言动颇著于《尚书》，可得而研讨焉。

　　尧　《书》曰："尧克明峻德，以亲九族，平章百姓，协和万邦。黎民于变时雍。"先修其身而以渐推之于九族，而百姓，而万邦，而黎民。其重秩位如此。而其修身之道，则为中。其禅舜也，诫之曰："允执其中"是也。是盖由种种经验而归纳以得之者。实为当日道德界之一大发明。而其所取法者则在天。故孔子曰："巍巍乎唯天为大，唯尧则之，荡荡乎民无能名也。"

　　舜　至于舜，则又以中之抽象名称，适用于心性之状态，而更求其切实。其命夔教胄子曰："直而温，宽而栗，刚而无虐，简而无傲。"言涵养心性之法不外乎中也。其于社会道德，则明著爱有差等之义。命契曰："百姓不亲，五品不逊，汝为司徒，敬敷五教在宽。"五品、五教，皆谓于社会间，因其伦理关系之类别，而有特别之道德也。是谓五伦之教，所谓父子有亲，君臣有义，夫妇有别，长幼有序，朋友有信，是也。其实不外乎执中。唯各因其关系之不同，而别著其德之名耳。由是而知中之为德，有内外两方面之作用，内以修己，外以及人，为社会道德至当之标准。盖至舜而吾民族固有之伦理思想，已有基础矣。

　　禹　禹治水有大功，克勤克俭，而又能敬天。孔子所谓"禹，吾无间然,菲饮食而致孝乎鬼神,恶衣服而致美乎黻冕,卑宫室而尽力乎沟洫"
是也。其伦理观念,见于箕子所述之《洪范》。虽所言天锡畴范,迹近迂
怪,然承尧舜之后,而发展伦理思想,如《洪范》所云,殆无可疑也。《洪
范》所言九畴,论道德及政治之关系,进而及于天人之交涉。其有关于
人类道德者,五事,三德,五福,六极诸畴也。分人类之普通行动为貌言
视听思五事,以规则制限之:貌恭为肃,言从为乂,视明为哲,听聪为谋,
思睿为圣。一本执中之义,而科别较详。其言三德:曰正直,曰刚克,曰
柔克。而五福:曰寿,曰富,曰康宁,曰攸好德,曰考终命。六极:曰凶短
折,曰疾,曰忧,曰贫,曰恶,曰弱。盖谓神人有感应之理,则天之赏罚,
所不得免,而因以确定人类未来之理想也。

皋陶 皋陶教禹以九德之目,曰:宽而栗,柔而立,愿而恭,乱而敬,
扰而毅,直而温,简而廉,刚而塞,彊而义。与舜之所以命夔者相类,而
条目较详。其言天聪明自我民聪明,天明威自我民明威,则天人交感,
民意所向,即天理所在,亦足以证明《洪范》之说也。

商周之革命 夏殷周之间,伦理界之变象,莫大于汤武之革命。其
事虽与尊崇秩序之习惯,若不甚合。然古人号君曰天子,本有以天统君
之义,而天之聪明明威,皆托于民,即武王所谓天视自我民视、天听自我
民听者也。故获罪于民者,即获罪于天。汤武之革命,谓之顺乎天而应
乎民,与古昔伦理,君臣有义之教,不相背也。

三代之教育 商周二代,圣君贤相辈出。然其言论之有关于伦理
学者,殊不概见。其间如伊尹者,孟子称其非义非道一介不取与,且自
任以天下之重。周公制礼作乐,为周代文化之元勋。然其言论之几于
学理者,亦未有闻焉。大抵商人之道德,可以墨家代表之;周人之道德,
可以儒家代表之。而三代伦理之主义,于当时教育之制,可有推见。孟
子称夏有校,殷有序,周有庠,而学则三代共之。《管子》有《弟子职》篇,
记洒扫应对进退之教。《周官·司徒》称以乡三物教万民,一曰六德:
知、仁、圣、义、中、和;二曰六行:孝、友、睦、姻、任、恤;三曰六艺:礼、乐、
射、御、书、数。是为普通教育。其高等教育之主义,则见于《礼记》之
《大学》篇。其言曰:"大学之道,在明明德,在亲民,在止于至善。古之
欲明明德于天下者,必先治其国;欲治其国者,先齐其家;欲齐其家者,
先修其身;欲修其身者,先正其心;欲正其心者,先诚其意;欲诚其意者,

先致其知。致知在格物。自天子以至于庶人,壹是,皆以修身为本。"循天下国家疏近之序,而归本于修身。又以正心诚意致知格物为修身之方法,固已见学理之端绪矣。盖自唐虞以来,积无量数之经验,以至周代,而主义始以确立,儒家言由是启焉。

第三章　孔　子

小传　孔子名丘,字仲尼,以周灵王二十一年生于鲁昌平乡陬邑。孔氏系出于殷,而鲁为周公之后,礼文最富。故孔子具殷人质实豪健之性质,而又集历代礼乐文章之大成。孔子尝以其道遍干列国诸侯而不见用。晚年,乃删诗书,定礼乐,赞易象,修春秋,以授弟子。弟子凡三千人,其中身通六艺者七十人。孔子年七十三而卒,为儒家之祖。

孔子之道德　孔子禀上智之资,而又好学不厌。无常师,集唐虞三代积渐进化之思想,而陶铸之,以为新理想。尧舜者,孔子所假以代表其理想而为模范之人物者也。其实行道德之勇,亦非常人之所及。一言一动,无不准于礼法。乐天知命,虽屡际困厄,不怨天,不尤人。其教育弟子也,循循然善诱人。曾点言志曰:与冠者、童子,浴乎沂,风乎舞雩,咏而归,则喟然与之。盖标举中庸之主义,约以身作则者也。其学说虽未成立统系之组织,而散见于言论者得寻绎而条举之。

性　孔子劝学而不尊性。故曰:"性相近也,习相远也。""唯上知与下愚不移。"又曰:"生而知之者,上也;学而知之者,次也;困而学之,又其次也;困而不学,民斯为下。"言普通之人,皆可以学而知之也。其于性之为善为恶,未及质言。而尝曰:"人之生也直,罔之生也幸而免。"又读《诗》至"天生烝民,有物有则,民之秉彝,好是懿德",则叹为知道。是已有偏于性善说之倾向矣。

仁　孔子理想中之完人,谓之圣人。圣人之道德,自其德之方面言之曰仁,自其行之方面言之曰孝,自其方法之方面言之曰忠恕。孔子尝曰:"仁者爱人,知者知人。"又曰:"知者不惑,仁者不忧,勇者不惧。"此分心意为知识、感情、意志三方面,而以知仁勇名其德者。而平日所言之仁,则即以为统摄诸德完成人格之名。故其为诸弟子言者,因人而异。又或对同一之人,而因时而异。或言修己,或言治人,或纠其所短,要不外乎引之于全德而已。孔子尝曰:"仁远乎哉,我欲仁,斯仁至矣。"

又称颜回"三月不违仁，其余日月至焉"。则固以仁为最高之人格，而又人人时时有可以到达之机缘矣。

孝　人之令德为仁，仁之基本为爱，爱之原泉，在亲子之间，而尤以爱亲之情之发于孩提者为最早。故孔子以孝统摄诸行。言其常，曰养、曰敬、曰谕父母于道。于其没也。曰：善继志述事。言其变，曰几谏。于其没也，曰干蛊。夫至以继志述事为孝，则一切修身、齐家、治国、平天下之事，皆得统摄于其中矣。故曰：孝者，始于事亲，中于事君，终于立身。是亦由家长制度而演成伦理学说之一证也。

忠恕　孔子谓曾子曰："吾道一以贯之。"曾子释之曰："夫子之道，忠恕而已矣。"此非曾子一人之私言也。子贡问："有一言而可以终身行之者乎？"孔子曰："其恕乎。"《礼记·中庸》篇引孔子之言曰："忠恕违道不远。"皆其证也。孔子之言忠恕，有消极、积极两方面，施诸己而不愿，亦勿施于人。此消极之忠恕，揭以严格之命令者也。仁者，己欲立而立人，已欲达而达人。此积极之忠恕，行以自由之理想者也。

学问　忠恕者，以己之好恶律人者也。而人人好恶之节度，不必尽同，于是知识尚矣。孔子曰："学而不思，则罔；思而不学，则殆。"又曰："好仁不好学，其蔽也愚；好知不好学，其蔽也荡；好信不好学，其蔽也贼；好直不好学，其蔽也绞；好勇不好学，其蔽也乱；好刚不好学，其蔽也狂。"言学问之亟也。

涵养　人常有知及之，而行之则过或不及，不能适得其中者，其毗刚毗柔之气质为之也。孔子于是以诗与礼乐为涵养心性之学。尝曰："兴于诗，立于礼，成于乐。"曰："诗可以兴，可以观，可以群，可以怨。"曰："若臧武仲之知，公绰之不欲，卞庄子之勇，冉求之艺，文之以礼乐，可以为成人矣。"其于礼乐也，在领其精神，而非必拘其仪式。故曰"礼云礼云，玉帛云乎哉，乐云乐云，钟鼓云乎哉"。

君子　孔子所举，以为实行种种道德之模范者，恒谓之君子，或谓之士。曰："君子有三畏：畏天命，畏大人，畏圣人之言。"曰："君子有三戒：少之时，血气未定，戒之在色；及其壮也，血气方刚，戒之在斗；及其老也，血气既衰，戒之在得。"曰："君子有九思：视思明，听思聪，色思温，貌思恭，言思忠，事思敬，疑思问，忿思难，见得思义。"曰："文质彬彬，然后君子。"曰："君子讷于言而敏于行。"曰："君子疾没世而名不称。"曰：

"士，行己有耻，使于四方，不辱君命；其次，宗族称孝，乡党称弟；其次，言必信，行必果。"曰："志士仁人，无求生以害仁，有杀身以成仁。"其所言多与舜、禹、皋陶之言相出入，而条理较详。要其标准，则不外古昔相传执中之义焉。

政治与道德　孔子之言政治，亦以道德为根本。曰："为政以德。"曰："道之以德，齐之以礼，民有耻且格。"季康子问政，孔子曰："政者，正也。子率以正，孰敢不正？"亦唐、虞以来相传之古义也。

第四章　子　思

小传　自孔子没后，儒分为八。而其最大者，为曾子、子夏两派。曾子尊德性，其后有子思及孟子；子夏治文学，其后有荀子。子思，名伋，孔子之孙也，学于曾子。尝游历诸国，困于宋。作《中庸》。晚年，为鲁缪公之师。

中庸　《汉书》称子思二十三篇，而传于世者唯《中庸》。中庸者，即唐虞以来执中之主义。庸者，用也，盖兼其作用而言之。其语亦本于孔子，所谓君子中庸，小人反中庸者也。《中庸》一篇，大抵本孔子实行道德之训，而以哲理疏解之，以求道德之起原。盖儒家言，至是而渐趋于研究学理之倾向矣。

率性　子思以道德为原于性，曰："天命之为性，率性之为道，修道之为教。"言人类之性，本于天命，具有道德之法则。循性而行之，是为道德。是已有性善说之倾向，为孟子所自出也。率性之效，是谓中庸。而实行中庸之道，甚非易易，贤者过之，不肖者不及也。子思本孔子之训，而以忠恕为致力之法，曰："忠恕违道不远，施诸己而不愿，亦勿施于人。"曰："所求乎子，以事父；所求乎臣，以事君；所求乎弟，以事兄；所求乎朋友，先施之。"此其以学理示中庸之范畴者也。

诚　子思以率性为道，而以诚为性之实体。曰："自诚明谓之性，自明诚谓之教。"又以诚为宇宙之主动力，故曰："诚者，自成也，道者，自道也。诚者，物之终始，不诚无物。诚者，非自成己而已也，所以成物也。成己，仁也，成物，智也。性之德也，合内外之道也，故时措之宜也。"是子思之所谓诚，即孔子之所谓仁。惟欲并仁之作用而著之，故名之以诚。又扩充其义，以为宇宙问题之解释，至诚则能尽性，合内外之道，调和物我,而达于天人契合之圣境,历劫不灭,而与天地参,虽渺然一人,而得有宇宙之价值也。于是宇宙间因果相循之迹,可以预计。故曰:"至诚之道,可以前知。国家将兴,必有祯祥;国家将亡,必有妖孽。见乎蓍龟,动乎四体。祸福将至,善,必先知之,不善,必先知之,故至诚如神。"言诚者,含有神秘之智力也。然此惟生知之圣人能之,而非人人所可及也。然则人之求达于至诚也,将奈何?子思勉之以学,曰诚者,天之道也,诚之者,人之道也。诚者,不勉而中,不思而得,从容中道,圣人也。诚之者,择善而固执之者也,博学之,审问之,慎思之,明辨之,笃行之,弗能弗措。人一能之,己百之,人十能之,己千之。虽愚必明,虽柔必强。言以学问之力,认识何者为诚,而又以确固之步趋几及之,固非以无意识之任性而行为率性矣。

结论 子思以诚为宇宙之本,而人性亦不外乎此。又极论由明而诚之道,盖扩张往昔之思想,而为宇宙论,且有秩然之统系矣。惟于善恶之何以差别,及恶之起原,未遑研究。斯则有待于后贤者也。

第五章 孟 子

孔子没百余年,周室愈衰,诸侯互相并吞,尚权谋,儒术尽失其传。是时崛起邹鲁,排众论而延周孔之绪者,为孟子。

小传 孟子名轲,幼受贤母之教。及长,受业于子思之门人。学成,欲以王道干诸侯,历游齐、梁、宋、滕诸国。晚年,知道不行,乃与弟子乐正克、公孙丑、万章等,记其游说诸侯及与诸弟子问答之语,为《孟子》七篇。以周赧王三十三年卒。

创见 孟子者,承孔子之后,而能为北方思想之继承者也。其于先圣学说益推阐之,以应世用。而亦有几许创见:(一)承子思性说而确言性善;(二)循仁之本义而配之以义,以为实行道德之作用;(三)以养气之说论究仁义之极致及效力,发前人所未发;(四)本仁义而言王道,以明经国之大法。

性善说 性善之说,为孟子伦理思想之精髓。盖子思既以诚为性之本体,而孟子更进而确定之,谓之善。以为诚则未有不善也。其辨证有消极、积极二种。消极之辨证,多对告子而发。告子之意,性惟有可善之能力,而本体无所谓善不善,故曰:"生之为性。"曰:"以人性为仁义，犹以杞柳为桮棬。"曰："人性之无分于善不善也，犹水之无分于东西也。"孟子对于其第一说，则诘之曰："然则犬之性犹牛之性，牛之性犹人之性与？"盖谓犬牛之性不必善，而人性独善也。对于其第二说，则曰："戕贼杞柳而后可以为桮棬，然则亦将戕贼人以为仁义与？"言人性不待矫揉而为仁义也。对于第三说，则曰："水信无分于东西，无分于上下乎？今夫水，搏而跃之，可使过颡；激而行之，可使在山。是岂水之性也哉？"人之为不善，亦犹是也。水无有不下，人无有不善，则兼明人性虽善而可以使为不善之义，较前二说为备。虽然，是皆对于告子之说，而以论理之形式，强攻其设喻之不当。于性善之证据，未之及也。孟子则别有积以经验之心理，归纳而得之，曰："人皆有不忍人之心。今人乍见孺子，将入于井，皆有怵惕恻隐之心，非所以内交于孺子之父母也，非所以要誉于乡党朋友也，非恶其声而然也。恻隐之心，人皆有之，仁之端也；羞恶之心，人皆有之，义之端也；辞让之心，人皆有之，礼之端也；是非之心，人皆有之，智之端也。"言仁义礼智之端，皆具于性，故性无不善也。虽然，孟子之所谓经验者如此而已。然则循其例而求之，即诸恶之端，亦未必无起原于性之证据也。

欲　孟子既立性善说，则于人类所以有恶之故，不可不有以解之。孟子则谓恶者非人性自然之作用，而实不尽其性之结果。山径不用，则茅塞之。山木常伐，则濯濯然。人性之障蔽而梏亡也，亦若是。是皆欲之咎也。故曰："养心莫善于寡欲。其为人也寡欲，虽有不存焉者寡矣；其为人也多欲，虽有存焉者寡矣。"孟子之意，殆以欲为善之消极，而初非有独立之价值。然于其起原，一无所论究，亦其学说之缺点也。

义　性善，故以仁为本质。而道德之法则，即具于其中，所以知其法则而使人行之各得其宜者，是为义。无义则不能行仁。即偶行之，而亦为意识之动作。故曰："仁，人心也；义，人路也。"于是吾人之修身，亦有积极、消极两作用：积极者，发挥其性所固有之善也；消极者，求其放心也。

浩然之气　发挥其性所固有之善将奈何？孟子曰："在养浩然之气。"浩然之气者，形容其意志中笃信健行之状态也。其潜而为势力也甚静稳，其动而作用也又甚活泼。盖即中庸之所谓诚，而自其动作方面形容之。一言以蔽之，则仁义之功用而已。

求放心　人性既善，则常有动而之善之机，惟为欲所引，则往往放其良心而不顾。故曰："人岂无仁义之心哉。其所以放其良心者，亦犹斧斤之于木也，旦旦而伐之。虽然，已放之良心，非不可以复得也。人自不求之耳。"故又曰："学问之道无他，求其放心而已矣。"

孝弟　孟子之伦理说，注重于普遍之观念，而略于实行之方法。其言德行，以孝弟为本。曰："孩提之望，无不知爱其亲也。及其长也，无不知敬其兄也。亲亲，仁也；敬长，义也。无他，达之天下也。"又曰："尧、舜之道，孝弟而已矣。"

大丈夫　孔子以君子代表实行道德之人格，孟子则又别以大丈夫代表之。其所谓大丈夫者，以浩然之气为本，严取与出处之界，仰不愧于天，俯不怍于人，不为外界非道非义之势力所左右，即遇困厄，亦且引以为磨炼身心之药石，而不以挫其志。盖应时势之需要，而论及义勇之价值及效用者也。其言曰："说大人，则藐之，勿视其巍巍然。在彼者皆我所不为也，在我者皆古之制也，吾何畏彼哉？"又曰："居天下之广居，立天下之正位，行天下之大道。得志，与民由之；不得志，独行其道。富贵不能淫，贫贱不能移，威武不能屈。此之谓大丈夫。"又曰："天之将降大任于斯人也，必先苦其心志，劳其筋骨，饿其体肤，空乏其身，行拂乱其所为，所以动心忍性，增益其所不能。"此足以观孟子之胸襟矣。

自暴自弃　人之性善，故能学则皆可以为尧、舜。其或为恶不已，而其究且如桀纣者，非其性之不善，而自放其良心之咎也，是为自暴自弃。故曰："自暴者不可与有言也，自弃者不可与有为也。言非礼义，谓之自暴。吾身不能居仁由义，谓之自弃也。"

政治论　孟子之伦理说，亦推扩而为政治论。所谓有不忍人之心斯有不忍人之政者也。其理想之政治，以尧舜代表之。尝极论道德与生计之关系，劝农桑，重教育。其因齐宣王好货、好色、好乐之语，而劝以与百姓同之。又尝言国君进贤退不肖，杀有罪，皆托始于国民之同意。以舜、禹之受禅，实迫于民视民听。桀纣残贼，谓之一夫，而不可谓之君。提倡民权，为孔子所未及焉。

结论　孟子承孔子、子思之学说而推阐之，其精深虽不及子思，而博大翔实则过之，其品格又足以相副，信不愧为儒家巨子。惟既立性善说，而又立欲以对待之，于无意识之间，由一元论而嬗变为二元论，致无以确立其论旨之基础。盖孟子为雄伟之辩论家，而非沉静之研究家，故其立说，不能无遗憾焉。

第六章　荀　子

　　小传　荀子名况，赵人。后孟子五十余年生。尝游齐楚。疾举世溷浊，国乱相继，大道蔽壅，礼义不起，营巫祝，信机祥，邪说盛行，紊俗坏风，爰述仲尼之论，礼乐之治，著书数万言，即今所传之《荀子》是也。

　　学说　汉儒述毛诗传授系统，自子夏至荀子，而荀子书中尝并称仲尼、子弓。子弓者，馯臂子弓也。尝受《易》于商瞿，而实为子夏之门人。荀子为子夏学派，殆无疑义。子夏治文学，发明章句。故荀子著书，多根据经训，粹然存学者之态度焉。

　　人道之原　荀子以前言伦理者，以宇宙论为基本，故信仰天人感应之理，而立性善说。至荀子，则划绝天人之关系，以人事为无与于天道，而特为各人之关系。于是有性恶说。

　　性恶说　荀子祖述儒家，欲行其道于天下，重利用厚生，重实践伦理，以研究宇宙为不急之务。自昔相承理想，皆以祯祥灾孽，彰天人交感之故。及荀子，则虽亦承认自然界之确有理法，而特谓其无关于道德，无关于人类之行为。凡治乱祸福，一切社会现象，悉起伏于人类之势力，而于天无与也。惟荀子既以人类势力为社会成立之原因，而见其间有自然冲突之势力存焉，是为欲。遂推进而以欲为天性之实体，而谓人性皆恶。是亦犹孟子以人皆有不忍人之心而因谓人性皆善也。

　　荀子以人类为同性，与孟子同也。故既持性恶之说，则谓人人具有恶性。桀纣为率性之极，而尧舜则拂性之功。故曰："人之性恶，其善者伪也（伪与为同）。于是孟、荀二子之言，相背而驰。孟子持性善说，而于恶之所由起，不能自圆其说；荀子持性恶说，则于善之所由起，亦不免为困难之点。荀子乃以心理之状态解释之。曰："夫薄则愿厚，恶则愿善，狭则愿广，贫则愿富，贱则愿贵，无于中则求于外。"然则善也者，不过恶之反射作用。而人之欲善，则犹是欲之动作而已。然其所谓善，要与意识之善有别。故其说尚不足以自立，而其依据学理之倾向，则已胜于孟子矣。

性论之矛盾　荀子虽持性恶说,而间有矛盾之说。彼既以人皆有欲为性恶之由,然又以欲为一种势力。欲之多寡,初与善恶无关。善恶之标准为理,视其欲之合理与否,而善恶由是判焉。曰:"天下之所谓善者,正理平治也;所谓恶者,偏险悖乱也。"是善恶之分也。又曰:"心之所可,苟中理,欲虽多,奚伤治? 心之所可,苟失理,欲虽寡,奚止乱?"是其欲与善恶无关之说也。又曰:"心虚一而静。心未尝不臧,然而谓之虚;心未尝不满,然而谓之静;人生而有知,有知而后有志,有志者谓之臧。"又曰:"圣人知心术之患,蔽塞之祸,故无欲无恶,无始无终,无近无远,无博无浅,无古无今,兼陈万物而悬衡于中。"是说也,与后世淮南子之说相似,均与其性恶说自相矛盾者也。

修为之方法　持性善说者,谓人性之善,如水之就下,循其性而存之、养之、扩充之,则自达于圣人之域。荀子既持性恶之说,则谓人之为善,如木之必待隐括矫揉而后直,苟非以人为矫其天性,则无以达于圣域。是其修为之方法,为消极主义,与性善论者之积极主义相反者也。

礼　何以矫性? 曰礼。礼者不出于天性而全出于人为。故曰:"积伪而化谓之圣。圣人者,伪之极也。"又曰:"性伪合,然后有圣人之名。盖天性虽复常存,而积伪之极,则性与伪化。"故圣凡之别,即视其性伪化合之程度如何耳。积伪在于知礼,而知礼必由于学。故曰:学不可以已,其数,始于诵经,终于读礼。其义,始于为士,终于为圣人。学数有终,若其义则须臾不可舍。为之人也,舍之禽兽也。书者,政治之纪也。诗者,中声之止也。礼者,法之大分,群类之纲纪也。故学至礼而止。

礼之本始　礼者,圣人所制。然圣人亦人耳,其性亦恶耳,何以能萌蘖至善之意识,而据之以为礼? 荀子尝推本自然以解释之。曰:"天地者,生之始也。礼义者,治之始也。君子者,礼义之始也。故天地生君子,君子理天地。君子者,天地之尽也,万物之总也,民之父母也。无君子则天地不理,礼义无统,上无君师,下无父子。"然则君子者,天地所特畀以创造礼义之人格,宁非与其天人无关之说相违与? 荀子又尝推本人情以解说之,曰:"三年之丧,称情而立文,所以为至痛之极也。"如其言,则不能不预想人类之本有善性,是又不合于人性皆恶之说矣。

礼之用　荀子之所谓礼,包法家之所谓法而言之,故由一身而推之于政治。故曰:"隆礼贵义者,其国治;简礼贱义者,其国乱。"又曰:"礼者,治辨之极也,强国之本也,威行之道也,功名之总也。王公由之,所以得天下;不由之,所以陨社稷。故坚甲利兵,不足以为胜;高城深池,不足以为固;严令繁刑,不足以为威。由其道则行,不由其道则废。"礼之用可谓大矣。

礼乐相济　有礼则不可无乐。礼者,以人定之法,节制其身心,消极者也。乐者,以自然之美,化感其性灵,积极者也。礼之德方而智,乐之德圆而神。无礼之乐,或流于纵恣而无纪;无乐之礼,又涉于枯寂而无趣。是以荀子曰:"夫音乐,入人也深,而化人也速,故先王谨为之文,乐中平则民和而不流,乐肃庄则民齐而不乱,民和齐则兵劲而城固。"

刑罚　礼以齐之,乐以化之,而尚有顽冥不灵之民,不帅教化,则不得不继之以刑罚。刑罚者,非徒惩已著之恶,亦所以慑金人之胆而遏恶于未然者也。故不可不强其力,而轻刑不如重刑。故曰:凡刑人者,所以禁暴恶恶,且惩其末也。故刑重则世治,而刑轻则世乱。

理想之君道　荀子知世界之进化,后胜于前,故其理想之太平世,不在太古而在后世。曰:"天地之始,今日是也。百王之道,后王是也。"故礼乐刑政,不可不与时变革,而为社会立法之圣人,不可不先后辈出。圣人者,知君人之大道者也。故曰:"道者何耶? 曰君道。君道者何耶? 曰能群。能群者何耶? 曰善生养人者也,善班治人者也,善显役人者也,善藩饰人者也。"

结论　荀子学说,虽不免有矛盾之迹,然其思想多得之于经验,故其说较为切实。重形式之教育,揭法律之效力,超越三代以来之德政主义,而近接于法治主义之范围。故荀子之门,有韩非、李斯诸人,持激烈之法治论,此正其学说之倾向,而非如苏轼所谓由于人格之感化者也。荀子之性恶论,虽为常识所震骇,然其思想之自由,论断之勇敢,不愧为学者云。

〔录自高平叔编:《蔡元培全集》(第二卷),中华书局 1984 年版。〕

章太炎儒学学案

章太炎(1869—1936),初名学乘,字枚叔,后改名炳麟,号太炎,浙江余杭县南乡仓前镇人。中国近代民主革命家、思想家。

章太炎出身书香世家,幼承家风,9岁从朱有虔习经,17岁读四史、《文选》、《说文解字》,18岁读《音学五书》、《经义述闻》、《尔雅义疏》,从此一心制经、文必法古,21岁始有著述之志。30岁在上海,以康梁倡孔教为非,犹不喜康有为以"长素"为字;识宋恕,旁涉佛典。1900年,撰《訄书》,文风略变,转慕魏晋。1903年,于上海识蔡元培,讲学"爱国学社";因《驳康有为论革命书》卷入"苏报案",与邹容一起身陷囹圄。1904年,被判监禁三年,狱中读佛典,悟大乘法义。1906年,入同盟会,任《民报》编辑。1907—1911年,与孙文、黄兴、陶成章等与革命事;期间多读佛典,其思益深;治小学音韵,先后成《小学问答》、《新方言》、《文始》、《国故论衡》、《齐物论释》等。1912年,任东三省筹边使。1914年,为袁世凯禁锢,几于饿死;增删《訄书》,更名《检论》。1917年,任广东护法军政府秘书长。1918年,北洋政府以其手定切音符号为基础,增删修订,作为注音字母公布。1919年,组织护法后援会,反对南北议和。1922年,应江苏教育会之约在上海讲"国学",后以《国学概论》为名出版。1926年,任上海国民大学校长,授课"国学系"。1930年,撰《春秋左氏疑义答问》。1934年,在苏州发起章氏国学讲习会。1936年6月14日,于苏州病逝。

章太炎学问在当时即广受推崇。梁启超评论说:"在此清学蜕分与衰落期中,有一人焉能为正统派大张其军者,曰:余杭章炳麟。""其治小学,以音韵为骨干,谓文字先有声然后有形,字之创造及其孳乳,皆以音衍。所著《文始》及《国故论衡》中论文字音韵诸篇,其精义多乾嘉诸老所未发明。应用正统派之研究法,而廓大其内容延辟其新径,实章炳麟一大成功也。章炳麟用佛学解老庄,极有理致,所著《齐物论释》,虽间有牵合处,然确能为研究'庄子哲学'者开一新国土。其《莉汉微言》,深造语极多。其余《国故论衡》、《检论》、《文录》诸篇,纯驳互见。""炳麟中岁以后所得,固非清学所能限矣。其影响于近年来学界者亦至巨。虽然,炳麟谨守家法之结习甚深,故门户之见,时不能免,如治小学排斥钟鼎文龟甲文,治经学排斥'今文派',其言常不免过当。"钱穆亦指出:"(太炎)不偏尊一家,轻立门户,盖平实而能博大,不为放言高论,而能真为民族文化爱好者,诚近世一人而已矣。"从游从学如刘师培、黄侃、吴承仕、钱玄同等俱一世俊杰,人称"章黄学派"。

章太炎一生著作众多,主要著作有《膏兰室札记》、《诂经札记》、《七略别录佚文徵》、《春秋左传读》、《訄书》、《齐物论释》、《庄子解故》、《广论语骈枝》、《新方言》、《文始》、《国故论衡》等。

（刘　斌　毕晓乐）

经学略说（节选）

经之训常,乃后起之义:《韩非·内外储》首冠经名,其意殆如后之目录,并无常义。今人书册用纸,贯之以线。古代无纸,以青丝绳贯竹简为之。用绳贯穿,故谓之经。经者,今所谓线装书矣。《仪礼·聘礼》:"百名以上书于策,不及百名书于方。"《礼记·中庸》云:"文武之政,布在方策。"盖字少者书于方,字多者编简而书之。方不贯以绳,而简则贯以绳。以其用绳故曰编,以其用竹故曰篇。方,版牍也。古者师徒讲习,亦用方誊写。《尔雅》:"大版谓之业。"故曰肄业、受业矣。《管子》云:"修业不息版。"修业云者,修习其版上之所书也。竹简繁重,非别版书写,不易肄习。二尺四寸之简(《后汉书·周磐传》:编二尺四寸简写《尧典》),据刘向校古文《尚书》,每简或二十五字,或二十二字,知一字约占简一寸。二十五自乘为六百二十五。令简策纵横皆二十四寸,仅得六百二十五字。《尚书》每篇字数无几,多者不及千余。《周礼》六篇,每篇少则二三千,多至五千。《仪礼·乡射》有六千字,《大射仪》有六千八百字。如横布《大射》、《乡射》之简于地,占地须二丈四尺,合之今尺,一丈六尺,倘师徒十余人对面讲诵,便非一室所能容。由是可知讲授时决不用原书,必也移书于版,然后便捷。故称肄业、受业,而不曰肄策、受策也。帛,绢也,古时少用。《汉书·艺文志》六艺略、诸子略、诗赋略、兵书略,每书皆云篇;数术、方技,则皆称卷。数术、方技,乃秦汉时书,古代所无。六艺、诸子、诗赋、兵书,汉人亦有作。所以不称卷者,以刘向叙录,皆用竹简杀青缮写,数术、方技,或不用竹简也。惟图不称篇而称卷,盖帛书矣(《孙子兵法》皆附图)。由今观之,篇繁重而卷简便,然古代质厚,用简者多。《庄子》云:"惠施多方,其书五车。"五车之书,如为帛书,乃可称多;如非帛书,而为竹简,则亦未可云多。秦皇衡石程书，一日须尽一石。如为简书，则一石之数太多，非一人一日之力所能尽（古一石当今三十斤，如为帛书，准之于今，当亦有一二百本）。古称奏牍，牍即方版，故一日一石不为多耳。

周代《诗》、《书》、《礼》、《乐》皆官书。《春秋》史官所掌，《易》藏太卜，亦官书。官书用二尺四寸之简书之。郑康成谓六经二尺四寸，《孝经》半之，《论语》又半之是也。《汉书》称律曰"三尺法"，又曰"二尺四寸之律"。律亦经类，故亦用二尺四寸之简。惟六经为周之官书，汉律乃汉之官书耳。寻常之书，非经又非律者，《论衡》谓之短书。此所谓短，非理之短，乃策之短也。西汉用竹简者尚多，东汉以后即不用。《后汉书》称董卓移都之乱，缣帛图书，大则连为帷盖，小乃制为滕囊，可知东汉官书已非竹简本矣。帛书可卷可舒，较之竹简，自然轻易，然犹不及今之用纸。纸之起源，人皆谓始于蔡伦，然《汉书·外戚传》已称赫蹄，则西汉时已有纸，但不通用耳。正惟古人之不用纸，作书不易；北地少竹，得之甚难；代以缣帛，价值又贵，故非熟读强记不为功也。竹简书之以漆，刘向校书可证；方版亦然。至于缣帛，则不可漆书，必当用墨。《庄子》云：宋元君将画图，众史舐笔和墨。则此所谓图，当是缣素。又《仪礼》铭旌用帛。《论语》子张书绅。绅以帛为之，皆非用帛不能书。惟经典皆用漆书简，学生讲习，则用版以求方便耳。以上论经之形式及质料。

《庄子·天下篇》："《诗》以道志，《书》以道事，《礼》以道行，《乐》以道和，《易》以道阴阳，《春秋》以道名分。"列举六经，而不称之曰"经"。然则六经之名，孰定之耶？曰：孔子耳。孔子之前，《诗》《书》《礼》《乐》已备。学校教授，即此四种。孔子教人，亦曰："兴于《诗》，立于《礼》，成于《乐》。"又曰："《诗》《书》执礼，皆雅言也。"可见《诗》《书》《礼》《乐》，乃周代通行之课本。至于《春秋》，国史秘密，非可公布；《易》为卜筮之书，事异恒常，非当务之急，故均不以教人。自孔子赞《周易》、修《春秋》，然后《易》与《春秋》同列六经。以是知六经之名，定于孔子也。

五礼著吉、凶、宾、军、嘉之称，今《仪礼》十七篇，只有吉、凶、宾、嘉，而不及军礼。不但十七篇无军礼，即《汉书》所谓五十六篇《古经》者亦无之。《艺文志》以《司马法》二百余篇入《礼》类（今残本不多），此军礼之遗，而不在六经之内。孔子曰："军旅之事，未之学也。"盖孔子不喜言兵，故无取焉。又古律亦官书，汉以来有《汉律》。汉以前据《周礼》所称，五刑有二千五百条，《吕刑》则云三千条。当时必著简册，然孔子不编入六经，至今无只字之遗。盖律者，在官之人所当共知，不必以之教士。若谓古人尚德不尚刑，语涉迂阔，无有是处。且《周礼·地官》之属，州长、党正，有读法之举，是百姓均须知律。孔子不以入六经者，当以刑律代有改变，不可为典要故尔。

六经今存五经，《乐经》汉时已亡。其实，六经须作六类经书解，非六部之经书也。礼，今存《周礼》、《仪礼》。或谓《周礼》与《礼》不同，名曰《周官》，疑非礼类。然《孝经》称"安上治民莫善于礼"，《左传》亦云"礼，经国家、定社稷、序人民、利后嗣"。由《孝经》、《左传》之言观之，则《周官》之设官分职、体国经野，正是礼类。安得谓与礼不同哉？春秋时人引《逸周书》皆称《周书》，《艺文志》称《逸周书》乃孔子所删百篇之余。因为孔子所删，故不入六经。又《连山》、《归藏》，汉时尚存（桓谭《新论》云：或藏兰台），与《周易》本为同类。以孔子不赞，故亦不入六经。实则《逸周书》与《书》为一类，三《易》同为一类，均宜称之曰经也。

今所传之十三经，其中《礼记》、《左传》、《公羊》、《穀梁》均传记也。《论语》、《孝经》，《艺文志》以《诗》、《书》、《易》、《礼》、《春秋》同入六艺，实亦传记耳。《孟子》应入子部，《尔雅》乃当时释经之书，亦不与经同。严格论之，六经无十三部也。

史部本与六经同类。《艺文志》春秋家列《战国策》、《太史公书》。太史公亦自言继续《春秋》。后人以史部太多，故别为一类。荀勖《中经簿》始立经、史、子、集四部，区经、史为二，后世仍之。然乙部有《皇览》。《皇览》者，当时之类书也，与史部不类。王俭仿《七略》作《七志》（《七略》本仅六种：一、六艺；二、诸子；三、诗赋；四、兵书；五、数术；六、方技），增图谱一门。称六艺略曰经典志，中分六艺、小学、史记、杂传四门。有心复古，颇见卓识。又有《汉志》不收而今亦归入经部者，纬书是也。纬书对经书而称，后人虽不信，犹不得不以入经部。独王俭以数术略改为阴阳志，而收入纬书，以纬书与阴阳家、形法家同列，不入经典，亦王氏之卓识也。自《隋书·经籍志》后，人皆依荀勖四部之目，以史多于经，为便宜计，不得不尔。明知纬书非经之比，无可奈何，亦录入经部，此皆权宜之计也。

兵书在《汉志》本与诸子分列。《孙子兵法》入兵书,不入诸子。《七志》亦分兵书曰军书,而阮孝绪《七录》(依王俭为七部,不分经、史、子、集)以子书、兵书合曰子兵,未免谬误。盖当代之兵书,应秘而不宣,古代之兵书,可人人省览。《孙子》十三篇,空论行军之理,与当时号令编制之法绝异,不似今参谋部之书,禁人窥览者也。是故当代之兵书,不得与子部并录。

向、歆校书之时,史部书少,故可归入《春秋》。其后史部渐多,非别立一类不可,亦犹《汉志》别立诗赋一类,不归入《诗经》类耳。后人侈言复古,如章实斋《校雠通义》,独断断于此,亦徒为高论而已。顾源流不得不明,纬与经本应分类,史与经本不应分,此乃治经之枢纽,不可不知者也。

汉人治经,有古文、今文二派。伏生时纬书未出,尚无怪诞之言。至东汉时,则今文家多附会纬书者矣。古文家言历史而不信纬书,史部入经,乃古文家之主张;纬书入经,则今文家之主张也。

古文家间引纬书,则非纯古文学,郑康成一流是也。王肃以贾、马之学,反对康成。贾虽不信纬书,然亦有附会处(《后汉书》可证),马则绝不附会矣(马书今存者少)。

至三国时人治经,则与汉人途径相反。东汉今文说盛行之时,说经多采纬书,谓孔子为玄圣之子,称其述作曰为汉制法。今观孔林中所存汉碑,《史晨》、《乙瑛》、《韩敕》,皆录当时奏议文告,并用纬书之说。及黄初元年,封孔羡为宗圣侯,立碑庙堂,陈思王撰文,录文帝诏书,其中无一语引纬书者。非惟不引纬书,即今文家,亦所不采。以此知东汉与魏,治经之法,截然不同。今人皆谓汉代经学最盛,三国已衰,然魏文廓清谶纬之功,岂可少哉!文帝虽好为文,似词章家一流,所作《典论》,《隋志》归入儒家。纬书非儒家言,乃阴阳家言,故文帝诏书未引一语。岂可仅以词章家目之!

自汉武立五经博士,至东汉有十四博士(五经本仅五博士,后分派众多,故有十四博士)。《易》则施、孟、梁丘、京,《书》则欧阳、大小夏侯,《诗》则齐、鲁、韩,《礼》则大小戴,《春秋》则严、颜(皆《公羊》家),皆今文家也。孔安国之古文《尚书》,后世不传。汉末,马、郑之书,不立学官。《毛诗》亦未立学官。古文《礼》传之者少。《春秋》则《左氏》亦未立学官。至三国时，古文《尚书》、《毛诗》、《左氏春秋》，皆立学官。此魏文帝之卓见也。汉熹平石经，隶书一字，是乃今文。魏正始时立三体石经，则用古文。当时古文《礼》不传，《尚书》、《春秋》皆用古文。《易》用费氏，以费《易》为古文也（传费《易》者，汉末最盛，皆未入学官。马、郑、荀爽、刘表、王弼皆费氏《易》）。《周礼》则本为古文。三国之学官，与汉末不同如此。故曰魏文廓清之功不可少也。

清人治经，以汉学为名。其实汉学有古文、今文之别。信今文则非，守古文即是。三国时渐知尊信古文。故魏、晋两代，说经之作，虽精到不及汉儒，论其大体，实后胜于前。故汉学二字，不足为治经之正轨。昔高邮王氏，称其父熟于汉学之门径，而不囿于汉学之藩篱。此但就训诂言耳。其实，论事迹、论义理，均当如是。魏、晋人说经之作，岂可废哉！以上论经典源流及古今文大概。

欲明今古文之分，须先明经典之来源。所谓孔子删《诗》、《书》，定《礼》、《乐》，赞《周易》，修《春秋》者，《汉书·艺文志》云：礼、乐，周衰俱坏，乐尤微眇，又为郑、卫所乱，故无遗法。又云：及周之衰，诸侯将逾法度，恶其害己，皆灭去其籍，自孔子时而不具。是孔子时《礼》、《乐》已阙，惟《诗》、《书》被删则俱有明证。《左传》，韩宣子适鲁，观书于太史氏，见《易象》与鲁《春秋》，曰：周礼尽在鲁矣。可见别国所传《易象》，与鲁不尽同。孔子所赞，盖鲁之《周易》也。《春秋》本鲁国之史，当时各国皆有春秋，而皆以副本藏于王室。故太史公谓孔子西观周室，论史记旧闻而修《春秋》，盖六经之来历如此。

《礼记·礼器》云："经礼三百、曲礼三千。"郑康成注：经礼谓《周礼》，曲礼即《仪礼》。《中庸》云："礼仪三百，威仪三千。"孔颖达疏：礼仪三百即《周礼》，威仪三千即《仪礼》。今《仪礼》十七篇，约五万六千字，均分之，每篇得三千三百字。汉时，高堂生传《士礼》十七篇，合淹中所得，凡五十六篇，较今《仪礼》三倍。若以平均三千三百字一篇计之，则五十六篇当有十七万字，恐孔子时经不过如此。以字数之多，故当时儒者不能尽学，孟子所谓"诸侯之礼，吾未之学也"。至于《周礼》是否经孔子论定，无明文可见。孟子谓"诸侯恶其害己也，而皆去其籍"，是七国时《周礼》已不常见，故孟子论封建与《周礼》不同。

太史公谓古诗三千余篇，孔子删为三百篇。或谓孔子前本仅三百篇,孔子自言"诗三百"是也。然《周礼》言九德、六诗之歌。九德者,《左传》所谓水、火、金、木、土、谷、正德、利用、厚生。九功之德皆可歌者,谓之九歌。六诗者,一曰风、二曰赋、三曰比、四曰兴、五曰雅、六曰颂。今《诗》但存风、雅、颂,而无赋、比、兴。盖不歌而诵谓之赋,例如后之《离骚》,篇幅冗长,宜于诵而不宜于歌,故孔子不取耳。九德、六诗合十五种,今《诗》仅存三种,已有三百篇之多,则十五种当有一千五百篇。风、雅、颂之逸篇为春秋时人所引者已不少,可见未删之前,太史公三千篇之说为不诬也。孔子所以删九德之歌者,盖水、火、金、木、土、谷,皆咏物之作,与道性情之旨不合,故删之也。季札观周乐,不及赋、比、兴,赋本不可歌,比、兴被删之故,则今不可知。墨子言诵诗三百、弦诗三百、歌诗三百、舞诗三百。夫可弦必可歌,舞虽有节奏,恐未必可歌,诵则不歌也。由此可知,诗不仅三百,依墨子之言,亦有千二百矣。要之诗不但取其意义,又必取其音节,故可存者少耳。

《书》之篇数,据扬子《法言》称:昔之说《书》者序以百。《艺文志》亦云凡百篇。百篇者,孔子所删定者也。其后,伏生传二十九篇(据《书序》则分为三十四篇)。壁中得四十八篇。由今观之,《书》在孔子删定之前已有亡佚者。楚灵王之左史,通《三坟》、《五典》、《八索》、《九丘》。今《三坟》不传,《五典》仅存其二。楚灵王时,孔子年已二十余,至删书时而仅著《尧典》、《舜典》二篇,盖其余本已佚矣。若依百篇计之,虞、夏、商、周凡四代,如商、周各四十篇,虞、夏亦当有二十篇。今夏书最少,《禹贡》犹不能谓为夏书。真为夏书者,仅《甘誓》、《五子之歌》、《胤征》三篇而已。《胤征》之后,《左传》载魏绛述后羿、寒浞事,伍员述少康中兴事,皆《尚书》所无。魏绛在孔子前,而伍员与孔子同时,二子何以知之?必当时别有记载,而本文则已亡。此亦未删而已佚之证也。至如周代封国必有命(如近代之册命),封康叔有《康诰》,而封伯禽、封唐叔,左氏皆载其篇名,《书序》则不录。且鲁为孔子父母之邦,无不知其封诰之理。所以不录者,殆以周封诸侯甚多,不得篇篇而登之,亦惟择其要者耳。否则,将如私家谱牒所录诰命,人且厌观之矣。《康诰》事涉重要,故录之,其余则不录,此删书之意也。

《逸周书》者,《艺文志》言,孔子所论百篇之余。今《逸周书》有目者七十一篇。由此可知,孔子于书,删去不少。虽自有深意,然删去之书,今仍在者，亦不妨视为经书。今观《逸周书》与《尚书》性质相同，价值亦略相等。正史之外，犹存别史（《史》、《汉》无别史，《后汉书》外有袁宏《后汉记》，其中所载事实、奏议，有与《后汉书》不同者，可备参考。《三国志》外有鱼豢之《魏略》、王沈之《魏书》，不可谓只《三国志》可信，余即不可信也），安得皇古之书，可信如《逸周书》者，顾不重视乎？《诗》既删为三百篇，而删去之诗，如"巧笑倩兮、美目盼兮，素以为绚兮"一章，子夏犹以问孔子，孔子亦有"启予"之言。由此可见，逸诗仍有价值。逸书亦犹是矣。盖古书过多，或残缺，或不足重，人之目力有限，不能尽读，于是不得不删繁就简。故孔子删《诗》、《书》，使人易于持诵，删余之书，仍自有其价值在也。崔东璧辈，以为经书以外均不足采，不知太史公三代《本纪》，固以《尚书》为本，《周本纪》即采《逸周书·克殷解》、《度邑解》，此其卓识过人，洵非其余诸儒所能及。

六经自秦火之后，《易》为卜筮，传者不绝。汉初北平侯张苍献《春秋左氏传》，经传俱全。《诗》由口授，非秦火所能焚，汉初有齐、鲁、毛、韩四家。惟毛有六笙诗（自秦焚书，至汉高祖破秦子婴，历时七年，人人熟习之歌，自当不亡）。礼则《仪礼》不易诵习，故高堂生仅传十七篇（高堂生必读熟方能传也）。《周礼》在孟子时已不传，而荀子则多引之（荀子学博远过孟子，故能引之），然全书不可见。至汉河间献王乃得全书，犹缺《冬官》一篇，以《考工记》补之。《尚书》本百篇，伏生壁藏之，乱后求得二十九篇，至鲁恭王坏孔子宅，又得五十八篇，孔安国传之，谓之古文。此秦火后六经重出之大概也。

经今古文之别有二：一、文字之不同；二、典章制度与事实之不同。何谓文字之不同？譬如《尚书》，古文篇数多，今文篇数少，今古文所同有者，文字又各殊异，其后愈说愈歧。此非伏生之过，由欧阳、大小夏侯三家立于学官，博士抱残守缺，强不知以为知，故愈说而愈歧也。《古文尚书》孔安国传之太史公，太史公以之参考他书，以故，不但文字不同，事实亦不同矣（今文家不肯参考他书，古文家不然，太史公采《逸周书》可证也）。何谓典章制度之不同？如《周礼》本无今文，一代典章制度，于是大备。可见七国以来传说之语，都不可信。如封建一事，《周礼》谓公五百里、侯四百里、伯三百里、子二百里、男百里。而孟子乃谓公侯皆方百里、伯七十里、子男五十里，与《周礼》不合。此当依《周礼》，不当依孟子，以孟子所称乃传闻之辞也。汉初人不知《周礼》，文帝时命博士撰《王制》，即用孟子之说，以未见《周礼》故。此典章制度之不同也。何谓事实之不同？如《春秋左传》为古文，《穀梁》、《公羊》为今文。《穀梁》称申公所传，《公羊》称胡毋生所传。二家皆师弟问答之语。《公羊》至胡毋生始著竹帛，《穀梁》则著录不知在何时。今三传不但经文有异，即事实亦不同，例亦不同。刘歆以为左氏亲见夫子，好恶与圣人同；而公羊、穀梁在七十子之后。传闻之与亲见之，其详略不同。以故，若论事实，自当信《左氏》，不当信《公》、《穀》也。《诗》无所谓今古文，口授至汉，书于竹帛，皆用当时习用之隶书。《毛诗》所以称古文者，以其所言事实与《左传》相应，典章制度与《周礼》相应故尔。《礼》，高堂生所传十七篇为今文；孔壁所得五十六篇为古文。古文、今文大义无殊，惟十七篇缺天子、诸侯之礼。于是，后苍推士礼致于天子（五十六篇中有天子、诸侯之礼）。后人不得不讲《礼记》，即以此故。以十七篇未备，故须《礼记》补之。《礼记》中本有《仪礼》正篇，如《奔丧》，小戴所有；《投壶》，大小戴俱有。大小戴皆传自后苍，皆知十七篇不足，故采《投壶》、《奔丧》二篇。二家之书，所以称《礼记》者，以其为七十子后学者所记，故谓之《礼记》。《记》，百三十一篇：《大戴》八十二篇，《小戴》四十九篇。今《大戴》存三十九篇，《小戴》四十九篇具在，合之得八十八篇。此八十八篇中，有并非采自百三十一篇之《记》者，如《大戴》有《孔子三朝记》七篇，《孔子三朝记》应入《论语》家（《艺文志》如此），《三朝记》之外，《孔子闲居》、《仲尼燕居》、《哀公问》等，不在《三朝记》中，则应入《家语》一类。要之，乃《论语》家言，非《礼》家言也。《大戴》采《曾子》十篇，《曾子》本儒家书。又《中庸》、《缁衣》、《表记》、《坊记》四篇，在《小戴记》，皆子思作。子思书，《艺文志》录入儒家。若然，《孔子三朝记》以及曾子、子思所著，录入大小戴者，近三十篇。加以《月令》本属《吕氏春秋》（汉人称为《明堂月令》），亦不在百三十一篇中。又，《王制》一篇，汉文帝时博士所作。则八十八篇应去三十余篇，所余不及百三十一篇之半，恐犹有采他书者在。如言《礼记》不足据，则其中有百三十一篇之文在；如云可据，则其中有后人所作在。故《礼记》最难辨别，其中所记，是否为古代典章制度，乃成疑窦。若但据《礼记》以求之，未为得也。《易》未遭秦火，汉兴，田何数传至施、孟、梁丘三家。或脱去《无咎》、《悔亡》，惟费氏不脱，与古文同。故后汉马融、荀爽、郑玄、刘表皆信费《易》。《易》专言理,惟变所适,不可为典要,故不可据以说《礼》。然汉人说《易》,往往与礼制相牵。如《五经异义》以"时乘六龙"谓天子驾六,此大谬也。又施、孟、梁丘之说,今无只字之存。施、孟与梁丘共事田生,孟喜自云:田生且死时,枕喜膝,独传喜;而梁丘曰:田生绝于虦手中,时喜归东海,安得此事!是当时已起争端。今孟喜之《易》,尚存一鳞一爪。臆造之说,未足信赖。焦延寿自称尝从孟喜问《易》,传之京房,喜死,房以延寿《易》即孟氏学,而孟喜之徒不肯,曰:"非也。"然则焦氏、京氏之《易》,都为难信。虞氏四世传孟氏《易》,孟不可信,则虞说亦难信。此数家外,荀氏、郑氏传世最多,然《汉书》谓费本无书,以《彖》、《象》、《文言》释经,而荀氏据爻象承应阴阳变化之义解说经意,是否为费之正传,亦不可知。郑《易》较为简单,恐亦非费氏正传。今学《易》者多依王弼之注,弼本费《易》,以文字论,费《易》无脱文,当为可信。余谓论《易》,只可如此而已。

此外,《古论语》不可见,今所传者,古、齐、鲁杂糅。《孝经》但存今文。关于典章制度、事实之不同者,须依古文为准。至寻常修身之语,今古文无大差别,则《论语》、《孝经》之类,不必问其为古文或今文也。

十四博士皆今文,三国时始信古文。古文所以引起许多纠纷者,孔壁所得五十八篇之《书》,亡于汉末,西晋郑冲伪造二十五篇,今之孔氏《尚书》,即郑冲伪造之本。其中马、郑所本有者,未加窜改;所无者,即出郑冲伪造。又分《虞书》为《尧典》、《舜典》二篇,分《皋陶谟》为《益稷》。《大禹谟》、《五子之歌》、《胤征》已亡,则补作三篇。既是伪作,不足置信。至汉人传《易》,是否《易》之正本不可知,后则王弼一家为费氏书。宋陈希夷辈造先天八卦、河洛诸图,传之邵康节,此乃荒谬之说。东序河图,既无人见,孔子亦叹河不出图,则后世何由知其象也。先天八卦,以《说卦》方位本离南坎北者改为乾南坤北,则与观象、观法而造八卦之说不相应,此与《尚书》伪古文同不足信(伪古文参考阎氏《古文尚书疏证》,河洛参考胡氏《易图明辨》)。至今日治《书》而信伪古文;言《易》而又河洛、先天,则所谓门外汉矣。然汉人以误传之说(今文家)亦甚多。清儒用功较深,亦未入说经正轨,凡以其参杂今古文故也。近孙诒让专讲《周礼》,为纯古文家。惜此等著述,至清末方见萌芽,如群经皆如此疏释，斯可谓入正轨矣。

经之由来及今古文之大概既明，须进而分讲各经之源流。今先讲《易经》。

初造文字，取法兽蹄鸟迹；画卦亦然。《易·系辞》云："古者庖牺氏之王天下也，仰则观象于天，俯则观法于地，观鸟兽之文与地之宜，近取诸身，远取诸物，于是始作八卦。"今观乾、坤二卦：乾作☰，坤作☷。《抱朴子》云："八卦出于鹰隼之所被，六甲出于灵龟之所负。"盖鸟舒六翮，即成☰象，但取其翮而遗其身，即成☷象。于是或分或合，错而综之，则成八卦。此所以言观鸟兽之文也。抱朴之说，必有所受，然今无可考，施、孟、马、郑、荀爽皆未言之。

重卦出于何人，说者纷如。王弼以为伏羲，郑玄以为神农，孙盛以为夏禹，而太史公则以为文王。伏羲之说，由于《周礼》，太卜掌三《易》之法：一曰《连山》，二曰《归藏》，三曰《周易》。三《易》均六十四卦，杜子春谓《连山》，伏羲；《归藏》，黄帝。王弼据之，故云重卦出于伏羲。然伏羲作《连山》，黄帝作《归藏》，语无凭证，故郑玄不从之也。神农之说，由于《系辞》称"神农氏作，斫木为耜，揉木为耒，盖取诸《益》"；"日中为市，交易而退，盖取诸《噬嗑》"二语。以神农氏已有《益》、《噬嗑》，故知重卦出于神农。然《系辞》所谓"盖取"，皆想象之辞，乌可据为实事？夏禹之说，从郑玄之义蜕化而来。郑玄《易赞》及《易论》云：夏曰《连山》，殷曰《归藏》，周曰《周易》。孙盛取之，以为夏有《连山》，即兼山之艮，可见重卦始于夏禹。至文王之说，则太史公因"作《易》者其有忧患乎"一语而为是言。要之，上列诸说，虽不可确知其是非，以余观之，则重卦必不在夏禹之后，短中取长，则孙盛之说为可信耳。

至卦辞、爻辞之作，当是皆出文王。《系辞》云："《易》之兴也，当文王与纣之事耶？"又云："作《易》者，其有忧患乎？"太史公据此，谓"西伯拘而演《周易》"。故卦辞、爻辞并是文王被囚而作，或以为周公作爻辞，其说无据。如据韩宣子聘于鲁，见《易象》而称周公之德，以此知《易象》系于周公，故谓周公作爻辞。然韩宣子并及鲁之《春秋》，《春秋》岂周公作耶？如据"王用享于岐山"及"箕子之明夷"及"东邻杀牛不如西邻之禴祭"诸文，以为岐山之王当是文王。文王被囚之时，犹未受命称王。箕子之被囚奴，在武王观兵之后，文王不宜预言明夷，东邻指纣，西邻指文王。纣尚南面，文王不宜自称己德，以此知爻辞非文王作，而为周公作。然《禹贡》"导岍及岐"，是岐为名山，远在夏后之世。古帝王必祭山川，安知文王以前，竟无王者享于岐山乎？箕子二字，本又读为荄滋（赵宾说）。且箕子被囚，在观兵以后，亦无实据。《象》传"内文明而外柔顺，以蒙大难，文王以之；内难而能正其志，箕子以之"，并未明言箕子之被囚奴，且不必被囚然后谓之明夷也。东邻、西邻，不过随意称说，安见东邻之必为纣、西邻之必为文王哉？据此三条，固不能谓爻辞必周公作矣。且《系辞》明言"殷之末世，周之盛德"，而不及周公之时。孔颖达乃谓文王被囚，固为忧患，周公流言，亦属忧患。此附会之语矣。余谓：据《左传》，纣囚文王七年，七年之时甚久，卦辞、爻辞，不过五千余字，以七年之久，作五千余字，亦未为多，故应依太史公说，谓为文王作，则与《系辞》相应。

文王作《易》之时，在官卜筮之书有《连山》、《归藏》，文王之《易》与之等列，未必视为独重。且《周易》亦不止一部。《艺文志》六艺略首列《周易》十二篇；数术略著龟家又有《周易》三十八卷。且《左传》所载筮辞，不与《周易》同者甚多。成季将生，筮得大有之乾曰："同复于父，敬如君所。"秦缪伐晋，筮遇蛊，曰："千乘三去，三去之余，获其雄狐。"皆今《周易》所无，解之者疑为《连山》、《归藏》。然《左传》明言以《周易》筮之，则非《连山》、《归藏》也。余谓此不足疑，三十八卷中或有此耳。今《周易》六十四卦、三百八十四爻，而焦延寿作《易林》，以六十四自乘，得四千九十六条。安知周代无《易林》一类之书，别存于《周易》之外乎？盖《连山》、《归藏》、《周易》，初同为卜筮之书；上下二篇之《周易》与三十八卷之《周易》，性质相同，亦无高下之分，至孔子赞《易》，乃专取文王所演者耳。

《易》何以称《易》，与夫《连山》、《归藏》，何以称《连山》、《归藏》，此颇费解。郑玄注《周礼》曰：《连山》似山出内气变也；《归藏》者，万物莫不归而藏于中也。皆无可奈何，强为之辞。盖此二名本不可解。"周易"二字，"周"为代名，不必深论；"易"之名，《连山》、《归藏》、《周易》之所共。《周礼》，太卜掌三《易》之法，《连山》、《归藏》均称为《易》。然易之义不可解。郑玄谓易有三义：易简，一也；变易，二也；不易，三也。易简之说，颇近牵强，然古人说《易》，多以易简为言。《左传》：南蒯将叛，以《周易》占之，子服惠伯曰："《易》不可以占险。"则易有平易之意，且直读为易（去声）矣。易者变动不居，周流六虚，不可为典要，唯变所适，则变易之义，最为易之确诂。惟不易之义，恐为附会，既曰易，如何又谓之不易哉！又《系辞》云：生生之谓易。此义在变易、易简之外，然与字义不甚相关。故今日说《易》，但取变易、易简二义，至当时究何所取义而称之曰《易》，则不可知矣。

孔子赞《易》之前，人皆以《易》为卜筮之书。卜筮之书，后多有之。如东方朔《灵棋经》之类是。古人之视《周易》，亦如后人之视《灵棋经》耳。赞《易》之后，《易》之范围益大，而价值亦高。《系辞》曰："夫《易》何为者也？夫《易》开物成务、冒天下之大道，如斯而已者也。"孔子之言如此。盖发展社会、创造事业，俱为《易》义所包矣。此孔子之独识也。文王作《易》，付之太卜一流。卜筮之徒，不知文王深意，至高子乃视为穷高极远，于是《周易》遂为六经之一。秦皇焚书，以《易》为卜筮之书，未之焚也。故自孔子传商瞿之后，直至田何，中间未尝断绝；不如《尚书》经孔子删定之后传授不明，至伏生，突然以传《书》著称；亦不如《诗经》删定之后，传授不明，至辕固生、韩婴等突然以传《诗》著称也——《鲁诗》虽云浮丘伯受于荀卿，而荀卿之前不可知；《毛诗》虽云传自子夏，然其事不见于《艺文志》，亦不见于《汉书·儒林传》。唯《易》之传授最为清楚：自商瞿一传至桥庇子庸，二传至轩臂子弓，三传至周丑子家，四传至孙虞子乘，五传而至田何。其历史明白如此，篇章亦未有阙脱（《艺文志》：《周易》十二篇，施、孟、梁丘三家）。向来说经者，往往据此疑彼，惟《易》一无可疑。以秦本未焚，汉仍完整也。欧阳修经学疏浅，首疑《系辞》非孔子作，以为《系辞》中有"子曰"字，决非孔子自道。然《史记》自称"太史公曰"，太史公下腐刑时，已非太史令矣，而《报任少卿书》犹自称太史公；即欧阳修作《秋声赋》亦自称欧阳子，安得谓《史记》非太史公作、《秋声赋》非欧阳修作哉？商瞿受《易》之时，或与孔子问答，退而题"子曰"字，事未可知，安得径谓非孔子作哉？欧阳修无谓之疑，犹不足怪，后人亦无尊信之者。近皮锡瑞经学颇有功夫，亦疑《易》非文王作，以为卦辞、爻辞皆孔子作，夫以卦辞、爻辞为孔子作，则《系辞》当非孔子作矣。然则《系辞》谁作之哉？皮氏于此未能明言。夫《易》自商瞿至田何，十二篇师师相传，并未有人增损。晋人发冢，得《周易》上下经，无十翼。此不足怪,或当时但录经文,不录十翼耳。《系辞》明言:"易之兴也,其当殷之末世,周之盛德邪? 当文王与纣之事邪?"如上下经为孔子作,则不得不推翻此二语。且田何所传,已有《系辞》,田何上去孔子,不及三百年,亦如今之去顾亭林耳。人纵疏于考证,必不至误认顾亭林书为唐宋人书也。又,"文言"二字,亦有异解。梁武帝谓文言者,文王之言也。今按:"元者,善之长也;亨者,嘉之会也;利者,义之和也;贞者,事之干也。君子体仁,足以长人;嘉会足以合礼;利物足以和义;贞固足以干事",此五十字为穆姜语,唯体仁作体信略异。穆姜在孔子前,故梁武帝谓为文王之言。然文王既作卦辞曰"元、亨、利、贞",而又自作文言以解之,恐涉词费,由今思之,或文王以后,孔子以前说《易》者发为是言,而孔子采之耳。所以题曰"文言"者,盖解释文王之言。

《史记·孔子世家》:"孔子晚而喜《易》,读《易》韦编三绝。"如孔子以前,但有六十四卦之名,亦何须数数披览、至于韦编三绝耶? 必已有五千余字,孔子披览之勤,故韦编三绝也。陈希夷辈意欲超过孔子,创先天八卦之说,不知八卦成列由观象于天、观法于地而来,其方位见于《说卦》传(即陈希夷辈所谓后天八卦)。当时所观之天,为全世界共见之天,所观之地,则中国之地也。今以全地球言之,中国位东半球之东部,八卦方位,就中国所见而定。乾在西北者,中国之西北也;坤在西南者,中国之西南也。古人以北极标天,以昆仑标地。就中国之地而观之,北极在中国西北,故乾位西北。昆仑在中国西南,故坤位西南。正南之离为火,即赤道,正北之坎为水,即瀚海。观象、观法,以中国之地为本,故八卦方位如此,后之先天八卦,乾在南而坤在北,与天文、地理全不相应。作先天八卦者,但知乾为高明之象,以之标阳;坤为沉潜之象,以之标阴。遂谓坤应在北,乾应在南。不知仰观俯察,非言阴阳,乃言方位耳。《周礼》:"圜丘祭天,方泽祭地。"郑玄注:祭天谓祭北极、祭地谓祭昆仑。人以北极昆仑,分标天地,于此可见先天八卦为无知妄作矣。

《汉书·五行志》刘歆曰:"伏羲氏继天而王,受《河图》而则画之,八卦是也;禹治洪水,赐《洛书》,法而陈之,《洪范》是也。"然不知所谓《图》、《书》者何物也。至宋刘牧以《乾凿度》九宫之法为《河图》,又以生数、就成数依五方图之,以为《洛书》,更有《洞极经》亦言《河图》、《洛书》，则如刘牧之说而互易之，以五方者为图，九宫者为书。然郑氏、虞氏说《易》，并不以九宫、五方为图、书。桓谭《新论》曰："河图、洛书，但有朕兆而不可知。"是汉人虽说《河图》、《洛书》，却未言图、书为何象，宋人说《易》，创为河洛及先天八卦图。朱晦庵《易本义》亦列此图。其实先天图书荒唐悠谬，要当以左道视之，等之天师一流可矣。

其余说《易》者，汉儒主象数，王弼入清谈。拘牵象数，固非至当；流入清谈，亦非了义（《乾》、《坤》二卦，以及《既济》、《未济》，以清谈释之，说亦可通。然其他六十卦，恐非清谈所能了也）。《系辞》云："夫《易》开物成务，冒天下之道。"谓"冒天下之道"，则佛法自亦在内。李鼎祚《集解序》云："权舆三数，钤键九流。"详李氏此说，非但佛法在内，墨、道、名、法，均入《易》之范围矣。然李氏虽作此说，亦不能有所发明。孔颖达云："《易》理难穷。虽复玄之又玄，至于垂范作则，便是有而教有，若论住内、住外之空，就能、就所之说，斯乃义涉于释氏，非为教于孔门。"然《正义》依王、韩为说，往往杂以清谈。后之解者，因清谈而入佛法。虽为孔氏所不取，然《易》理亦自包含佛法。论说经之正，则非不但佛法不可引用，即《老子》"玄之又玄"之语，亦不应取。如欲穷究《易》理，则不但应取老、庄，即佛亦不得不取。其他九流之说，固无妨并采之矣！

《礼记·经解》曰："《易》之失，贼。"此至言也。尚清谈者，犹不致贼。如以施之人事，则必用机械之心；用机械之心太过，既不自觉为贼矣！盖作《易》者本有忧患，故曰"其辞危"。危者使平，易者使倾，若之何其不贼也。若蔡泽以亢龙说范雎，取范雎之位而代之，此真可谓贼矣。夫蔡泽犹浅言之耳。当文王被囚七年，使四友献宝，纣见宝而喜，曰：谮西伯者，乃崇侯虎也。则文王亦何尝讳贼哉！论其大者、远者，所谓"开物成务，冒天下之道"是矣。"冒天下之道"者，权舆三教也；"开物成务"者，钤键九流也。然不用权谋，则不能开物成务；不极玄妙，则不能冒天下之道。管辂谓善《易》者不言《易》。然则真传《易》者，正恐不肯轻道阴阳也。以上讲《周易》大概。

《尚书》分六段讲：一、命名；二、孔子删《书》；三、秦焚《书》；四、汉今古文之分；五、东晋古文；六、明清人说《尚书》者。

一、命名。周秦之《书》，但称曰《书》，无称《尚书》者。《尚书》之名，见于《史记·五帝本纪》、《三代世表》及《儒林传》。《儒林传》云：伏生以二十九篇"教于齐、鲁之间,学者由是颇能言《尚书》。"又云:"孔氏有古文《尚书》。"则今古文皆称《尚书》也。何以称之曰《尚书》?伪孔《尚书序》云:"以其上古之书,谓之《尚书》。"此言不始于伪孔,马融亦谓上古有虞氏之书,故曰《尚书》,而郑玄则以为孔子尊而命之曰《尚书》。然孔子既命之曰《尚书》,何以孔子之后,伏生之前,传记子书无言《尚书》者?恐《尚书》非孔子名之,汉人名之耳。何以汉人名之曰《尚书》?盖仅一书字不能成名,故为此累言尔。《书》包虞、夏、商、周四代文告,马融独称虞者,因《书》以《尧典》、《舜典》开端,故据以为名,亦犹《仪礼》汉人称《士礼》耳(《仪礼》不皆士礼,亦有诸侯、大夫礼,所以称《士礼》者,以其首篇为《士冠礼》也)。哀、平以后,纬书渐出,有所谓《中候》者(汉儒谓孔子定《书》一百二十篇,百两篇为《尚书》,十八篇为《中候》)。"中候",官名。以中候对尚书,则以尚书为官名矣(汉尚书令不过千石,分曹尚书六百石,位秩虽卑,权任实大。北军中候六百石,掌监五营。汉人以为文吏位小而权大者尚书,武臣位小而权大者中候,故以为匹)。此荒谬之说,不足具论。要之,《尚书》命名,以马融说为最当。

二、删《书》。孔子删《书》,以何为凭?曰:以《书序》为凭。《书序》所有,皆孔子所录也。然何以知孔子删《书》而为百篇、焉知非本是百篇而孔子依次录耶?曰:有《逸周书》在,可证《尚书》本不止百篇也。且《左传》载封伯禽、封唐叔皆有诰。今《书》无之,是必为孔子所删矣。至于《书》之有《序》,与《易》之有《序卦》同。《序卦》孔子所作,故汉人亦以《书序》为孔子作。他且勿论,但观《史记·孔子世家》曰:"孔子序《书传》,上纪唐、虞之际,下至秦缪,编次其事。"是太史公已以《书序》为孔子作矣(《夏本纪》多采《书序》之文)。《汉书·艺文志》本向、歆《七略》,亦曰:"《书》之所起远矣,至孔子纂焉,上断于尧,下讫于秦,凡百篇,而为之序。"是刘氏父子亦以《书序》为孔子作矣。汉人说经,于此并无异词。然古文《尚书》自当有序,今文则当无序,而今熹平石经残石,《书》亦有序,甚可疑也。或者今人伪造之耳。何以疑今文《尚书序》伪也?刘歆欲立古文时,今文家诸博士不肯,谓《尚书》唯有二十八篇,不信本有百篇,如有《书序》,则不至以《尚书》为备矣。《书序》有数篇同序,亦有一篇一序者。《尧典》、《舜典》,一篇一序也。《大禹谟》、《皋陶》、《益稷》三篇同序也。数篇同序者,《书序》所习见,然扬子《法言》曰:昔之说

《书》者序以百，而《酒诰》之篇俄空焉。盖《康诰》、《酒诰》、《梓材》三篇同序，而扬子以为仅《康诰》有序，《酒诰》无序，或者《尚书》真有无序之篇，以《酒诰》为无序，则《梓材》亦无序。今观《康诰》曰："周公咸勤，乃洪大诰治。王若曰：'孟侯，朕其弟，小子封。'"王者，周公代王自称之词，故曰"孟侯，朕其弟"矣。《酒诰》称"（成）王若曰：'明大命于妹邦'"，今文如此，古文马、郑、王本亦然。马融之意，以为成字后录者加之。然康叔始封而作《康诰》，与成王即政而作《酒诰》，年代相去甚久，不当并为一序。故扬子以为《酒诰》之篇俄空焉。不但《酒诰》之序俄空，即《梓材》亦不能确知为何人之语也。

汉时古文家皆以《书序》为孔子作，唐人作五经《正义》时，并无异词，宋初亦无异词。朱晦庵出，忽然生疑。蔡沈作《集传》，遂屏《书序》而不载。晦庵说经本多荒谬之言，于《诗》不信小序，于《尚书》亦不信有序。《后汉书》称卫宏作《诗序》。卫宏之序，是否即小序，今不可知，晦庵以此为疑，犹可说也。《书序》向来无疑之者，乃据《康诰》"王若曰：'孟侯，朕其弟'"一语而疑之，以为如王为成王，则不应称康叔为弟；如为周公，则周公不应称王。心拟武王，而《书序》明言"成王既伐管叔、蔡叔，以殷余民封康叔"，知其事必在武康叛灭之后，决非武王时事。无可奈何，乃云《书序》伪造。不知古今殊世，后世一切官职，皆可代理，惟王不可代；古人视王亦如官吏，未尝不可代。生于后世，不能再见古人。如生民国，见内阁摄政，而布告署大总统令，则可释然于周公之事矣。《诗》是文言，必须有序，乃可知作《诗》之旨；《书》本叙事，似不必有序，然《尚书》有无头无尾之语，如《甘誓》"大战于甘，乃召六卿"，未明言谁与谁大战；又称"王曰：'嗟六事之人，予誓告汝，有扈氏威侮五行，怠弃三正'"，亦不明言王之为谁。如无《书序》，"启与有扈战于甘之野"一语，真似冥冥长夜，终古不晓矣（孔子未作《书序》之前，王字当有异论。其后《墨子》所引《甘誓》以王为禹）。《商书序》称王必举其名，本文亦然。《周书》与《夏书》相似，王之为谁，皆不可知。《吕刑》穆王时作，本文但言王享国百年，序始明言穆王。如不读序，从何知为穆王哉？是故，《书》无序亦不可解。自虞、夏至孔子时，《书》虽未有序，亦必有目录之类，历古相传，故孔子得据以为去取。否则，孔子将何以删《书》也？《书序》文义古奥，不若《诗序》之平易，决非汉人所能伪造。自《史记》已录《书序》原文,太史公受古文于孔安国,安国得之壁中,则壁中《书》已有序矣。然自宋至明,读《尚书》者,皆不重《书序》,梅鷟首发伪古文之覆,亦以《书序》为疑。习非胜是,虽贤者亦不能免。不有清儒,则《书序》之疑,至今仍如冥冥长夜尔。

孔子删《书》,传之何人,未见明文。《易》与《春秋》三传,为说不同,其传授源流皆可考。《诗》、《书》、《礼》则不可知(子夏传《诗》,未可信据)。盖《诗》、《书》、《礼》、《乐》,古人以之教士,民间明习者众,孔子删《书》之时,习《书》者世多有之,故不必明言传于何人。《周易》、《春秋》,特明言传授者,《易》本卜筮之书,《春秋》为国之大典,其事秘密,不以教士(此犹近代实录,不许示人),而孔子独以为教,故须明言为传授也。伏生《尚书》何从受之,不可知。孔壁古文既出,孔安国读之而能通。安国本受《尚书》于申公(此事在伏生之后),申公但有传《诗》、传《穀梁》之说,其传《尚书》事,不载本传,何所受学,亦不可知。盖七国时通《尚书》者尚多,故无须特为标榜耳。

孔子删《书》百篇之余为《逸周书》,今考《汉书·律历志》所引《武成》,与《逸周书·世俘解》词句相近。疑《世俘解》即《武成篇》。又《箕子》一篇,录入《逸周书》,今不可见,疑即今之《洪范》。逸书与百篇之书文字出入,并非篇篇不同。盖《尚书》过多,以之教士,恐人未能毕读,不得不加以删节,亦如后之作史者,不能将前人实录字字录之也。删《书》之故,不过如此。虽云《书》以道事,然以其为孔子所删,而谓篇篇皆是大经大法,可以为后世模楷,正未必然。即实论之,《尚书》不过片断之史料而已。

三、秦焚书。秦之焚书,《尚书》受厄最甚。揆秦之意,何尝不欲全灭六经。无如《诗》乃口诵,易于流传;《礼》在当时,已不甚行,不须严令焚之。故禁令独重《诗》、《书》,而不及《礼》(李斯奏言:"敢有藏《诗》、《书》、百家语者,悉诣守、尉杂烧之;有敢偶语《诗》、《书》,弃市")。盖《诗》、《书》所载,皆前代史迹,可作以古非今之资,《礼》、《乐》都不甚相关。《春秋》事迹最近,最为所忌,特以柱下史张苍藏《左传》,故全书无缺。《公羊传》如今之讲义,师弟问答,未著竹帛,无以烧之。《穀梁》与《公羊》相似,至申公乃有传授。《易》本卜筮,不禁。惟《尚书》文义古奥,不易熟读,故焚后传者少也。伏生所藏,究有若干篇,今不可知,所能读者,二十九篇耳。孔壁序虽百篇,所藏只五十八篇。知《书》在秦时,已不全读,如其全读,何不全数藏之? 盖自荀卿隆礼仪而杀《诗》、《书》,百篇之书,全读者已少,故壁中《书》止藏五十八篇也。此犹《诗》在汉初虽未缺,而治之者,或为《雅》,或为《颂》,鲜有理全经者。又《毛传》、《鲁诗》,皆以《国风》、《大、小雅》、《颂》为四始,而《齐诗》以水、木、火、金为四始。其言卯、酉、午、戌、亥五际,亦但取《小雅》、《大雅》而不及《颂》。盖杀《诗》、《书》之影响如此。然则百篇之《书》,自孔壁已不具。近人好生异论,盖导原于郑樵。郑樵之意,以为秦之焚书,但焚民间之书,不焚博士官所藏。其实郑樵误读《史记》文句,故有此说。《史记》载李斯奏云:"臣请:史官,非秦记皆烧之;非博士官所职,天下敢有藏《诗》、《书》、百家语者,悉诣守、尉杂烧之。"此文本应读:"天下敢有藏《诗》、《书》、百家语非博士官所职者",何以知之? 以李斯之请烧书,本为反对博士淳于越,岂有民间不许藏《诗》、《书》而博士反得藏之之理?《叔孙通传》:"陈胜起山东,二世召博士诸生问曰:'楚戍卒攻蕲入陈,于公如何?'博士诸生三十余人前曰:'人臣无将,将即反,罪死无赦,愿陛下急发兵击之。'二世怒,作色,叔孙通前曰:'诸生言皆非也。明主在其上,法令具于下,人人奉职,四方辐辏,安敢有反者,此特群盗鼠窃狗盗耳。'二世喜曰:'善。'令御史案诸生言反者下吏,曰:'非所宜言。'"今案:"人臣无将"二语,见《公羊传》,于时《公羊》尚未著竹帛,然犹以"非所宜言"得罪,假如称引《诗》、《书》,其罪不更重哉! 李斯明言:"有敢偶语《诗》、《书》者弃市。"如何博士而可藏《诗》、《书》哉(李斯虽奏偶语《诗》、《书》者弃市,然其谏二世有曰:"放弃《诗》、《书》,极意声色,祖伊所以惧也。"此李斯前后相背处)! 郑樵误读李斯奏语,乃为妄说,以归罪于项羽。近康有为之流,采郑说而发挥之,遂谓秦时六经本未烧尽,博士可藏《诗》、《书》,伏生为秦博士,传《尚书》二十九篇。以《尚书》本只有二十九篇故(《新学伪经考》主意即此),二十九篇之外,皆刘歆所伪造。余谓《书序》本有《汤诰》,壁中亦有《汤诰》原文,载《殷本纪》中。如谓二十九篇之外,皆是刘歆所造,则太史公焉得先采之? 于是崔适谓《史记》所载不合二十九篇者,皆后人所加(《史记探源》如此说)。由此说推之,凡古书不合己说者,无一不可云伪造。即谓尧舜是孔子所伪造,孔子是汉人所伪造,秦皇焚书之案,亦汉人所伪造,迁、固之流,皆后人所伪造,何所不可! 充类至尽,则凡非目见而在百年以外者,皆不可信。凡引经典以古非今者,不必焚其书而其书自废。呜呼! 孰料秦火之后,更有灭学之祸什佰于秦火者耶?

四、汉今古文之分。汉人传《书》者,伏生为今文,孔安国为古文,此人人所共知。《史记·儒林传》云:"伏生故为秦博士,孝文时,欲求能治《尚书》者,天下无有,乃闻伏生能治,欲召之,时伏生年九十余,老不能行,于是乃诏太常使掌故晁错往受之。秦时禁书,伏生壁藏之。其后,兵大起,流亡。汉定,伏生求其书,亡数十篇,独得二十九篇,即以教于齐鲁之间。"其叙《尚书》源流彰明如此,可知伏生所藏,原系古文,无所谓今文也,且所藏不止二十九篇,其余散失不可见耳。晁错本法吏,不习古文,伏生之徒张生、欧阳生辈,恐亦非卓绝之流,但能以隶书迻写而已,以故二十九篇变而为今文也。其后刘向以中古文校伏生之《书》,《酒诰》脱简一,《召诰》脱简二,文字异者七百有余。文字之异,或由于张生、欧阳生等传写有误,脱简则当由壁藏断烂,然据此可知郑樵、康有为辈以为秦火不焚博士之书之谬。如博士之书可以不焚,伏生何必壁藏之耶?

《儒林传》称伏生得二十九篇,而刘歆《移让太常博士》云:"《泰誓》后得,博士而赞之。"又,《论衡·正说篇》云:"孝宣皇帝时,河内女子发老屋,得逸《易》、《礼》、《尚书》各一篇,奏之。宣帝下示博士,然后,《易》、《礼》、《尚书》各益一篇。而《尚书》二十九篇始定。"然则,伏生所得本二十九篇乎? 抑二十八篇乎? 余谓太史公已明言二十九篇,则二十九篇当可信。今观《尚书大传》有引《泰誓》语,《周本纪》、《齐世家》亦有之。武帝时董仲舒、司马相如、终军辈,均太初以前人,亦引《泰誓》,由此可知,伏生本有二十九篇,不待武帝末与宣帝时始为二十九篇也。意者,伏生所传之《泰誓》,或脱烂不全,至河内女子发屋,才得全本。今观汉、唐人所引,颇有出《尚书大传》外者,可见以河内女子本补之,《泰誓》始全也。马融辈以为《左传》、《国语》、《孟子》所引,皆非今人之《泰誓》。《泰誓》称白鱼跃入王舟、火流为乌,语近神怪,以此疑今之《泰誓》。然如以今之《泰誓》为伏生所伪造,则非也。河内女子所得者,秦以前所藏,亦非伪造。以余观之,今之《泰誓》,盖当时解释《泰誓》者之言。《周语》有《泰誓故》,疑伏生所述,即《泰誓故》也。不得《泰誓》,以

《泰誓故》补之，亦犹《考工记》之补《冬官》矣。然《泰誓》之文，确有可疑者。所称八百诸侯，不召自来、不期同时、不谋同辞，何其诞也？武王伐纣，如有征调，当先下令。不征调而自来，不令而同时俱至，事越常理，振古希闻。据《乐记》孔子与宾牟贾论《大武》之言曰："久立于缀，以待诸侯之至也。"可见诸侯毕会，亦非易事。焉得八百诸侯，同时自来之事耶？此殆解释《泰誓》者张大其辞，以耸人听闻耳。据《牧誓》，武王伐纣，虽有友邦冢君，然誓曰："逖矣，西土之人！"可知非西土之人，武王所不用也。又曰庸、蜀、羌、髳、微、卢、彭、濮人。庸、蜀、羌、髳、微、卢、彭、濮，均在周之南部，武王但用此南部之人，而不用诸侯之师者，以庸、蜀之师本在西方，亲加训练，而东方诸侯之师，非其训练者也。所以召东方诸侯者，不过壮声势、扬威武而已（此条马融疑之，余亦以为可疑）。又，观兵之说，亦不可信。岂有诸侯既会，皆曰可伐，而武王必待天命，忽然还师之理乎？是故，伏生《泰誓》不可信。若以《泰誓故》视之，亦如《三国志》注采《魏略》、《曹瞒传》之类，未始可不为参考之助也。《泰誓》亦有今古文之别。"流为乌"，郑注：古文乌为雕。盖古文者河内女子所发，今文者伏生所传也（此古文非孔壁所得）。伏生发藏之后，张生、欧阳生传之。据《史记·娄敬传》，高帝时，娄敬已引八百诸侯之语。又，《陆贾传》称陆生时时前称说《诗》、《书》，可见，汉初尚有人知《尚书》者。盖娄敬、陆贾早岁诵习而晚失其书，故《儒林传》云"孝文时求为《尚书》者，天下无有"。"无有"者，无其书耳。然《贾谊传》称谊年十八，以能诵《诗》属《书》闻于郡中。其时在文帝之前。《诗》本讽诵在口，《尚书》则必在篇籍矣。可知当时传《书》者不仅伏生一人，特伏生为秦博士，故著名耳。

《尚书》在景帝以前，流传者皆今文。武帝初，鲁恭王坏孔子宅，得古文《尚书》，孔安国献之（据《史记》、《汉书》及《说文序》所引，所得不止《尚书》一种）。孔安国何以能通古文《尚书》？以其本治《尚书》也。伏生传《书》之后，未得壁经之前，《史记》称鲁周霸、孔安国，洛阳贾嘉颇能言《尚书》事（孔安国、周霸，皆申公弟子。申公之治《尚书》于此可见。贾谊本诵《诗》、《书》，故其孙嘉亦能治《尚书》），孔安国为博士，以《书》教授。倪宽初受业于欧阳生，后又受业于安国。所以然者，以欧阳生本与孔安国本不同耳。倪宽之徒，为欧阳高、大小夏侯。欧阳、大小夏侯三家本之倪宽，而倪宽本之孔安国。孔安国非本之伏生，则汉之所谓今文《尚书》者，名为伏生所传，实非伏生所传也。三家《尚书》亦有孔安国说，今谓三家悉本伏生，未尽当也。

今文《尚书》之名见称于世，始于三国，而非始于汉人。人皆据《史记·儒林传》"孔氏有古文《尚书》，而安国以今文读之"一语，谓孔安国以今文《尚书》翻译古文。此实不然。《汉书》称"孔安国以今文字读之"，谓以隶书读古文耳。孔安国所得者为五十八篇，较伏生二十九篇分为三十四篇者，实多二十四篇。二十四篇中《九共》九篇，故汉人通称为十六篇。孔安国既以今文字读之，而《史记》又谓《逸周书》得十余篇，《尚书》兹多于是。可知孔安国非以伏生之《书》读古文也。盖汉初人识古文者犹多，本不须伏生之《书》对勘也。

孔安国之《书》授都尉朝，都尉朝授胶东庸生，庸生授胡常，常授徐敖，敖授王璜、涂恽。自孔至王、涂凡五传。王、涂至王莽时，古文《尚书》立于学官。涂传东汉贾徽。太史公从孔安国问，《汉书》称迁书载《尧典》、《禹贡》、《洪范》、《微子》、《金滕》诸篇多古文说。然太史公所传者，不以伏生为限。故《汤诰》一篇，《殷本纪》载之。

哀帝时刘歆欲以古文《尚书》立学官，博士不肯（博士抱残守缺，亦如今之教授已不能讲，不愿人讲也）。歆移书让之，王莽时，乃立于学官，莽败，说虽不传，《书》则具存。盖古文本为竹简，经莽乱而散失，其存者惟传抄本耳。东汉杜林，于西州（天水郡，今甘肃秦州）得漆书一篇，林宝爱之，以传卫宏、徐巡（杜林所得必为王莽乱后流传至天水郡者。其后，马、郑犹能知逸《书》篇数，郑玄、许慎亦能引之者，盖传写犹可见，而真本则已亡矣），后汉讲古文者自此始（杜林非由孔安国直接传授，早岁学于张敞之孙张竦。林之好古文，盖渊源于张氏）。其后，马融、郑玄注《尚书》，但注伏生所有，不注伏生所无，于孔安国五十八篇不全治。马融受之何人不可知，惟贾逵受《书》于父徽，逵弟子许慎作《说文解字》。是故，《说文》所称古文《尚书》，当较马、郑为可信，然其中亦有异同。今欲求安国正传，惟《史记》耳。《汉书》云，迁书《尧典》五篇为古文说，然《五帝本纪》所载《尧典》与后人所说不同。所以然者，杜林所读与孔安国本不甚同也。《说文》圛下称《尚书》曰：'圛圛升云，半有半无。'"据郑玄注称古文《尚书》以弟为圛，而《宋微子世家》引《洪范》"曰雨、曰济、曰涕",字作涕。是太史公承孔安国正传,孔安国作涕,而东汉人读之为圉,恐是承用今文,非古文也。自清以来,治《尚书》者皆以马、郑为宗,段玉裁作《古文尚书撰异》,以为马、郑是真古文,太史公是今文。不知太史公之治古文,《汉书》具有明文。以马、郑异读,故生异说耳。

古文家所读,时亦谓之古文。此义为余所摘发。治古文者,不可不知。盖古文家传经,必依原本抄写一通,马融本当犹近真,郑玄本则多改字。古文真本,今不可见,唯有三体石经,尚见一斑。三体石经为邯郸淳所书,淳师度尚,尚治古文《尚书》。邯郸淳之本,实由度尚而来。据卫恒《四体书势》称,魏世传古文者,唯邯郸淳一人。何以仅得邯郸淳一人,而郑玄之徒无有传者?盖郑玄晚年,书多腐敝,不得于礼堂写定,传与其人。故传古文者,仅一邯郸淳也。今观三体石经残石,上一字为古文,中一字为篆文,下一字为隶书。篆书往往与上一字古文不同。盖篆书即古文家所读之字矣。例始三体石经《无逸篇》"中宗之中",上一字为中,下一字为仲,此即古文家读"中,仲也"。考华山碑,亦称宣帝为中宗。欧阳修疑为好奇,实则汉人本读中为仲也。

今文为欧阳、大小夏侯为三家,传至三国而绝。然蔡邕熹平石经犹依今文。今欲研究今文,只可求之《汉书》、《后汉书》及汉碑所引。然汉碑所引,恐亦有古文在。

五、东晋古文。今之《尚书》,乃东晋之伪古文(据《尚书正义》引《晋书》,定为郑冲所作),以马、郑所有者分《尧典》为《舜典》(《舜典》,《书序》中本有),更分《皋陶谟》为《益稷》,又改作《泰誓》,此外又伪造二十五篇。不但伪造经,且伪造传(亦称孔传)。自西晋开始伪造以后,更四十余年,至东晋梅赜始献之。字体以古文作隶书,名曰隶古定。人以其多古字,且与三体石经相近,遂信以为真孔氏之传,于是,众皆传之。甚至孔颖达作《尚书正义》,亦以马、郑为今文矣。

梅赜献书之时,缺《舜典》一篇,分《尧典》"慎徽五典"以下为《舜典》之首。至齐建武四年姚方兴献《舜典》,于"慎徽五典"之上加"曰若稽古,帝舜"等十二字,而梁武帝时为博士,议曰:"孔序称伏生误合五篇,皆文相承接,所以致误。"《舜典》首有"曰若稽古",伏生虽昏耄,何容合之? 遂不行用。然其后江南皆信梅书,惟北朝犹用郑本耳。隋一天下,采南朝经说,乃纯用东晋古文,即姚方兴十二字本也。其后又不知如何增为二十八字,今注疏本是已。

东晋古文,又有今文、古文之分,以隶古定传授不易,故改用今文写之,传之者有范宁等。唐玄宗时,卫包以古文本改为今文,用隶书写之,唐石经即依是本,然《经典释文》犹未改也(宋开宝初始改)。唐宋间亦多有引古文《尚书》者,如颜师古之《匡谬正俗》,玄应之《一切经音义》,郭忠恕之《汗简》,徐锴之《说文系传》皆是。宋仁宗时,宋次道得古文《尚书》,传至南宋,薛季宣据以作训,而段玉裁以为宋人假造,然以校《汗简》及足利本《尚书》,均符合。要之,真正古文,惟三体石经可据。东晋古文则以薛季宣本、敦煌本、足利本为可据耳。

六、明清人说《尚书》者。明正德时,梅鷟时攻东晋古文之伪。梅鷟之前,吴棫、朱熹,亦尝疑之,以为岂有古文反较今文易读之理?至梅鷟出,证据乃备(梅鷟不信孔安国得古文《尚书》,以为东晋古文即成帝时张霸伪造之百两篇,然校《汉书》原文,可知其误。张霸之百两篇,分析众篇,略加首尾而已。东晋古文,非从二十九篇分出,自非张霸本也。此梅鷟之误)。清康熙时,阎若璩作《古文尚书疏证》,始知郑康成《尚书》为真本。阎氏谓《孟子》引父母使舜完廪一段为《舜典》之文,此说当确。惠栋《古文尚书考》,较阎氏为简要。其弟子江声(艮庭)作《尚书集注音疏》,于今文、古文不加分别。古文"钦明文思安安",今文作"钦明文塞宴宴",东晋古文犹作"钦明文思安安",江氏不信东晋古文,宁改为"文塞宴宴",于是王鸣盛(西庄)作《尚书后案》,一以郑康成为主,所不同者,概行驳斥,虽较江为可信,亦非治经之道。至孙星衍作《尚书今古文注疏》,古文采马、郑本,今文采两《汉书》所引,虽优于王之墨守,然其所疏释,于本文未能联贯。盖孙氏学力有余,而识见不足,故有此病。今人以为孙书完备,此亦短中取长耳。要之,清儒之治《尚书》者,均不足取也。今文家以陈寿祺、乔枞父子为优。凡汉人《书》说,皆入网罗,并不全篇下注,亦不问其上下文义合与不合。所考今文,尚无大谬。其后魏源(默深)作《书古微》,最为荒谬。魏源于陈氏父子之书,恐未全见,自以为采辑今文,其实亦不尽合。源本非经学专家,晚年始以治经为名,犹不足怪。近皮锡瑞所著,采陈氏书甚多。陈氏并无今古是否之论,其意在网罗散失而已。皮氏则以为今文皆是,古文皆非。其最荒谬者，《史记》明引《汤诰》（在伏生二十九篇之外），太史公亦明言"年十岁，诵古文"，而皮氏以为此所谓古文，乃汉以前之书，非古文《尚书》也，此诚不知而妄作矣。古文残阙，三体石经存字无几，其他引马、郑之言，亦已无多，然犹有马、郑之绪余在。今日治《书》，且当依薛季宣《古文训》及日本足利本古文，删去伪孔所造二十五篇，则本文已足。至训释一事，当以"古文《尚书》、读应《尔雅》"一言为准。以《尔雅》释《书》，十可得其七八，斯亦可矣。王引之《经义述闻》，解《尚书》者近百条；近孙诒让作《尚书骈枝》，亦有六七十条。义均明确，犹有不合处。余有《古文尚书拾遗》，自觉较江、王、孙三家略胜。然全书总未能通释，此有待后贤之研讨矣。

古人有言："昔吾有先正，其言明且清。"训诂之道，虽有古今之异，然造语行文，无甚差池，古人决不至故作不可解之语。故今日治《书》，当先求通文理。如文理不通，而高谈微言大义，失之远矣。不但治经如此，读古书无不如此也。

（录自南京大学中文系古典文学教研室、《南京大学学报》编辑部编印：《章太炎先生国学讲演录》。）

梁启超儒学学案

梁启超（1873—1929），字卓如，号任公，一字任甫，别号沧江，又号饮冰室主人，广东新会县茶坑乡人。中国近代政治活动家、启蒙思想家、教育家、史学家和文学家，维新运动领袖之一。

梁启超生于一个半耕半读的家庭，祖父梁维清中过秀才，掌一县教谕，父亲梁宝瑛做过私塾先生。幼年聪慧，其《三十自述》谓："四五岁就王父及母膝下授四子书、《诗经》。六岁后，就父读，受中国略史、五经卒业。八岁学为文。九岁能缀千言。十二岁应试学院，补博士弟子员。十三岁始知有段、王训诂之学，大好之，渐有弃帖括之志。十五岁，母赵恭人见背。时肄业于省会之学海堂，不知天地间于训诂词章之外，更有所谓学也。己丑年十七，举于乡，主考为李尚书端棻，以其妹许字焉。"京师下第归，道上海，"其年秋，始交陈通甫。因通甫修弟子礼事南海先生。教以陆王心学，而并及史学、西学之梗概。自是间日请业南海之门"。1895年，与康有为一起联合各省举人发动"公车上书"。1896年，去上海与黄遵宪共办《时务报》，后受聘主讲湖南时务学堂。1898年，因总理衙门推荐奉命主办大学堂译书局，其后数月"戊戌变法"失败，遂"乘日本大岛兵舰而东"。1904年3月，赴香港参加保皇大会。1905年11月，《民报》在东京创刊，以《新民丛报》为阵地与革命派进行系列论战。1913年9月，进步党内阁成立，任司法总长。1915年8月15日，与蔡锷商反袁大计，其后不久著《异哉所谓国体问题者》。1917年7月17日，段祺瑞内阁成立，任财政总长。1918年12月28日，由上海起航赴欧游历。1920年3月5日，游欧归来，发表《欧游心影录节录》。

1921 年秋,应天津南开大学聘,主讲中国文化史。1925 年 9 月初,开始主持清华研究院。1928 年,抱病作《辛稼轩先生年谱》,成十之七八。1929 年 1 月 19 日,于北京病逝。

梁启超生逢衰世,是近现代中国罕见的天才学者,博闻强记,精力过人,复又健笔如椽、能文善述,笔锋常带感情,能言人人意中所有而笔下所无。故终能凭述作动天下,成舆论界骄子,运雄心前世事,为改良派巨擘,并最终以生不永寿之哀殇得数千万字之高文,为 20 世纪的中国学术立一块不朽的丰碑。其主要著作有《清代学术概论》、《墨经校释》、《孔子》、《墨子学案》、《中国历史研究法》、《大乘起信论考证》、《陶渊明》、《朱舜水年谱》、《国学入门书要目及其读法》、《中国近三百年学术史》、《戴东原哲学》、《要籍解题及其读法》、《中国历史研究法补编》、《儒家哲学》、《古书真伪及其年代》等。

（刘　斌　毕晓乐）

中国近三百年学术史（节选）

清代学术变迁与政治的影响（上）

本讲义目的，要将清学各部分稍为详细解剖一番。但部分解剖以前，像应该先提挈大势，令学者得着全部大概的印象。我现在为省事起见，将旧作《清代学术概论》头一段抄下来做个引线（原书页一至六）。

"今之恒言，曰'时代思潮'。此其语最妙于形容。凡文化发展之国，其国民于一时期中，因环境之变迁与夫心理之感召，不期而思想之进路，同趋于一方向，于是相与呼应汹涌如潮然。始焉其势甚微，几莫之觉；浸假而涨——涨——涨，而达于满度；过时焉则落，以渐至于衰熄。凡'思'非皆能成'潮'；能成潮者，则其思必有相当之价值，而又适合于其时代之要求者也。凡'时代'非皆有'思潮'，有思潮之时代，必文化昂进之时代也。其在我国自秦以后，确能成为时代思潮者，则汉之经学，隋唐之佛学，宋及明之理学，清之考证学，四者而已。

"凡时代思潮无不由'继续的群众运动'而成。所谓运动者，非必有意识、有计划、有组织，不能分为谁主动，谁被动。其参加运动之人员，每各不相谋，各不相知。其从事运动时所任之职役，各各不同，所采之手段亦互异。于同一运动之下，往往分无数小支派，甚且相嫉视相排击。虽然，其中必有一种或数种之共同观念焉，同根据之为思想之出发点。此中观念之势力，初时本甚微弱，愈运动则愈扩大，久之则成为一种权威。此观念者，在其时代中，俨然现宗教之色彩，一部分人以宣传捍卫为己任，常以极纯洁之牺牲的精神赴之；及其权威渐立，则在社会上成为一种公共之好尚，忘其所以然，而共以此为嗜。若此者，今之译语，谓之'流行'，古之成语，则曰'风气'。风气者，一时的信仰也。人鲜敢婴之，亦不乐婴之。其性质几比宗教矣。一思潮播为风气，则其成熟之时也。

"佛说一切流转相，例分四期，曰：生、住、异、灭。思潮之流转也正然，例分四期：一、启蒙期（生）；二、全盛期（住）；三、蜕分期（异）；四、衰落期（灭）。无论何国何时代之思潮，其发展变迁，多循斯轨。启蒙期者，对于旧思潮初起反动之期也。旧思潮经全盛之后，如果之极熟而致烂，如血之凝固而成瘀，则反动不得不起。反动者，凡以求建设新思潮也。然建设必先之以破坏。故此期之重要人物，其精力皆用于破坏，而建设盖有所未遑。所谓未遑者，非阁置之谓。其建设之主要精神，在此期间必已孕育，如史家所谓'开国规模'者然。虽然，其条理未确立，其研究方法正在间错试验中，弃取未定。故此期之著作，恒驳而不纯，但在淆乱粗糙之中，自有一种元气淋漓之象。此启蒙期之特色也，当佛说所谓'生'相。于是进为全盛期。破坏事业已告终，旧思潮屏息慑伏，不复能抗颜行，更无须攻击防卫以靡精力。而经前期酝酿培灌之结果，思想内容日以充实，研究方法亦日以精密，门户堂奥次第建树，继长增高，'宗庙之美，百官之富'，灿然矣。一世才智之士，以此为好尚，相与淬厉精进，阘冗者犹希声附和，以不获厕于其林为耻。此全盛期之特色也，当佛说所谓'住'相。更进则入于蜕分期。境界国土，为前期人士开辟殆尽，然学者之聪明才力，终不能无所用也，只得取局部问题，为'窄而深'的研究，或取其研究方法，应用之于别方面，于是派中小派出焉。而其时之环境，必有以异乎前。晚出之派，进取气较盛，易与环境顺应，故往往以附庸蔚为大国。则新衍之别派与旧传之正统派成对峙之形势，或且骎骎乎夺其席。此蜕化期之特色也，当佛说所谓'异'相。过此以往，则衰落期至焉。凡一学派当全盛之后，社会中希附末光者日众，陈陈相因，固已可厌。其时此派中精要之义，则先辈已溍发无余。承其流者，不过捃摭末节以弄诡辩。且支派分裂，排轧随之，益自暴露其缺点。环境既已变易，社会需要，别转一方向，而犹欲以全盛期之权威临之，则稍有志者必不乐受，而豪杰之士欲创新必先推旧，遂以彼为破坏之目标，于是入于第二思潮之启蒙期，而此思潮遂告终焉。此衰落期无可逃避之命运，当佛说所谓'灭'相。

"吾观中外古今之所谓'思潮'者，皆循此历程以递相流转。而有清二百余年,则其最切著之例证也。"

我说的"环境之变迁与心理之感召",这两项要常为"一括搭"的研究。内中环境一项,包含范围很广,而政治现象,关系最大。所以我先要把这一朝政治上几个重要关目稍为提挈,而说明其影响于学术界者何如。1644 年 3 月 19 日以前,是明崇祯十七年;五月初十日之后,便变成清顺治元年了。本来一姓兴亡,在历史上算不得什么一回大事,但这回却和从前有点不同。新朝是"非我族类"的满洲,而且来得太过突兀,太过侥幸。北京、南京一年之中,唾手而得,抵抗力几等于零。这种激刺,唤起国民极痛切的自觉,而自觉的率先表现实在是学者社会。鲁王、唐王在浙、闽,永历帝在两广、云南,实际上不过几十位白面书生——如黄石斋(道周)、钱忠介、张苍水(煌言)、王完勋(翌)、瞿文忠(式耜)、陈文忠(子壮)、张文烈(家玉)……诸贤在那里发动主持。他们多半是"无官守无言责"之人,尽可以不管闲事,不过想替本族保持一分人格,内则隐忍迁就于悍将暴卒之间,外则与"泰山压卵"的新朝为敌。虽终归失败,究竟已把残局支撑十几年,成绩也算可观了。就这一点论,那时候的学者,虽厌恶阳明学派,我们却应该从这里头认取阳明学派的价值。因为这些学者留下许多可歌可泣的事业,令我们永远景仰。他们自身,却都是——也许他们自己不认——从"阳明学派"这位母亲的怀里哺养出来。

这些学者虽生长在阳明学派空气之下,因为时势突变,他们的思想也像蚕蛾一般,经蜕化而得一新生命。他们对于明朝之亡,认为是学者社会的大耻辱大罪责,于是抛弃明心见性的空谈,专讲经世致用的实务。他们不是为学问而做学问,是为政治而做学问。他们许多人都是把半生涯送在悲惨困苦的政治活动中,所做学问,原想用来做新政治建设的准备,到政治完全绝望,不得已才做学者生活。他们里头,因政治活动而死去的人很多,剩下生存的也断断不肯和满洲人合作,宁可把梦想的"经世致用之学"依旧托诸空言,但求改变学风以收将来的效果。黄梨洲、顾亭林、王船山、朱舜水,便是这时候代表人物。他们的学风,都在这种环境中间发生出来。

满洲人的征服事业,初时像很容易,越下去越感困难。顺治朝十八个年头,除闽、粤、桂、滇之大部分始终奉明正朔外,其余各地扰乱,未尝停息。就文化中心之江浙等省,从清师渡江后,不断的反抗。郑延平(成功)、张苍水(煌言)会师北伐时(顺治十六年),大江南北,一个月间,几乎全部恢复。到永历帝从缅甸人手上卖给吴三桂的时候,顺治帝已死去七个月了(其年正月)。康熙帝即位那年(即顺治十八年),云南荡平,郑氏也遁入台湾,征服事业,总算告一个结束。但不久又有三藩之乱,扰攘十年,方才戡定(康熙十二年至二十一年)。所以满洲人虽仅用四十日工夫便奠定北京,却须用四十年工夫才得有全中国。他们在这四十年里头,对于统治中国人方针,积了好些经验。他们觉得用武力制服那降将悍卒没有多大困难,最难缠的是一班"念书人"——尤其是少数有学问的学者。因为他们是民众的指导人,统治前途暗礁,都在他们身上。满洲政府用全副精神对付这问题,政策也因时因人而变。略举大概可分三期:

第一期,顺治元年至十年,约十年间,利用政策。

第二期,顺治十一二年至康熙十年,约十七八年间,高压政策。

第三期,康熙十一二年以后,怀柔政策。

第一期为睿亲王多尔衮摄政时代。满兵仓猝入关,一切要靠汉人为虎作伥。所以一面极力招纳降臣,一面运用明代传来的愚民工具——八股科举,年年闹什么"开科取士",把那些热衷富贵的人先行绊住。第二期,自多尔衮死去,顺治帝亲政(顺治七年),政策渐变。那时除了福建、两广、云南尚有问题外,其余全国大部分,都已在实力统治之下。那群被"诱奸"过的下等"念书人",不大用得着了。于是扳起面孔,抓着机会便给他们点苦头吃吃。其对于个人的操纵,如陈名夏、陈之遴、钱谦益、龚鼎孳那班贰臣,糟蹋得淋漓尽致。其对于全体的打击,如顺治十四年以后连年所起的科场案,把成千成万的八股先生吓得人人打噤。那时满廷最痛恨的是江浙人。因为这地方是人文渊薮,舆论的发纵指示所在,"反满洲"的精神到处横溢。所以自"窥江之役"(即顺治十六年郑、张北伐之役)以后,借"江南奏销案"名目,大大示威。被牵累者一万三千余人,缙绅之家无一获免。这是顺治十八年的事。其时康熙帝已即位,鳌拜一派执政,袭用顺治末年政策,变本加厉。他们除糟蹋那等下等念书人外,对于真正知识阶级,还兴许多文字狱,加以特别摧残。最著名的,如康熙二年湖州庄氏史案,一时名士如潘力田(柽章)、吴赤泻(炎)等七十多人同时遭难。此外,如孙夏峰于康熙三年被告对簿,顾亭林于康熙七年在济南下狱,黄梨洲被悬购缉捕,前后四面,这类史料,若仔细搜集起来,还不知多少。这种政策,徒助长汉人反抗的气焰,毫无效果。到第三期,值康熙帝亲政后数年,三藩之乱继起。康熙本人的性格,本来是阔达大度一路,当着这变乱时代,更不能不有戒心,于是一变高压手段为怀柔手段。他的怀柔政策,分三着实施。第一着,为康熙十二年之荐举山林隐逸。第二着,为康熙十七年之荐举博学鸿儒。但这两着总算失败了,被买收的都是二三等人物,稍微好点的也不过新进后辈。那些负重望的大师,一位也网罗不着,倒惹起许多恶感。第三着为康熙十八年之开明史馆。这一着却有相当的成功。因为许多学者,对于故国文献,十分爱恋。他们别的事不肯和满洲人合作,这件事到底不是私众之力所能办到,只得勉强将就了。以上所讲,是满洲入关后三四十年对汉政策变迁之大概。除第一期没有多大关系外,第二期的高压和第三期的怀柔,都对于当时学风很有影响。

还有应该附带论及者一事,即康熙帝自身对于学问之态度。他是一位极聪明而精力强满的人,热心向慕文化,有多方面的兴味。他极信学科学,对于天文历算有很深的研究,能批评梅定九的算书。他把许多耶稣会的西洋人——南怀仁、安多、白进、徐日升、张诚等,放在南书房,叫他们轮日进讲——讲测量、数学、全体学、物理学等等。他得他们的帮助,制定康熙永年历,并著有《数理精蕴》、《历象考成》等书,又造成极有名的观象台。他费三十年实测工夫,专用西洋人绘成一部《皇舆全览图》。这些都是在我们文化史上值得特笔大书的事实。他极喜欢美术,西洋画家焦秉贞是他很得意的内廷供奉。三王的画,也是他的嗜好品。他好讲理学,崇拜程朱。他对于中国历史也有相当的常识,《资治通鉴》终身不离手。他对中国文学也有相当的鉴赏能力。在专制政体之下,君主的好劣,影响全国甚大,所以他当然成为学术史上有关系的人。

把以上各种事实,综合起来,我们可以了解清代初期学术变迁的形势及其来由了。从顺治元年到康熙二十年约三四十年间,完全是前明遗老支配学界。他们所努力者,对于王学实行革命(内中也有对于王学加以修正者)。他们所要建设的新学派方面颇多,而目的总在"经世致用"。他们元气极旺盛,像用大刀阔斧打开局面,但条理不免疏阔。康熙二十年以后，形势渐渐变了。遗老大师，凋谢略尽。后起之秀，多半在新朝生长，对于新朝的仇恨，自然减轻。先辈所讲经世致用之学，本来预备推倒满洲后实见施行。到这时候，眼看满洲不是一时推得倒的，在当时政府之下实现他们理想的政治，也是无望。那么，这些经世学都成为空谈了。况且谈到经世，不能不论到时政，开口便触忌讳。经过屡次文字狱之后，人人都有戒心。一面社会日趋安宁，人人都有安心求学的余裕，又有康熙帝这种"右文之主"极力提倡。所以这个时候的学术界，虽没有前次之波澜壮阔，然而日趋于健实有条理。其时学术重要潮流，约有四支：一阎百诗、胡东樵一派之经学，承顾、黄之绪，直接开后来乾嘉学派；二梅定九、王寅旭一派之历算书，承晚明利、徐之绪，作科学先锋；三陆桴亭、陆稼书一派之程朱学，在王学与汉学之间，折衷过渡。四颜习斋、李刚主一派之实践学，完成前期对王学革命事业而进一步。此则康熙一朝六十年间全学界之大概情形也。

清代学术变迁与政治的影响（中）

讲到这里，当然会发生两个疑问：第一，那时候科学像有新兴的机运，为什么戛然中止？第二，那时候学派潮流很多，为什么后来只偏向考证学一路发展？我现请先解答第一个问题。

学术界最大的障碍物，自然是八股。八股和一切学问都不相容，而科学为尤甚。清初袭用明朝的八股取士，不管他是否有意借此愚民，抑或误认为一种良制度，总之当时功名富贵皆出于此途，有谁肯抛弃这种捷径而去学艰辛迂远的科学呢？我们最可惜的是，以当时康熙帝之热心西方文物，为何不开个学校造就些人材？就算他不是有心窒塞民智，也不能不算他失策。因为这种专门学问，非专门教授不可。他既已好这些学问，为什么不找些传人呢？所以科举制度，我认为是科学不兴的一个原因。

此外还有很重大的原因，是耶稣会内部的分裂。明末清初那一点点科学萌芽，都是从耶稣会教士手中稗贩进来，前文已经说过。该会初期的教士，传教方法很巧妙。他们对于中国人心理研究得极深透。他们知道中国人不喜欢极端迷信的宗教，所以专把中国人所最感缺乏的科学知识来做引线，表面上像把传教变成附属事业，所有信教的人仍许他们拜"中国的天"和祖宗。这种方法,行之数十年,卓著成效。无奈在欧洲的罗马教皇不懂情形,突然发出有名的"1704年(康熙四十三年)教令"。该教令的内容,现在不必详述。总而言之,是谈前此传教方法之悖谬,勒令他们改变方针,最要的条件是禁拜祖宗。自该教令宣布后,从康熙帝起以至朝野人士都鼓噪愤怒,结果于康熙四十六年(1707年)把教皇派来的公使送到澳门监禁。传教事业固然因此顿挫,并他们传来那些学问也被带累了。

还有一件附带原因,也是教会行动影响到学界。我们都知道康熙末年因各皇子争位闹得乌烟瘴气。这种宫闱私斗,论理该不至影响到学问,殊不知专制政体之宫廷,一举一动,都有牵一发动全身的力量。相传当时耶稣会教徒党于皇太子允礽,喇嘛寺僧党于雍正帝允禛,双方暗斗,黑幕重重。后来雍正帝获胜,耶稣会势力遂一败涂地。这种史料,现时虽未得有充分证据,然而口碑相传,大致可信。雍正元年浙闽总督满宝奏请,除在钦天监供职之西洋人外,其余皆驱往澳门看管,不许阑入内地,得旨施行。这件事是否与宫廷阴谋有关,姑且不论。总之康熙五六十年间所延揽的许多欧洲学者,到雍正帝即位之第一年,忽然驱除净尽。中国学界接近欧化的机会从此错过,一搁便搁了二百年了。

其次,要解答"为什么古典考证学独盛"之问题。

明季道学反动,学风自然要由蹈空而变为核实——由主观的推想而变为客观的考察。客观的考察有两条路:一自然界现象方面;二社会文献方面。以康熙间学界形势论,本来有趋重自然科学的可能性,且当时实在也有点这种机兆。然而到底不成功者,其一,如前文所讲,因为种种事故把科学媒介人失掉了。其二,则因中国学者根本习气,看轻了"艺成而下"的学问,所以结果逼着专走文献这条路。但还有个问题,文献所包范围很广,为什么专向古典部分发展,其他多付阙如呢?问到这里,又须拿政治现象来说明。

康熙帝是比较有自由思想的人。他早年虽间兴文字之狱,大抵都是他未亲政以前的事,而且大半由奸民告诉官吏徼功,未必出自朝廷授意。他本身却是阔达大度的人,不独政治上常采宽仁之义,对于学问,亦有宏纳众流气象。试读他所著《庭训格言》,便可以窥见一斑了。所以康熙朝学者,没有什么顾忌,对于各种问题,可以自由研究。到雍正、乾隆两朝却不同了。雍正帝是个极猜忌刻薄的人，而又十分雄鸷。他的地位本从阴谋攘夺而来，不得不立威以自固，屠杀兄弟，诛戮大臣，四处密派侦探，闹得人人战栗。不但待官吏如此，其对于士大夫社会，也极威吓操纵之能事。汪景祺（雍正二年）、查嗣庭、吕留良（俱雍正十四年）之狱，都是雍正帝匠心独运罗织出来。尤当注意者，雍正帝学问虽远不及乃翁，他却最爱出锋头和别人争辩。他生平有两部最得意的著作，一部是《拣魔辨异录》，专和佛教禅宗底下的一位和尚名弘忍者辩论。一部是《大义觉迷录》，专与吕晚村（留良）的门生曾静辩论。以一位帝王而亲著几十万字书和一位僧侣一位儒生打笔墨官司，在中外历史上真算绝无仅有。从表面看，为研求真理而相辩论，虽帝王也该有这种自由。若仅读他这两部书，我们并不能说他态度不对，而且可以表相当的敬服。但仔细搜求他的行径，他著成《拣魔辨异录》以后，跟着把弘忍的著述尽行焚毁，把弘忍的门徒勒令还俗或改宗。他著成《大义觉迷录》以后，跟着把吕留良剖棺戮尸，全家杀尽，著作也都毁板。像这样子，哪里算得讨论学问，简直是欧洲中世教皇的牌子。在这种主权者之下，学者的思想自由，是剥夺净尽了。他在位仅十三年，影响原可以不至甚大，无奈他的儿子乾隆帝，也不是好惹的人。他学问又在乃祖乃父之下，却偏要"附庸风雅"，恃强争胜。他发布禁书令，自乾隆三十九年至四十七年继续烧书二十四回，烧去的书一万三千八百六十二部。直至乾隆五十三年，还有严谕。他一面说提倡文化，一面又抄袭秦始皇的蓝本。所谓"黄金时代"的乾隆六十年，思想界如何的不自由，也可想而知了。

凡当主权者喜欢干涉人民思想的时代，学者的聪明才力，只有全部用去注释古典。欧洲罗马教皇权力最盛时，就是这种现象。我国雍、乾间也是一个例证。记得某家笔记说："内廷唱戏，无论何种剧本都会触犯忌讳，只得专搬演些'封神'、'西游'之类，和现在社会情状丝毫无关，不至闹乱子。"雍、乾学者专务注释古典，也许是被这种环境所构成。至于他们忠实研究的结果，在文献上有意外的收获和贡献，这是别问题，后文再讲。自康、雍以来，皇帝都提倡宋学——程朱学派，但民间——以江浙为中心，"反宋学"的气势日盛，标出"汉学"名目与之抵抗。到乾隆朝，汉学派殆占全胜。政府方面文化事有应该特笔大书的一件事，曰编纂《四库全书》。四库开馆,始自乾隆三十八年,至四十七年而告成,著录书三千四百五十七部,七万九千七十卷;存目书六千七百六十六部,九万三千五百五十六卷。编成缮写七本,颁贮各地:一、北京禁城之文渊阁本(今存)。二、西郊圆明园之文源阁本(咸丰间毁于英法联军)。三、奉天之文溯阁本(今移存北京)。四、热河之文津阁本(今移存北京)。五、扬州之文汇阁本。六、镇江之文宗阁本(并毁于洪杨之乱)。七、杭州之文澜阁本(洪杨之乱半毁,现已补抄,存浙江图书馆)。原来搜集图书制目录,本属历朝承平时代之常事,但这回和前代却有点不同,的确有他的特别意义和价值。著录的书,每种都替他作一篇提要。这种事业,从前只有私人撰述——如晁公武《郡斋读书志》,陈振孙《直斋书录解题》等,所有批评都不过私人意见。《四库提要》这部书,却是以公的形式表现时代思潮,为向来著述未曾有。当时四库馆中所网罗的学者三百多人,都是各门学问的专家。露骨的说,四库馆就是汉学家大本营,《四库提要》就是汉学思想的结晶体。就这一点论,也可以说是:康熙中叶以来汉宋之争,到开四库馆而汉学派全占胜利。也可以说是:朝廷所提倡的学风,被民间自然发展的学风压倒。当朱筠(汉学家)初奏请开四库馆时,刘统勋(宋学家)极力反对,结果还是朱说实行。此中消息,研究学术史者不可轻轻放过也。

汉学家所乐道的是"乾嘉诸老"。因为乾隆、嘉庆两朝,汉学思想正达于最高潮,学术界全部几乎都被他占领。但汉学派中也可以分出两个支派:一曰吴派,二曰皖派。吴派以惠定宇(栋)为中心,以信古为标帜,我们叫他做"纯汉学"。皖派以戴东原(震)为中心,以求是为标帜,我们叫他做"考证学"。此外尚有扬州一派,领袖人物是焦里堂(循)、汪容甫(中),他们研究的范围,比较的广博。有浙东一派,领袖人物是全谢山(祖望)、章实斋(学诚),他们最大的贡献在史学。以上所举派别,不过从个人学风上,以地域略事区分。其实各派共同之点甚多,许多著名学者,也不能说他们专属哪一派。总之乾嘉间学者,实自成一种学风,和近世科学的研究法极相近,我们可以给他一个特别名称,叫做"科学的古典学派"。他们所做的工作,方面很多,举其重要者如下:

一、经书的笺释。几部经和传记,逐句逐字爬梳,引申或改正旧解者不少,大部分是用笔记或专篇体裁,为部分的细密研究。研究进步的结果,有人综合起来作全书的释例或新注新疏,差不多每部经传都有了。

二、史料之搜补鉴别。关于史籍之编著源流,各书中所记之异同真伪、遗文佚事之阙失或散见者,都分部搜集辨证。内中补订各史表志,为功尤多。

三、辨伪书。许多伪书或年代错误之书,都用严正态度辨证,大半成为信谳。

四、辑佚书。许多亡佚掉的书,都从几部大类书或较古的著述里头搜辑出来。

五、校勘。难读的古书,都根据善本,或厘审字句,或推比章节,还他本来面目。

六、文字训诂。此学本经学附庸——因注释经文而起,但后来特别发展,对于各个字意义的变迁及文法的应用,在“小学”的名称之下,别成为一种专门。

七、音韵。此学本“小学”附庸,后来亦变成独立,对于古音、方音、声母、韵母等,发明甚多。

八、算学。在科学中此学最为发达,经学大师,差不多人人都带着研究。

九、地理。有价值的著述不少,但多属于历史沿革方面。

十、金石。此学极发达,里头所属门类不少,近有移到古物学的方向。

十一、方志之编纂。各省府州县,皆有创编或续订之志书,多成于学者之手。

十二、类书之编纂。官私各方面,多努力于大类书之编纂,体裁多与前代不同,有价值的颇多。

十三、丛书之校刻。刻书之风大盛,单行善本固多,其最有文献者,尤在许多大部头的丛书。

以上所列十三项,不过举其大概,分类并不精确,且亦不能包举无遗,但乾嘉诸老的工作,可以略窥一斑了。至于他们的工作法及各项所已表见的成绩如何,下文再分别说明。

乾嘉诸老中有三两位——如戴东原、焦里堂、章实斋等,都有他们自己的哲学,超乎考证学以上,但在当时,不甚为学界所重视。这些内容,也待下文再讲。

乾、嘉间之考证学,几乎独占学界势力,虽以素崇宋学之清室帝王,尚且从风而靡,其他更不必说了。所以稍为时髦一点的阔官乃至富商大贾,都要"附庸风雅",跟着这些大学者学几句考证的内行话。这些学者得这种有力的外护,对于他们的工作进行,所得利便也不少。总而言之,乾、嘉间考证学,可以说是清代三百年文化的结晶体,合全国人的力量所构成。凡在社会秩序安宁、物力丰盛的时候,学问都从分析整理一路发展。乾、嘉间考证学所以特别流行,也不外这种原则罢了。

清代学术变迁与政治的影响(下)

考证学直至今日还未曾破产,而且转到别个方面,和各种社会科学会发生影响。虽然,古典考证学,总以乾、嘉两朝为全盛时期,以后便渐渐蜕变,而且大部分趋于衰落了。

蜕变趋衰落的原因,有一部分也可以从政治方面解答。前文讲过,考证古典之学,半由"文网太密"所逼成。就这一点论,雍正十三年间最厉害,乾隆的前三四十年也还吃紧,以后便渐渐松动了。乾隆朝为清运转移的最大枢纽。这位十全老人,席祖父之业,做了六十年太平天子,自谓"德迈三皇,功过五帝"。其实到他晚年,弄得民穷财尽,已种下后来大乱之根。即就他的本身论,因年老倦勤的结果,委政和珅,权威也渐失坠了,不过凭借太厚,所以及身还没有露出破绽来。到嘉庆、道光两朝,乾隆帝种下的恶因,次第要食其报。川、湖、陕的教匪,甘、新的回乱,浙、闽的海寇,一波未平,一波又起。跟着便是鸦片战争,受国际上莫大的屈辱。在这种阴郁不宁的状态中,度过嘉、道两朝四十五年。

那时候学术界情形怎么样呢?大部分学者依然继续他们考证的工作,但"绝对不问政治"的态度,已经稍变。如大经学家王怀祖(念孙)抗疏劾和珅,大史学家洪稚存(亮吉)应诏直言,以至遣戍。这种举动,在明朝学者只算家常茶饭,在清朝学者真是麟角凤毛了。但是这种一两个人的特别行动,还算与大体无关。欲知思潮之暗地推移,最要注意的是新兴之常州学派。常州派有两个源头,一是经学,二是文学,后来渐合为一。他们的经学是公羊家经说——用特别眼光去研究孔子的《春秋》，由庄方耕（存与）、刘申受（逢禄）开派。他们的文学是阳湖派古文——从桐城派转手而加以解放，由张皋文（惠言）、李申耆（兆洛）开派。两派合一来产出一种新精神，就是想在乾、嘉间考证学的基础之上建设顺、康间"经世致用"之学。代表这种精神的人是龚定庵（自珍）和魏默深（源）。这两个人的著述，给后来光绪初期思想界很大的影响。这种新精神为什么会发生呢？头一件，考证古典的工作，大部分被前辈做完了，后起的人想开辟新田地，只好走别的路。第二件，当时政治现象，令人感觉不安，一面政府箝制的威权也陵替了，所以思想渐渐解放，对于政治及社会的批评也渐渐起来了。但我们要知道，这派学风，在嘉、道间，不过一支"别动队"。学界的大势力仍在"考证学正统派"手中。这支别动队的成绩，也幼稚得很。

咸丰、同治二十多年间，算是清代最大的厄运。洪杨之乱，痛毒全国。跟着捻匪回匪苗匪，还有北方英法联军之难，到处风声鹤唳，惨目伤心。政治上生计上所生的变动不用说了，学术上也受非常坏的影响。因为文化中心在江、皖、浙，而江、皖、浙糜烂最甚。公私藏书，荡然无存。未刻的著述稿本，散亡的更不少。许多耆宿学者，遭难凋落。后辈在教育年龄，也多半失学，所谓"乾嘉诸老的风流文采"，到这会只成为"望古遥集"的资料。考证学本已在落潮的时代，到这会更不绝如缕了。

当洪杨乱事前后，思想界引出三条新路。其一，宋学复兴。乾、嘉以来，汉学家门户之见极深，"宋学"二字，几为大雅所不道，而汉学家支离破碎，实渐已惹起人心厌倦。罗罗山（泽南）、曾涤生（国藩）在道、咸之交，独以宋学相砥砺，其后卒以书生犯大难成功名。他们共事的人，多属平时讲学的门生或朋友。自此以后，学人轻蔑宋学的观念一变。换个方面说，对于汉学的评价逐渐低落，"反汉学"的思想，常在酝酿中。

其二，西学之讲求。自雍正元年放逐耶稣会教士以后，中国学界和外国学界断绝来往已经一百多年了。道光间鸦片战役失败，逼着割让香港，五口通商；咸丰间英法联军陷京师，烧圆明园，皇帝出走，客死于外。经这次痛苦，虽以麻木自大的中国人，也不能不受点激刺。所以乱定之后，经曾文正、李文忠这班人提倡，忽有"洋务"、"西学"等名词出现。原来中国几千年来所接触者，除印度外——都是文化低下的民族，因此觉得学问为中国所独有。"西学"名目，实自耶稣教会人来所创始。

其时所谓西学者,除测算天文、测绘地图外,最重要者便是制造大炮。阳玛诺、毕方济等之见重于明末,南怀仁、徐日升等之见重于清初,大半为此。西学中绝,虽有种种原因,但太平时代用不着大炮,最少亦应为原因之一。过去事实既已如此,那么咸、同间所谓讲求西学之动机及其进行路线,自然也该为这种心理所支配。质而言之,自从失香港、烧圆明园之后,感觉有发愤自强之必要,而推求西人之所以强,最佩服的是他的"船坚炮利"。上海的江南机器制造局,福建的马尾船政局,就因这种目的设立,又最足以代表当时所谓西学家之心理。同时又因国际交涉种种麻烦,觉得须有些懂外国话的人才能应付,于是在北京总理衙门附设同文馆,在上海制造局附设广方言馆,又挑选十岁以下的小孩子送去美国专学说话。第一期所谓西学,大略如此。这种提倡西学法,不能在学界发生影响,自无待言。但江南制造局成立之后,很有几位忠实的学者——如李壬叔(善兰)、华若汀(蘅芳)等辈在里头,译出几十种科学书,此外国际法及其他政治书也有几种。自此,中国人才知道西人还有藏在"船坚炮利"背后的学问,对于"西学的观念"渐渐变了。虽然,这是少数中之极少数,一般士大夫对于这种"洋货",依然极端的轻蔑排斥。当时最能了解西学的郭筠仙(嵩焘),竟被所谓"清流舆论"者万般排挤,佗傺以死。这类事实,最足为时代心理写照了。

其三,排满思想之引动。洪秀全之乱虽终归平定,但他们所打的是"驱逐胡人"这个旗号,与一部分人民心理相应,所以有许多跅弛不羁的人服从他。这种力量,在当时还没有什么,到后来光绪末年盛倡革命时,太平天国之"小说的"故事,实为宣传资料之一种,鼓舞人心的地方很多,所以论史者也不能把这回乱事与一般流寇同视,应该认识他在历史上一种特殊价值了。还有几句话要附带一说。洪秀全之失败,原因虽多,最重大的就是他拿那种"四不像的天主教"做招牌,因为这是和国民心理最相反的。他们那种残忍的破坏手段,本已给国民留下莫大恶感,加以宗教招牌,贾怨益甚。中国人对于外来宗教向来采宽容态度,到同治、光绪间,教案层见叠起,虽由许多原因凑成,然而洪秀全的"天父天兄",当亦为原因之一。因厌恶西教而迁怒西学,也是思想界一种厄运了。

同治朝十三年间,为恢复秩序耗尽精力,所以文化方面无什么特色可说。光绪初年，一口气喘过来了，各种学问，都渐有向荣气象。清朝正统学派——即考证学，当然也继续工作。但普通经学史学的考证，多已被前人做尽，因此他们要走偏锋，为局部的研究。其时最流行的有几种学问：一，金石学；二，元史及西北地理学；三，诸子学。这都是从汉学家门庭孳衍出来。同时因曾文正提倡桐城古文，也有些宋学先生出来点缀点缀。当时所谓旧学的形势，大略如此。

光绪初年，内部虽暂告安宁，外力的压迫却日紧一日。自六年中俄交涉改订《伊犁条约》起，跟着十年中法开战，失掉安南；十四年中英交涉，强争西藏。这些事件，已经给关心国事的人不少的刺激。其最甚者，二十年中日战役，割去台湾及辽东半岛；俄、法、德干涉还辽之后，转而为胶州、旅顺、威海之分别租借。这几场接二连三的大飓风，把空气振荡得异常剧烈，于是思想界根本动摇起来。

中国为什么积弱到这样田地呢？不如人的地方在哪里呢？政治上的耻辱应该什么人负责任呢？怎么样才能打开出一个新局面呢？这些问题，以半自觉的状态日日向（那时候的新青年）脑子上旋转。于是因政治的剧变，酿成思想的剧变，又因思想的剧变，致酿成政治上的剧变。前波后波辗转推荡，至今日而未已。

凡大思想家所留下的话，虽或在当时不发生效力，然而那话灌输到国民的"下意识"里头，碰着机缘，便会复活，而且其力极猛。清初几位大师——实即残明遗老——黄梨洲、顾亭林、朱舜水、王船山……之流，他们许多话，在过去二百多年间，大家熟视无睹，到这时忽然像电气一般把许多青年的心弦震得直跳。他们所提倡的"经世致用之学"，其具体的理论，虽然许多不适用，然而那种精神是"超汉学"、"超宋学"的，能令学者对于二百多年的汉宋门户得一种解放，大胆的独求其是。他们曾痛论八股科举之汩没人才，到这时候读起来觉得句句亲切有味，引起一班人要和这件束缚思想、锢蚀人心的恶制度拼命。他们反抗满洲的壮烈行动和言论，到这时因为在满洲朝廷手上丢尽中国人的脸，国人正在要推勘他的责任，读了先辈的书，蓦地把二百年麻木过去的民族意识觉醒转来。他们有些人曾对于君主专制暴威作大胆的批评，到这时拿外国政体来比较一番，觉得句句都餍心切理，因此从事于推翻几千年旧政体的猛烈运动。总而言之，最近三十年思想界之变迁，虽波澜一日比一日壮阔，内容一日比一日复杂，而最初的原动力，我敢用一句话来包举他，是残明遗献思想之复活。

那时候新思想的急先锋，是我亲受业的先生康南海（有为）。他是从"常州派经学"出身，而以"经世致用"为标帜。他虽然有很奇特很激烈的理想，却不大喜欢乱讲。他门下的人，便狂热不可压制了，我自己便是这里头小小一员走卒。当时我在我主办的上海《时务报》和长沙时务学堂里头猛烈宣传，惊动了一位老名士而做阔官的张香涛（之洞），纠率许多汉学宋学先生们著许多书和我们争辩。学术上新旧之斗，不久便牵连到政局。康南海正在用"变法维新"的旗号，得光绪帝的信用，旧派的人把西太后拥出来，演成"戊戌政变"一出悲剧。表面上，所谓"新学家"完全失败了。

反动日演日剧，仇恨新学之不已，迁怒到外国人，跟着闹出义和团事件，丢尽中国的丑。而满洲朝廷的权威，也同时扫地无余，极耻辱的条约签字了，出走的西太后也回到北京了。哈哈哈！滑稽得可笑，"变法维新"这面大旗，从义和团头目手中重新竖起来了。一切掩耳盗铃的举动且不必说他，惟内中有一件事不能不记载：八股科举到底在这时候废了。一千年来思想界之最大障碍物，总算打破。

清廷政治一日一日的混乱，威权一日一日的失坠。因亡命客及留学生陡增的结果，新思想运动的中心，移到日本东京，而上海为之转输。其时主要潮流，约有数支：

第一，我自己和我的朋友。继续我们从前的奋斗，鼓吹政治革命，同时"无拣择的"输入外国学说，且力谋中国过去善良思想之复活。

第二，章太炎（炳麟）。他本是考证学出身，又是浙人，受浙东派黄梨洲、全谢山等影响甚深，专提倡种族革命，同时也想把考证学引到新方向。

第三，严又陵（复）。他是欧洲留学生出身，本国文学亦优长，专翻译英国功利主义派书籍，成一家之言。

第四，孙逸仙（文）。他虽不是学者，但眼光极锐敏，提倡社会主义，以他为最先。

以上几个人，各人的性质不同，早年所受教育根底不同，各自发展他自己个性，始终没有什么合作。要之，清末思想界，不能不推他们为重镇。好的坏的影响，他们都要平分功罪。

同时还有应注意的一件事，是范静生（源廉）所倡的"速成师范"、"速成法政"。他是为新思想普及起见，要想不必学外国语言文字而得有相当的学识，于是在日本特开师范、法政两种速成班，最长者二年，最短者六个月毕业。当时趋者若鹜，前后人数以万计。这些人多半年已长大，而且旧学略有根底，所以毕业后最形活动。辛亥革命成功之速，这些人与有力焉。而近十来年教育界政治界的权力，实大半在这班人手里。成绩如何，不用我说了。

总而论之。清末三四十年间，清代特产之考证学，虽依然有相当的部分进步，而学界活力之中枢，已经移到"外来思想之吸受"。一时元气虽极旺盛，然而有两种大毛病：一是混乱，二是肤浅。直到现在，还是一样。这种状态，或者为初解放时代所不能免，以后能否脱离这状态而有所新建设，要看现时代新青年的努力如何了。

以上所论，专从政治和学术相为影响于方面说，虽然有许多漏略地方，然而重要的关目也略见了。以后便要将各时期重要人物和他的学术成绩分别说明。

（录自梁启超：《饮冰室合集》专集第十七册，上海中华书局 1936 年版。）

儒家哲学(节选)

二千五百年儒学变迁概略(下)

晚唐及五代,经过长时间的内乱,军阀专横,人民不得休息。宋初,承这种丧乱凋弊之后,极力设法补救,右文轻武,引用贤才。所以各种学术,均极发达,儒家道术,尤能独放异彩。后世言学问者,总以汉学宋学并称,不入于彼,则入于此。可以见得宋学的发达,及其重要了。

《宋元学案》把孙复及胡瑗,作为宋学祖师。其实他们二人,在宋朝初叶,不过开始讲学,与宋代学风,相去甚远。真正与宋学有密切关系的人,乃是几个道士或文人,如陈抟、种放、穆修、李之才、刘牧等,后来的儒家,都受他们的影响。孙、胡二人,比较平正通达,提倡躬行实践,私人讲学之风,自他们以后而大盛。陈、种等,纯以道教《黄庭经》及练气炼丹之说,附会《易经》,太极图说即由他们而出。但是陈、种与王、何不同,王弼、何晏以先秦的道家哲学,附会儒家;陈抟、种放以晚出的道教修炼法,附会儒家。

由此看来,宋初思想界,可以说有两条路。孙复、胡瑗是一派,陈抟、种放又是一派。北宋五子,周濂溪、邵康节、张横渠、程明道、程伊川,就是混合这两派的主张,另创一种新说。宋人所谓儒学正宗,专指五子一派。宋人喜欢争正统,最是讨厌,政治上有正统偏安的争执,学问上有正统与异端的争执。儒学如此,佛教亦然。天台宗分为山内、山外两派,互争正统,禅宗分为临济、云门、曹洞、沩仰、法眼五宗,互争正统。

这种正统的争执,是宋人一种习气,暂且搁下不讲。单讲所谓五子,自濂溪到二程,传到后来,为南宋朱学一派。濂溪为二程的先辈,朱派谓二程出于濂溪。横渠为二程表叔,年龄相若,互相师友,朱派谓横渠为二程弟子。平心而论,五家独立,各各不同。泛泛的指为一派,替他们造出个道统来,其实不对。

"五子"这个名词,不过程朱派所标榜而已(后来亦除出邵子加上朱子,谓之五子)。北宋学术,不能以五子尽之。当时为学问复兴时代,儒佛融通以后,社会思想起很大的变迁,有新创作的要求,各自努力,不谋而合,遂发生周邵张程这些派别。此外欧阳修、王安石、司马光、苏轼那般人,虽然是政治文章之士,但是他们都在儒学思想界占有相当位置,不可忽视。

一、欧阳修。他是宋代文学的开创者,诗文皆开一代风气。但他在思想界有很大的贡献,在勇于疑古,他不信《系辞》,对于《诗》、《书》及其他诸经,亦多所疑难。所疑难对不对,另一问题,但这种读经法,确能给后学以一种解放。他著有《本论》一篇,继承韩愈《原道》那一派辟佛论调,亦宋儒学术渊源所自。

二、王安石。他是一个大政治家,同时又是一个大学者。所著各经《新义》,颇能破除从前汉唐人的讲经方法,自出心裁。他的文章精神酣畅,元气蓬勃。文集中,关于心性的文章很多,其见地,直影响到二程。(例如"不偏之谓中,不易之谓庸"。朱子引作程子说,其实此二语出于荆公。)

三、司马光。温公全部精力,都用在史学方面,所著《资治通鉴》,贯串诸史,为编年体中一大创作。文集中,关于讨论哲学问题的文章很多,可见得他在儒学方面,亦是异常的努力。他著有《疑孟》一书,对孟子学说颇多不满。这也难怪,其实温公学术有点近于荀子。

四、苏轼。苏氏父子,都是大文学家,有《战国策》纵横驰骤之风。在学问上,亦能创立门户,后来蜀学与洛学,立于对抗的地位。东坡对于佛教,不客气的承认,禅宗尤其接近,所作诗文,往往有禅宗思想。他对于道教,亦不排斥,晚年生活,完全变为道家的气味。

大抵这四家,欧阳最活泼,王最深刻,苏最博杂,司马最切实。南宋浙东一派,即由司马而出,对于哲理讲者不多,门下生徒注重躬行实践,所受他方影响,尚不算深。程朱以外的学派,其约略情形如此。

再回头说到北宋五子。

一、周濂溪。周子《通书》与程朱一派,有相当的关系,但极简单,可以有种种解释。《太极图说》与程朱关系很深,在南宋时,曾因此起激烈的辩论。朱子赞成《太极图说》,且认为濂溪所作;陆子反对《太极图说》,且认为非濂溪所作。依我看来,许是周子所作,但是对于内容,我持反对论调,与象山同。象山以为《太极图说》无甚道理,定非周子所作,想把这篇划开,周仍不失其为伟大。晦翁以为《太极图说》极其精微,周之所以令人崇拜,完全在此。

然则《太极图说》是怎样一个来历呢?向来研究宋学的人,不知所本,以为周子所独创。清初学者,才完全考订它由陈抟、种放而出,这原是道教的主张。周子从道教学《太极图说》,究竟对不对,那另是一个问题,但是它的影响很大,为构成宋学的主要成分。要是周子除了《太极图说》,专讲《通书》,倒看不出在学术史上有多大关系了。朱派以为二程出于濂溪,其实不然。二程但称周子,不称先生,先后同时,差十余岁,关系异常浅薄。

二、邵康节。康节从道教的李之才,得图书先天象数之学,探赜索隐,妙悟神契,环堵萧然,不改其乐。其治学,直欲上追汉的五行,战国的阴阳家邹衍一派。但他所讲阴阳五行,又与汉人不同,专凭空想,构造一种独创的宇宙观。他以为宇宙万有,皆生于心,所以说:"先天之学,心也;后天之学,迹也;出入有无死生者,道也。"又说:"先天学,心法也,图皆从中起,万化万事生于心。"我们看邵子这种主张,实际上不是儒家,亦不是道家,自成一派。

邵子言性,亦主性善,以为仁义礼智,性中固有,所以说:"性者,道之形体也。道妙而无形,性则仁义礼智具而体著矣。"但是他的主张,又与孟子不同,凡孔孟所讲治学方法,他都没有遵行。他不是和尚,亦不是道士,事事凭空创作,后来的人,没有他聪明的,抄袭他的语言,不能传他的学问,所以影响不大。邵子在学术界,是一个彗星,虽没有顶大的价值,但不失为豪杰之士而已。

三、张横渠。横渠为宋代大师,在学术界,开辟力极强大。哲学方面,他与二程同时,互相师友,互相发明,不能说谁出于谁,朱派把他认为二程门下,是不对的。横渠不靠二程,二程不靠横渠,关洛各自发达,可以算得一时豪杰之士。他对于自然界,用力观察,想从此等处建设他的哲学的基础，但立论比二程高。二程为主观的冥想，很带玄学色彩；他是客观的观察，很富于科学精神。他主张气一元论，由虚空即气的作用，解释宇宙的本体及现象，与周子的《太极图说》、邵子的先天论，皆不相同。

修养方面，他直追荀卿，专讲礼，并以礼为修养身心的唯一工具。《理窟气质》篇说："居仁由义，自然心和而体正；更要约时，但拂去旧日所为，使动作皆中礼，则气质自然全好。"宋代学者，于开发后来学派最有力的人，当推横渠及二程，其重要约略相等。横渠死得早，门弟子不多，流传未广。南宋的朱子，受其影响极大。朱自命继承二程，其实兼承横渠，朱子的居敬格物，皆从横渠的方法模仿得来。

四、二程子。向来的人，都把二程混作一块说，其实两人学风，全不一样。明道是高明的人，秉赋纯美，不用苦工，所得甚深。伊川是沉潜的人，困知勉行，死用苦工，所得亦深。以古代的人比之，大程近孟，小程近荀，所走的路，完全不同。大程可以解释孟子，小程可以解释荀子。明道的学问，每以综合为体；伊川的学问，每以分析立说。伊川的宇宙观，是理气二元论；明道的宇宙观，是气一元论。这是他们弟兄不同的地方。

程朱自来认为一派，其实朱子学说，得之小程者深，得之大程者浅。明道言仁，尝说："学者须先识仁，仁者浑然与物同体。"言致良知，又说："良知良能，皆无所由，乃出于天，不系于人。"开后来象山一派。伊川言涵养须用敬，尝说："人敬之道始于威仪，而进于主一。"言进学在致知，又说："穷理即是格物，格物即是致知。"开后来晦翁一派。其详情，下面另有专章再讲，此处可以不说。

大概北宋学派，可以分此九家。纯粹的"苦学派"有五家，即周濂溪、邵康节、张横渠、程明道、程伊川。此外，尚有四家，即欧阳修、王安石、司马光、苏轼。最重要的为横渠及二程。横渠不寿，弟子无多，所以关系不大。二程一派，由谢上蔡、杨龟山、游鹰山、吕蓝田程门四先生传演下来，成为朱子一派。朱子学问，出于李延平，李延平学于罗豫章，罗豫章出于杨龟山。陆子学问，虽非直接出于明道，然其蹊径，很像上蔡，上蔡又是明道的得意门生。我们可以说大程传谢，谢传陆；小程传杨，杨传朱。北宋学派，及其传授大概情形，约略如此。

上面说北宋最著名的学者有五家,号称北宋"五子"。南宋最著名的学者,亦有四家,号称南宋"四子"。

一、朱熹字晦翁。

二、张栻字南轩。

三、陆九渊字象山。

四、吕祖谦字东莱。

这四家中,朱陆最关重要,宋代的新的儒家哲学,他们二人集其大成。张吕皆非高寿,五十岁前后死,所以他们的门生弟子,不如朱陆之盛。南轩的学风,同朱子最相近,没有多大出入。东莱的学风,想要调和各家的异同。最有名的鹅湖之会,即由东莱发起,约好朱陆同旁的几家,在鹅湖开讲学大会,前后七天。这件事,在中国学术史上,极有光彩,极有意义。吕是主人,朱陆是客,原想彼此交换意见,化异求同,后来朱陆互驳,不肯相让,所以毫无结果。虽说没有调和成功,但两家经此一度的切磋,彼此学风都有一点改变,这次会总算不白开了。由鹅湖之会,可以看出朱陆两家根本反对之点,更可以看出东莱的态度及地位如何。

至于朱陆学说的详细情形,留到本论再讲,此刻不过提出两家要点,稍为解释几句。朱子学派,祖述程子——二程子中之小程,即伊川。伊川有两句很要紧的话:"涵养须用敬,进学在致知。"他教人做学问的方法如此。用敬,关于人格方面,下功夫收摄精神,收摄身体,一切言语动作,都持谨严态度,坚苦卓绝,可以把德性涵养起来。什么叫"用敬"?就是主一无适之谓。以今语释之,即精神集中,凡作一件事,专心致志,没有作完时,不往旁的想。致知,关于知识方面,不单要人格健全,还要知识丰富。什么叫"致知"? 朱子释为穷理,《补大学格致传》说:"所谓致知在格物者,言欲致吾之知,在即物而穷其理也。盖人心之灵,莫不有知,而天下之物,莫不有理。惟于理有未穷,故其知有不尽也。是以《大学》始教,必使学者,即凡天下之物,莫不因其已知之理,而益穷之,以求致乎其极。"朱子学问具见于文集、语录及《性理大全》,不过简单的说,可以把上面这两句话概括之。

陆子学派,有点像大程,即明道。最主要的,就是立大、义利之辩和发明本心。孟子说:"先立乎其大者,则其小者不能夺也。"陆子将此二语极力发挥。何谓立大？就是眼光大的人，把小事看不起，譬如两个小孩，争夺半边苹果，大打一架，大哭一场。在我们绝对不会如此，因为我们至少还看见比苹果大的东西，就不为小物而争夺了。明人尝说："尧舜事业，不过空中半点浮云。"就是因为他能立大。所以汉高祖、唐太宗的事业，从孔子、释迦、基督看来，亦不过半边苹果而已。立大，是陆学根本。至于他用功的方法，第一是义利之辩。何谓义利之辩？就是董仲舒所谓："正其谊不谋其利，明其道不计其功。"这个话，从前人目为迂阔，其实不然。做学问就是为学问，为自己人格的扩大崇高，不是为稿费，不是为名誉，更不为旁人的恭维。譬如说捐躯爱国，要是为高爵，为厚禄，为名誉，那全不对，一定要专为国家才行。朱子知南康军事时，修复白鹿书院，请陆子讲演，陆子为讲"君子喻于义，小人喻于利"一章。那天天气微暖，听众异常感动，遂不觉汗流浃背。于此可见陆学的门径了。第二是发明本心。何谓发明本心？就是孟子所说："不失其赤子之心。"陆子亦相信人性皆善，只要恢复本心，自然是义不是利，自然能够立大。做学问的方法无他，"求其放心而已"。本心放失，精神便衰颓，本心提起，志气立刻振作。好像一座大火炉，纵然飞下几块雪片，绝不能减其热烈。陆子这个话，从大程子出，大程子的"识得仁体"，就是陆子的"发明本心"。以现在的话来说，又叫着认识自我。人的本心，极其纯洁，只要认识他，恢复他，一切零碎坏事，俱不能摇动。人看事理不明，因本心为利害所蒙蔽了。

知识方面，朱子以为"天下之物，莫不有理"。而其精蕴，则已具于圣贤之书，故必由是以求之。陆子以为学问在书本上找，没有多大用处，如果神气清明，观察外界事物自然能够清楚。修养方面，朱子教人用敬，谨严拘束，随时随事检点。陆子教人立大，不须仔细考察，只要人格提高，事物即难摇动。所以朱谓陆为空疏，陆谓朱为支离，二家异同，其要点如此。陆不重书本，本身学问虽博，而门弟子多束书不观，袖手清谈，空疏之弊，在所难免。朱子重书本，并且要"即凡天下之物，莫不因其已知之理，而益穷之，以求至乎其极"。但天下事物，如此之多，几十年精力，一件都不能穷，又安能即凡物而穷之呢？

两家主张不同，彼此辩论，互不相服。后来有许多人，专讲调和，或引朱入陆，或引陆入朱，而两家门下则彼此对抗。引陆入朱的人，以为自经鹅湖之会以后，象山领悟朱子，子寿尤为敬服。引朱入陆的人，如王阳明，作《朱子晚年定论》，李穆堂又作《朱子晚年全论》，证明朱子晚年，与陆子同走一条路。然站在朱子方面的人，则目王、李为荒唐。平心而论，两派各走各路，各有好处，都不失为治学的一种好方法，互相攻击，异常的无聊。最好各随性之所近，择一条路走去，不必合而为一，更不必援引那个、依附这个。

南宋学派，主要的是朱陆两家，历元明清三代，两派互为消长，直至现在，仍然分立。两派之外，还有两个人应当注意。一个是张南轩，可以说他是朱学的附庸，死得很早，没有多大成就，与朱子并为一派无妨。南轩生在湖南，湖湘学派，与朱子学派，实在没有什么区别。

一个是吕东莱。吕家世代都是有学问的人，所以吕家所传中原文献之学，一面讲身心修养，一面讲经世致用，就是我们前次所说内圣外王的学问。朱陆偏于内圣，东莱偏于外王。东莱自己，家学渊源，很好很有名，虽然早死，而门弟子甚多，后来变为永嘉学派。永嘉学派，最主要的有这几个。一，薛季宣号艮斋。二，陈傅良号止斋。三，陈亮号同甫。四，叶适号水心。他们都是温州一带的人。艮斋、止斋，专讲学以致用，对于北宋周程一派，很多不满的批评。以为只是内心修养，拘谨呆板，变为迂腐，应当极力提倡学以致用，才不会偏。同甫气魄更大，颇有游侠之风。他的旗号是"王霸杂用，义利双行"。对于朱子的穷理格物，固然反对，对于陆子的利义之辩，亦很反对。论年代，薛稍早，与朱陆差不多，二陈稍晚。论主张，艮斋和止斋相同，同甫走到极端。东莱本来是浙人，浙江学者大半属东莱门下。东莱死，兄弟子侄门生，全走一条路，就是薛陈所走这条路，以后成为浙派。

朱子自信甚坚，对于旁的学派，辩得很起劲。朱子在学问上的两大敌，一派是金溪（即象山），一派是永嘉（即薛、叶、二陈）。朱子很痛心，本来东莱门下，全都和他要好，后来都跑到永嘉一派去了。文集中，与象山和止斋辩论的信很多，语录中，批评陆派和永嘉的话亦很多。朱陆在当时都很盛，朱子门下最得意的是黄勉斋、蔡元定，没有多大气魄，不能够把他的学问开拓出来。其后一变再变，成为考证之学。朱子涵养用敬的工作，以后没有多大发展，进学致知的工作，开后来考证一派。朱派最有光彩的是黄震（东发）、王应麟（伯厚）二人，黄的《黄氏日抄》，王的《困学纪闻》，为朱派最有价值之书。清代考证学者，就走他们这一条路。

象山门下，气象比朱派大。朱子对于象山虽不满，而谓其门下光明俊伟，为自己门下所不及。象山是江西人，在本地讲学最久，但是几个大弟子，都是浙东人，所谓甬上（宁波）四先生，即杨简、袁燮、舒璘、沈焕，得象山的正统。赣浙二省，在学术上有密切关系，象山是江西人，其学不传于江西而传于浙东，阳明是浙东人，其学不传于浙东而传于江西。杨、袁、舒、沈是浙东，吕、薛、陈、叶亦是浙东，后来陆派同永嘉结合，清代的黄梨洲、万季野、邵念鲁、章实斋，他们就是两派结合的表现。

南宋四子，实际上只有三派，即朱派、陆派及永嘉派，这三派在当时尚未合一。南宋末年，几乎握手，可惜没有成功。元明以后，朱学自为一派，陆朱合为一派，其势力直笼罩到现在。

南宋时代，南方的情形如此，北方的情形又怎么样呢？北方自金人入主后，中原残破，衣冠之属，相继南迁。所以在宋金对峙时，南方的文化比北方高。但金至世宗一朝——约与孝宗同时，四五十年间，太平安乐，极力模仿汉化，文运大昌。金方所流行者，为三苏一派，因为模仿东坡父子的文章，连带模仿他们的学术。所以那政治上宋金对峙，学术上洛蜀对峙。北方的人，事事幼稚，文学不振，哲学更差。惟有一人，应当注意，即李纯甫号屏山。宋儒无论哪一家，与佛都有因缘，但是表面排斥。宋儒道学，非纯儒学，亦非纯佛学，乃儒佛混合后，另创的新学派。屏山是宋人，自然要带点佛学气味，不过他很爽快，所著的《鸣道集》，直接承认是由佛学出来，对洛派二程异常反对，指为阳儒阴佛，表里不一。他所讲的内容，好像李翱的《复性书》，发挥得更透彻明白。

朱子到晚年，一方面学派日昌，弟子遍于天下，一方面抵触当道，颇干朝廷厉禁。其中如宋宁宗的宰相韩侂胄执政时，在朝的朱子，及在野的同党，俱持反对态度。侂胄亦指朱子为伪学，排斥不遗余力。北宋的元祐党人、南宋的庆元党人，俱以正士为朝廷所不容。朱子死后，弟子不敢会葬，可见当时朱学所受压迫的程度了。又经几十年，到理宗中叶及度宗初叶，伪学之禁既开，而当时讲学大师，朱陆两家门下（陆派亦在伪学禁中），俱在社会上很有声誉，朝野两方，对宋学异常尊崇，其势复振。不久，宋室灭亡，蒙古代兴。

元朝以外族入主中国，文化不高，时间又短，在学术史上，占不了重要位置。内中只有戏曲的文学差可撑持，天文数学亦放异彩，至于哲学方面则衰微已极。元朝学者，惟许衡（鲁斋）、刘因（静修）、吴澄（草庐）三人，稍露头角。这几位在元朝为大师，在全部学术史上，比前比后，俱算不了什么。固然朱学在元朝很发达，但朱学在宋末已为社会上所公认，元人不过保守权威，敷衍门面，无功可述，现在只好略去不讲。

明太祖初年，规模全属草创，对于文化，未能十分提倡。到永乐时，始渐注意，《性理大全》即于是时修成，以五子（周、程、张、朱）学术为主。此书编得很坏，纯属官书，专供科举取士之用，使学者考八股时，辨黑白而定一尊，除五子外，旁的俱所排斥。明人编修《性理大全》，用以取士，号尊宋学，尤其是程朱一派；实则把宋学精神，完全丧失，宋学注重修养，何尝计及功名呢！

中间有几个著名大师，为明学启蒙期的代表，如方孝孺（正学）、吴与弼（康斋）、薛暄（敬轩）、曹端（月川）、胡居仁（敬斋），俱在科举盛行时代，一心研究学问，不图猎取功名。这种精神，极可佩服，而方孝孺风烈尤著，仗义不屈，为成祖诛其十族。他们几个人的学问，都出于程朱。薛胡诸人，比较平正通达。吴康斋的学问，由朱到陆，明代陆学之盛，自康斋起。

明代中叶，新学派起，气象异常光大。有两个大师，可以代表，一个是陈献章（白沙），一个是王守仁（阳明）。陈白沙是广东新会的学者，离吾家不过十余里。他是吴康斋的弟子，他的学问，在宋代几位大师中，有点像大程子，又有点像邵康节，那种萧然自得的景象，与其谓之为学者，毋宁谓之为文学家。古代的陶渊明，与之类似，文章相仿佛，学问亦相仿佛。再远一点，道家与之类似——老、庄之道，非陈、种之道，他的学风很像庄子。孔门弟子中，曾点与之类似。"暮春者，春服既成，冠者五六人，童子六七人，浴乎沂，风乎舞雩，咏而归。"这种恬淡精神，两人一样。

白沙叫人用功的方法，就在"静中养出端倪"一句话。端倪二字太玄妙，我们知道他的下手功夫在用静就得了。白沙方法，与程朱不同，与象山亦不同。程朱努力收敛身心，象山努力发扬志气，俱要努力；白沙心境与自然契合，一点不费劲。端倪二字实在不易解，或者可以说是老庄的明自然，常常脱离尘俗，与大自然一致。其自处永远是一种鸢飞鱼跃、光风霁月的景象，人格是高尚极了，感化力伟大极了，可惜不易效法，不易捉摸。所以一时虽很光明，后来终不如阳明学派的发达。

白沙在家时多，出外时少。总计生平，只到过北京两次，旁的地方，都未曾去，交游总算简单。他有一个弟子，湛若水号甘泉，亦是广东人，与他齐名。当时称陈湛之学，或称湛王之学。甘泉做的官很大（礼部尚书），去的地方亦很多，所到之处，就修白沙书院，陈学的光大，算是靠他。甘泉比阳明稍长，甘泉三十余岁，阳明二十余岁，同在北京做小京官，一块研究学问。阳明很受甘泉的影响，亦可以说很受白沙的影响。

王阳明，浙江余姚人，他在近代学术界中，极其伟大，军事上政治上，亦有很大的勋业。以他的事功而论，若换给别个人，只这一点，已经可以在历史占很重要地位了；阳明那么大的事功，完全为他的学术所掩，变成附属品，其伟大可想而知。阳明的学问，得力于龙场一悟。刘瑾当国，阳明弹劾他，位卑言高，谪贬龙场驿丞。在驿三年，备受艰难困苦，回想到从前所读的书，所做的事，切实体验一番，于是恍然大悟。这种悟法，是否与禅宗参禅有点相类，我们也不必强为辩护，但是他的方法，确能应时代的需要。其时《性理大全》一派，变为迂腐凋敝，把人心弄得暮气沉沉的，大多数士大夫尽管读宋代五子的著作，然不过以为猎取声名利禄的工具，其实心口是不一致的。阳明起来，大刀阔斧的矫正他们，所以能起衰救敝，风靡全国。

阳明的主要学说，即"致良知"与"知行合一"二事。前者为对于《大学》格物致知的问题。朱子讲格物，教人"即凡天下之物，莫不因其已知之理而益穷之，以求至乎其极"这种办法。朱子认为：《大学》所谓"明明德"的张本，从"大学之道"起至"未之有也"止，是经，以下是传。"诚意、正心、修身、齐家、治国、平天下"都有传，惟有"格物致知"无传，文有颠倒断节。朱子替他补上，其学说的要点，即由此出。阳明以为：读古人书，有些地方加添，有些地方补正，这种方法，固有价值；但是《大学》这篇，绝对不应如此解释。所以他发表古本，不从朱子改订本。主张格物致知，即是诚意，因为原文说："欲诚其意者，先致其知。"下面又说："故君子必慎其独也。"慎独，即是致知，致知的解释，不是客观的知识，乃孟子所谓"人之所不学而知者其良知也"的良知。致的意思，是扩充它，诚意功夫如此。拿现在的话解释，就是服从良心的第一命令，很有点像康德的学说，事到临头，良知自能判断。如像杀人，头一念叫你不要作，又像职分上的牺牲，头一念叫你尽管作去，这就是良知；第二念、第三念，便又坏了。或者打算作好事，头一念叫你作去，第二念觉得辛苦，第三念又怕危险，于是歇手不作。这种就是致良知没有透彻。为人做学问，入手第一关键在此。

阳明既然主张致良知，更不能不主张知行合一。如恶恶臭，如好好色；见恶臭是知，恶恶臭是行；见好色是知，好好色是行。知、行二个字，原是一件东西，事到临头，良知自有主宰，善使知善，恶使知恶，丝毫瞒他不得。世未有知而不行的，知而不行，不是真知。如小孩看见火，伸手去摸，成人决不会摸，因为成人知道烫人，小孩不知道烫人。又如桌上放好臭鸭蛋、臭豆腐，不恶恶臭的人吃，恶恶臭的人就不吃。只需你一知道，要吃或不吃，立刻可以决定，这便是知行合一。朱子以为先要致知，然后实行，把做学问的功夫，分成两橛。阳明主张，方说一个知，已自有行在，方说一个行，已自有知在，只是一件，决不可分。阳明教人下手方法，与朱子教人下手方法不同。

阳明寿虽不长，但是一面作事，一面讲学，虽当军事倥偬，弦诵仍不绝声，所以门生弟子遍于天下。明中叶后，全国学术界，让阳明一人支配了。王学的昌大，可分两处。一是浙江，是他生长的地方；一是江西，是他宦游的地方。所以阳明门下，可分为浙江及江西两派。前次讲象山生在江西而其学盛于浙江，阳明生在浙江而其学却盛于江西，赣浙文化有密切的关系。传阳明的正统，为江西几位大师，如邹守益号东廓；罗洪先号念庵；欧阳德号南野，颇能代表江西王学。阳明死后，就是这几个人，最得阳明真谛。但是王学的扩充光大，仍靠家乡浙派几位大师，有早年的，有晚年的。最初是徐爱号曰仁、钱德洪号绪山，他们二人，得阳明正宗。徐早死，《传习录》有一部分是他作的。钱寿较长，其传颇盛。稍后是王畿号龙溪，他是阳明的老门生，年寿最长，阳明的学派的光大自他起，阳明学派的变态，亦自他起。当初阳明教人，有四句话：无善无恶心之体，有善有恶意之动，知善知恶是良知，为善去恶是格物。钱绪山以为这四句是阳明教人定本，王龙溪以为这四句是阳明教人权法，归根结底，性无善无恶，意无善无恶，知无善无恶，物无善无恶。

阳明的话，没有多大玄学气味；龙溪的话，玄味很深，无下手处。所以王学末流，与禅宗末流混在一起，读他们的书，可以看出来，并不是阳明真面目。

阳明学派，另有几个重要人物，一个是罗汝芳号近溪，一个是王艮号心斋，都于王学有莫大的功劳。世或以王艮与王畿并称二王，或以近溪与龙溪并称二溪。心斋是一个倜傥不羁之士，本传称阳明作巡抚时，会徒讲学，心斋那时三十八岁，跑去见他，分庭抗礼辩难几点钟后，始大折服，执弟子礼。回去想想，似乎尚有不妥处，跑去收回门生帖子，彼此又辩，又折服了，才作阳明的门人。阳明说："吾曩擒宸濠，一无所动，乃为斯人所动，是真学圣人者。"心斋言动奇矫，时戴古冠，穿异服，传达先生之道，阳明很骂他几回，但是他始终不改。心斋才气极高，门下尤多奇怪特出之士。何心隐就是一个，本姓梁，改姓何，以一个布衣用种种的方法，把严嵩弄倒了，我们不能不佩服他有真本事。阳明死后，最接近的是二王或二溪，但是他们所走的路，与阳明很不一样。结果江西学派虽得正统，但是一传再传，渐渐衰微下去了。

最有力推行王学的，还是浙派（龙溪）和泰州派（心斋）。在晚明时候，有这样几个人，周汝登号海门、陶望龄号石篑、李贽号卓吾。周陶变为禅宗，李更狂肆，他们主张的"酒色财气，不碍菩提路"，阳明学派愈变愈狂妄。到晚明时，本身起很大的变化，又可分为二派：第一派，参酌程朱学说，纠正末流的偏激，东林二大师，顾宪成（泾阳）、高攀龙（景逸）就是代表。他们觉得周、李、陶一派，太放肆了，须以朱学补充之，他们的学问，仍从王出，带点调和色彩。第二派，根据王学的本身，恢复阳明的真相，刘宗周（蕺山）就是代表。他排斥二王二溪甚力，专提慎独，代替良知，以为做慎独的功夫，可以去不善而继于至善。顾、高以程朱修正王学，蕺山以王学本身恢复王学，主张虽有出入，都不失为阳明的忠臣。

此外因王学末流的离奇，社会上起一种很大的反动，亦可分为二派。第一派，以程朱攻击阳明，与顾、高等不同，陈建（清澜）就是代表。他著一部《学蔀通辩》，一味谩骂，甚觉无聊，自称程朱，实于程朱没有什么研究。有时捏造事实，攻击人身，看去令人讨厌，然在学术史上不能不讲。因为明目张胆攻击王学，总算他有魄力。清初假程朱一派侈言道学，随声附和，用陈建的口吻攻击王学者颇多。第二派，主张读书，带点考证气味,焦竑、王世贞、杨慎,就是代表。他们不惟攻击王学,连宋学根本推翻,周、程、张、朱皆所反对,攻击程朱的话,恐怕比阳明还多。几个人学问都很渊博,惟杨升庵较不忠实,造假书,造假话骗人。这一派,因为对于宋元明以来的道学,下总攻击,在晚明时,虽看不出有多大力量,但在清初至乾隆中叶,极其盛行,旧学风的推翻,新学风的建设,都由他们导引出来。

清代学术,是宋元明以后,一大转关,性质和前几代,俱不相同。汉唐学者,偏于声音训诂的追求,马、郑、服、杜、陆、孔、贾以后没有多大发展的余地;宋儒嫌他们太琐碎了,另往新方面进行。宋明学者,偏于理气心性的讨论,程、朱、陆、王以后,也没有多大发展的余地;清儒嫌他们太空虚了,另往新方面开拓,清代学者,承性理学烂熟的反动,以"汉学"相标榜,至乾嘉中叶,而汉学号称全盛。清代学风,固然偏在考证,对于儒家哲学,亦有很大影响,可分建设及破坏两面观察。前者对于整理国故,用力最勤,与儒学只有间接关系;后者对于推翻宋学,成效颇大,与儒学有直接关系。

(甲)破坏方面

先从破坏方面观察。清代学者,对于宋元明以来,七百年间所成就的学派,认为已到过度成熟、发生流弊的时期,非用革命手段摧陷廓清,不能有新的建设。这种破坏的工作,不自清始,晚明已然。焦竑、王世贞、杨慎都是反动派的健将,不过革命的气焰,至清代而极盛罢了。分开来讲,又分两种。一种是破坏王学,阳明这派,时代最晚,发达最盛,有些人专门与他为难。一种是破坏宋学,不单反对阳明,连周、程、张、朱一律在所排斥。这两种中,破坏的工作及程度,亦有种种的不同,大概可以举出五派人作为代表。

一、用程朱作后盾,破坏陆王,可以陆陇其(稼书)作为代表。他同上次所讲做《学蔀通辩》的陈建,一样的主张,认程朱为正统,陆王为异端,所以破坏王学,完全为拥护朱学。这一派范围最狭窄,理由最浅薄,然在社会上最有力量。不是因为系统学者多,乃是倚仗八股文人多,拿朱注作考试的工具,自然拥护朱学。有学问的人,尽管瞧不起他们,但是一般流俗,非常羡慕他们,不知不觉的,势力便大起来了。

二、有一种博杂而无系统的学问,利用好奇心,打倒前人,猎取名誉,可以毛奇龄(西河)作为代表。这派的话,尖酸刻薄,挑剔附会,舞文弄墨的地方很多,其所攻击,不单是王学,乃在宋学全部。(西河比较的尚拥护王学,但也不是王学真相。)西河学问渊博,方面多,寿命长,后来许多人跟他学,在学术界很占势力,大致都带一点轻薄口吻,学问博杂,颇为后来考证学派辟出一种新路径。考证家不直接出自西河,但是他们所受西河的影响,很是不小。

上面两种破坏法,都不算十分正当:前者范围过于狭隘,门户之见太重;后者手段不对,专门骂人,自己亦无所得。不过他们这两派,在社会上势力确是不小,一般俗儒随声附和,非常崇拜他们。

三、没有成见,并不是以程朱作后盾,比较对于朱学稍为接近,对于王学末流加以攻击,可以顾炎武(亭林)、朱之瑜(舜水)二人作为代表。朱舜水当明亡以后,不愿受满清的辖治,亡走日本,在中国影响不大,而在日本影响极大。明治维新以前,德川氏二百年,真以儒学致太平,这完全受舜水之赐,所以他在本国无地位,而在全局中地位极高,可与顾亭林并列。顾氏为清代学术的开创者,其学问的大部分,俱在建设方面,下节再讲。至于破坏方面,见地极其高明,他不惟不满意王学末流,且不满意阳明本身,赞成阳明人格,反对他的学风。陆稼书一派,所讲朱学,其实是"八股家言",算不得什么学问。顾、朱不是墨守朱学,另外自有心得,比较起来,对王破坏,对朱敬礼。不能说是以朱攻王,然于破坏王学,很有力量。

四、对于宋学全部,不管程、朱、陆、王,根本认为不对,施行猛烈的总攻击,可以费密(燕峰)、颜元(习斋)二人作代表。这两人,在从前,大家都不十分注意,一向讲清代学术的人,都没有提到他们。颜氏近二三十年来,渐渐复活,费氏著作从前没有刻出,人不知道,近几年作品出版,了解的人比较多了。费燕峰,四川人,晚年侨寓扬州,从前人只知他会作诗,《池北偶谈》称他极为王渔洋所推服。他的哲学思想,具载他的遗著中,新近才刻出来,但是在建设方面没有什么贡献。颜习斋,直隶杨村人,以前没有铁路,很少人知道这个地方,他终生亦不同士大夫接触过。但是他比费燕峰强,费氏几个儿子,虽亦能作诗,活动力很小,颜氏的门生李塨(刚主)活动力异常之大,到处宣传他老师的学说,所以早几十年复活了。

费、颜二人,对于宋元明七百年来的学说,根本上不承认,下总攻击,斥为与孔孟门庭不同。攻击之点有三。头一件,是不赞成宋儒主静。他们以为做学问要动,主静不是做学问的方法,根本与儒家道术相反。第二件,不赞成宋儒以道统自居。程朱本人,还没有说什么,他们的门下,常说得不传之学。《原道》所谓尧传舜,舜传禹,禹传汤,汤传文武周公,文武周公传孔子,孔子传孟轲,轲之死,未得其传。何以隔一千多年,传到河南程夫子,这岂不是造谣。第三件,偏于内圣,不讲外王,把政治社会都抛弃了。程、朱、阳明,虽非抛去外王不问,但是偏重内圣一些,末流愈走极端,知其一不知其二,颇足授人口实。这种话搔得着痒处,对于宋学末流攻击得很对。不过在社会上没有多大势力,远不如前述三派的受人注意,直到近二三十年,才渐渐发扬光大起来。前三派,带这一派,都在道术本身上着眼,或专破王学,或兼破宋明,辩争之点,不离道术,可谓主流,为造成破坏势力的中坚。

五、还有一派,不在道术本身下手,而在著作及解经方面挑剔,可以惠栋(定宇)作为代表。惠氏年代较迟,而力量很大。他攻击不到陆王,陆王对于各经,都不曾作注,他攻击的主要对象,就是程朱。前回讲,朱学启蒙时代,专门做注疏的工夫,到全盛时代,所有各经,都从新另注一回。他们注经的方法,与汉唐学者迥异,汉唐注重训诂,他们注重义理。自南宋末年起,至明洪武的《性理大全》出版止,几百年间,解经俱以朱注为主,汉唐注疏,完全束之高阁了。惠栋一派出,朱注渐衰,而汉唐注疏复活。

清初学者,一面反对宋儒道术本身,一面反对宋儒解经方法。结果,宋人的总不对,汉人的总对,愈古愈好,愈近愈不行。乾嘉的考证学,以这派为先导,毛西河如此主张,陈启源亦如此主张,但是认真打旗号,拥戴汉学,推翻宋学,还是要算惠定宇。上面所述五种学派,联合起来,努力破坏,所以清代学术,对于宋元明学术,起很大的变化。最近三百年,在学术史上划一新纪元,秦汉学术复兴,宋明学术几乎全部消沉下去了。

(乙)建设方面

次从建设方面观察。清代学者的建设事业,大部分在考证方面,以现在的话来解释,就叫着整理国故。这种工作,于儒家道术,只有间接关系,直接关系很少,可以略去不讲,我们且要知道这种工作很勤劳、威信也很伟大就是了。考证以外,对于儒家道术,有直接关系的建设事业,可以分好几派,一方面根据王学朱学,加以修正或发明,他方面更能一空依傍,自树一帜。他们所处的时间,先先后后不同,他们所在的地方,南北东西各异。现在我们举出六个人,简单的说明一下。

一、继承王学,加以修正,当推孙奇逢(夏峰)。王学末流,变得很多,处处受社会上的非难。要想维持王学,不能不加以修正,孙夏峰、李二曲都是如此主张,而夏峰推衍流派较盛。夏峰生于晚明,人格高尚,豪侠好义,最能济朋友之难,寿命又很长,直活到九十三岁才死。清师入关,他的家乡让满人圈去了,跑到河南苏门躬耕讲学,门弟子从之游者极多,所以他这一派,在清初算是很盛。他是王派,但并不墨守王学,对程朱都不攻击,有人把他编入调和派。清初学者,以朱攻王者有之,以王攻朱者觉少,顶多为阳明作辩护而已,夏峰即是如此。他在河南,躬行力践,用工坚苦,其学问虽得力于阳明,然对于王学末流禅宗顿悟的学风,深所不取。后来汤斌(潜庵)的学问,就得力于夏峰。他们二人的工作,专在恢复王学本来面目,对于二溪以后的王学,予以相当的排斥,以恢复阳明真相,使得有保存的价值,可谓王学的修正派。

二、发明王学,使之愈益光大,当推黄宗羲(梨洲)。明末王学后殿,就是刘蕺山。他生于浙东,浙东王学很盛,但是变相,非本来面目,他因为末流太猖狂了,设法校正他们。清初浙中王学,分为二派。二溪一派,以姚江书院为中心。蕺山一派,以证人书院为中心。《明儒学案》称明代大师二人,前有阳明,后有蕺山。梨洲是蕺山的门生,学问上,继续的修正王学,修养上,亦全本蕺山遗绪。但他另向一方面发展,即史学及经世之学。阳明本有六经皆史之说,而且本身事功极盛,梨洲循着这一点发挥光大,颇能改正王学末流空疏置悟之弊。梨洲一方面承蕺山遗绪,发明王学,于清代学风上,其开辟的功劳,与顾亭林等;一方面建设新学派,努力史学,后来万季野、邵念鲁、全谢山、章实斋这一般人,都完全受他的影响。关于史学方面,这是后话,且不用讲。专讲他在儒家道术方面,真不愧王学大师,二百多年来,感化力的宏大、规模的深远,还没有超过他的啊!

承继孙夏峰学说的,是汤潜庵。承继黄梨洲学说的,是李穆堂。两位都是乾隆时人,为陆王学派的结束者。汤作巡抚,李作侍郎,皆光明俊伟,规模宏大。汤纯为实行家,纸面上的学问不多;李为著作家,有全集行于世。他们都是结束陆王学派的人,做的事业,算是结束。同时不能不算是一种建设,令陆王学派,经时代变迁,仍能立脚得住,有价值,有光彩,这是他们的功劳。

在王学方面,有这几个人,支持残垒,遗绪尚可不坠。在朱学方面,人才就很难得。大抵有清一代,学者态度,阳奉阴违,表面是宋学,骨子里是汉学,对于朱子,直接攻击者少,敷衍面子者多。其间拥护程朱的,多半是阔老,一面骂陆王派为狂禅,一面骂汉学家为破碎,反抗程朱,便是大逆不道。"宁说周孔错,不说程朱非。"这类人,多从八股出身,在学者社会中,没有多大势力;在普通社会,很能耸动视听。可以略去不讲。勉强要在程朱派找出一个人来,只好还数陆稼书,清代最初从祀孔庙的是他。他于程朱学术的全体无多大发明,只能说他持身甚严,卫道甚力而已。清代程朱派人数虽多,人才很少,与其求之于陆稼书一派,不如求之于汉学家。汉学家训诂之学,实际上是从厚斋东发一派衍生出来。章实斋说过戴东原尽管骂朱子,实际上走的是朱子那条路。这个话,两方都不承认,但是事实,给我们一种很好的证明。

三、尊敬程朱,而能建设新学说,当推顾炎武(亭林)。顾氏大家公认为清学开山祖师,然绝不像宋学派之以道统自任。他对程朱,表示相当敬意,在山西时,曾修朱子祠堂,可谓之准朱学派。然而亭林对于朱学的修正,比梨洲对于王学的修正还多。黄氏根本上以王学为主;顾氏对朱学,不过敬礼而已。亭林方面很多,经世之学,有《天下郡国利病书》;考证之学,有《日知录》。好几个清代的学派,都由他开发出来。他治学自立门庭,反对讲空话,不轻言义理性命,专从实际的方面下手。他对于儒家道术,不单讲内圣,兼讲外王。宋明学者,都只一偏,并非儒家真相,他想恢复儒家本来面目,专提《论语》所谓"行己有耻,博学于文"两句话,用来涵盖一切。修养的方法很多,最扼要是行己有耻,即自律甚严之谓,对于晚明放侈颓废的学风,根本上施以校正。一个人要方正,要廉隅,不要像球那样滚,日夜自己检束,归根结底是"知耻"二字。不耻恶衣恶食,而耻匹夫之不被其泽;不耻地位不如人,而耻品格不清。他专在廉隅、名节、出处、进退、辞受、取予方面注意,以为要如此才可以完成人格。这种有耻之教,比蕺山慎独之教还要鞭辟近里些。治学的方法很多,最扼要是博学于文。文有几种解释,书本知识是文,自然现象是文,社会现象亦是文,要随时观察研究。所以说他的学问,不单是内圣方面,而且兼外王方面。至于要明白他对于耻及文的详细解释,可以在他的《日知录》及文集里边找去。他本人人格崇高,才气伟大,为明代忠贞不二的遗老,很得力于他母亲(非亲生母)的教训。他的父亲早死,母亲未婚守节,十七岁到顾家,过继他作养子,慢慢地抚育成人。满洲入关,义不事二姓,绝食二十七日而死。这样的节妇,真是难能可贵了! 顾母死时,嘱咐亭林,不得在清朝作官。他平时所受教育很深,临终又有这样大的刺激,所以他一生行为,完全受顾母的支配。亭林初非明室官吏,然念念不忘恢复,到处观察形势,预为地步。到事功绝望时,乃另创一种学风,直影响到现在,其成就不在恢复明室之下。他人格高尚,无论哪派,不能不佩服。他学问渊博,开出来的门庭很多,说到清学的建设,自然不能不数他了。

四、非朱非王,独立自成一派,当推王夫之(船山)。船山是湖南人,他这一派,叫着湖湘学派。在北宋时为周濂溪,在南宋时为张南轩,中间很消沉,至船山而复盛。他独居讲学,并无师承,居在乡间,很少出来,生平只到过武昌一次、北京一次,可以说是个乡下人。清师入关,他抵死不肯剃头,所以怕人看见,藏在山洞里,穷到没有纸笔,然仍好学不厌。他的学风,与程朱比较接近,不过谓之程朱,毋宁谓之横渠。横渠作《正蒙》,船山的中心著作,为《正蒙注》。横渠于书本外,注重观察自然界现象,船山也受他的影响,其精神比较近于科学的。张学自南宋断后几百年,至清初又算继续起来了。船山坚苦卓绝,人格感化极强,学问尤为渊博,他的《读通鉴论》、《宋论》,不愧为一史评家,对于历史上事实,另用新的眼光观察。所以他除自己身体力行外,学问方面,在史学界贡献甚大,这两部史论,专作翻案,为后来读史的人,思想开放许多。船山对于佛学,很有研究,而且学的是法相宗,作有《相宗络索》。近二十年法相宗复活,研究的人很多,并不算稀奇;但是在那时,佛教方面,完全为禅宗及净土宗所占领,没有人作学理的研究,他独在二百年前,祖述玄奘以后中断了的坠绪,可谓有独到的见解了。并且当时儒学末流,养成狂禅,分明是学佛教,抵死不肯承认与佛教有关;他独明目张胆,研究儒学,同时又研究佛教,一点不掩饰,这是何等的爽快!船山在清初湮没不彰,咸同以后,因为刊行遗书,其学渐广。近世的曾文正、胡文忠都受他的薰陶,最近的谭嗣同、黄兴,亦都受他的影响。清末民初之际,知识阶级没有不知道王船山的人,并且有许多青年,作很热烈的研究,亦可谓潜德幽光,久而愈昌了。

五、尊崇程朱,传其学于海外,当推朱之瑜(舜水)。舜水在本国没有什么影响,史家多不能举其名,他后半生都在日本过活,日本最近二百年的学风,完全由他开出。明亡后,他屡屡欲作光复的事业,初到日本,后到安南、暹罗,在海外密谋起义,赤手空拳的经过多少艰难困苦,到底毫无成就。后来郑成功、张苍水大举北伐,攻下镇江,几乎克复南京,他在苍水军中,规画一切,曾经走到芜湖,结果,还是失败了。自是之后,光复事业完全绝望,他便打定主意,在满清统治之下,绝对不回中国。那时日本人还抱闭关主义,外国人只能在长崎租界停顿些时,旁的地方,一律不让住。所以他很困难,住些时走了,走了又来,往返许多次。长崎的日本人,知道他学问渊博,人格高尚,异常敬礼。后来让大将军德川氏听见了,请到东京去,待以宾师之礼。他亦以师道自居,德川光国的儿子,亦作他的门生。他于是住在东京,又十几年才死。因为德川氏的敬礼,全国靡然从风,对于他的起居言动,都很恭敬,他在日本学术界,算是很有势力。日本从前受中国文化最深是唐代,派遣学生、学僧,来唐留学,唐时佛教甚盛,儒术衰微,学去的都是佛教。宋明儒学复兴,但其时中日关系浅薄,所以日本对于儒术,根本上不明瞭。舜水是程朱派的健将,自他去后,朱学大昌。朱子之学,在国内靠陆稼书一班人的提倡,不过成绩很有限;在国外靠朱舜水一个人的传播,真是效力大极了。自然舜水是程朱一派的人,但是本事很大,书本上的知识很好,实际上的事情,一点亦不放松。他在日本,学风上很有贡献,诗(各家的诗)同画(小李将军的山水)亦很有影响,他带去的东西,至今还归日本帝国博物院保存。他又懂建筑,日本之有孔庙,即由他起,孔庙中的房屋栋宇,衣服器具,完全摹仿中国,都由他打图样,起稿子。连他自己的棺材,亦属亲手造成,要能耐久不坏,满清之后,好运回中国。辛亥革命时,还在日本保存,我们可以设法交涉,运回国来。固然他们尊重朱夫子,不愿运走,但本人的志愿,死后非运回来不可,应以尊重本人志愿为是。日本博物院，还有朱舜水手造模型，确是当年遗物。由此可以知道，他不单讲身心性命，还讲各种技术。他又教日本人读《资治通鉴》，以为最能益人神智。他在日本，前后十几年，人格感化力大，方面又多，可以说自遣唐留学以后，与中国文化真正接触，就是这一回。德川氏二百多年，以文治国，就是继承他的遗绪；维新以前，一般元老，都很受影响。他是朱学，中间王学亦输入，到维新时，两派都有了。维新时一切改革，王派力量很多，朱派力量亦不少，把朱学由中国传到日本，就是靠他。

六、反朱反王，而能独立自成一派，要算颜元（习斋）。习斋的学说，很有点像实验派的杜威，他完全是一个乡下佬，境遇非常可怜。他的父亲在崇祯十二年，满洲人大掠直隶、山东，掳去为奴去了，后来死在那里。习斋伶仃孤苦，父亡母嫁，成为一个无依无靠的孤儿，由旁人把他抚育长大。所以意志坚苦卓绝，虽然无师无友，而能独立自成一家。他反对宋学，主张根本推翻，以为孔孟都是动的，宋学独是静的，与孔孟相反。他尤其厌恶的是谈玄，儒家本不谈玄，宋以来，玄味日趋浓厚，大非古意。他想复古，复到孔门所学，只谈礼、乐、射、御、书、数，不谈身、心、性、命。知识由何而来？由于做。譬如我们想到南京，不知怎样走法，问路径，买地图，可以知道大概；但要知道实在情形，还得亲身走去。他说宋以后的学问，只是问路径买地图，不曾亲身走路；真的儒家道术，不应如此。习斋对于周程以下，原想根本推翻，另外建设新的学派。那时虽未成功，其思想行事，很带科学精神，若使生于今日，必定是一个纯粹的科学家。他立志做书本以外的学问，礼、乐、射、御、书、数，样样都去实行，自己打靶，自己赶车，乐要学古乐，礼要依《仪礼》。但是所作这些事还是离不开书本，很难说是成功，不过精神可取就是了。他的话，很有许多合于科学，前两年科玄战争，就有许多人引用其中一部分，到现在看来，还是对的。这些地方，很可以令人佩服。他因为太古板，没有开辟什么。他的门生李恕谷，活动力很大，文章好，学问又渊博，常到北京。那时北京士大夫喜欢讲学，有一次，请万季野主讲，大家去听，季野见恕谷，异常佩服，就介绍恕谷讲。以季野的声名学问，很能震动一时，达官贵人，拜倒门下者不少，但是对于这个无声无臭而且又年轻的李恕谷，居然客气谦逊起来，不能不说是异样的举动。由此北京人才知道有李塨,又才知道有颜元。恕谷及其活动,曾到陕西,又到江南,到处宣传他老师的学说,所以这派学问,在当时很有力量。戴东原的见解,与颜李相同之点颇多,虽不敢说直接发生关系,然间接总受影响。恕谷死后,汉学派盛行,对于他的学问,大不谓然;而假程朱一派,尤为恨人骨髓。在两种势力压迫之下,颜李这派自然日就消沉了。道光末,戴望子高,很提倡颜氏学说。近二三十年来,颇有复活的趋势,大家都承认颜氏为一个大师,很佩服他的不说空话,专讲实行的精神。但是他的学问究竟能复活与否,我尚怀疑,因为太刻苦了,很难做到。他最反对以孔门的话作为口头禅,我们但学他的话,不能实行他的主张,算不得真颜李派,往后青年,果能用极坚苦的精神去实行,自然可以复活。

清代初叶,在建设方面,可以这六派作为代表。虽然他们的学说各有短长,然俱能自树一帜,而且持之有故,言之成理,有的于当时影响很大,有的于后代影响很大。而且这几个大师,方面都很多,不像宋儒,单讲身心性命。所以开辟力格外来得强大,后来各种学说,都由他们启个端绪,由后人集其大成。清代学术所以能大放异彩,大部分靠他们。

(丙)清中叶以后四大潮流

上面所说破坏方面的五派,建设方面的六派,都是清代初叶同中叶的事情。中叶以后,到乾嘉之间,这许多学说,暂时各归沉寂,另有四大潮流出现,而考证学不在内。在前面已经说过了,考证学与儒家道术无大关系,可以不讲,有关系的,就是这四大潮流。

一、皖南学派,以戴震(东原)为代表。东原本来受他乡先辈江永(慎修)的影响(有人说他是慎修学生,这个话靠不住,恐怕是私淑弟子)。慎修的学问,有点像顾亭林,对于经学及音韵学很有研究,对于程朱的学问亦能实行。他的《近思录续考》,可谓朱门正传。朱派自王厚斋、黄东发以后,就是顾亭林;亭林以后,就是江慎修。东原自幼便受慎修的影响。清代考证学,东原集其大成,本人著作很多,段玉裁、王念孙皆出其门下。在当时惠戴齐名,但是定宇成就小,东原开辟多,在清代中,他算第一流的学者。与他同时的人,推重他的训诂考证。其实东原所得,尚不止此,他之所以伟大,还是在儒家道术方面,《孟子字义疏证》及《原善》、《原性》,俱有独到的见解。他死后,门生洪榜为作行状,以他所作《与彭进士书》嵌入,亲友哗然。结果,戴家所发行状,把那一段删去，而洪榜文集中，则将原文留下。旁的为他作传作行状的人，都没有提到他的儒学，这是很不对的。《孟子字义疏证》将原书一字一字的解释，把儒家道术，大部分放在里边，可算得孟氏功臣。他一方面发挥性善之说，一方面反对宋儒分性为天理、气质二种，认定宋儒矫正性欲，全属过分，与颜习斋、费燕峰相呼应。他对于费书，绝对没有看见，对于颜的学说，或者间接受李恕谷、程绵庄的影响。他这一派，对于宋儒谈玄一部分，如无极、太极之说，根本上攻击，对于宋儒谈性一部分，如存天理，去人欲之说，亦很反对。空空洞洞，专凭主观的理，不能有好结果，必定要根据客观的事实。东原自命为孟子功臣，我们看来，与其说他是孟子的功臣，无宁说他是荀子的功臣。他的学说，与孟不同，与荀相近。他虽反对程朱，实际上，得力于程朱者很多，与程朱走的是一条路（看《文史通义·朱陆篇》）。帮助孟子，然而不像孟子；反对朱子，然而近似朱子。清代程朱学派，陆稼书不算正统，戴东原才是正统；最少他对于朱学修正补充，使有光彩、有价值，功劳还在稼书之上。因为他生的地方，在皖之南，可以称为皖南学派。《四库全书》大部分由他编定，他在清代中叶，算是一个中坚人物。门生多传他的考订、训诂、校勘之学，但他关于儒家道术的话，亦有很大的影响，凌廷堪（次仲）、焦循（里堂）、阮元（芸台）都是一方面研究考订，一方面研究儒术。焦循作《孟子正义》，对于儒学，有相当的发明。阮元为焦循内弟，同在一块研究学问，著述中关系儒学的话尤多。到阮元时，清代汉学，已达全盛，自然有流弊发生，所以他自己就提倡汉宋并重，以图挽救。阮作官很大，到的地方亦很多，学问不如东原，而推广力过之。即如广东，他经手创学海堂，只取四十个学生，大多积学之士，在学问上贡献极大；广东近百年的学风，由他一手开出。广东近代几位大师，都主张调和汉宋，可以陈兰甫、朱九江作为代表。兰甫比九江声名更大，考证学亦很好，他作《东塾读书记》、《孟子》一卷、《诸子》一卷、《程朱》一卷，联合贯通发明处颇多。又作《汉儒通义》，以为宋儒并不是不讲考据，汉儒并不是不讲义理。这种学风，也可以说是清末"粤学"的特色。即以我自己而论，对于各家都很尊重，朱程的儒学固然喜欢，考据学亦有兴趣，就是受陈朱两先生的教训。更由陈、朱推到阮，由阮推到戴，可见戴派影响之大。

二、浙东学派，以章学诚（实斋）为代表。自宋以来，浙东学术很发达，吕东莱而后是陈同甫、叶水心，再后是甬上四先生杨、袁、舒、沈，又后是王阳明、刘蕺山，都是浙东人，浙东在学术界，占很高的地位。陈、叶的文献经世之学，与阳明的身心性命之学，混合起来，头一个承受的人，便是黄梨洲。前面讲他对于阳明学派的建设，只算一部分；还有一部分——最重大的部分，是文献之学，即史学。梨洲是清初大师，他的门生，为万充宗及万季野。季野较渊博伟大，《明史稿》由其一手作成。二万是直接的门生，还有一个私淑弟子，即邵廷采（念鲁）。念鲁的祖父，为阳明门生，属姚江书院派，与证人书院派相对抗，到念鲁又受业梨洲之门，对于史学，异常注重。浙东最有名的学者，都是史学大师，万、邵为史学界开山鼻祖。稍晚一点，为全祖望（谢山），学问方面很多，但是主要工作，仍在文献方面。由黄梨洲而万季野、邵念鲁，由万、邵而全谢山，渐渐成为一种特有的学风，致用方面，远绍宋代吕东莱一派文献之学，修养方面，仍主阳明。到乾隆末，出一位大师，曰章实斋，集浙东学派之大成。实斋全部工作，皆在史学；然单以史学，看不出整个的章实斋，好像单以经学，看不出整个的戴东原一样。二人于本行之外，在儒家道术上，亦有相当地位。二人交情不好，彼此相轻，学风则有一点相同，俱不主张空谈性命，对于带玄学的心性论，异常反对，要往实际方面下死功夫。实斋讲道外无器，器外无道，此二语出自《易经》，《易经》说："形而上者谓之道，形而下者谓之器。"东原主张相同，亦有近似这类的话。实斋讲六经皆史，要求儒家道术，顶好在历史上求去，道起三人居室，在古代为书本学问，在近代为社会事物。所以他自己用力的工作，全在史学上。实斋这一派虽为第二大潮流，然在当时不很显著；他看不起东原，东原门下又看不起他，而东原声气广远，他的势力抵抗不过，自然在当时难于风行。他的价值，最近二三十年，才被人认出来。

三、桐城学派，以方东树（植之）为代表。我讲桐城人物，不举方苞，不举姚鼐，因为他们仅能作点文章，没有真实学问，所谓桐城文学，不过纸上谈兵而已。自明末以来，桐城很出人才，最初是方以智，明清之间的第二流学者。其次是方苞（望溪）、戴名世（南山），康雍之间，颇负盛名。南山以文章出名，所谓因文见道，自他起，后遭文字狱死，大家引以为戒。望溪属于程朱派，其地位远在稼书之下，稼书尚不过尔尔，他的学问更不必说。桐城学派，以前实无可讲。嘉庆末年，出了一个伟大人物,即方植之。他生当惠戴学派最盛行的时候,而能自出主张,不随流俗所尚,可谓特出之士了。汉学全盛之后,渐渐支离破碎,轻薄地攻击程朱,自己毫无卓见。方承这种流弊,起一极大反动,作《汉学商兑》、《书林扬觯》,对汉学为猛烈的攻击,主张恢复程朱。他对于程朱,究竟有多少心得,我不敢说,但在汉学全盛时代,作反抗运动,流弊深了,与他们一副清凉散吃,在思想界应有重要的地位。他很穷,跟随阮元,充当幕府。阮开学海堂,其中学长,初用外省人,本堂有成就后,才用本省人。他便作了第一任的学长,广东学风,采调和态度,不攻宋学,是受他的影响,此犹其小焉者。还有更大的影响,就是曾文正一派。曾文正很尊敬他,为他刻文集,曾一面提倡桐城文学,一面研究朱学,有《圣哲画像赞》,自伏羲、文王、周公、孔子起,一直传到姚姬传止,姚为方的先生,因为尊敬方,才尊敬姚。曾派及其朋友门下,靠儒学作根底,居然能作出如许的功业,人格亦极其伟大,在学术界很增光彩。而他们与桐城派关系极深,渊源有自,所以我们不能不认桐城为很大的学派。

四、常州派,可以庄存与(方耕)、刘逢禄(申受)为代表。常州在有清一代,无论哪一门学问,都有与人不同的地方。古文有阳湖派,词有阳湖派,诗亦有阳湖派,尤其在学问上,另外成为一潮流,有极大的光彩。这一派在经学方面,主张今文学。今古文的争执,东汉以后,已渐消灭。直到清代中叶,又将旧案重提,提案的人,就是庄、刘。他们反对东汉以后的古文,恢复西汉以前的今文,研究《公羊传》,专求微言大义。以为东汉以后,解经的人,都在训诂名物上作工夫,忘却了主要的部分。这派的主张,牵连到孔子的政治论,都说孔子作《春秋》的来意,就是内圣外王。自他们专提今文以后,今文在学术界,很有极大的势力。继他们而起的,有两种人,籍贯虽然不是常州,然不能不说是常州一派。一个是魏源(默深),著有《海国图志》、《皇朝经世文编》,颇努力于经世致用之学。一个是龚自珍(定庵),著有《定庵文集》,关于政治上的论调极多。反抗专制政体的话,创自黄梨洲、王夫之,至龚、魏更为明显。他们一面讲今文,一面讲经世,对于新学家,刺激力极大。我们年轻时,读他二人的著作,往往发烧。南海康先生的学风,纯是从这一派衍出。我们一方面赞成今文家的政治论,一方面反对旧有的传统思想,就是受常州派的影响。我年轻时,认为他们的主张,便是孔子的真相。近来才觉得那种话,不过一种手段,乃是令思想变化的桥梁。上述四派,为乾嘉道咸之间,学术上四个大潮流。主张都很精采,能集前人所已成,能开前人所未发,所有重要的学者和主张,都让他们包括净尽了。还有一派,附带要讲的,就是佛学。自宋学兴起以后,儒者对于佛学,骨子里受用,口内不敢说。前清中叶以后,有一派人,不客气的讲佛,由阳明转一转手,最主要的是罗有高(台山)、彭绍升(尺木)、汪缙(大绅)。他们对于净土宗很实行,对于禅宗很排斥。虽然留着辫子,实际上是几个未受戒的和尚,文章很好,儒学亦好;他们的地位,很像唐代的李翱和梁肃。自从他们把真面目揭开以后,大家才觉得讲佛不是一件对不起人的事情,用不着藏藏躲躲。魏默深、龚定庵都很讲佛,不过没有实行;罗、彭、汪等,有纯洁的信仰,言行又能一致,所以在社会上,很能站得住脚。龚、魏等虽是佛徒,但没有他们的纯粹,不能编入此派。清末常、佛两派,结合得很坚固。我的朋友中,如戊戌死难的谭嗣同,即由常州派及佛派的结合,再加上一点王船山的思想,以自成其学问。清代主要的学派及潮流,大致如此。

(录自梁启超:《饮冰室合集》专集第二十四册,上海中华书局1936年版。)

保教非所以尊孔论

此篇与著者数年前之论相反对，所谓我操我矛以伐我者也。今是昨非，不敢自默，其为思想之进步乎，抑退步乎，吾欲以读者思想之进退决之。

绪　论

近十年来，忧世之士，往往揭三色旗帜以疾走号呼于国中，曰保国，曰保种，曰保教。其陈义不可谓不高，其用心不可谓不苦。若不佞者，亦此旗下之一小卒徒也。虽然，以今日之脑力眼力，观察大局，窃以为我非自今以往，所当努力者，惟保国而已，若种与教，非所亟亟也。何则？彼所云保种者，保黄种乎，保华种乎，其界限颇不分明。若云保黄种也，彼日本亦黄种，今且浡然兴矣，岂其待我保之；若云保华种也，吾华四万万人，居全球人数三分之一，即为奴隶为牛马，亦未见其能灭绝也。国能保则种自莫强，国不存则虽保此奴隶牛马，使孳生十倍于今日，亦奚益也。故保种之事，即纳入于保国之范围中，不能别立名号者也。至倡保教之议者，其所蔽有数端：一曰不知孔子之真相，二曰不知宗教之界说，三曰不知今后宗教势力之迁移，四曰不知列国政治与宗教之关系。今试一一条论之。

第一　论教非人力所能保

教与国不同。国者积民而成，舍民之外更无国，故国必恃人力以保之。教则不然，教也者，保人而非保于人者也，以优胜劣败之公例推之，使其教而良也，其必能战胜外道，愈磨而愈莹，愈压而愈伸，愈束而愈远；其中自有所谓一种烟士披里纯 Inspiration 者，以嘘吸人之脑识，使之不得不从我，岂其俟人保之。使其否也，则如波斯之拜火教，印度之婆罗门教，阿剌伯之回回教，虽一时借人力以达于极盛，其终不能存于此文明世界，无可疑也。此不必保之说也。

抑保之云者，必其保之者之智慧能力，远过于其所保者，若慈父母之保赤子，专制英主之保民是也（保国不在此数，国者无意识者也，保国实人人之自保耳）。彼教主者，不世出之圣贤豪杰而人类之导师也，吾辈自问其智慧能力，视教主何如，而漫曰保之保之，何其狂妄耶！毋乃自信力太大，而亵教主耶！此不当保之说也。然则所谓保教者，其名号先不合于论理，其不能成立也固宜。

第二　论孔教之性质与群教不同

今之持保教论者，闻西人之言曰支那无宗教，辄怫然怒形于色，以为是诬我也，是侮我也。此由不知宗教之为何物也。西人所谓宗教者，专指迷信宗仰而言，其权力范围乃在躯壳界之外，以灵魂为根据，以礼拜为仪式，以脱离尘世为目的，以涅槃天国为究竟，以来世祸福为法门，诸教虽有精粗大小之不同，而其概则一也。故奉其教者莫要于起信（耶教受洗时，必诵所谓十信经者，即信耶稣种种奇迹是也。佛教有起信论）。莫急于伏魔。起信者，禁人之怀疑，窒人思想自由也；伏魔者，持门户以排外也。故宗教者非使人进步之具也，于人群进化之第一期，虽有大功德，其第二期以后，则或不足以偿其弊也。孔子则不然，其所教者，专在世界国家之事，伦理道德之原，无迷信，无礼拜，不禁怀疑，不仇外道，孔教所以特异于群教者在是。质而言之，孔子者，哲学家、经世家、教育家，而非宗教家也。西人常以孔子与梭格拉底并称，而不以之与释迦、耶稣、摩诃末并称，诚得其真也。夫不为宗教家，何损于孔子！孔子曰："未能事人，焉能事鬼"，"未知生，焉知死"，"子不语怪、力、乱、神"。盖孔子立教之根柢，全与西方教主不同。吾非必欲抑群教以扬孔子，但孔教虽能有他教之势力，而亦不至有他教之流弊也。然则以吾中国人物论之，若张道陵（即今所谓张天师之初祖也），可谓之宗教家，若袁了凡（专提倡《太上感应篇》、文昌帝君阴骘文者），可谓之宗教家（宗教有大小，有善恶，埃及之拜物教，波斯之拜火教，可谓之宗教，则张、袁不可不谓之宗教），而孔子则不可谓之宗教家。宗教之性质，如是如是。

持保教论者，辄欲设教会，立教堂，定礼拜之仪式，著信仰之规条，事事摹仿佛、耶，惟恐不肖。此靡论其不能成也，即使能之，而诬孔子不已甚耶！孔子未尝如耶稣之自号化身帝子，孔子未尝如佛之自称统属天龙，孔子未尝使人于吾言之外皆不可信，于吾教之外皆不可从。孔子人也，先圣也，先师也，非天也，非鬼也，非神也。强孔子以学佛耶，以是云保，则所保者必非孔教矣。无他，误解宗教之界说，而艳羡人以忘我本来也。

第三　论今后宗教势力衰颓之征

保教之论何自起乎？惧耶教之侵入，而思所以抵制之也。吾以为此之为虑，亦已过矣。彼宗教者，与人群进化第二期之文明，不能相容者也。科学之力日盛，则迷信之力日衰；自由之界日张，则神权之界日缩。今日耶稣教势力之在欧洲，其视数百年前，不过十之一二耳。昔者各国君主，皆仰教皇之加冕以为尊荣，今则帝制自为也；昔者教皇拥罗马之天府，指挥全欧，今则作寓公于意大利也；昔者牧师神父，皆有特权，今则不许参与政治也。此其在政界既有然矣。其在学界，昔者教育之事，全权属于教会，今则改归国家也。歌白尼等之天文学兴，而教会多一敌国，达尔文等进化论兴，而教会又多一敌国，虽竭全力以挤排之，终不可得，而至今不得不迁就其说，变其面目，以弥缝一时也。若是乎，耶稣教之前途可以知矣。彼其取精多，用物宏诚，有所谓百足之虫，至死不僵者，以千数百年之势力，必非遽消磨于一旦，固无待言。但自今以往，耶稣即能保其余烬，而亦非数百年前之面目，可断言也。而我今日乃欲摹其就衰之仪式，为效颦学步之下策，其毋乃可不必乎！

或曰，彼教虽浸衰于欧洲，而浸盛于中国，吾安可以不抵制之？是亦不然。耶教之入中国也，有两目的：一曰真传教者，二曰各国政府利用之以侵我权利者。中国人之入耶教也，亦有两种类：一曰真信教者，二曰利用外国教士以抗官吏武断乡曲者。彼其真传教、真信教者，则何害于中国？耶教之所长，又安可诬也？吾中国汪汪若千顷之波，佛教纳之，回教纳之，乃至张道陵、袁了凡之教亦纳之，而岂其有靳于一耶稣？且耶教之入我国数百年矣，而上流人士从之者稀，其力之必不足以易我国明矣，而畏之如虎，何为者也？至各国政府与乡里莠民之利用此教以侵我主权挠我政治，此又必非开孔子会、倡言保教之遂能抵抗也。但在政事修明，国能自立，则学格兰斯顿之予爱兰教会以平权可也，学俾斯麦、嘉富尔教之予山外教徒以限制亦可也，主权在我，谁能侵之。故彼之持保教抵制之说者，吾见其进退无据也。

第四　论法律上信教自由之理

彼持保教论者，自谓所见加流俗人一等，而不知与近世文明法律之精神，适相刺谬也。今此论固不过一空言耳，且使其论日盛，而论者握一国之主权，安保其不实行所怀抱，而设立所谓国教以强民使从者。果尔，则吾国将自此多事矣。彼欧洲以宗教门户之故，战争数百年，流血数十万，至今读史，犹使人毛悚股栗焉。几经讨论，几经迁就，始以信教自由之条，著诸国宪。至于今日，各国莫不然，而争教之祸亦几熄矣。夫信教自由之理，一以使国民品性趋于高尚。（若特立国教，非奉此者不能享完全之权利，则国民或有心信他教，而为事势所迫强自欺以相从者，是国家导民以弃其信德也。信教自由之理论，此为最要。）一以使国家团体归于统一（昔者信教自由之法未立，国中有两教门以上者，恒相水火），而其尤要者，在画定政治与宗教之权限，使不相侵越也。政治属世间法，宗教属出世法，教会不能以其权侵政府，固无论矣，而政府亦不能滥用其权以干预国民之心魂也。（自由之理，凡一人之言论行事思想，不至有害于他人之自由权者，则政府不得干涉之。我欲信何教，其利害皆我自受之，无损于人者也，故他人与政府皆不得干预。）故此法行而治化大进焉。吾中国历史有独优于他国者一事，即数千年无争教之祸是也。彼欧洲数百年之政治家，其心血手段，半耗费于调和宗教、恢复政权之一事，其陈迹之在近世史者，班班可考也。吾中国幸而无此缪戾，即孔子所以贻吾侪以天幸也，而今更欲循泰西之覆辙以造此界限何也？今之持保教论者，其力固不能使自今以往，耶教不入中国。昔犹孔自孔，耶自耶，各行其自由，耦俱而无猜，无端而划鸿沟焉，树门墙焉，两者日相水火，而教争乃起，而政争亦将随之而起，是为国民分裂之厉阶也，言保教者不可不深长思也。

第五　论保教之说束缚国民思想

文明之所以进，其原因不一端，而思想自由，其总因也。欧洲之所以有今日，皆由十四五世纪时，古学复兴，脱教会之樊篱，一洗思想界之奴性，其进步乃沛乎莫之能御，此稍治史学者所能知矣。我中国学界之光明，人物之伟大，莫盛于战国，盖思想自由之明效也。及秦始皇焚百家之语，坑方术之士，而思想一窒；及汉武帝表章六艺，罢黜百家，凡不在六艺之科者绝勿进，而思想又一窒。自汉以来，号称行孔子教二千余年于兹矣，而皆持所谓表章某某、罢黜某某者，以为一贯之精神，故正学异端有争，今学古学有争。言考据则争师法，言性理则争道统，各自以为孔教，而排斥他人以为非孔教，于是孔教之范围，益日缩日小。寖假而孔子变为董江都、何邵公矣；寖假而孔子变为马季长、郑康成矣；寖假而孔子变为韩昌黎、欧阳永叔矣；寖假而孔子变为程伊川、朱晦庵矣，寖假而孔子变为陆象山、王阳明矣；寖假而孔子变为纪晓岚、阮芸台矣。皆由思想束缚于一点，不能自开生面，如群猿得一果，跳掷以相攫，如群妪得一钱，诟骂以相夺，其情状抑何可怜哉！夫天地大矣，学界广矣，谁亦能限公等之所至，而公等果何为者？无他，暖暖姝姝，守一先生之言，其有稍在此范围外者，非惟不敢言之，抑亦不敢思之。此二千年来保教党所成就之结果也，曾是孔子而乃如是乎？孔子作《春秋》，进退三代，是正百王，乃至非常异义可怪之论，阗溢于编中。孔子之所以为孔子，正以其思想之自由也。而自命为孔子徒者，乃反其精神而用之，此岂孔子之罪也？呜呼，居今日诸学日新、思潮横溢之时代，而犹以保教为尊孔子，斯亦不可以已乎！

抑今日之言保教者，其道亦稍异于昔。彼欲广孔教之范围也，于是取近世之新学新理以缘附之，曰某某者孔子所已知也，某某者孔子所曾言也。其一片苦心吾亦敬之，而惜其重诬孔子而益阻人思想自由之路也。夫孔子生于二千年以前，其不能尽知二千年以后之事理学说，何足以为孔子损！梭格拉底未尝坐轮船，而造轮船者不得不尊梭格拉底；亚里士多德未尝用电线，而创电线者不敢菲薄亚里士多德，此理势所当然也。以孔子之圣智，其所见与今日新学新理相暗合者必多多，此奚待言。若必一一而比附之、纳入之，然则非以此新学新理厘然有当于吾心而从之也,不过以其暗合于我孔子而从之耳。是所爱者仍在孔子,非在真理也。万一遍索之于四书、六经,而终无可比附者,则将明知为铁案不易之真理,而亦不敢从矣;万一吾所比附者,有人从而剔之,曰孔子不如是,斯亦不敢不弃之矣。若是乎真理之终不能饷遗我国民也。故吾最恶乎舞文贱儒,动以西学缘附中学者,以其名为开新,实则保守,煽思想界之奴性而滋益之也。我有耳目,我有心思,生今日文明灿烂之世界,罗列中外古今之学术,坐于堂上而判其曲直,可者取之,否者弃之,斯宁非丈夫第一快意事耶!必以古人为虾,而自为其水母,而公等果胡为者?然则以此术保教者,非诬则愚,要之决无益于国民可断言也!

第六 论保教之说有妨外交

保教妨思想自由,是本论之最大目的也;其次焉者,曰有妨外交。中国今当积弱之时,又值外人利用教会之际,而国民又夙有仇教之性质,故自天津教案以迄义和团,数十年中,种种外交上至艰极险之问题,起因于民教相争者殆十七八焉。虽然,皆不过无知小民之起衅焉耳。今也博学多识之士大夫,高树其帜曰保教保教,则其所著论所演说,皆不可不昌言何以必要保教之故,则其痛诋耶教必矣,夫相争必多溢恶之言,保无有抑扬其词,文致其说,以耸听者,是恐小民仇教之不力,而更扬其波也。吾之为此言,吾非劝国民以媚外人也,但举一事必计其有利无利、有害无害,并其利害之轻重而权衡之。今孔教之存与不存,非一保所能致也,耶教之入与不入,非一保所能拒也,其利之不可凭也如此。而万一以我之叫嚣,引起他人之叫嚣,他日更有如天津之案,以一教堂而索知府、知县之头,如胶州之案,以两教士而失百里之地,丧一省之权,如义和之案以数十西人之命,而动十一国之兵,偿五万万之币者,则为国家忧,正复何如?呜呼,天下事作始也简,将毕也巨。持保教论者,勿以我为杞人也。

第七 论孔教无可亡之理

虽然,保教党之用心,吾固深谅之而深敬之。彼其爱孔教也甚,愈益爱之,则愈忧之,惧其将亡也,故不复权利害,不复揣力量,而欲出移山填海之精神以保之。顾吾以为抱此隐忧者，乃真杞人也。孔教者，悬日月，塞天地，而万古不能灭者也。他教惟以仪式为重也，故自由昌而仪式亡；惟以迷信为归也，故真理明而迷信替。其与将来之文明，决不相容，天演之公例则然也。孔教乃异是，其所教者，人之何以为人也，人群之何以为群也，国家之何以为国也，凡此者，文明愈进，则其研究之也愈要。近世大教育家多倡人格教育之论，人格教育者何？考求人之所以为人之资格，而教育少年，使之备有此格也。东西古今之圣哲，其所言合于人格者不一，而最多者莫如孔子。孔子实于将来世界德育之林，占一最重要之位置，此吾所敢豫言也。夫孔子所望于我辈者，非欲我辈呼之为救主，礼之为世尊也。今以他人有救主、世尊之名号，而我无之，遂相惊以孔教之将亡，是乌得为知孔子矣乎！夫梭格拉底、亚里士多德之不逮孔子也亦远矣，而梭氏、亚氏之教，犹愈久而愈章，曾是孔子而顾惧是乎！吾敢断言曰：世界若无政治、无教育、无哲学，则孔教亡；苟有此三者，孔教之光大，正未艾也。持保教论者，盍高枕而卧矣。

第八　论当采群教之所长以光大孔教

　　吾之所以忠于孔教者，则别有在矣。曰：毋立一我教之界限，而辟其门，而恢其域，揖群教而入之，以增长荣卫我孔子是也。彼佛教、耶教、回教，乃至古今各种之宗教，皆无可以容纳他教教义之量何也？彼其以起信为本，以伏魔为用，从之者殆如妇人之不得事二夫焉。故佛曰天上地下惟我独尊，耶曰独一无二上帝真子，其范围皆有一定，而不能增减者也。孔子则不然，鄙夫可以竭两端，三人可以得我师，盖孔教之精神，非专制的而自由的也。我辈诚尊孔子，则宜直接其精神，毋拘墟其形迹。孔子之立教，对二千年前之人而言者也，对一统闭关之中国人而言之也，其通义之万世不易者固多，其别义之与时推移者亦不少。孟子不云乎："孔子，圣之时者也。"使孔子而生于今日，吾知其教义之必更有所损益也。今我国民非能为春秋、战国时代之人也，而已为二十世纪之人，非徒为一乡一国之人，而将为世界之人，则所以师孔子之意而受孔子之赐者必有在矣。

　　故如佛教之博爱也、大无畏也、勘破生死也、普度众生也；耶教之平等也、视敌如友也、杀身为民也，此其义虽孔教固有之，吾采其尤博深切明者以相发明；其或未有者，吾急取而尽怀之，不敢廉也；其或相反而彼为优者，吾舍己以从之，不必吝也。又不惟于诸宗教为然耳，即古代希腊、近世欧美诸哲之学说，何一不可以兼容而并包之者。若是于孔教为益乎？为损乎？不待智者而决也。夫孔子特自异于狭隘之群教，而为我辈尊孔教者开此法门，我辈所当自喜而不可辜此天幸者也。大哉孔子！大哉孔子！海阔从鱼跃，天空任鸟飞。以是尊孔，而孔之真乃见；以是演孔，而孔之统乃长。又何必鳃鳃然猥自贬损，树一门、划一沟，而曰保教保教为也？

结　论

嗟乎嗟乎！区区小子，昔也为保教党之骁将，今也为保教党之大敌。嗟我先辈，嗟我故人，得毋有恶其反覆，诮其模棱，而以为区区罪者。虽然，吾爱孔子，吾尤爱真理；吾爱先辈，吾尤爱国家；吾爱故人，吾尤爱自由。吾又知孔子之爱真理，先辈、故人之爱国家、爱自由，更有甚于吾者也。吾以是自信，吾以是忏悔。为二千年来翻案，吾所不惜；与四万万人挑战，吾所不惧。吾以是报孔子之恩我，吾以是报群教主之恩我，吾以是报我国民之恩我。

（录自梁启超：《饮冰室合集》文集第四册，上海中华书局 1936 年版。）

王国维儒学学案

　　王国维(1877—1927),字伯隅、静安,号观堂、永观,浙江海宁人。中国近代学者,古文字、古器物、古史地学家,诗人,文艺理论家。

　　王国维出身书香世家,父亲王乃誉是国学生。7 岁进邻家私塾上学,学四书,写八股,受业潘绶昌。11 岁,改从著名科学家李善兰的学生陈寿田就读,学习骈文、散文、诗歌和写作。后逢甲午之战,受康梁影响,决心"弃帖括而不为"。1898 年,许同蔺因事返里,代其至《时务报》任职。同年 2 月,罗振玉在上海创办东文学社,旨在培养翻译人才,所教外语以日语为主,也教英语,遂至东文学社念外语,并宣称:"若禁中国译西书,则生命已绝,将万世为奴矣。此等无理之事,西人颇有之,如前年某西报言欲禁止机器入中国是也。如此行为可惧之至。"1900 年,八国联军攻进北京,东文学社宣告结束。1901 年 12 月,在罗振玉的资助下,赴日留学。后来因为身体有病,加以不长于数理,很快归国,协助罗振玉编《教育世界》杂志。同年夏,在罗振玉的举荐之下,应张謇所办的通州师范学堂心理学、哲学、伦理学教员之聘,聘期一年。1903 年 3 月,正式入该学堂任教。1904 年,代罗振玉任《教育世界》主编,进行刊物改革;8 月,罗振玉在苏州创办江苏师范学堂,自任监督,聘藤田丰八为总教习,王国维入校任教,仍钻研叔本华思想,并深受其影响。1905—1910 年,其治学中心开始由对西学的认知和解读转向国学领域。1925 年,受聘清华学校,担任国学研究院导师。1927 年 6 月 2 日,自沉于昆明湖。

　　王国维精考证、善填词,释古而开新,通西而行旧,放眼国际勇作一流文章,留心国内卒以守节君子,实为近代中国以旧承新、以新忤旧之矛盾情态的文化缩影。其在文学、史学、经学方面的考证性成就,特别是对简牍学、甲骨学的开拓和推进,在近代中国少有其匹。以生不永寿之年成流芳千古之事,言来可喜,思之可悲,论之可叹。其主要著作有《红楼梦评论》、《宋元戏曲考》、《人间词话》、《观堂集林》、《古史新证》、《曲录》、《殷周制度论》、《流沙坠简》等。

（刘　斌　毕晓乐）

孔子之学说

叙　论

伦理学者,就人之行为以研究道德之观念、道德之判断等之一学科也。为人间立标准,定价值,命令之,禁止之,以求意志之轨范,以知人间究竟之目的,即如何而可至最善之域是也。故此学乃研究道德之学理者,知的而非实践的也。知与实行有别,知学理者不必能实践之,不知学理者或能实践之。盖以学理为知,实践关于意志故也。伦理学与实践道德之殊别如此。然若云伦理学纯为知的,故不能实践,是语亦未免太过。何则?由纯正之智识,知完全之学理,则可为实行之指导,达所欲至之目的地,其裨益岂浅鲜哉?故学理与实践当相伴而不相离,实践之先不可不研究学理也。

泰西之伦理,皆出自科学,惟骛理论,不问实行之如何。泰东之伦理,则重修德之实行,不问理论之如何。此为实行的,彼为思辨的也。是由于东西地理及人种关系之异,又其道德思想之根本与道德的生活之状态亦异,故有此差别也。夫中国一切学问中,实以伦理学为最重,而其伦理学又倾于实践,故理论之一面不免索莫。然吾人欲就东洋伦理根本之儒教,完全第一流之道德家孔子之说,于知识上研究之,亦非全不可能也。然儒家之伦理说以行为主,即最实践者,故欲以科学之方法研究之,自极困难。但欲为此种研究,不得不先述中国先秦之二大思潮焉。

周末时之二大思潮,可分为南北二派。北派气局雄大,意志强健,不偏于理论而专为实行。南派反之,气象幽玄,理想高超,不涉于实践而专为思辨。是盖地理之影响使然也。今吾人欲求其例,则于楚人有老子,思辨之代表也;于鲁人有孔子,实践之代表也。孔子之思想,社会的也;老子之思想,非社会的也。老子离现实而论自然之大道,彼之"道"超于相对之域而绝对不变,虽存于客观,然无得而名之。老子以此"道"为宇宙一切万象之根本原理。故其思辨也,使一切之现象界皆为于相对的矛盾的之物而反转之。如"知其雄,守其雌","知其白,守其黑","知其荣,守其辱";或云"有",或云"无",或云"盈",或云"虚",或云"强",或云"弱":皆为相对之矛盾观念,常保消极以预想积极者也。故其伦理及政治思想专为消极主义,慕太古敦朴之政,而任人性之自然,以恬淡而无为为善。若自其厌世的立脚地观之,则由激于周季之时势,愤而作此激越非社会的之言者也。孔子则反之,综合尧舜三代先王之道而组织之,即欲依客观之礼以经纶社会也。至其根本原理则信天命,自天道绎之而得"仁",即从"天人合一"观以立人间行为之规矩准绳。故孔子者北方雄健之意志家也,老子者南方幽玄之理想家也。

继彼幽玄之理想者为列子,列子之后有庄子。发挥此雄健之意志者有子思、孟子、荀子。要之,儒与道之二大分派,对立于先秦之时,而传其二大思潮于后世。此外尚有墨翟唱"兼爱"功利之说,似儒家;杨朱唱利己快乐之说,似道家;鹖冠子为折衷派;韩非子为法家等。诸子百家之说,纵横如云,灿然如星,周末之文华极一时之炳耀。是盖因成周封建政体之坏颓,唤起各人思想界之自由,洵可谓之为希世之壮观也!

老庄之说通行于两汉,至魏晋而大盛,其弊流于清谈,以任放旷达自喜,或作为神仙说,经六朝至唐时复大盛,至追谥老子为太上玄元皇帝。然而当汉之末也,佛教侵入,经三国至六朝之际,至于梁而最盛。其势力之伟大渐驾儒道而上之。入隋,遂有唱三教一致论者。其后复大盛于唐,经宋元明至今焉。

儒教因汉武帝之奖励,出董仲舒,而继先秦之思潮,回复秦火之厄。至西汉之末有扬雄者,合儒与道,立一家言。六朝之际,儒为佛老所抑。至隋有王通,用之作策论。有唐一代,唯韩愈一人维持之。经五代至宋,复勃然而兴,几有凌先秦儒家而上之之势。即北宋时二程子唱"性命穷理"说,南宋时经朱子手而大成,作"理气"论。同时有陆象山之"心即理"说。入明,而为王阳明之"知行合一"说。其后至国朝,考证学大行。故中国亘古今而有最大势力者,实为儒教。国家亦历代采用之。何则?儒教贵实践躬行,而以养成完全之道德政治家为目的,而有为之人才亦皆笼罩于此中故也。

孔子者，"述而不作，信而好古"，实践躬行之学者也。上至三皇五帝，下至夏殷周诸圣贤之学说，无不集合而组织之，以大成儒教；其圆满之德如春，深渊之智如海。又多才艺，至其感化力之伟大，人格之完全，古今东西，未见其比。其说主好古、实践，故欲研究之者，当先研究夫子所研究之《诗》、《书》、《易》、《礼》等古书，及夫子之遗书《大学》、《论语》、《孝经》，子思之《中庸》，孟子之书等，以考察其说。夫子晚年所最研钻者为《易》，读之"韦编三绝"。虽有谓《易·十翼》非孔子之作者，然余欲述孔子之形而上学，姑引用而论断之。

一　形而上学

（一）天道及天命

儒家"天道"、"天命"之天之观念，其意义有数种，今分之为有形之天、无象之天二者，更分无象之天为主宰之天、自然之理法、宇宙之本原及命四者。"天道"云者，乃自然理法宇宙本原之活泼流行之原动力也；"命"者，则其实现以分诸人者也。

1. 有形之天

苍苍者天，茫茫者天，悠悠者天，无涯无际，日月星辰森然罗列，以运行焉，以代谢焉。岳岳者地，漠漠者地，草木繁荣，禽兽滋殖，其广也载华岳而不重，其厚也振河海而不泄。天地上下之间，风霜雨露，一阴一阳以为消长，一寒一暑以为往来，参差交错，变化而无穷者，是形体之天也。

> 《诗》曰："悠悠苍天"，"彼苍者天"，"谓天盖高，不敢不蹐；谓地盖厚，不敢不蹐"，"倬彼云汉，昭回于天"，"鸢飞戾天"等。
>
> 《论语》："巍巍乎唯天为大。"《易》上《象传》："日月丽乎天。"下《象》："日月得天而能久照。"《系辞》："天尊地卑，乾坤定矣。""在天成象，在地成形。"

是皆言形体之天也。

2．无象之天

（1）主宰之天

前所言有形之天，惟为形体者；今所言无象之天，则为思索者，故最不可不研究之。

主宰者，谓一神灵之物，管理命令一切万物之义也。如上帝、皇天、神、造物主等，皆为神秘不可知者也。

当太古蒙昧之时，人人概为感想的，而智识尚未发达。故现象界有变化，见风雨、电雷、日月蚀、星异、地震等时，忽生恐惧之念，遂以为天有一种人间以上之不可思议之灵力，因畏之敬之，至欲避之。其弊遂陷怪诞迷罔，至惴惴然以礼拜形体。盖知天之神秘，实自天地之形体始。故古人之神秘感想，至此遂将无象之主宰力，与形体同一视之，此所以崇拜形体之天者也。无论何国之民，其原始时代莫不如是。今吾先论天之观念，然后再论自然之理法、宇宙之本原等。主宰之天之证如左：

《书经·益稷》："禹曰：'安止汝，惟几惟康，其弼直，惟动丕应徯志，以昭受上帝，大其申命用休。'"

又，《泰誓》："惟天地，万物父母。"

又，"敢用玄牡，敢昭于上天神后。"

《太甲》："先王顾諟天之明命，以承上下神祇，社稷宗庙。"

又，"皇天眷佑有商，使嗣王克终厥德。"

《金縢》："秋，大熟，未获，天大雷电以风，禾则尽偃，大木斯拔，邦人大恐。"

《易》："自天佑之，吉，无不利。"

主宰之例证甚多，散见于《书》、《易》等古书中。至有灵感想之天，则散见于《尚书》中。自然法之天，则尤多见于《周易》中。

孔子对是等感想的感念，于知识上思惟之，此孔子伦理说之渊源，且其观念之所以高远者也。

（2）自然之理法与宇宙之本原

浩浩乎无涯无际之天地间，气化生生流行不息，一切之现象界，皆被时间空间之二形式，与原因结果之律此三者所管理者也。

时间者，谓统一切现象之变化，而一切现象于其中，自一状态而变为他状态，能无限分截之延长之之谓也。空间者，谓一切现象物于其中，常在及继在且俱在者，亦可以无限分截之延长之。至是二者之异，则空间为俱在，时间唯继起。今若唯有时间而无空间，则物之俱在，决不得证明之。何则？盖空间离俱在，即不能存在；既无俱在，则无常在、继在之理；常在、继在而不存在，则无充塞时间中之物，故时间自身亦不能自进行经过也。若反之，唯有空间而无时间，则物之继起，决不能证明之。既无继起，则物之俱在不得而知之。何则？盖客观之常在，对于俱在之中之变化而言之，即与继在俱在相对者也。因继起之变化，乃知常在之不变化；因常在之不变化，乃知继起之变化。无继起之变化，即不能知常在之不变化；无常在之不变化，则不能知继起之变化。要知此二者，吾人自思想上之论理见之，见虽相同一，然若继起之时间既消灭，则物象变化之思想亦消灭，现象界毕竟归于虚无。空间不能据自身证其俱在也。故时间之继起，空间之俱在，其特性虽大相异，然皆不能相离，若相分离，则现象界之事尽虚无迷妄，遂不可解。故知两者之相关，直不可须臾离也。此两者合而为一，即为吾人之悟性，以应用原因结果之律，是彼叔本华氏之卓论也。吾人今当更进一步，以考察因果律之如何。

在客观界经验之实体，呈错综之状态。其状态决非始终不动者，而或生或灭，彼等因其生灭之状态相连络，不问如何，必无有单独自存者。盖彼等悉因其前后之事实，以受规定，互相倚赖。今若于客观界中生一状态，则先之者必有他状态，然后新状态始生。又若其前之状态尚存，则次生之新状态必不能起。此新旧相继之现象，是曰继起。故此等状态，因继续而生者，皆有相互之关系。其始生之状态，吾人名之曰"原因"，后起者名之曰"结果"。故结果者决不能存在于其生来以前，纯然为一新状态。盖结果之名，即由此前之原因而始生。故结果之生，变化也。所谓结果原因之规律者，则即关于此变化之规则，即所以管理之之理法也。此律之唯一应用之范围，唯在变化。此而有一结果，则已示变化之存在；此而有一变化，

则已示原因。而凡一切原因，又不可无共于其原因之原因，盖
于时间继起之原因结果，相连续而发生，是谓之连锁。

既如上说，则因果律者，乃一状态变而为他状态时必然之理法也。
因时间上之异，而名前者为原因，后者为结果。而吾人当论自然之理法
之天道时，所得于叔本华氏者，岂浅鲜哉！

夫一切之生灭变化恍惚无常者，皆吾人经验之客观现象界所在之
状态也。因果律之继起存在，虽前已详言之，然而因果律虽为行于现象
界之法则，然应用此律之原理究如何乎？康德氏之说曰：吾人之知识，
惟存于现象界中，不能入本体界也。彼于《纯理二律相背论》中云：宇宙
不可无第一原因，又第一原因非实在。盖一论现象界，而一预想现象界
以外之物者也。叔本华氏之意与之同，以为无第一原因。然叔氏谓存
于现象界之变化外者，尚有"物质"与"物力"。物质者，为一切变化发生
之根本，不为变化所侵，不增不减者也。物力者，己不变化，而能使一切
变化，不增不减者也。是二者超然于时间空间以外。此外，叔氏又说世
界之本体之"意志"是盲目的冲动，而使现象界发现之根本力，又超绝时
间、空间、因果律，而为绝对无差别之物也。要之，物质与物力乃生原因
结果之原子，而意志则统一切万有，而使之发现之大活力，即世界之本
体也。

孔子亦以宇宙间一切现象，自时间、空间、因果律三者规定之，是实
千古之卓识，而与叔本华氏稍相合也。

仰视茫茫之宇宙，则见一切之现象界，皆以一定不易之法则行于其
间。如日月之代谢，昼夜之变迁，四时之推移，风雨霜露云雾雷电等皆
然也。又如禽兽虫鱼草木人类等之有雌雄二性者，无一非相对的法则
之消长。是法则即《易》所云之"阴阳二气"。阴阳二气进动，则于时间
中生万物；其静止也，则于空间中见物象。自其进动之方面，即自时间
上观之，时必不可无变化，是即因果律之所由生也。故孔子以一切现象
世界为阴阳二气之流行，即阳动而阴静，以为盈虚消长、新陈代谢，变化
无穷，因果律即自行于其中。统括是等之原理，即为"天道"即"理"。
"理"为充满宇宙之生生活泼的本原，超绝一切之现象界，而管理流行于
一切现象间之阴阳二气等，而亘永久而不变不灭者也。若自流行于一

切之现象界观之,是名"天道",即自然之理法。自其超绝一切现象界,统括管理此等之力观之,即名"天理",即宇宙之本原。故

> 《易》曰:易有太极,是生两仪,两仪生四象。《彖辞》曰:"大哉乾元! 万物资始,乃统天,云行雨施,品物流形。"
>
> 天行健,君子以自强不息。
>
> 一阴一阳之谓道。
>
> 生生之谓易。

"太极"谓无差别的始原也。"乾元"谓天之原理。"云行雨施","一阴一阳","生生"等,谓之自然。所谓"天行健"者,合自然之理法与宇宙之本原相言之也。又

> 《论语》曰:"逝者如斯夫,不舍昼夜!"

言自然之理法生生而无间也。

> 《论语·阳货》:"子贡曰:'子如不言,则小子何述焉?'子曰:'天何言哉! 四时行焉,百物生焉,天何言哉!'"
>
> 《礼记·哀公问》:"哀公曰:'敢问君子何贵乎天道也?'孔子曰:'贵其不已,如日月东西相从而不已也,是天道也。无为而成,是天道也。已成而明,是天道也。'"

是等皆言自然与原理者也。

> 《中庸》:"诚者,天之道也。诚之者,人之道也。诚者不勉而中,不思而得,从容中道,圣人也。诚之者,择善而固执之者也。"

子思自孔子之说出,故更进一步,以"诚"为宇宙万有之根本的原理,而宇宙之万有则自此本体所发现之现象也。万有从本体发现为"高明"、"博厚"二形式。高明为天,有继起性,即时间的也。博厚为地,有延长性,即空间的也。合而为一,则无限无穷,经"悠久"而不已。

今以《易》理、叔本华氏之说互相比较,则其原理虽大有径庭,然叔氏之物质、物力与《易》之阴阳二气,皆使物变化之本质或动力,在其变

化以外，则二者之说相似也。此外，因果律为伴一切变化之法则，故有变化即有因果律。孔子虽不说此，然儒之"天理"，子思之"诚"，叔本华之"意志"，皆为宇宙之本原，发现万有之一大活动力，固不甚相异也。

若夫老子之"道"为"恍兮惚兮"、"窈兮冥兮"，绝对的自然之道，与斯披诺若之一元的"理"相似。若自彼所云"有物浑成，先天地生"观之，则万物开发之本体，皆恒久不变者。故曰"名"，无可名。"无名，天地之始；有名，万物之母"也。何则？若云"无"，则已与"有"相对，故曰此道无可名，而静寂自然，绝对无差别的也。一切之规定皆法此静寂自然之化。《易》哲理反之，以"生生"为活泼进动的，一切之人间行为则之，是实其大异之所存也。

以上自然之理法皆依据于《易》者。是书孔子尝极力研究之，故得视为夫子之思想。然孔子为实践躬行者，故据最可凭信之《论语》观之，则可以明道德为人之先天的自然。故于下"有命说"中当引《论语》为证。

（3）有命说

于上章既略论孔子以前之"天"之观念，孔子于《易》，但言"天道"，但其实在本人性之自然以立"人道"，故略说人道之本源之天道耳。故《论语》曰："子罕言利，与命，与仁。"又曰："夫子之言性与天道，不可得而闻也。"则其置重人道，而不详言高远之天道可知。"命"者何？自然之理之实现，而分配于人之运命也。孔子以此"命"为知的，情的。"知的"务主言自然之理，"情的"兼理法与主宰而言之。二者易混，欲详细别之，至难也。今引二三例以示其别。

> 《论语·为政》："四十而不惑，五十而知天命。"
>
> 《尧曰》："不知命，无以为君子也。"
>
> 《里仁》："朝闻道，夕死可矣。"

观此诸说，则命由于智识，而为自然之理也（是言道德观念之本原为天，而天即自然也）。又从情上观之如左：

> 《论语·雍也》："伯牛有疾，子问之，自牖执其手，曰：'亡之！命矣夫！'"

《先进》："颜渊死，子曰：'噫！天丧予！天丧予！'"

《宪问》"公伯寮愬子路子季孙"节："道之将行也与，命也！道之将废也与，命也！公伯寮其如命何！"

《雍也》："子见南子，子路不悦。夫子矢之曰：'子所否者，天厌之！天厌之！'"

《述而》："天生德于予，桓魋其如予何！"

《子罕》："子畏于匡，曰：'文王既没，文不在兹乎！天之将丧斯文也，后死者不得与于斯文也！天之未丧斯文也，匡人其如予何！'"

《八佾》："获罪于天，无所祷也。"

《季氏》："君子畏天命，小人不畏天命。"

此等其中皆含有感激悲愤之意，故知为情也。然元本为理，而发为情，故决非迷妄的感想。征彼之"不语怪力乱神"，则孔子之遵道理明矣。但信念本为感情的，故在自然之理法中，亦与主宰之思想相混同。

盖孔子由知，究理，依情，立信念。既立之后，以刚健之意志守之，即"知""情""意"融和，以为安心立命之地，以达"仁"之观念。盖"仁"与"天"即"理"，同为一物。故孔子既合理与情，即知道，知体道，又信之以刚健之意志，保持行动之，是以于人间之运命，死生穷达吉凶祸福等，漠然视之，无忧无惧，悠然安之，唯道是从，利害得丧，不能撄其心，不能夺其志。是即儒教之观念所以高洁远大，东洋之伦理之所以美备也。

《论语·雍也》："谁能出不由户？何莫由斯道也？"

又《里仁》："富与贵，是人之所欲也，不以其道得之，不处也。贫与贱，是人之所恶也，不以其道得之，不去也。"

《述而》："富而可求也，虽执鞭之士，吾亦为之；如不可求，从吾所好。"

《学而》："子贡曰：'贫而无谄，富而无骄，何如？'子曰：'可也，未若贫而乐道，富而好礼者也。'"

《里仁》："不仁者不可以久处约，不可以长处乐。仁者安仁，知者利仁。"

《述而》："子曰：'饭疏食饮水，曲肱而枕之，乐亦在其中矣。不义而富且贵，于我如浮云。'"

《子罕》："岁寒，然后知松柏之后凋也。"

《颜渊》："爱之欲其生，恶之欲其死。既欲其生，又欲其死，是惑也。"

《子路》："子曰：'不怨天，不尤人，下学而上达，知我者其天乎！'"

不为显荣利达所束缚，知斯道，安斯道，乐天知命，故其胸襟如光风霁月，其德行则圆满潇洒也。

要之，理想与实际，往往冲突龃龉，而人间之运命，又有善恶。故人言善人不必得幸福之运命，恶人不必得悲惨之运命，行德者不必得福，不德者不必罹祸。实亦不然。须视其时代境遇如何，不能一定也。如孔孟之坎坷穷厄，苏格拉底、基督之惨死，颜渊之夭，盗跖之寿，始皇之暴戾，曹孟德、司马昭之逆，克林威尔之悖理，或如楠正成，或如足利尊氏等，征诸古今之例，有大德之人尝悲惨，大不德之人常侥幸，成败利钝，洵不可以一定也哉！

人本来有自由意志，故人间之运命，皆因人为之如何而如何耳。盖运命者，皆因其时代之趋潮，其人之门阀、境地、才识、技俩等以为变迁者也。若时有大豪杰出，虽能自造运命，然自然之因果律常干涉之，终至不得伸张其自由意志也。盖有一原因，必有一结果，一结果后，或为他原因而复生他结果。故社会之事，复杂错综，个人之力终不得不受一制限。故前所述时代、身干、境地、才识等数者相一致，则得幸运。若此中有不一致之处，则不免于不幸。是实运命之所以不定者也。故于某度意志得以自由，至此以上，亦不得不遵自然之理法。故孔子欲遵道理，即顺自然之理法，实行吾意志之可成则为善，不可能则守其分，可以进则进，可以退则退，可以行则行，可以止则止，可以取则取，可以舍则舍，一切如道理而行之。此孔子之"任天主义"也。

盖孔子明知道德为善，遵之行之，人人必受幸福。然世有盛衰，社会有污隆，行道德者不必获福，故依道德以立命安心。此孔子所以执"自由意志说"与"宿命论"之中庸，即所谓"有命说"是也。

自由意志论者，以人间意志本自由，不受如运命之规定之限制，唯由人力主张之者也。宿命论反之,以宇宙万物一切皆天之所命,而皆受其限制,虽人间之意志,决不能自由。人间之运命既定于先天,而人力之所无如何者也,故不如各安其分。是最极端之说,而与今日进化之理法决不相容者也。若一切从宿命说,则流于保守退步,志气委靡,遂不能转其境地。《论语》子夏谕司马牛曰:"商闻之:死生有命,富贵在天。"往往有解为极端之宿命说者,然是决非孔子之意。顺当生之道而生,顺当死之道而死,是自然也。顺道而得富贵则善,不得则从吾所好而安命,是亦自然也。孔子之有命说,当如此解。然若从宿命说,死生既于先天中定之,富贵亦从先天中定之,毕竟后天之人力归于无用,不得不陷于委靡也。

人间自由意志论,虽为今日最有力之进取的说,但失之极端,亦非无弊也。其弊则以意志能自由,为善亦能自由,为恶亦自由。故至争名趋势以陷于变诈虚妄,而不能安于吾之素位,龌龊卑鄙,逐世之潮流以为浮沉,是洵不知自己之力欲造运命而却漂没于世之潮流者,故青年血气之人,不可不反省也。

比较前所言,则孔子之说,既非极端之宿命说,亦非极端之自由说,盖居于此二者之间,尽吾人力,即顺自然理法之道以行动云为者也。即可进则进,若不能则已,安吾素以乐吾道,极平和之说也。然而后世腐儒等,不能知生生的进化,唯以保守的解释之,亦非夫子之旨也。

不知儒教有一种之功名的活气。《论语》云:"去仁,恶乎成名?"又云:"君子疾没世而名不称焉。"据此即足以知彼现实功名的之意志矣。

要之,孔子之命,即任天主义。深信自然之理,养绝对之观念,遵一切道理之动静,不问死生、穷达、荣枯、盛衰等,纯反于愦愦之功利快乐主义,故于道德实践上大有价值也。

3."天人合一"与"仁"之观念

吾人于前章既略解"天"之观念,自《易》之哲学说,明自然之理法,今当述"天人合一"与"仁"之观念。

据《易》之说,则基天地之二大法则,以立人道,而说仁义之道德律。

> 《说卦》曰:"昔者圣人之作《易》也,将以顺性命之理。是
> 以立天之道,曰阴与阳;立地之道,曰柔与刚;立人之道,曰仁

与义。兼三才而两之。"

　　又,《系辞》:"《易》之为书也,广大悉备:有天道焉,有人道
焉,有地道焉。"

由是等观之,仁配阴柔,义合阳刚,准据天地之自然的法则以立人道,即
仁义。然从此说,则仁义毕竟为客观的,他律的。故当更进一步如左。

　　一阴一阳之谓道,继之者善也,成之者性也。仁者见之谓
之仁,知者见之谓之知。

阴阳为天地间自然流行之气,化万物成其性,在人则成男女性,自然有
道德的性故。

　　《序卦》:"有天地然后有万物,有万物然后有男女,有男女
然后有夫妇,有夫妇然后有父子,有父子然后有君臣,有君臣
然后有上下,有上下然后礼义有所错。"

即言从自然之作用以生成道德,而为客观之次序。

　　《系辞》:"天地设位,而易行乎其中矣,成性存存,道义之
门。"

　　又,《说卦》:"和顺于道德而理于义,穷理尽性以至于命。"

　　《文言》:"夫大人者,与天地合其德,与日月合其明,与四
时合其序,与鬼神合其吉凶,先天而天弗违,后天而奉天时。
天且不违,而况于人乎? 况于鬼神乎?"

天地间自然之气化流行,生生化化,行于其间,成自然之性。性之根原
即天。究理则知性,知性即知天,是为宋儒性命穷理说之渊源。天人合
其德,至此成所谓《易》之"天人合一"观。今再进一步,论他书中之合
一观。

　　《诗》:"天生蒸民,有物有则。民之秉彝,好此懿德。"

　　《中庸》:"天之生物,必因其材而笃焉。"

　　又:"诚者,天之道也;诚之者,人之道也。'诚'者,不勉而中,
不思而得,从容中道,圣人也。'诚之'者,择善而固执之者也。"

《诗》言德性为先天的。《中庸》之"诚"即天人合一之观念，而宇宙之根本的活动力也。子思演绎之曰：

> "天命之谓性，率性之谓道，修道之谓教。"
>
> 又："自诚明，谓之性；自明诚，谓之教。诚则明矣，明则诚矣。唯天下至诚为能尽其性；能尽其性则能尽人之性，能尽人之性则能尽物之性，能尽物之性则可以赞天地之化育，可以赞天地之化育，则可以与天地参矣。"

吾人之道德性自先天有之，决非后天者也。故宇宙之根本原理之绝对的"诚"，能合天人为一。天道流行而成人性，人性生仁义。仁义在客观则为法则，在主观则为吾性情。故性归于天，与理相合。天道即诚，生生不息，宇宙之本体也。至此儒教之天人合一观始大成。吾人从此可得见仁之观念矣。

> 《系辞》："天地之大德曰生。"
>
> 又，"生生之谓易"。

夫"仁"为平等、圆满、生生、绝对的之观念。自客观的观之，即为天道，即自然理也，实在也。自主观的解之，即具于吾性中者也。其解虽有异，至究竟则必须此两者合而为一，始能至无差别绝对之域。故仁之观念为生生的理，普遍于万物，不能为之立定义也。

> 《论语》："天何言哉！四时行焉，百物生焉，天何言哉！"

言自然的即无意识的理法之活动也。又云：

> 吾道一以贯之。

融合天人，以"仁"贯之。其欲达之之方法则为"忠恕"。忠尽我心，恕及于人之道，是为社会的仁之发现。能超然解脱，悠然乐者，即得达此仁之理想之人，安心立命之地，皆自此理想把持之。

> 《论语》："'莫春者，春服既成，冠者五六人，童子六七人，浴乎沂，风乎舞雩。咏而归。'夫子喟然叹曰：'吾与点也！'"

顺应自然之理法,笃信天命,不为利害所乱,无窒无碍,绰绰裕裕,浑然圆满,其言如春风和气。吾人至此,能不言夫子"仁"之观念为最高尚远大者乎!

孔子知致物格,经五十年而后始"知天命",以达此绝对的"仁"之观念。抑绝对者,何谓也?绝对云者,超乎相对或差别之境,以抵不变不灭之域,必无我自然,始能至之。此理想的天,即仁之观念。达此境地时,中心浩瀚,无所为而行者无不合于道。

> 《子罕》:"颜渊喟然叹曰:'仰之弥高,钻之弥坚,瞻之在前,忽焉在后。'‘欲罢不能,既竭吾才,如有所立,卓尔,虽欲从之,末由也已!'"
>
> 《述而》:"子谓颜渊曰:'用之则行,舍之则藏,惟我与尔有是夫!'"

其理想之高远,能因用舍行藏之时,权变自在,斯可谓智德圆满无碍,而行为亦无凝滞也矣。孟子曰:"可欲之谓善,有诸于己者之谓信,充实之谓美,充实而有光辉之谓大,大而化之之谓圣,圣而不可知之之谓神。"即是也。

以上综合主宰、自然本原等天之观念,与天人合一,与仁之观念言之。而孔子之形而上学根本观念既终,今更进一步,而于下章论孔子之伦理说。

二 伦理说

(一)道德之标准

社会之仁

人之生于此世也,各依其目的而动。惟其目的有大小,小者为大者所包括,大者又为更大者所包,由此递进,其究竟之目的果何在乎?

人本社交的动物,自有道德的本性,与其他互相倚赖关系以立社会,故其行亦互有影响。自己意志受社会意志之制裁,以生个人与社会、社会与国家、君臣父子夫妇长幼朋友男女贵贱亲疏等错杂之关系。于是遂有道德律以规定人间之行为,而达正确圆满之目的地者,惟道德能之。行为之合于道德则善,反于道德则恶。故人间究竟之目的,在据纯正之道理,而修德以为一完全之人。既为完全之人,则又当己立立人,己达达人,人己并立,而求圆满之幸福。所谓人生之目的不过如是而已。

就人间行为之判断,于西洋有动机论、结果论二派。动机论者,行为之善惟在动机之纯正耳,结果之如何,非所顾也。结果论者,日日行为之结果善,则其行为亦善,动机之如何,可不问也。前者为直觉派,后者为功利派。儒学直觉派也。然自今日之伦理学上观之,则前二说皆有所偏倚,即非动机、结果二者皆善,不足为完全无缺之行为。然东洋之伦理说,惟取动机不顾结果之处亦不少,如"杀身成仁"等是也。

孔子自天之观念演绎而得"仁",以达平等圆满绝对无差别之理想为终极之目的。至其绝对的仁,则非聪明睿知之圣人,不易达此境。欲进此境,必先实践社会的仁。社会的仁,忠恕是也。故欲进绝对之境,不可不自差别之境进也。故仁自其内包观之,则为心之德,而包括一切诸德;然自其外延观之,则抽象的概念而普遍的形式也。此形式虽不变,其内容则因时与处而殊。故自特别观之,则名特别之仁;自普遍观之,则名普遍之仁。普遍之仁,为平等之观念,包括其他之礼义智信等。特别之仁为特别的狭义之仁,如"智仁勇"之仁是也。仁于主观,则为吾性情;仁于客观,则发现于社会,为礼义之法则。

(1)普遍之仁

普遍之仁乃博大之观念为之,如忠恕,如博爱等,有总括社会广泛之意义,而礼义智孝弟忠信等皆包于此中。当其实现于社会上,则为礼为义为智为孝为弟为忠为信,仁之别也。曰孝曰弟者,事吾父兄尊长之仁也;曰忠曰信者,社交之仁。故爱先自吾家族以及他家族。观《论语》言孝弟"为仁之本",可知即其根本自亲以及疏之义也。此仁之差别义也。

> 《中庸》曰:"天下之达道五,所以行之者三。曰:君臣也,父子也,夫妇也,昆弟也,朋友之交也。五者,天下之达道也。知仁勇三者,天下之达德也。所以行之者一也。"

是为孔子所述之五伦,曰:君臣之义,父子之亲,夫妇之礼,昆弟之序,朋友之信。知此五者,所谓"知"也;知此五者而体之,"仁"也;体此五者而行之,"勇"也。此五者又为仁义礼智信之五常。是等尽为仁之内容,而自其差别的方面观之。若普遍之仁则总括是等一切者也。

《论语·里仁》:"'吾道一以贯之。'曾子曰:'夫子之道,忠恕而已矣。'"

又,《雍也》:"夫仁者,己欲立而立人,己欲达而达人。"

《卫灵公》:"子曰:'其恕乎!己所不欲,勿施于人。'"

《颜渊》:"子曰:爱人。"

《学而》:"泛爱众,而亲仁。"

《公冶长》:"子曰:'老者安之,朋友信之,少者怀之。'"

是皆说普遍之仁者也。

要之,孔子仁之观念,若自普遍言之,则为高远之理想;若自实际言之,则为有义礼智孝弟忠信等之别,以为应用之具。故能全达此等之义礼智孝弟忠信等,即为普遍之仁。

至达仁之法则,孔子因弟子之才力而作种种之说。于颜渊,则为"克己复礼";仲弓,则曰"出门如见大宾,使民如承大祭。己所不欲,勿施于人。在邦无怨,在家无怨"等;司马牛,则曰"'仁者其言也讱。'曰:'其言也讱,斯谓之仁已乎?'子曰:'为之难,言之得无讱乎!'"樊迟,则曰"仁者先难而后获,可谓仁矣"。皆自其人与时地而变化者。由是观之,则仁之内容毕竟非可一定言之明矣。故子曰"可与共学,未可与适道;可与适道,未可与立;可与立,未可与权"。

或人以孔子之仁爱,似英国之"爱他"说,是语吾人尚不可全以为然。如彼英人阿当斯密斯氏之"同情",哈提孙氏之"情操",巴特拉氏之"良心"说等,均视为"爱他"之根原出于天性,遂以此为行为之标准,与孟子之"良心"说稍相类似。然孔子不明言人性之善恶,其仁之观念则从高大之天之观念出,其爱又复如前章所述,因普遍而生差别。故其根柢上已大相异。惟孔子重感情之处稍与彼说相似。今若必欲论孔子,则孔子为唱理性之直觉论者,自其克己严肃处观之,实与希腊斯特亚学派及德之康德之说有所符合。盖孔子之说为合乎情、入乎理之圆满说也,其伦理之价值即在于此。

(2)特别之仁

即狭义之仁论,达普遍之一部,或普遍之仁之方法者。如:

> 《论语·宪问》:"仁者必有勇,勇者不必有仁。"又:"仁者不忧,知者不惑,勇者不惧。"
>
> 《雍也》:"知者乐水,仁者乐山。知者动,仁者静。知者乐,仁者寿。"
>
> 《中庸》:"知仁勇三者,天下之达德也。"

等将知仁勇分为三者,各相对立,则非"普遍"可知。其言仁者安静,知者流动,勇者敢为,已异其用。故自知仁由知、行仁由勇观之,则仁究不属于知勇二者,故自差别之方面狭义解说之,为特别之仁。

(3)至善

孔子大理想之仁,非容易达之。欲达之者,宜先自卑近之差别渐进;欲自卑近渐进,当就个人之行为判别善恶;判别善恶,在致知格物。

> 《大学》曰:"欲修其身者,先正其心;欲正其心者,先诚其意;欲诚其意者,先致其知;致知在格物。"又:"物有本末,事有终始,知所先后,则近道矣。"

就致知格物而言之,朱子曰:"欲致吾之知,在即物而穷其理也。盖人心之灵,莫不有知,而天下之物,莫不有理。惟于理有未穷,故其知有不尽也。是以大学始教,必使学者即凡天下之物,莫不因其已知之理而益穷之,以求至乎其极。至于用力之久,而一旦豁然贯通焉,则众物之表里精粗无不到也,而吾心之全体大用无不明矣。此之谓格物,此之谓知之至也。"是二者谓心有知悉万里之灵能,即理性,故穷客观的之物理,以扩大其知,以判别善恶。王阳明曰:"致知者,致吾良知之所知。格物者,就吾意所发之事物,去其不正,而归于正。诚意者,良知与意念相一也。"要之,王阳明说良知判断善恶,纯为主观的;朱熹穷客观的物理以扩吾理性而判断善恶;即一行而一知,一简易而一繁衍是也。故各持一理,一基良心,一唱理性,是以其说之分离而不相入也。

从孔子之重行贵知处思之,则致知格物,可谓会此二说而一者。故自知之一面观之,则朱子之说是;自行之一面观之,则阳明之说近也。

人生究竟之目的,在遵道理以求完全圆满之幸福,故《大学》言究竟之目的,在"止于至善":

知止而后有定,定而后能静,静而后能安,安而后能虑,虑而后能得。

"至善"即绝对善。"止至善"则定、静而安,是为终极之理想,即"仁"也。故仁为完全圆满之目的地。欲达此境域者,即以致知格物诚意修身为根本。故知孔子贵理性。

孔子以至善为终极标准,故一切之事之违仁者,皆为不善。是以

《里仁》:"子曰:不仁者不可以久处约,不可以长处乐。"

又曰:"我未见好仁者,恶不仁者。好仁者无以尚之;恶不仁者,其为仁矣,不使不仁者加乎其身。"

不仁,恶也,不时发动以破坏仁者也。故欲向仁,务避不仁之行动,是以致知格物修身诚意之必要也。

吾人可据是分孔子之说,为直觉、中庸、克己、忠恕等,而细论之。

（1）直觉说

吾人于前章说孔子之天人合一观,兹当论孔子之为直觉派。如前所论,孔子既说知与行之相关,又兼重理与情。后之学者往往自见解之如何而互相分离。今先就孔子之人性问题论。

孔子不就人性问题而论善恶,唯就行为而论善善恶恶。

《论语·阳货》:"性相近也,习相远也。"

是言谓人性本无善恶,唯因其习惯之如何,而为善为恶至相隔绝耳。又

《卫灵公》:"子曰:有教无类。"

谓人之善恶之别者,皆以习惯之故,有教育即可有善而无恶矣。又

《季氏》:"子曰:生而知之者,上也;学而知之者,次也;困而学之,又其次也。困而不学,民斯为下矣。"

谓人性有四品,故程朱即此而分为气质之性,及理义之天性。孔子又论情之方面:

> 《诗》曰:"天生烝民,有物有则,民之秉彝,好此懿德。"孔子读之曰:"为此诗者,其知道乎!"

谓人性好善,是为孟子性善论之根原。孔子于人性问题,不精细研究,故不言善恶。唯自其天人合一观而曰:

> 诚者,天之道也。诚之者,人之道也。

二者乃道德人中所自有者。又

> 子曰:"道不远人。人之为道而远人,不可为道。"
> 《论语·卫灵公》:"人能弘道,非道弘人。"

是则无论何人,皆有先天的能性。更进一步,则《季氏》"生而知之者上也",《雍也》"人之生也直,而罔之生也幸而免"之说,皆可以证明。

第一条,备言人能直觉辨别是非善恶;但是非谓常人,谓睿智之圣人也。第二条,程子解"直"为"理",而杨龟山以之为"情"。但孔子以为理与情并重,又因时与地而异。其"直"之解释,如"斯民也,三代之所以直道而行也"之解"直"为理,答叶公之问之"直",则情也。故"人之生也直"之直,解之为"理",或稍妥也。以上可知孔子为"贵理性之直觉派"也。

故孔子恰如康德为动机论者,动机纯正则其结果之善恶如何可不顾。故

> 《论语》曰:"志士仁人,无求生以害仁,有杀身以成仁。"
> 又:"殷有三仁。"

仁,动机也。苟能行仁,则其结果如何可不顾。是所以谓直觉说也。

孔子就人之行为以言情与理之当调和。

> 《子路》:"叶公语孔子曰:'吾党有直躬者,其父攘羊,而子证之。'孔子曰:'吾党之直者异于是,父为子隐,子为父隐,直在其中矣。'"

自情解之,则理纵令公平,但不适于情时,则不得以之为善。

> 《宪问》曰:"'以德报怨,何如?'子曰:'何以报德? 以直报
> 怨,以德报德。'"

"以德报怨"者,去差别之平等仁也。故《礼记》夫子言宽身之仁。"以直报怨"者,有差别的义也,理也。情与理二者以调和为务。此孔子之说所以最醖藉最稳当者也。

(2)中庸说

孔子恐人之行为之走于极端,因言执中即义,养中庸的良心。然欲达此标准,其事至难。故孔子自曰:"天下国家可均也,爵禄可辞也,白刃可蹈也,中庸不可能也!"中庸之德,希腊之阿里士多德氏亦尝言之,其说曰:勇在粗暴与怯懦之中间。言其本质、关系、分量,及时与地等,然后能之。盖人之行动云为皆由于知情意之合同关系。故中庸当视其本质、关系、分量、时地等,若是等均不得其宜,则决不能中庸。故

> 《中庸》曰:"道之不行也,我知之矣:知者过之,愚者不及
> 也。道之不明也,我知之矣:贤者过之,不肖者不及也。"
> 《论语·先进》:"子曰:师也过,商也不及。"又:"子曰:过
> 犹不及。"
> 《子路》:"不得中行而与之,必也狂狷乎! 狂者进取,狷者
> 有所不为也。"
> 《雍也》:"中庸之为德也,其至矣乎! 民鲜能久矣。"

据此观,则中庸者,无知行之过不及,并立而调和者也。此中庸又因时与地而变化,是实至难之事,所谓"可与立,未可与权"是也。

德者,中庸的良心之我完备之状态也。道者,对于他而行之也。故德者主观的,道者客观的。要之,此中庸的良心,非所谓先天的良心之情,乃因理性而治成之情,换言之,即理与情融和适宜,而行之以公正之意志是也。

中庸的良心,虽为主观的,但制中庸,则为客观的之礼。故通社会国家上下贵贱皆须普遍的或差别的之法,此法即礼是也。礼之本质为情,形式为文,此本质与形式相合而为礼。恭敬辞逊之心之所动者,情

也；动容周旋之现于外形者，文也。弃本质而尚形式，是为虚礼；弃形式而守本质，是为素朴。故

> 《雍也》："质胜文则野，文胜质则史。文质彬彬，然后君子。"

文与质整然中和，此中庸。君子尚难之。故孔子忧失其本，于

> 《八佾》言曰："礼，与其奢也宁俭。丧，与其易也宁戚。"
> 又："绘事后素。曰：'礼后乎？'子曰：'起予者，商也！始可与言诗已矣！'"

前者言礼之本质为情，故曰与其走于形式，不若守本质。后者言礼之本质，虽为情，然无文饰之之形式，则难名之为礼。于是比较上虽若以情为重，但此二者若不中和，则究不得名之为真礼。故

> 《礼记・仲尼燕居》："子曰：师也，尔过；而商也不及。""夫礼，所以制中也。"

如此之礼，虽自主观的本质与客观的形式相合而成，但当实际行之也，则当据义以断之。义为判别事物之知力，故为行礼必然之要素。

> 《卫灵公》："子曰：君子义以为质，礼以行之。"

义与礼之异同：礼主敬，义知敬，是其相似处；义为判别，即知也，礼为文饰，即形式的，是其异处。孟子曰："义，路也。礼，门也。"实则此二者互相关联而不可离者也。礼为体，而其内容中有义为之用。欲行义，则礼必从之。故礼兼义而义亦兼礼。礼与义分离，则礼为恭敬辞让玉帛交际等，义为辞受取予死生去就等。

至此，礼之本质即情，其形式即文，与义相合。其体虽整然，然用之不得，失于严酷，宜流动贯通，情意相和。

> 《学而》："有子曰：礼之用，和为贵。"

但若过于流动，一任于情，则又失礼之谨严。故又曰：

> 有所不行，知和而和，不以礼节之，亦不可行也。

此礼谓谨严之体也。

吾人至此于礼之为何物，当了然矣。盖孔子实以此礼为中正之客观的法则，以经纬社会国家者也。

> 《礼记·经解》："礼之于正国也，犹衡之于轻重也，绳墨之于曲直也，规矩之于方圆也。故衡诚悬，不可欺以轻重；诚陈绳墨，不可欺以曲直；规矩诚设，不可欺以方圆。审礼君子不可诬以奸诈。是故隆礼由礼，谓之有方之士；不隆礼不由礼，谓之无方之民。敬让之道也。故以奉宗庙则敬；以入朝廷，则贵贱有位；以处家室，则父子亲，兄弟和；以处乡里，则长幼有序。孔子曰：'安上治民，莫善于礼。'此之谓也。"

礼如衡、绳墨、规矩等之轻重规定、曲直、方圆以错杂之。社会国家中之一切行动云为，人从之者善，背之者恶。此礼所以为中庸的，又客观之法则也。《礼记》立人之十伦，曰：

> 事鬼神之道，君臣之义，父子之伦，贵贱之等，亲疏之杀，爵赏之施，夫妇之别，政事之均，长幼之序，上下之际。

是均社会的秩序也，又其为中庸的：

> 《论语·泰伯》："恭而无礼则劳，慎而无礼则葸，勇而无礼则乱，直而无礼则绞。"

（3）克己说

孔子之学，即欲达其理想之仁，先当励精克己，屏己之私欲。既克则当博学明理，以锻成刚健正大之意志。既锻成刚健正大之意志，始能处道而实行之。其说虽稍偏于情之一面，但于个人之严肃端庄，于伦理实践上有非常之价值。

> 《子罕》："子绝四：毋意，毋必，毋固，毋我也。"
>
> 《卫灵公》："子曰：君子求诸己，小人求诸人。""躬自厚而薄责于人，则远怨矣。"
>
> 又曰："不曰如之何如之何者，吾未如之何也已矣！"
>
> 《宪问》："不患人之不己知，患其不能也。"

是谓修克励精自德,为之己而非有待于他也。

> 《公冶长》:"颜渊曰:'愿无伐善,无施劳。'"

谓修养温厚克己之德以推及于人也。

克己、修德、博学、明理,若不实行,往往陷极端之弊害。故

> 《阳货》:子六言六蔽说,曰:"好仁不好学,其蔽也愚。好
> 知不好学,其蔽也荡。好信不好学,其蔽也贼。好直不好学,
> 其蔽也绞。好勇不好学,其蔽也乱。好刚不好学,其蔽也狂。"

于希腊有西尼克派,即犬儒派之极端克己说,及斯特亚学派之克己说,德国有康德之严肃主义等,皆此说也。而其中如斯特亚学派,为重自然、安天命、贵理性,以实践励行为目的,最似儒教。然孔子之克己说,非若他说尽绝诸情,不过从实践励行上立此说。故其归著为中庸,为复礼。

> 《论语·颜渊》:"颜渊问仁,子曰:'克己复礼为仁。一日
> 克己复礼,天下归仁焉。为仁由己,而由人乎哉?'颜渊曰:'请
> 问其目?'子曰:'非礼勿视,非礼勿听,非礼勿言,非礼勿动。'"

是言为仁之法在克我私欲,复中庸之礼,使一切之视听言动,皆顺于礼,始为实行仁也。

要之,此说在励精苦学,修吾之行,以练习刚健不屈之意志而实践之。至其归著,则仍在复中庸之礼,以达于仁。夫一切克己说,皆在严肃端正,锻炼个人,虽于道德实行之点,迥非俗所能比拟,然于情之一面,弃而不顾,故往往不免失之过甚,如西尼克则此弊尤甚,独孔子能以中庸防此弊耳。

(4)忠恕说

吾人于前章中,既详论直觉、中庸、克己诸说,今当论其最广大最主要之忠恕说。

忠,尽吾心也;恕,推己以及人也。自普遍上观之,则为社会上之博爱,洵足以一贯诸说,以达于完全圆满之仁之理想。故

> 《论语·里仁》:"子曰:'参乎!吾道一以贯之。'"又"曾

子曰：夫子之道，忠恕而已矣。"

《卫灵公》："子贡问曰：'有一言而可以终身行之者乎？'子曰：'其恕乎！己所不欲，勿施于人。'"

又："'赐也！女以予为多学而识之者与？'对曰：'然，非与？'曰：'非也，予一以贯之。'"

又《雍也》："夫仁者已欲立而立人，已欲达而达人。"

是盖谓用此以包括其他一切之语言，使之一贯，使之普遍，而为必不可不行之道。但忠恕究何故不可不行乎？则自孔子之天人合一观观之，则以在人之理性为先天的，即以人为有道德性之社交的动物。故

《论语》："人之生也直。"

《序卦》："有天地然后有万物，有万物然后有男女，有男女然后有夫妇，有夫妇然后有父子，有父子然后有君臣，有君臣然后有上下，有上下然后礼义有所错。"

即谓人道乃自然顺人之道德的能性以生成者，即礼义之所由生。盖以人本为社交的动物。故曰："仁者，人也，亲亲为大。"故吾人不可不据己之性情以行仁。其故以道德本为自律的，仁又为人性之所本有，开发之即为人道故也。仁，差别的也：自亲而疏，自近而远；普遍的也：欲推己及人，则当以己心为标准。其途有二种：一，正面的：

夫仁者，己欲立而立人，己欲达而达人。

是为希望他人与己同一发达，故合于是者，仁也，善也。一，反面的：

己所不欲，勿施于人。

是为禁止之言，背此者，不仁也，恶也。

故此忠恕说，为网罗君臣父子夫妇兄弟朋友贵贱亲疏等一切社会上国家上之差别，而施之以平等之诚与爱之道，即达普遍一贯之仁之道。

《公冶长》："子曰：'老者安之，朋友信之，少者怀之。'"

自老者、朋友、少者三者而观之,虽似有差别,然而自总合是等一切社会而观之,则普遍之仁也。

要之,忠恕者,在达己达人,即以己与人共立于圆满为目的。故是非个人的,乃社会的。是实此说所以凌驾一切诸说,亦其意义之所以广泛也。

(二)德

1. 德之意义与仁之内容

德有二意:一伦理的感觉,照之于理性,以养高尚之情操,由意志而实现习练之,则吾性可善,即所谓道德的德是也。一为关于研究真理,或以之教人等知的德也。于东洋之德,仅有前者。虽孔子亦尝言知,然非独立,而但为道德上之知也。

韩愈曰:"博爱之谓仁,行而宜之之谓义,由是而之焉之谓道,足乎己而无待于外之谓德。"道者,必不可不行之法则也,是为客观的。德者,谓吾心得是道而行之之,是主观的状态也。

吾人既于前章论孔子之仁,为包容其他一切诸德之普遍之德,即对己之德,与对家族及社会国家等之德,皆存于此中。但先以家族间之德为根本,然后逐渐推及社会国家。故以孝弟为本,而综合忠信义礼智等诸德,即普遍之仁。故仁为德之全称,其他不过为其一部分而已。

孔子何故因时与地,应其人而言抽象之仁,而不与之以具体的定义乎? 是为吾人最不可不注意者。盖孔子明知进化之理:今日之人之德,不必即为后世之德;后世之德,不必即为今日之德。其故因德乃随各时代以进化,与政体风俗人情等有种种之关系,而生种种之差别者也。故孔子以为,于未来之世,或生大学问家,或生大德行家,此等学问家德行家之德之行,反胜于今日,亦未可知。故于

《子罕》曰:"后生可畏,焉知来者之不如今也。"

是语谓未来之进化,不可预想。知是语就人物一面观之,因为生生的进化,但其意义不惟止于人物,虽德亦然。

又曰:"由! 知德者鲜矣。"
又:"中庸之为德,其至矣乎! 民鲜能久矣!"

是盖谓得德之难也。

以此之故,孔子于"仁""德",不与一定之意义,惟抽象普遍形容之。至其内容,诸德则因时与地与人以为变更,是实为科学的分解之所难,亦为孔子之说明巧处。孔子之德,分解列举之虽甚难,但今亦不能不举其大要于左,以研究其种类:

2. 德之种类

德　表

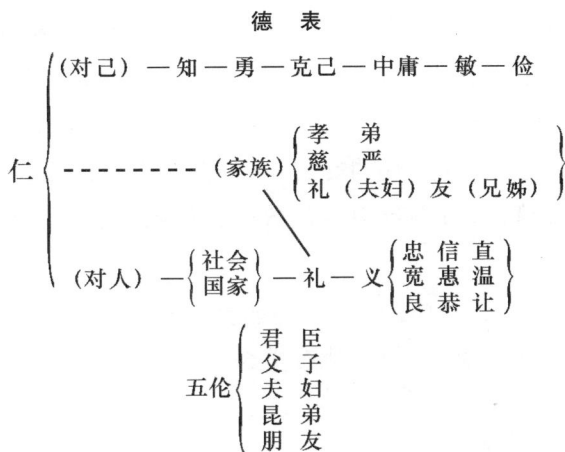

仁　仁,前已再三论之,为普遍之仁。表中一切诸德,莫不为其所网罗包容,即博爱、忠恕、一贯之仁是也。但于殊别之时,则为慈惠或爱等。

表中知、勇、克己、中庸、敏、俭,皆对己之德。对人之德分两端:一为家族,一为社会及国家。

关于家族之德,曰:孝弟、慈严、夫妇之礼、友爱等,而尤以孝弟为百行之本。关于社会及国家之德,曰:忠、信、直、宽、惠、温、良、恭、让等,而尤以礼为普遍,又为社会上之秩序,又义亦普遍而差别的。

今将对己之德以及对他之德略解之于下。

(1)对己

知　知者,知也,含有智慧之意;若扩大其意,则为智识。故欲得真智识,必不可不学。盖学非为人也,为我也。孔子已尝明言为自己之德矣。其注重在研究一切学问以明智,则当事物而无疑惑。故孔子曰:

"智者不惑。"但此知乃欲行道之本，即王阳明所言之"知行合一"，乃与行相关者也。

勇　勇为决行吾意志之力，虽属于己，而不受仁与义之指择。故曰："见义不为，无勇也。"又曰："仁者必有勇。"曰："勇者不惧。"但勇与知有密接之关系，不可或离。故曰："好勇不好学，其蔽也乱。"其义即非道德之智识所生之勇，则不得为德。要之，知与勇实际上为合成其他诸德所生者，故不可分离。知者知道德，勇者实行之。

克己　克己前章已论之，兹不再详言，约而论之，为抑自己之私欲而克之，刻苦励精以达于道，是为自己之德，勤勉等属之是也。

中庸　中庸前章亦论之，兹惟撮其要曰：中庸者无过不及之中庸的良心，是亦为自己之德，客观的礼、主观的节制等皆属之。

敏　敏，敏捷也，对事务而言。故曰："敏则有功。"顺于道而敏捷处事，自己之德也。

俭　俭，节俭也。节省冗费以俟他日之利用。"与其奢也宁俭"之类，是亦为属自己之德，然与其他有关系。

（2）对人

家族的

孝　孝之为德，为德行之根本，人伦之第一，事亲能尽爱敬之谓也。孝者，子对于亲之纯粹爱情，即人之天性也。

《论语》曰：孝弟"为仁之本"。

《孝经》曰："子曰：夫孝，德之本也，教之所由生也。"又曰："夫孝，天之经也。"又曰："天地之性，人为贵。人之行莫大于孝。"

而孝以爱与敬为主。故

《孝经》曰："子曰：爱亲者不敢恶于人，敬亲者不敢慢于人。爱敬尽于事亲，而德教加于百姓，刑于四海。盖天子之孝也。"又曰："资于事父以事母而爱同，资于事父以事君而敬同。故母取其爱，君取其敬，兼之者父也。"又曰："教民亲爱，莫善于孝。"又曰:"君子之事亲孝,故忠可移于君。"

自家族的爱敬进推及天下,以孝为治国家之根本。

> 《论语》:"孟懿子问孝。子曰:'无违。'""子曰:'生事之以
> 礼,死葬之以礼,祭之以礼。'"
>
> 《孝经》:"身体发肤,受之父母,不敢毁伤,孝之始也。立
> 身行道,扬名于后世,以显父母,孝之终也。夫孝始于事亲,中
> 于事君,终于立身。"

前者谓终亲之生,勿违于理,惟以礼将其爱敬而事之,既殁则终以葬祭
之礼。后者谓事亲又以事亲之道事君,而终之以立身,是孝为最大者
也。此外孔子应弟子之问,而从多方面言之者:

> 《论语》:"孟武伯问孝。子曰:'父母唯其疾之忧。'子游
> 问孝。子曰:'今之孝者,是谓能养,至于犬马,皆能有养,不
> 敬,何以别乎?'子夏问孝。子曰:'色难。有事,弟子服其劳,
> 有酒食,先生馔,曾是以为孝乎!'"(此句本于《礼记》:"孝子
> 之有深爱者,必有和气;有和气者,必有愉色;有愉色者,必有
> 婉容。"言事亲之际,惟色为难耳。)

以上之说,皆以情即诚实为本,而节以礼。故孔子以孝德为重大
可知。

弟　弟,事兄顺长之德也,姊妹间亦同,在家族中与孝相关系,而发
而为敬为义,然后推及社会。故

> 《孝经》:"以敬事长则曰顺。"又:"事兄悌,故顺可移于
> 长。""教民礼顺,莫善于悌。"
>
> 又:"教以弟,所以敬天下之为人兄者也。"
>
> 又:"长幼顺,故上下治。"
>
> "孝弟之至,通于神明,光于四海,无所不暨。"

弟者,谓对长者敬而从顺之也,是为家族的关系之本,扩之即可以
治社会国家。故孝弟为一切德行之起原。又孝在社会国家则为仁,弟
在社会国家则为义,故为人伦大本也。而不孝不弟,即为乱伦。

慈与严　东洋风行家长制度，故论卑对尊之道则甚详，论尊对于卑之道则甚疏。然亦有论及者。

慈　慈为父母对子之纯粹爱情，即慈爱。孔子于此德，未显言之，惟曰："父子之道，天性也。"又"曾子曰：若夫慈爱恭敬，安亲扬名，既闻命矣。"此德与孝俱为先天所有的，而根本的为最纯美之情也。无此情，则亲子之道不立。盖孝弟者卑对尊之德，此则尊对卑之德也。

严　严用以救溺爱者，《孝经》所谓严亲严兄是也，是为家长所专有。

孔子于夫妇间惟曰"礼"，不明言"爱"。又兄姊对于弟妹之友爱，亦未详言之。然而《左传》十礼中尝言君令、父慈、兄爱、夫和、姑慈，皆尊对卑之德也。

礼　夫妇为人伦之根本，为五伦之一。孔子惟于《中庸》述之，惟夫妇间但规之以礼，而不言情。其故以夫妇之爱情本出于男女相爱之天性，有最大势力，人之原始，皆在于此。但男女之爱，往往失之极端，致乱大伦。故复云礼以节制爱，是亦自东洋家长制度之严肃出者也。然夫妇之爱，为根本上纯美之情，以爱为根本，而纪纲之以礼，其庶乎可矣。

友　为兄姊对于弟妹之友爱，亦纯美之情，但孔子之说不详。然孔子抽象的之仁，其内容含有许多差别之爱，故此等之爱，皆包括于仁中，不可忘也。

社会及国家的

礼　礼，如前章所说，中庸之显于客观之形式也。然此实通家族社会国家而维持其秩序，故能于主观上知之行之，实为最大之德。故云："克己复礼"，"为仁由己"，而以礼裁制君臣父子夫妇兄弟朋友丧祭冠婚等一切国家及社会之事。

义　义，前章中已与礼略论其义，是为差别的仁，乃道也，非德也。然自主观上之得于心而观之，则亦为德；自差别处观之，则知的即理也。故

《论语》曰："君子之于天下也，无适也，无莫也，义之与比。"又："君子喻义，小人喻利"等。

是谓遵道理而行之义，一切社会国家家族道德上之裁断，莫不由之，而与礼相表里者也。有君臣之义、家族之义、国家之义、人对人之义等，即所谓人道之正义也。得之我心而践行之，是为正义之德，是为诸德中之最大者。

忠　忠，对人而尽我心之谓也。孔子以忠信相连而论之，于社会上曰"言忠信，行笃敬"等。忠必笃实而行之，所谓诚是也。国家君臣之际，与义合是为忠义，为人伦之重大者，加恕则为仁。

信　信，为社交的，为人交际上不可缺之德，与忠相联，而不能离，为朋友间最切实之德。故孔子能去"兵"去"食"，而独不去"信"，即无信则不立。盖无信则社会国家必致虚伪浮薄，不能完全成立。故又曰："信则民任焉。"是社会与国家相通之德也。

直　直，即正直，或刚直等之德。孔子尝屡屡言之，曰"直哉史鱼！"曰"直道"，曰"举直"等，要之，不外为公正无私从理而已。又有时从情之方面言之，参照前章。

宽　宽，宽弘也。《论语·阳货》举仁之内容曰："恭宽信敏惠。"而以宽为此中最大之德。故曰："宽则得众。"是为君子之德。

惠　惠，恩惠也，惠则足以使人，又为君德。孔子名此二者为君人之德。虽宽弘恩惠，为社会上之德，然若敷衍之，则大有裨益。

温　温，温厚也。"温良恭俭让"五者之一，谓接人宜温和笃实。

良　良，良直也，又善良，谓对人无偏心，无邪心，方正之德也。

恭　恭，恭敬也。礼义之根本，敬为其主，恭表出之故也。得恭则不侮，是为人人交际上不可少之德。

让　让，谦逊也，亦与恭敬等同为交际上之美德。

盖礼与义，家族社会国家共之。忠信宽惠，社会国家共之。独直温良恭让，但为社会的德耳。

以上诸德，均为仁之差别的内容，总括之即为普遍之仁。

此外于女子之德，则有贞操从顺等。

德虽因时代政体与国民等而生差异，然而以上诸德，则为东洋之特德，至今日犹用之。于今日若自社会国家上论之，则道德的德为公共心、慈善心、爱国心等。对于自己，则为自重、热心、洁白、清洁、活泼、顺序等。见于知力上，为精密、熟虑、慎重、智慧等。于家族，为尊对卑之慈爱亲切等。于妇德,为慈爱、贞淑、端正、柔和、公平等诸德。

(三)教育

1. 人格之完成　德之修养

孔子教育之目的,可从二方面观察之:一、修己之德以锻成意志,而为完全之人物,以达高尚之仁;二、锻炼意志修德而治平天下。故前为纯粹之道德家,后为道德的政事家。以修身为第一义,治人为第二义。故

> 《大学》曰:"古之欲明明德于天下者,先治其国;欲治其国者,先齐其家;欲齐其家者,先修其身;欲修其身者,先正其心;欲正其心者,先诚其意;欲诚其意者,先致其知;致知在格物。"

致知格物说于前至善之章已论之,今惟论孔子之如何完成人格,如何修养德性于下。

孔子之主眼在德行,即德育是也。故所言之学问,即知育,不过修先王之道而修德耳。故既知之,则当行之,阳明所谓之知行一致是也。孔子自身,以绝对之智力而理会天道。其教育法则,能为实践的,自近而远,自卑而高。先教弟子以日常起居、饮食、洒扫、应对等,渐进而教之修心。其所教之书,即《诗》、《书》、《礼》;其所教之艺,则文行忠信,礼乐射御书数等六艺。射御,体育也。弟子通六艺者七十二人。"德行:颜渊、闵子骞、冉伯牛、仲弓。言语:宰我、子贡。政事:冉有、季路。文学:子游、子夏。"其他曾参、有若、子张等,一时人材郁然。其教授法各应其力,因其人之高下而为多方面的。凡问答,使弟子各以己力发明之,勉学之。故孔子之教授法,可名之为开发心性之法也。故

> 《述而》曰:"子曰:不愤不启,不悱不发,举一隅不以三隅反,则不复也。"

德不可得而学。故学问不过欲得智识耳,从此智识以陶冶吾之情与意,始能得善良之品性,即德是也。孔子欲完成人格以使之有德,故于欲知情意融和之前,先涵养美情,渐与知情合而锻炼意志,以造作品性。于是始知所立,和气蔼然,其乐无极,是即达仁之理想,而人格完成矣。故

《泰伯》曰:"兴于诗,立于礼,成于乐。"

诗,动美感的;礼,知的又意志的;乐,则所以融和此二者。苟今若无礼以为节制,一任情之放任,则纵有美感,亦往往动摇,逸于法度之外。然若惟泥于礼,则失之严重而不适于用。故调和此二者,则在于乐。

既锻成圆满之人物后,无论在朝在野,其行动云为,皆无窒碍,且可为学问之法。

《述而》曰:"志于道,据于德,依于仁,游于艺。"

是谓先立志讲道,习练之而得于心,愈修养而至于仁。仁,完全之德也。既得此德后,更从容习礼乐射御书数等日用实践之事,"游于艺"者,此之谓也。

修德之先,必不可不先有完全之智识,苟无完全之智识,则不知其德为何物。故于

《阳货》篇言六言六蔽:"好仁不好学,其蔽也愚。好知不好学,其蔽也荡。好信不好学,其蔽也贼。好直不好学,其蔽也绞。好勇不好学,其蔽也乱。好刚不好学,其蔽也狂。"

又《为政》曰:"学而不思则罔,思而不学则殆。"

即谓无智识则暗昧,而不能知完全之德。

然又恐惟于智识一面而不能言行一致,于是复说以下各条:

《宪问》:"有德者必有言,有言者不必有德。"

又:"君子耻其言而过其行。"

《雍也》:"君子博学于文,约之以礼。"

《子张》:"子夏曰:博学而笃志,切问而近思,仁在其中矣。"

此一切所言,皆谓德行为本,智识不足知之。再进一步,则如

《雍也》:"知之者不如好之者,好之者不如乐之者。"

知道德者不及好道德者,好道德者又不及乐道德者,是为形容入道德之深。要之,欲养德必就圣贤之书学之,先得道德的智识,以陶冶性情,使

成强健之意志,更于行为上反复习练之,遂为自我之品性。是为孔子教学之要领也。

2. 政事家

能修得以上一切完全之德,即所谓仁者,亦可以之治平天下国家,是为孔子之第二目的。至此,道德与政治遂合,而非完全之道德家矣。既可以之治国家,故君主必应具此德。故

> 《大学》曰:"物格而后知至,知至而后意诚,意诚而后心正,心正而后身修,身修而后家齐,家齐而后国治,国治而后天下平。"
>
> 又《论语·宪问》曰:"修己以安百姓。"
>
> 《季氏》:"君子之德风,小人之德草,草上之风必偃。"
>
> 《为政》:"为政以德,譬如北辰,居其所,而众星共之。"

谓政事家必具完全之德,以行道德的政治。然在治国,则一切当遵先王之制度、礼乐刑政等,次所记者是也。

(四)政治

道德的政治　先王之道　礼乐刑政

孔子之伦理说,前章既已论之,今当论其政治说。惟孔子之政治,本为道德政治,故惟评其梗概。

孔子者,君主封建制之政治家,欲祖述尧舜、夏殷周三代先王之道,由斯道而治天下。故言君主有大威德统御诸侯,亦能治其民服从其君主。是则承认君权之无上,而以道德一贯上下之间者也。故于

> 《泰伯》曰:"民可使由之,不可使知之。"
>
> 《颜渊》:"君君,臣臣,父父,子子。"

前者专制主义也,后者以人道一贯上下者也。

孔子参酌尧舜三代制度而取舍之,欲施完全之封建政治。故答颜渊问为邦曰:

> 行夏之时,乘殷之辂,服周之冕,乐则《韶》舞,放郑声,远佞人。郑声淫,佞人殆。

是谓用夏之历法,从殷之质素之道,行周之华美之礼制,去淫声,远恶人,奏舜之音乐:是盖欲采尧舜三代政之所长,而折衷之者也。

故知孔子者,虽崇拜其理想中之人物如尧舜者,然实则不过阳崇拜之耳。又孔子之理想在周,故曰:"周监于二代,郁郁乎文哉!吾从周。"又曰:"予不复梦见周公。"又曰:"如有用我者,吾其为东周乎!"盖孔子之政治思想纯在周代,不难想象也。

经礼三百,曲礼三千,是为孔子治人之具。礼乐用以陶冶人心,而政刑则以法制禁令刑罚治民。前者为道德,在修人心;后者为政法,在律人身。虽此二者相合,然后成为政治,但其所最重者,则在礼乐。故于

> 《为政》:"道之以政,齐之以刑,民免而无耻。道之以德,齐之以礼,有耻且格。"
>
> 《子路》:"名不正则言不顺,言不顺则事不成,事不成则礼乐不兴,礼乐不兴则刑罚不中,刑罚不中则民无所措手足。"

盖以道德为先务,而刑罚惟治不从之具耳。

> 《里仁》:"能以礼让,为国乎何有!不能以礼让为国,如礼何!"
>
> 《子路》:"上好礼,则民莫敢不敬;上好义,则民莫敢不服;上好信,则民莫敢不用情。夫如是,则四方之民,襁负其子而至矣。"

此外答子贡之问,有去"兵"去"食"犹取"信"之言,又"举直措诸枉,能使枉者直"等语,欲一切皆从道德以完成己之人格,又举贤才以治国安天下也。概而言之,则孔子政治思想,一遵先王之道,为君主封建专制主义,专尚保守,又恐君悖理暴行,致民心离叛,因复以道德贯通上下以规律之。因此德与政遂相混同。又孔子最慕盛周时之文华,故一切典章制度,皆以周公遗法为则,参夏殷二代之制,去其不善者。在今日观之,虽无精论之价值,然在当时则为最完全之政治,是实由于时代之进化使然。故若以今评古,无异于未来之评今也。要之,孔子之说,其可取者,不在其政治上,而在其道德上。孔子之道德,能经二千余年管

理东方大半之人心者,实其道德之严正,且能实践故也。

三　结　论

　　吾人于前数章既论述孔子之伦理说,今当综合其要领而以终此篇。

　　孔子于研究《易》哲学时,因阴阳二气之于时间上变化继起,遂知左右现象界之自然的理法,于是遂悟天道为生生的,为宇宙之根本原理,而说其理想上之天。故天自"理"之一面观之,乃无意识的理法之活动;自"情"之一面观之,则有意志而管辖一切万有者也。夫子实混此两方面而言之。故于知识上言之,则现象界有因果律以规定一切,是为自然之理法。又宇宙之根原虽为天道,然人间之意志亦不能完全自由。故自感情上言之,则所谓天者不过一种之命法。然苟遵道而行,而为所当为,不为其所不当为,则于道德自身中有一种之快乐。故当顺道理,尽人力,若不可能,则安其分。是以知孔子非自由意志论者,又非执极端之宿命说者,而为执其中庸之有命说,所谓任天主义是也。

　　孔子"天"之观念如此。又主人间理性之为先天的物,即自客观上观之则为天道,而自主观上言之,则吾理性也。自致知格物而穷物理,广修自己心以去私欲,而逍遥于无我、自然、绝对、无差别之理想界,是为其天人合一之观念,即绝对的仁是也。是实为孔子伦理说之渊源。欲达此境,必积长年月之修养,非有大理会力与大德行者不能达也。故不详言此高远之学理,而但说人人所能行之实践道德也。

　　孔子从"天"之观念演绎而得"仁",其发现于社会的为忠恕。一贯普遍之仁,其内容有义礼智孝弟忠信等,又知仁勇等狭义之仁,亦为此一部分。普遍之仁,为包括一切诸德之全称抽象的大概念也。故此德虽不变,至其内容则因时与地与人而异其德,是亦为孔子明进化之理,故不与"仁"以一定之定义之证,亦为孔子说法之机变巧妙之处也。

　　孔子以达其大理想之仁,即"止于至善"为目的,然而不能人人达之,故先说达之之法,即直觉、中庸、克己、忠恕等是也。

　　直觉说乃不据理性而判断者,然孔子具之。中庸说则以情为本,以理调和之,养成无过不及之中庸的良心。其表出于社会也,则为礼,一切行动云为皆以是为标准。毕竟所谓中行、中庸者皆谓知行之融和也。又说因时地与人,而道德有权变,故不能于数量上论断之。夫子之温和浑厚,而其行无不中节,职由斯说。克己说为克私欲以复礼,而至于仁之励精严肃主义。忠恕说则由博爱及同情以达普遍之仁者也。

是社会的仁而包括一切诸德者也,此绝对的之仁之德。而特别之仁,则为知、勇、克己、中庸、敏、俭等。对于家族,则为孝弟、慈严、夫妇之礼、兄姊之友爱等。对于社会国家,则为礼、义、忠、信、直、宽、惠、温、良、恭、让等。礼义亦通于家族,为此数者中最大者。又此中最重者,为关于家族、君臣、朋友之德,换言之,即君臣、父子、夫妇、昆弟、朋友五伦,而孝弟又为是一切之根本。对自己之德与对他人之德,相关而并行之。是即孔子之形而上学与伦理说之大要也。

孔子教育之目的有二:一,锻炼道德的意志,以完全人格,即道德当一以身体之。一,又当为有为之政治家,出而治平国家。故一以道德为目的,一以政治为目的。孔子之观此二者,毫无差异。故曰:"天下有道则见,无道则隐。"其教授法因人材之高下以为问答,使以自己之力勉学,是即开发教授也。而其教育之宗旨,德育最重,知育不过供给成德之智识。至于体育,则使弟子学习射御各科是也。

政治,在参酌先王之制度,以礼乐治天下,是为德教政治。政与刑则所以处治破坏德育者。政体,为君主封建制。君主独有大权,然须备至仁之德以统御一切,举贤能而使当治国之任,以礼保持社会国家之秩序。臣当守义,服事于君。在家,则为父子、夫妇、兄弟;在社会,则为朋友:皆当修德。自家族以及天下,此所谓德教政治也。

孔子之人生观,在明道理、尽吾力、而躬践道德,至其终极,则以信天命为安心之地,故超然不为生死穷达富贵利害得丧所羁束。是主义虽甚高洁,然一不慎,则流于保守、退步、极端之宿命说,此则于今日进化之理法上决不能许者也。

东方伦理之缺点,在详言卑对于尊之道,而不详言尊对于卑之道,以是足知家长制度之严峻专制,而其抑制女子则尤甚。故女子之德多有压制过酷者。此实由于男尊女卑,封建专制之习惯使然也,而今日不得不改正之也。

以上全论述孔子之学说,今当就孔子人物一言以结之。

吾人所最惊叹者,则为孔子感化之力伟大,及其说法之巧妙也。盖夫子之德,圆满无缺。其言为春风和气,蔼然可亲,故虽疏野傲慢之人,亦无不被其感化,而化为沉著温厚者,如子路是也。

孔子人物之伟大,道德之完全,虽更无待细说,然孔子又忠实之尊王、爱国、慷慨家也。孔子见周末封建政体之败坏紊乱,诸侯之僭乱悖逆,蔑视君上,杀伐攻略无有宁日,乃与其徒游说四方,期再兴王室,一复西周之盛。故孔子政治的思想常在周公,故曰:"我不复梦见周公。"又曰:"如有用我者,吾其为东周乎!"等语。又曰:"天下有道,则礼乐征伐自天子出。天下无道,则礼乐征伐自诸侯出。"其忠愤热诚溢于言表。惟以时运衰颓,究非人力所及,故虽大圣如孔子,亦终不能达其意,终身流离困厄,备尝艰苦,不能行其德。故其激越之言曰:"道不行,乘桴浮于海。"又曰:"女奚不曰:其为人也,发愤忘食,乐以忘忧,不知老之将至?"

呜呼!是何等悲壮感愤乎!天何以不眷此大圣人?何故不用大圣人以整理国家?天乎!人乎!吾人不得不怪人间之命运果无定也。嗟时代之衰微,叹人心之腐败,乱臣贼子横行于世,滔滔者天下皆是也。于是既不能以个人之力挽回天运,退而作《春秋》,大义炳耀,使千秋万岁乱臣贼子肝胆俱寒。又为学不厌,教人不倦,谆谆薰陶子弟,悠然有余裕。信命而任天,故不怨天,不尤人,以终其天年。故孟轲赞夫子曰:"自生民以来,未有如夫子!"非溢美之言也。

〔录自姚淦铭、王燕编:《王国维文集》(第三卷),中国文史出版社1997 年版。原载《教育世界》161—165 号,1907 年 11 月至 1908 年1 月。〕

马一浮儒学学案

马一浮(1883—1967),名浮,字一浮,号湛翁,别署蠲翁、蠲叟、蠲戏老人,浙江绍兴人。中国近现代学者,现代新儒家代表人物之一。

马一浮生于世宦之家,父亲马廷培曾任四川仁寿县令。自幼饱读诗书,1898 年,应绍兴县试,列第一名。1901 年,与谢无量、马君武等人合办《翻译世界》。1903 年 6 月,赴美留学,学习西欧文学,后又赴德国学习德国文学。1904 年,回国不久后又东渡日本学习日文、西班牙文。抗日战争时期,执教于浙江大学,先后在江西泰和、广西宜山为浙江大学学生开设"国学讲座"。1939 年,在四川乐山乌尤寺筹创"复性书院",任院事兼主讲。1951 年,被聘为上海市文物保管委员会委员。1953 年,任浙江省文史馆馆长。1964 年,任中央文史馆副馆长。1967 年 6 月 2 日,于杭州逝世。

马一浮在传统儒家文化尤其是宋明理学的研究上造诣精深。他曾提出"六艺该摄一切学术"的观点,认为中国传统文化可以统摄于"六艺"之中,"一切学术之原皆出于此,其余都是六艺之支流。故六艺可以该摄诸学,诸学不能该摄六艺"。"六艺"不仅可以统摄中国传统文化,还可以统摄西方的一切学术。"自然科学可统于《易》,社会科学(或人文科学)可统于《春秋》","文学艺术统于《诗》、《乐》,政治法律经济统于《书》、《礼》"。总而言之,"全部人类之心灵,其所表现者不能离乎六艺也;全部人类之生活,其所演变者不能外乎六艺也","世界人类一切文化最后之归宿,必归于六艺"。在宋明理学的研究上,马一浮融会程朱陆王思想的异同,不仅主张破除程朱陆王的门户之见,而且主张破除儒佛、儒道、佛道,以及儒、佛、道内部的种种门户之争。他认为,"末流之争,皆与其所从出者了无干涉"。一些人有派别门户之争,都是由于他自己的"局而不通之过也"。他还从"主敬"、"穷理"、"博文"、"笃行"四个方面对他的理学思想进行了阐发,"主敬为涵养之要,穷理为致知之要,博文为立事之要,笃行为进德之要"。其主要著作有《泰和会语》、《尔雅台答问》、《尔雅台答问续编》、《老子道德经注》、《朱子读书法》、《蠲戏斋佛学论著》、《宜山会语》等。

(法　帅)

泰和会语(节选)

引　端

今因避难来泰和,得与浙江大学诸君相聚一堂,此为最难得之缘会。竺校长与全校诸君不以某为迂谬,设此国学讲座,使之参预讲论。其意义在使诸生于吾国固有之学术得一明瞭之认识,然后可以发扬天赋之知,能不受环境之陷溺,对自己完成人格,对国家社会乃可以担当大事。荀子说:"物来而能应,事至而不惑,谓之大儒。"若能深造有得,自然有此效验。须知吾国文化最古,圣贤最多,先儒所讲明,实已详备,但书籍浩博,初学不知所择。又现代著述往往以私智小慧轻非古人,不免疑误后学,转增迷惘。故今日所讲主要之旨趣,但欲为诸生指示一个途径,使诸生知所趋向,不致错了路头,将来方好致力。闻各教授皆言诸生姿质聪颖,极肯用功,此不但是大学最好现象,亦是国家前途最好现象,深为可喜。某虽衰老,甚愿与诸生教学相长,共与适道。但诸生所习学科繁重,颇少从容涵泳之暇。须知学问是终身以之之事,千里之行,始于跬步,但能立志,远大可期。譬如播种,但有嘉种下地,不失雨露培养,自能发荣滋长。程子说:"天地之间,只是一个感应。有感必有应,所应复为感,其感又有应,如是则无穷。"某今日所言,只患不能感动诸生,不患诸生不能应。若诸生不是漠然听而不闻,则他日必可发生影响。此是某之一种信念。但愿诸生亦当具一种信念,信吾国古先哲道理之博大精微,信自己身心修养之深切而必要,信吾国学术之定可昌明。不独要措我国家民族于磐石之安,且当进而使全人类能相生相养而不致有争夺相杀之事。具此信念然后可以讲国学,这便是今日开讲的一个引端,愿诸生谛听。

论治国学先须辨明四点

诸生欲治国学,有几点先须辨明,方能有入。

一、此学不是零碎断片的知识,是有体系的,不可当成杂货;

二、此学不是陈旧呆板的物事,是活鲜鲜的,不可目为骨董;

三、此学不是勉强安排出来的道理,是自然流出的,不可同于机械;

四、此学不是凭借外缘的产物,是自心本具的,不可视为分外。

由明于第一点,应知道本一贯,故当见其全体,不可守于一曲;

由明于第二点,应知妙用无方,故当温故知新,不可食古不化;

由明于第三点,应知法象本然,故当如量而说,不可私意造作,穿凿附会;

由明于第四点,应知性德具足,故当向内体究,不可徇物忘己,向外驰求。

横渠四句教

昔张横渠先生有四句话,今教诸生立志,特为拈出。希望竖起脊梁,猛著精采,依此立志,方能堂堂的做一个人。须知人人有此责任,人人具此力量,切莫自己诿卸,自己菲薄。此便是"仁以为己任"的榜样,亦即是今日讲学的宗旨,慎勿以为空言而忽视之。

(一)为天地立心

《易·大传》曰:"《复》,其见天地之心乎?"《剥》、《复》是反对卦,☶☷《剥》穷于上,是君子道消。☷☳《复》反于下,是君子道长。伊川《易传》以为动而后见天地之心。天地之心于何见之?于人心一念之善见之。故《礼运》曰:"人者,天地之心也。"《程氏遗书》云:"一日之运,即一岁之运;一人之心,即天地之心。"盖人心之善端,即是天地之正理。善端既复,则刚浸而长,可止于至善,以立人极,便与天地合德。故"仁民爱物",便是"为天地立心"。天地以生物为心,人心以恻隐为本。孟子言四端,首举恻隐,若无恻隐,便是麻木不仁,漫无感觉,以下羞恶、辞让、是非,俱无从发出来。故"天地之大德曰生",人心之全德曰仁。学者之事,莫要于识仁求仁,好仁恶不仁,能如此,乃是"为天地立心"。

(二)为生民立命

儒者立志,须是令天下无一物不得其所,方为圆成。孟子称伊尹"一夫不获","若己推而纳诸沟中。"横渠《西铭》云:"凡天下之疲癃、残疾、惸独、鳏寡,皆吾兄弟之颠连而无告者也。"此皆明万物一体之义。圣人吉凶与民同患,未有众人皆忧而己能独乐,众人皆危而己能独安者。万物一体,即是万物同一生命。若人自扼其吭,自残其肢,自刳其腹,而曰吾将以求生,决无是理。孟子曰:"夭寿不贰,修身以俟之。所以立命也。"朱子注云:"立命谓全其天之所赋,不以人为害之。"又曰:"尽其道而死者,正命也。桎梏死者,非正命也。"今人心陷溺,以人为害天赋,不得全其正命者,有甚于桎梏者矣。仁人视此,若疮痏之在身,疾痛之切肤,不可一日安也。故必思所以出水火而登衽席之道,使得全其正命。孔子曰:"老者安之,朋友信之,少者怀之。"学者立志,合下便当有如此气象。此乃是"为生民立命也"。

(三)为往圣继绝学

此理不为尧存,不为桀亡。在圣不增,在凡不灭。但因人为气习所拘蔽,不肯理会,便成衰绝。其实"人皆可以为尧舜"。颜子曰:"舜,何人哉?予,何人哉?有为者亦若是。"学者只是狃于习俗,不知圣贤分上事,即吾性分内事,不肯承当。故有终身读书,只为见闻所囿,滞在知识边,便谓已足,不知更有向上事。汩没自性,空过一生。孔子曰:"不曰'如之何、如之何'者,吾未如之何也已矣。""苟能一日用其力于仁矣乎,吾未见力不足者。"圣人之言剀切如此。道之不明不行,只由于人之自暴自弃。故学者立志,必当确信圣人可学而至。吾人所禀之性与圣人元无两般。孟子曰:"圣人先得我心之所同然者耳。""心之所同然者何也?曰理也,义也。"濂、洛、关、闽诸儒,深明义理之学,真是直接孔孟,远过汉唐。"为往圣继绝学",在横渠绝非夸词。今当人心晦盲否塞,人欲横流之时,必须研究义理,乃可以自拔于流俗,不致戕贼其天性。学者当知圣学者即是义理之学,切勿以心性为空谈而自安于卑陋也。

(四)为万世开太平

太平不是幻想的乌托邦,乃是实有是理。如尧之"光被四表,格于上下"。文王之"自西、自东、自南、自北,无思不服",都是事实。干羽格有苗之顽,不劳兵革;礼让息虞、芮之讼,安用制裁。是故不赏而劝,不怒而威，不言而信，无为而成。《中庸》曰："君子笃恭而天下平。""声色之于以化民末也"，圣人至德渊微，自然之效，斯乃政治之极轨。自帝降而王，王降而霸，霸降而夷狄，天下治日少而乱日多。秦并六国，二世而亡。晋失其驭，五胡交乱，力其可恃乎？中外历史，诸生闻之熟矣。非无一时强大之国，只如飘风骤雨，不可久长。程子曰："王者以道治天下，后世只是以法把持天下。"又曰："三代而下，只是架漏牵补，过了时日。"孟子曰："以力假仁者霸"，"以德行仁者王"，"以力服人者，非心服也，力不赡也；以德服人者，中心悦而诚服也。"从来辨王霸，莫如此言之深切著明。学者须知孔孟之言政治，其要只在贵德而不贵力。然孔孟有德无位，其道不行于当时，而其言则可垂法于万世。故横渠不曰"致"，而曰"开"者。致是实现之称，开则期待之谓。苟非其人，道不虚行。果能率由斯道，亦必有实现之一日也。从前论治，犹知以汉唐为卑。今日论治，乃惟以欧美为极。从前犹以管、商、申、韩为浅陋，今日乃以孟梭里尼、希特勒为豪杰，列宁为圣人，今亦不暇加以评判。诸生但取六经所陈之治道，与今之政论比而观之，则知碔砆不可以为玉，蝘蜓不可以为龙，其相去何啻霄壤也。中国今方遭夷狄侵陵，举国之人动心忍性，乃是多难兴邦之会。若曰图存之道，期跂及于现代国家而止，则亦是自己菲薄。今举横渠此言，欲为青年更进一解，养成刚大之资，乃可以济塞难。须信实有是理，非是姑为鼓舞之言也。

楷定国学名义（国学者六艺之学也）

大凡一切学术，皆由思考而起，故曰学原于思。思考所得，必用名言，始能诠表（诠是诠释，表是表显）。名言即是文字，名是能诠，思是所诠。凡安立一种名言，必使本身所含摄之义理明白昭晰，使人能喻（释氏立文身、句身、名身，如是三身，为一切言教必具之体。喻是领会晓了，随其根器差别而有分齐不同。例如颜子"闻一以知十"，子贡"闻一以知二"之类），谓之教体（佛说此方以音声为教体），必先喻诸己，而后能喻诸人。因人所已喻，而告之以其所未喻，才明彼，即晓此，因喻甲事而及乙事，辗转关通，可以助发增长人之思考力，方名为学。故学必读书穷理，书是名言，即是能诠，理是所诠，亦曰"格物致知"。物是一切事物之理，知即思考之功。《易·系辞传》曰："唯深也，故能通天下之志。"

换言之，即是于一切事物，表里洞然，更无瞹隔，说与他人，亦使各各互相晓了。如是，乃可通天下之志。如是，方名为学。（略说"学"字大意，次说国学名词。）

国学这个名词，如今国人已使用惯了，其实不甚适当。照旧时，用国学为名者，即是国立大学之称，今人以吾国固有的学术名为国学，意思是别于外国学术之谓。此名为依他起，严格说来，本不可用，今为随顺时人语，故暂不改立名目。然即依固有学术为解，所含之义，亦太觉广泛笼统，使人闻之，不知所指为何种学术。照一般时贤所讲，或分为小学（文字学）、经学、诸子学、史学等类，大致依四部立名。然四部之名，本是一种目录，犹今图书馆之图书分类法耳。（荀勖《中经簿》本分甲乙丙丁，《隋书·经籍志》始立经史子集之目，至今沿用，其实不妥。今姑不具论，他日别讲。）能明学术流别者，惟《庄子·天下篇》《汉书·艺文志》最有义类，今且不暇远引。即依时贤所举，各有专门，真是皓首不能究其义，毕世不能竟其业。今诸生在大学所习学科甚繁，时间有限，一部十七史从何处说起。现在要讲国学，第一须楷定国学名义。（"楷定"是义学家释经用字。每下一义，须有法式，谓之楷定。楷即法式之意，犹今哲学家所言范畴，亦可说为领域。故楷定即是自己定出一个范围，使所言之义不致凌杂无序，或枝蔓离宗。老子所谓"言有宗，事有君"也。何以不言确定而言楷定？学问，天下之公。言确定，则似不可移易，不许他人更立异义，近于自专。今言楷定，则仁智各见，不妨各人自立范围，疑则一任别参，不能强人以必信也。如吾今言国学是六艺之学，可以该摄其余诸学。他人认为未当，不妨各自为说，与吾所楷定者无碍也。又楷定异于假定。假定者，疑而未定之词，自己尚信不及，姑作如是见解云尔。楷定，则是实见得如此，在自己所立范畴内，更无疑义也。）第二须先读基本书籍。第三须讲求简要方法。如是，诸生虽在校听讲时间有限，但识得门径不差，知道用力方法不错，将来可以自己研究，各有成就。

今先楷定国学名义，举此一名，该摄诸学，唯六艺足以当之。六艺者，即是《诗》《书》《礼》《乐》《易》《春秋》也。此是孔子之教，吾国二千余年来普遍承认。一切学术之原，皆出于此，其余都是六艺之支流。故六艺可以该摄诸学，诸学不能该摄六艺。今楷定国学者，即是六艺之学。用此代表一切固有学术，广大精微，无所不备。某向来欲撰《六艺论》（郑康成亦有《六艺论》，今已不传，佚文散见群经注疏中，但为断片文字，不能推见其全体，殊为可惜。某今日所欲撰之书，名同实别，不妨各自为例），未成而遭乱，所缀辑先儒旧说，群经大义，俱已散失无存。今欲为诸生广说，恐嫌浩汗，只能举其要略，启示一种途径，使诸生他日可自己求之。且为时间短促，亦不能不约说也。今举《礼记·经解》及《庄子·天下篇》说六艺大旨，明其统类如下：

《经解》引孔子曰："入其国，其教可知也。其为人也，温柔敦厚，《诗》教也；疏通知远，《书》教也；广博易良，《乐》教也；洁静精微，《易》教也；恭俭庄敬，《礼》教也；属辞比事，《春秋》教也。"

《庄子·天下篇》曰："《诗》以道志，《书》以道事，《礼》以道行，《乐》以道和，《易》以道阴阳，《春秋》以道名分。"

自来说六艺，大旨莫简于此。有六艺之教，斯有六艺之人。故孔子之言是以人说，庄子之言是以道说。《论语》曰："人能弘道，非道弘人。"道即六艺之道，人即六艺之人。有得六艺之全者，有得其一二者，所谓"学焉而得其性之所近"。《论语》记"子所雅言，《诗》、《书》执礼"。"兴于《诗》，立于《礼》，成于《乐》"。《王制》："乐正崇四术，立四教。顺先王《诗》、《书》、《礼》、《乐》以造士，春秋教以《礼》、《乐》，冬夏教以《诗》、《书》。"是知四教本周之旧制，孔子特加删订。《易》藏于太卜，《春秋》本鲁史，孔子晚年始加赞述，于是合为六经，亦谓之六艺。（《史记·孔子世家》云："及门之徒三千，身通六艺者七十有二人。"旧以礼、乐、射、御、书、数当之，实误。寻上文叙次，孔子删《诗》、《书》，定《礼》、《乐》，赞《易》，修《春秋》，自必蒙上而言，六艺即是六经无疑。与《周礼》乡三物所言六艺有别。一是艺能，一是道术。乡三物所名礼，乃指仪容器数。所名乐，乃指铿锵节奏，是习礼乐之事，而非明其本原也。唯"六德"知、仁、圣、义、中、和，实足以配六经，此当别讲。今依《汉书·艺文志》以六艺当六经。经者，常也，以道言谓之经。艺犹树艺，以教言谓之艺。）

论六艺该摄一切学术

何以言六艺该摄一切学术？约为二门：一、六艺统诸子；二、六艺统四部。（诸子依《汉志》，四部依《隋志》。）

（一）六艺统诸子

欲知诸子出于六艺，须先明六艺流失。《经解》曰："《诗》之失，愚；《书》之失，诬；《乐》之失，奢；《易》之失，贼；《礼》之失，烦；《春秋》之失，乱。"学者须知，六艺本无流失，"学焉而得其性之所近"，俱可适道。其有流失者，习也。心习才有所偏重，便一向往习熟一边去；而于所不习者，便有所遗。高者为贤、知之过，下者为愚、不肖之不及，遂成流失。佛氏谓之边见，庄子谓之往而不反。此流失所从来，便是"学焉而得其习之所近"，慎勿误为六艺本体之失，此须料简明白。

《汉志》："诸子十家，其可观者九家。"其实九家之中，举其要者，不过五家，儒、墨、名、法、道是已。出于王官之说，不可依据，今所不用。[《学记》："师严，然后道尊；道尊，然后民知敬学。是故君之所不臣于其臣者二：当其为尸，则弗臣也；当其为师，则弗臣也。大学之礼，虽诏于天子，无北面，所以尊师也。"此明官、师有别。师之所诏，并非官之所守也。（《周礼》司徒之官，有"师氏掌以媺诏王"，"保氏掌谏王恶"。凡"王举则从，听治亦如之"。师氏"使其属率四夷之隶，各以其兵服守王之门外，且跸"。保氏"使其属守王闱"。此如后世侍从之官。郑注《冢宰》："以九两系邦国之民"，"师以贤得民"，"儒以道得民"，乃以诸侯之师氏、保氏当之。变保为儒，此实于义乖舛，不可从。）《论语》："温故而知新，可以为师矣。"又语子夏："汝为君子儒，毋为小人儒。"此所言师、儒，岂可以官目之邪？《七略》旧文某家者流出于某官，亦以其言有关政治。换言之，犹曰某家者可使为某官。如"雍也，可使南面"云尔，岂谓如书吏之抱档案邪？如谓道家出于史官，今《老子》五千，是否周之国史？墨家出于清庙之守，今墨书所言，并非笾豆之事，此最易明。吾乡章实斋作《文史通义》，创为"六经皆史"之说，以六经皆先王政典，守在王官，古无私家著述之例，遂以孔子之业并属周公。不知孔子"祖述尧舜，宪章文武"，乃以其道言之。若政典，则三王不同礼，五帝不同乐。且孔子称《韶》《武》，则明有抑扬，论十世，则知其损益，亦并不专主于从周也。信如章氏之说,则孔子未尝为太卜,不得系《易》;未尝为鲁史,不得修《春秋》矣。《十翼》之文,广大悉备。太卜专掌卜筮,岂足以知之?笔削之旨,游、夏莫赞,亦断非鲁史所能与也。"以吏为师",秦之弊法,章氏必为回护,以为三代之遗,是诚何心!今人言思想自由,犹为合理。秦法"以古非今者族",乃是极端遏制自由思想,极为无道,亦是至愚。经济可以统制,思想云何由汝统制?曾谓三王之治世而有统制思想之事邪?惟《庄子·天下篇》则云:"古之道术有在于是者,墨翟、禽滑厘闻其风而说之。"乃是思想自由自然之果。所言"道德不一,天下多得一察焉以自好","各为其所欲以自为方","道术将为天下裂",乃以"不该不遍"为病,故庄子立道术、方术二名(非如后世言方术当方伎也)。是以道术为该遍之称,而方术则为一家之学。谓方术出于道术,胜于九流出于王官之说多矣。与其信刘歆,不如信庄子。实斋之论甚卑而专固,亦与公羊家孔子改制之说同一谬误。且《汉志》出于王官之说,但指九家,其叙六艺,本无此言,实斋乃以六艺亦为王官所守,并非刘歆之意也。略为辨正于此,学者当知。]不通六艺,不名为儒,此不待言。墨家统于《礼》,名、法亦统于《礼》,道家统于《易》。判其得失,分为四句:一、得多失多;二、得多失少;三、得少失多;四、得少失少。例如,道家体大,观变最深,故老子得于《易》为多,而流为阴谋,其失亦多,"《易》之失贼"也(贼训害)。《庄子·齐物》,好为无端崖之辞,以天下不可与庄语。得于《乐》之意为多,而不免流荡,亦是得多失多,"《乐》之失奢"也(奢是侈大之意)。墨子虽非乐,而《兼爱》、《尚同》实出于《乐》。《节用》、《尊天》、《明鬼》出于《礼》,而《短丧》又与《礼》悖。《墨经》难读,又兼名家,亦出于《礼》。如墨子之于《礼》、《乐》,是得少失多也。法家往往兼道家言,如《管子》,《汉志》本在道家,韩非亦有《解老》、《喻老》,自托于道。其于《礼》与《易》,亦是得少失多。余如惠施、公孙龙子之流,虽极其辩,无益于道,可谓得少失少。其得多失少者,独有荀卿。荀本儒家,身通六艺,而言"性恶",法"后王",是其失也。若诬与乱之失,纵横家兼而有之。然其谈王伯皆游辞,实无所得,故不足判。杂家亦是得少失少。农家与阴阳家,虽出于《礼》与《易》,末流益卑陋,无足判。观于五家之得失,可知其学皆统于六艺,而诸子学之名,可不立也。

(二)六艺统四部

何以言六艺统四部？今经部立十三经、四书，而以小学附之，本为未允。六经唯《易》、《诗》、《春秋》是完书；《尚书》今文不完，古文是依托；《仪礼》仅存士礼；《周礼》亦缺《冬官》；《乐经》本无其书，《礼记》是传，不当遗大戴而独取小戴；《左氏》、《公》、《穀》三传亦不得名经；《尔雅》是释群经名物；唯《孝经》独专经名，其文与《礼记》诸篇相类；《论语》出孔门弟子所记；《孟子》本与《荀子》同列儒家，与二戴所采曾子、子思子、公孙尼子七十子后学之书同科，应在诸子之列。但以其言最醇，故以之配《论语》。然曾子、子思子、公孙尼子之言亦醇，何以不得与孟子并？（二戴所记曾子语独多，后人曾辑为《曾子》十篇。《中庸》出子思子，《乐记》出公孙尼子，并见《礼记》正义，可信。然《礼记》所采七十子后学之书多醇。《大学》不必定为曾子之遗书，必七十子后学所记，则无疑也。二戴兼采秦、汉博士之说，则不尽醇，此须料简。）今定经部之书为宗经论、释经论二部，皆统于经，则秩然矣。（宗经、释经区分，本义学家判佛书名目，然此土与彼土著述，大体实相通，此亦门庭施设，自然成此二例，非是强为差排，诸生勿疑为创见。孔子晚而系《易》，《十翼》之文，便开此二例，《彖》、《象》、《文言》、《说卦》是释经，《系传》、《序卦》、《杂卦》是宗经，寻绎可见。）六艺之旨，散在《论语》，而总在《孝经》，是为宗经论。《孟子》及二戴所采曾子、子思子、公孙尼子诸篇，同为宗经论。《仪礼·丧服传》子夏所作，是为释经论。三传及《尔雅》亦同为释经论。《礼记》不尽是传，有宗有释。《说文》附于《尔雅》，本保氏教国子以六书之遗。如是，则经学、小学之名，可不立也。

诸子统于六艺，已见前文，其次言史。司马迁作《史记》，自附于《春秋》，《班志》因之。纪传虽由史公所创，实兼用编年之法；多录诏令、奏议，则亦《尚书》之遗意。诸志特详典制，则出于《礼》。如《地理志》祖《禹贡》，《职官志》祖《周官》，准此可推。纪事本末，则左氏之遗则也。史学巨制，莫如《通典》、《通志》、《通考》，世称三通。然当并《通鉴》计之为四通。编年记事出于《春秋》，多存论议出于《尚书》，记典制者出于《礼》。判其失亦有三：曰诬，曰烦，曰乱。知此，则知诸史悉统于《书》、《礼》、《春秋》，而史学之名可不立也。

其次言集部。文章体制，流别虽繁，皆统于《诗》、《书》。《汉志》犹知此意，故单出诗赋略，便已摄尽。六朝以有韵为文，无韵为笔，后世复分骈、散，并弇陋之见。"《诗》以道志，《书》以道事"，文章虽极其变，不出此二门。志有浅深，故言有粗妙；事有得失，故言有纯驳。思知言不可不知人，知人又当论其世。故观文章之正变，而治乱之情可见矣。今言文学，统于《诗》者为多。《诗·大序》曰"治世之音安以乐，其政和；乱世之音怨以怒，其政乖；亡国之音哀以思，其民困"三句，便将一切文学判尽。《论语》曰："诵《诗》三百，授之以政，不达"，"虽多，亦奚以为？"可见《诗》教通于政事。"《书》以道事"，《书》教即政事也，故知《诗》教通于《书》教。《诗》教本仁，《书》教本知。古者教《诗》于南学，教《书》于北学，即表仁知也。《乡饮酒义》曰："向仁""背藏"，"左圣""右义"。藏即是知（"知以藏往"，故知是藏义）。教《乐》于东学，表圣；教《礼》于西学，表义。故知、仁、圣、义，即是《诗》、《书》、《礼》、《乐》四教也。前以六艺流失判诸子，独遗《诗》教。"《诗》之失愚"，唯屈原、杜甫足以当之，所谓"古之愚也直"。六失之中，唯失于愚者不害为仁，故《诗》教之失最少。后世修辞不立其诚，浮伪夸饰，不本于中心之恻怛，是谓"今之愚也诈"。以此判古今文学，则取舍可知矣。两汉文章近质，辞赋虽沉博极丽，多以讽谕为主。其得于《诗》、《书》者最多，故后世莫能及。唐以后，集部之书充栋，其可存者，一代不过数人。至其流变，不可胜言，今不具讲。但直抉根原，欲使诸生知其体要咸统于《诗》、《书》，如是则知一切文学皆《诗》教、《书》教之遗，而集部之名可不立也。

上来所判，言虽简略，欲使诸生于国学得一明白概念，知六艺总摄一切学术，然后可以讲求。譬如行路，须先有定向。知所向后，循而行之，乃有归趣。不然，则博而寡要，劳而少功，泛泛寻求，真是若涉大海，茫无津涯。吾见有人终身读书，博闻强记，而不得要领，绝无受用，只成得一个书库，不能知类通达，如是又何益哉？复次，当知讲明六艺不是空言，须求实践。今人日常生活，只是汩没在习气中，不知自己性分内本自具足一切义理。故六艺之教，不是圣人安排出来，实是性分中本具之理。《记》曰："天尊地卑，万物散殊，而礼制行矣；流而不息，合同而化，而乐兴焉。""礼者，天地之序。""乐者，天地之和。"故曰："礼乐不可斯须去身。""仁者见之谓之仁，知者见之谓之知。百姓日用而不知。"自性本具仁智，由不见，故日用不知，溺于所习，流为不仁不知。《礼》、

《乐》本自粲然,不可须臾离。由于不肯率由,遂至无序不和。今人亦知人类须求合理的生活,亦曰正常生活,须知六艺之教,即是人类合理的正常生活,不是偏重考古,徒资言说,而于实际生活相远的事。今所举者,真是大辂椎轮,简略而又简略,然祭海先河,言语之序,亦不得不如此。

论六艺统摄于一心

语曰:"举网者必提其纲,振衣者必挈其领。"先须识得纲领,然后可及其条目。前讲六艺之教,可以该摄一切学术,这是一个总纲。真是"范围天地之化而不过,曲成万物而不遗"。学者须知,六艺本是吾人性分内所具的事,不是圣人旋安排出来。吾人性量本来广大,性德本来具足,故六艺之道,即是此性德中自然流出的,性外无道也。从来说性德者,举一全该则曰仁;开而为二,则为仁知,为仁义;开而为三,则为知、仁、勇;开而为四,则为仁、义、礼、知;开而为五,则加信而为五常;开而为六,则并知、仁、圣、义、中、和而为六德。就其真实无妄言之,则曰"至诚";就其理之至极言之,则曰"至善"。故一德可备万行,万行不离一德。知是仁中之有分别者,勇是仁中之有果决者,义是仁中之有断制者,礼是仁中之有节文者,信即实在之谓,圣则通达之称,中则不偏之体,和则顺应之用,皆是吾人自心本具的。

心统性情,性是理之存,情是气之发。存谓无乎不在,发则见之流行。理行乎气中,有是气则有是理,因为气禀不能无所偏,故有刚柔善恶(《通书》曰:"刚善为义,为直,为断,为严毅,为干固;恶为猛,为隘,为强梁;柔善为慈,为顺,为巽;恶为懦弱,为无断,为邪佞。"),先儒谓之气质之性。圣人之教,使人自易其恶,自至其中,便是变化气质,复其本然之善。此本然之善,名为天命之性,纯乎理者也。(气质之性,自横渠始有此名。汉儒言性,皆祖述荀子,只见气质之性。然气质之性,亦不一向是恶,恶只是个过不及之名。故天命之性纯粹至善,气质之性有善有恶,方为定论。若孟子道性善,则并气质亦谓无恶。如谓:"富岁,子弟多赖;凶年,子弟多暴。非天之降才尔殊也,所以陷溺其心者然也。"又曰:"若夫为不善,非才之罪也。"才即是指气质。孟子之意是以不善完全由于习,气质元无不善也。汉人说性,往往以才性连文为言,不免含混,故当从张子。然天命之性与气质之性,并非是两重。程子曰:"论性不论气则不备,论气不论性则不明,二之则不是。"气质之性有善有不善,犹水之有清浊也。清水浊水,元是一水。变化气质,即是去其砂石,使浊者变清。及其清时,亦只是元初水,不是别将个清的来换却浊的。)此理自然流出诸德,故亦名为天德。见诸行事,则为王道。六艺者,即此天德、王道之所表显。故一切道术皆统摄于六艺,而六艺实统摄于一心,即是一心之全体大用也。《易》本隐以之显,即是从体起用;《春秋》推见至隐,即是摄用归体。故《易》是全体,《春秋》是大用。伊川作《明道行状》曰:"穷神知化,由通于礼乐;尽性至命,必本于孝弟。"须知《易》言神化,即礼乐之所从出;《春秋》明人事,即性道之所流行;《诗》、《书》并是文章(孔子称"尧焕乎其有文章"。子贡称"夫子之文章"。此言文章,乃是圣人之大业,勿误作文辞解),文章不离性道,故《易》统《礼》、《乐》(横渠《正蒙》云:"一故神,二故化。"礼主别异,二之化也;乐主和同,一之神也。礼主减,乐主盈,礼减而进,以进为文,乐盈而反,以反为文,皆阴阳合德之理),《春秋》该《诗》、《书》(孟子谓:"王者之迹熄而《诗》亡,《诗》亡然后《春秋》作。"故《春秋》继《诗》,《诗》是好恶之公,《春秋》是褒贬之正。《尚书》称二帝三王极其治,《春秋》讥五伯极其乱。拨乱世反之正,因行事加王心,皆所以继《书》也)。以一德言之,皆归于仁;以二德言之,《诗》、《乐》为阳是仁,《书》、《礼》为阴是知,亦是义;以三德言之,则《易》是圣人之大仁,《诗》、《书》、《礼》、《乐》并是圣人之大智,而《春秋》则是圣人之大勇;以四德言之,《诗》、《书》、《礼》、《乐》即是仁、义、礼、智(此以《书》配义,以《乐》配智也);以五德言之,《易》明天道,《春秋》明人事,皆信也,皆实理也;以六德言之,《诗》主仁,《书》主知,《乐》主圣,《礼》主义,《易》明大本是中,《春秋》明达道是和。《中庸》曰:"惟天下至圣,为能聪明睿智,足以有临也(此为德之总相);宽裕温柔,足以有容也(仁德之相);发强刚毅,足以有执也(义德之相);齐庄中正,足以有敬也(礼德之相);文理密察,足以有别也(智德之相);溥博渊泉(溥博,言其大。渊泉,言其深),而时出之。"此为圣人果上之德相。《经解》所言"温柔敦厚"、"疏通知远"、"广博易良"、"恭俭庄敬"、"洁静精微"、"属辞比事",则为学者因地之德相。而"洁静精微"之因德,与"聪明睿智"之果德,并属总相,其余则为别相。曰圣曰仁,亦是因果相望,并为总相。总不离别,别不离总,六相摄归一德,故六艺摄归一心。圣人以何圣? 圣于六艺而已。学者于何学? 学于六艺而已。大哉,六艺之为道! 大哉,一心之为德! 学者于此,可不尽心乎哉?

论西来学术亦统于六艺

六艺,不唯统摄中土一切学术,亦可统摄现在西来一切学术。举其大概言之,如自然科学,可统于《易》,社会科学(或人文科学)可统于《春秋》。因《易》明天道,凡研究自然界一切现象者,皆属之;《春秋》明人事,凡研究人类社会一切组织形态者,皆属之。董生言:"不明乎《易》,不能明《春秋》。"如今治社会科学者,亦须明自然科学,其理一也。物生而后有象,象而后有滋,滋而后有数。今人以数学、物理为基本科学,是皆《易》之支与流裔。以其言皆源于象数,而其用在于制器。《易传》曰:"以制器者尚其象。"凡言象数者,不能外于《易》也。人类历史过程,皆由野而进于文,由乱而趋于治,其间盛衰兴废、分合存亡之迹,蕃变错综。欲识其因应之宜、正变之理者,必比类以求之,是即《春秋》之比事也;说明其故,即《春秋》之属辞也。属辞以正名,比事以定分。社会科学之义,亦是以道名分为归。凡言名分者,不能外于《春秋》也。文学、艺术统于《诗》、《乐》,政治、法律、经济统于《书》、《礼》,此最易知。宗教虽信仰不同,亦统于《礼》,所谓"亡于礼者之礼也"。哲学思想派别虽殊,浅深小大亦皆各有所见。大抵本体论近于《易》,认识论近于《乐》,经验论近于《礼》。唯心者,《乐》之遗;唯物者,《礼》之失。凡言宇宙观者,皆有《易》之意;言人生观者,皆有《春秋》之意,但彼皆各有封执,而不能观其会通。庄子所谓"各得一察焉以自好","各为其所欲以自为方"者,由其习使然。若能进之以圣人之道,固皆六艺之材也。道一而已,因有得失,故有同异。同者得之,异者失之。《易》曰:"天下同归而殊途,一致而百虑。天下何思何虑?"睽而知其类,异而知其通,夫何隔碍之有? 克实言之,全部人类之心灵,其所表现者,不能离乎六艺也;全部人类之生活,其所演变者,不能外乎六艺也。故曰:"道外无事,事外无道。"因其心智有明有昧,故见之行事有得有失。孟子曰:"行之而不著焉,习矣而不察焉,终身由之,而不知其道者,众也。"彼虽或得或失,皆在六艺之中,而不自知其为六艺之道。《易》曰"百姓日用而不知",其此之谓矣。苏子瞻有诗云："不识庐山真面目，只缘身在此山中。"岂不信然哉！

学者当知，六艺之教，固是中国至高特殊之文化，唯其可以推行于全人类，放之四海而皆准，所以至高；唯其为现在人类中尚有多数未能了解，"百姓日用而不知"，所以特殊。故今日欲弘六艺之道，并不是狭义的保存国粹，单独的发挥自己民族精神而止，是要使此种文化普遍的及于全人类，革新全人类习气上之流失，而复其本然之善，全其性德之真，方是成己成物，尽己之性，尽人之性，方是圣人之盛德大业。若于此信不及，则是于六艺之道，犹未能有所入，于此至高、特殊的文化，尚未能真正认识也。诸君勿疑此为估价太高，圣人之道实是如此。世界无尽，众生无尽，圣人之愿力亦无有尽。人类未来之生命方长，历史经过之时间尚短。天地之道，只是个"至诚无息"。圣人之道，只是个"纯亦不已"。往者过，来者续，本无一息之停。此理决不会中断，人心决定是同然，若使西方有圣人出，行出来的也是这个六艺之道，但是名言不同而已。

诸生当知，六艺之道是前进的，决不是倒退的，切勿误为开倒车；是日新的，决不是腐旧的，切勿误为重保守；是普遍的，是平民的，决不是独裁的，不是贵族的，切勿误为封建思想。要说解放，这才是真正的解放；要说自由，这才是真正的自由；要说平等，这才是真正的平等。西方哲人所说的真、美、善，皆包含于六艺之中。《诗》、《书》是至善，《礼》、《乐》是至美，《易》、《春秋》是至真。《诗》教主仁，《书》教主智，合仁与智，岂不是至善么？《礼》是大序，《乐》是大和，合序与和，岂不是至美么？《易》穷神知化，显天道之常；《春秋》正名拨乱，示人道之正，合正与常，岂不是至真么？诸生若于六艺之道，深造有得，真是左右逢源，万物皆备。所谓尽虚空，遍法界，尽未来际，更无有一事、一理，能出于六艺之外者也。吾敢断言：天地一日不毁，人心一日不灭，则六艺之道炳然常存。世界人类一切文化最后之归宿，必归于六艺，而有资格为此文化之领导者，则中国也。今人舍弃自己无上之家珍，而拾人之土苴绪余以为宝，自居于下劣，而奉西洋人为神圣，岂非至愚而可哀？诸生勉之，慎勿安于卑陋，而以经济落后为耻，以能增高国际地位，遂以为可矜。须知今日所名为头等国者，在文化上实是疑问，须是进于六艺之教而后始为有道之邦也。不独望吾国人兴起，亦望全人类兴起，相与坐进此道。勉之！勉之！

举六艺明统类是始条理之事

荀子曰："有圣人之知，有士君子之知，有小人之知，有役夫之知。多言则文而类，终日议其所以，言之千举万变，其统类一也，是圣人之知也；少言则径而省，论而法，若佚之以绳（佚犹引也），是士君子之知也。"今言六艺统摄一切学术，言语说得太广，不是径省之道，颇有朋友来相规诫，谓"先儒不曾如此，今若依此说法，殊欠谨严，将有流失，亟须自己检点"。此位朋友，某深感其相为之切，故向大众举出，以见古道犹存，在今日是不可多得的。然义理无穷，先儒所说，虽然已详，往往引而不发。要使学者优柔自得。学者寻绎其义，容易将其主要处忽略了。不是用力之久，自己实在下一番体验功夫，不能得其条贯。若只据先儒旧说，搬出来诠释一回，恐学者领解力不能集中，意识散漫，无所抉择，难得有个入处。所以要提出一个统类来，如荀子说"言虽千举万变，其统类一也"。《易传》佚文曰："得其一，万事毕。"一者何？即是理也。物虽万殊，事虽万变，其理则一。明乎此，则事物之陈于前者，至赜而不可恶，至动而不可乱，于吾心无惑也。孔子自说："下学而上达。"下学是学其事，上达是达其理。朱子云："理在事中，事不在理外。"一物之中，皆具一理。就那物中见得这个理，便是上达。两件只是一件，所以下学上达不能打成两橛。事物古今有变易，理则尽未来无变易，于事中见理，即是于变易中见不易。若舍理而言事，则是滞于偏曲；离事而言理，则是索之杳冥。须知一理该贯万事，变易元是不易，始是圣人一贯之学。（佛氏华严宗有四法界之说：一、事法界；二、理法界；三、理事无碍法界；四、事事无碍法界。孔门六艺之学，实具此四法界，虽欲异之而不可得，先儒只是不说耳。）学者虽一时辏泊不上，然不可不先识得个大体，方不是舍本而求末，亦不是遗末而言本。今举六艺之道，即是拈出这个统类来。统是指一理之所该摄而言，类是就事物之种类而言。（统，《说文》云"纪也"。纪，"别丝也"，俗言丝头。理丝者，必引其端为纪，总合众丝之端则为统，故引申为本始之称，又为该摄之义。类有两义：一相似义，如"万物睽而其事类也"是；一分别义，如"君子以类族辨物"是。《说文》："种类相似，唯犬为甚。"故从犬。）知天下事物种类虽多，皆此一理之所该摄，然后可以相通，而不致相碍。"人能弘道，非道弘人"，如此方有弘的意思。

圣人往矣，其道则寓于六艺，未尝息灭也。六艺是圣人之道，即是圣人之知。行其所知之谓道，今欲学而至于圣人之道，须先明圣人之知。知即是智。孟子曰："始条理者，智之事也；终条理者，圣之事也。"圣人之知，统类是一，这便是始条理；圣人之道，本末一贯，这便是终条理。《易》曰："知至至之，可与几也；知终终之，可与存义也。"今虽说得周遮浩汗，不是下梢没收煞，言必归宗，期于圣人之言无所乖畔。始条理是博文，终条理便是约礼。（礼即是理，经籍中二字通用不别。）孟子曰："博学而详说之，将以反说约也。"这不是教学者躐等，是要学者致思。"学而不思则罔，思而不学则殆"，朱子说罔是"昏而无得"，殆是"危而不安"。（或问又曰："罔者，其心昏昧，虽安于所安而无自得之见。殆者，其心危迫，虽得其所得而无可即之安。"）若不入思维，所有知识都是从闻见外铄的，终不能与理相应。即或有相应时，亦是臆中，不能与理为一。故今不避词费，丁宁反覆，只是要学者合下知道用思，用思才能入理。虽然，多说理，少说事。事相繁多，要待学者自己去逐一理会。理则简易，须是待人启发，才有入处，便可触类旁通。《易》曰："引而申之，触类而长之，天下之能事毕矣。"

《周礼》司徒之官有大司乐，"掌成均之法，以治建国之学政，而合国之子弟"。（《乐经》无书，先儒亦有以《大司乐》一篇当之者。）郑注引董仲舒云："成均，五帝之学。"《礼记·文王世子》亦有"成均"。古之大学，何以名为"成均"，今略说其义。成是成就，均是周遍。（《说文》："均，平遍也。""遍，周匝也。"）此本以《乐》教为名，乐之一终为一成，亦谓一变。乐成则更奏，故谓变，九成亦言九变。）均即今之韵字。"八音克谐，无相夺伦"，和之至也。大学取义如此，可以想见当时德化之盛。孟子说"孔子之谓集大成"，亦是以乐为比。故曰："集大成也者，金声而玉振之也。金声也者，始条理也。玉振之也者，终条理也。始条理者，智之事也。终条理者，圣之事也。"（条如木之有条，理如玉之有理。朱注云："条理犹言脉络，指众音而言。智者，知之所及。圣者，德之所就。"《文集》云："智是见得彻，圣是行得彻。"）朱子注此章说得最精，言孔子集三圣之事而为一大圣之事（三圣谓上文伯夷、伊尹、柳下惠），犹作乐者，集众音之小成而为一大成也。"盖乐有八音"，"若独奏一音，则其音自为始终，而为一小成，犹三子之所知偏于一，而其所就亦偏于一也。八音之中，金石为重，故特为众音之纲纪。又金始震而玉终诎然，故并奏八音，则于其未作，而先击镈钟以宣其声，俟其既阕，而后击特磬以收其韵。宣以始之，收以终之。二者之间，脉络通贯，无所不备，则合众小成而为一大成。犹孔子之知无不尽而德无不全也"。伯夷合下只见得清，其终亦只成就得个清底；伊尹合下只见得任，其终亦只成就得个任底；柳下惠合下只见得和，其终亦只成就得个和底，此便是小成。孔子合下兼综众理，成就万德，便是大成。知有小大，言亦有小大。吾人既欲学圣人，便不可安于小知，蔽于曲学，合下规模要大，心量要宽。亦如作乐之八音并奏，通贯谐调，始以金声，终以玉振。如此成就，方不是小小。今举六艺以明统类，乃正是始条理之事。古人成均之教，其意义亦是如此，学者幸勿以吾言为河汉而无极也。

《论语》首末二章义

《论语》记孔子及诸弟子之言，随举一章，皆可以见六艺之旨。然有总义，有别义。别义易见，总义难知。果能身通六义，则于别中见总，总中见别，交参互入，无不贯通。故程子说："圣人无二语，彻上彻下只是一理。"谢上蔡说："圣人之学，无本末，无内外，从洒扫、应对、进退以至精义入神，只是一贯。一部《论语》只恁么看。"扬子云说："圣人之言远如天，贤人之言近如地。"程子改之曰："圣人之言，其远如天，其近如地。"学者如能善会，即小可以见大，即近可以见远。真是因该果海，果彻因原。《易·系传》曰"无有远近幽深，遂知来物"者，方来之事相，即是见微而知其著，见始而知其终。如樊迟问仁。子曰："爱人。"问知。子曰："知人。"学者合下便可用力，及到圣人地位，尧舜之仁，爱人而已矣；尧舜之知，知人而已矣。亦只是这个道理，非是别有。此乃是举因该果之说，其他问仁、问政，如此类者甚多，切须善会。今举《论语》首末二章，略明其义。

首章曰："学而时习之，不亦说乎？有朋自远方来，不亦乐乎？人不知而不愠，不亦君子乎？"悦、乐都是自心的受用。时习是功夫，朋来是效验。悦是自受用，乐是他受用，自他一体，善与人同。故悦意深微而乐意宽广，此即兼有《礼》、《乐》二教义也。（《说命》曰"敬逊务时敏，厥修乃来"，即时习义。"坐如尸"，坐时习；"立如斋"，立时习。惟敬学，故时习，此即《礼》教义。以善及人而信从者众。欢忻交通，更无不达之情，此即《乐》教义也。"人不知而不愠，不亦君子乎？"君子是成德之名，人不知而不愠，地位尽高。孔子自己说："不怨天，不尤人。""知我者其天乎？"《乾·文言》："遁世无闷，不见是而无闷。"《中庸》："遁世，不见知而不悔。"皆与此同意。（"不见是"与"不见知"意同，言不为人所是也。庄子说"举世非之而不加沮，举世誉之而不加劝"，亦同，但孔子之言说得平淡，庄子便有些过火。）学至于此，可谓安且成矣，故名为君子。此是《易》教义也。何以言之？孔子系《易》，大象明法天。用《易》之道，皆以君子表之。例如《乾·象》曰："天行健，君子以自强不息。"《坤·象》曰："地势坤，君子以厚德载物。"六十四卦中，称君子者凡五十五卦，称先王者七卦，称后者二卦。《易乾凿度》曰："《易》有君人之号五。帝者，天称也；王者，美行也；天子者，爵号也；大君者，与上行异也（与上，言民与之，欲使为于大君也）；大人者，圣明德备也。变文以著名，题德以别操。"郑注云："虽有隐显，应迹不同，其致一也。"其义甚当。五号虽皆题德之称，然以应迹而著，故见于爻辞，以各当其时位。大象则不用五号，而多言君子，此明君子但为德称，不必其迹应帝王也。《系传》曰："君子之道，或出或处、或默或语。"非专指在位明矣。《礼运》曰："禹、汤、文、武、成王、周公，由此其选也。此六君子者，未有不谨于礼者也。"此见先王亦称君子。孔子曰："文，莫吾犹人也，躬行君子，则吾未之有得。"孔子德盛言谦，犹不敢以君子自居。（《论语》凡言文者，皆指六艺之文，学者当知。）又曰："圣人，吾不得而见之矣，得见君子者，斯可矣。"此如佛氏判果位名号，圣人是妙觉，君子则是等觉也。"君子素其位而行"，富贵、贫贱、夷狄、患难皆谓之位。此位亦是以所处之时地言之，故知君子不是在位之称，而是成德之目。孔颖达以"君临上位，子爱下民"释之（《易·正义》），不知君子虽有君临之德，不必定履君临之位也。《易》为君子谋，不为小人谋。君子修之吉，小人悖之凶。群经中每以君子、小人对举，"小人道长"则"君子道消"。小人亦有他小人之道。《孟子》曰："道二，仁与不仁而已矣。"君子之道是仁，小人之道是不仁。仁者浑然与物同体，反此则有有我之私，便是不仁。由此言之，若己私有一毫未尽者，犹未离乎小人也。故曰："一日克己复礼，天下归仁。"君子与小人之辨，即是义与利之辨，亦即是仁与不仁之辨。（以佛氏之理言之，即是圣凡迷悟之辨。）程子曰："小人只不合小了。"阳明所谓从躯壳起，见他只认形气之私为我。（佛氏谓之"萨迦耶见"，即是"末那识"转此识为平等性智，即是克己复礼，乃是君子之道矣。）一切胜心客气皆由此生，故仅有小人而有才智者，彼之人法二执（人执是他自我观念，法执是他的主张），更为坚强难拔，此为不治之证。"人不知而不愠"，非己私已尽不能到此地步。圣人之词缓，故下个"不亦"字，下个"乎"字。《易》是圣人最后之教，六艺之原，非深通天人之故者不能与《易》道相应。故知此言君子者，是《易》教义也。凡言君子者，通六艺言之。然有通有别，此于六艺为别，故说为《易》教之君子。学者读此章，第一，须认明"学而时习之"，学是学个什么？第二，须知如何方是时习工夫。第三，须自己体验，自心有无悦怿之意，此便是合下用力的方法。末了，须认明君子是何等人格，自己立志要做君子，不要做小人，如何才够得上做君子，如何才可免于为小人，其间大有事在，如此方不是泛泛读过。

末章"不知命无以为君子也"，是《易》教义；"不知礼无以立"，是《礼》教义；"不知言无以知人"，是《诗》教义。后二义显，前一义隐。今专明前义。《易·系传》曰："穷理尽性，以至于命。"《乾卦·彖传》曰："乾道变化，各正性命。"性、命一理也。自天所赋言之，则谓之命；自人所受言之，则谓之性。（《大戴礼·本命篇》："分于道谓之命，形于一谓之性，化于阴阳、象形而发谓之生，化穷数尽谓之死。故命者，性之终也。"此皆以气言命者。"性之终"，乃是告子"生之谓性"之说，不可从。汉儒说性命类如此，今依程子说。）不是性之上更有一个命，亦不是性命之外别有一个理。故程子曰："理穷则性尽，尽性则至命，只是一事。不是穷了理再去尽性，只穷理便是尽性，尽性便是至命。"此与孟子说"尽其心者，知其性也，知其性则知天矣"语脉一样。尽心、知性、知天不是分三个阶段，一证一切证。孔子自言"五十而知天命"，即是"穷理尽性以至于命"也。（天命即是天理之异名，天理即是性中所具之理。）孔子晚而系《易》，尽《易》之道。今告学者曰："不知命，无以为君子也。"言正而厉，连下三"不"字，三"无以"字，皆决定之词，与首章词气舒缓者不同。此见首章是始教，意主于善诱，此章是终教，要归于成德。记者以此殿之篇末，其意甚深。以君子始，以君子终，总摄归于《易》教也。又

第十六篇,孔子曰:"君子有三畏:畏天命、畏大人、畏圣人之言。小人不知天命而不畏也,狎大人,侮圣人之言。"朱子注云:"天命者,天所赋之正理也。小人不知天命,故不识义理而无忌惮。"亦正可与此章互相发明。复次,学者须知命有专以理言者,上来所举是也。亦有专以气言者,如"道之将行也与?命也;道之将废也与?命也","死生有命,富贵在天"之类是也。先儒恐学者有好高躐等之弊,故说此章命字多主气言。朱子注云:"人不知命,则见害必避,见利必趋,何以为君子?"《语录》曰:"死生自有定命,若合死于水火,须在水火里死。合死于刀兵,须在刀兵里死。如何逃得?"看此说虽甚粗,所谓知命者,不过如此。又曰:"只此最粗的,人都信不及,便讲学得,待如何亦没安顿处。今人开口亦解说一饮一啄自有定分,及遇小小利害,便生趋避计较之心。古人刀锯在前,鼎镬在后,视之如无者,盖缘只见得道理,都不见那刀锯鼎镬。"此言亦甚严正,与学者当头一棒,深堪警省。据某见处,合首末两章看来,圣人之言是归重在《易》教,故与朱子说稍有不同。学者切勿因此遂于朱注轻有所疑,须知朱子之言,亦是《易》教所摄,并无两般也。

君子小人之辨

经籍中多言君子,亦多以君子与小人对举。盖所以题别人流,辨其贤否,因有是名。

先儒释君子有二义:一为成德之名,一为在位之称。其与小人对举者,依前义,则小人为无德;依后义,则小人为细民。然古者必有德而后居位,故在位之称君子,亦从其德名之,非以其爵。由是言之,则君子者,唯是成德之名也。孔子曰:"君子去仁,恶乎成名?"此其显证矣。仁者,心之本体,德之全称。"君子无终食之间违仁,造次必于是,颠沛必于是",明君子体仁,其所存无间也。又曰:"君子道者三,我无能焉。仁者不忧,智者不惑,勇者不惧。"此见君子必兼是三德。又曰:"君子义以为质,礼以行之,孙以出之,信以成之,君子哉!"此言君子之制事,本于义而成于信,而行之则为礼、逊。(逊即是礼。义为礼之质,礼又为逊之质。所存是义,行出来便是礼。礼之相便是逊,实有是质便谓之信。无是质便不能有此礼、逊,故曰"信以成之"也。)"义以为质",亦犹"仁以为体",皆性德之符也。又曰:"君子不器。"朱子云:"器者,各适其用而不能相通。成德之士，体无不具，故用无不周，非特为一才一艺而已。"是知器者，智效一官，行效一能，德则充塞周遍，无有限量。《学记》亦言："大德不官，大道不器。"器因材异而德唯性成，故不同也。君子所以为君子，观于此亦可以明矣。

然知德者鲜，故唯圣人能知圣人，唯君子能知君子。德行者，内外之名，行则人皆见之，德则唯是自证。言又比行为显，故曰："有德者必有言，有言者不必有德。""始吾于人也，听其言而信其行。今吾于人也，听其言而观其行。"如令尹子文之忠，陈文子之清，皆行之美者，而曰"焉得仁"？孟武伯问子路、冉有、公西华，皆曰："不知其仁。"原思问"克、伐、怨、欲不行焉"，曰："可以为难矣，仁则吾不知也。"故虽有善行，不以仁许之，是有行者未必有德也。"恶乡原，恐其乱德也。"乡愿居之似忠信，行之似廉洁，非之无非，刺之无刺，观其行事，疑若有似乎君子，而孔子恶之，谓其乱德。此见君子之所以为成德者，乃在心术。行事显而易见，心术微而难知，若但就行事论人，鲜有不失之者矣。

既知君子所以为君子，然后君子、小人之辨乃可得而言。经传中言此者，不可胜举，今唯据《论语》，以孔子之言为准，如曰："君子而不仁者有矣夫，未有小人而仁者也。"君子既"无终食之间违仁"，何以有时而不仁？此明性德之存，不容有须臾之间。（禅家之言曰："暂时不在，如同死人。"此语甚精。）一或有间，则唯恐失之，非谓君子果有不仁也。"未有小人而仁者也"，则是决定之词。小人唯知徇物，不知有性，通体是欲，安望其能仁哉？故知君子是仁，小人是不仁。"君子喻于义，小人喻于利。"喻义，故无适无莫，义之与比。喻利，故见害必避，见利必趋。故知君子是义，小人是不义。"君子上达"，循理，故日进乎高明。"小人下达"，从欲，故日究乎污下。故知君子是智，小人是不智。"君子泰而不骄"，由礼，故安舒。"小人骄而不泰"，逞欲，故矜肆。故知君子无非礼，而小人则无礼。夫不仁不智、无礼无义，则天下之恶皆归之矣。然君子、小人之分途，其根本在心术隐微之地，只是仁与不仁而已矣。必己私已尽，浑然天理，然后可以为仁，但有一毫有我之私，便是不仁，便不免为小人。（参看《论语》首末二章义。）

仁者，廓然而大公，物来而顺应；反之，自私而用智，必流于不仁。（"用智"之智，只是一种计较利害之心，全从私意出发，其深者为权谋术数。世俗以此为智，实则是惑而非智也。）常人亦知有公私之辨，然公亦殊不易言。伊川曰："公只是仁之理，不可将公便唤做仁，公而以人体之，方是仁。"（朱子曰："世有以公为心而惨刻不恤者，须公而有恻隐之心。此工夫却在人字上，惟公则能体之。"）只为公，则物我兼照，故仁。所以能恕，所以能爱。恕则仁之施，爱则仁之用也。恕之反面是忮，爱之反面是忍。君子之用心公以体人，故常恕人，常爱人。小人之用心私以便己，流于忮，流于忍。其与人也，"君子周而不比，小人比而不周"，周公而比私，故一则普遍，一则偏党。"君子和而不同，小人同而不和"，和故无乖戾，同则是偏党也。"君子成人之美，不成人之恶，小人反是"，一则与人为善，一则同恶相济也。"君子易事而难说，说之不以其道，不说也；及其使人也，器之。小人难事而易说也，说之虽不以道，说也；及其使人也，求备焉"，君子之心公而恕，小人之心私而刻也。"君子求诸己，小人求诸人"，君子唯务自反，而小人唯知责人也。"君子坦荡荡，小人长戚戚"，廓尔无私，故宽舒；动不以正，故忧杂也。综是以观，君子小人之用心，其不同如此。充类以言之，只是仁与不仁、公与私之辨而已。

人苟非甚不肖，必不肯甘于为小人。然念虑之间，毫忽之际，一有不存，则徇物而忘己、见利而忘义者有之矣。心术，隐微之地，人所不及知。蔽之久者，习熟而不自知其非也。世间只有此二途，不入于此，则入于彼，其间更无中立之地。学者果能有志于六艺之学，当知此学即圣人之道，即君子之道，亟须在日用间自家严密勘验，反复省察。一念为君子，一念亦即为小人，二者吾将何择？其或发现自己举心动念有属于私者，便当用力克去。但此心义理若有未明，则昏而无觉，故必读书穷理，涵养用敬，进学致知。学进则理明，理明则私自克，久久私意自然不起，然后可以为君子，而免于为小人。此事合下便须用力，切不可只当一场话说。孔子曰："苟能一日用其力于仁矣乎？吾未见力不足者。"此语决不相瞒，望猛著精采，切勿泛泛听过。

〔录自虞万里点校：《马一浮集》（第一册），浙江古籍出版社 1996年版。〕

刘师培儒学学案

刘师培（1884—1919），字申叔，后改名光汉，号左盦，笔名韦裔，又署光汉子，江苏仪征人。清末民初经学家，国粹派代表人物之一。

刘师培生于经学世家，为刘文淇之曾孙，刘毓嵩之孙，刘寿曾之侄。其家仪征刘氏，又称青溪旧屋刘氏，于清季前后五世相继注《左传》，为"扬州学派"之中坚。父早亡，"母李夫人亲授《诗毛传郑笺》、《尔雅》、《说文》，十行并下，经目不忘"。12 岁读毕四书五经，18 岁成秀才，19 岁中举人。后参加会试未能如意，遂弃举业而游学四方。1903 年，识章太炎、蔡元培及爱国学社诸人，入中国教育会，撰《攘书》、《中国民族志》、《中国民约精义》、《黄帝纪年说》、《王船山学说申义》等。1905 年，主笔《国粹学报》，又至芜湖皖江中学任教，撰《伦理教科书》、《经学教科书》等。1907 年，去日本，入同盟会，为《民报》撰稿，与章太炎办"社会主义讲习所"。1908 年，回国入端方幕。1911 年，随端方入蜀，后端方被杀，辛亥革命起，应谢无量之邀主讲于四川国学院。1914 年，至北京；次年署参政院参政，后列名"筹安会"。1917 年，受邀任教于北京大学中国文学门，讲授中古文学史。1919 年，被推为《国故》月刊总编。1919 年 11 月 20 日，病逝。

刘师培虽以中古文学史任教于北京大学，但专长所在仍是经学。病间与黄侃语尝有"四代传经，及身而斩"之叹。其著如《春秋左氏传例略》、《春秋左氏传注例略》、《春秋古经笺》、《春秋三传先后考》、《周季诸子述左传考》、《礼经旧说》、《周礼古注集疏》、《丧服经传旧说》、《西汉周官师说考》、《连山归藏考》、《司马迁述周易义》、《尚书源流考》、《今文尚书无序说》、《尧典钦明文思光被四表古文说考》、《古文尚书五服说》、《周书略说》、《周书补正》、《毛诗札记》、《毛诗词例举要》、《汉代古文学辩诬》等,均系接续家学的跟进开拓。另在治学上于经学史、学术史研究亦成就卓著,其《中国中古文学史》、《经学教科书》、《清儒得失论》、《南北学派不同论》、《近儒学术统系论》、《近代汉学变迁论》,俱为探本鉴源、博观精识之作。经史而外,又深研诸子学及释道,更采西学新说与旧学互证,以推见古典之价值,诸如此类,则非先祖之学所能范围。其家学渊深、功力精纯,经学一途较诸章太炎不遑多让,无奈壮年早夭,俊才不寿,"向使委身学术,不为外缘所扰以康强其身,而尽瘁于著述,其所成就宁可限量?惜哉!"

(刘　斌　毕晓乐)

清儒得失论

昔扬子《法言》有言,周之人多行,秦之人多病。幼诵其言,辄心仪之。因以证核往轨,盱衡近俗,则明人多行,略与周同;清人多病,略与秦同。何者? 明庭虽屈辱臣节,然烈士殉名,匹夫抗愤,砥名励行,略存婞直之风。及考其学术,大抵疏于考古,切于通今,略于观书,勤于讲学。释褐之士,莫不娴习典章,通达国政,展布蕴蓄,不贰后王,或以学植躬,勇于信道,尊义轻利,以圣自期。故上起公卿,下迄士庶,非才猷卓越者,即愚无知之士,虽江陵之徒敢悍精敏,专事威断,然保民固圉,功参管、葛。而立朝之臣,其清亮亦多可师法,及秉鞭方面,则又子惠烝黎,称为循吏。下至草泽迂生,犹能敦庞近古,陶物振俗,功在觉民。虽迂滞固执不足应变,然倡是说者莫不自信为有用,若夫不求致用而惟以求是为归,或假借经世之说以钓声名,则固明代所无也。及夫蛮夷猾夏,宗社丘墟,上者陨身湛族百折不回,其次亦笃守苦节洁身远引,荐绅效贞,士女并命,溅血断脰,鼎镬如饴。下逮氓隶,志节皭然,天命虽倾,其所披泄亦足伸浩气于天壤。

清代之学迥与明殊。明儒之学用以应事,清儒之学用以保身。明儒直而愚,清儒智而谲。明儒尊而乔,清儒弃而湿。盖士之朴者惟知诵习帖括,以期弋获,才智之士,惮于文网,迫于饥寒,全身畏害之不暇,而用世之念泪于无形。加以廉耻道丧,清议荡然,流俗沉昏,无复崇儒重道,以爵位之尊卑判己身之荣辱。由是儒之名目贱,而所治之学亦异。然亦幸其不求用世,而求是之学渐兴。夫求是与致用,其道固异。人生有涯,斯二者固不两立。俗儒不察,辄以内圣外王之学求备于一人,斯不察古今之变矣。

及计清代学术之变迁,则又学同旨异。创始之人学以为己,而继起之士学以殉人。当明清之交，顾、黄、王、颜各抱治平之略，修身践行，词无迂远，民生利病，了若指掌，求道德之统纪，识治乱之条贯，虽各尊所闻，要皆有以自植。唐甄、胡承诺、陈瑚、陆世仪辈，亦能救民以言明得失之迹，哀刑政之苛，虽行事鲜所表见，然身没而言犹立。若王源、魏禧、刘献廷，术流杂霸，观其披图读史，杯酒论兵，系情民物，穷老而志不衰，有足多者。时讲学之儒有沈昀、应㧑谦、张履祥，抗节不渝，事违尘枉。孙奇逢、傅山以侠入儒，耻为□屈，苦身厉行，顽廉懦立。李颙、吕留良亦耻事二姓，然濡染声气之习，未能洁清，盖已蹈明季之风矣。若夫东林子弟，讲学锡山，派衍于吴中，学传于徽歙，道被于淮南，从其说者躬行礼教，行必中虑，虽出处语默不拘一操，未闻有倾慕显达者。至若刘、姜标帜于齐东，范、李授徒于汾晋，易堂九子标名于南赣，证人学会继迹于越东，虽北人尚躬行，南人腾口说，尊朱崇陆，各异指归，然恂恂善导，义归训俗，信乎特立之士矣。

梨洲之学传于四明，万经、全祖望辱身□廷，生平志节犹隐约于意言之表。李塨受学习斋，而操行弗逮。汤斌亦受学夏峰，然靦颜仕□，官至一品，贻儒学之羞。时陆陇其兴于浙，拾张、吕之唾余，口诵洙泗之言，身事毡裘之主，惟廉介之名与汤相垺。自此以降，而伪学之风昌。前有二魏，后有李光地，为学均宗考亭。裔介、光地尤工邪佞，鬻道于□，炫宠弋荣，盖与宋明诸儒异趣。自是□廷利用其术而以朱学范民，则宰辅之臣均以尊朱者备其位。前有朱轼、张玉书，后有董、何、翁、杜。由康雍以迄道咸，为相臣者以百计，大抵禹步舜趋，貌柔中谲，同乎流俗，合乎污世，易耿介为昌披，以谦挹为躁进，然曲学阿世，咸借考亭以自饰。惟孙嘉淦、杨名时、陈鹏年引谊侃侃，不少充诎，庶几虎豹在山，藜藿不采，雷鋐、彭鹏亦位卑言高，矫立风节，白沙在泥，不与俱黑，此之谓矣。若李绂笃信陆学，蹈危陵险，不克捍于强御。谢济世、蔡挺亦敦厉名实，不屈威武，然皆摈抑不伸，或衣赭而关三木者有焉。当是时，学昌于下，虑有二端。吴中之地，前有钱民，后有彭绍升，彭学杂糅儒释，与汪罗相切磋，盖负聪明博辩之才，宅心高远，及世无知已，则溺志清虚以抒郁勃，隐居放言，近古狂狷。此一派也。桐城方苞善为归氏古文，明于呼应顿挫之法，又杂治宋学以为名高，然行伪而坚，色厉内荏。姚鼐传之，兼饰经训以自辅。下逮二方，犹奉为圭臬，东树硁硁，尚类弋名，宗诚卑卑，行不副言，然昌言讲学亦举世所难能。此一派也。由前之派则肆而不拘，由后之派则拘而不肆。然肆者恣情而远虑，拘者炫伪以媚时，得失是非，亦无以相过矣。

若夫词章之彦，宗派各殊，桑海之交，诗分三类。豹人之流，意有所郁，莫能通其志，不平之唱托之啸傲，郁苍莽之奇响，作变徵之哀音，子房、鲁连之志也。翁山之流，词藻秀出，流连哀思而忠厚恻怛，有《下泉》《匪风》之思，《骚经》《九歌》之遗也。若野人卜宅于东淘，贞父潜纵于石臼，择荒寒寂寞之境以自鸣其诗，澹雅之音起轶尘坛，冥鸿在天，弋人何篡，靖节、表圣之俦也。若是之流，咸为高士。时龚、王、钱、吴以亡国大夫欲汲引后进，以盖己愆，主持风会，后人小子竞趋其门。王、施、二宋亦风雅好事，主盟坛坫，以游燕饰吏治，篇题觞咏，藻绘山川，文墨交游之士，乐其品题冀增声价，如蚁附膻，沉溺而不知反，虽故老遗民亦或引之为知己。躁进之风开，亡国之念塞，而文章之士多护李陵，著述之家恒称谯叟，名污□籍，曾不少羞，谓非数子作之俑欤！

康熙之初，□□虑反侧之未安，乃广开制科以收众誉。应其选者，大抵涉猎书史，博而不精，谙于词章，尤工小品。此数子者非不抱故都之痛，沾肥遁之称，然晚节不终，顿改初度，簪裾拜跪之场，酒色征逐之习，虽才藻足以自泽，然高蹈之踪易为奔竞，摭华弃实，迥异初心。乾隆初年，士应制科之选，兼精记诵，所学尤卑。别有鄙陋之夫，失身权贵，以文词缘其奸，或伺候贵显之门，奔走形势之途，盖季长颂西第，务观记南园，昔为正直所羞，而今世以为恒法。潘耒以下蹈此者多，以钱名世为尤佞。其尤侧媚者，或以赏鉴，或以博闻，得侍中用事，颂扬□后，比于赓歌。徐乾学最显贵，而高士奇、何焯、陈梦雷次之。若张照之书翰，齐召南之地舆，亦足应□后之需以备顾问，与宅情词藻之士殊途同归。自赵执信之流以疏狂见摈，落魄江湖，放情诗酒，绮罗丝竹，大昌任达之风。后人慕其风流，竞言通脱，吐言止于轻薄，赋咏不出桑中。及袁枚、赵翼、蒋士铨以文辞欺人，诱惑后生伤败风化，故为奇行以耸公卿，既乐其身兼以招权而纳贿，文人无行，是则豺虎所不食矣。（杭世骏则较彼等为高。）时王昶、沈德潜以达官昌其诗，提倡宗派，互相訾謷。曾燠、卢见曾以文学饰簿书，宾礼华士，粉饰承平。广陵二马物力滋殖，崇尚文雅，酬答篇章，流风所染，作者景从，短轴长篇，以代羔雁。其尤下者若王昙之流，既肆其行，兼纵其文，卮言伪体，外强中干，抑又不足论矣。夫文士自轻既若此，故有识之士多薄文士而不为，乃相率而趋于考证。

始考证之学发原顺治、康熙间，自顾炎武、张尔岐艰贞忧愤，一意孤行，所谓风雨如晦，鸡鸣不已。顾氏身历九边，思以田牧建伟业。张居济阳，亦以兵法勒乡人。及夫大厦既倾，志士伊郁，乃以说经自勉，而其志趋于求是。顾精音韵，兼治金石，张注礼经，句读精审。时皖南之士有梅文鼎，东吴之滨有王锡阐、朱鹤龄、陈启源，长淮之域有张弨、吴玉瑨，皆跧伏乡井，甘守湛冥，然学业无与证，志气亦鲜所发抒，复以时值讳匿，易婴□忌，由是或穷历数，或研训故、形声，夷然守雌以全孤竹之节。自此以还，苏常之士以学自隐，耻事干谒。武进臧琳树汉学以为帜，陈义渊雅，虽间流迁滞，然抱经以终，近古隐佚。东吴惠氏三世传经，周惕、士奇虽稍稍显贵，然饰躬至肃。栋承家学，守一师之言以授弟子，确宗汉诂，甄明佚训，萧然物外，与世无营，虽一馆卢氏，然钓名市美，匪志所存。弟子江声、余萧客均师其行，终身未尝应童子试，亦不通姓名于显宦之门，信乎沉潜之士矣。与顾、张并世者，有阎若璩、胡渭、毛奇龄。（阎、胡之生稍晚。）阎辩伪书，胡精水地，毛辟紫阳，虽务求词胜，然咸发前人所未言。阎、胡以博学鸣，为清臣徐乾学司编纂。阎行尤卑，至为潜邸食客。毛氏少从义师避仇亡命，及举制科，骤更其操，至以平滇颂□□。又梅文鼎之裔有梅毂成，挟文鼎之书佐清治历，而李光地、王兰生又以律吕音韵之奥见重于清，以曲技之才致身公辅。（王兰生之职稍卑。）而干世乞赏之流，遂以学术为进身之具矣。

乾隆之初有顾栋高、吴鼎、陈亦韩，以乡曲陋儒口耳剽窃，言淆雅俗，冥行索途，转以明经婴征辟，擢官司业，号为大儒，故汉学犹不显于世。及四库馆开，而治汉学者踵相接。先是，徽歙之间汪绂、江永均治朴学，永学尤长于经，旁及天文、音律，然刻苦自厉，研经笃行，自淑其躬，以化于其乡。戴震继之，彰析名物，以类相求，参互考验，而推历审音，确与清廷立异。观其作《声韵考》，力破七音，盖痛心于《康熙字典》之妄者。震经学既为当世冠，第少不自显，亦兼营负贩以济其贫，应试中式，犹以狂生称于京师。会钱大昕荐之，得赏庶吉士，盖出不意，然终身未尝感大昕恩，大昕亦不以此市德也。及震既显，适秦蕙田辑《五礼通考》，纪昀典校秘书，大兴二朱亦臻高位，慨然以振兴儒术自任。游其门者,有邵晋涵、武亿、章学诚、任大椿,章氏达于史例,武氏精于考核,邵氏杂治经史,任氏出戴震门,尤精三礼,然皆淡于荣利,或仕宦不达,薄游以终。武官山东,与和珅所遣番役相抗,尤著直声。戴震弟子别有王念孙、孔广森、段玉裁。广森早达,无仕宦情。念孙尤精小学,然击奸锄恶,异于脂韦,当和珅用事时,念孙官给事中,数上书劾其罪,与洪亮吉之徒诛奸谀于既死者异矣。其子引之继之,虽忝窃高位,亦无劣状。惟玉裁作令黔蜀,以贪黩名,此则经生之羞耳。时江永弟子金榜,以巨室之子廷试为第一人,屏遗俗荣,裹足城府。继起之士若凌、程、三胡,亦伺籍闲曹,聊谋禄隐。(栖霞郝懿行亦然。)而吴越之间有卢文弨、钱大昕、王鸣盛,咸通达经训,壮谢肮仕,殚精雠校,知止不辱。钱氏群从,下逮后昆,均以学自晦,钱坫尝应毕沅聘,与孙星衍、洪亮吉同在幕府,而不污于孙、洪淫荡招权之行。其外,吴人有沈彤、袁廷梼,亦屏华崇实,不以所学自矜,异于逞稽古之荣者矣。厥后毕沅、阮元均以儒生秉节钺,天下之士相与诵述文章,想望丰采。从政之余,兼事掇拾校勘之学,捃摭群籍,网罗放失,或考订异文,证核前□,流布群籍,踵事剖剸。吴越之民争应其求,冀分笔札之资以自润,既为他人撰述,故考核亦不甚精。及阮元督两广,建学海堂,聚治经之士讲习其间,儒生贪其廪饩,渐亦从事实学,此与公孙相汉振兴儒学无异。然阮元能建学,故所得多朴质士,犹愈于浮华者。毕氏之门有汪中、孙星衍、洪亮吉,幼事词藻,兼治校勘金石,以趋贵显之所好。及记诵渊雅,复用以肄经,由是经学与文词糅杂,而经生为世诟病自此始。内苞污行,外饰雅言,身为倡优而欲高谈伏、郑,使向者江、戴诸公见之,必执戈逐之无疑也。亮吉素狂放,肆情声色,后以群小荧惑责难于君,遂被放谪,天下冤之。然不知亮吉之污行盖有过于其君者。星衍卓荦不羁,嗜利若渴,一行作吏,民嫉其贪,中行尤薄,肆毒室人,兼工刀笔,尝以构讼攫千金。斯三子者,皆以绵邈之文传食公卿。子云有言:"今之学者,非独为之华藻,又从而绣其鞶帨。"其斯之谓乎!

常州自孙、洪以降,士工绮丽之文,尤精词曲,又虑择术不高,乃杂治西汉今文学,杂采谶纬以助新奇。始庄存与治《公羊》,行义犹饬,张惠言治《虞氏易》,亦粗足自守。庄氏之甥有刘逢禄、宋翔凤,均治今文,自谓理炎汉之堕业,复博士之绪论。然宋氏以下,其说凌杂无绪,学失统纪，遂成支离，惟俪词韵语则刻意求新，合文章经训为一途，以虚声相煽，故刘工慕势，宋亦奢淫。旁逮沈钦韩之流，均以菲食恶衣为耻。常州二董亦屈志于□臣。趋炎之技，沉湎之情，士节之衰，于斯而极。若江北学者，自汪中外，多得江戴之传。焦循、黄承吉或发古经奥义，或穷文字之源，黄兼工诗，以格律声情相尚，甘泉江藩则确宗惠氏。此数子者，焦、黄均居乡寡行，江稍疏放，然慕世之心未衰。惟凌曙、刘台拱修身励行，上拟汉儒。别有包世荣、包慎言、姚配中、俞正燮迹托皖南，汪日桢、臧寿恭、徐养原、姚谌奋迹苕溪，薛传均、柳兴宗、汪士铎潜踪江表，朱骏声、陈奂、毛岳生、张履绍业东吴，左右采获，不名一师，志行简澹，闭门雒诵。或学成出游，践更府主，默守蛰晦如家居时，不惑流俗，乃见斯人。若夫丁晏劬身于桑梓，汪（喜荀），刘（宝楠）施惠于下邑，可谓矫立名节，卓尔不群者矣。惟学者猥众，精疏殊会，华实异途，笃行之儒恒潜伏不见用。即向之挟考证词章之学者，虽以媚俗为旨，然簪笔佣书，优倡同蓄，士生其间乃饰巧驰辩，以经济之学相旌。先是，宜兴储大文、吴江陆耀侈言匡时之术。后武进李兆洛作吏有声，精熟民生利弊，然刻意而行不肆，牵物而志不流。又张琦、周济工古文辞，好矫时慢物，兼喜论兵，自谓孙吴蔑以加，琦书尤诡，济曾助理盐法，以精干称。时泾县包世臣娴明律令，备闻民间疾苦，于盐、漕、河诸大政尤洞悉弊端，略近永嘉先哲，而屡以己说干公卿，复挟书翰词章以自炫，由是王公倒屣，守令迎门。邵阳魏源亦侈言经世，精密迥出世臣下，然权门显宦请谒繁兴，才通情侈，以高论骇俗。

　　夫考证词章之学，挟以依人，仅身伺倡优之列，一言经济，则位列宾师，世之饰巧智以逐浮利者，孰不乐从魏、包之后乎？然辗转稗贩，心愈巧而术愈疏。惟冯桂芬为差善。而治今文之学者，若刘逢禄、陈立，又议礼断狱，比传经谊，上炫达僚，旁招众誉，然此特巧宦之捷途，其枉道依合，信乎贾、董之罪人矣。若夫朴僿蹇冗，文采不足以自表，则旁治天算、地舆，以自诩实用。自寿阳祁颖士娴习外藩佚事，大兴徐松精研西北地理，松官学士，颖士之子隽藻粗习小学，亦备位尚书，与汤金钊、林则徐以得士相竞，由是治域外地理者则有张穆、何秋涛，治数学者则有许桂林、罗士琳，治《说文》者则有王筠、许瀚。所治之学随达官趋向为转移，列籍弟子视为至荣，外示寂寞之名，中蹈揣摩之习，然拙钝不足以

炫俗，故钓利之术亦迥逊包、魏。虽然，由惠、戴之术可以备师儒而不足
以备王佐，由魏、包之术可以作王佐而不足以作圣贤，及盗名之术愈工，
则圣贤王佐师儒之学并举齐观，同条共贯，多方拒敌，以自立于不败。
道光中叶，清室之臣有倭仁、吴竹如，以程朱之学文其浅陋。别有山阳
潘德舆、顺德罗惇衍、桂林朱琦、仁和邵懿辰，以古文理学驰声京师，其
学略与方、姚近。曾国藩从倭仁游，与吴、潘、邵、朱友善，又虑祁门诸客
学出己上，乃杂治汉学，嗣为清廷建伟勋，后起之士竞从其学，而桐城之
文亦骤昌行于湘赣粤西诸域。时曾氏幕中有遵义黎庶昌，上承郑珍、莫
友芝六书之学。无锡薛福成达于趣时，均兼治古文，以承曾氏之绪论。
惟南汇张文虎、德清戴望则恪守汉学，与时乖牾而不辞。浙学自阮氏提
倡后，定海黄式三亦学兼汉宋，其子以周继之，然实事求是，不侈空言。
广东学者惟侯康为最深醇，其次有南海朱次琦、番禺陈澧。次琦笃信宋
学而汉学特搊掇及之，澧学钩通汉宋，掇引类似之言曲相附和。黄氏蛰
晦，不以所学自标，朱陈稍近名。各以其学授乡里，然束身自好，不愧一
乡之善士。惟学术既近于模棱，故从其学者大抵以执中为媚世。自清
廷赐澧京卿衔，而其学益日显。常州今文学自龚、魏煽其流，而丹徒庄
棫、仁和谭献、湘潭王闿运均笃信"公羊"，以词华饰经训。棫兼言经世，
作纵横捭阖之谈，献工俪词，间逞姿媚，闿运少居肃顺幕，又随湘军诸将
游，耄而黩货，然风声所树，学者号为大儒。适潘祖荫、翁同龢、李文田
皆通显，乐今文说瑰奇，士之趋赴时宜者，负策抵掌，或曲词以张其义，
而闿运弟子廖平遂用此以颠倒五经矣。又潘翁之学涉猎书目，以博览
相高；文田则兼治西北地理；由是逞博之士、说地之书递出而不穷。浙
有俞樾、孙诒让深于训故之学，疏理群籍，恪宗戴王。樾作《古书疑义举
例》，足祛千古之惑；诒让作《经迻》《札移》，略与樾之《平议》相类，而审
谛过之，其《周礼正义》盖仿佛金榜、胡培翚间。又东粤简朝亮承次琦之
绪，以己意说经，进退众说。徽州汪宗沂遍治群经，不立家法，尤善治平
之略，精研礼乐兵农，以备世用。义乌朱一新黜汉崇宋，尤斥今文。此
数子者，朝亮蛰居雒诵，以降志为羞；宗沂依隐玩世，敢为骇俗之言；一
新尚气而竞名；樾名尤高，湘淮诸将隆礼有加；诒让不陨先业，间为乡闾
兴利。今文之学昌于南方，而桐城古文复以张裕钊、吴汝纶之传，流播
于北。此近世学术变迁之大略也。

要而论之，清儒之学与明儒殊。明儒之学以致用为宗，而武断之风盛。清儒之学以求是为宗，而卑者或沦于稗贩。其言词章、经世、理学者，则往往多污行，惟笃守汉学者，好学慕古，甘以不才自全。而其下或治校勘金石以事公卿，然慧者则辅以书翰词章，黠者则侈言经世，其进而益上，则躬居理学之名。盖汉学之词举世视为无用，舍闭关却扫外，其学仅足以授徒。若校勘金石，足以备公卿之役，而不足以博公卿之欢。词章书翰，足以博公卿之欢，而不足以耸公卿之听。经世之学，可以耸公卿之听，而不足以得帝王之尊。欲得帝王之尊，必先伪托宋学以自固。故治宋学者，上之可以备公辅，下之可以得崇衔。包、魏言经世，则足以陵轹达官。孙、洪事词章，则足以驰名招贿。臧、洪（臧康、洪颐煊）、顾、纽（顾千里、纽树玉）仅治校勘金石，亦足免桥项之忧。惟臧、惠、余、江之流，食贫守约，以恬泊自甘。然亦直道既废，身显则誉兴，身晦则谤集，士无进身之术，则芸夫牧竖得以议其后。故近世以来，士民所尊，莫若汤、陆，则以伪行宋学配享仲尼也。其次则为方、姚，又次则为龚、魏。盖方、姚之徒，纳理学古文为一轨，而龚、魏二子，则合词章经世为一途。自是以降，袁枚、赵翼亦享大名，则以通脱之词便于肆情纵欲，为盲夫俗子所乐从。若校勘金石之流，赏鉴之家尚或珍其述作，至于汉学之儒，则仅垂声称，遗书不显。世之好恶何其谬乎！若衡其学行，则其身弥伸，其品弥贱；其名愈广，其实愈虚。盖帖括之家稍习宋明语录，束书不观，均得自居于理学。经世之谈，仅恃才辩，词章之学，仅恃华藻，而校勘金石必施征实之功，若疏理群经，讲明条贯，则非好学深思不能理众说之纷，以归一是。故惟经学为难能。甘为所难，所志必殊于流俗，故汉学之儒均学穷典奥，全身远害，以晦其明。即焦、黄以暴行施于乡，段氏以贪声著于世，然志骄而不卑，行横而不鄙，以之为民蠹则有余，以之败世风则不足。而朱次琦、朱一新之徒，或以汉学为趋声气，抑亦思近世之趋声气者，果醇为汉学之儒乎，抑亦以金石校勘词章济之者乎？夫必以金石校勘词章相济，则知趋声气者固在彼不在此。朱世琦在清世得赏京卿，其先顾栋高、陈亦韩辈亦尝受清征辟，见重远在惠、戴上，彼糅杂汉宋以儰欺，而卒得其所好，汉学之儒有如是趋声气者乎？要之，纯汉学者率多高隐，金石校勘之流虽已趋奔竞，然立身行己犹不至荡检逾闲。及工于词章者，则外饰倨傲之行，中怀鄙佞之实，酒食会同,惟利是逐。况经世之学假高名以营利,义理之学借道德以沽名,卑者视为利禄之途,高者用为利权之饵,外逞匡时化俗之谈,然实不副名,反躬自思亦必哑然失笑(惟包世臣稍近有用),是则托兼爱名而博为我之实益,故考其所学,亦彪外而不弸中。荀卿有言,小人之学以为禽犊。墨子有言:"今之学者得一善言,务以悦人(新序引)。"近人顾炎武亦曰:"今之疑众者,行伪而脆。"其词章、经世、理学之流乎。若夫阮元、王引之以纯汉学而居高位,然皆由按职升迁,渐臻高位,于其学固无与也。盖处清廷之下,其学愈实,其遇愈乖,此明之人多行所由异于清之人多病也。比较以观,则士节之盛衰,学风之进退,均可深思而得其故矣。

(录自刘梦溪主编:《现代中国学术经典·黄侃 刘师培卷》,河北教育出版社 1996 年版。原载《民报》14 号,1907 年 6 月 8 日。)

近代汉学变迁论

古无汉学之名，汉学之名始于近代，或以笃信好古该汉学之范围。然治汉学者未必尽用汉儒之说，即用汉儒之说，亦未必用以治汉儒所治之书。是则所谓汉学者，不过用汉儒之训故以说经，及用汉儒注书之条例以治群书耳，故所学即以汉学标名。然二百余年之中，其学术之变迁可分为四期，试述如左。

一为怀疑派。顺康之交，治经之士，若顾氏之于音韵，张氏之于礼经，臧氏之于故训，均有创始之功。说者以此为汉学之萌芽，不知汉学初兴，其征实之功，悉由怀疑而入。如阎百诗之于古文《尚书》，始也，疑其为伪作，继也，遂穷其作伪之源。胡渭、黄宗炎之于《易图》，始也，斥其为曲说，继也，遂探其致误之由。于民间相承之说，不复视为可从，其卓识为何如哉！且《书》《易》而外，所辨尤多。有陈启源《毛诗稽古编》，而后宋儒说诗之书失其根据。有毛奇龄《四书改错》，而后宋儒释《论》《孟》之书失其依傍。有万斯大《学礼质疑》，而后宋儒说礼之书不复宗为定论。盖宋学之行，已历数百年之久，非惟不敢斥抑，且不敢疑。至胡、毛诸儒之书出，而无稽之说扫除廓清。始也，疑其不可信，因疑而参互考验，因参互考验而所得之实证日益多，虽穿凿之谈、叫嚣之语时见于经说之中，然不为俗说所迷，归于自得，不得以采掇未纯而斥之也。是为汉学变迁第一期。

次为征实派。康雍之间为士者虽崇实学，然多逞空辩，与实事求是者不同。及江、戴之学兴于徽歙，所学长于比勘，博征其材，约守其例，悉以心得为凭。且观其治学之次第，莫不先立科条，使纲举目张，同条共贯，可谓无征不信者矣。即嘉定三钱于地舆、天算，各擅专长，博极群书，于一言一事必求其征。而段、王之学，溯源戴君，尤长训故，于史书、诸子转相证明，或触类而长，所到冰释。即凌、陈、三胡，或条列典章，或诠释物类，亦复根据分明，条理融贯，耻于轻信而笃于深求。征实之学，盖至是而达于极端矣。即惠氏之治《易》，江氏之治《尚书》，虽信古过深，曲为之原，谓传、注之言，坚确不易，然融会全经，各申义指，异乎补苴掇拾者之所为，律以江、戴之书，则彼此二派均以征实为指归。是为汉学变迁第二期。

次为丛缀派。自征实之学既昌，疏证群经，阐发无余。继其后者，虽取精用弘，然精华既竭，好学之士，欲树汉学之帜，不得不出于丛缀之一途，寻究古说，撅拾旧闻。此风既开，转相仿效，而拾骨襞积之学兴。一曰据守。笃信古训，踟蹰狭隘，不求于心，拘墟旧说，守古人之言而失古人之心。二曰校雠。鸠集众本，互相纠核，或不求其端，任情删易，以失本真。三曰撅拾。书有佚编，旁搜博采，碎襞断圭，补苴成卷，然功力至繁，取资甚便，或不知鉴别，以赝为真。四曰涉猎。择其新奇，随时择录，或博览广稽以俟心获，甚至考订一字辨证一言，不顾全文，信此屈彼。此四派者，非不绝浮游之空论，溯古学之真传，然所得至微，未能深造而有得。或学为人役，以供贵显有力者之求。是为汉学变迁第三期。

次为虚诬派。嘉道之际，丛缀之学多出于文士，继则大江以南工文之士以小慧自矜，乃杂治西汉今文学，旁采谶纬，以为名高。故常州之儒莫不理先汉之绝学，复博士之绪论。前有二庄，后有刘、宋，南方学者闻风兴起。及考其所学，大抵以空言相演，继以博辩，其说颇返于怀疑，然运之于虚而不能证之以实，或言之成理而不能持之有故，于学术合于今文者，莫不穿凿其词，曲说附会，于学术异于今文者，莫不巧加诋毁，以诬前儒，甚至颠倒群经，以伸己见。其择术则至高，而成书则至易，外托致用之名，中蹈揣摩之习，经术支离以兹为甚。是为汉学变迁第四期。

要而论之，怀疑学派由思而学。征实学派则好学继以深思，及其末流，学有余而思不足。故丛缀学派已学而不思。若虚诬学派，则又思而不学。四派虽殊，然穷其得失，大抵前二派属于进，后二派则流于退。丛缀学派为征实派之变相，而虚诬之学则又矫丛缀而入于怀疑，然前此之怀疑与征实相辅，此则与征实相违，不可谓非古今人不相及矣。譬之治国，怀疑学派在于除旧布新，旧国既亡而新邦普建，故科条未备而锐气方新。若征实学派是犹守成之主,百废俱兴,综核名实,威令严明。而丛缀学派又如郅治既隆,舍大纲而营末节,其经营创设不过繁文缛礼之微。虚诬学派则犹国力既虚,强自支厉,欲假富强之虚声以荧黎庶,然根本既倾,则危亡之祸兆。此道、咸以还,汉学所由不振也。悲夫!

(录自刘梦溪主编:《现代中国学术经典・黄侃 刘师培卷》,河北教育出版社 1996 年版。原载《国粹学报》第 31 期,1907 年 7 月 29 日。)

近儒学术统系论

昔周季诸子,源远流分,然咸守一师之言,以自成其学。汉儒说经,最崇家法,宋明讲学,必称先师。近儒治学亦多专门名家,惟授受谨严间逊汉宋。甘泉江藩作《汉学师承记》,又作《宋学渊源记》,以详近儒之学派,然近儒之学或析同为异,或合异为同,江氏均未及备言,则以未明近儒学术之统系也。试举平昔所闻者陈列如左。

明清之交,以浙学为最盛。黄宗羲授学蕺山,而象数之学兼宗漳圃,文献之学远溯金华先哲之传,复兼言礼制,以矫空疏。传其学者数十人,以四明二万为最著,而象数之学则传于查慎行。又沈昀、张履祥亦授学蕺山,沈昀与应㧑谦相切磋,均黜王崇朱,刻苦自厉。履祥亦然,而履祥之传较远。其别派则为向璿。吕留良从宗羲、履祥游,所学略与履祥近,排斥余姚,若放淫词。传其学者浙有严鸿逵,湘人有曾静,再传而至张熙,及文狱诞兴而其学遂泯(后台州齐周华犹守吕氏之学)。别有沈国模、钱德洪、史孝咸,承海门石梁之绪,以觉悟为宗,略近禅学。宗羲虽力摧其说,然沈氏弟子有韩孔当、邵曾可、劳史,邵氏世传其学,至于廷采,其学不衰。

时东林之学有高愈、高世泰、顾培,上承泾阳梁谿之传,讲学锡山。宝应朱泽沄从东林子弟游,兼承乡贤刘静之之学,亦确宗紫阳。王茂竑继之,其学益趋于征实。又吴人朱用纯、张夏、彭珑,歙人施璜、吴慎,亦笃守高、顾之学,顺康以降其学亦衰。

若孙奇逢讲学百泉,持朱陆之平,弟子尤众,以耿介、张沐为最著。汤斌之学亦出于奇逢,然所志则与奇逢异。李颙讲学关中,指心立教。然关中之士若王山史、李天生,皆敦崇实学。及顾炎武流寓华阴,以躬行礼教之说倡导其民,故授学于颙者,若王尔缉之流,均改宗紫阳。颙曾施教江南，然南人鲜宗其学，故其学亦失传。博野颜元以实学为倡，精研礼乐兵农。蠡县李塨初受学毛大可，继从元说，故所学较元尤博。大兴王源初喜论兵，与魏禧、刘继庄友善，好为纵横之谈，继亦受学于元，故持论尤高。及元游豫省而颜学被于南，塨寓秦中而颜学播于西。即江浙之士亦间宗其学，然一传以后其学骤衰，惟江宁程廷祚私淑颜李，近人德清戴望亦表彰颜李之书。舍是，传其学者鲜矣。自是以外，则太仓陆世仪幼闻几社诸贤之论，颇留心经世之术，继受学马负图，兼好程朱理学。陈言夏亦言经世，与世仪同，世仪讲学苏松间，当时鲜知其学，厥后吴江陆燿、宜兴储大文、武进李兆洛，盖皆闻世仪之风而兴起者，故精熟民生利疾而辞无迂远。

赣省之间，南宋以降学风渐衰。然道原之博闻，陆王之学术，欧曾王氏之古文，犹有存者，故易堂九子均好古文。三魏从王源、刘继庄游，兼喜论兵而文辞亦纵横。惟谢秋水学崇紫阳，与陆王异派。及雍乾之间，李黻起于临川，确宗陆学，兼侈博闻，喜为古文词，盖合赣学三派为一途。粤西谢济世党于李黻，亦崇陆黜朱，然咸植躬严正，不屈于威武。瑞金罗台山早言经世，亦工说经，及伊郁莫伸，乃移治陆王之学，兼信释典，合净土禅宗为一。吴人彭尺木、薛湘文、汪大绅从台山游，即所学亦相近，惟罗学近心斋、卓吾，彭、汪以下多宅心清静。由是吴中学派多合儒佛为一谈。至嘉道之际犹有江沅，实则赣学之支派也。

闽中之学自漳圃以象数施教，李光地袭其唾余，兼通律吕音韵，又说经近宋明，析理宗朱子，卒以致身贵显。光地之弟光坡作《礼记述注》，其子钟伦亦作《周礼训纂》，盖承四明万氏之学。杨名时受学光地，略师其旨以说经，而律吕音韵之奥惟传于王兰生。又闽人蔡世远喜言朱学，亦自谓出于光地。雷铉受业于世远，兼从方苞问礼，然所学稍实，不欲曲学媚世，以直声著闻。自此以外，则湘有王夫之，论学确宗横渠，兼信紫阳，与余姚为敌，亦杂治经史百家。蜀有唐甄，论学确宗陆王，尤喜阳明，论政以便民为本，嫉政教礼制之失平，然均躬自植晦，不以所学授于乡，故当时鲜宗其学。别有刘原渌、姜国霖讲学山左，李闇章、范镐鼎讲学河汾，均以宗朱标其帜，弟子虽众，然不再传，其学亦晦。此皆明末国初诸儒理学之宗传也。

理学而外，则诗文之学在顺康雍乾之间亦各成派别，然雕虫小技，

其宗派不足言。其有派别可言者,则宋学之外厥惟汉学。汉学以治经
为主。考经学之兴,始于顾炎武、张尔岐,顾张二公均以壮志未伸,假说
经以自遣。毛大可解《易》说《礼》,多述仲兄锡龄之言。阎若璩少从词
人游,继治地学,与顾祖禹、黄仪、胡渭相切磋。胡渭治《易》多本黄宗
羲。张弨与炎武友善,吴玉搢与弨同里,故均通小学。吴江陈启源与朱
鹤龄偕隐,并治毛诗、三传,厥后大可毛诗之学传于范家相,鹤龄三传之
学传于张尚瑗,若璩《尚书》之学传于冯景。又吴江王锡阐、潘耒章杂治
史乘,尤工历数。耒章弟来受数学于锡阐,兼从炎武受经,秀水朱彝尊
亦从炎武问故,然所得均浅狭。别有宣城梅文鼎殚精数学,鄂人刘湘
奎、闽人陈万策均受业其门。文鼎之孙瑴成世其家学,泰州陈厚耀亦得
梅氏之传,而历数之学渐显。武进臧琳闭门穷经,研覃奥义,根究故训,
是为汉学之始。东吴惠周惕作《诗说》、《易传》,其子士奇继之作《易
说》、《春秋传》,栋承祖父之业,始确宗汉诂,所学以掇拾为主,扶植微
学,笃信而不疑。厥后掇拾之学传于余萧客,《尚书》之学则江声得其
传,故余、江之书言必称师。江藩受业于萧客,作《周易述补》,以续惠栋
之书。藩居扬州,由是钟怀、李宗泗、徐复之流均闻风兴起。

先是徽、歙之地有汪绂、江永,上承施璜、吴慎之绪,精研理学,兼尚
躬行,然即物穷理,师考亭格物之说,又精于三礼,永学犹博,于声律音
韵历数之学均深思独造,长于比勘。金榜从永受学,获窥礼堂论赞之
绪,学特长于《礼》。戴震之学亦出于永,然发挥光大,曲证旁通,以小学
为基,以典章为辅,而历数、音韵、水地之学,咸实事求是以求其源,于宋
学之误民者亦排击防闲不少懈。徽、歙之士或游其门,或私淑其学,各
得其性之所近,以实学自鸣。由是治数学者前有汪莱,后有洪梧,治韵
学者前有洪榜,后有江有诰,治三礼者则有凌廷堪及三胡。程瑶田亦深
三礼,兼通数学,辨物正名,不愧博物之君子。此皆守戴氏之传者也。
及戴氏施教燕京,而其学益远被,声音训诂之学传于金坛段玉裁,而高
邮王念孙所得尤精,典章制度之学传于兴化任大椿,而李惇、刘台拱、汪
中均与念孙同里,台拱治宋学,上探朱王之传,中兼治词章,杂治史籍,
及从念孙游,始专意说经。顾凤苞与大椿同里,备闻其学,以授其子凤
毛。焦循少从凤毛游。时凌廷堪亦居扬州,与循友善,继治数学,与汪
莱切磋尤深。阮元之学亦得之焦循、凌廷堪,继从戴门弟子游,故所学

均宗戴氏，以知新为主，不惑于陈言，然兼治校勘、金石。黄承吉亦友焦循，移焦氏说《易》之词以治小学，故以声为纲之说浸以大昌。时山左经生有孔继涵、孔巽轩，均问学戴震。巽轩于学尤精，兼工俪词。嗣栖霞郝懿行出阮元门，曲阜桂馥亦从元游，故均治小学，懿行治《尔雅》承阮氏之例，明于声转，故远迈邢疏。又大兴二朱、河间纪昀均笃信戴震之说，后膺高位，汲引汉学之士，故戴学愈兴。别有大兴翁方纲与阮元友善，笃嗜金石。河南之儒以武亿为最著，亿从朱门诸客游，兼识方纲，故说经之余亦兼肆金石，而金石之学遂昌。

时江浙之间学者亦争治考证，先是锡山顾栋高从李绂、方苞问故，与任启运、陈亦韩友善，其学均杂糅汉宋，言淆雅俗。而吴人何焯以博览著名，所学与浙西文士近。吴江沈彤承其学，渐以说经。嘉定钱大昕于惠、戴之学左右采获，不名一师，所学界精博之间。王鸣盛与钱同里（兼与钱为姻戚），所学略与钱近，惟博而不精。大昕兼治史乘，旁及小学、天算、地舆，其弟大昭传其史学，族子塘、坫，一精天算，一专地舆，坫兼治典章训诂，塘、坫之弟有钱侗、钱绎，兼得大昕小学之传，而钱氏之学萃于一门。继其后者，则有元和李锐，受数学于大昕。武进臧庸传其远祖臧琳之学，元和顾千里略得钱、段之传，均以工于校勘，为阮元所罗致。嗣有长洲陈奂，所学兼出于段、王，朱骏声与奂并时，亦执贽段氏之门，故均通训故。若夫纽树玉、袁廷梼之流，亦确宗钱、段，惟所学未精。

常州之学复别成宗派，自孙星衍、洪亮吉初喜词华，继治掇拾校勘之学，其说经笃信汉说，近于惠栋、王鸣盛，洪氏之子龄孙传其史学。武进张惠言久游徽、歙，主金榜家，故兼言礼制，惟说《易》则同惠栋，确信谶纬，兼工文词。庄存与与张同里，喜言《公羊》，侈言微言大义，兄子绶甲传之，复昌言钟鼎古文，绶甲之甥有武进刘逢禄、长州宋翔凤，均治《公羊》，黜两汉古文之说。翔凤复从惠言游，得其文学，而常州学派以成。皖北之学莫盛于桐城，方苞幼治归氏古文，托宋学以自饰，继闻四明万氏之论，亦兼言三礼。惟姚、范校核群籍，不惑于空谈，及姚鼐兴，亦挟其古文宋学，与汉学之儒竞名，继慕戴震之学，欲执贽于其门，为震所却，乃饰汉学以自固，然笃信宋学之心不衰。江宁管同、梅曾亮均传其古文。惟里人方东树，作阮元幕宾，略窥汉学门径，乃挟其相传之宋学以与汉学为仇，作《汉学商兑》。故桐城之学自成风气，疏于考古，工于呼应顿挫之文,笃信程朱有如帝天,至于今不衰。惟马宗琏、马瑞辰间宗汉学。

浙中之士,初承朱彝尊之风,以诗词博闻相尚,于宋代以前之书籍束而勿观。杭世骏兴,始稍治史学,赵一清、齐召南兴,始兼治地理。惟余姚、四明之间,则士宗黄、万之学,于典章文献探讨尤勤。鄞县全祖望熟于乡邦佚史,继游李黻之门,又从词科诸公游,故所闻尤博。余姚邵景涵初治宋明史乘,所学与祖望近,继游朱珪、钱大昕门,故兼治小学。会稽章学诚亦熟于文献,既乃杂治史例,上追刘子玄、郑樵之传,区别古籍,因流溯源,以穷其派别,虽游朱珪之门,然所学则与戴震立异。及阮元秉钺越省,越人趋其风尚,乃转治金石校勘,树汉学以为帜。临海金鹗尤善言《礼》,湖州之士亦杂治《说文》古韵,此汉学输入浙江之始。厥后仁和龚丽正婿于段玉裁之门,其子自珍少闻段氏六书之学,继从刘申受游,亦喜言《公羊》,而校雠古籍又出于章学诚,矜言钟鼎古文,又略与常州学派近,特所得均浅狭,惟以奇文耸众听。仁和曹籀、谭献均笃信龚学,惟德清戴望受《毛诗》于陈奂,受《公羊》于宋翔凤,又笃嗜颜、李之学,而搜辑明季佚事又与全、邵相同,虽以《公羊》说《论语》,然所学不流于披猖。近人俞樾、孙诒让,则又确守王、阮之学,于训诂尤精。定海黄氏父子学糅汉宋,尤工说《礼》,所言亦近阮氏,然迥与龚氏之学异矣。若江北淮南之士,则继焦、黄而起者有江都凌曙。曙问故张惠言,又游洪榜之门,故精于言《礼》,兼治《公羊》,惟以说《礼》为本。时阮元亦乡居,故汉学益昌。先大父受经凌氏,改治《左传》,宝应刘宝楠兼承族父端临之学,专治《论语》,别有薛传均治《说文》,梅植之治《穀梁》。时句容陈立,丹徒汪芷、柳兴宗,旌德姚佩中,泾县包世荣、包慎言均寓扬州。山阳丁晏、海州许桂林亦往来邗水之间,并受学凌氏,专治《公羊》。芷治《毛诗》,兴宗通《穀梁》,佩中治汉《易》,世荣治《礼》,兼以《礼》释《诗》,慎言初治《诗》、《礼》,继改治《公羊》,桂林亦治《穀梁》,尤长历数,晏遍说群经,略近惠栋,然均互相观摩,互相讨论,故与株守之学不同。甘泉罗士琳受历数之学于桂林,尤精数学。时魏源、包世臣亦纵游江淮间,士承其风,间言经世,然仍以治经为本。

若夫燕京之中,为学士所荟萃。先是,大兴徐松治西北地理,寿阳祁颖士兼考外藩史乘,及道光中叶浸成风会,而颖士之子隽藻兼治《说文》,骤膺高位。由是,平定张穆、光泽何秋涛均治地学,以小学为辅,尤熟外藩佚事。魏源、龚自珍亦然。故考域外地理者,必溯源张、何。至王筠、许瀚、苗夔,则专攻六书,咸互相师友。

然斯时宋学亦渐兴。先是,赣省陈用光传姚鼐古文之学派,衍于闽中、粤西,故粤西朱琦、龙翰臣均以古文名,而仁和邵懿辰、山阳潘德舆均治古文理学,略与桐城学派相近。粤东自阮氏提倡,后曾钊、侯康、林伯桐均治汉学,守阮氏之传,至陈澧遂杂治宋学。朱次琦崛起,汉宋兼采,学蕲有用。曾国藩出,合古文理学为一,兼治汉学,由是学风骤易。黔中有郑珍、莫友芝倡六书之学,兼治校勘,至于黎庶昌,遂兼治桐城古文。闽中,陈寿祺确宗阮氏之学,其子乔枞杂治今文《诗》,至于陈捷南,则亦兼言宋学。湘中,有邓显鹤喜言文献,至于王先谦之流,虽治训故,然亦喜古文。是皆随曾氏学派为转移者也。惟湘中前有魏源,后有王闿运,均言《公羊》,故今文学派亦昌,传于西蜀东粤。此近世学派统系之可考者也。

厥观往古通人名德,百年千里,比肩接迹,曾不数数觏。今乃聚于二百年之中,师友讲习,渊源濡染,均可寻按,岂非风尚使然耶?晚近以来风尚顿异,浮云聚沤,千变百态,不可控搏,后生学子屏遗先哲,不独前儒学说湮没不彰,即近儒之书亦显伏不可见,谓非蔑古之渐哉!故论其流别,以考学术之起源,后来承学之士其亦兴起于斯。

(录自刘梦溪主编:《现代中国学术经典·黄侃 刘师培卷》,河北教育出版社 1996 年版。原载《国粹学报》第 28 期,1907 年 5 月 2 日。)

熊十力儒学学案

熊十力（1885—1968），原名继智，字子真，号逸翁，晚年又称漆园老人，湖北黄冈人。中国现代哲学家，现代新儒家代表人物之一。

熊十力生于贫苦农家，幼时曾为人牧牛，但自幼与众不同，曾口出"狂言"："举头天外望，无我这般人。"1899 年，被长兄送到乡村学校读书，但终因难耐管束而在半年之后离开，此后全靠勤奋自学。1905 年，考入湖北陆军特别小学堂。1919 年前后，执教于天津南开中学，不久结识梁漱溟。1920 年，经梁漱溟介绍，进入南京支那内学院从欧阳竟无研习佛学。1922 年，受梁漱溟等人的举荐，被蔡元培聘为北京大学主讲佛家法相唯识的特约讲师。1932 年，《新唯识论》文言文本出版。抗日战争爆发后，避难四川，任教于马一浮主持的复性书院，讲授宋明理学。撰写《中国历史讲话》一书，讲汉、满、蒙、回、藏五族同源，意在为各民族团结一心、共同抗日提供理论与历史依据。此后，又写成《读经示要》等关于儒学的著作，对胡适等人的"全盘西化"主张多有批判，但又能对传统儒学作较彻底的反思。1944 年，《新唯识论》语体文本出版。新中国成立后，以"特别邀请人士"身份参加首届全国政治协商会议，后被选为全国政协第二、三、四届委员。1968 年 5 月 23 日，于上海逝世。

熊十力是现代新儒家的重要开创者之一，在儒家哲学、佛教哲学、中国思想文化等方面都有重大建树，特别是在重建新儒学和儒家哲学本体论方面创获颇多，形成了新唯识论哲学思想体系。其哲学思想以儒为宗，融合佛学，发挥了易学、宋明理学中的陆王心学，以及佛教大乘空宗法相唯识之学。他认为,哲学的大旨在于穷究本体,宇宙万物是本体流行的迹相,本体并非是离开本心的外在境界,所以"天地万物皆吾一体"。本体流行即功能的显示,有翕和辟二极,翕凝成物,辟遍运为心,心物不二,两者是相反相成的辩证发展。在认识论方面,他强调返本求心,自证自识,无待于外求。其学说影响深远,在哲学界自成一体,《大英百科全书》称"熊十力与冯友兰为中国当代哲学之杰出人物"。其主要著作有《新唯识论》、《原儒》、《体用论》、《明心篇》、《佛家名相通释》、《乾坤衍》、《十力语要》、《十力语要初续》、《中国历史讲话》、《读经示要》等。

（法　帅）

新唯识论(语体文本)(节选)①

第一章　明　宗

今造此论,为欲悟诸究玄学者,令知一切物的本体,非是离自心外在境界,及非知识所行境界,唯是反求实证相应故。

译者按:本体非是离我的心而外在者。因为大全(大全即谓本体,此中大字不与小对)不碍显现为一切分。而每一分,又各各都是大全的。如张人,本来具有大全。故张人不可离自心而向外去求索大全的。又如李人,亦具有大全。故李人亦不可离自心而向外去求索大全的。各人的宇宙,都是大全的整体的直接的显现。不可说大全是超脱于各人的宇宙之上而独在的。譬如大海水(喻本体)显现为众沤(喻众人或各种物),即每一沤,都是大海水的全整的直接的显现。试就甲沤来说罢。他(甲沤)是以大海水为体,即具有大海水的全量的。又就乙沤来说罢。他(乙沤)也是以大海水为体,亦即具有大海水的全量的。丙沤,丁沤,乃至无量的沤,均可类推。据此说来,我们若站在大海水的观点上,大海水,是全整的现为一个一个的沤,不是超脱于无量的沤之上而独在的。又若站在沤的观点上,即每一沤,都是揽大海水为体。我们不要当他(每一沤)是各个微细的沤,实际上每一沤都是大海水的全整的直接的显现着。奇哉!奇哉!由这个譬喻,可以悟到大全不碍显现为一切分,而每一分又各各都是大全的。这真是玄之又玄啊!

又按:本体非是理智所行的境界者。熊先生本欲于量论广明此义。

---

① 这里节选的是该书第一章"明宗"和第七章"成物"(节录)。

但量论既未能作，恐读者不察其旨。兹本熊先生之意而略明之。学问，当分二途：曰科学，曰哲学（即玄学）。科学，根本从实用出发。易言之，即从日常生活的经验里出发。科学所凭借以发展的工具，便是理智。这个理智，只从日常经验里面历练出来。所以要把一切物事，看作是离我的心而独立存在的，非是依于吾心之认识他而始存在的。因此，理智只是向外去看，而认为有客观独存的物事。科学，无论发展到何种程度，他的根本意义，总是如此的。哲学，自从科学发展以后，他（哲学）的范围，日益缩小。究极言之，只有本体论，是哲学的范围。除此以外，皆是科学的领域。哲学所穷究的，即是本体。我们要知道，本体的自身，是无形相的，而却显现为一切的物事。但我们不可执定一切的物事，以为本体即如是。譬如假说水为冰的本体，但不可执定冰的相状，以为水即如冰相之凝固者然。本体是不可当做外界的物事去推求的。这个道理，要待本论全部讲完了才会明白的。然而吾人的理智作用，总是认为有离我的心而独立存在的物质宇宙。若将这种看法来推求本体，势必发生不可避免的过失。不是把本体当做外界的东西来胡乱猜疑一顿，就要出于否认本体之一途。所以说，本体，不是理智所行的境界。我们以为科学、哲学，原自分途，科学所凭借的工具（即理智）拿在哲学的范围内，便得不着本体。这是本论坚决的主张。

是实证相应者，名为性智（性智亦省称智）。这个智是与量智不同的。云何分别性智和量智。性智者，即是真的自己的觉悟。（此中真的自己一词，即谓本体。在宇宙论中，赅万有而言其本原，则云本体。在人生论中，克就吾人当躬而言其本原，则名真的自己。即此真己，在量论中，说名觉悟，即所谓性智。此中觉悟义深，本无惑乱故云觉，本非倒妄故云悟。）易言之，这个觉悟，就是真的自己。离了这个觉悟，更无所谓真的自己。此具足圆满的明净的觉悟的真的自己，本来是独立无匹的。以故，这种觉悟，虽不离感官经验，要是不滞于感官经验而恒自在离系的。他元是自明，自觉，虚灵无碍，圆满无缺，虽寂寞无形，而秩然众理已毕具，能为一切知识底根源的。

量智，是思量和推度，或明辨事物之理则，及于所行所历，简择得失等等的作用故，故说名量智，亦名理智。此智，元是性智的发用，而卒别于性智者。因为性智作用依官能而发现，即官能得假之以自用。（此中得者，言其可得，而非恒然。若官能恒假性智以自用，即性智毕竟不得自显。如谓奴恒夺主，无有主人得自行威命者，此岂应理之谈。）易言之，官能可假性智作用以成为官能之作用，迷以逐物，而妄见有外。（性智作用，以下省云性用。见有外者，以物为外故。）由此成习。（习者，官能的作用，迷逐外物，此作用虽当念迁谢，而必有余势续流不绝也。即此不绝之余势名为习。）而习之既成，则且潜伏不测之渊。（不测之渊，形容其藏之深也。）常乘机现起，益以障碍性用而使其成为官能作用。则习与官能作用恒叶合为一，以追逐境物。极虚妄分别之能事，外驰而不反，是则谓之量智。（以上意思，俟下卷明心章当加详。）故量智者，虽原本性智，而终自成为一种势用，迥异其本。（量智即习心，亦说为识，宗门所谓情见或情识与知见等者，皆属量智。）吾尝言，量智是缘一切日常经验而发展，其行相恒是外驰。（此中行相一词，行谓起解。相者相状，行解之相曰行相。外驰者，唯妄计有外在的物事而追求不已故。）夫唯外驰，即妄现有一切物。因此，而明辨事物之理则，及于所行所历，简择得失而远于狂驰者（狂驰犹俗云任感情盲动者也）。此固量智之悬解（"悬解"借用庄子语。量智有时离妄习缠缚而神解昭著者，斯云"悬解"。"悬"者形容其无所系也，"解"者超脱义，离系故云超脱），然以为真解则未也。（非真离系，即非真解。必妄习断尽，性智全显，量智乃纯为性智之发用，而不失其本然，始名真解。此岂易言哉！上云悬解者，特习根潜伏未甚现起耳。且习有粗细，粗者可暂伏，细者恒潜运而不易察也。）量智唯不易得真解故，恒妄计有外在世界，攀援构画。以此，常与真的自己分离（真己无外，今妄计有外，故离真己），并常障蔽了真的自己（攀援构画，皆妄想也，所以障其真己而不得反证），故量智毕竟不即是性智。此二之辨，当详诸量论，今在此论，唯欲略显体故。（本体亦省言体，后凡言体者仿此。）

哲学家谈本体者，大抵把本体当做是离我的心而外在的物事。因凭理智作用，向外界去寻求。由此之故，哲学家各用思考去构画一种境界，而建立为本体。纷纷不一其说。不论是唯心唯物，非心非物，种种之论，要皆以向外找东西的态度来猜度。各自虚妄安立一种本体，这个固然错误。更有否认本体，而专讲知识论者。这种主张，可谓脱离了哲学的立场。因为哲学所以站脚得住者，只以本体论是科学所夺不去的，我们正以未得证体，才研究知识论。今乃立意不承有本体，而只在知识论上钻来钻去，终无结果，如何不是脱离哲学的立场。凡此种种妄见，如前哲所谓道在迩而求诸远，事在易而求诸难，此其谬误，实由不务反识本心。易言之，即不了万物本原，与吾人真性，本非有二。（此中真性即谓本心，以其为吾人所以生之理则云真性，以其主乎吾身则曰本心。）遂至妄臆宇宙本体为离自心而外在，故乃凭量智以向外求索。及其求索不可得，犹复不已于求索，则且以意想而有所安立。学者各凭意想，聚讼不休，则又相戒勿谈本体。于是盘旋知识窠臼，而正智之途塞，人顾自迷其所以生之理。古德有骑驴觅驴之喻（言其不悟自所本有而妄向外求也），慨斯人之颠倒，可奈何哉。

　　前面已说，本体不是离我的心而外在的。这句话的意思，是指示他们把本体当做外界独存的东西来推度，是极大的错误。设有问言：既体非外在，当于何求？应答彼言：求诸己而已矣。求诸己者，反之于心而即是。岂远乎哉？不过，提到一心字，应知有本心习心之分。唯吾人的本心，才是吾身与天地万物所同具的本体，不可认习心作真宰也。（真宰者本心之异名，以其主乎吾身，而视听言动一皆远于非礼，物欲不得而干，故说为真宰。）习心和本心的分别，至后当详（下卷明心章）。今略说本心义相：一，此心是虚寂的（无形无象故说为虚，性离扰乱故说为寂）。寂故，其化也神（不寂则乱，恶乎神，恶乎化）；虚故，其生也不测（不虚则碍，奚其生，奚其不测）。二，此心是明觉的（离暗之谓明，无惑之谓觉）。明觉者，无知而无不知（无虚妄分别故云无知，照体独立，为一切知之源故云无不知）。备万理而无妄，具众德而恒如，是故万化以之行，百物以之成。群有不起于惑，反之明觉，不亦默然深喻哉。（哲学家谈宇宙缘起，有以为由盲目追求的意志者。此与数论言万法之生亦由于暗，伏曼容说万事起于惑，同一谬误。盖皆以习心测化理，而不曾识得本心，故铸此大错。《易》曰乾知大始，乾谓本心，亦即本体。知者明觉义，非知识之知。乾以其知而为万物所资始，孰谓物以惑始耶。万物同资始于乾元，而各正性命，以其本无惑性故。证真之言莫如《易》，斯其至矣。）是故此心（谓本心）即是吾人的真性，亦即是一切物的本体。或复难曰：黄檗有言，深信含生同一真性，心性不异，即性即心云云，此与孟子所言尽心则知性知天,遥相契应。(宋明理学家,有以为心未即是性者,此未了本心义。本心即是性,但随义异名耳。以其主乎身曰心,以其为吾人所以生之理曰性,以其为万有之大原曰天。故尽心则知性知天,以三名所表,实是一事,但取义不一而名有三耳。尽心之尽,谓吾人修为功夫,当对治习染或私欲,而使本心得显发其德用无有一毫亏欠也。故尽心,即是性天全显,故曰知性知天。知者证知,本心之炯然内证也,非知识之知。由孟子之言,则哲学家谈本体者,以为是量智或知识所行之境,而未知其必待修为之功笃实深纯,乃至克尽其心,始获证见,则终与此理背驰也。黄檗言即心即性,是有当于孟子。)然在我之心(本心亦省云心,他处准知)云何即是万物之本体?此犹难喻。答曰:汝所不喻者,徒以习心虚妄分别,迷执小己而不见性故也(性字注见前)。夫执小己,则歧物我,判内外。(内我而外物两相隔截。)故疑我心,云何体物。(体物犹云为万物之本体。)若乃廓然忘己,而澈悟寂然非空,生而不有,至诚无息之实理,是为吾与万物所共禀之以有生,即是吾与万物所同具之真性。此真性之存乎吾身恒是虚灵不昧即为吾身之主,则亦谓之本心。故此言心,实非吾身之所得私也,乃吾与万物浑然同体之真性也。然则反之吾心,而即已得万物之本体。(本体乃真性之异语,以其为吾与万物所以生之实理则曰真性。即此真性,是吾与万物本然的实相,亦曰本体,此中实相犹言实体。本然者,本来如此。德性无变易故,非后起故,恒自尔故。)吾心与万物本体,无二无别。其又奚疑?孟子云:"夫道,一而已矣。"此之谓也。

或复难言,说心,便与物对。(心待物而彰名,无物则心之名不立。)如何可言吾心,即是吾与万物所同具的本体?答曰:汝所谓与物对待的心,却是吾所谓习心。习心者,形气之灵(本心之发用,不能不凭官能以显,而官能即得假借之,以成为官能之灵明,故云形气之灵。非谓形气为本原而灵明是其发现也),成乎习。习成,而复与形气之灵叶合为一,以追逐境物,是谓习心。故习心,物化者也。与凡物皆相待相需,非能超物而为御物之主也。此后起之妄也,本心无对,先形气而自存。(先者,谓其超越乎形气也,非时间义。自存者,非依他而存故,本绝待故。)其至无而妙有也,则常遍现为一切物,而遂凭物以显。(本无形相,说为至无,其成用也,即遍现为一切物,而遂凭之以显,是谓至无而妙有。)故本心乃夐然无待,体物而不物于物者也。(体物者,谓其为一切物之实体,而无有一物得遗之以成其为物者也。不物于物者,此心能御物而不役于物也。)真实理体,无方无相。虽成物而用之以自表现,然毕竟恒如其性,不可物化也。此心即吾人与万物之真极,其复何疑。(真极即本体之异语。)

如前已说,本体唯是实证相应,不是用量智可以推求得到的。因为量智起时,总是要当做外在的物事去推度。如此,便已离异了本体,而无可冥然自证矣。然则如何去实证耶?记得从前有一西人,曾问实证当用什么方法。吾曰,此难作简单的答复,只合不谈。因为此人尚不承认有所谓本心,如何向他谈实证?须知,克就实证的意义上说,此是无所谓方法的。实证者何,就是这个本心的自知自识。换句话说,就是他(本心)自己知道自己。不过,这里所谓知或识的相状很深微,是极不显著的,没有法子来形容他。这种自知自识的时候,是绝没有能所和内外及同异等等分别的相状的,而却是昭昭明明,内自识的,不是浑沌无知的。我们只有在这样的境界中才叫做实证。而所谓性智,也就是在这样的境界中才显现的,这才是得到本体。前面说是实证相应者,名为性智,就是这个道理。据此说来,实证是无所谓方法的。但如何获得实证,有没有方法呢?应知,获得实证,就是要本心不受障碍才行。如何使本心不受障碍,这不是无方法可以做到的。这种方法,恐怕只有求之于中国的儒家和老庄以及印度佛家的。我在这里不及谈,当别为量论。

今世之为玄学者,全不于性智上着涵养功夫,唯凭量智来猜度本体,以为本体。是思义所行的境界,是离我的心而外在的境界,他们的态度只是向外去推求。因为专任量智的缘故。所谓量智者,本是从向外看物而发展的。因为吾人在日常生活的宇宙里,把官能所感摄的,都看作自心以外的实在境物,从而辨识他,处理他,量智就是如此而发展来。所以量智,只是一种向外求理的工具。这个工具,若仅用在日常生活的宇宙即物理的世界之内,当然不能谓之不当。但若不慎用之,而欲解决形而上的问题时,也用他作工具,而把本体当做外在的境物以推求之,那就大错而特错了。我们须知道,真理,唯在反求。我们只要保任着固有的性智(保者保持,任者任持。保任即常存持之,而无以惑染或私意障碍之也)。即由他(性智)的自明自识,而发见吾人生活的源泉。

这个在我底生活的源泉,至广无际,至大无外,至深不测所底,至寂而无昏扰,含藏万有,无所亏欠,也就是生天生地和发生无量事物的根源。因为我人的生命,与宇宙的大生命原来不二。所以,我们凭着性智的自明自识才能实证本体,才自信真理不待外求,才自觉生活有无穷无尽的宝藏。若是不求诸自家本有的自明自识的性智,而只任量智,把本体当做外在的物事去猜度,或则凭臆想建立某种本体,或则任妄见,否认了本体,这都是自绝于真理的。所以我们主张量智的效用是有限的,他(量智)只能行于物质的宇宙,而不可以实证本体,本体是要反求自得的。他(本体)就是吾人固有的性智,吾人必须内部生活净化和发展时,这个智才显发的。到了性智显发的时候,自然内外浑融(即是无所谓内我和外物的分界)冥冥自证,无对待相。(此智的自识,是能所不分的,所以是绝对的。)即依靠着这个智的作用去察别事物,也觉得现前一切物莫非至真至善。换句话说,即是与一切物,不复起滞碍想,谓此物便是一一的呆板的物,而只见为随在都是真理显见。到此境界,现前相对的宇宙,即是绝对的真实,不更欣求所谓寂灭的境地。(寂灭二字即印度佛家所谓涅槃的意思,后仿此。)现前千变万动的,即是大寂灭的;大寂灭的,即是现前千变万动的。不要厌离现前千变万动的宇宙而别求寂灭。也不要沦溺在现前千变万动的宇宙而失掉了寂灭境地。本论的宗极,只是如此的。现在要阐明吾人生命,与宇宙元来不二的道理,所以接着说唯识。

第七章　成　物

……

复次自然为一完整体故,其间各部分,互相通贯,而亦互为依持。(持者能持,谓能任持其自相,即有对其他一切部分而为主的意思。依者,依属于能持之谓。)此一部分,望彼彼部分而为能持,即彼彼皆为此作依属。(彼彼者,不一义。凡此外之一切,通以彼彼言之。)彼彼部分,亦复望此而为能持。即此通为彼彼作依属。彼彼相望,互为能待,互为依属。故一切即一(随举一部分为能持,其余一切部分皆依属于此一,而不相离异,故一切即一),一即一切(如上所说,一切即一。而此一复通与一切互为依持。故此一即是一切,非离一切而独在故)。大中见小

(一切为大,其一则小也。今以一为能持,而一切皆依于一。是以大从属于小,而不名为大矣。故云大中见小,摄无量世界于一微尘,世界不名大,此何足诧),小中见大(一虽小,而以一切为其依属,则小而大矣。故云小中见大,一微尘摄无量世界,何大如之。夫小失其小,大失其大,是小大相空也。相空,而其真始显)。万物互为依持,莫不为主,亦莫不相属。是以不齐而齐,玄同彼是(是,犹此也)。纷乎至赜,而实冥然无对也。

夫物皆互相依待。人类之在万物中也,浑然与万物同体。而惑者不知,反妄生区别,而离一己于天地万物之外,顾自视渺乎沧海之一粟也。善乎杨慈湖之说曰:"自生民以来,未有能识吾之全者,惟睹夫苍苍而清明而在上,始能言者名之曰天;又睹夫颓然而博厚而在下,又名之曰地。清明者吾之清明,博厚者吾之博厚,而人不自知也。人不自知而相与指名曰,彼天也,彼地也,如不自知其为我之手足,而曰彼手也,彼足也;如不自知其己之耳目鼻口,而曰彼耳目也,彼鼻口也。是何惑乎? 自生民以来,面墙者比比耶?"又曰:"不以天地万物万化万理为己,而惟执耳目鼻口四肢为己,是剖吾之全体而裂取分寸之肤也,是梏于六尺七尺之躯而自私也,自小也,非吾之躯止于六尺七尺而已也。坐井而观天,不知天之大也;坐六尺七尺之躯而观己,不知己之广也。"详此所云,甚有理致,然复须知,唯人类心灵特著。充其智,扩其量,毕竟足以官天地,府万物。(官天地者,人与天地同体,而复为天地之宰,所谓范围天地之化而不过者是也。)府万物者,孟子所谓"万物皆备于我"是也。其不幸迷惑而至自私自小者,非其本然也。故人类之在天地万物中也,殆犹大脑之在人体内,独为神明之司,感应无穷之总会焉。自然界之发展,至人类而益精粹,心灵于是乎昭现。斯盖真实之显,所不容掩遏者(真实,谓万物之本体),其不得谓之偶然也甚明。

复次据印度佛家说,凡无机物,皆谓无情(情者,情识。无情者,无有情识之谓),即无生命。而生物中如植物者,亦云无情、无生命(今俗云生命,大概就生机体具有生活的机能而言。本书生命一词,为本心之别名,则斥指生生不息之本体而名之,与通俗所云者不同,前注略而未详。印人以具有情识者,谓之有生命,但所云情识,并非克就本心言,与吾自不符,然其不以生命为物质的,则与吾之旨相近)。当时外道有主张植物有生命者,颇反对佛家的说法。后来生物学家,亦多谓植物有极暧昧的心理状态,即非无生命。其言出于推测,盖非诬妄,是则外道于义为长。或复问言:"无机物亦有心灵否?"应答彼言:无机物非无心灵。何以故?物依翕得名,心依辟得名,此义前已成立,兹不复赘。夫翕辟同体,而显诸用则异者。唯翕无辟,无化可言。(一名为变化,必是有待故。)唯辟无翕,亦无化可言。故翕辟本一体之动,要以反而相成。夫物成形体,则翕之所为也。而其周遍包含一切形体,及潜躯默运乎众形之中者,则辟之所为也。无机物资于翕故,凝为形体,亦资于辟故,含有精英。(此中精英一词,即谓心灵。然不直曰心灵者,盖在无机物中,心灵未得光显发皇,只是可说为一种微妙的力用,姑名以精英而已。)故谓其无心灵者,甚不应理。然无机物之结构未免钝浊(极简单而无精微灵巧之组织,曰钝。粗笨而不足为心灵发抒之具,曰浊),故虽本具心灵,终亦不得显发,而疑于无(疑之为首,谓虽似无,要非本无)。印度佛徒说器界为无情,无生命,非如理之谈也。(器界者,一切无机物之都称。)

综前所说,心非后于物而有,但物之结构,尚未能发展至有机物或人类的神经系之组织时,则心灵被障碍,而不得显发,要非本无。(或言心,或言心灵,皆随文便,他处准知。)颇复有难:"诚如翕辟成变之说,则心非后起固也。然真体之动,几于完全物化,即只见其翕而成物。而彼至神默运,即所谓辟或心者,纵说为无定在而无所不在,然心之能用物而资之以显发其自己也,则唯在有机物或人体之构造臻于精密时,始有可能耳。前乎此者,心唯锢蔽于物,而不得显发。据此,则心之力用甚微,奚以见其能宰物,而于心言唯耶?"答曰:甚哉子之固也。夫一切物之本体,无思也(思者,犹言意计构画),无为也(为者,谓立意造作),是不可以宗教家所谓神帝者拟之亦明矣。无思无为,即非有预定计划。而其显为大用也,一本于其德盛化神而不容已。(吾先哲于此,证会极深。此义广大渊微,难着言说,唯有智者冥悟焉可也。)如其有预定计划,则是有所为而为之。是以人之私意测大化,而与其不容已之实,大相刺谬矣。夫唯不容已之动,故唯变所适,而亦不能无差忒。盖动,则不能不有所收凝。(不有收凝,则浮泛而无据,此义前屡言之。)动之至疾,而收凝益甚。收凝则有分化,而成物滋多。(详前。)列子云:"天地,空中一细物耳。"无量星球,其广漠至不可思议。自凡情度之,一若本体完全物化,太空只是物质遍布耳。然一则极如如,寂兮寥兮,独立不改,周行而不殆之云,奚其然耶。(一极,谓本体。绝待故名一,万物之本始故名极。如如者,谓此本体恒如其性也。寂寥者,无形相也。独立,无匹也。不改,犹如如也。周行,谓其显为大用也。不殆,谓不易其性,故无危殆,亦同如如义。今谓本体既物化,故疑上述诸义为不然也。)明儒邓定宇有曰:"毕竟天地也多动了一下。"此语甚有义蕴。吾所谓动则不能无差忒者,亦此意也。须知本体是无思无为的,不可说为造物主。故无预定计划,唯一任其不容已之动,则难免差忒者,势也。坎卦,阳锢于阴。(☵之初爻及三爻皆阴,一阳居二,为阴所锢蔽。)阳者,吾所云辟,即本体自性之显也。阴者,吾所云翕,是将成物,即本体之动而反其自性者也。夫动,则不能无反,此未可以差忒言之。反之而或近于物化,乃至以物而障碍自性,是乃差忒也。夫天化广大(天化,犹云本体流行),本非有意安排(即无预定计划之谓)。故自然之运,有若失其贞常。坎卦之所示者,此而已矣。

　　夫天化不齐(天化,注见前。不齐者,谓其动而不能无差忒也),翕而成物,既已滋多,有物则不能无累,谓本体将因此而障碍自性也。然而,本体毕竟不可物化,毕竟不舍自性。(不舍者,不舍失也。犹云不变易。)方其动而翕时(谈至此,本无时间义,但为言说之便,姑置时字),即有刚健、升进、纯净、虚寂、灵明、及凡万德具备的一种势用,即所谓辟者,与翕俱显。(俱者,不相离异义。谓辟与翕本一体之动而势用有殊,实非可截为二。又两势相俱,非次第起,故置俱词。)于以默运乎翕之中,而包涵无外。(翕则成众物,而皆在辟所包涵之中。故辟乃绝待而无外,以其为本体自性之显也。)《易》于乾元言统天,亦此义也。(乾元,阳也,即辟也。此所云天,即苍然之天,实指一切星球而目之也。辟之势用,实乃控御诸天体,故言统天。夫诸天体,则物之最大者,且为辟之所统御,则无有一物不为辟之所运者,盖可知矣。吾人七尺之形,心为其宰,又不待言矣。)但辟之动翕(运即有统御义),必须经历相当的困难。翕既成物,则其势易以偏胜。何者?物成则浊重,辟之势用,未能骤转此浊重者而控御自如。易言之,即翕或物,足为辟或生命之障碍,而使生命堕于险陷。(生命一词,注见前。)此坎卦之所示也。生命之出乎险陷,有以物物(上物字,动词,谓能用物及主宰乎物也),而不物于物者(犹云不为物所障碍),必须有最大之努力,经长期之演进,始克奏肤功。《易》曰:"阴疑于阳,必战,为其嫌于无阳也。"(见坤卦)此中阴谓翕,阳谓辟。盖翕或物之势方盛,重浊难反。而辟或生命方被锢于重浊之物质,而不能显其统驭之力。故生命于物,若疑其侵蚀己也,则非奋战以破重浊之势,而控御之以从乎己,其有能自遂者乎,故曰"阴疑于阳必战也"。夫生命一息亡战,则物于物(犹云被侵蚀于物),而生命熄矣,故曰"为其嫌于无阳也"。生命以奋战故,始从无机物中,逐渐显发其力用。于是而能改造重浊之物质,以构成有机物,及从有机物渐次创进,至于人类,则其神经系特别发达。而生命乃凭之以益显其物物而不物于物之胜能。坎卦所为必次之以离者,其义于此可征。离之为卦,☲。阳则破除阴暗险陷以出。(坎卦阳陷阴中,离乃恰与之反。)辟以运翕也,阴履中道,而不为阳之障。(阴居二爻,名履中道。盖阴以顺从乎阳为中正,故以居中象之。)翕不碍辟也,由坎而离,则知天化终不爽其贞常。而险陷乃生命之所必经,益以见生命固具刚健、升进等等盛德。毕竟能转物而不至物化,毕竟不舍自性,此所以成其贞常也。

或复问言:"如公所说,本体流行,则以翕辟故反而成化。(故反者,谓若故意出此也,然本无意,盖理之自然耳。)翕则成物,疑于本体不守自性,而物化矣。然辟则自性之显也,终以战胜乎物,而消其滞碍。(物本滞碍,然为辟所转化,则滞碍消。)故本体毕竟常如其性。是说诚无可难。然本体流行,无预定计划,此固公所常言者。今谓辟或生命之战胜乎物也,固一步一步的创进(如自无机物,历有机物,以至人类),又似有计划预定者然。而公云无之,何耶?"答曰:天化者,自然耳。(老氏所谓自然,犹印度佛家所云法尔道理,法尔亦自然义。盖理之极至,非有所待而然,是谓自然。又此理体,其显现或流行,只是德盛而不容已,非有意造作而然,是谓自然。故此云自然义,与印度自然外道之旨截然不同。自然外道主张一切物皆自然生,如乌自然黑,鹄自然白云云。此世俗无知之说,无学理上的价值。玄奘等诋老子为自然外道,由其于老子全无所知故也。)岂尝有意造作哉。谓其预定计划,则是以人意测天化也,奚其可。夫自生命创进之迹而通观之(生命之表现,自无机物而有机物,以至人类,皆其创进之迹也),由一阶段进而为另一阶段(如在无机物为一阶段,进而为有机物,便为另一阶段。自植物以往,皆可准知),若有计划预定者然。抑知迹者幻象,而其所以迹者,固不可执迹以测之也。(所以迹者,谓天化,或生命自身的活动。)生命之创进本非盲目的冲动,可谓之有计划。而不可谓其计划出于预定。使其计划预定,则应为一成不变之型。何以其表现也,自无机物而有机物,乃至人类,有许多阶段的变异,曾无定型。(何以至此为句。)又在有机物未出现以前,生命犹被物质锢蔽,而难自显,是为险陷之象。如有预定计划,尤不应出此。或疑余为反对目的论者,然余于目的论,亦非完全反对。持目的论者,如果有预定的意义,则吾所不能苟同。如果讲得恰到好处,吾亦何反对之有。王船山解《易》,说"乾知大始"云:"今观万物之生,其肢体、筋脉、府藏、官骸,与夫根茎、枝叶、华实,虽极于无痕,而曲尽其妙,皆天之聪明,从未有之先,分疏停匀,以用地之形质而成之,故曰'乾知大始'。"(《易传》曰:"乾知大始。"乾者阳也,相当吾所谓辟。辟者,本体自性之显也。故于用而显体,则辟可名为体矣。体非迷暗,本自圆明。圆明者,谓其至明,无倒妄也,故以知言。大始者,自体言之,则此体显现而为万物。自万物言之,则万物皆资此真实之本体而始萌也。大始之大,赞词也。此中意云,本体具有灵明之知,而肇始万物,故云"乾知大始"。船山云用地之形质,实则地即形质,特以地为主词耳。此形质非别有本,盖即本体流行,不能无翕,翕便成形质,而本体或生命之显现,必用此形质以成物也,否则无所凭以显也。)船山所说,吾大体赞同。唯其云"天之聪明,从未有之先,分疏停匀,以用地之形质而成之",此则有计划预定之意,吾所不能印可。夫《易》言"乾知大始"者(乾,注见上),谓乾以灵知而肇始万物(知读智),不可妄计宇宙由迷暗的势力或盲目的意志而开发故(此处吃紧)。《易》之义止于此,并不谓乾之始万物也有其预定的计划。而船山乃谓"从未有之先,分疏停匀"云云,是与《易》义既不合。而其义之不可待,则吾前已言之矣。然本体之显现而为万物也,虽无预定计划,而不妨谓其有计划,只非预定耳。但此计划二字,须善会,非如人之有意计度也,其相深微而不可测。唯于其因物付物,而物皆不失其正。即此,知其非盲目的冲动,而谓之有计划也。(因物付物者,本体既显现而为万物,即是因物而付与之。如天也,地也,人也,物也,此一一物,皆本体之显现,即是本体因其所现之各物,而一一皆举其自身以全付之。详玩上卷《明宗章》大海水与众沤喻。)夫因物付物,则一任自然之化,未尝有预定之的,立一型以期其必然。(譬如大海水,现作众沤,乃自然耳。非以意为之型,而期众沤之必由乎一型也。)然物之成也,则莫不得其正。诸天之运行有序,天之正也。山川之流凝,各成其德(山之德凝,川之德流),山川之正也。动植物之构造,纤悉毕尽其妙,于以全生而凝命,动植物之正也。人之泛应万感,而中恒有主,不随感迁(如众色杂陈,而视其所当视,不随众色以眩惑也,是不随感迁。举此一例,可概其余),人生之正也。夫物之不齐,而莫不各葆其正。故知生命的本身是明智的,而非迷暗的。其创进也,则自其潜运于无机物中,以至表现于有机物,迄人类,其所以控御物质而显其力用者,当然不是一种盲冲乱撞,而确是有幽深的计划的。如船山所说,动植物的机体,分疏停匀,曲尽其妙(生机体,由简单而趋复杂,故云分疏;然各部分必互相均和调协,故云停匀),其有计划,显然可见。至其潜运于无机物中,则其计划隐而难知,而固非无也。《大易》随卦,颇著其义,是可玩已。随卦为震兑二卦之合,下三爻,震卦也;上三爻,兑卦也。

☷ 此卦,震阳在下,以从二阴。兑阳渐长,而犹从一阴,故名"随"。夫阴从阳,化之常也,道之正也。今阳从阴,何耶? 盖生命之显发也,不能不构成物,而用之以自显。(此中生命即谓辟。辟者,本体自性之显,故可说为本体。而生命既是斥指辟而名之,则亦即是斥指本体而名之也。故此生命一词,不同俗解。他处言生命者仿此。本体之流行,不能无翕。易言之,即生命不能不构成物也。)物成而重浊,生命不能遽尔控制自如,姑自潜以随乎物。震之一阳在下,以从二阴。(凡阳皆表生命或本体,凡阴皆表翕或物,他处言阴阳者仿此。)兑阳渐长,而犹不能已于随。阳虽长,而阴之重浊,必制之以渐故也。(如植物出现时,阳固稍长,而犹随阴,未能盛显阳之力用。必至动植物分化以后,阳乃以渐而制阴也。)王船山说随卦有曰:"阳虽随阴,而初阳资始。(震之一阳,潜而在下名初,为万物所资始。)以司帝之出。(震卦取象于帝,见前谈震卦中。谓震阳潜动,以出生万物,是为帝象。)虽顺阴以升,若不能自主。(顺者随义。生命之显也,必构成物,而始资之以自显。然物既成,则乃自有其权能。故生命始以物为工具,而终感工具之不易制,故必随顺之,而后乃渐转工具为己用。阳之顺以升,即此故也。)而阳刚不损其健行,可以无咎。"船山此说,大义粗著。然吾于随,而窃叹生命之运用物质，非无计划。其随也，正其计划也。生命在无机物的阶段中，并非完全被物质障碍（虽亦受其障碍）。而物方成重浊之势，生命于此不得不姑随之，而徐图转化，其计划亦只合如此耳。

问曰："公固曾言，天化之行也，无预定的计划。而公云天者，乃本体之名，本体亦说为生命。今乃复云，生命创进非无计划，但不预定。夫焉有计划而非预定者乎？计划之为言，所以筹策将来也。如何非预定耶？"答曰：汝不了我所谓计划一词之意义。吾前已说，计划者，非如人之有意计度也。其相深隐而不可测云云，夫未尝有意，未尝计度将来而定其趣。曷为而言计划哉？言计划者，明其非盲目的冲动也，无将也，无迎也。（有意规度未来曰将，有意奔趣未来曰迎。此人之所为也，天化本无意，何将迎之有。）健动而明（健以动，而大明内蕴，非迷乱驰流也），成物而用之，不失其正。（物者，生命所自成也，非物别有本也。用物则有物化之患，而能保其自性，以免于患，故物成，而终必实现生命的力用，非果物化也，是不失其正。）以故征知，虽非有意计度筹虑，而由生命恒能战胜物化之势，以显自力用故。（自者自己，设为生命之自谓。）知其本非盲目的冲动，故谓之有计划也。此计划一词，但显生命创进，绝非迷乱。并不谓为由筹度而始决定其行动，非拟天以人也。（人有意，而天无意也。）

复次生命是全体的。而必禽而成物以自表现，则于全体之中有分化焉。自其为全体言之，只是德盛而不容已。（注见前。）故唯变所适，并非于变之开端，而预计将如何以构造物，以为其所欲达之鹄。（此中变之开端一语，系顺俗计而言，实则变本无端。）前云无预定计划者，以此。（或问："唯变所适，则是前之于后，无所规定；后之于前，不必依准。如此则神变不可测，可谓绝对自由矣。"答曰：变也者，言乎生命之生生而不已。此生生不已者，前无所预期于后，后起续前，而不用其故。是以变无定准，唯随所之而已。然必要说个自由，亦是以情计去猜卜天化。须知，自由待不自由而后见。今谈到宇宙的大生命，本无所谓不自由，亦无所谓自由。）自其分化而言之，则浑全的生命，凭物以显（凭者，凭借），若成为各个体。（若之为言似也。生命毕竟是浑全的，谓成为各个体者，特缘物形而拟似之耳，非实然也。）生命用此个体为工具，以表现自己，必非迷暗的冲动，而有其随缘作主的明智。此可于其不肯物化而征之也，所谓有计划者此也。前云目的论，如讲到恰好处，则无可反对。意亦在此。

　　总之，生命的创进，从其为全体的，可说唯变所适，决没有预计如何去构造物而用之。如船山所说，动植物之机体，其构造极妙，皆天之聪明，从未有之先，便已预先计划妥当，此亦是一种目的论，却甚错误。船山此段话（见《周易稗疏》卷三），很容易被人误会他的言天，同于宗教家之上帝。其实，船山绝非宗教家。船山所谓天，盖指刚健不息之神而言。（此神的意义，却不是具有人格的。以其灵明微妙，而无所不在，无物非其所发现，故谓之神。）但船山说《易》，颇有二元论的意思。（船山说《大易》乾坤并建，乾表神明，坤表形质。）本论所云体用之旨，盖非船山所及悟，故非真知变者也。夫唯变所适，即其于物也，非有如何构造之预计。易言之，即未尝悬一型，以为其造物之鹄的。然而生命之表现，自不期而成物。（不期者，非有意造作万物故。）其所为不期而成者，盖德盛化神，不容已之几，故非意欲所存也。使其有意，则累于所欲，而生命且熄矣。故唯变所适，无有预立之鹄的以成物，而物无不成者，此自然之符也。（老氏言自然，意正在此。）然物成，而生命用之以自显，则其用物也，必有随缘作主之明智。因此，如船山所云，机体构造精妙，乃使物质不为碍，而终随己转，于以显其生生之盛。（此中己者，设为生命之自谓。）所谓计划或目的者，只合于此言之。（以上就生命用物言，则有计划或目的。随缘作主一语，即是有计划或目的之义。如是盲冲瞎撞，则随缘不得作主矣。然曰随缘作主，则又非如船山所谓从未有之先云云。）盖随缘，则非预计或预悬一的也。机体构造精妙云云，正是其随缘作主处。是故谈生命者，自其为全体言之。只是唯变所适，决没有如何去构造物的预计。自其为全体而有分化言之，则生命表现于其所不期而成之物质中，即成为各个独立的生物时，乃用物而能随缘作主，因以见其有计划或目的。前面所谓无预定计划，而又未始无计划者。至此，则其义蕴已竭尽无余。《大易》坎离二卦，明示生命跳出物质障锢之险陷，而得自遂。其仗以出险者，非计划或目的之谓欤。

　　附识：或问："公所谓生命，本依辟而名之也，然亦以为本体之名。夫辟与本体，义犹有辨。而生命一词，乃兼目之，何耶？"答曰：寂然无相是谓体。即此寂然无相者而现起有为，是谓用。（全体成用，非体在用外。譬如大海水，全成为众沤，非大海水在沤外。）用则有翕有辟。而翕便现为形物，其运乎翕而为之主者，乃辟也。故严格言用，唯辟是用。辟具刚健、升进、虚寂、清净、灵明或生化不息及诸万德。此本体自性之显也。故于用而识体，即可于辟说为体。（虽翕亦是体之呈现，但此中取义自别。）故生命一词，虽以名辟，亦即为本体之名。体用本不妨分说，而实际上究不可分为二片。达此旨者，则知本论生命一词，或依用受称者，乃即用而显体也。或斥体为目者，举体即摄用也。何尝有歧义乎？夫生命云者，恒妙恒新之谓生（恒者，无间断义。恒时是创造的，恒时是新新而不守其故的），自本自根之谓命（自本自根，用庄生语，自为本根，非从他生也。岂若宗教家别觅上帝或灵魂哉！）。二义互通，生即是命，命亦即是生故，故生命非一空泛的名词。吾人识得自家生命即是宇宙本体（举体即摄用，如前已说。此中宇宙一词，乃万物之都称），故不得内吾身而外宇宙。吾与宇宙，同一大生命故。此一大生命非可剖分，故无内外。内外者，因吾人妄执七尺之形为己为内，而遂以天地万物为外耳。

已说坎离，次谈艮兑二卦。

艮卦合上下两艮卦而成。如下所列：䷳。艮之义为止。此卦阴爻并隐伏于阳爻之下。阴有静止之象。（《易》之取象不拘一格，宜随各卦之情而玩味之。）阳，乾也，取象于天。（此中天者，空界之名，非谓星球。）故可以表本体。（空界清虚，故可以譬喻本体。凡象，犹譬喻也。）此卦即明本体固具许多潜能。（潜能者，潜言潜在，能谓可能性。）以其隐而未现，假说为静止之象，故此卦以艮立名。

兑卦合上下两兑卦而成。如下所列：䷹。兑卦爻象，恰恰与艮相反。

☶　艮

☱　兑

兑卦，阴爻居上，象其发现于外也。阳以象本体，复如前说。此卦明本体所固具的许多可能性，于潜隐中自当乘几而发现于外。（几者，自动之几，非外有可乘之几也。）由潜而显，化几通畅，故有欣悦之象。

（兑卦取象于泽，《说卦》云："说万物者，莫大乎泽。"以泽润生万物，故万物皆说。故兑卦象泽者，即表欣说的意义。）此兑卦所由立名。（《正义》曰："兑，说也。"）

……

综前所说，以八卦表示体用，与翕辟诸大义，靡不包举无遗。物理世界所由成立，于此已悉发其蕴矣。

本章首刊定旧师（印度佛家唯识论师）建立物种以说明物界，实为妄计。（物种旧云相分种子。）次依本体流行有其翕的方面，翕则分化，于是成立小一系群，由此施设物界。夫有物有则，故范畴非纯属主观，而申论及此。终之以八卦，则大义无不毕举。是故穷极物理，本无有如俗所计之物。但依真实流行，则不妨随俗施设物。（真实谓本体，流行则有翕之方面，依此而假说物界。）俗情于此，庶几无怖也欤。（俗情执物，闻无物则起惊怖。）

复次物理世界，或无量星球，虽复幻相宛然（物理世界实依翕的势用，诈现迹象，而假为之名耳。迹象者，幻相也，本非固定的物事，而现似实物，故云宛然），要有一期成毁。（一期者，如地球自其初凝，迄至毁时，说为一期。凡物有成必有毁，无有一成而恒住不毁灭者。）昔邵尧夫说天地当坏灭，学者或疑其怪诞。然近世科学家，并不否认现在的星球是在消蚀与放射，则尧夫不为臆说矣。但科学家或计远空某处，得因是处放射，又凝成物质。因此，如是处的宇宙不幸濒于死亡，而别一新天地却正在创造中。此新天地的构成，并非以旧天地的余烬为原料，而是旧天地燃烧时所发的放射，又凝成新天地。这种轮回宇宙说，虽若有可持之理由，而仍有许多科学家，据热力学第二定律，承认宇宙间死热一定继续增加。因判定轮回宇宙的观念，是一种荒谬的思想。上来主张与反对之二方面，吾侪诚难为左右祖。然吾终相信，无量宇宙或一切星球，决定要遇到坏灭之神降临，无法避免。但是，我亦决非持断见论者。（断见者，谓如宇宙灭已，更不复生，是谓断灭见。）我相信宇宙的本体总是至诚无息的，是要现为大用，流行不已的。因此，可以设想宇宙整个坏灭之后，也许要经过相当时期的混沌境界（混沌，无物貌），然后又从新形成无量的宇宙。设问："何故须经一混沌时期？"我的答案是，物物之极其大者，其成也不能不以渐。（印度佛家把诸星球或天地，总名为大，以其相状极大故。）如前已说，本体流行有其翕的方面。此翕的势用，虽复刹那生灭，而恒相续流故，即此无间的势用（刹那刹那，都是前前灭尽，后后续生，故云无间），渐渐转故，现似大物。非可不由积渐，瞥然骤现一新天地也。（瞥然，形容其时之暂。）夫物者，世间相也。（曰天地、曰宇宙或星球，皆物之别名耳。世间相者，谓此物相，乃世间情计执著，以为有如是物耳。）其本相，则前所谓翕的势用是也。翕势，前刹那才起即灭，而有余势，相状宛然。（余势者，譬如香灭已，而有余臭宛然。）后刹那似前势续起，虽起已即灭，复有余势，相状宛然。刹那刹那，生灭灭生，递积余势，其相状以渐增盛，是名大物，故物相之成也必以渐。新天地之生，可信为理所必有。但非必当旧天地灭时，即代之以起，若与之紧相接续也。

问曰："天地不能无成毁。虽毁已，当复成。而值其毁时，则人类之一切努力，一切创造，毕竟归空无。然则吾人既知其必毁，而何以为安心立命之地耶？"答曰：有心求安，是心则妄，而非其真。有命自天（"命"字有多义。略言之，一、流行谓命，如云本体之流行是也。二、缘会或遭遇谓之命，如俗云命运是也。三、物所受为命。夫人物所以生之理，不由后起。因假说为天之所赋予，而人物受之以为命也。此中命字，属第三义，实即斥指人与万物所同具之本体而名之也），万仞壁立（形容其至高无上）。《易》云以至。（《易》曰："穷理尽性以至于命。"理性命三名虽异，而所目则一。绝对真实，物禀之以成形，人禀之以有生，故谓之命。克就其在人而言，则谓之性。以其散著而为万物万事，悉有理则，复说为理。穷者，博通而约守之，即散著以会归大本。尽者，全其在己之性，而无以后起之私染障害之也。至字义深，与命为一，方是至。）老则云复。（老子曰："归根复命。"人自有生以后，囿于形，缚于染污之习，渐以浩亡其本命，故须复也。《大易》复卦即此意。上归根二字，与复命义同。）佛亦有言：证大法身。（法身者，佛说万物之本体，名为真如，亦名法身。身者自体义。以是一切法实体故，名法身。诸佛即以法身为自体故。更有余义，此姑不详。证者，证得。诸佛证得此法身故。夫佛所谓证得法身，与儒老所云复命、至命，无异旨也。盖体合至真，即超越物表矣。诣乎此者，是立人极。离常无常及有无相，离字一气贯下读之。以为常耶而万变无穷，是离常相。以为无常耶而真净刚健，其德不易，其性不改,是离无常相。以为有耶而寂然无象,是离有相。以为无耶而万物由之以成,是离无相。)离去来今及自他相。(真体超时空,故离去来今相,举时,则空相亦离可知。证悟真体,便无物我可分,故离自他相。)染污不得为碍(自性清净故),戏论于兹永熄(非戏论安足处所故,非思议所行境界故),是盛德之至也。何以名之?吾将名之曰"无寄真人",亦名"大自在者"(自在略有二义。一、离一切缚义。二、神用不可测义)。夫无寄则至矣,何天地成毁之足论。

上来施设物界,今次当详心法。

〔录自熊十力著,中国哲学会、中国哲学研究委员会主编:《新唯识论》(语体文本),重庆商务印书馆1944年版。〕

张君劢儒学学案

　　张君劢(1887—1969),原名嘉森,字士林,号立斋,别署"世界室主人",笔名君房,江苏宝山(今属上海市宝山区)人。中国民主社会党领袖,现代新儒家代表人物之一。

　　张君劢生于一个儒医兼经商的家庭。1899 年,考入上海江南制造局广方言馆。1902 年,应宝山县乡试,中秀才。1906 年,考入日本早稻田大学修习法律与政治学。留学期间,结识了亦师亦友的梁启超,并参与梁启超主持的"政闻社"。1910 年,毕业于早稻田大学,获政治学学士学位。回国应试于学部,取得殿试资格,次年经殿试被授予翰林院庶吉士。1913 年,赴德入柏林大学攻读政治学博士学位。1915 年回国后,任上海《时务新报》总编、段祺瑞所设的"国际政务会"书记长、冯国璋总统府秘书等职务。1918 年,随梁启超赴欧洲考察,之后留在德国师从倭铿学习哲学,又常往法国求教于柏格森,广泛学习西方的唯意志论和生命哲学。1926 年,与李璜合办《新路》杂志。1932 年,与张东荪一起召集"国家社会党"筹建会,创办《再生》杂志。1934 年,任国民党中央总务委员会委员、国民参政会参议员,后任中国民主政团同盟常委、民社党主席等职。历任北京大学、燕京大学、中山大学教授,上海国立自治学院、民族文化学院院长。1949 年,经澳门去印度。1951 年,寓居美国。1969 年 2 月 23 日,于美国旧金山病逝。

　　张君劢思想上倾向于孔孟之道和宋明儒学,又糅合柏格森的生命哲学。1923 年,在清华大学发表关于人生观的讲演,由此引发学界的科玄论战,是当时玄学派和东方精神文明派的主要代表人物。与梁漱溟、熊十力等积极倡导儒学的现代发展，主张超越一切门户之见，在新的世界潮流中实现儒学复兴。他认为，宋儒的"理性之自主"、"心思之体用"、"德性之知和致知格物"等思想，都可以"为东西古今思想之共同基础"，应坚持以理学传统作为复兴儒学的起点。1958 年，与唐君毅、牟宗三、徐复观联名发表《为中国文化敬告世界人士宣言》。其主要著作有《中西印哲学文集》、《新儒家哲学发展史》、《思想与社会序》、《民族复兴之学术基础》等。

（法　帅）

人 生 观

诸君平日所学,皆科学也。科学之中,有一定之原理原则,而此原理原则,皆有证据。譬如二加二等于四;三角形中三角之度数之和,等于两直角:此数学上之原理原则也。速度等于以时间除距离,故其公式为 $s=d/t$;水之元素为 H_2O:此物理化学之原则也。诸君久读教科书,必以为天下事皆有公例,皆为因果律所支配。实则使诸君闭目一思,则知大多数之问题,必不若是之明确,而此类问题,并非哲学上高尚之学理,而即在于人生日用之中。甲一说,乙一说,漫无是非真伪之标准。此何物欤? 曰:是为人生。同为人生,因彼此观察点不同,而意见各异,故天下古今之最不统一者,莫若人生观。

人生观之中心点,是曰我。与我对待者,则非我也。而此非我之中,有种种区别。就其生育我者言之,则为父母;就其与我为配偶者言之,则为夫妇;就我所属之团体言之,则为社会为国家;就财产支配之方法言之,则有私有财产制公有财产制;就重物质或轻物质言之,则有精神文明与物质文明。凡此问题,东西古今,意见极不一致,决不如数学或物理化学问题之有一定公式。使表而列之如下:

(一)就我与我之亲族之关系 { 大家族主义
小家族主义

(二)就我与我之异性之关系 { 男尊女卑
男女平等
自由婚姻
专制婚姻

(三)就我与我之财产之关系 { 私有财产制
公有财产制

（四）就我对于社会制度之激渐态度 $\begin{cases} \text{守旧主义} \\ \text{维新主义} \end{cases}$

（五）就我在内之心灵与在外之物质之关系 $\begin{cases} \text{物质文明} \\ \text{精神文明} \end{cases}$

（六）就我与我所属之全体之关系 $\begin{cases} \text{个人主义} \\ \text{社会主义（一名互助主义）} \end{cases}$

（七）就我与他我总体之关系 $\begin{cases} \text{为我主义} \\ \text{利他主义} \end{cases}$

（八）就我对于世界之希望 $\begin{cases} \text{悲观主义} \\ \text{乐观主义} \end{cases}$

（九）就我对于世界背后有无造物主义之信仰 $\begin{cases} \begin{cases} \text{有神论} \\ \text{无神论} \end{cases} \\ \begin{cases} \text{一神论} \\ \text{多神论} \end{cases} \\ \begin{cases} \text{个神论} \\ \text{泛神论} \end{cases} \end{cases}$

凡此九项，皆以我为中心，或关于我以外之物，或关于我以外之人，东西万国，上下古今，无一定之解决者，则以此类问题，皆关于人生，而人生为活的，故不如死物质之易以一例相绳也。试以人生观与科学作一比较，则人生观之特点，更易见矣。

第一，科学为客观的，人生观为主观的。科学之最大标准，即在其客观的效力。甲如此说，乙如此说，推之丙丁戊己无不如此说。换言之，一种公例，推诸四海而准焉。譬诸英国发明之物理学，同时适用于全世界；德国发明之相对论，同时适用于全世界。故世界只有一种数学，而无所谓中国之数学，英国之数学也；世界只有一种物理学化学，而无所谓英法美中国日本之物理化学也。然科学之中，亦分二项：曰精神科学，曰物质科学。物质科学，如物理化学等；精神科学，如政治学、生计学、心理学、哲学之类。物质科学之客观效力，最为圆满；至于精神科学，次之。譬如生计学中之大问题，英国派以自由贸易为利，德国派以保护贸易为利，则双方之是非不易解决矣；心理学上之大问题，甲曰智识起于感觉，乙曰智识以范畴为基础，则双方之是非不易解决矣。然即以精神科学论,就一般现象而求其平均数,则亦未尝无公例可求,故不失为客观的也。若夫人生观则反是:孔子之行健与老子之无为,其所见异焉;孟子之性善与荀子之性恶,其所见异焉;杨朱之为我与墨子之兼爱,其所见异焉;康德之义务观念与边沁之功利主义,其所见异焉;达尔文之生存竞争论与哥罗巴金之互助主义,其所见异焉。凡此诸家之言,是非各执,绝不能施以一种试验,以证甲之是与乙之非。何也?以其为人生观故也,以其为主观的故也。

第二,科学为论理的方法所支配,而人生观则起于直觉。科学之方法有二:一曰演绎的,一曰归纳的。归纳的者,先聚若干种事例而求其公例也。如物理化学生物学所采者,皆此方法也。至于几何学,则以自明之公理为基础,而后一切原则推演而出,所谓演绎的也。科学家之著书,先持一定义,继之以若干基本概念,而后其书乃成为有系统之著作。譬诸以政治学言之,先立国家之定义,继之以主权、权利、义务之基本概念,又继之以政府内阁之执掌。若夫既采君主大权说于先,则不能再采国民主权说于后;既主张社会主义于先,不能主张个人主义于后。何也?为方法所限也,为系统所限也。若夫人生观,或为叔本华、哈德门的悲观主义,或为兰勃尼孳、黑智尔之乐观主义,或为孔子之修身齐家主义,或为释迦之出世主义,或为孔孟之亲疏远近等级分明,或为墨子、耶稣之泛爱。若此者,初无论理学之公例以限制之,无所谓定义,无所谓方法,皆其自身良心之所命起而主张之,以为天下后世表率,故曰直觉的也。

第三,科学可以以分析方法下手,而人生观则为综合的。科学关键,却在分析。以物质言之,昔有七十余种元素之说,今则分析尤为精微,乃知此物质世界不出乎三种元素:曰阴电,曰阳电,曰以太。以心理言之,视神经如何,听神经如何,乃至记忆如何,思想如何,虽各家学说不一,然于此复杂现象中以求其最简单之元素,其方法则一。譬如罗素氏以为心理元素有二:曰感觉,曰意象。至于杜里舒氏,则以为有六类,其说甚长,兹不赘述。要之皆分析精神之表现也。至于人生观,则为综合的,包括一切的,若强为分析,则必失其真义。譬诸释迦之人生观,曰普度众生。苟求其动机所在,曰,此印度人好冥想之性质为之也;曰,此印度之气候为之也。如此分析,未尝无一种理由,然即此所分析之动机,而断定佛教之内容不过尔尔,则误矣。何也?动机为一事,人生观又为一事。人生观者,全体也,不容于分割中求之也。又如叔本华之人生观,尊男而贱女,并主张一夫多妻之制。有求其动机者,曰,叔本华失恋之结果,乃为此激论也。如此分析,亦未尝无一种理由。然理由为一事,人生观又为一事。人生观之是非,不因其所包含之动机而定。何也?人生观者,全体也,不容于分割中求之也。

第四,科学为因果律所支配,而人生观则为自由意志的。物质现象之第一公例,曰有因必有果。譬诸潮汐与月之关系,则因果为之也。丰歉与水旱之关系,则因果为之也。乃至衣食足则盗贼少,亦因果为之也。关于物质全部,无往而非因果之支配。即就身心关系,学者所称为心理的生理学者,如见光而目闭,将坠而身能自保其平衡,亦因果为之也。若夫纯粹之心理现象则反是,而尤以人生观为甚。孔席何以不暇暖?墨突何以不得黔?耶稣何以死于十字架?释迦何以苦身修行?凡此者,皆出于良心之自动,而决非有使之然者也。乃至就一人言之,所谓悔也,改过自新也,责任心也,亦非因果律所能解释,而为之主体者,则在其自身而已。大之如孔墨佛耶,小之如一人之身,皆若是而已。

第五,科学起于对象之相同现象,而人生观起于人格之单一性。科学中有一最大之原则,曰自然界变化现象之统一性(uniformity of the course of nature)。植物之中,有类可言也;动物之中,有类可言也;乃至死物界中,亦有类可言也。既有类,而其变化现象,前后一贯,故科学中乃有公例可求。若夫人类社会中,智愚之分有焉,贤不肖之分有焉,乃至身体健全不健全之分有焉。因此之故,近来心理学家,有所谓智慧测验(mental test);社会学家,有所谓犯罪统计。智慧测验者,就学童之智识,而测定其高下之标准也。高者则速其卒业之期,下者则设法以促进之,智愚之别,由此见也。犯罪统计之中所发见之现象,曰冬季则盗贼多,以失业者众也;春夏秋则盗贼少,以农事忙而失业者少也。如是,则国民道德之高下,可窥见也。窃以为此类测验与统计,施之一般群众,固无不可。若夫特别之人物,亦谓由统计或测验而得,则断断不然。哥德(Goethe)之《佛乌斯脱》(Faust),但丁(Dante)之《神曲》(Divine Comedy),沙士比尔(Shakespeare)之剧本,华格那(Wagner)之音乐,虽主张精神分析,或智慧测验者,恐亦无法以解释其由来矣。盖人生观者,特殊的也,个性的也,有一而无二者也。见于甲者,不得而求之于乙;见于乙者,不得而求之于丙。故自然界现象之特征,则在其互同;而人类界之特征,则在其各异。唯其各异,吾国旧名词曰先觉,曰豪杰;西方之名曰创造,曰天才,无非表示此人格之特性而已。

就以上所言观之,则人生观之特点所在,曰主观的,曰直觉的,曰综合的,曰自由意志的,曰单一性的。唯其有此五点,故科学无论如何发达,而人生观问题之解决,决非科学所能为力,惟赖诸人类之自身而已。而所谓古今大思想家,即对于此人生观问题,有所贡献者也。譬诸杨朱为我,墨子兼爱,而孔孟则折衷之者也。自孔孟以至宋元明之理学家,侧重内心生活之修养,其结果为精神文明。三百年来之欧洲,侧重以人力支配自然界,故其结果为物质文明。亚丹斯密,个人主义者也;马克斯,社会主义者也;叔本华、哈德门,悲观主义者也;柏刺图、黑智尔,乐观主义者也。彼此各执一词,而决无绝对之是与非。然一部长夜漫漫之历史中,其秉烛以导吾人之先路者,独此数人而已。

思潮之变迁,即人生观之变迁也。中国今日,正其时矣。尝有人来询曰,何者为正当之人生观?诸君闻我以上所讲五点,则知此问题,乃亦不能答复之问题焉。盖人生观,既无客观标准,故唯有返求之于己,而决不能以他人之现成之人生观,作为我之人生观者也。人生观虽非制成之品,然有关人生观之问题,可为诸君告者,有以下各项:曰精神与物质,曰男女之爱,曰个人与社会,曰国家与世界。

所谓精神与物质者:科学之为用,专注于向外,其结果则试验室与工厂遍国中也。朝作夕辍,人生如机械然,精神上之慰安所在,则不可得而知也。我国科学未发达,工业尤落人后,故国中有以开纱厂丝织厂创航业公司自任,如张季直、聂云台之流,则国人相率而崇拜之。抑知一国偏重工商,是否为正当之人生观,是否为正当之文化,在欧洲人观之,已成大疑问矣。欧战终后,有结算二三百年之总账者,对于物质文明,不胜务外逐物之感。厌恶之论,已屡见不一见矣。此精神与物质之轻重,不可不注意者一也。

所谓男女之爱者:方今国内,人人争言男女平等,恋爱自由,此对于旧家庭制度之反抗,无可免者也。且既言解放,则男女社交,当然在解放之列。然我以为一人与其自身以外相接触,不论其所接触者为物为人,要之不免于占有冲动存乎其间,此之谓私,既已言私,则其非为高尚神圣可知。故孟子以男女与饮食并列,诚得其当也。而今之西洋文学,十书中无一书能出男女恋爱之外者,与我国戏剧中,十有七八不以男女恋爱为内容者,正相反对者也。男女恋爱,应否作为人生第一大事,抑更有大于男女恋爱者,此不可不注意者二也。

所谓个人与社会者:重社会则轻个人之发展,重个人则害社会之公益,此古今最不易解决之问题也。世间本无离社会之个人,亦无离个人之社会。故个人社会云者,不过为学问研究之便利计,而乃设此对待名词耳。此问题之所以发生者,在法制与财产之关系上尤重。譬诸教育过于一律,政治取决于多数,则往往特殊人才为群众所压倒矣。生计组织过于集中,则小工业为大工业所压倒,而社会之富集中于少数人,是重个人而轻社会也。总之,智识发展,应重个人;财产分配,应均诸社会;虽其大原则如是,而内容甚繁,此亦不可不注意者三也。

至于国家主义与世界主义之争:我国向重平和,向爱大同,自无走入偏狭爱国主义之危险,然国中有所谓国货说,有所谓收回权利说,此则二说之是非尚在未决之中,故亦诸君所应注意者也。

方今国中竞言新文化,而文化转移之枢纽,不外乎人生观。吾有吾之文化,西洋有西洋之文化。西洋之有益者如何采之,有害者如何革除之;凡此取舍之间,皆决之于观点。观点定,而后精神上之思潮,物质上之制度,乃可按图而索。此则人生观之关系于文化者所以若是其大也。诸君学于中国,不久即至美洲,将来沟通文化之责即在诸君之双肩上。所以敢望诸君对此问题时时放在心头,不可于一场演说后便尔了事也。

(录自张君劢等:《科学与人生观》,亚东图书馆 1923 年版。原文为张君劢于 1923 年 2 月 14 日在清华大学所作之演讲,载《清华周刊》第 272 期,1923 年 3 月 9 日。)

明日之中国文化

过去政治社会学术艺术成绩之评判

吾族立国东亚,已垂三四千年之久,而近数十年来,有岌岌不能自保之势;是吾族文化是否有存在于今后之价值,乃当前之大问题也。自鸦片战后之对外失败观之,吾族文化,在学术上、政治上、技术上,无一事堪与外人并驾者,乃有变法与革命之举;此西化之说所以日昌也。近年马克思与共产之说风行一时。最近以效法外人而无效之故,有提倡中国本位文化或复古之说以抗之者。三四千年历史之要点,已如上述;兹更举吾国文化总体中之政治、学术、宗教、艺术之与欧洲不同者,约略言之。必先知既往之得失,乃可语夫今后之出路也。

(一)政治方面

第一,吾国政治上之特点为人所共见者,是为君主专制政治。以一人高拱于上,内则有六部九卿,外则有封疆大吏与府县亲民之官;此一人而贤明也,则一国治,一人而昏愚也,则一国乱。除此一人之外,社会上无如欧洲所谓贵族阶级,世世代代保有其社会上政治上之特权,可以牵制此一人所作所为者。故吾国过去政治之大病,第一在于无社会基础。

欧美人中有谓吾国之专制政治,即令有无数缺点,然自其所统治之人民之众、地域之广,及其在司法与行政上能保持相当之秩序言之,可称为人类文化大成绩之一。若此大一统之君主专制,以之与求而不得之印度相较,则其优点尤为明显。吾以为此种君主专制政治,与其说在政治上有成绩,不如说在文化上有成绩。此君主一人高高在上,以考试制度录取多士,以四书五经为基本典籍,令全国儿童而习之;凡有意入仕途者,不能不读书,不能不考试,不能不受朝廷之任命。由此之故,孔孟思想,乃广及乎全国,而成为思想之中心。且由此方法,乃有今日四万万同文之同胞,此即文化上之成绩也。

政治上因君主制度连累以起者,有篡弑之祸、有宦官之祸、有宫戚之祸、有王室子弟相残之祸、有流寇之祸、有群小包围之祸。其所造成之国民,则四万万人中有蠢如鹿豕者、有奴颜婢膝者、有各人自扫门前雪者、有敷衍塞责者。凡西方所谓独立人格,勇于负责与为国牺牲之精神,在吾绝无所闻,绝无所见。自近年政体改革以还,宪政之难行、选举之舞弊、与夫"做官欲"之强、权利心之炽,谓为皆君主专制政治之造孽可焉。

(二)社会方面

第二,中国社会上之特点,可以"家族主义"名之。自周秦以降,久已确立敬宗尊祖之习;更以丧服之制定其亲疏之差;以姓以氏为社会分子团结之唯一基础。古代如此,今日内地之乡村如此,今日海外之侨民如此;可知此种思想之入于人心者深。吾国家族由男子承继,子孙多、族人众,足为同族光宠;人口增加之速,即由于此。一家中婆媳姑嫂妯娌之不和,殆为各地同一之现象;名为同堂,实则彼此相待如仇敌。各族祠堂中积有财产,以培养其同族子弟之能读书者,不可谓非互助之一法。惟既以家族为单位,而个人失其独立之价值。古代刑法上有所谓夷三族夷九族之刑,至明之方孝孺尚举十族以殉一人;可知宗族制度之惨酷至于何等。子弟既与父兄同居,以有父兄可依,不务正业,浪费家财,即名门贵胄,传一世二世之后,未有不衰亡者;以视欧洲贵族能传数百年之久者,迥不相同。近年以来,居民咸集于都市,其居上海天津者,皆局促于小屋中,虽欲于祖宗生死之日,尽其祭奠之礼,远不如昔日高堂大厦中之诚敬。家祠中每年春秋两祭,对于子弟之远在异方者,不能促之使返。况乎自海外留学归国者,见夫欧美一夫一妇同居之习,故近年反对大家族而实行小家族制度者,已遍南北矣。

(三)学术方面

第三,自学术方面言之,春秋战国之末,为吾国思想勃兴时代,有儒墨道名法诸家，此外更有兵家阴阳家等；循此轨道而发挥之，吾国学术或可不至如今日之落后。然其所以有今日者，不外二故：一曰文字之障碍；二曰理论思想之缺乏。

1. 吾国古代文字，有所谓蝌蚪与大篆，小篆出于秦时，至汉代更有隶书八分与真行草诸体。因此字体之不同，不免鲁鱼亥豕之误，此犹传写时笔画脱漏之所致也。乃自秦始皇焚书后，汉儒搜拾灰烬，旧典籍先后发见，其中因古文本今文本之不同，而生学派之差别。汉时已陷于"释五字之文至于二三万言"之弊，后世乃以训诂考证为专门之学，可知吾国学者束缚于文字之苦者为何如。此乃吾族二千余年来学术上最可怜之一事，西方所无而吾国独有之现象也。由此文字之递变，乃生古书难解之大病：第一、有所谓校勘之学，"也"字可作"他"字，"议"字可作"仪"字，此校勘家之功也；第二、有所谓训诂之学，光被四表之"光"字可与"充"字与"横"字相通，此戴震所发见者也；第三、《尚书》中"无偏无颇遵王之义"一句中，有唐代"颇""陂"之争，有"义"读"我"之争，此属于音韵者也；第四、有考订全书真伪之争，如《尚书》之真伪，其尤著者也。更举若干例，以明古书之难读：如《礼·射义》"发而不中，则不怨胜己者，求反诸己而已"，王念孙谓"求反诸己"，文义不顺。盖涉上文"求正诸己"而误也。然又有人谓"求反诸己"，犹言"反求诸己"倒文成句也。亦有因古代器具之亡，而字义不可解者：如《论语》云"觚不觚"，朱注曰："或曰酒器，或曰木简，器亡而义亦晦矣。"又有古代之字，今日全不解者：如《论语》云"高宗谅阴"；朱子谓"天子之丧未详其义"。凡此诸端，可以见字体之变，影响典籍、意义与治经者为何如。更有因年代久远而来历不明，乃不能不加以考据者：如老子为何时人，左丘明为何时人，因其人来历之不明，其与他人之关系，如老子在孔子之前或后，左丘明与公、穀之关系，皆不免于甲一说乙一说之争执。吾所欲言者，二三千年来，全社会之心力，消耗于文字训诂之中者，不知其几何。清之中叶，更视此为人间唯一学问；今日如梁任公胡适之等尚特别表而出之。吾常以为一国中必有若干思想内容之学，即曾文正所谓义理之学，而后可以立国；若专以此等支离饾饤之学为学问，吾恐其因考据而亡国矣。

2. 所谓论理思想之缺乏者何耶？欧洲学术因有论理学而后促成科学之进步，亦因有科学之事实，而后尤能确定论理学中之精密方法。希腊苏格腊底柏拉图时代之治学方法,不离概念、定义、归纳诸方法。盖学术之研究,第一贵有概念。概念云者,乃研究各个体事物,求得其共同现象而后成立者也。既有概念,而后一种学术乃有单位;推而广之,乃成为命题;再推而广之,为学问系统或思想系统。吾国以无论理学之故,乃不知有概念。清代汉学全盛行之日,有"不通文字不能穷经"之言;孰知文字为言语之单位,与概念之为学问单位,完全不同。通其文字,未必能知概念之内容;知概念之内容,未必能通文字之来源。此乃截然二事,不可混而为一。此论理学思想之缺乏,影响于吾国学术者一也。

既不知有概念,既不知对于一个概念而下定义;不知下定义,则此概念与彼概念之不同,无由辨别;此学问与彼学问之分界,亦无由确定。定义之为用,其作始也简,然有下定义之习惯后,自然发见此概念与彼概念之不同,此学术与彼学术之不同,而引起种种辩论,种种新意见、新观点。吾国战国时儒墨各派有一段正名定义工作,宋儒在理学中又有一段正名定义工作;此可谓论理学之应用,而非论理学自身之发展。如是,因无概念而又不知有定义之故,自然一种思想主题或一种思想系统,其范围如何、内容如何、限界如何,皆无由确立。其持论也不免于武断。如《孟子》云:"墨子兼爱是无父也,杨子为我是无君也。"兼爱之结果,何以成为无父?为我之结果,何以成为无君?若能将兼爱之定义划得清楚,恐无父之结论,即无由发生;将为我之定义划得清楚,恐无君之结论,亦无由发生矣。可知以无概念无定义之结果,致分疆划界之不明,而无由予思想以刺激,无由因刺激而生明晰之对象与范围,而造成学问系统。此论理思想之缺乏,影响于吾国学术者二也。

人类之智识,不离论理上同一律、矛盾律、排中律与夫数学上大小之量。此两类之思想原则,可以应用于一切自然界与人事界之智识;由数学方面可应用于天文地理,由天文地理可推广及于动植物。但须各人智识能求其基础于论理与数学,且辅之以概念与定义之工作,则各方面所得之智识,必须形诸文字而经过一度"向外化之历程"(Process of externalization)。此向外化之历程,自然而然,可以广及于一切人事界自然界之实物。故由数学论理之基础,可以达于自然界与人事界,其相距不过一间。吾国自《墨子》一书沉埋之后,即无再谈论理学者;而论理学既为凡百学术之母，则论理学之消亡，即成为一切学术智识之消亡。吾国既为缺乏论理学之民族，其自然科学自亦无由而发展矣。此论理思想之缺乏，影响于吾国学术者三也。

更换一方面言之，吾国儒墨道法诸家，从其发端之始，即以人事为中心，即以君臣父子之关系如何归于正当为目的。此等人事问题以善恶为标准，与数学论理学可以甲非甲数量之大小表而出之者，完全不同，换词言之，数学与论理学可表现于外形，而人事问题则存之于内心。凡内心善恶问题之讨论，虽不离论理，然不如自然界智识严格立于论理学之支配之下。吾国人所注重者，为善而非真；为人伦问题，而非宇宙问题、自然界问题。吾族思想局促于人事问题，不知有所谓自然问题者，殆亦由于无论理学有以致之。此论理学思想之缺乏，影响于吾国学术者四也。

希腊学术，自其发端之始，亦与吾国同，以道德问题政治问题为讨论之中心；然同时注重于几何学及动植物学。吾国古书中谓神农能尝百草，《尧典》亦谓羲氏和氏治历象以齐七政，历代对于日蚀月蚀与水火之灾，未尝不加注意；何以后代对于天文地理医学与动植物均流于医卜星相之手，而不能提高之以成为学术？吾以为此亦由于论理思想之缺乏。既无论理方法以验其为学之标准，因而永不知此数者之可以为学，反转而坠落于术数之中矣。其他如农工商贾与夫水利工程之学，亦因而日趋于衰落。此论理思想之缺乏，影响于吾国学术者五也。

（四）宗教方面

第四，自宗教方面言之，孔孟以前已有所谓"天人合一"之思想。天人合一者，一方面天能生人生物，故以天为万物万有之本，如《诗经》所谓"天生烝民"之谓也。他方面则以为天有自然之法则，如《诗经》所谓"天生烝民，有物有则"之谓也。又谓天能临察下土，如《诗经》所谓"皇矣上帝，临下有赫，监观四方，求民之瘼"。吾国人之论天也，常不离人；其论人也，常不离天。言人事者，必推本于天道，言天道者，必求其效验于人事。因此之故，在吾国人之思想中，天人之间，初无大鸿沟之横亘，与西方思想中将上帝与人类划为两界者，大不相同。此中西两方最大差异之点也。

吾国人习于天人合一之观念，合之于阴阳五行之说，于事物之一阴

一阳一动一静之两面,皆认为可以并存而不可偏废,故民族兼容并包之
量最大。新发生之道教佛教与夫卜筮风水之说,皆坦然迎之,绝不认其
间彼此之互相冲突。吾国人于生时,信仰儒家之说,在其追荐死亡之
日,则信仰佛教道家乃至于喇嘛教。自耶教输入后,有人信仰耶教,而
不欲抛弃祭祖之礼,乃释祭祖为民事的风俗,非崇信多神;以此谋祭祖
与耶教调和。由此可以见吾人对于宗教之态度,在好的方面言之,谓其
兼容并包;在坏的方面言之,可谓杂乱无章。此其所以然之故,由于平
日言天事不离乎人事,因而缺少事天之诚敬,陷于信仰上之不专一。彻
底言之,吾国人之心灵中有真正确信与真正诚意者,实不可多见。因其
念念不忘人事之故,而所希望于宗教者,不外乎"益寿延年"、"有求必
应"之要求;以视西方人对于上帝,但求悔罪赦免者,大不同矣。西方人
有此信心,故处事有诚意,社交上率直而不失其真,政治上有不折不挠
之气概;视吾国人之专以敷衍应酬为生者,不可同日而语。此乃吾国人
对于宗教之态度,而同时影响及于人事者也。

(五)艺术方面

第五,吾国之文化成绩为西方人所最赏识者,莫过于艺术;兹举西
方学者之言以证之。拉土勒氏(Latourette)之言曰:

> 假令艺术为民族灵魂之表现,假令一国文化之纲领,可以一
> 切求之于审美形式中,则中国文化乃最为多方面的,中国人之帝
> 国思想,欲以一中国统治全人类。此种大气魄,见之于其京城之
> 宫墙及大殿中。其保持疆土斥攘夷狄之长期奋斗,见之于长城
> 之建筑。其孔子哲学所鼓吹之节度,见之于其整齐之宫室房屋
> 中。其与天地合一之愿望,见之于宋人山水中。其对于来生之
> 见解,见之于佛教之绘画与雕刻中。此民族之精细的女性的灵
> 敏性,见之于其花草画动物画与其他雕刻中。

拉氏聊聊数言中,可谓将吾国艺术之优点备述而尽之矣。盖吾国人
之思想之中心为"天人合一"。在宗教方面,以天道迁就人事,则天道流于
浅薄。而在艺术方面,以天地纳入于山水之中,则山水自具有一种穆然意
远、与天地为俦侣之意;如深山流水旁高僧修道之像,立意既超绝人寰,则
意境自深远矣。王维米南宫之画,淡墨数行,而富有宇宙无穷之意味,此

乃天地与艺术合而为一之所致也。故吾国艺术之长，不仅以"真"为务，兼具天道于其中，所以为欧人所叹赏者，即在于此。

拉氏所谓花卉人物之精妙，以吾国画家大抵为文人出身，陶冶于诗歌之中，时而登山临水，时而读书写字，则其下笔之际，自能得窥天地之秘而形诸笔端；此亦彼等兼具精神上之修养有以致之也。若乎瓷器象牙雕刻等类，先由帝王文人学士之提倡，而一般工匠沾染于其风气之中，其工作亦由是而趋于精妙矣。

艺术与学术迥乎不同。学术须受论理学规则之支配，故有一种呆板性；艺术之美，在乎妙手偶得于无意之中。此吾国优游自得之士大夫，自优为之；而与西方人之日常生活动辄不离规矩者，迥乎不同。此亦吾国艺术胜于他人之一因也。

合以上各项言之，则吾国文化之短处、受病处，可以举而出之矣：

1. 政治上以久处君主专制政治之下，故人民缺少独立性。

2. 社会上盛行大家庭制度，一方增长各人之倚赖心，他方以处于面和心不和之环境中，种下忌刻与口是心非之恶习。

3. 学术上受文字之障碍与缺乏论理学的素养，但有支离琐碎的考据，思想天才不发展，更少伟大的思想系统。

4. 宗教上夹杂以功利之念，绝少真正之诚意，更少以身殉道之精神；宋明儒者虽有殉道气概，然而不普及。

未来政治学术艺术之新方向

今后文化之各方面，如政治如学术之改革，其根本问题，在于民族之自信心。民族而有自信心也，虽目前有不如人处，而可徐图补救；民族而失其自信心也，纵能成功于一时，终亦趋于衰亡而后已。或曰：民族对外成功之日，自信心自易于确立；对外屡次失败之余，虽日日叫喊自信心，有何用处？不观昔德意志经拿破仑战役之后，菲希德常举德国之语言诗歌宗教以证明德国之为原始民族（Urfolk）乎？菲氏意谓此民族精神，大有过人之处，一旦内心发动，即不难转弱为强。吾人根据菲氏之言，移而用之于吾国，则以吾民族之能自创文化，如上文洛意佛氏威尔斯氏所云云，不可以当原始民族之名而毫无愧色乎？此吾民族之所当念念不忘而引以自豪者也。

　　然秦后之两千年来，其政体为君主专制，养成大多奴颜婢膝之国民。子弟受大家族之庇荫，依赖父母，久成习惯。学术上既受文字束缚之苦，又标"受用""默识"之旨，故缺少论理学上之训练，而理智极不发达。此乃吾族之受病处，而应有以补救之者。凡图今后之新文化之确立者，宜对于此总病根施以疗治。若但曰科学救国也、实业救国也、或曰德谟克拉西救国也，但表示其欣羡欧西今日之优长，而于此优点之所由来，未加深考焉。吾人以为今后吾族文化之出路，有一总纲领曰："造成以精神自由为基础之民族文化"。

　　所谓以精神自由为基础之民族文化，其意义应分析言之。精神与物质相对峙；物质者块然之物，无心灵、无思想，故无所谓精神；人类有思想、有判断，能辨善恶，故有精神。此人类之所以异于物质也。

　　精神之自由，有表现于政治者、有表现于道德者、有表现于学术者、有表现于艺术宗教者。各个人发挥其精神之自由，因而形成其政治道德法律艺术；在个人为自由之发展，在全体为民族文化之成绩。个人精神上之自由，各本其自觉自动之知能，以求在学术上政治上艺术上有所表现；而此精神自由之表现，在日积月累之中，以形成政治道德法律，以维持其民族之生存。故因个人自由之发展，而民族之生存得以巩固。此之谓民族文化。

　　或疑精神自由之说，与物质生活之注重相冲突，容俟下文论之。若疑精神自由之侧重于创新，谓为与旧文化之保存不相容者，吾则有以答之。国人在思想上以孔孟之经籍为宗，在政治上有专制帝王，在宗教上有本土之拜祖先教与后来之道教及印度之佛教；合此种种，可名之曰传统。在此传统之空气中，各个人之精神自由，即令有所表现，亦必托之于孔孟之名；在艺术家有所谓仿米襄阳、或临王麓台之笔法。吾以为今后此等遗产中之应保存者，必有待于新精神之发展；无新精神之发展，则旧日传统亦无由保存。何也？旧传统之不能与欧西文化竞争，证之近百年之历史已甚显著，今后必须经一番新努力，以求新政治之基础之确立，而后旧传统反可因新努力而保存，而不至动摇。否则新者不能创造，而旧亦无由保存。此言今后文化者所当注意之点也。今分述精神自由与各方面之关系。

(一)精神自由与政治

第一,政治方面。君主政体之下,国民之于纳税当兵也,曰法令所在,不敢不从;其从政时之守法,亦曰法令所在,不敢不如此。假令国民之义务、官吏之守法,完全以惮于政府之权力,而不敢不如此,此乃命令下之守法,命令下之道德,而非出于个人精神上之自由也。吾国人之立身行己,与乎处于政府之下,皆曰有政府之命父母之命在,而不觉其为本身应有之责任。此命令式之政治、命令式之道德、与夫社会上类此之风尚一日不变,则人之精神自由永不发展,而吾国政治亦永无改良之一日。何也?个人之生活,不离乎团体,不离乎国家;团体国家之行动与法律,所以保护个人;个人各尽其心力,即所以维持团体。故其守法、其奉公,皆出于各人固有之责任,以自效于团体之大公,而非有惮于他人之威力也。此自动之精神不存在,即责任心无由发生;而求如西方人之于自己工作、于参与政治、于对外时之举国一致,皆能一切出于自动,不以他人之干涉而后然者,吾将何以致之乎?

吾人亦知各个人之自由,非在衣食足仓廪实之后,不易说到;各个人在寒无衣饥无食中而谈精神自由,犹之缘木而求鱼。然西方正以其尊重各个人自由之故,在昔日有所谓救贫法,在今日有所谓劳动保险;可知惟其尊重个人自由,乃能为人民谋衣食,与衣食既足而后,人民自由亦易于发展之说,初非背道而驰。

西方因尊重各个人自由之故,自法国革命以来,乃有自由平等之学说;其在宪法上,则有生命财产言论结社自由之保护。但为公民者,皆有参政之权利;一切设施,无不以民意为前提。各国公民于选举之日,不惜奔驰半日以投一票者,诚以其自知责任之重大也。其为政治家者,大抵胸有成竹;不以一时之挫折,而遽灰心;故胜者立朝,败者退位,而功罪是非,亦易于分明。及至对外战争之日,政府以国难二字相号召,人民皆踊跃争先以赴之。即其平日相反之政党,亦以一致对外而息其争端。此乃西方民族国家立国之要义也。

吾国自鼎革以来,亦行所谓选举,卖票也、买票也、假填选票也、与夫总统之贿选也,皆为社会上共见共闻之事。此以国民中之各个人,不知有其自身之价值,不知自身之人格,安望其于参与选政之日,忽将其独立人格,从而表现之乎?几千年来,人民受统治于帝王,政治上之工作,等于一己之功名；故有意于致身显要者，争权夺利，无所不至。今且移此旧习于政党之中，名为以主义相结合，而实则犹昔日之相倾、相轧，各自为谋也。本此习惯以形诸政治，而望国中有好选民与好政治家之出现，我不信焉。此精神自由之应表现于政治者。

(二)精神自由与学术

第二，学术方面。学术之目的，虽不离乎利用厚生，然专以利用厚生为目的，则学术决不能发达；以其但有实用之目的，而缺乏学术上游心邈远之精神自由也。希腊学术之发端，哲学家名之曰出于好奇心。好奇心者，以其见某种现象之不可解，乃思所以解之；至其有益于实用与否，初非所计。人类因有思想有智识，以解决宇宙之秘奥为己任；若但以有用无用为念，则精神之自由必不能臻于高远与抽象之境。吾人鉴于希腊时代苏格腊底之自信其学说，至于以身殉之；又见乎加利雷之自信其地动之学说，至于大为教会所责罚，可见欧洲人为真理而奋斗者何如，初不仅以其有益于人生日用而后为之。此乃所谓精神上之自由也。若夫利用厚生者，乃学术之结果，而非学术之原动力。既言学术，则有学术上之规矩，如论理学之规则，数学上之规则，此为一切学术之基础。近年更有所谓试验观察，以为证实之用。怀悌黑氏(Whitehead)有言曰："吾人之思想，一方要求发展之自由，在他方则又能自守一种规律。"即是此意。此论理学等与学术上之实用相去甚远，而一切学术则由之以出者也。

抑一国所以贵乎有学术者，有时指示方法，如论理学；有时指示内容，如自然科学社会科学及哲学等。自然科学也、社会学也、哲学也，皆能对于人生示以生活之标准，即曾文正之所谓"义理"也。吾国两千年来，以困于文字之故，专以考据为事；惟宋明时代少能从事于义理之学，为元明清三代立生活之准绳。今日除重创立"新义理"外，无可以餍学者之求智欲而定社会生活之秩序。此尤吾国人所当急起直追者。否则以国内思想界之空虚，青年辈惟有求之于苏俄与意大利矣。

学术上多数问题，往往有不关乎实用，而学者不能不加以研究者，如天上星辰，地上地球之构成，人种之由来，文化之由来等是。欧洲人一方严格受学术规矩之支配，设为种种界说以研究之；他方则辅之以想象力，以进于无限之乡，而后古生物学人种学乃能成立。若仅以实用为范围，则此种学说可以不必研究，而一切高深学术何由发展乎？

上文所言,皆与政府保护人民思想自由之原则互相关联,此为当然之问题,无待陈说。但就学术发展之要素言之,必人民对于宇宙内一切秘奥,认为负有解决之义务,一也;学术之发展,在乎思想上自受约束,而守论理学上种种规矩,二也;学问家不可无高远之想象力,三也。此精神自由之应表现于学术者。

(三)精神自由与宗教

第三,宗教方面。佛回耶等教,皆先有创教人,而后宗教乃能创立。自表面言之,今日之人民,堕地之初,已受宗教之包围,故在信仰上无自由之可言。然自欧洲之宗教革命言之,可知信仰自由,不关于宗教之已存在与未存在,而应以良心上信仰之真假为标准。宗教之信仰,诚以精神之自由为前提,则真正之信仰不应为多元的。信奉佛教者,不能同时信奉道教;信奉耶教者,不必迁就拜祖先之习惯。若自居于天道主义(Deism)者,不信有所谓造物主如耶教之所云,而以"道"为创造万物之主,如儒道两家之所言,亦未尝不可认为为一种宗教。欧洲十八世纪有所谓自然宗教,即为此类。德国大诗人歌德氏自居于不信耶教者,然信宇宙之间有所谓"道"则一焉。凡一人但属于一宗教而同时不属于他宗教之习惯不养成,则此国中虽谓其无真正宗教之信仰可也。凡为宗教,不外乎神道设教之义。为维持其宗教上之尊严计,其代神说法者,应有丰富之智识与尊严之仪表,然后能引起人之注意。欧洲之耶教、天主教之教士,态度和蔼,智识丰富,绝非吾国之酒肉和尚道士所可同日而语。就吾国庙寺观之,即其仪式已不完全,尚何精神可言?诚欲改革之,应从一人一宗教下手。信仰既真,则僧道习惯自随之而改。此精神自由之应表现于宗教者。

(四)精神自由与艺术

第四,艺术方面。就艺术言之,似乎吾国不必有所学于外人。然欧洲艺术之特长而为吾国所无者,往往而有;以欧人游心于无限之境,其所超境界,往往为吾人所不及。如诗歌中长篇作品,但丁之《神曲》、歌德之《浮士德》,吾国诗文中无此体裁与意境也。至于雕刻建筑音乐戏剧,常有人焉就其民族心灵之深处而体味之,而表而出之,故亦当在日新月异中。其他为西方所有,吾国所无者,尚不可胜数。吾国人苟在此方面继续加以努力,则除旧日成绩外,应有新领域之扩张与新创作之表现。此精神自由之应表现于艺术者。

（五）精神自由与其他

以上各节中，吾人立言之宗旨，或有疑为侧重于个人自由之解放，而忽视全民族者。此其所云，与吾人宗旨正相反矣。个人自由，惟在民族大自由中，乃得保护乃能养成；民族之大自由若失，则各个人之自由亦无所附丽。所谓政治学术宗教艺术，皆发动于个人，皆予个人以发展之机会，而同时即所以范围个人，所以奠定民族之共同基础；故个人自由之发展之中，不离乎大团体之自由。惟有在民族大自由巩固之中，而后个人自由始得保存。此又吾人双方并重之旨，不可不为国人告者也。

吾人注意于精神自由，自与唯物论者之偏重物质者异。一般人之所见，以为吾国所缺，在乎自然科学之发达、在乎实业之发展、在乎军事上之防御，以为此数方面尤为重要；故应先图振兴实业，先图增加战斗力。然吾人自欧洲科学发展史求之，其始也，有地动之说；继也有物体下坠之公例；其后乃有奈端之公例。一属于天文学，一属于物理学。其创始人但知探求真理，初无足食足兵之实用目的存乎其间；及十八、十九世纪以后，生理学化学物理学渐次昌明，蒸汽机造成后，而后科学之应用乃推及于工商。可知诚能培养国民探求智识之原动力，则其应用于工商与军事之效果，自可随之而来；若但以物质为念，而不先培养科学精神之来源，如此而谓能发达科学、能发达工商实业、能巩固国防，吾未之见也。

其次则有复古与创新问题。近年国内以外国学说之屡经试验而无成功，于是有提倡复古者；亦有以对外之失败为增进国民之自信力计，而出于复古者。吾以为复古之说，甚难言矣。同为儒家，有主宋学、有主汉学；汉学之中，或主古文、或主今文、或主郑玄、或主王肃；宋学之中，或主程朱、或主陆王，其优劣得失可以不论，要其不能对于现代之政治、社会、学术为之立其精神的基础一也。若复古之说，但为劝吾国人多读古书，阐发固有道德，其宗旨在乎唤醒国人，使其不至于忘本，此自为题中应有之义，与吾人之旨本不相背。若谓今后全部文化之基础，可取之于古昔典籍之中，则吾人期期以为不可。自孔孟以至宋明儒者之所提倡者，皆偏于道德论。言乎今日之政治，以民主为精神，非可求之古代典籍中也；言乎学术，则有演绎归纳之法，非可取之于古代典籍中也。与其今后徘徊于古人之墓前，反不如坦白承认今后文化之应出于新创。

且一时代之社会，自有一时代之哲学为其背景。吾族今日所处之时代、所遇之邻国既与昔异,除吾民族具有一种勇气另辟途径外,别无可以苟且偷生迁延度日之法。其在政治上,当有卢梭、陆克辈之理想,以辟政治上之途径;其在哲学上,当如笛卡儿及康德辈以立哲学之系统;其在科学上,当如加利雷、奈端、达尔文之勇于探求真理;与夫十九世纪初年德国科学家于各方面之努力。诚能如是,则新文化之基础,自不难于成立。有此新基础,国民对于祖宗之遗产,有增益而无消费,其崇敬之心,亦有增而无减。所谓于创新之中,以求保存之法者,即此义也。不观德人乎,在科学哲学上时有发见,而对于路德、哥德、俾士麦等,未尝少减其崇拜。英人之科学哲学同在创新之中,而米尔顿、莎士比亚与夫休谟、穆勒之书,未尝不家喻户晓。可知在日新之中,而古亦自能保存。换词言之,在创造之中,则继既往而开将来,自能出于一途也。

新文化之创造,亦曰对于国民生活之各方面,如政治、如学术、如宗教等等,指示以标准,树立其内容;先之以言论,继之以事实;则一二人之思想,以成社会之制度。欧美十六七世纪以降之文化,即由兹以成;而吾国今后之途径,亦不外此而已,亦不外此而已。

(录自张君劢:《明日之中国文化》,上海商务印书馆 1936 年版。)

胡适儒学学案

　　胡适(1891—1962)，原名嗣穈，学名洪骍，字希疆，后改名适，字适之，笔名天风、藏晖等，安徽绩溪人。中国现代学者、历史学家、文学家、哲学家，新文化运动领袖之一。

　　胡适5岁入家塾，从学塾师胡玠。9岁得《水浒传》残本，始读小说。14岁，遵母命与江冬秀订婚。15岁，读严复译《天演论》。1906年，入中国公学。1910年，考取庚子赔款第二批官费留美生。1917年，作《诸子不出于王官论》；8月，应聘为北京大学教授。1918年4月，在《新青年》杂志第4卷第4号，提出文学革命的唯一宗旨是"国语的文学，文学的国语"；9月，作《文学进化观念与戏剧改良》。1919年2月，《中国哲学史大纲》上卷由上海商务印书馆出版；5月，陪杜威在北京、天津、太原、济南各地演讲，任翻译；7月，发表《多研究些问题，少谈些"主义"》，挑起"问题与主义"论争。1921年6月，作《〈吴虞文录〉序》，赞誉吴虞为"四川省只手打孔家店的老英雄"，提出将"孔丘的招牌""拿下来，捣碎，烧去！"1922年10月，所著《先秦名学史》由上海亚东图书馆出版。1925年8月，成《戴东原的哲学》；9月，为顾颉刚所编《吴歌甲集》作序，提倡方言文学。1928年4月，就中国公学校长职，自兼文理学院院长；9月，《治学的方法与材料》发表于《新月》杂志第1卷第9号。1929年，发表《知难，行亦不易》，批评孙中山"行易知难说"。1931年初，就任北京大学文学院院长。1932年，创办《独立评论》。1933年，在美国芝加哥大学讲演六次，讲稿汇印为《中国的文艺复兴》。1934年5月，成《说儒》长文；10月，为陈垣《元典章校补释例》作序，题为"校勘学方法论"。1936 年 5 月,作《敬告宋哲元先生》,谓"一切脱离国家立场的人,决难逃千万年的遗臭"云。1938 年 10 月,赴美任驻美大使,次年 9 月去职。1944 年 9 月,应聘赴哈佛大学讲《中国思想史》。1945 年 9 月,任北京大学校长;10 月 1 日,作为中国代表团首席代表出席联合国教育科学文化组织会议。1949 年 4 月,赴美。1950 年,在华盛顿被推为中华教育文化基金会干事长。1958 年 4 月,任台湾"中央研究院"院长。1959 年,接受夏威夷大学人文学荣誉博士学位,一生前后获 35 个荣誉博士学位。1962 年,于台北逝世。

胡适是现代中国自由主义的代表,反对文化保守主义,对包括儒学在内的传统文化批判较多,认为"中国哲学也不过如此而已"。蔡元培赞其古代哲学史研究以"证明的方法"、"扼要的手段",取"平等的眼光",做"系统的研究"。《说儒》一文是胡适儒学研究方面的力作。有学者认为:"这篇五万字的长文,系统论述了儒的起源、儒者的社会角色和孔子对儒学的大贡献。尽管在一些具体问题上,学者有不同意见,但谁都无法否认这篇文章的学术价值。""《说儒》一文表明胡适这样一位有双重教育文化背景的知识分子,对待中国文化遗产一种非常敬慎、非常严肃的态度。所谓胡适'否定一切传统'之说,是没有根据的。"胡适自己也曾对自己有关孔子和儒家的态度作过解释。他说:"有许多人认为我是反孔非儒的。在许多方面,我对那经过长期发展的儒教的批判是很严厉的。但是就全体来说,我在我的一切著述上,对孔子和早期的'仲尼之徒'如孟子,都是相当尊敬的。我对 12 世纪'新儒学'(Neo-Confucianism)('理学')的开山宗师的朱熹,也是十分崇敬的。我不能说我自己在本质上是反儒的。"其主要著作有《中国古代哲学史》、《中国中古思想史长编》、《尝试集》、《尝试后集》、《戴东原的哲学》、《国语文学史》、《文化文学史》等。

(刘　斌　毕晓乐)

说　儒

（一）问题的提出。

（二）论儒是殷民族的教士；他们的衣服是殷服，他们的宗教是殷礼，他们的人生观是亡国遗民的柔逊的人生观。

（三）论儒的生活：他们的治丧相礼的职业。

（四）论殷商民族亡国后有一个"五百年必有王者兴"的预言；孔子在当时被人认为应运而生的圣者。

（五）论孔子的大贡献：（1）把殷商民族的部落性的儒扩大到"仁以为己任"的儒；（2）把柔懦的儒改变到刚毅进取的儒。

（六）论孔子与老子的关系；论老子是正宗的儒。附论儒与墨者的关系。

一

二十多年前，章太炎先生作《国故论衡》，有《原儒》一篇，说"儒"有广狭不同的三种说法：

> 儒有三科，关"达"，"类"，"私"之名（《墨子·经上篇》说名有三种：达，类，私。如"物"是达名，"马"是类名，"舜"是私名）：
>
> 达名为儒。儒者，术士也（《说文》）。太史公《儒林列传》曰，"秦之季世阬术士"，而世谓之阬儒。司马相如言"列仙之儒居山泽间，形容甚臞"。（《汉书·司马相如传》语。《史记》儒作传，误。）……王充《儒增》、《道虚》、《谈天》、《说日》、《是应》，举"儒书"，所称者有鲁般刻鸢，由基中杨，李广射寝石矢

没羽…… 黄帝骑龙，淮南王犬吠天上鸡鸣云中，日中有三足乌，月中有兔蟾蜍。是诸名籍道、墨、刑法、阴阳、神仙之伦，旁有杂家所记，列传所录，一谓之儒，明其皆公族。"儒"之名盖出于"需"，需者云上于天，而儒亦知天文，识旱潦。何以明之？鸟知天将雨者曰鹬（《说文》），舞旱暵者以为衣冠。鹬冠者亦曰术氏冠（《汉·五行志》注引《礼图》），又曰圜冠。庄周言儒者冠圜冠者知天时，履句屦者知地形，缓佩玦者事至而断。（《田子方》篇文。《五行志》注引《逸周书》文同。《庄子》圜字作鹬。《续汉书·舆服志》云："鹬冠前圜。"）明灵星舞子吁嗟以求雨者谓之儒…… 古之儒知天文占候，谓其多技，故号遍施于九能，诸有术者悉贱之矣。

类名为儒。儒者知礼乐射御书数。《天官》曰，"儒以道得民"。说曰，"儒，诸侯保氏有六艺以教民者"。《地官》曰，"联师儒"。说曰，"师儒，乡里教以道艺者"。此则躬备德行为师，效其材艺为儒……

私名为儒。《七略》曰，"儒家者流，盖出于司徒之官，助人君顺阴阳明教化者也。游文于六经之中，留意于仁义之际，祖述尧舜，宪章文武，宗师仲尼，以重其言，于道为最高"。周之衰，保氏失其守，史籀之事，商高之算，蜂门之射，范氏之御，皆不自儒者传。故孔子…… 自诡鄙事，言君子不多能，为当世名士显人隐讳。及《儒行》称十五儒，《七略》疏《晏子》以下五十二家，皆粗明德行政教之趣而已，未及六艺也。其科于《周官》为师，儒绝而师假摄其名……

今独以传经为儒，以私名则异，以达名类名则偏。要之题号由古今异，儒犹道矣。儒之名于古通为术士，于今专为师氏之守。道之名于古通为德行道艺，于今专为老聃之徒。

太炎先生这篇文章在当时真有开山之功，因为他是第一个人提出"题号由古今异"的一个历史见解，使我们明白古人用这个名词有广狭不同的三种说法。太炎先生的大贡献在于使我们知道"儒"字的意义经过了一种历史的变化，从一个广义的，包括一切方术之士的"儒"，后来竟缩小到那"祖述尧舜,宪章文武,宗师仲尼"的狭义的"儒"。这虽是太炎先生的创说,在大体上是完全可以成立的。《论语》记孔子对他的弟子说:

> 女为君子儒,毋为小人儒。

这可见当孔子的时候,"儒"的流品是很杂的,有君子的儒,也有小人的儒。向来的人多蔽于成见,不能推想这句话的涵义。若依章太炎的说法,当孔子以前已有那些广义的儒,这句话就很明白了。

但太炎先生的说法,现在看来,也还有可以修正补充之处。他的最大弱点在于那"类名"的儒(其实那术士通称的"儒"才是类名)。他在那最广义的儒之下,另立一类"六艺之人"的儒。此说的根据只有《周礼》的两条郑玄注。无论《周礼》是否可信,《周礼》本文只是一句"儒以道得民"和一句"联师儒",这里并没有儒字的定义。郑玄注里说儒是"有六艺以教民者",这只是一个东汉晚年的学者的说法,我们不能因此就相信古代(周初)真有那专习六艺的儒。何况《周礼》本身就很可疑呢?

太炎先生说"儒之名于古通为术士",此说自无可疑。但他所引证都是秦汉的材料,还不曾说明这个广义的儒究竟起于什么时代,他们的来历是什么,他们的生活是怎样的,他们同那狭义的孔门的儒有何历史的关系,他们同春秋、战国之间的许多思想潮流又有何历史的关系。在这些问题上,我们不免都感觉不满足。

若如太炎先生的说法,广义的儒变到狭义的儒,只是因为"周之衰,保氏失其守",故书算射御都不从儒者传授出来,而孔子也只好"自诡鄙事,言君子不多能,为当世名士显人隐讳"。这种说法,很难使我们满意。如果《周礼》本不可信,如果"保氏"之官本来就是一种乌托邦的制度,这种历史的解释就完全站不住了。

太炎先生又有《原道》三篇,其上篇之末有注语云:

> 儒家、法家皆出于道,道则非出于儒也。

若依此说,儒家不过是道家的一个分派,那么,"儒"还够不上一个"类名",更够不上"达名"了。若说这里的"儒"只是那狭义的私名的儒,那么,那个做儒法的共同源头的"道"和那最广义的"儒"可有什么历史关系没有呢? 太炎先生说,"儒法者流削小老氏以为省"(《原道上》),他的证据只有一句话：

> 孔父受业于征藏史，韩非传其书。（《原道上》）

姑且假定这个渊源可信，我们也还要问：那位征藏史（老聃）同那广义的"儒"又有什么历史关系没有呢？

为要补充引申章先生的说法，我现今提出这篇尝试的研究。

二

"儒"的名称，最初见于《论语》孔子说的：

> 女为君子儒，毋为小人儒。

我在上文已说过，这句话使我们明白当孔子时已有很多的儒，有君子，有小人，流品已很杂了。我们要研究这些儒是什么样的人。

我们先看看"儒"字的古义。《说文》：

> 儒，柔也，术士之称。从人，需声。

术士是有方术的人；但为什么"儒"字有"柔"的意义呢？"需"字古与"耎"相通；《广雅·释诂》："耎，弱也。"耎即是今"輭"字，也写作"软"字。"需"字也有柔软之意；《考工记》："革，欲其荼白而疾澣之，则坚；欲其柔滑而腥脂之，则需。"郑注云："故书，需作㐆。郑司农云：'㐆读为柔需之需，谓厚脂之韦革柔需。'"《考工记》又云："厚其帤则木坚，薄其帤则需。"此两处，"需"皆与"坚"对举，需即是柔耎之耎。柔软之需，引伸又有迟缓濡滞之意。《周易·彖传》："需，须也。"《杂卦传》："需，不进也。"《周易》"泽上于天"（☱）为夬，而"云上于天"（☵）为需；夬是已下雨了，故为决断之象，而需是密云未雨，故为迟待疑滞之象。《左传》哀六年："需，事之下也。"又哀十四年："需，事之贼也。"

凡从需之字，大都有柔弱或濡滞之义。"嬬，弱也。""孺，乳子也。""懦，驽弱者也。"（皆见《说文》）《孟子》有"是何濡滞也"。凡从耎之字，皆有弱义。"偄，弱也。"（《说文》）段玉裁说偄即是懦字。稻之软而黏者为"稬"，即今糯米的糯字。《广雅·释诂》："㜵，弱也。"大概古时"需"与"耎"是同一个字，古音同读如弩，或如糯。朱骏声把从耎之字归入

"乾"韵,从"需"之字归入"需"韵,似是后起的区别。

　　"儒"字从需而训柔,似非无故。《墨子·公孟篇》说:

> 公孟子戴章甫,搢忽,儒服而以见子墨子。

又说:

> 公孟子曰,君子必古言服,然后仁。

又《非儒篇》说:

> 儒者曰,君子必古言服,然后仁。

《荀子·儒效篇》说:

> 逢衣浅带(《韩诗外传》作"博带"),解果其冠……是俗儒
者也。

大概最古的儒,有特别的衣冠,其制度出于古代(说详下),而其形式——逢衣,博带,高冠,搢笏——表出一种文弱迂缓的神气,故有"儒"之名。

　　所以"儒"的第一义是一种穿戴古衣冠,外貌表示文弱迂缓的人。

　　从古书所记的儒的衣冠上,我们又可以推测到儒的历史的来历。《墨子》书中说当时的"儒"自称他们的衣冠为"古服"。周时所谓"古",当然是指那被征服的殷朝了。试以"章甫之冠"证之。《士冠礼·记》云:

> 章甫,殷道也。

《礼记·儒行篇》记孔子对鲁哀公说:

> 丘少居鲁,衣逢掖之衣;长居宋,冠章甫之冠。丘闻之也:
君子之学也博,其服也乡。丘不知儒服。

孔子的祖先是宋人,是殷王室的后裔,所以他临死时还自称为"殷人"(见《檀弓》)。他生在鲁国,生于殷人的家庭,长大时还回到他的故国去住过一个时期(《史记·孔子世家》不记他早年居宋的事,但《儒行篇》

所说无作伪之动机,似可信)。他是有历史眼光的人,他懂得当时所谓"儒服"其实不过是他的民族和他的故国的服制。儒服只是殷服,所以他只承认那是他的"乡"服,而不是什么特别的儒服。

从儒服是殷服的线索上,我们可以大胆的推想:最初的儒都是殷人,都是殷的遗民,他们穿戴殷的古衣冠,习行殷的古礼。这是儒的第二个古义。

我们必须明白,殷商的文化的中心虽在今之河南,——周之宋卫(卫即殷字,古读殷如衣,郼、韦古音皆如衣,即殷字)——而东部的齐鲁皆是殷文化所被,殷民族所居。《左传》(《晏子春秋》外篇同)昭公二十年,晏婴对齐侯说:"昔爽鸠氏始居此地,季萴因之,有逢伯陵因之,蒲姑氏因之。而后太公因之。"依《汉书·地理志》及杜预《左传注》,有逢伯陵是殷初诸侯,蒲姑氏(《汉书》作薄姑氏)是殷周之间的诸侯。鲁也是殷人旧地。《左传》昭公九年,周王使詹桓伯辞于晋曰:"…… 及武王克商,蒲姑、商奄,吾东土也。"孔颖达《正义》引服虔曰:"蒲姑,齐也;商奄,鲁也。"又定公四年,卫侯使祝佗私于苌弘曰:"…… 昔武王克商,成王定之……分鲁公以大路大旂,夏后氏之璜,封父之繁弱(大弓名),殷民六族——条氏,徐氏,萧氏,索氏,长勺氏,尾勺氏,——使帅其宗氏,辑其分族,将其类丑(丑,众也),以法则周公,用即命于周;是使之职事于鲁,以昭周公之明德;分之土田陪敦,祝宗卜史,备物典策,官司彝器。因商奄之民,命以伯禽,而封于少皞之虚。"这可见鲁的地是商奄旧地,而又有新徙来的殷民六族。所以鲁有许多殷人遗俗,如"亳社"之祀,屡见于《春秋》。傅斯年先生前几年作《周东封与殷遗民》一文,证明鲁"为殷遗民之国"。他说:

> 《春秋》及《左传》有所谓"亳社"者,是一件很重要的事。"亳社"屡见于《春秋经》。以那样一个简略的二百四十年间之"断烂朝报",所记皆是戎祀会盟之大事,而亳社独占一位置,则亳社在鲁之重要可知。且《春秋》记"亳社(《公羊》作'蒲社')灾"在哀公四年,去殷商之亡已六百余年(姑据《通鉴外纪》)……亳社犹有作用,是甚可注意之事实。且《左传》所记亳社,有两事尤关重要。哀七年,"以邾子益来,献于亳社"。

> ……郱于殷为东夷,此等献俘,当与宋襄公"用鄫子于次睢之
> 社,欲以属东夷"一样,周人诮殷鬼而已。又定六年,"阳虎又
> 盟公及三桓于周社,盟国人于亳社"。这真清清楚楚指示我
> 们:鲁之统治者是周人,而鲁之国民是殷人。殷亡六七百年后
> 之情形尚如此!

傅先生此论,我认为是最有见地的论断。

从周初到春秋时代,都是殷文化与周文化对峙而没有完全同化的时代。最初是殷民族仇视那新平定殷朝的西来民族,所以有武庚的事件,在那事件之中,东部的薄姑与商奄都加入合作。《汉书·地理志》说:

> 齐地……汤时有逢公柏陵,殷末有薄姑氏,皆为诸侯,国
> 此地。至周成王时,蒲姑氏与四国共作乱,成王灭之,以封师
> 尚父,是为太公(《史记·周本纪》也说:"东伐淮夷,残奄,迁
> 其君薄姑。"《书序》云:"成王既践奄,将迁其君于薄姑。周公
> 告召公,作《将蒲姑》。"但皆无灭蒲姑以封太公的事)。

《史记》的《周本纪》与《齐太公世家》都说太公封于齐是武王时的事。《汉书》明白的抛弃那种旧说,另说太公封齐是在成王时四国乱平之后。现在看来,《汉书》所说,似近于事实。不但太公封齐在四国乱后;伯禽封鲁也应该在周公东征四国之后。"四国"之说,向来不一致:《诗毛传》以管、蔡、商、奄为四国;孔颖达《左传正义》说杜注的"四国"为管、蔡、禄父(武庚)、商奄。《尚书·多方》开端即云:

> 惟五月丁亥,王来自奄,至于宗周。周公曰:"王若曰:猷
> 告尔四国多方:惟尔殷侯尹民……"

此时武庚、管、蔡已灭,然而还用"四国"之名,可见管、蔡、武庚不在"四国"之内。"四国"似是指东方的四个殷旧部,其一为殷本部,其二为商奄(奄有大义,"商奄"犹言"大商",犹如说"大罗马"、"大希腊"),其三为薄姑,其四不能确定,也许即是"徐方"。此皆殷文化所被之地。薄姑灭,始有齐国;商奄灭,始有鲁国。而殷本部分为二:其一为宋,承殷之

后，为殷文化的直接继承者；其一为卫，封给康叔，是新朝用来监视那残存的宋国的。此外周公还在洛建立了一个成周重镇。

我们现在读《大诰》、《多士》、《多方》、《康诰》、《酒诰》、《费誓》等篇，我们不能不感觉到当时的最大问题是镇抚殷民的问题。在今文《尚书》二十九篇中，这个问题要占三分之一的篇幅（《书序》百篇之中，有《将蒲姑》，又有《亳姑》）。其问题之严重，可以想见。看现在的零碎材料，我们可以看出两个步骤：第一步是倒殷之后，还立武庚，又承认东部之殷旧国。第二步是武庚四国叛乱之后，周室的领袖决心用武力东征，灭殷四国，建立了太公的齐国，周公的鲁国。同时又在殷虚建立了卫国，在洛建立了新洛邑。然而周室终不能不保留一个宋国，大概还是承认那个殷民问题的严重性，所以不能不在周室宗亲（卫与鲁）、外戚（齐）的包围监视之下保存一个殷民族文化的故国。

所以在周初几百年之间，东部中国的社会形势是一个周民族成了统治阶级，镇压着一个下层被征服被统治的殷民族。傅斯年先生说"鲁之统治者是周人，而鲁之国民是殷人"（引见上文）。这个论断可以适用于东土全部。这形势颇像后世东胡民族征服了中国，也颇像北欧的民族征服了罗马帝国。以文化论，那新起的周民族自然比不上那东方文化久远的殷民族，所以周室的领袖在那开国的时候也不能不尊重那殷商文化。《康诰》最能表示这个态度：

> 王曰，呜呼，封，汝念哉！……往敷求于殷先哲王，用保乂民。汝丕远惟商耇成人，宅心知训……

同时为政治上谋安定，也不能不随顺着当地人民的文化习惯。《康诰》说：

> 汝陈时臬司，师兹殷罚有伦……
> 汝陈时臬事，罚蔽殷彝，用其义刑义杀。

此可证《左传》定公四年祝佗说的话是合于历史事实的。祝佗说成王分封鲁与卫，"皆启以商政，疆以周索"；而他封唐叔于夏虚，则"启以夏政，疆以戎索"。（杜注："皆，鲁卫也。启，开也。居殷故地，因其风俗，开用其政。疆理土地以周法。索，法也。"）但统治者终是统治者，他们自有他们的文化习惯,不屑模仿那被征服的民族的文化。况且新兴的民族看见那老民族的灭亡往往由于文化上有某种不适于生存的坏习惯,所以他们往往看不起征服民族的风俗。《酒诰》一篇便是好例:

> 王曰,封,我西土……尚克用文王教,不腆于酒,故我至于今,克受殷之命。

这是明白的自夸西土民族的胜利是因为没有堕落的习惯。再看他说:

> 古人有言曰:“人无于水监,当于民监。”今惟殷坠厥命,我其可不大监抚于时。

这就是说:我们不要学那亡国民族的坏榜样! 但最可注意的是《酒诰》的末段对于周的官吏,有犯酒禁的,须用严刑:

> 汝勿佚,尽执拘以归于周,予其杀。

但殷之旧人可以不必如此严厉办理:

> 又惟殷之迪诸臣惟工,乃湎于酒,勿庸杀之,姑惟教之。

在这处罚的歧异里,我们可以窥见那统治民族一面轻视又一面放任那被征服民族的心理。

但殷民族在东土有了好几百年的历史,人数是很多的;虽没有政治势力,他们的文化的潜势力是不可侮视的。孔子说过:

> 周因于殷礼,所损益可知也。

这是几百年后一个有历史眼光的人的估计,可见周朝的统治者虽有“所损益”,大体上也还是因袭了殷商的制度文物。这就是说,“殪戎殷”之后,几百年之中,殷商民族文化终久逐渐征服了那人数较少的西土民族。

殷、周两民族的逐渐同化,其中自然有自觉的方式,也有不自觉的方式。不自觉的同化是两种民族文化长期接触的自然结果,一切民族都难逃免,我们不用说他。那自觉的同化,依我们看来,与“儒”的一个阶级或职业很有重大的关系。

在那个天翻地覆的亡国大变之后，昔日的统治阶级沦落作了俘虏，作了奴隶，作了受治的平民。《左传》里祝佗说：

> 分鲁公以……殷民六族——条氏，徐氏，萧氏，索氏，长勺氏，尾勺氏——使帅其宗氏，辑其分族，将其类丑，以法则周公，用即命于周；是使之职事于鲁，以昭周公之明德。分之土田陪敦，祝宗卜史，备物典策，官司彝器……分康叔以……殷民七族——陶氏，施氏，繁氏，锜氏，樊氏，饥氏，终葵氏。

这是殷商亡国时的惨状的追述。这十几族都有宗氏，都有分族类丑，自然是胜国的贵族了；如今他们都被分给那些新诸侯去"职事"于鲁卫——这就是去做臣仆。那些分封的彝器是战胜者的俘获品，那些"祝宗卜史"是亡国的俘虏。那战胜的统治者吩咐他们道：

> 多士，昔朕来自奄，予大降尔四国民命。我乃明致天罚，移尔遐逖，比事臣我宗，多逊！……今予惟不尔杀……亦惟尔多士攸服奔走臣我多逊，尔乃尚有尔土，尔乃尚宁干止。尔克敬，天惟畀矜尔。尔不克敬，尔不啻不有尔土，予亦致天之罚于尔躬！（《多士》；参看《多方》）

这是何等严厉的告诫奴虏的训词！这种奴虏的生活是可以想见的了。

但我们知道，希腊的智识分子做了罗马战胜者的奴隶，往往从奴隶里爬出来做他们的主人的书记或家庭教师。北欧的野蛮民族打倒了罗马帝国之后，终于被罗马天主教的长袍教士征服了，倒过来做了他们的徒弟。殷商的智识分子——王朝的贞人、太祝、太史，以及贵族的多士——在那新得政的西周民族之下，过的生活虽然是惨痛的奴虏生活，然而有一件事是殷民族的团结力的中心，也就是他们后来终久征服那战胜者的武器——那就是殷人的宗教。

我们看殷虚（安阳）出土的遗物与文字，可以明白殷人的文化是一种宗教的文化。这个宗教根本上是一种祖先教。祖先的祭祀在他们的宗教里占一个很重要的地位，丧礼也是一个重要部分（详下）。此外，他们似乎极端相信占卜：大事小事都用卜来决定。如果《鸿范》是一部可信的书，那么，占卜之法到了殷商的末期已起了大改变，用龟卜和用兽骨卜之法之外，还有用蓍草的筮法，与卜并用。

这种宗教需用一批有特别训练的人。卜筮需用"卜筮人"；祭祀需用祝官；丧礼需用相礼的专家。在殷商盛时，祝宗卜史自有专家。亡国之后，这些有专门知识的人往往沦为奴虏，或散在民间。因为他们是有专门的知识技能的，故往往能靠他们的专长换得衣食之资。他们在殷人社会里，仍旧受人民的崇敬；而统治的阶级，为了要安定民众，也许还为了他们自己也需要这种有知识技能的人，所以只须那些"多士攸服奔走臣我多逊"，也就不去过分摧残他们。这一些人和他们的子孙，就在那几百年之中，自成了一个特殊阶级。他们不是那新朝的"士"；"士"是一种能执干戈以卫社稷的武士阶级，是新朝统治阶级的下层。他们只是"儒"。他们负背着保存故国文化的遗风，故在那几百年社会骤变，民族混合同化的形势之中，他们独能继续保存殷商的古衣冠——也许还继续保存了殷商的古文字言语。（上文引的《墨子·公孟篇》与《非儒篇》，都有"古言服"的话。我们现在还不明白殷、周民族在语言文字上有多大的区别。）在他们自己民族的眼里，他们是"殷礼"（殷的宗教文化）的保存者与宣教师。在西周民族的眼里，他们是社会上多材艺的人，是贵族阶级的有用的清客顾问，是多数民众的安慰者。他们虽然不是新朝的"士"，但在那成周、宋、卫、齐、鲁诸国的绝大多数的民众之中，他们要算是最高等的一个阶级了。所以他们和"士"阶级最接近，西周统治阶级也就往往用"士"的名称来泛称他们。《多士》篇开端就说：

> 惟三月，周公初于新邑洛，用告商王士。
> 王若曰：尔殷遗多士！……

下文又说：

> 王若曰：尔殷多士！……
> 王曰：告尔殷多士！

《多方篇》有一处竟是把"殷多士"特别分开来了：

> 王曰：呜呼，猷告尔有方多士，暨殷多士。

《大雅·文王》之诗更可以注意。此诗先说周士：

> 陈锡哉周,侯(维)文王孙子。文王孙子,本支百世。凡周
> 之士,不显亦世。世之不显,厥犹翼翼。思皇多士,生此王国。
> 王国克生,维周之桢。济济多士,文王以宁。

次说殷士:

> 商之孙子,其丽不亿。上帝既命,侯(维)于周服。侯服于
> 周,天命靡常。
>
> 殷士肤敏,裸将于京。厥作裸将,常服黼冔。王之荩臣,
> 无念尔祖。

前面说的是新朝的士,是"文王孙子,本支百世"。后面说的是亡国的
士,是臣服于周的殷士。看那些漂亮的,手腕敏捷的殷士,在那王朝大
祭礼里,穿戴着殷人的黼冔(《士冠礼记》:"周弁,殷冔,夏收。"),捧着
鬯酒,替主人送酒灌尸。这真是一幕"青衣行酒"的亡国惨剧了!(《毛
传》以"殷士"为"殷侯",殊无根据。《士冠礼记》所谓"殷冔",自是
士冠。)

　　大概周士是统治阶级的最下层,而殷士是受治遗民的最上层。一
般普通殷民,自然仍旧过他们的农工商的生活,如《多方》说的"宅尔宅,
畋尔田"。《左传》昭十六年郑国子产说:"昔我先君桓公与商人皆出自
周,庸次比偶,以艾杀此地,斩之蓬蒿藜藋,而共处之。世有盟誓,以相
信也,曰:'尔无我叛,我无强贾,毋或匄夺;尔有利市宝贿,我勿与知。'
恃此质誓,故能相保,以至于今。"徐中舒先生曾根据此段文字说:"此
'商人'即殷人之后而为商贾者。"又说,"商贾之名,疑即由殷人而起"。
(《国学论丛》一卷一号,页一一一。)此说似甚有理。"商"之名起于殷
贾,正如"儒"之名起于殷士。此种遗民的士,古服古言,自成一个特殊
阶级;他们那种长袍大帽的酸样子,又都是彬彬知礼的亡国遗民,习惯
了"犯而不校"的不抵抗主义,所以得着了"儒"的浑名。儒是柔懦之人,
不但指那逢衣博带的文绉绉的样子,还指那亡国遗民忍辱负重的柔道
人生观。(傅斯年先生疑心"儒"是古代一个阶级的类名,亡国之后始沦
为寒士,渐渐得着柔懦的意义。此说亦有理,但此时尚未有历史证据可
以证明"儒"为古阶级。)

柔逊为殷人在亡国状态下养成的一种遗风,与基督教不抵抗的训条出于亡国的犹太民族的哲人耶稣,似有同样的历史原因。《左传》昭公七年所记孔子的远祖正考父的鼎铭,虽然是宋国的三朝佐命大臣的话,已是很可惊异的柔道的人生观了。正考父曾"佐戴、武、宣"三朝;据《史记·十二诸侯年表》,宋戴公元年当周宣王二十九年(前799),武公元年当平王六年(前765),宣公元年当平王二十四年(前747)。他是西历前八世纪前半的人,离周初已有三百多年了。他的鼎铭说:

> 一命而偻,再命而伛,三命而俯,循墙而走,亦莫余敢侮。
> 饘于是,鬻于是,以糊余口。

这是殷民族的一个伟大领袖的教训。儒之古训为柔,岂是偶然的吗?

不但柔道的人生观是殷士的遗风,儒的宗教也全是"殷礼"。试举三年之丧的制度作一个重要的例证。十几年前,我曾说三年之丧是儒家所创,并非古礼;当时我曾举三证:

> (1)《墨子·非儒篇》说儒者之礼曰:"丧父母三年……"此明说三年之丧是儒者之礼。
>
> (2)《论语》记宰我说三年之丧太久了,一年已够了。孔子弟子中尚有人不认此制合礼,可见此非当时通行之俗。
>
> (3)孟子劝滕世子行三年之丧,滕国的父兄百官皆不愿意,说道:"吾宗国鲁先君莫之行,吾先君亦莫之行也。"鲁为周公之国,尚不曾行过三年之丧。(《中国哲学史大纲》上,页一三二。)

我在五六年前还信此说,所以在《三年丧服的逐渐推行》(《武汉大学文哲季刊》第一卷二号)一篇里,我还说"三年之丧只是儒家的创制"。我那个看法,有一个大漏洞,就是不能解释孔子对宰我说的:

> 夫三年之丧,天下之通丧也。

如果孔子不说诳,那就是滕国父兄百官扯谎了。如果"鲁先君莫之行",如果滕国"先君亦莫之行",那么,孔子如何可说这是"天下之通丧"呢?难道是孔子扯了谎来传教吗?

傅斯年先生前几年作《周东封与殷遗民》，他替我解决了这个矛盾。他说：

> 孔子之"天下"，大约即是齐、鲁、宋、卫，不能甚大……三年之丧，在东国，在民间，有相当之通行性，盖殷之遗礼，而非周之制度。当时的"君子（即统治者）三年不为礼，礼必坏；三年不为乐，乐必崩"，而士及其相近之阶级则渊源有自，"齐以殷政"者也。试看关于大孝，三年之丧，及丧后三年不做事之代表人物，如太甲、高宗、孝己，皆是殷人。而"君薨，百官总己以听于冢宰者三年"，全不见于周人之记载。

傅先生的说法，我完全可以接受，因为他的确解答了我的困难。我从前说的话，有一部分是不错的，因为三年之丧确是"儒"的礼；但我因为滕、鲁先君不行三年丧制，就不信"天下之通丧"之说，就以为是儒家的创制，而不是古礼，那就错了。傅先生之说，一面可以相信滕、鲁的统治阶级不曾行此礼，一面又可以说明此制行于那绝大多数的民众之中，说它是"天下之通丧"也不算是过分的宣传。

我可以替傅先生添一些证据。鲁僖公死在他的三十三年十一月乙巳（十二日），次年（文公元年）夏四月葬僖公，又次年（文公二年）冬"公子遂如齐纳币"，为文公聘妇。《左传》说，"礼也"。《公羊传》说，"讥丧娶也。娶在三年之外，则何讥乎丧娶？三年之内不图昏"。此可证鲁侯不行三年丧。此一事，《左传》认为"礼也"，杜预解说道："僖公丧终此年十一月，则纳币在十二月也。"然而文公死于十八年二月，次年正月"公子遂如齐逆女；三月，遂以夫人妇姜至自齐"。杜预注云："不讥丧娶者，不待贬责而自明也！"此更是鲁侯不行三年丧的铁证了。《左传》昭公十五年：

> 六月乙丑，王太子寿卒。
>
> 秋八月戊寅，王穆后崩。
>
> 十二月，晋荀跞如周葬穆后。籍谈为介。既葬，除丧，以文伯（荀跞）宴，樽以鲁壶。王曰，"伯氏，诸侯皆有以镇抚王室，晋独无有，何也？"……籍谈归，以告叔向，叔向曰，"王其

> 不终乎？吾闻之，所乐必卒焉。今王乐忧……王一岁而有三
> 年之丧二焉。（杜注：'天子绝期，唯服三年，故后虽期，通谓之
> 三年。'）于是乎以丧宾宴，又求彝器，乐忧甚矣……三年之丧，
> 虽贵遂服，礼也。王虽弗遂，宴乐以早，亦非礼也"。

这可证周王朝也不行三年丧制。《孟子》所记滕国父兄百官的话可算是已证实了。

周王朝不行此礼，鲁、滕诸国也不行此礼，而孔子偏大胆的说："三年之丧，天下之通丧也。"《论语》记子张问："书云，'高宗谅阴，三年不言'。何谓也？"孔子直对他说："何必高宗？古之人皆然。君薨，百官总己以听于冢宰，三年。"《檀弓》有这样一段：

> 子张之丧，公明仪为志焉。褚幕，丹质，蚁结于四隅，殷士也。

孔子、子张都是殷人，在他们的眼里嘴里，"天下"只是那大多数的殷商民众，"古之人"也只是殷商的先王。这是他们的民族心理的自然表现，其中自然也不免带一点殷人自尊其宗教礼法的宣传意味。到了孟子，他竟说三年丧是"自天子达于庶人，三代共之"的了。到《礼记·三年问》的作者，他竟说三年丧"是百王之所同，古今之所壹也，未有知其所由来者也！"果然，越到了后来，越"未有知其所由来者也"，直到傅斯年先生方才揭破了这一个历史的谜！

三年之丧是"儒"的丧礼，但不是他们的创制，只是殷民族的丧礼——正如儒衣儒冠不是他们的创制，只是殷民族的乡服。《孟子》记滕国的父兄百官反对三年之丧时，他们说：

> 且志曰，"丧祭从先祖，曰，吾有所受之也"。

这句话当然是古政治家息事宁人的绝好原则，最可以解释当时殷周民族各自有其丧祭制度的政治背景。统治阶级自有其周社，一般"国人"自有其亳社；前者自行其"既葬除服"的丧制，后者自行其"天下之通丧"。

三

我们现在要看看"儒"的生活是怎样的。

孔子以前,儒的生活是怎样的,我们无从知道了。但我疑心《周易》的"需"卦,似乎可以给我们一点线索。儒字从需,我疑心最初只有一个"需"字,后来始有从人的"儒"字。需卦之象为云上于天,为密云不雨之象,故有"需待"之意(《彖传》:需,须也)。《象传》说此卦象为"君子以饮食宴乐"。《序卦传》说:"需者,饮食之道也。"《彖传》说:

> 需,须也,险在前也。刚健而不陷,其义不困穷矣。

程颐《易传》说此节云:

> 以险在于前,未可遽进,故需待而行也。以乾之刚健,而能需待不轻动,故不陷于险,其义不至于困穷也。

这个卦好像是说一个受压迫的人,不能前进,只能待时而动,以免陷于危险;当他需待之时,别的事不能做,最好是自糊其口,故需为饮食之道。这就很像殷商民族亡国后的"儒"了。这一卦的六爻是这样的:

> 初九,需于郊,利用恒,无咎。
> 《象》曰:"需于郊",不犯难行也。"利用恒,无咎",未失常也。
> 九二,需于沙,小有言,终吉。
> 《象》曰:"需于沙",衍(愆)在中也。虽"小有言",以吉终也。
> 九三,需于泥,致寇至。
> 《象》曰:"需于泥",灾在外也。自我"致寇",敬慎不败也。
> 六四,需于血,出自穴。
> 《象》曰:"需于血",顺以听也。
> 九五,需于酒食,贞吉。
> 《象》曰:"酒食贞吉",以中正也。
> 上六,入于穴,有不速之客三人来,敬之,终吉。
> 《象》曰:"不速之客来,敬之,终吉",虽不当位,未大失也。

这里的"需",都可作一种人解;此种人的地位是很困难的,是有"险在前"的,是必须"刚健而不陷"的。儒在郊,完全是在野的失势之人,必须忍耐自守,可以无咎。儒在沙,是自己站不稳的,所以说"衍(愆)在中也"。儒在泥,是陷在危险困难里了,有了外侮,只有敬慎,可以不败。儒在血,是冲突之象,他无力和人争,只好柔顺的出穴让人,故《象传》说为"顺以听也"。儒在酒食,是有饭吃了,是他最适宜的地位。他回到穴里去,也还有麻烦,他还得用敬慎的态度去应付。——"需"是"须待"之象,他必须能忍耐待时;时候到了,人家"须待"他了,彼此相"需"了,他就有饭吃了。

《周易》制作的时代,已不可考了。《系辞传》有两处试提出作《易》年代的推测,一处说:

> 《易》之兴也,其当殷之末世,周之盛德邪?当文王与纣之事邪?是故其辞危。危者使平,易者使倾。其道甚大,百物不废,惧以终始,其要无咎。此之谓《易》之道也。

又一处说:

> 《易》之兴也,其于中古乎?作《易》者其有忧患乎?是故"履",德之基也;"谦",德之柄也;"复",德之本也;"恒",德之固也;"损",德之修也;"益",德之裕也;"困",德之辨也;"井",德之地也;"巽",德之制也。"履"和而至,"谦"尊而光,"复"小而辨于物,"恒"杂而不厌,"损"先难而后易,"益"长裕而不设,"困"穷而通,"井"居其所而不迁,"巽"称而隐。"履"以和行,"谦"以制礼,"复"以自知,"恒"以一德,"损"以远害,"益"以兴利,"困"以寡怨,"井"以辩义,"巽"以行权。

《易》卦爻辞已有"箕子之明夷"(《明夷》五爻),"王用享于岐山"(《升》四爻)的话,似乎不会是"文王与纣"的时代的作品。"文王囚居羑里而作《易》"的说法,也是更后起之说。《系辞》还是猜度的口气,可见得《系辞》以前尚没有文王作《易》的说法。《系辞》的推测作《易》年代,完全是根据于《易》的内容的一种很明显的人生观,就是"其辞危","惧以终始,其要无咎"。从第一卦的"君子终日乾乾夕惕若厉,无咎",到第六十四卦的"有孚于饮酒,无咎",全书处处表现一种忧危的人生观,教人戒惧修德，教人谦卑巽顺，其要归在于求"无咎"，在于"履虎尾不咥人"。《系辞》的作者认清了这一点，所以推测"作《易》者其有忧患乎？"这个观察是很有见地的。我们从这一点上也可以推测《易》的卦爻辞的制作大概在殷亡之后，殷民族受周民族的压迫最甚的一二百年中。书中称"帝乙归妹"（"泰"五爻），"高宗伐鬼方，三年克之"，更可见作者是殷人。所谓"周易"，原来是殷民族的卜筮书的一种。经过了一个不短的时期，方才成为一部比较最通用的筮书。《易》的六十四卦，每卦取自然界或人事界的一个现象为题，其中无甚深奥的哲理，而有一些生活常识的观察。"需"卦所说似是指一个受压迫的智识阶级，处在忧患险难的环境，待时而动，谋一个饮食之道。这就是"儒"。（"蒙"卦的初爻说："发蒙，利用刑人，用脱桎梏以往，吝。"这里说的也很像希腊的俘虏在罗马贵族家里替他的主人教儿子的情形。）

孔子的时候，有"君子儒"，也有"小人儒"。我们先说"小人儒"的生活是怎样的。

《墨子·非儒篇》有一段描写当时的儒：

> 夫（夫即彼）繁饰礼乐以淫人，久丧伪哀以谩亲；立命缓贫而高浩居（毕沅据《孔子世家》，解浩居为傲倨），倍本弃事而安怠傲。贪于饮食，惰于作务，陷于饥寒，危于冻馁，无以违（避）之。是若人气，鼷鼠藏，而羝羊视，贲彘起（贲即奔字）。君子笑之，怒曰，"散人焉知良儒！"

> 夫（彼）□□□□（孙诒让校，此处疑脱"春乞□□"四字），夏乞麦禾。五谷既收，大丧是随，子姓皆从，得厌饮食。毕治数丧，足以至□矣。因人之家焠（财）以为□，恃人之野以为尊。富人有丧，乃大说喜曰，"此衣食之端也！"

这虽然是一个反儒的宗派说的话，却也有儒家自己的旁证。《荀子·儒效篇》说：

> 逢衣浅（《韩诗外传》作博）带，解果其冠（杨倞注引《说苑》淳于髡述"邻圃之祠田，祝曰，蟹螺者宜禾，污邪者百车"。"蟹螺盖高地也，今冠盖亦比之。"），略法先王而足乱世术；缪学杂

> 举,不知法后王而壹制度,不知隆礼义而杀《诗》《书》…… 呼
> 先王以欺愚者,而求衣食焉。得委积足以掩其口,则扬扬如
> 也。随其长子,事其便辟,举(王念孙云:举读为相与之与)其
> 上客,偎然若终身之虏而不敢有他志。—— 是俗儒者也。

用战国晚期荀卿的话来比较墨子的话,我们可以相信,在春秋时期与战国时期之间,已有这种俗儒,大概就是孔子说的"小人儒"。

从这种描写上,我们可以看出他们的生活有几个要点:第一,他们是很贫穷的,往往"陷于饥寒,危于冻馁";这是因为他们不务农,不作务,是一种不耕而食的寄生阶级。第二,他们颇受人轻视与嘲笑,因为他们的衣食须靠别人供给;然而他们自己倒还有一种倨傲的遗风,"立命,缓贫,而高浩居",虽然贫穷,还不肯抛弃他们的寄食——甚至于乞食——的生活。第三,他们也有他们的职业,那是一种宗教的职业:他们熟悉礼乐,人家有丧祭大事,都得请教他们。因为人们必须请他们治丧相礼,所以他们虽然贫穷,却有相当崇高的社会地位。骂他们的可以说他们"因人之野以为尊";他们自己却可以说是靠他们的知识做"衣食之端"。第四,他们自己是实行"久丧"之制的,而他们最重要的谋生技能是替人家"治丧"。他们正是那殷民族的祖先教的教士,这是儒的本业。

从这种"小人儒"的生活里,我们更可以明白"儒"的古义:儒是殷民族的教士,靠他们的宗教知识为衣食之端。

其实一切儒,无论君子儒与小人儒,品格尽管有高低,生活的路子是一样的。他们都靠他们的礼教的知识为衣食之端,他们都是殷民族的祖先教的教士,行的是殷礼,穿的是殷衣冠。在那殷周民族杂居已六七百年,文化的隔离已渐渐泯灭的时期,他们不仅仅是殷民族的教士,竟渐渐成了殷周民族共同需要的教师了。

《左传》昭公七年记孟僖子自恨不能相礼,"乃讲学之。苟能礼者,从之"。《左传》又说,孟僖子将死时,遗命要他的两个儿子何忌与说去跟着孔子"学礼焉以定其位"。孔子的职业是一个教师,他说:

> 自行束脩以上,吾未尝无诲焉。

束脩是十脡脯，是一种最薄的礼物。《檀弓》有"古之大夫，束脩之问不出竟"的话，可证束脩是赠礼。孔子有"博学"、"知礼"的名誉，又有"学而不厌，诲人不倦"的精神，故相传他的弟子有三千之多。这就是他的职业了。

孔子也很注重丧祭之礼，他作中都宰时，曾定制用四寸之棺，五寸之椁（见《檀弓》有若的话）。他承认三年之丧为"天下之通丧"，又建立三年之丧的理论，说这是因为"子生三年然后免于父母之怀"（《论语》十七）。这都可表示他是殷民族的宗教的辩护者，正是"儒"的本色。《檀弓》记他临死之前七日，对他的弟子子贡说：

> 夏后氏殡于东阶之上，则犹在阼也。殷人殡于两楹之间，则与宾主夹之也。周人殡于西阶之上，则犹宾之也。而丘也，殷人也。予畴昔之夜，梦坐奠于两楹之间。夫明王不兴，而天下其孰能宗予？予殆将死也？

看他的口气，他不但自己临死还自认是殷人，并且还有"天下宗予"的教主思想（看下章）。

他和他的大弟子的生活，都是靠授徒与相礼两种职业。大概当时的礼俗，凡有丧事，必须请相礼的专家。《檀弓》说：

> 杜桥之母之丧，宫中无相，君子以为沽也（《七经考文》引古本足利本，有"君子"二字，他本皆无）。

"沽"是寒贱之意。当时周民族已与殷民族杂居了六百年，同化的程度已很深了，所以鲁国的大夫士族也传染到了注重丧礼的风气。有大丧的人家，孝子是应该"昏迷不复自知礼"了，所以必须有专家相导。这正是儒的"衣食之端"。杜桥之母之丧，竟不用"相"，就被当时的"君子"讥为寒伧了。

孔子为人相丧礼，见于《檀弓》（参看下文第六章引《曾子问》记孔子"从老聃助葬"）：

> 国昭子之母死，问于子张曰："葬及墓，男子妇人安位？"子张曰："司徒敬子之丧，夫子相，男子西乡，妇人东乡。"

据《檀弓》,司徒敬子是卫国大夫。孔子在卫国,还为人相丧礼,我们可以推想他在鲁国也常有为人家相丧礼的事。[①]《檀弓》说:

> 孔子之故人曰原壤,其母死,夫子助之沐椁。原壤登木曰:"久矣予之不托于音也。"歌曰:
>
> 狸首之斑然,
>
> 执女手之卷然。
>
> 夫子为弗闻也者而过之。从者曰:"子未可以已乎?"夫子曰:"丘闻之,亲者毋失其为亲也,故者毋失其为故也。"

这一个不守礼法的朋友好像不很欢迎孔二先生的帮忙;但他顾念故人,还要去帮他治椁。

他的弟子为人家相礼,《檀弓》记载最多。上文引的国昭子家的母丧,即是子张为相。《檀弓》说:

> 有若之丧,悼公吊焉。子游摈,由左。

摈即是相。又说:

> 子蒲卒,哭者呼"灭!"子皋曰:"若是野哉!"哭者改之。

这似是因为子皋相礼,所以他纠正主人之失。《檀弓》又记:

> 孔子之丧,公西赤为志焉。饰棺墙,置翣,设披,周也。设崇,殷也。绸练设旐,夏也。
>
> 子张之丧,公明仪为志焉。褚幕丹质,蚁结于四隅,殷士也。

按《士丧礼》的《既夕礼》,饰枢,设披,都用"商祝"为之。可见公西赤与公明仪为"志",乃是执行《士丧礼》所说的"商祝"的职务(郑玄注,"志谓章识"。当参考《既夕礼》,可见郑注不确)。从此点上,可以推知当时的"儒"不但是"殷士",其实又都是"商祝"。《墨子·非儒篇》写那些儒者靠为人治丧为衣食之端,此点必须和《檀弓》与《士丧礼》、《既夕礼》合

---

① 编者按:"远流本"此处补有胡适按语:"适按,伪书《家语》也采用孔子相司徒敬子之丧的故事。"

并起来看，我们方才可以明白。《士丧礼》与《既夕礼》（即《士丧礼》的下篇）使我们知道当时的丧礼须用"祝"，其职务最繁重。《士丧礼》二篇中明说用"商祝"凡十次，用"夏祝"凡五次，泛称"祝"凡二十二次。旧注以为泛称"祝"者都是"周祝"，其说甚无根据。细考此两篇，绝无用周祝之处；其泛称"祝"之处，有一处确指"夏祝"（"祝受巾巾之"），有两处确指"商祝"（"祝又受米，奠于贝北"；又下篇"祝降，与夏祝交于阶下"）。其他不明说夏与商之处，大概都是指"商祝"，因为此种士丧礼虽然偶有杂用夏、周礼俗之处，其根本的礼节仍是殷礼，故相礼的祝人当然以殷人为主。明白了当时丧礼里"商祝"的重要，我们才可以明白《檀弓》所记丧家的"相"，不仅是宾来吊时的"摈者"（《士丧礼》另有"摈者"），也不仅是指导礼节的顾问。其实还有那最繁重的"祝"的职务。因为这种职务最繁重，所以那些儒者可以靠此为"衣食之端"。

在《檀弓》里，我们已可以看见当孔子的大弟子的时代，丧礼已有了不少的争论。

（一）小敛之奠，子游曰："于东方。"曾子曰："于西方。"

（二）卫司徒敬子死，子夏吊焉，主人未小敛，绖而往。子游吊焉，主人既小敛，子游出，绖而反哭。子夏曰："闻之也欤？"曰："闻诸夫子：主人未改服，则不绖。"

（三）曾子袭裘而吊，子游裼裘而吊。曾子指子游而示人曰："夫夫也，为习于礼者，如之何其裼裘而吊也！"主人既小敛，袒，括发，子游趋而出，袭裘带绖而入。曾子曰："我过矣，我过矣，夫夫是也。"

（四）曾子吊于负夏，主人既祖，填池（郑注，填池当为奠彻，声之误也），推柩而反之，降妇人而后行礼。从者曰："礼与？"曾子曰："夫祖者，且也。且，胡为其不可以反宿也？"从者又问诸子游曰："礼与？"子游曰："饭于牖下，小敛于户内，大敛于阼，殡于客位，祖于庭，葬于墓，所以即远也。故丧事有进而无退。"

（五）公叔木有同母异父之昆弟死，问于子游，子游曰："其大功乎？"狄仪有同母异父之昆弟死，问于子夏，子夏曰："我未

> 之前闻也,鲁人则为之齐衰。"狄仪行齐衰。今之齐衰,狄仪之问也。

我们读了这些争论,真不能不起"累寿不能尽其学,当年不能行其礼"的感想。我们同时又感觉这种仪节上的斤斤计较,颇不像孔子的学风。孔子自己是能了解"礼之本"的,他曾说:

> 礼,与其奢也,宁俭。丧,与其易也,宁戚("易"字旧说纷纷,朱子根据《孟子》"易其田畴"一句,训易为治,谓"节文习熟")。

《论语》的记者似乎没有完全了解这两句话,所以文字不大清楚。但一位心粗胆大的子路却听懂了,他说:

> 吾闻诸夫子:丧礼,与其哀不足而礼有余也,不若礼不足而哀有余也。祭礼,与其敬不足而礼有余也,不若礼不足而敬有余也。(《檀弓》)

这才是孔子答林放问的"礼之本"。还有一位"堂堂乎"的子张也听懂了,他说:

> 士见危授命,见得思义,祭思敬,丧思哀,其可已矣。(《论语》十九)

"祭思敬,丧思哀",也就是"礼之本"。我们看孔子对子路说:"啜菽饮水尽其欢,斯之谓孝;敛手足形,还葬而无椁,称其财,斯之谓礼"(《檀弓》;同书里,孔子答子游问丧具,与此节同意);又看他在卫国时,遇旧馆人之丧,"一哀而出涕",就"脱骖而赙之"——这都可见他老人家是能见其大的,不是拘泥仪文小节的。最可玩味的是《檀弓》记的这一件故事:

> 孔子在卫(也是一个殷文化的中心),有送葬者,而夫子观之,曰:"善哉!足以为法矣…… 其往也如慕,其反也如疑。"子贡曰:"岂若速反而虞乎?"(既葬,"迎精而反,日中祭之于殡宫,以安之"为虞祭。)子曰:"小子识之,我未之能行也。"

孔子叹赏那人的态度,而他的弟子只能计较仪节的形式。所以他那些大弟子,都是"习于礼者",只能在那些达官富人的丧事里,指手画脚的评量礼节,较量袭裘与裼裘的得失,辩论小敛之奠应在东方或在西方。《檀弓》所记,已够使人厌倦,使人失望,使人感觉孔子的门风真是及身而绝了!

我们读了这种记载,可以想象那些儒者的背景。孔子和这班大弟子本来都是殷儒商祝,孔子只是那个职业里出来的一个有远见的领袖,而他的弟子仍多是那个治丧相礼的职业中人,他们是不能完全跳出那种"因人之野以为尊"的风气之外的。孔子尽管教训他们:

> 女为君子儒,毋为小人儒。

但"君子"、"小人"的界限是很难划分的。他们既须靠治丧相礼为"衣食之端",就往往不能讲气节了。如齐国国昭子之母之丧,他问子张:

> 丧及墓,男子妇人安位?

子张说:

> 司徒敬子之丧,夫子相,男子西乡,妇人东乡。

可是主人不赞成这个办法,他说:

> 噫,毋曰我丧也斯沾。(此句郑玄读:"噫,毋!曰我丧也斯沾。"说曰:"噫,不寤之声。毋者,禁止之辞。斯,尽也。沾读曰觇。觇,视也。国昭子自谓齐之大家,有事人尽视之。"陈澔从郑说。郝敬与姚际恒读"我丧也斯沾尔专之"为一句,释"沾尔"为沾沾尔,见杭大宗《续礼记集说》。我不能赞成旧说,改拟如此读法。他好像是说:"噫,别叫人说咱家的丧事那么贫样!"沾当是"沽"的小误。《檀弓》说:"杜桥之母之丧,宫中无相,君子以为沽也。")尔专之。宾为宾焉,主为主焉。妇人从男子,皆西乡。

主人要那么办,"夫子"的大帽子也压不住,那位"堂堂乎张也"也就没有法子,只好依着他去做了。其实这班大儒自己也实在有招人轻侮之道。《檀弓》又记着一件很有趣的故事:

> 季孙之母死,哀公吊焉。曾子与子贡吊焉。阍人为君在,
> 弗内也。曾子与子贡入于其厩而修容焉。子贡先入,阍人曰:
> "乡者已告矣。"曾子后入,阍人辟之。涉内霤,卿大夫皆辟位,
> 公降一等而揖之。——君子言之曰:"尽饰之道,斯其行者远
> 矣。"

季孙为当时鲁国的最有权力的人,他的母丧真可说是"大丧"了。这两位大儒巴巴的赶来,不料因国君在内,阍人不让他们进去,他们就进季孙的马厩里去修容;子贡修饰好了,还瞒不过阍人,不得进去;曾子装饰得更好,阍人不敢拦他,居然混进去了。里面的国君与大夫,看见此时有吊客进来,料想必是尊客,都起来致敬,国君还降一等揖客。谁想这不过是两位改装的儒者赶来帮主人治丧相礼的呵!我们看了这种圣门的记载,再回想《墨子·非儒篇》描写的"五谷既收,大丧是随,子姓皆从,得厌饮食","富人有丧,乃大说喜"的情形,我们真不能不感觉到"君子儒"与"小人儒"的区别是很微细的了![1]

以上记"儒"的生活,我们只用那些我们认为最可信的史料。有意毁谤儒者,而描写不近情理的材料,如《庄子》记"大儒以诗礼发冢"的文字,我们不愿意引用。如果还有人觉得我在上文描写"儒"的生活有点近于有心毁谤孔门圣贤,那么,我只好请他平心静气想想孔子自己说他的生活:

> 出则事公卿,入则事父兄;丧事不敢不勉,不为酒困——
> 何有于我哉?(《论语》九)

在这里,我们可以看见一个"儒"的生活的概略。纵酒是殷民族的恶习惯(参看前章引《酒诰》一段),《论语》里写孔子"不为酒困","唯酒无量,不及乱",还可见酗酒在当时还是一个社会问题。"丧事不敢不勉",是"儒"的职业生活。"出则事公卿",也是那个不学稼圃的寄生阶级的一方面。

---

① 编者按:"远流本"此处补有"《先进篇》'赤尔何如'一段,赤所谓'端章甫,愿为小相焉',也是'相礼'之一例。《乡党篇》有'君君使摈'一章,也是'相礼'之一例。适之(1953,10,7)"。

四

在前三章里,我们说明了"儒"的来历。儒是殷民族的礼教的教士,他们在很困难的政治状态之下,继续保存着殷人的宗教典礼,继续穿戴着殷人的衣冠。他们是殷人的教士,在六七百年中渐渐变成了绝大多数人民的教师。他们的职业还是治丧、相礼、教学;但他们的礼教已渐渐行到统治阶级里了,他们的来学弟子,已有周鲁公族的子弟了(如孟孙何忌,南宫适);向他们问礼的,不但有各国的权臣,还有齐鲁卫的国君了。

这才是那个广义的"儒"。儒是一个古宗教的教师,治丧相礼之外,他们还要做其他的宗教职务。《论语》记孔子的生活,有一条说:

> 乡人傩,(孔子)朝服而立于阼阶。

傩是赶鬼的仪式。《檀弓》说:

> 岁旱,穆公召县子而问焉,曰:"天久不雨,吾欲暴尪而奚若?"曰:"天久不雨而暴人之疾子,毋乃不可与?""然则吾欲暴巫而奚若?"曰:"天则不雨而望之愚妇人,于以求之,毋乃已疏乎?""徙市则奚若?"曰:"天子崩,巷市七日。诸侯薨,巷市三日。为之徙市,不亦可乎?"

县子见于《檀弓》凡六次,有一次他批评子游道:"汰哉叔氏,专以礼许人!"这可见县子大概也是孔子的一个大弟子。(《史记·仲尼弟子传》有县成,字子祺。《檀弓》称县子琐。)天久不雨,国君也得请教于儒者。这可见当时的儒者是各种方面的教师与顾问。丧礼是他们的专门,乐舞是他们的长技,教学是他们的职业,而乡人打鬼,国君求雨,他们也都有事,——他们真得要无所不知无所不能的了。《论语》记达巷党人称孔子"博学而无所成名",孔子对他的弟子说:

> 吾何执?执御乎?执射乎?吾执御矣。

《论语》又记:

> 大宰问于子贡曰："夫子圣者欤？何其多能也？"子贡曰：
> "固天纵之将圣，又多能也。"子闻之曰："大宰知我乎？吾少也
> 贱，故多能鄙事。君子多乎哉？不多也。"

儒的职业需要博学多能，故广义的"儒"为术士的通称。

但这个广义的，来源甚古的"儒"，怎样变成了孔门学者的私名呢？这固然是孔子个人的伟大成绩，其中也有很重要的历史的原因。孔子是儒的中兴领袖，而不是儒教的创始者。儒教的伸展是殷亡以后五六百年的一个伟大的历史趋势；孔子只是这个历史趋势的最伟大的代表者，他的成绩也只是这个五六百年的历史运动的一个庄严灿烂的成功。

这个历史运动是殷遗民的民族运动。殷商亡国之后，在那几百年中，人数是众多的，潜势力是很广大的，文化是继续存在的。但政治的势力都全在战胜的民族的手里，殷民族的政治中心只有一个包围在"诸姬"的重围里的宋国。宋国的处境是很困难的；我们看那前八世纪宋国一位三朝佐命的正考父的鼎铭："一命而偻，再命而伛，三命而俯，循墙而走。"这是何等的柔逊谦卑！宋国所以能久存，也许是靠这种祖传的柔道。周室东迁以后，东方多事，宋国渐渐抬头。到了前七世纪的中叶，齐桓公死后，齐国大乱，宋襄公邀诸侯的兵伐齐，纳齐孝公。这一件事成功（前642）之后，宋襄公就有了政治的大欲望，他想继承齐桓公之后作中国的盟主。他把滕子、婴齐捉了；又叫邾人把鄫子捉了，用鄫子来祭次睢之社，"欲以属东夷"。用人祭社，似是殷商旧俗。《左传》昭公十年，"季平子伐莒，取郠，献俘，始用人于亳社"。这样恢复一个野蛮的旧俗，都有取悦于民众的意思。宋襄公眼光注射在东方的殷商旧土，所以要恢复一个殷商宗教的陋俗来巴结东方民众。那时东方无霸国，无人与宋争长；他所虑者只有南方的楚国。果然，在盂之会，楚人捉了宋襄公去，后来又放了他。他还不觉悟，还想立武功，定霸业。泓之战（前638），楚人大败宋兵，宋襄公伤股，几乎做了第二次的俘虏。当泓之战之前：

> 大司马固谏（大司马是公子目夷，即子鱼。"固"是形容
> "谏"字的副词。杜预误解"固"为公孙固，《史记·宋世家》作
> 子鱼谏，不误）曰："天之弃商久矣。君将兴之，弗可赦也已。"

（杜预误读"弗可。赦也已"。此五字当作一句读。子鱼先反
对襄公争盟。到了将战，他却主张给楚兵一个痛快的打击，故
下文力主趁楚师未既济时击之。丁声树先生说"弗"字乃"不
之"二字之合。此句所含"之"字，正指敌人。既要做中兴殷商
的大事，这回不可放过敌人了。）

这里忽然提出复兴殷商的大问题来，可见宋襄公的野心正是一个复兴
民族的运动。不幸他的"妇人之仁"使他错过机会；大败之后，他还要替
自己辩护，说：

> 君子不重伤，不禽二毛……寡人虽亡国之余，不鼓不
> 成列。

"亡国之余"，这也可见殷商后人不忘亡国的惨痛。三百年后，宋君偃自
立为宋王，东败齐，南败楚，西败魏，也是这点亡国遗憾的死灰复燃，也
是一个民族复兴的运动。但不久也失败了。殷商民族的政治的复兴，
终于无望了。

但在那殷商民族亡国后的几百年中，他们好像始终保存着民族复
兴的梦想，渐渐养成了一个"救世圣人"的预言，这种预言是亡国民族里
常有的，最有名的一个例子就是希伯来（犹太）民族的"弥赛亚"（Messi-
ah）降生救世的悬记，后来引起了耶稣领导的大运动。这种悬记（佛书
中所谓"悬记"，即预言）本来只是悬想一个未来的民族英雄起来领导那
久受亡国苦痛的民众，做到那复兴民族的大事业。但年代久了，政治复
兴的梦想终没有影子，于是这种预言渐渐变换了内容，政治复兴的色彩
渐渐变淡了，宗教或文化复兴的意味渐渐加浓了。犹太民族的"弥赛
亚"原来是一个复兴英雄，后来却变成了一个救世的教主，这是一变；一
个狭义的，民族的中兴领袖，后来却变成了一个救度全人类的大圣人，
这一变更远大了。我们现在观察殷民族亡国后的历史，似乎他们也曾
有过一个民族英雄复兴殷商的悬记，也曾有过一个圣人复起的预言。

我们试撇开一切旧说，来重读《商颂》的《玄鸟篇》：

> 天命玄鸟，降而生商，宅殷土芒芒。古帝命武汤，正域彼
> 四方。

> 方命厥后，奄有九有。商之先后，受命不殆，在武丁孙子。
>
> 武丁孙子——武王靡不胜。龙旂十乘，大糦是承。
>
> 邦畿千里，维民所止。肇域彼四海，四海来假。
>
> 来假祁祁，景员维河。殷受命咸宜，百禄是何。

此诗旧说以为是祀高宗的诗。但旧说总无法解释诗中的"武丁孙子"。也不能解释那"武丁孙子"的"武王"。郑玄解作"高宗之孙子有武功有王德于天下者，无所不胜服"。朱熹说："武王，汤号，而其后世亦以自称也。言武丁孙子，今袭汤号者，其武无所不胜。"这是谁呢？殷自武丁以后，国力渐衰；史书所载，已无有一个无所不胜服的"武王"了。我看此诗乃是一种预言：先述那"正域彼四方"的武汤，次预言一个"肇域彼四海"的"武丁孙子——武王"。"大糦"旧说有二：《韩诗》说糦为"大祭"，郑玄训糦为"黍稷"，都是臆说（朱骏声《说文通训定声》误记《商颂·烈祖》有"大糦是承"，训黍稷；又《玄鸟》有"大糦是承"，《韩诗》训为大祭。其实《烈祖》无此句）。我以为"糦"字乃是"囏"字，即是"艰"字。艰字籀文作囏，字损为糦。《周书·大诰》："有大艰于西土，西土人亦不静。""大艰"即是大难。这个未来的"武王"能无所不胜，能用"十乘"的薄弱武力，而承担"大艰"，能从千里的邦畿而开国于四海。这就是殷民族悬想的中兴英雄。（郑玄释"十乘"为"二王后，八州之大国"，每国一乘，故为十乘！）

　　但世代久了，这个无所不胜的"武王"始终没有出现，宋襄公中兴殷商的梦是吹破的了。于是这个民族英雄的预言渐渐变成了一种救世圣人的预言。《左传》昭公七年记孟僖子将死时，召其大夫曰：

> 吾闻将有达者，曰孔丘，圣人之后也，而灭于宋。其祖弗父何以有宋而授厉公。及正考父佐戴武宣，三命兹益共，故其鼎铭云："一命而偻，再命而伛，三命而俯。循墙而走，亦莫敢余侮。饘于是，鬻于是，以糊余口。"其共也如是。臧孙纥有言曰："圣人有明德者，若不当世，其后必有达人。"今其将在孔丘乎？

孟僖子死在昭公二十四年（纪元前 518），其时孔子已是 34 岁了。

如果这种记载是可信的，那就可见鲁国的统治阶级那时已注意到孔子的声望，并且注意到他的家世；说他是"圣人之后"，并且说他是"圣人之后"的"达者"。①孟僖子引臧孙纥的话，臧孙纥自己也是当时人称为"圣人"的，《左传》襄公二十二年说：

> 臧武仲雨过御叔，御叔在其邑将饮酒，曰："焉用圣人！我
> 将饮酒而已。雨行，何以圣为！"

臧孙纥去国出奔时，孔子只有两岁。他说的"圣人有明德者，若不当世，其后必有达人"，当然不是为孔丘说的，不过是一种泛论。但他这话也许是受了当时鲁国的殷民族中一种期待圣人出世的预言的暗示。这自然只是我的一个猜想；但孟僖子说，"吾闻将有达者曰孔丘"，这句话的涵义是说："我听外间传说，将要有一位达人起来，叫做孔丘。"这可见他听见了外间民众纷纷说到这个殷商后裔孔丘，是一位将兴的达者或圣人；这种传说当然与臧孙纥的预言无关，但看孟僖子的口气，好像民间已有把那个三十多岁的孔丘认做符合某种悬记的话，所以他想到那位不容于鲁国的圣人臧孙纥的悬记，说："今其将在孔丘乎？"这就是说：这个预言要应在孔丘身上了。这就是说：民间已传说这个孔丘是一位将兴的达者了，臧孙纥也有过这样的话，现在要应验了。

所以我们可以假定，在那多数的东方殷民族之中，早已有一个"将有达者"的大预言。在这个预言的流行空气里，鲁国"圣人"臧孙纥也就有一种"圣人之后必有达者"的预言。我们可以猜想那个民间预言的形式大概是说："殷商亡国后五百年，有个大圣人出来。"我们试读《孟子》，就可以知道"五百年"不是我的瞎说。孟子在他离开齐国最不得意的时候，对他的弟子充虞说：

> 五百年必有王者兴，其间必有名世者。由周而来，七百有
> 余岁矣。以其数则过矣；以其时考之则可矣。夫天未欲平治天
> 下也。如欲平治天下，当今之世，舍我其谁也？（《公孙丑下》）

---

① 编者按："远流本"此处补有胡适按语："适按，《论语》十二，'子张问，士何如斯可谓之达矣？子曰，何哉尔所谓达者？子张对曰，在邦必闻，在家必闻……'此可以解释'达者'、'达人'的普通意象。"

在这一段话里,我们可以看出"五百年必有王者兴"乃是古来一句流行的预言,所以孟子很诧异这个"五百年"的预言何以至今还不灵验。但他始终深信这句五百年的悬记。所以《孟子》最后一章又说:

> 由尧舜至于汤,五百有余岁……由汤至于文王,五百有余岁……由文王至于孔子,五百有余岁……由孔子而来,至于今,百有余岁。去圣人之世若此其未远也,近圣人之居若此其甚也,然而无有乎尔,则亦无有乎尔!(《尽心下》)

这样的低徊追忆不是偶然的事,乃是一个伟大的民族传说几百年流行的结果。

孔子生于鲁襄公二十二年(前551),上距殷武庚的灭亡,已有五百多年。大概这个"五百年必有王者兴"的预言由来已久,所以宋襄公(泓之战在前638)正当殷亡后的第五世纪,他那复兴殷商的野心也正是那个预言之下的产儿。到了孔子出世的时代,那预言的五百年之期已过了几十年,殷民族的渴望正在最高度。这时期,忽然殷宋公孙的一个嫡系里出来了一个聪明睿知的少年,起于贫贱的环境里,而贫贱压不住他;生于"野合"的父母,甚至于他少年时还不知道其父的坟墓,然而他的多才多艺,使他居然战胜了一个当然很不好受的少年处境,使人们居然忘了他的出身,使他的乡人异口同声的赞叹他:

> 大哉孔子! 博学而无所成名!

这样一个人,正因为他的出身特别微贱,所以人们特别惊异他的天才与学力之高,特别追想到他的先世遗泽的长久而伟大。所以当他少年时代,他已是民间人望所归了;民间已隐隐的、纷纷的传说:"五百年必有圣者兴,今其将在孔丘乎!"甚至于鲁国的贵族权臣也在背后议论道:"圣人之后,必有达者,今其将在孔丘乎!"

我们可以说,孔子壮年时,已被一般人认作那个应运而生的圣人了。这个假设可以解决《论语》里许多费解的谈话。如云:

> 子曰:"天生德于予,桓魋其如予何?"

如云:

> 子畏于匡，曰："文王既没，文不在兹乎？天之将丧斯文也，后死者不得与于斯文也。天之未丧斯文也，匡人其如予何？"

如云：

> 子曰："凤鸟不至，河不出图，吾已矣夫！"

这三段说话，我们平时都感觉难懂。但若如上文所说，孔子壮年以后在一般民众心目中已成了一个五百年应运而兴的圣人，这些话就都不难懂了。因为古来久有那个五百年必有圣者兴的悬记，因为孔子生当殷亡之后五百余年，因为他出于一个殷宋正考父的嫡系，因为他那出类拔萃的天才与学力早年就得民众的崇敬，就被人期许为那将兴的达者，——因为这些原故，孔子自己也就不能避免一种自许自任的心理。他是不满意于眼前社会政治的现状的：

> 斗筲之人，何足算也！

他是很有自信力的：

> 苟有用我者，期月而已可也，三年有成。

他对于整个的人类是有无限同情心的：

> 鸟兽不可与同群，吾非斯人之徒与，而谁与？天下有道，
> 丘不与易也。

所以他也不能不高自期许，把那五百年的担子自己挑起来。他有了这样大的自信心，他觉得一切阻力都是不足畏惧的了："桓魋其如予何！""匡人其如予何！""公伯寮其如命何！"他虽不能上应殷商民族歌颂里那个"肇域彼四海"的"武王"，难道不能做一个中兴文化的"文王"吗！

凤鸟与河图的失望，更可以证明那个古来悬记的存在。那个"五百年必有王者兴"的传说当然不会是那样干净简单的，当然还带着许多幼稚的民族神话。"天命玄鸟，降而生商"，正是他的祖宗的"感生帝"的传说。凤鸟之至，河之出图，麒麟之来，大概都是那个五百年应运圣人的预言的一部分。民众当然深信这些；孔子虽然"不语怪力乱神"，但他也

不能完全脱离一个时代的民族信仰。他到了晚年，也就不免有时起这样的怀疑：

> 凤鸟不至，河不出图，吾已矣夫！

"《春秋》绝笔于获麟"，这个传说，也应该作同样的解释。《公羊传》说：

> 自以告者曰："有麇而角者。"孔子曰："孰为来哉！孰为来哉！"反袂拭面，涕沾袍。颜渊死，子曰："噫，天丧予！"子路死，子曰："噫，天祝予！"西狩获麟，孔子曰："吾道穷矣！"

《史记》节取《左传》与《公羊传》，作这样的记载：

> 鲁哀公十四年春，狩大野，叔孙氏车子鉏商获兽，以为不祥。仲尼视之，曰："麟也。"取之。曰："河不出图，洛不出书，吾已矣夫！"颜渊死，孔子曰："天丧予！"及西狩见麟，曰："吾道穷矣！"

孔子的谈话里时时显出他确有点相信他是受命于天的。"天生德于予"，"天之未丧斯文也"，"天丧予"，"下学而上达，知我者其天乎！"此等地方，若依宋儒"天即理也"的说法，无论如何讲不通。若用民俗学的常识来看此等话语，一切就都好懂了。《檀弓》记孔子将死的一段，也应该如此看法：

> 孔子蚤作，负手曳杖，消摇于门，歌曰：
> 泰山其颓乎？
> 梁木其坏乎？
> 哲人其萎乎？
> 既歌而入，当户而坐。子贡闻之，曰："泰山其颓，则吾将安仰？梁木其坏，哲人其萎，则吾将安放？夫子殆将病也。"遂趋而入。夫子曰："赐，尔来何迟也！夏后氏殡于东阶之上，则犹在阼也。殷人殡于两楹之间，则与宾主夹之也。周人殡于西阶之上，则犹宾之也。而丘也，殷人也。予畴昔之夜，梦坐奠于两楹之间。夫明王不兴，而天下其孰能宗予，予殆将死也？"盖寝疾七日而殁。

看他将死之前，明知道那"天下宗予"的梦想已不能实现了，他还自比于泰山梁木。在那"明王不兴，天下其孰能宗予"的慨叹里，我们还可以听见那"五百年必有王者兴"的古代悬记的尾声，还可以听见一位自信为应运而生的圣者的最后绝望的叹声。同时，在这一段话里，我们也可以看见他的同时人、他的弟子和后世的人对他的敬仰的一个来源。《论语》记那个仪封人说：

> 二三子何患于丧（丧是失位，是不得意）乎？天下之无道也久矣。天将以夫子为木铎。

《论语》又记一件很可玩味的故事：

> 南宫适问于孔子曰："羿善射，奡荡舟，俱不得其死焉。禹稷躬稼，而有天下。"孔子不答。南宫适出，子曰："君子哉若人！尚德哉若人！"

南宫适是孟僖子的儿子，是孔子的侄女婿。他问这话，隐隐的表示他对于某方面的一种想望。孔子虽不便答他，却很明白他的意思了。再看《论语》记子贡替孔子辩护的话：

> 仲尼，日月也……人虽欲自绝，其何伤于日月乎？多见其不知量也。
> 夫子之不可及也，犹天之不可阶而升也。夫子之得邦家者，所谓立之斯立，道之斯行，绥之斯来，动之斯和；其生也荣，其死也哀——如之何其可及也！

这是当时的人对他的崇敬。一百多年后，孟子追述宰我、子贡、有若赞颂孔子的话，宰我说：

> 以予观于夫子，贤于尧舜远矣！

子贡说：

> 见其礼而知其政，闻其乐而知其德，由百世之后，等百世之王，莫之能违也。自生民以来，未有夫子也。

有若说：

> 岂惟民哉？麒麟之于走兽，凤皇之于飞鸟，太山之于丘垤，河海之于行潦，类也。圣人之于民，亦类也。出乎其类，拔乎其萃，自生民以来，未有盛于夫子也。

孟子自己也说：

> 自生民以来，未有孔子也。

后来所谓"素王"之说，在这些话里都可以寻出一些渊源线索。孔子自己也曾说过：

> 文王既没，文不在兹乎？

这就是一个无冠帝王的气象。他自己担负起文王以来五百年的中兴重担子来了，他的弟子也期望他像"禹稷耕稼而有天下"，说他"贤于尧舜远矣"，说他为生民以来所未有，这当然是一个"素王"了。

孔子是一个热心想做一番功业的人，本来不甘心做一个"素王"的。我们看他议论管仲的话：

> 管仲相桓公，霸诸侯，一匡天下，民到于今受其赐。微管仲，吾其被发左衽矣。岂若匹夫匹妇之为谅也，自经于沟渎而莫之知也？

这一段话最可以表示孔子的救世热肠，也最可以解释他一生栖栖遑遑奔走四方的行为。《檀弓》记他的弟子有若的观察：

> 昔者夫子失鲁司寇，将之荆，盖先之以子夏，又申之以冉有。以斯知不欲速贫也。

《论语》里有许多同样的记载：

> 子欲居九夷。或曰："陋，如之何？"子曰："君子居之，何陋之有？"
>
> 子曰："道不行，乘桴浮于海，从我者其由欤？"

《论语》里记着两件事，曾引起最多的误解。一件是公山弗扰召孔子的事：

> 公山弗扰以费叛，召，子欲往。子路不说，曰："末之也已，何必公山氏之之也？"子曰："夫召我者，而岂徒哉？如有用我者，吾其为东周乎？"

一件是佛肸召孔子的事：

> 佛肸召，子欲往。子路曰："昔者由也闻诸夫子曰：'亲于其身为不善者，君子不入也。'佛肸以中牟畔（佛肸是晋国赵简子的中牟邑宰，据中牟以叛），子之往也，如之何？"子曰："然，有是言也。不曰坚乎，磨而不磷？不曰白乎，涅而不缁？吾岂匏瓜也哉？焉能系而不食？"

后世儒者用后世的眼光来评量这两件事，总觉得孔子决不会这样看重两个反叛的家臣，决不会这样热衷。疑此两事的人，如崔述（《洙泗考信录》卷二），根本不信此种记载为《论语》所有的；那些不敢怀疑《论语》的人，如孔颖达（《论语正义》十七），如程颐、张栻（引见朱熹《论语集注》九），都只能委曲解说孔子的动机。其实孔子的动机不过是赞成一个也许可以尝试有为的机会。从事业上看，"吾其为东周乎？"这就是说，也许我可以造成一个"东方的周帝国"哩。从个人的感慨上说，"吾岂匏瓜也哉？焉能系而不食？"这就是说，我是想做事的，我不能像那串葫芦，挂在那儿摆样子，可是不中吃的。这都是很近情理的感想，用不着什么解释的。（王安石有《中牟诗》："颓城百雉拥高秋，驱马临风想圣丘。此道门人多未悟，尔来千载判悠悠。"）

他到了晚年，也有时感慨他的壮志的消磨。最动人的是他的自述：

> 甚矣吾衰也！久矣吾不复梦见周公！

这寥寥两句话里，我们可以听见一个"烈士暮年，壮心未已"的长叹。周公是周帝国的一个最伟大的创始者，东方的征服可说全是周公的大功。孔子想造成的"东周"，不是那平王以后的"东周"（这个"东周"乃是史家所用名称，当时无用此名的），乃是周公平定四国后造成的东方周帝国。

但这个伟大的梦终没有实现的机会,孔子临死时还说:

> 夫明王不兴,而天下其孰能宗予,予殆将死也?

不做周公而仅仅做一个"素王",是孔子自己不能认为满意的,但"五百年必有王者兴"的悬记终于这样不满意的应在他的身上了。

犹太民族亡国后的预言,也曾期望一个民族英雄出来,"做万民的君王和司令"(《以赛亚书》五五章,四节),"使雅各众复兴,使以色列之中得保全的人民能归回——这还是小事——还要作外邦人的光,推行我(耶和华)的救恩,直到地的尽头"(同书,四九章,六节)。但到了后来,大卫的子孙里出了一个耶稣,他的聪明仁爱得了民众的推戴,民众认他是古代先知预言的"弥赛亚",称他为"犹太人的王"。后来他被拘捕了,罗马帝国的兵"给他脱了衣服,穿上一件朱红色袍子,用荆棘编作冠冕,戴在他头上,拿一根苇子放在他右手里;他们跪在他面前,戏弄他说:'恭喜犹太人的王啊!'"戏弄过了,他们带他出去,把他钉死在十字架上。犹太人的王"使雅各众复兴,使以色列归回"的梦想,就这样吹散了。但那个钉死在十字架上的殉道者,死了又"复活"了:"好像一粒芥菜子,这原是种子里最小的,等到长起来,却比各样菜都大,且成了一株树,天上的飞鸟来宿在他的枝上。"他真成了"外邦人的光,直到地的尽头"。

孔子的故事也很像这样的。殷商民族亡国以后,也曾期望"武丁孙子"里有一个无所不胜的"武王"起来,"大糦是承","肇域彼四海"。后来这个希望渐渐形成了一个"五百年必有王者兴"的悬记,引起了宋襄公复兴殷商的野心。这一次民族复兴的运动失败之后,那个伟大的民族仍旧把他们的希望继续寄托在一个将兴的圣王身上。果然,亡国后的第六世纪里,起来了一个伟大的"学而不厌,诲人不倦"的圣人。这一个伟大的人不久就得着了许多人的崇敬,他们认他是他们所期待的圣人;就是和他不同族的鲁国统治阶级里,也有人承认那个圣人将兴的预言要应在这个人身上。和他接近的人,仰望他如同仰望日月一样;相信他若得着机会,他一定能"立之斯立,道之斯行,绥之斯来,动之斯和"。他自己也明白人们对他的期望,也以泰山梁木自待,自信"天生德于予",自许要作文王周公的功业。到他临死时,他还做梦"坐奠于两楹之间"。他抱着"天下其孰能宗予"的遗憾死了，但他死了也"复活"了："人能弘道，非道弘人"，他打破了殷周文化的藩篱，打通了殷周民族的畛域，把那含有部落性的"儒"抬高了，放大了，重新建立在六百年殷周民族共同生活的新基础之上：他做了那中兴的"儒"的不祧的宗主；他也成了"外邦人的光"，"声名洋溢乎中国，施及蛮貊，舟车所至，人力所通……凡有血气者莫不尊亲"。

五

孔子所以能中兴那五六百年来受人轻视的"儒"，是因为他认清了那六百年殷周民族杂居，文化逐渐混合的趋势，他知道那个富有部落性的殷遗民的"儒"是无法能拒绝那六百年来统治中国的周文化的了，所以他大胆的冲破那民族的界限，大胆的宣言："吾从周！"他说：

> 夏礼，吾能言之，杞不足征也。殷礼，吾能言之，宋不足征也。文献不足故也。足，则吾能征之矣。

这就是说，夏殷两个故国的文化虽然都还有部分的保存——例如《士丧礼》里的夏祝商祝——然而民族杂居太长久了，后起的统治势力的文化渐渐湮没了亡国民族的老文化，甚至于连那两个老文化的政治中心，杞与宋，都不能继续保存他们的文献了。杞国的史料现在已无可考。就拿宋国来看，宋国在那姬周诸国包围之中，早就显出被周文化同化的倾向来了。最明显的例子是谥法的采用。殷人无谥法，《檀弓》说：

> 幼名，冠字，五十以伯仲，死谥，周道也。

今考《宋世家》，微子启传其弟微仲，微仲传子稽，稽传丁公申，丁公申传湣公共，共传弟炀公熙，湣公子鲋祀弑炀公而自立，是为厉公。这样看来，微子之后，到第四代已用周道，死后称谥了。——举此一端，可见同化的速度。在五六百年中，文献的丧失，大概是由于同化久了，虽有那些保存古服古礼的"儒"，也只能做到一点抱残守缺的工夫，而不能挽救那自然的趋势。可是那西周民族却在那五六百年中充分吸收东方古国的文化；西周王室虽然渐渐不振了，那些新建立的国家，如在殷商旧地的齐鲁卫郑，如在夏后氏旧地的晋，都继续发展，成为几个很重要的文化中心。所谓"周礼"，其实是这五六百年中造成的殷周混合文化。旧文化里灌入了新民族的新血液，旧基础上筑起了新国家的新制度，很自然的呈显出一种"粲然大备"的气象。《檀弓》有两段最可玩味的记载：

> 有虞氏瓦棺，夏后氏堲周，殷人棺椁，周人墙置翣。周人以殷人之棺椁葬长殇，以夏后氏之堲周葬中殇下殇，以有虞氏之瓦棺葬无服之殇。
>
> 仲宪言于曾子曰："夏后氏用明器…… 殷人用祭器…… 周人兼用之。"

这都是最自然的现象。我们今日看北方的出殡，其中有披麻戴孝的孝子，有和尚，有道士，有喇嘛，有军乐队，有纸扎的汽车马车，和《檀弓》记的同时有四种葬法，是一样的文化混合。孔子是个有历史眼光的人，他认清了那个所谓"周礼"并不是西周人带来的，乃是几千年的古文化逐渐积聚演变的总成绩，这里面含有绝大的因袭夏殷古文化的成分。他说：

> 殷因于夏礼，所损益，可知也。周因于殷礼，所损益，可知也。

这是很透辟的"历史的看法"。有了这种历史见解，孔子自然能看破，并且敢放弃那传统的"儒"的保守主义。所以他大胆的说：

> 周监于二代，郁郁乎文哉！吾从周。

在这句"吾从周"的口号之下，孔子扩大了旧"儒"的范围，把那个做殷民族的祝人的"儒"变做全国人的师儒了。"儒"的中兴，其实是"儒"的放大。

孔子所谓"从周"，我在上文说过，其实是接受那个因袭夏殷文化而演变出来的现代文化。所以孔子的"从周"不是绝对的，只是选择的，只是"择其善者而从之，其不善者而改之"。《论语》里说：

> 颜渊问为邦，子曰："行夏之时，乘殷之辂，服周之冕。乐则韶舞。放郑声，远佞人；郑声淫，佞人殆。"

这是很明显的折衷主义。《论语》又记孔子说：

> 麻冕,礼也;今也纯。俭,吾从众。拜下,礼也;今拜乎上,
> 泰也。虽违众,吾从下。

这里的选择去取的标准更明显了。《檀弓》里也有同类的记载:

> 孔子曰:"拜而后稽颡,颓乎其顺也(郑注,此殷之丧拜
> 也)。稽颡而后拜,颀乎其至也(郑注,此周之丧拜也)。三年
> 之丧,吾从其至者。"
> 殷既封而吊,周反哭而吊。孔子曰:"殷已悫,吾从周。"
> 殷练而祔,周卒哭而祔。孔子善殷。

这都是选择折衷的态度。《檀弓》又记:

> 孔子之丧,公西赤为志焉:饰棺墙,置翣,设披,周也。设
> 崇,殷也。绸练设旐,夏也。
> 子张之丧,公明仪为志焉:褚幕丹质,蚁结于四隅,殷士也。

这两家的送葬的礼式不同,更可以使我们明了孔子和殷儒的关系。子张是"殷士",所以他的送葬完全沿用殷礼。孔子虽然也是殷人,但他的教义早已超过那保守的殷儒的遗风了,早已明白宣示他的"从周"的态度了,早已表示他的选择三代礼文的立场了,所以他的送葬也含有这个调和三代文化的象征意义。

孔子的伟大贡献正在这种博大的"择善"的新精神。他是没有那狭义的畛域观念的。他说:

> 君子周而不比。

又说:

> 君子群而不党。

他的眼光注射在那整个的人群,所以他说:

> 君子之于天下也,无适也,无莫也,义之与比。

他认定了教育可以打破一切阶级与界限,所以曾有这样最大胆的宣言:

> 有教无类。

这四个字在今日好像很平常,但在二千五百年前,这样平等的教育观必定是很震动社会的一个革命学说。因为"有教无类",所以孔子说:"自行束脩以上,吾未尝无诲焉。"所以他的门下有鲁国的公孙,有货殖的商人,有极贫的原宪,有在缧绁之中的公冶长。因为孔子深信教育可以摧破一切阶级的畛域,所以他终生"为之不厌,诲人不倦"。

孔子时时提出一个"仁"字的理想境界。"仁者人也",这是最妥贴的古训。"井有仁焉"就是"井有人焉"。"仁"就是那用整个人类为对象的教义。最浅的说法是:

> 樊迟问仁,子曰:"爱人。"

进一步的说法,"仁"就是要尽人道,做到一个理想的人样子,这个理想的人样子也有浅深不同的说法:

> 樊迟问仁,子曰:"居处恭,执事敬,与人忠,虽之夷狄,不可弃也。"

这是最低限度的说法了。此外还有许多种说法:

> 樊迟问仁,子曰:"仁者先难而后获,可谓仁矣。"(比较孔子在别处对樊迟说的"先事后得"。)
>
> 司马牛问仁,子曰:"仁者其言也讱。为之难,言之得无讱乎?"
>
> 颜渊问仁,子曰:"克己复礼为仁。"
>
> 仲弓问仁,子曰:"出门如见大宾,使民如承大祭。己所不欲,勿施于人。在邦无怨,在家无怨。"

其实这都是"居处恭,执事敬,与人忠"引申的意义。仁就是做人。用那理想境界的人做人生的目标,这就是孔子的最博大又最平实的教义。我们看他的大弟子曾参说的话:

> 士不可以不弘毅,任重而道远。仁以为己任,不亦重乎?死而后已,不亦远乎?

"仁以为己任"，就是把整个人类看作自己的责任。耶稣在山上，看见民众纷纷到来，他很感动，说道："收成是好的，可惜做工的人太少了。"曾子说的"任重而道远"，正是同样的感慨。

从一个亡国民族的教士阶级，变到调和三代文化的师儒；用"吾从周"的博大精神，担起了"仁以为己任"的绝大使命——这是孔子的新儒教。

"儒"本来是亡国遗民的宗教，所以富有亡国遗民柔顺以取容的人生观，所以"儒"的古训为柔懦。到了孔子，他对自己有绝大信心，对他领导的文化教育运动也有绝大信心，他又认清了那六百年殷周民族同化的历史实在是东部古文化同化了西周新民族的历史——西周民族的新建设也都建立在那"周因于殷礼"的基础之上——所以他自己没有那种亡国遗民的柔逊取容的心理。"士不可以不弘毅，任重而道远"，这是这个新运动的新精神，不是那个"一命而偻，再命而伛，三命而俯"的柔道所能包涵的了。孔子说：

> 志士仁人，无求生以害仁，有杀身以成仁。

他的弟子子贡问他：伯夷、叔齐饿死在首阳山下，怨不怨呢？孔子答道：

> 求仁而得仁，又何怨？

这都不是柔道的人生哲学了。这里所谓"仁"，无疑的，就是做人之道。孟子引孔子的话道：

> 志士不忘在沟壑，勇士不忘丧其元。

我颇疑心孔子受了那几百年来封建社会中的武士风气的影响，所以他把那柔懦的儒和杀身成仁的武士合并在一块，造成了一种新的"儒行"。《论语》说：

> 子路问成人，子曰："若臧武仲之知，公绰之不欲。卞庄子之勇，冉求之艺，文之以礼乐，亦可以为成人矣。"曰："今之成人者何必然。见利思义，见危授命，久要不忘平生之言，亦可以为成人矣。"

"成人"就是"成仁",就是"仁"。综合当时社会上的理想人物的各种美德,合成一个理想的人格,这就是"君子儒",这就是"仁"。但他又让一步,说"今之成人者"的最低标准,这个最低标准正是当时的"武士道"的信条。他的弟子子张也说:

> 士见危致命,见得思义,祭思敬,丧思哀,其可已矣。

曾子说:

> 可以托六尺之孤,可以寄百里之命,临大节而不可夺也。
> 君子人欤?君子人也。

这就是"见危致命"的武士道的君子。子张又说:

> 执德不弘,信道不笃,焉能为有?焉能为亡?

子张是"殷士",而他的见解已是如此,可见孔子的新教义已能改变那传统的儒,形成一种弘毅的新儒了。孔子曾说:

> 刚毅木讷近仁。

又说:

> 巧言令色,鲜矣仁。

他提倡的新儒行只是那刚毅勇敢,担负得起天下重任的人格。所以说:

> 仁者己欲立而立人,己欲达而达人。

又说:

> 君子……修己以敬……修己以安人…… 修己以安百姓。

这是一个新的理想境界,绝不是那治丧相礼以为衣食之端的柔懦的儒的境界了。

孔子自己的人格就是这种弘毅的人格。《论语》说:

> 子曰:"君子道者三,我无能焉:仁者不忧,知者不惑,勇者不惧。"子贡曰:"夫子自道也。"

子曰："不怨天，不尤人，下学而上达。知我者其天乎！"

叶公问孔子于子路，子路不对。子曰："汝奚不曰，'其为人也，发愤忘食，乐以忘忧，不知老之将至云尔？'"

《论语》又记着一条有风趣的故事：

子路宿于石门，晨门曰："奚自？"子路曰："自孔氏。"曰："是知其不可而为之者欤？"

这是当时人对于孔子的观察。"知其不可而为之"，是孔子的新精神。这是古来柔道的儒所不曾梦见的新境界。

但柔道的人生观，在孔门也不是完全没有相当地位的。曾子说：

以能问于不能，以多问于寡；有若无，实若虚；犯而不校。昔者，吾友尝从事于斯矣。

这一段的描写，原文只说"吾友"，东汉的马融硬说"友谓颜渊"，从此以后，注家也都说是颜渊了（现在竟有人说道家出于颜回了）。其实"吾友"只是我的朋友，或我的朋友们，二千五百年后人只可以"阙疑"，不必费心去猜测。如果这些话可以指颜渊，那么，我们也可以证明这些话是说孔子。《论语》不说过吗？

子入太庙，每事问。或曰："孰谓鄹人之子知礼乎？入太庙，每事问！"子闻之曰："是礼也。"

这不是有意的"以能问于不能，以多问于寡"吗？这不是"有若无，实若虚"吗？

子曰："吾有知乎哉？无知也。有鄙夫问于我，空空如也。我叩其两端而竭焉。"

这不是"以能问于不能，以多问于寡；有若无，实若虚"吗？《论语》又记孔子赞叹"伯夷、叔齐不念旧恶，怨是用希"，这不是"犯而不校"吗？为什么我们不可以说"吾友"是指孔子呢？为什么我们不可以说"吾友"只是泛指曾子"昔者"接近的某些师友呢？为什么我们不可以说这是孔门某一个时期（"昔者"）所"尝从事"的学风呢？

大概这种谦卑的态度,虚心的气象,柔逊的处世方法,本来是几百年来的儒者遗风,孔子本来不曾抹煞这一套,他不过不承认这一套是最后的境界,也不觉得这是唯一的境界罢了。(曾子的这一段话的下面,即是"可以托六尺之孤"一段;再下面,就是"士不可以不弘毅"一段。这三段话,写出三种境界,最可供我们作比较。)在那个标举"成人"、"成仁"为理想境界的新学风里,柔逊谦卑不过是其一端而已。孔子说得好:

恭而无礼则劳,慎而无礼则葸,勇而无礼则乱,直而无礼则绞。

恭与慎都是柔道的美德——孟僖子称正考父的鼎铭为"共"(恭)——可是过当的恭慎就不是"成人"的气象了。《乡党》一篇写孔子的行为何等恭慎谦卑!《乡党》开端就说:

孔子于乡党,恂恂如也,似不能言者。其在宗庙朝廷,便便言,唯谨尔。(郑注:便便,辩也。)

《论语》里记他和当时的国君权臣的问答,语气总是最恭慎的,道理总是守正不阿的。最好的例子是鲁定公问一言可以兴邦的两段:

定公问:"一言而可以兴邦,有诸?"

孔子对曰:"言不可以若是其几也。人之言曰:'为君难,为臣不易。'如知为君之难也,不几乎一言而兴邦乎?"

曰:"一言而丧邦,有诸?"

孔子对曰:"言不可以若是其几也。人之言曰:'予无乐乎为君,唯其言而莫予违也。'如其善而莫之违也,不亦善乎? 如不善而莫之违也,不几乎一言而丧邦乎?"

他用这样婉转的辞令,对他的国君发表这样独立的见解,这最可以代表孔子的"温而厉","与人恭而有礼"的人格。

《中庸》虽是晚出的书,其中有子路问强一节,可以用来做参考资料:

子路问强。子曰:"南方之强欤? 北方之强欤? 抑而强

> 欤？宽柔以教，不报无道，南方之强也，君子居之。衽金革，死
> 而不厌，北方之强也，而强者居之。故君子和而不流，强哉矫。
> 中立而不倚，强哉矫。国有道，不变塞焉，强哉矫；国无道，至
> 死不变，强哉矫。"

这里说的话，无论是不是孔子的话，至少可以表示孔门学者认清了当时
有两种不同的人生观，又可以表示他们并不菲薄那"宽柔以教，不报无
道"(即是"犯而不校")的柔道。他们看准了这种柔道也正是一种"强"
道。当时所谓"南人"，与后世所谓"南人"不同。春秋时代的楚与吴，虽
然更南了，但他们在北方人的眼里还都是"南蛮"，够不上那柔道的文
化。古代人所谓"南人"似乎都是指大河以南的宋国、鲁国，其人多是殷
商遗民，传染了儒柔的风气，文化高了，世故也深了，所以有这种宽柔的
"不报无道"的教义。

　　这种柔道本来也是一种"强"，正如《周易·象传》说的"谦尊而光，
卑而不可逾"。一个人自信甚坚强，自然可以不计较外来的侮辱；或者
他有很强的宗教信心，深信"鬼神害盈而福谦"，他也可以不计较偶然的
横暴。谦卑柔逊之中含有一种坚忍的信心，所以可说是一种君子之强，
但他也有流弊。过度的柔逊恭顺，就成了懦弱者的百依百顺，没有独立
的是非好恶之心了。这种人就成了孔子最痛恨的"乡原"，"原"是谨愿，
乡愿是一乡都称为谨愿好人的人。《论语》说：

> 子曰："乡原，德之贼也。"

《孟子》末篇对这个意思有很详细的说明：

> 孟子曰："……孔子曰：'过我门而不入我室，我不憾焉者，
> 其惟乡原乎？乡原，德之贼也。'"
> 万章曰："何如斯可谓之乡原矣？"
> 曰："何以是嘐嘐也！言不顾行，行不顾言，则曰：'古之
> 人！古之人！行何为踽踽凉凉？生斯世也，为斯世也，善斯可
> 矣。'阉然媚于世也者，是乡原也。"
> 万章曰："一乡皆称原人焉，无所往而不为原人，孔子以为
> 德之贼，何哉？"

> 曰:"非之,无举也;刺之,无刺也。同乎流俗,合乎污世。
> 居之似忠信,行之似廉洁。众皆悦之,自以为是,而不可与入
> 尧舜之道,故曰德之贼也。孔子曰:'恶似而非者。恶莠,恐其
> 乱苗也。恶佞,恐其乱义也。恶利口,恐其乱信也。恶郑声,
> 恐其乱乐也。恶紫,恐其乱朱也。恶乡原,恐其乱德也。'"

这样的人的大病在于只能柔而不能刚,只能"同乎流俗,合乎污世","阉
然媚于世",而不能有踽踽凉凉的特立独行。

孔子从柔道的儒风里出来,要人"柔而能刚","恭而有礼"。他说:

> 众好之,必察焉。众恶之,必察焉。

乡原决不会有"众恶之"的情况的。凡"众好之"的人,大概是"同乎流
俗,合乎污世"的人。《论语》另有一条说此意最好:

> 子贡问曰:"乡人皆好之,何如?"
> 子曰:"未可也。"
> "乡人皆恶之,何如?"
> 子曰:"未可也。不如乡人之善者好之,其不善者恶之。"

这就是《论语》说的"君子和而不同",也就是《中庸》说的"君子和而不
流,中立而不倚"。这才是孔子要提倡的那种弘毅的新儒行。

《礼记》里有《儒行》一篇,记孔子答鲁哀公问《儒行》的话,其著作年
代已不可考,但其中说儒服是鲁宋的乡服,可知作者去古尚未远,大概
是战国早期的儒家著作的一种。此篇列举《儒行》十六节,其中有一
节云:

> 儒有衣冠中,动作慎;其大让如慢,小让如伪;大则如威
> (畏),小则如愧;其难进而易退也,粥粥若无能也。

这还是儒柔的本色。又一节云:

> 儒有博学而不穷,笃行而不倦……礼之以和为贵……
> 举贤而容众,毁方而瓦合,其宽裕有如此者。

这也还近于儒柔之义。但此外十几节,如云:

爱其死以有待也，养其身以有为也。

非时不见，非义不合。

见利不亏其义，见死不更其守，其特立有如此者。

儒有可亲而不可劫也，可近而不可迫也，可杀而不可辱也……其过失可微辨而不可面数也，其刚毅有如此者。

身可危也，而志不可夺也。虽危，起居竟信（伸）其志，犹将不忘百姓之病也，其忧思有如此者。

患难相死也，久相待也，远相致也。

儒有澡身而浴德，陈言而伏……世治不轻，世乱不沮。同弗与，异弗非也。其特立独行有如此者。

儒有上不臣天子，下不事诸侯，慎静而尚宽，强毅以与人……砥厉廉隅，虽分国，如锱铢……其规为有如此者。

这就都是超过那柔顺的儒风，建立那刚毅威严，特立独行的新儒行了。

以上述孔子改造的新儒行：他把那有部落性的殷儒扩大到那"仁以为己任"的新儒，他把那亡国遗民的柔顺取容的殷儒抬高到那弘毅进取的新儒。这真是"振衰而起懦"的大事业。

六

我们现在可以谈谈"儒"与"道"的历史关系了。同时也可以谈谈孔子与老子的历史关系了。

"道家"一个名词不见于先秦古书中，在《史记》的《陈平世家》、《魏其武安侯列传》①、《太史公自序》里，我们第一次见着"道家"一个名词。司马谈父子所谓"道家"，乃是一个"因阴阳之大顺，采儒墨之善，撮名法之要"的混合学派。因为是个混合折衷的学派，他的起源当然最晚，约在战国的最后期与秦汉之间。这是毫无可疑的历史事实。（我别有论"道家"的专文。）

最可注意的是秦以前论学术派别的，没有一个人提到那个与儒墨对立的"道家"。孟子在战国后期论当时的学派，只说"逃墨必归于杨，

---

① 编者注："商务本"原作《封禅书》，现据"远流本"改。

逃杨必归于儒"。韩非死在秦始皇时,他也只说"世之显学,儒墨也"。

那么,儒、墨两家之外,那极端倾向个人主义的杨朱可以算是自成一派,其余的许多思想家——老子、庄周、慎到、田骈、邹衍等——都如何分类呢?

依我的看法,这些思想家都应该归在儒、墨两大系之下。

宋轻、尹文、惠施、公孙龙一些人都应该归于"墨者"一个大系之下。宋轻(宋钘)、尹文主张"见侮不辱,救民之斗;禁攻寝兵,救世之战",他们正是墨教的信徒,这是显而易见的。惠施主张"泛爱万物",又主张齐、梁两国相推为王,以维持中原的和平;公孙龙到处劝各国"偃兵",这也是墨教的遗风。至于他们的名学和墨家的名学也有明显的渊源关系,那更是容易看出的。

其余的许多思想家,无论是齐鲁儒生,或是燕齐方士,在先秦时代总称为"儒",都属于"儒者"的一大系。所以齐宣王招致稷下先生无数,而《盐铁论》泛称为"诸儒";所以秦始皇坑杀术士,而世人说他"坑儒"。《庄子·说剑篇》(伪书)也有庄子儒服而见赵王的传说。

老子也是儒。儒的本义为柔,而《老子》书中的教义正是一种"宽柔以教,不报无道"的柔道。"弱之胜强,柔之胜刚,天下莫不知,莫能行","上善若水,水利万物而不争","夫唯不争,故天下莫与之争","报怨以德","强梁者不得其死","曲则全,枉则直,洼则盈"……这都是最极端的"犯而不校"的人生观。如果"儒,柔也"的古训是有历史意义的,那么,老子的教义正代表儒的古义。

我们试回想到前八世纪的正考父的鼎铭,回想到《周易》里"谦"、"损"、"坎"、"巽"等等教人柔逊的卦爻词,回想到曾子说的"昔者吾友尝从事"的"犯而不校",回想到《论语》里讨论的"以德报怨"的问题——我们不能不承认这种柔逊谦卑的人生观正是古来的正宗儒行。孔子早年也从这个正宗儒学里淘炼出来,所以曾子说:

> 以能问于不能,以多问于寡;有若无,实若虚;犯而不校。
>
> 昔者,吾友尝从事于斯矣。

后来孔子渐渐超过了这个正统遗风,建立了那刚毅弘大的新儒行,就自成一种新气象。《论语》说:

> 或曰:"以德报怨,何如?"
>
> 子曰:"何以报德? —— 以直报怨;以德报德。"

这里"或人"提出的论点,也许就是老子的"报怨以德",也许只是那个柔道遗风里的一句古训。这种柔道,比"不报无道"更进一层,自有大过人处,自有最能感人的魔力,因为这种人生观的基础是一种大过人的宗教信心,——深信一个"无为而无不为"、"不争而善胜"的天道。但孔子已跳过了这种"过情"的境界,知道这种违反人情的极端教义是不足为训的,所以他极力回到那平实中庸的新教义:"以直报怨,以德报德。"

这种讨论可以证明孔子之时确有那种过情的柔道人生观。信《老子》之书者,可以认为当时已有《老子》之书或老子之教的证据。即有尚怀疑《老子》之书者,他们若平心想想,也决不能否认当时实有"犯而不校"的柔道,又实有"以德报怨"的更透进一层的柔道。如果连这种重要证据都要抹煞,硬说今本《老子》里的柔道哲学乃是战国末年世故已深时宋钘、尹文的思想的余波,那种人的固执是可以惊异的,他们的理解是不足取法的。

还有那个孔子问礼于老聃的传说,向来怀疑的人都学韩愈的看法,说这是老子一派的人要自尊其学,所以捏造"孔子,吾师之弟子也"的传说(姚际恒《礼记通论》论《曾子问》一篇,说,"此为老庄之徒所作无疑")。现在依我们的新看法,这个古说正可以证明老子是个"老儒",是一个殷商老派的儒。

关于孔子见老子的传说,约有几组材料的来源:

(1)《礼记》的《曾子问篇》,孔子述老聃论丧礼四事。

(2)《史记·孔子世家》记南宫敬叔与孔子适周问礼,"盖见老子云"一段。

(3)《史记·老庄申韩列传》,"孔子适周,将问礼于老子,老子曰……"一段。

(4)《庄子》中所记各段。

我们若依这个次序比较这四组的材料,可以看见一个最可玩味的现象,就是老子的人格的骤变,从一个最拘谨的丧礼大师,变到一个最恣肆无礼的出世仙人。最可注意的是《史记》两记此事,在《孔子世家》

里老子还是一个很谦恭的柔道学者，而在《老子列传》里他就变做一个盛气拒人的狂士了。这个现象，其实不难说明。老子的人格变化只代表各时期的人对于老子的看法不同。作《曾子问》的人绝对不曾梦见几百年后的人会把老聃变成一个谩骂无礼的狂士，所以他只简单的记了老聃对于丧礼的几条意见。这个看法当然是最早的；因为，如果《曾子问》真是后世"老庄之徒所作"，请问，这班"老庄之徒"为什么要把老子写成这样一个拘谨的丧礼专门大师呢？若如姚际恒所说，《曾子问》全书是"老庄之徒所作无疑"，那么，这班"老庄之徒"捏造了这五十条丧礼节目的讨论，插入了四条老聃的意见，结果反把老聃变成了一个儒家丧礼的大师，这岂不是"赔了夫人又折兵"的大笨事吗？——这类的说法既说不通了，我们只能承认那作《曾子问》的人生在一个较早的时期，只知道老子是一位丧礼大师，所以他老老实实的传述了孔子称引老聃的丧礼意见。这是老、孔没有分家的时代的老子。

司马迁的《孔子世家》是《史记》里最谨慎的一篇，所以这一篇记孔子和老子的关系也还和那最早的传说相去不远：

> （孔子）适周问礼，盖见老子云。辞去，而老子送之曰："吾闻富贵者送人以财，仁人者送人以言。吾不能富贵，窃仁人之号，送子以言曰：'聪明深察而近于死者，好议人者也。博辩广大危其身者，发人之恶者也。为人子者，毋以有己。为人臣者，毋以有己。'"

这时代的人已不信老子是个古礼专家了，所以司马迁说"适周问礼，盖见老子云"，这已是很怀疑的口气了。但他在这一篇只采用了这一段临别赠言，这一段话还把老子看作一个柔道老儒，还不是更晚的传说中的老子。

到了《老庄列传》里，就大不同了！

> 孔子适周，将问礼于老子。老子曰："子所言者，其人与骨皆已朽矣。独其言在耳……"

这就是说，孔子"将"要问礼，就碰了一个大钉子，开不得口。这就近于后世传说中的老子了。

至于《庄子》《列子》书中所记孔子见老子的话，离最古的传说更远，其捏造的时代更晚，更不用说了。如果老子真是那样一个倨傲谩骂的人，而孔子却要借车借马远道去"问礼"，他去碰钉子挨骂，岂非活该！

总之，我们分析孔子问礼于老子的传说，剥除了后起的粉饰，可以看出几个要点：

（1）古传说认老子为一个知礼的大师。这是问礼故事的中心，不可忽视。

（2）古传说记载老子是一位丧礼的专家。《曾子问》记孔子述他的礼论四条，其第二条最可注意：

> 孔子曰：昔者吾从老聃助葬于巷党，及堩，日有食之，老聃曰："丘止柩就道右，止哭以听变，既明反而后行。"曰："礼也。"反葬而丘问之曰："夫柩不可以反者也，日有食之，不知其已之迟数，则岂如行哉？"老聃曰："诸侯朝天子，见日而行，逮日而舍奠。大夫使，见日而行，逮日而舍。夫柩不蚤出，不莫宿。见星而行者，唯罪人与奔父母之丧者乎？日有食之，安知其不见星也？且君子行礼，不以人之亲痁患。"吾闻诸老聃云。

这种议论，有何必要而须造出一个老师的权威来作证？岂非因为老聃本是一位丧礼的权威，所以有引他的必要吗？

（3）古传说里，老子是周室的一个"史"：《老子列传》说他是"周守藏室之史"，《张汤列传》说他是"柱下史"。史是宗教的官，也需要知礼的人。

（4）古传说又说他在周，成周本是殷商旧地，遗民所居。（古传说又说他师事商容——一作常枞，汪中说为一人——可见古说总把他和殷商文化连在一块，不但那柔道的人生观一项而已。）这样看来，我们更可以明白老子是那正宗老儒的一个重要代表了。

聪明的汪中（《述学》补遗，《老子考异》）也承认《曾子问》里的老聃是"孔子之所从学者，可信也"。但他终不能解决下面的疑惑：

> 夫助葬而遇日食，然且以见星为嫌，止柩以听变，其谨于礼也如是。至其书则曰："礼者，忠信之薄而乱之首也。"下殇之葬，称引周、召、史佚，其尊信前哲也如是（此一条也见《曾子

> 问》）。而其书则曰："圣人不死，大盗不止。"彼此乖违甚矣。
> 故郑注谓"古寿考者之称"，黄东发《日钞》亦疑之，而皆无以辅
> 其说。（汪中列举三疑，其他二事不关重要，今不论。）

博学的汪中误记了《庄子》伪书里的一句"圣人不死，大盗不止"，硬说是
《老子》里的赃物！我们不能不替老子喊一声冤枉。《老子》书里处处抬
高"圣人"作个理想境界，全书具在，可以复勘。所以汪中举出的两项
"乖违"，其一项已不能成立了。其他一项，"礼者，忠信之薄，而乱之
首"，正是深知礼制的人的自然的反动，本来也没有可疑之处。博学的
汪中不记得《论语》里的同样主张吗？孔子也说过：

> 人而不仁，如礼何？人而不仁，如乐何？

又说过：

> 礼云，礼云，玉帛云乎哉？乐云，乐云，钟鼓云乎哉？

《论语》又有两条讨论"礼之本"的话：

> 林放问礼之本。子曰："大哉问！礼，与其奢也，宁俭。
> 丧，与其易也，宁戚。"（说详上文第三章）
> 子夏问曰："'巧笑倩兮，美目盼兮，素以为绚兮'，何谓
> 也？"子曰："绘事后素。"曰："礼后乎？"子曰："起予者商也，始
> 可与言诗已矣。"

《檀弓》述子路引孔子的话，也说：

> 丧礼，与其哀不足而礼有余也，不若礼不足而哀有余也。
> 祭礼，与其敬不足而礼有余也，不若礼不足而敬有余也。

这样的话，都明明的说还有比"礼"更为根本的在，明明的说礼是次要的
（"礼后"），正可以解释老子"礼者忠信之薄而乱之首"的一句话。老
子、孔子都是深知礼意的大师，所以他们能看透过去，知道"礼之本"不
在那礼文上。孔子看见季氏舞八佾，又旅于泰山，也跳起来，叹口气说：
"呜呼！曾谓泰山不如林放乎！"后世的权臣，搭起禅让台来，欺人寡妇
孤儿，抢人的天下，行礼已毕，点头赞叹道："舜禹之事，吾知之矣！"其实

那深知礼意的老聃、孔丘早已看透了!《檀弓》里还记一位鲁人周丰对鲁哀公说的话:

> 殷人作誓而民始畔,周人作会而民始疑。苟无礼义忠信诚悫之心以莅之,虽固结之,民其不解乎?

这又是老子的话的注脚了。

总之,依我们的新看法,老子出在那个前六世纪,毫不觉得奇怪。他不过是代表那六百年来以柔道取容于世的一个正统老儒;他的职业正是殷儒相礼助葬的职业,他的教义也正是《论语》里说的"犯而不校"、"以德报怨"的柔道人生观。古传说里记载着孔子曾问礼于老子,这个传说在我们看来,丝毫没有可怪可疑之点。儒家的书记载孔子"从老聃助葬于巷党",这正是最重要的历史证据,和我们上文说的儒的历史丝毫没有矛盾冲突。孔子和老子本是一家,本无可疑。后来孔、老的分家,也丝毫不足奇怪。老子代表儒的正统,而孔子早已超过了那正统的儒。老子仍旧代表那随顺取容的亡国遗民的心理,孔子早已怀抱着"天下宗予"的东周建国的大雄心了。老子的人生哲学乃是千百年的世故的结晶,其中含有绝大的宗教信心——"常有司杀者杀","天网恢恢,疏而不失"——所以不是平常一般有血肉骨干的人所能完全接受的。孔子也从这种教义里出来。他的性情人格不容许他走这条极端的路,所以他渐渐回到他所谓"中庸"的路上去,要从刚毅进取的方面造成一种能负荷全人类担子的人格。这个根本上有了不同,其他教义自然都跟着大歧异了。

那个消极的柔儒要"损之又损,以至于无";而这个积极的新儒要"学如不及,犹恐失之"、"学而不厌,诲人不倦"。那个消极的儒对那新兴的文化存着绝大的怀疑,要人寡欲绝学,回到那"无知无欲"的初民状态;而这个积极的儒却讴歌那"郁郁乎文哉"的周文化,大胆的宣言:"吾从周!"那个消极的儒要人和光同尘,泯灭是非与善恶的执着;而这个刚毅的新儒却要人"无求生以害仁,有杀身以成仁",要养成一种"笃信好学,守死善道","造次必于是,颠沛必于是"的人格。

在这个新儒的运动卓然成立之后,那个旧派的儒就如同满天的星斗在太阳的光焰里，存在是存在的，只是不大瞧得见了。可是，我们已说过，那柔道的儒，尤其是老子所代表的柔道，自有他的大过人处，自有他的绝坚强的宗教信心，自有他的深于世故的人生哲学和政治态度。这些成分，初期的孔门运动并不曾完全抹煞：如孔子也能欣赏那"宽柔以教，不报无道"的柔道，也能尽量吸收那倾向自然主义的天道观念，也能容纳那无为的政治理想。所以孔、老尽管分家，而在外人看来——例如从墨家看来——他们都还是一个运动，一个宗派。试看墨家攻击儒家的四大罪状：

> 儒之道足以丧天下者四政焉：儒以天为不明，以鬼为不神，天鬼不说，此足以丧天下。又厚葬久丧……此足以丧天下。又弦歌鼓舞，习为声乐，此足以丧天下。又以命为有，贫富，寿夭，治乱，安危有极矣，不可损益也。为上者行之，必不听治矣；为下者行之，必不从事矣。此足以丧天下。（《墨子·公孟篇》）

我们试想想，这里的第一项和第四项是不是把孔、老都包括在里面？所谓"以天为不明，以鬼为不神"，现存的孔门史料都没有这种极端言论，而《老子》书中却有"天地不仁"，"其鬼不神"的话。儒家（包括孔、老）承认天地万物都有一定的轨迹，如老子说的自然无为，如孔子说的"天何言哉？四时行焉，百物生焉"，这自然是社会上的常识积累进步的结果。相信一个"无为而无不为"的天道，即是相信一个"莫之为而为"的天命：这是进一步的宗教信心。所以老子、孔子都是一个知识进步的时代的宗教家。但这个进步的天道观念是比较的太抽象了，不是一般民众都能了解的，也不免时时和民间祈神事鬼的旧宗教习惯相冲突。既然相信一个"独立而不改，周行而不殆"的天道，当然不能相信祭祀事神可以改变事物的趋势了。孔子说：

> 获罪于天，无所祷也。

又说：

> 敬鬼神而远之。

老子说:

> 以道莅天下,其鬼不神。

《论语》又记一事最有意味:

> 子疾病,子路请祷。子曰:"有诸?"子路对曰:"有之。诔曰:'祷尔于上下神祇。'"子曰:"丘之祷久矣。"

子路尚且不能了解这个不祷的态度,何况那寻常民众呢? 在这些方面,对于一般民间宗教,孔、老是站在一条战线上的。

我们在这里,还可以进一步指出老子、孔子代表的儒,以及后来分家以后的儒家与道家,所以都不能深入民间,都只能成为长袍阶级的哲学,而不能成为影响多数民众的宗教,其原因也正在这里。

汪中曾怀疑老子若真是《曾子问》里那个丧礼大师,何以能有"礼者忠信之薄而乱之首"的议论。他不曾细细想想,儒家讲丧礼和祭礼的许多圣贤,可曾有一个人是深信鬼神而请求祭葬礼文的?我们研究各种礼经礼记,以及《论语》、《檀弓》等书,不能不感觉到一种最奇怪的现状:这些圣人贤人斤斤的讨论礼文的得失,无论是拜上或拜下,无论是麻冕或纯冕,无论是经裘而吊或袭裘而吊,甚至于无论是三年之丧或一年之丧,他们都只注意到礼文应该如何如何,或礼意应该如何如何,却全不谈到那死了的人或受吊祭的鬼神! 他们看见别人行错了礼,只指着那人嘲笑道:

> 夫夫也! 为习于礼者!

他们要说某项节文应该如何做,也只说:

> 礼也。

就是那位最伟大的领袖孔子也只能有一种自己催眠自己的祭祀哲学:

> 祭如在,祭神如神在。

这个"如"的宗教心理学,在孔门的书里发挥的很详尽。《中庸》说:

> 斋明盛服以承祭祀,洋洋乎如在其上,如在其左右。

《祭义》说的更详细：

> 斋之日，思其居处，思其笑语，思其志意，思其所乐，思其
> 所嗜。斋三日，乃见其所为斋者。祭之日，入室，僾然必有见
> 乎其位；周还出户，肃然必有闻乎其容声；出户而听，忾然必有
> 闻乎其叹息之声。

这是用一种精神作用极力催眠自己，要自己感觉得那受祭的人"如在"
那儿。这种心理状态不是人人都训练得到的，更不是那些替人家治丧
相礼的职业的儒所能做到的。所以我们读《檀弓》所记，以及整部《仪
礼》、《礼记》所记，都感觉一种不真实的空气，《檀弓》里的圣门弟子也都
好像《士丧礼》里的夏祝、商祝，都只在那里唱戏做戏，台步一步都不错，
板眼一丝都不乱，——虽然可以博得"吊者大悦"，然而这里面往往没有
一点真的宗教感情。就是那位气度最可爱的孔子，也不过能比一般职业
的相礼祝人忠厚一等而已：

> 子食于有丧者之侧，未尝饱也。
> 丧事不敢不勉，不为酒困。
> 子于是日哭，则不歌。

这种意境都只是体恤生人的情绪，而不是平常人心目中的宗教态度。

所以我们读孔门的礼书，总觉得这一班知礼的圣贤很像基督教《福
音》书里耶稣所攻击的犹太"文士"(Scribes)和"法利赛人"(Pharisees)。
（"文士"与"法利赛人"都是历史上的派别名称，本来没有贬意。因为耶
稣攻击过这些人，欧洲文字里就留下了不能磨灭的成见，这两个名词就
永远带着一种贬意。我用这些名词，只用他们原来的历史意义，不含贬
义。）[①]犹太的"文士"和"法利赛人"都是精通古礼的，都是"习于礼"的
大师，都是犹太人的"儒"。耶稣所以不满意于他们，只是因为他们熟于
典礼条文，而没有真挚的宗教情感。中国古代的儒，在知识方面已超过
了那民众的宗教，而在职业方面又不能不为民众做治丧助葬的事，所以

---

① 编者按："远流本"此处补有"天主教新译的'福音'皆译作'经师'和'法利塞人'。'经师'
之名远胜于'文士'。适之。"

他们对于丧葬之礼实在不能有多大的宗教情绪。老子已明白承认"礼者忠信之薄而乱之首"了，然而他还是一个丧礼大师，还不能不做相丧助葬的职业。孔子也能看透"丧与其易也宁戚"了，然而他也还是一个丧礼大师，也还是"丧事不敢不勉"。他的弟子如"堂堂乎"的子张也已宣言"祭思敬，丧思哀，其可已矣"了，然而他也不能不替贵族人家做相丧助葬的事。苦哉！苦哉！这种智识与职业的冲突，这种理智生活与传统习俗的矛盾，就使这一班圣贤显露出一种很像不忠实的俳优意味。

我说这番议论，不是责备老、孔诸人，只是要指出一件最重要的历史事实。"五百年必有圣者兴"，民间期望久了，谁料那应运而生的圣者却不是民众的真正领袖：他的使命是民众的"弥赛亚"，而他的理智的发达却接近那些"文士"与"法利赛人"。他对他的弟子说：

> 未能事人，焉能事鬼？
> 未知生，焉知死？

他的民族遗传下来的职业使他不能不替人家治丧相礼，正如老子不能不替人家治丧相礼一样。但他的理智生活使他不能不维持一种严格的存疑态度：

> 知之为知之，不知为不知，是知也。

这种基本的理智的态度就决定了这一个儒家运动的历史的使命了。这个五百年应运而兴的中国"弥赛亚"的使命是要做中国的"文士"阶级的领导者，而不能直接做那多数民众的宗教领袖。他的宗教只是"文士"的宗教，正如他的老师老聃的宗教也只是"文士"的宗教一样。他不是一般民众所能了解的宗教家。他说：

> 君子不忧不惧。内省不疚，夫何忧何惧！

他虽然在那"吾从周"的口号之下，不知不觉的把他的祖先的三年丧服和许多宗教仪节带过来，变成那殷周共同文化的一部分了，然而那不过是殷周民族文化结婚的一份赔嫁妆奁而已。他的重大贡献并不在此，他的心也不在此，他的历史使命也不在此。他们替这些礼文的辩护只是社会的与实用的，而不是宗教的："慎终追远，民德归厚矣。"所以他和他的门徒虽然做了那些丧祭典礼的传人,他们始终不能做民间的宗教领袖。

民众还得等候几十年,方才有个伟大的宗教领袖出现。那就是墨子。

墨子最不满意的就是那些儒者终生治丧相礼,而没有一点真挚的尊天信鬼的宗教态度。上文所引墨者攻击儒者的四大罪状,最可以表现儒墨的根本不同。《墨子·公孟篇》说:

> 公孟子曰:"无鬼神。"又曰:"君子必学祭祀。"

这个人正是儒家的绝好代表:他一面维持他的严格的理智态度,一面还不能抛弃那传统的祭祀职业。这是墨子的宗教热诚所最不能容忍的。所以他驳他说:

> 执无鬼而学祭礼,是犹无客而学客礼也,是犹无鱼而为鱼罟也。

懂得这种思想和"祭如在"的态度的根本不同,就可以明白墨家所以兴起和所以和儒家不相容的历史的背景了。

二十三,三,十五开始写此文
二十三,五,十九夜写成初稿

〔录自欧阳哲生编:《胡适文集》(5),北京大学出版社 1998 年版。原载《国立中央研究院历史语言研究所集刊》第四本第三分册,中华书局 1934 年版。〕

郭沫若儒学学案

郭沫若(1892—1978),幼名文豹,原名郭开贞,字鼎堂,号尚武,笔名沫若、麦克昂、郭鼎堂、石沱、高汝鸿、羊易之等,四川乐山人。中国现代作家、诗人、戏剧家、历史学家、古文字学家、考古学家、社会活动家。

郭沫若生于一个中等地主兼商人家庭,父亲郭朝沛经营商业,家境殷实。1897 年,入家塾读书,习读《诗经》、《唐诗三百首》。1907 年夏,升入乐山县中学堂。1910 年,插入四川官立高等分设中学堂。1914 年,赴日本留学,入东京第一高等学校预科。1915 年,入冈山第六高等学校。1918 年,升入九州帝国大学医学部。1923 年,自九州帝国大学医学部毕业,随即回国从事文学活动,编辑出版创造社刊物。1924 年,再赴日本,在福冈翻译河上肇《社会组织与社会革命》时,放弃泛神论,对马克思主义理论作系统了解,从此确立马克思主义世界观。1926—1927 年,任国立武昌中山大学筹备委员会委员。1928 年,化名旅日,通览东京"东汉文库"先秦史籍,从事中国古代史和甲骨、金文研究。新中国成立后,历任全国政协副主席、中央人民政府委员、政务院副总理兼文教委员会主任、中国科学院院长兼哲学社会科学部主任、中国科学技术大学校长等职。1978 年 6 月 12 日,于北京逝世。

郭沫若的研究领域十分广泛。学术上注重以马克思主义为指导,精于史料考辨,亦长于理论分析。1930 年,出版论证中国古代存在奴隶制社会形态的《中国古代社会研究》,自称这部著作是"用科学的历史观点研究和解释历史"。1945 年,出版《十批判书》,为其用唯物史观研究中国古代社会与先秦诸子思想的开拓性著作。他检讨了《中国古代社会研究》中的学术问题,提出了许多新见解。认为"孔子的基本立场"是"顺应着当时的社会变革的潮流的","大体上他是站在人民利益方面的,他很想积极地利用文化的力量来增进人民的幸福。对于过去的文化于部分地整理接受外,也部分地批判改造,企图建立一个新的体系以为新来的封建社会的韧带"。"仁"是孔子思想体系的核心,"仁的含义是克己而为人的一种利他行为","这是相当高度的人道主义"。孔子的"仁道","很显然的顺应着奴隶解放的潮流的,这也就是人的发现"。肯定孔子"确实是一位很好的教育家",是"否认地上的王权的","想制作一个'东周',并不是想把西周整个复兴,而是想实现他的乌托邦——唐虞盛世"。孔子否定传统的鬼神,讲"命"或"天命""应该是自然界中的一种必然性","和宿命论是有区别的"。孔子思想中存在着唯物论和辩证法。其主要著作有《甲骨文字研究》、《卜辞通纂》、《中国古代史的分期问题》等。

(徐庆文)

孔墨的批判(节选)[①]

一 论孔墨的基本立场

到了现在要来论孔子与墨子实在不是件容易的事。他们都是大师,有不少的门徒,尤其孔子,二千年来是被视为了通天教主的,关于他们的事迹和学说,自然不免有不少的美化和傅益。譬如我们读一部《新约》,便只见到耶稣是怎样的神奇,不仅难治的病着手成春,而且还有起死回生的大力。孔与墨虽然没有这样被人神化,而在各自的门户内是充分被人圣化了的。因此,我们如未能探求得他们的基本立场之前,所有关于他们的传说或著作,我们都不好轻率地相信。那么又从什么资料上来探求他们的基本立场呢? 很可庆幸的是他们的态度差不多完全相反,我们最好从反对派所传的故事与批评中去看出他们相互间的关系。反对派所传的材料,毫无疑问不会有溢美之辞,即使有诬蔑溢恶的地方,而在显明相互间的关系上是断然正确的。因此我采取了这一条路,从反对派的镜子里去找寻被反对者的真影。

墨子后起,他是反对孔子的。在现存的《墨子》书里面有《非儒篇》,那里面有几段关于孔子的故事,我觉得最有研究的价值。

第一个故事:

> 齐景公问晏子曰:"孔子为人何如?"
>
> 晏子不对。公又复问,不对。
>
> 景公曰:"以孔丘语寡人者众矣,俱以为贤人也。今寡人

---

① 这里节选的是该文第一、二部分。

问之而子不对,何也?"

晏子对曰:"婴不肖,不足以知贤人。虽然,婴闻贤人者入人之国,必务合其君臣之亲,而弭其上下之怨。孔丘之荆,知白公之谋而奉之以石乞。君身几灭而白公僇。婴闻贤人得上不虚,得下不危;言听于君必利人,教行于下必利上。是以言明而易知也,行明而易从也,行义可明乎民,谋虑可通乎君臣。今孔丘深虑周谋以奉贼,劳思尽知以行邪,劝下乱上,教臣杀君,非贤人之行也;入人之国而与人之贼,非义之类也;知人不忠,趣之为乱,非仁之类也。逃人而后谋,避人而后言,行义不可明于民,谋虑不可通于君臣;婴不知孔丘之有异于白公也,是以不对。"

景公曰:"呜乎,贶寡人者众矣,非夫子则吾终身不知孔丘之与白公同也。"

这个故事,在年代上有些大漏洞。楚白公之乱见《左传》哀公十六年。这一年的四月孔子死。七月白公胜发难。齐景公呢,已经死去十二年了,晏婴比景公还要死得早。因此以前的人便都说这是墨子的"诬罔之辞",那自然是没有什么问题的。不过诬罔就算是诬罔吧,我觉得很有意思。因为我们从这儿可以看出:墨子是赞成"入人之国,必务合其君臣之亲,而弭其上下之怨"的,孔子呢,则和这相反,"劝下乱上,教臣杀君"。更说质实一点吧,便是墨子是反对乱党,而孔子是有点帮助乱党的嫌疑的。这是极有趣味的一个对照。

第二个故事:

孔丘之齐,见景公。景公悦,欲封之以尼溪,以告晏子。

晏子曰:"不可。夫儒浩居(傲倨)而自顺者也,不可以教下;好乐(音乐)而淫人,不可使亲治;立命而怠事,不可使守职;宗(崇)丧循哀,不可使慈民;机服勉容,不可使导众。孔丘盛容修饰以蛊世,弦歌鼓舞以聚徒,繁登降之礼以示仪,务趋翔之节以观众,博学不可使议世,劳思不可以补民;累寿不能尽其学,当年不能行其礼,积财不能赡其乐。繁饰邪术以荧世君,盛为声乐以淫愚民;其道不可以期世,其学不可以导众。

今君封之，以利齐俗，非所以导国先众。"

公曰："善。"

于是厚其礼，留其封，敬见而不问其道。

孔丘乃恚怒于景公与晏子，乃树鸱夷子皮于田常之门，告南郭惠子以所欲为，归于鲁。有顷闻齐将伐鲁，告子贡曰："赐乎！举大事于今之时矣。"乃遣子贡之齐因南郭惠子以见田常，劝之伐吴；以教高、国、鲍、晏，使毋得害田常之乱；劝越伐吴。三年之内齐、吴破国之难，伏尸以亿术数。孔丘之谋也。

这段故事的前半也见《晏子春秋》外篇，但《晏子春秋》一书很明显地是墨子学派的人所假托的。晏子反对孔子的说话完全是墨子的理论，《公孟篇》云："子墨子谓程子曰：'儒之道足以丧天下者四政焉。儒以天为不明，以鬼为不神，天鬼不说，此足以丧天下。又厚葬久丧，重为棺椁，多为衣衾……此足以丧天下。又弦歌鼓舞，习为声乐，此足以丧天下。又以命为有……此足以丧天下。'"这四政和这儿的傲倨自顺，好乐淫人，立命怠事，崇丧循哀，是完全一致的。这段故事当然也是在做小说。但最重要的还是在后半，同前一个故事表示孔子在帮忙白公胜一样，他又在帮忙田成子。这事恐怕倒近乎事实，另一反对派的庄子后学，在《盗跖篇》里也提到过一些影子："田成子常杀君窃国而孔子受币。"但在《论语》里面所说的情形便完全不同了：

陈成子弑简公，孔子沐浴而朝，告于哀公曰："陈恒弑其君，请讨之。"

公曰："告夫三子。"

孔子曰："以吾从大夫之后，不敢不告也。君曰告夫三子者？"

之三子告，不可。

孔子曰："以吾从大夫之后，不敢不告也。"（《宪问》）

这纯全是忠于主上，而反对乱贼的立场。但我们如要做一个公平的批判人，就宁肯相信《墨子》和《庄子》，而不肯相信一些孔门后学的。因为"三占从二"，我们当从多数。这是一。凡是扶助或同情乱党的人，他的子孙后进是谁也要替他掩盖掩盖的，这是二。

第三个故事：

> 孔丘为鲁司寇，舍（捨）公家而奉季孙。季孙相鲁君而走，
> 季孙与邑人争门关，决植。

这故事颇残缺，"决植"两字上当有夺文，不过意思是可领会的。决假为抉，植是户旁柱，相传"孔子之劲举国门之关而不肯以力闻"[①]，"决植"大约就是当季孙逃走时，城门掩上了，逃不出，而孔子替他把城门挺开了。这位千斤大力士，照墨子看来是心术不正，所以他的弟子们也就跟着他学，到处捣乱。以下是这三个故事的总批评：

> 孔丘所行，心术所至也。其徒属弟子皆效孔丘。子贡、季
> 路辅孔悝乱乎卫，阳货乱乎齐，佛肸以中牟叛，漆雕刑残，□莫
> 大焉。夫为弟子后生（于）其师，必修其言，法其行，力不足，智
> 弗及而后已。今孔丘之行如此，儒士则可以疑矣。

我们真应该感谢墨子或其后学，有他们这样充满敌忾的叙述和批评，不仅表明了孔子的真相，而且也坦露了墨子的心迹。一句话归总：孔子是袒护乱党，而墨子是反对乱党的人！这不是把两人的根本立场和所以对立的原故，表示得非常明白吗？

乱党是什么？在当时都要算是比较能够代表民意的新兴势力。陈成子以大量贷出而以小量收回，因而把齐国公室的人民尽量争取去了，这是很有名的故事。季孙氏在鲁也有类似的情形，他礼贤下士，"养孔子之徒，所朝服而与坐者以十数"（《韩非·外储说左下》）。就拿白公胜来说吧，令尹子西分明称赞他"信而勇，不为不利"。就是反对他的叶公也只说他"好复言而求勇士，殆有私乎？"如此而已。"好复言"应该是说话算数的意思，也就是所谓"信"了。他作乱的一年恰巧是孔子死的一年（鲁哀公十六年），《左传》把那时的情形叙述得相当详细。他在七月发难，把令尹子西和司马子期都杀了，同时也把楚惠王捉着了。石乞劝

---

① 见《吕氏春秋·慎大篇》。又《淮南·道应训》："孔子劲杓国门之关。"同《主术训》："孔子……力招城关。"——作者注

他杀掉楚王,他不肯;劝他焚府库,他也不肯。结果惠王被人盗去,府库为叶公所利用,他竟一败涂地,"奔山而缢"了。关于焚府库的一节,《吕览·分职篇》有更详细的叙录,今揭之如次:

> 白公胜得荆国,不能以其府库分人。七日,石乞曰:"患至矣,不能分人,则焚之。毋令人以害我。"白公又不能。九日,叶公入。乃发太府之货与众,出高库之兵以赋民,因攻之。十有九日而白公死。①

据这故事看来,白公这个人实在是太忠厚了一点。石乞倒确是一位好汉。白公死后,他被人生擒,人们要他说出白公的死因,当然是准备戮尸,石乞不肯说。不说便要烹他,他也不肯说。结果他被人烹了。他倒确是一位智勇兼备的人。假使他果真是出于孔子的推荐,孔子不要算是很有知人之明的吗?

以下我们再把孔门弟子帮助乱臣贼子的罪状追究一下吧。

第一,"子贡、季路辅孔悝乱乎卫"。

这是鲁哀公十五年的事,在孔子死的前一年。那时候的卫君彻,是蒯聩的儿子。卫灵公不喜欢蒯聩,把他赶出国外去了,死后卫国立了他的孙子彻为卫君,在位都已经十二年了。蒯聩施用阴谋回到国里来,劫持着孔悝,夺取了他儿子的君位。子路在做孔悝的家臣,他因为反对蒯聩,被蒯聩的人把他砍死了。后来把他的尸首也煮成了肉酱。消息传来的时候,据说孔子正在炖肉吃,他连呼"天祝予! 天祝予!"(祝者斫也),叫人把炖的肉也倒了。这事,在庄子后学也在加以非难,《盗跖篇》云:"子路欲杀卫君而事不成,身菹于卫东门之上。"可见墨家和道家是同情蒯聩,而儒家是同情卫彻的。这在我们是无可无不可的事情,但要说"季路辅孔悝乱乎卫"或"欲杀卫君(指蒯聩言)而事不成",不仅和当时的情形不甚相符,而且是有点类似于鞭尸戮墓了。

关于子贡的参加,《左传》和《史记》等书均不曾言及,但除这《非儒篇》之外,《盐铁论》的《殊路篇》也说到子贡。"子路仕卫,孔悝作乱,不

---

① 荀子很恭维叶公。《非相篇》:"叶公子高微小短瘠,行若将不胜其衣。然白公之乱也,令尹子西、司马子期皆死焉。叶公子高入据楚,诛白公,定楚国,如反手尔。仁义功名善于后世。"儒家到荀子,已经早把立场改变了。——作者注

能救君出亡,身菹于卫。子贡、子皋(羔)遁逃,不能死其难。"《盐铁论》或别有所本,大约在当时,子贡在卫也是担任有什么职守的吧。

第二,"阳货乱乎齐"。

阳货一名阳虎,这人在孔门弟子是没有把他当成孔门看待的,而且也把他说得很坏。但其实倒是一位了不起的人物。《孟子·滕文公篇》引阳虎曰"为富不仁矣,为仁不富矣",真不失为千古的名言。《盐铁论·地广篇》引此二语作为"杨子曰",因此有人遂疑阳货即杨朱(宋翔凤《论语说义》中有此说),但在我看来,无宁是杨朱的兄弟杨布。《韩非·说林下》云:"杨朱之弟杨布,衣素衣而出,天雨,解素衣,衣缁衣而反。其狗不知而吠之。杨布怒,将击之。杨朱曰:子毋击也。子亦犹是。曩者,使汝狗白而往,黑而来,子岂能毋怪哉?"这两弟兄的性情一缓一急,颇有点像宋时的程明道与程伊川。古者布与虎同音,而布作钱币用,与货同义,是则布与货是一字一名,虎是假借字了。以时代说来没有什么龃龉,性格也还相符。

阳虎本作乱于鲁,《左传》定公八年及九年载其事。八年冬十月,阳虎欲去三桓,入于讙阳关以叛。翌年六月伐阳关。阳虎出奔齐。他到齐国,请齐国出兵伐鲁,齐景公都打算答应他了,鲍文子以为不可。鲍文子说他"亲富不亲仁",又说齐侯富于季孙,齐国大于鲁国,正是阳虎所想"倾覆"的。于是齐侯便听了他的话,把阳虎囚禁了起来。他逃了两次,终竟逃到了晋国,投奔赵氏。《左传》在这儿加了一句孔子的批评:"赵氏其世有乱乎!"这意思当然是很不满意于阳虎了。

以上是节取《左传》的叙述,照这情形看来,阳虎无"乱乎齐"的痕迹,因而《孔丛子·诘墨篇》便引作"乱乎鲁",孙诒让以为"当从《孔丛》作鲁"。然在《韩非·外储说左下》有下列一段关于阳虎去齐走赵的故事。

> 阳虎去齐走赵。简主问曰:"吾闻子善树人。"
>
> 虎曰:"臣居鲁,树三人,皆为令尹。及虎抵罪于鲁,皆搜索于虎也。臣居齐,荐三人,一人得近王,一人为县令,一人为候吏。及臣得罪,近王者不见臣,县令者迎臣执缚,候吏者追臣至境上,不及而止。虎不善树人。"

据此，可见阳虎居齐，为时颇久；而他之去齐是因为"得罪"，则"乱乎齐"似乎也是事实，只这事实的真相是怎样，可不得而知了。唯《韩非·难四篇》亦言齐景公囚阳虎事，则与《左传》所述相同，或者是传闻异辞的吧。

此外，同一《外储说左下》篇，还有批评阳虎的一节：

> 阳虎议曰："主贤明则悉心以事之，不肖则饰奸而试（弑）之。"逐于鲁，疑于齐，走而之赵。
>
> 赵简主迎而相之。左右曰："虎善窃人国政，何故相也？"
>
> 简主曰："阳虎务取之，我务守之。"遂执术而御之，阳虎不敢为非，以善事简主，兴主之强，几至于霸也。

这批评可以算得公允。"兴主之强，几至于霸"和《左传》的"赵氏其世有乱乎"完全相反，仲尼的那句评语不是七十子后学的蛇足，便可能是刘歆弄的花样了。特别值得注意的，是这又一可宝贵的二句"阳虎议"——"主贤明则悉心以事之，不肖则饰奸而弑之。"这确实是含有些革命的精神在里面的。这种精神不失为初期儒家的本色，例如孟子也说过这样的话："君有过则谏，反复而不听则易位。"和这两句阳虎的主张是很相仿佛的。

第三，"佛肸以中牟叛"。

佛肸是晋国范氏的家臣，他以中牟叛，大约是在鲁哀公五年。《左传》在此年夏言："赵鞅伐卫，范氏之故也，遂围中牟。"赵氏与范氏敌对，因卫助范氏故伐卫，因中牟叛晋故围中牟也。关于这事，《论语·阳货篇》有记录：

> 佛肸召，子欲往。
>
> 子路曰："昔者，由也闻诸夫子曰：亲于其身为不善者，君子不入也。佛肸以中牟畔，子之往也如之何？"
>
> 子曰："然，有是言也。不曰坚乎，磨而不磷？不曰白乎，涅而不缁？吾岂匏瓜也哉？焉能系而不食？"

佛肸要找老师去帮忙，老师也很想借这个机会去行道，"我难道是个硬壳葫芦儿？只能挂着做摆设，不能吃的吗？"急于想用世的孔老夫子的心境,真是吐露得淋漓尽致。这样袒护乱党的行径,连子路都不大高兴的,公然逃过了儒家后学的掩饰而收在了《论语》里面,实在是值得珍异的事。而且同在《阳货篇》里面还有公山弗扰的一节:

> 公山弗扰以费畔,召。子欲往。
>
> 子路不说(悦)曰:"末之也已,何必公山氏之之也!"
>
> 子曰:"夫召我者而岂徒哉? 如有用我者,吾其为东周乎!"

《左传》作公山不狃,以费畔事系于定公十二年,然在《孔子世家》则系于定公九年阳虎奔齐之后。公山与阳虎同党,阳虎于定公八年"入讙阳关以叛",公山当亦同时响应,其定公十二年之畔,盖定而复反者也。定公十二年时孔子正为鲁司寇,则召孔子事当在八年。此事虽记于《论语》,而《非儒篇》不及,盖因公山氏非孔门弟子之故。

第四,"漆雕刑残"。

《孔丛子·诘墨篇》引作"漆雕开形残",形与刑通,漆雕之为漆雕开,殆无疑问。唯因何而"刑残",事无可考。《韩非·显学篇》儒家八派中有"漆雕氏之儒",又言"漆雕之议,不色挠,不目逃,行曲则违于臧获,行直则怒于诸侯",虽同一有姓而无名,亦当是漆雕开。王充《论衡·本性篇》载漆雕开言"人性有善有恶",与宓子贱、公孙尼子、世硕诸儒同,可见漆雕开确曾成一学派。《汉书·艺文志》儒家有"《漆雕子》十三篇",班固注云"孔子弟子漆雕启后",启即是开,因避汉景帝讳而改。后乃衍文。盖启字原作启,与后字形近。抄书者于字旁注以启字,及启刊入正文,而启则误认为后,更转为后也。这一学派既尚勇任气,藐视权威,自然是有遭受"刑残"的充分的可能。且此事,既与子路乱卫、阳货乱齐、佛肸畔晋等并列,必然也是所谓叛乱事件,那是毫无疑问的。

尤可注意的,初期儒家里面也有这样一个近于任侠的别派而为墨家所反对。近时学者,每以为侠出于墨,或墨即是侠;有此一事也就是强有力的一个反证。任侠之轻死虽有类于墨氏的"赴火蹈刃",但他们的反抗权威却和墨家的"尚同"根本相反,我们是须得注意的。

又《孟子》书中言:"北宫黝之养勇也,不肤挠,不目逃,思以一毫挫于人,若挞之于市朝。不受于褐宽博,亦不受于万乘之君;视刺万乘之君若刺褐夫。无严诸侯，恶声至，必反之。"（《公孙丑上》）这和漆雕氏之议很相近。孟子又说，"北宫黝似子夏"，大约这位北宫黝也就是漆雕氏的后学，是一位儒家了。

以上，孔子帮助乱党，与其门人弟子帮助乱党例，见于《非儒篇》者一共七项。墨家既一一列举出来加以非难，在墨家自己当然是决不会照着这样做的了。这不是很鲜明地表示着儒墨两派的基本立场吗？至少在初期，这情形，是无可否认的。所揭举的事实虽然不尽可靠，而《非儒篇》也不必就是墨子所写下来的文字，然把两派的立场实在是画出了极其鲜明的轮廓。以前推崇孔子的人，因为孔子已经成为了"大成至圣"，对于这些材料一概视为诬蔑，全不加以考虑。现今推崇墨子的人，把墨派几乎当成了不可侵犯的图腾，对于这些材料又一概视为痛快，也全不加以考虑。这些态度，我认为都是有所蒙蔽，非把这蒙蔽去掉，我们是得不到正确的认识的。

自汉武帝崇儒术黜百家以来，孔子虽然处于至高无上的地位，但在他的生前其实是并不怎么得意的。《庄子·让王篇》说他"再逐于鲁，削迹于卫，伐树于宋，穷于商、周，围于陈、蔡，杀夫子者无罪，藉夫子者无禁"；《吕览·慎人篇》亦有此说。注云"藉犹辱也"，足见孔子在当时，至少有一个时期，任何人都可以杀他，任何人都可以侮辱他的。这和亡命的暴徒有何区别呢！因此，我们要说孔子的立场是顺乎时代的潮流，同情人民解放的，而墨子则和他相反。这在孔门后学或许会喊冤屈，而在墨家后学是应该没有什么话好说的。

儒者要喊冤屈，这可能性很大。就是孔子在生当时，他的门徒已经在替他粉饰了。《论语》里面有下列一段故事，值得我们叙录：

> 子疾病，子路使门人为臣。病间，曰："久矣哉，由之行诈也！无臣而为有臣，吾谁欺？欺天乎！且予与其死于臣之手也，无宁死于二三子之手乎！且予纵不得大葬，予死于道路乎！"（《子罕》）

这个故事不仅表示了孔子的态度，也把过渡时代的当时的时代性，表示得很清楚。臣是奴隶。在奴隶制时，主人死了奴隶大多数是要殉葬的，即使不殉葬总必然有一些特殊的行动。孔子生了病，子路以为会死，故尔把门人来假装成奴隶。这在子路或许是沿守旧制,想替孔子撑撑门面吧,也就和现今都还在烧纸人纸马那样。然而竟惹得孔老夫子那样生气,那样愤慨,痛骂了子路一顿。

我顺便要在这儿解释一下"门人"和"弟子"之类的字眼。这是春秋末年的新名词。那时沿守旧制的,有时也称为"徒",称为"役"。门人服侍先生,和奴隶的情形差不多,不过是志愿性,而非强制性而已。"有事,弟子服其劳;有酒食,先生馔。"先生出门的时候,弟子要"仆"(即是当车夫),要任徒卫。但究竟不是徒,不是役,年稍长者先生视之如弟,稍幼者视之如子,因而有"弟子"之名。保守的子路,似乎不懂得孔子正以有"二三子"为新时代的光荣,而他偏要使同学们退回到旧时代的躯壳里去,竟挨受了那么一顿臭骂,那是罪有应得的。

但在子路或许还是出于无心,而在孔子死后,有心的粉饰更是层出不穷了。所谓"孔子没而微言绝,七十子丧而大义乖",至少在这些方面是没有什么夸张的。一方面有墨家道家的攻击,另一方面以前的"窃国者"已经"为诸侯"了,乱党同情者的帽子是不好久戴的。故尔在《论语》里面也就有"陈恒弑其君,请讨之"的完全相反的记事,也更有"天下有道则政不在大夫,天下有道则庶人不议"之类的有道无道的放言。矛盾固然是矛盾,但我们与其相信神道碑上的谀词,无宁相信黑幕小说上的暴露。到了孟子手里粉饰工作更加彻底了,如"孔子于卫主痈疽,于齐主寺人瘠环",大有不择木而栖的情况,也被斥为"好事者为之",而另外说出了所主的两位正派人物来。到底哪一种说法近乎事实,无从判断,但孟子是惯会宣传的人,他的话要打些折扣才行。举如他所说的"孔子成《春秋》而乱臣贼子惧",那也就是一个最适当的例。《春秋》或许真是孔子所作的书吧,但那样简单的备忘录,在二百四十二年的行事当中记下了"弑君三十六,亡国五十二",与其说足以使"乱臣贼子惧",无宁是足以使暴君污吏惧的。

二 孔子的思想体系

孔子的基本立场既是顺应着当时的社会变革的潮流的,因而他的思想和言论也就可以获得清算的标准。大体上他是站在代表人民利益的方面的,他很想积极地利用文化的力量来增进人民的幸福。对于过去的文化于部分地整理接受之外,也部分地批判改造,企图建立一个新的体系以为新来的封建社会的韧带。廖季平、康有为所倡导的"托古改制"的说法确实是道破了当时的事实。

一个"仁"字最被强调,这可以说是他的思想体系的核心。

"仁"字是春秋时代的新名词,我们在春秋以前的真正古书里面找不出这个字,在金文和甲骨文里也找不出这个字。这个字不必是孔子所创造,但他特别强调了它是事实。仁的内涵究竟是怎样呢?虽然没有一个明确的界说,我们且在《论语》里面去找寻一些可供归纳的资料吧。

一、樊迟问仁,子曰:"爱人。"(《颜渊》)

二、子贡曰:"如有博施于民而能济众,何如? 可谓仁乎?"子曰:"何事于仁? 必也圣乎,尧舜其犹病诸。夫仁者,己欲立而立人,己欲达而达人,能近取譬,可谓仁之方也已。"(《雍也》)

三、子张问仁于孔子。孔子曰:"……恭、宽、信、敏、惠。恭则不侮,宽则得众,信则人任焉,敏则有功,惠则足以使人。"(《阳货》)

四、颜渊问仁。子曰:"克己复礼为仁……非礼勿视,非礼勿听,非礼勿言,非礼勿动。"(《颜渊》)

五、司马牛问仁。子曰:"仁者其言讱也……为之难,言之得无讱乎?"(同上)

六、刚毅木讷近仁。(《子路》)

七、巧言令色,鲜矣仁。(《学而》,又见《阳货》)

八、志士仁人无求生以害仁,有杀身以成仁。(《卫灵公》)

九、仁者先难而后获。(《雍也》)

从这些辞句里面可以看出仁的含义是克己而为人的一种利他的行为。简单一句话,就是"仁者爱人"。但古时候所用的"人"字并没有我们现在所用的这样广泛。"人"是人民大众,"爱人"为仁,也就是"亲亲而仁民"的"仁民"的意思了。"巧言令色"是对付上层的媚态,媚上必傲下,故他说"鲜矣仁"。"巧言令色"之反即为"刚毅木讷",对于上层能如此,对于下层也不过如此,所以他说"近仁"。因此我们如更具体一点说,他的"仁道"实在是为大众的行为。

他要人们除掉一切自私自利的心机,而养成为大众献身的牺牲精神。视听言动都要合乎礼。(就是"复礼",复者返也。)礼是什么?是一个时代里所由以维持社会生活的各种规范,这是每个人应该遵守的东西。各个人要在这些规范之下,不放纵自己去侵犯众人,更进宁是牺牲自己以增进众人的幸福。要这样社会才能够保持安宁而且进展。要想自己站得稳吧,也要让大家站得稳;要想自己成功吧,也要让大家成功。这是相当高度的人道主义,要想办到这样的确不大容易,所以说"为之难"。他也这样叹息过:"我还没有看见过从心坎里喜欢仁的人,也没有看见过从心坎里恨不仁的人……只要有人能够有一天把自己的力量用在仁的身上,我还不相信有什么力量不够的事情。从心坎里欢喜仁的人,从心坎里恨不仁的人或许有的吧,但我还没有看见过。"这也许是他有所愤激的时候说的话吧:因为在他的门徒们里面有一位颜渊,便是"其心三月不违仁"的人。三个月不改变仁者的心肠或许还短了一点,"其他的人便只是偶而仁一下而已"。孔子的理想,是要:"无终食之间违仁,造次必于是,颠沛必于是。"尽管是怎样的流离困苦,变起仓卒,都不应该有一顿饭的时刻离开了为大众献身的心。这是要自己去求的,自己去做的,并不是高喊人道主义而希望别人给我些什么恩惠。这也并不在远处,就在自己的身边,也就在自己的身上。

> 为仁由己,而由人乎哉!(《论语·颜渊》)
>
> 仁远乎哉?我欲仁,斯仁至矣。(《论语·述而》)
>
> 伯夷、叔齐……求仁而得仁。(同上)

仁既是牺牲自己以为大众服务的精神,这应该是所谓至善,所以说"苟志于仁矣,无恶也"——只要你存心牺牲自己以维护大众,那就干什么事情都是好的。你既存心牺牲自己,不惜"杀身成仁",那还有什么可怕的呢?又还有什么不能够敢作敢为的呢?在这些场合就是先生在前也不能和他推让,他不做,我也要做。所以他说:"仁者不忧","仁者必有勇","当仁不让于师"。

但是仁是有等次的,说得太难了,谁也不肯做,故教人以"能近取譬"。或者教人去和仁人一道慢慢地濡染,这就叫作"亲仁",也就是所谓"里仁为美"。人对于自己的父母谁都会爱的，对于自己的儿女也谁都会爱的。但这不够，不能就说是仁，还得逐渐推广起来，要"老吾老以及人之老，幼吾幼以及人之幼"。假使推广到"博施于民而能济众"，你是确确实实有东西给民众而把他们救了，那可以说是仁的极致，他便称之为"圣"了。他认为尧、舜便是比较接近于这种理想的人格。

孔子曾说"吾道一以贯之"，但他自己不曾说出这所谓"一"究竟是什么。曾子给他解释为"忠恕"，是不是孔子的原意无从判定。但照比较可信的孔子的一些言论看来，这所谓"一"应该就是仁了。不过如把"忠恕"作为仁的内涵来看，也是可以说得过去的。这两个字和"恭宽信敏惠"也没有什么抵触。恭与信就是忠，是克己复礼的事。宽与惠就是恕，是推己及人的事。敏是有勇不让，行之无倦的事。

这种由内及外，由己及人的人道主义的过程，应该就是孔子所操持着的一贯之道。他在别的场合论到君子上来的时候，是说"修己以敬"，"修己以安人"，"修己以安百姓"，所说的就是这一贯的主张了。"修己以敬"是"克己复礼"；"以安人"是"己欲立而立人，己欲达而达人"；"以安百姓"是"博施于民而能济众"。故尔他说"修己以安百姓，尧、舜其犹病诸"，也和"博施于民而能济众，尧、舜其犹病诸"，是一样的意思了。

这种所谓仁道，很显然的是顺应着奴隶解放的潮流的。这也就是人的发现。每一个人要把自己当成人，也要把别人当成人，事实是先要把别人当成人，然后自己才能成为人。不管你是在上者也好，在下者也好，都是一样。但要做到这一步，做到这一步的极致，很要紧的还是要学。人是有能学的本质的，不仅在道义上应该去学仁，就是在技艺上也应该去学要怎样才可以达到仁的目的。立人立己，达人达己，不是专凭愿望便可以成功的事情。因而他又强调学。《论语》一开头的第一句便是："学而时习之，不亦说乎！"

究竟学些什么呢？礼乐射御书数的六艺应该都在所学的范围之内，而他所尤其注重的似乎就是历史，看他自己说他"述而不作，信而好古"，又说"好古敏以求之"，可见他是特别注重接受古代的遗产。看他把一些古代的人物如尧、舜、禹、汤、文、武尤其周公，充分地理想化了，每每在他们的烟幕之下表现自己的主张，即所谓"托古改制"。他之注重历史似乎也有一片苦心。

除这"好古"之外，还有一种求学的法门便是"好问"。"就有道而正焉"，"不耻下问"，便是这一法门的指示。故尔他说："不曰如之何如之何者，吾末如之何也已矣。"而他自己是"入太庙每事问"，"三人行必有我师"的。大概在一定的范围内，什么事都可以学，什么人都可以问。这一定的范围赋有道德的属性和政治的属性，这差不多是先秦诸子的通有现象，严格地说来，先秦诸子可以说都是一些政治思想家。为什么有这样的通性呢？那是因为为士的阶层所制约着的原故，士根本就是一些候补官吏。所谓"学而优则仕"，"学古入官"，倒不限于儒者，就是墨法名道诸家都是一样。"士者所以为辅相承（丞）嗣（司）者也"（《尚贤》上），这是墨子的士观。"士生乎鄙野，推选则禄焉"（《齐策》），这是道家颜斶的士观。可知学为士就是学为官，不是学为农，学为工，学为商。工农商之能成其为学，又是资本主义社会成立以后的事了。但在这学为官的范围内，"夫子"倒的确是"焉不学，而亦何尝师之有"的。

在这个范围以外那就成问题了。樊迟请学稼，他说"吾不如老农"；请学为圃，他说"吾不如老圃"。农为他所不曾学，也为士所必学，故接着他还斥责樊迟为"小人"。他说："上好礼则民莫敢不敬；上好义则民莫敢不服；上好信则民莫敢不用情。夫如是则四方之民襁负其子而至矣，焉用稼？"问农没有答出，却来这么一套不相干的政治理论，显然樊迟的问是逸出了士学的范围的了。墨子也和这是一样，他说过："一农之耕分诸天下，不能人得一升粟；……一妇之织分诸天下，不能人得尺布；……不若诵先王之道而求其说，通圣人之言而察其辞。……虽不耕而食饥，不织而衣寒，功贤于耕而食之，织而衣之者。"（《鲁问篇》）这是当时为士者的通识。和这不同的就只有一些避世之士和后起的一部分道家而已。但那出发点是超现实的独善主义，我们是须得注意的。

工艺似乎学过。孔子自己说："吾少也贱，故多能鄙事。君子多乎哉，不多也。"又说："吾不试，故艺。"（试是浅尝之意）这些艺能，大约不是指射御之类吧，射御是君子所必学的，不能视为鄙事或贱艺。

商是不曾学过的，也是为士者所不应该学的。子贡会经商，他说他"不受命而货殖"，而他自己是"罕言利"，又说"喻于利"的是小人。

他是文士，关于军事也没有学过。卫灵公问阵，他说："俎豆之事则尝闻之矣，军旅之事未之学也。"接着便赶起车子跑了。不过他也并不如旧式注家所拟议的那样看不起军旅之事。为政之道,他既主张先"足食足兵",又还说过,"以不教民战是谓弃之","善人教民七年亦可以即戎"那类的话。军事的学习虽也是士的分内事,只是他对于这方面没有充分地研究过而已。

他为人为学倒很能实事求是,主张"知之为知之,不知为不知",主张"多闻阙疑……多见阙殆"——可疑的,靠不住的,不肯乱说。又说"多闻择其善者而从之,多见而识之,知之次(次第)也",可见他是很能够注重客观观察的。"吾尝终日不食,终夜不寝,以思,无益,不如学也。"这个经验之谈很有价值,可见他是反对冥想那种唯心的思维方法的。但他也并不泯却主观,一味地成为机械。"学而不思则罔,思而不学则殆",必须主观与客观交互印证,以织出一条为人为己的道理,然后他才满足。

然而时代限制了他,他肯定人类中有"生而知之"的天才,他说:"生而知之者上也,学而知之者次也,困而学之又其次也,困而不学,民(盲)斯为下矣。"又说:"上智与下愚不移。"不移的下愚,我们能够承认其存在,如早发性痴呆症,那的确是没有办法的。生而知之的上智,却完全是莫须有的幻想。不过,好在他自己还不曾自认是生而知之的人。他自己的述怀是:"我非生而知之者,好古敏以求之者也。"故他所强调的还是"学而知之,困而学之"的步骤。他自己的敏求是到了"发愤忘食,乐以忘忧,不知老之将至"的程度的;他教人好学也要"食无求饱,居无求安,敏于事而慎于言,就有道而正焉";又说:"士志于道而耻恶衣恶食者未足与议也。"他的十五志学,三十而立,四十不惑,五十知天命,六十耳顺,七十从心所欲不逾矩的那个简略自传,也表示着他一生都在困学敏求当中过活。

他注重历史,因而也注重根据。"怪力、乱神"之类的东西他是不谈的。要考证夏礼和殷礼,他嫌在夏后的杞国和殷后的宋国都无可征考,因为"文献不足"。儒家的典籍当中,《诗经》大约是由他开始搜集的吧。他已经屡次说到"《诗》三百"的话上来,又曾提到《雅》和《颂》。这一部最早的古诗总集里面,夏诗自不用说,就连殷诗也一篇都没有,《商颂》是宋襄公时正考父所作的东西。《书经》的情形稍微不同。这部书虽然也在他所"雅言"之例,但他很少征引。大约在他当时并不曾搜集到好多篇章吧。他把《诗经》看得特别重要,看来似乎是他所使用的极重要的一部教材。"兴于诗,立于礼,成于乐","诗可以兴,可以观,可以群,可以怨","不学诗无以言,不学礼无以立",可见他是特别注重诗教,也就是情操教育了。学诗不仅可以增广知识,"多识于鸟兽草木之名",而且可以从政,可以做外交官,据说都能因此而做得恰到好处。这大约是由于诗里有民间疾苦,有各国风习,有史事殷鉴,也有政治哲理的原故吧。把好多优美的古诗替我们保留了下来,单只这一点,应该也可以说是孔子的功绩。

诗与乐是联带着的,孔子也特别注重音乐。他自己喜欢弹琴,喜欢鼓瑟,喜欢唱歌。"与人歌而善,必使反之而后和之",可见他学唱歌是怎样的用心。"在齐闻《韶》,三月不知肉味",可见他对于音乐又是怎样的陶醉。他把音乐不仅视为自我修养和对于门人弟子的情操教育的工具,而且把它的功用扩大起来,成为了治国平天下的要政。这是"与民偕乐"的意思,便是把奴隶时代的贵族们所专擅的东西,要推广开来使人民也能共同享受。这一点不仅表现了这位先驱者充分地了解得艺术价值,而且也显豁地表示了他所代表着的时代精神。不过时代也依然限制了他。他所重视的乐是古代的传统,也就是古乐。他说:"《韶》尽美矣又尽善也,《武》尽美矣未尽善也。"《韶》虽不必是舜乐,《武》也不必作于周武王,但总之都是古乐。当时和这古乐对峙的已经有新音乐起来,便是所谓"郑声",这新音乐却为他所不喜欢,他斥之为"淫"。郑声和《韶》、《武》,我们都听不见了,无从来加以覆勘,但据我们的历史经验,大凡一种新音乐总比旧音乐的调子高,而且在乐理、乐器、乐技上也照例是进步的,故尔所谓"郑声淫"的"淫"应该是过高的意思,决不是如像《毛毛雨》之类的那种所谓靡靡之音,倒是可以断言的。

礼,不用说也是学的极重要的对象。礼,大言之,便是一朝一代的典章制度;小言之,是一族一姓的良风美俗。这是从时代的积累所递传下来的人文进化的轨迹。故有所谓夏礼、殷礼、周礼。但所谓夏礼、殷礼都已文献无征,"无征不信",故他所重视的是"郁郁乎文哉"的周礼。他特别崇拜周公,以久"不复梦见周公"为他衰老了的征候而叹息。其实乱做梦倒是衰弱的征候,他的晚年之所以"不复梦见周公",倒足以证明他已经超过了周公的水准了。周公在周初固然是一位杰出的人物,特别在政治上，但所有一切的周礼相传为周公所制作的，事实上多是出于孔子及其门徒们的纂集与假托。

礼是后来的字，在金文里面我们偶尔看见有用豊字的，从字的结构上来说，是在一个器皿里面盛两串玉具以奉事于神，《盘庚篇》里面所说的"具乃贝玉"，就是这个意思。大概礼之起起于祀神，故其字后来从示，其后扩展而为对人，更其后扩展而为吉、凶、军、宾、嘉的各种仪制。这都是时代进展的成果。愈往后走，礼制便愈见浩繁，这是人文进化的必然趋势，不是一个人的力量可以把它呼唤得起来，也不是一个人的力量把它叱咤得回去的。周公在周初时曾经有过一段接受殷礼而加以斟酌损益的功劳，那是不（能）抹杀的事实，但在孔子当时的所谓周礼又已经比周公时代更进步了。虽然或者说为更趋形式化了要妥当一些，但在形式上也总是更加进步了的。田制、器制、军制、官制，一切都在随着时代改变，没有理由能说总合这一切的礼制全是一成不变的东西。孔子在春秋末年强调礼制，可以从两点来批判他，一层在礼的形式中吹进了一番新的精神，二层是把"不下庶人"的东西下到庶人来了，至少在精神方面。"礼云礼云，玉帛云乎哉！乐云乐云，钟鼓云乎哉！"他并没有专重钟鼓玉帛等礼乐之外形。"人而不仁如礼何！人而不仁如乐何！"他是把仁道的新精神灌注在旧形式里面去了。

> 礼，与其奢也，宁俭；丧，与其易（治）也，宁戚。（《论语·八佾》）
>
> 能以礼让为国乎，何有？不能以礼让为国，如礼何？（《论语·里仁》）
>
> 先进于礼乐，野人也；后进于礼乐，君子也。如用之，则吾从先进。（《论语·先进》）

这些是表现着他的进步精神。野人就是农夫，他们所行的礼和乐虽然是非常素朴，然而是极端精诚。把精神灌注上去，把形式普及下来，重文兼重质，使得文质彬彬，不野不史（"质胜文则野，文胜质则史"），那倒是他所怀抱的理想。这应该也就是他的礼乐并重的根据吧。礼偏于文，乐近于质，他把这两者交织起来，以作为人类政治生产的韧带，这层是他的政治哲理的一个特色，我们是不能否认的。"礼乐不兴则刑罚不中，刑罚不中则民无所措手足"，他是把人文主义推重到了极端了。

不过就在礼这一方面，时代也依然限制了他。他在形式上特别注重古礼，就和他在乐的方面注重《韶》、《武》而要"放郑声"的一样，有好些当时的世俗新礼，他就看不惯。他主张："行夏之时，乘殷之辂，服周之冕。""行夏之时"，在农业生产上大抵有它的必要。"殷辂"是否特别舒服，"周冕"是否特别美观，我们就无从判定了。据我从卜辞里面的发现，知道殷王所乘的猎车是驾两匹马的，比起周人的驷马来怕不怎么舒服吧。关于冕制，似乎他也还能够从权，且看他说："麻冕，礼也，今也纯（丝），俭，吾从众。"但这"从众"的精神可惜他没有可能贯彻到底。他有时候却又不肯"从众"。"拜下礼也，今拜乎上，泰也，虽违众，吾从下。"这就表现得很鲜明，他一只脚跨在时代的前头，一只脚又是吊在时代的后面的。"拜下"是拜于堂下，受拜者坐于堂上，拜者"入门立中延北向"而拜，这种仪式，我们在西周的金文里可以找到无数例，这是奴隶制下的礼节。等时代发生了变革，阶层上下甚至生出了对流，于是拜者与受拜者便至分庭抗礼，这也正是时代使然。众人都上堂拜，而孔二先生偏要"违众从下"，很明显地是在开倒车。从此可以见得他对于礼，一方面在复古，一方面也在维新。所谓"斟酌损益"的事情无疑是有的，尽管他在说"述而不作"，但如三年之丧便是他所作出来的东西，是不是杰作是另外一个问题，他自己的门徒宰予就已经怀疑过不是杰作了。

在主观方面强调学，在客观方面便强调教。教与学本来是士的两翼，他是士的大师当然不能离开学与教。他有有名的庶、富、教的三步骤论，是他到卫国去的时候，冉有替他御车，他在车上看见卫国的老百姓很多，便赞叹了一声："庶矣哉！"——人真多呀。冉有就问："庶了又怎么办？"他答道："富之！"——要使他们丰衣足食。冉有又问："已经丰衣足食了，又怎么办？"他又回答道："教之！"——好生展开文化方面的工作去教育他们。究竟教些什么呢？可惜他没有说。不过他是承认老百姓该受教的，这和奴隶时代只有贵胄子弟才能有受教育的权利，已经完全不同。他是仁道的宣传者，所学的是那一套，所教的也当然就是那一套。文行忠信是他的四教，他的门徒是分为四科的：德行、言语、政事、文学。四教和四科大概是可以扣合的吧，总不外是诗书礼乐和所以行诗书礼乐的精神条件。他本人确实是一位很好的教育家，他的教育方法并不是机械式的，他能够"因材施教"。他也不分贫富，不择对象，他是"有教无类"。当然，也并不是毫无条件，只要有"十小条干牛肉"（束脩）送去，他就可以教你了——"自行束脩以上，吾未尝无诲焉"。这也是教书匠的买卖不得不然，假如连"十小条干牛肉"都没有，你叫教书匠靠吃什么过活呢？

为政总要教民，这是一个基本原则。"以不教民战，是谓弃之"，"善人教民七年亦可以即戎"，"举善而教不能，则劝"。这和后起的道家法家的愚民政策是根本不同的，这点我们应该要把握着。因而"民可使由之，不可使知之"的那两句话，近人多引为孔子主张愚民政策的证据的，却是值得商讨了。一个人的思想言论本来是有发展性的，不得其晚年定论，无从判断一个人的思想上的归宿。周、秦诸子的书中都有时常自相矛盾的地方，我们苦于无法知道那些言论之孰先孰后。孔子是号为"圣之时"的，是能因时而变的人。庄子也说过："孔子行年六十而六十化，始时所是，卒而非之，未知今之所谓是之非五十九年非也。"（《寓言》）他的晚年定论我们实在也无从知道。《论语》这部书是孔门二三流弟子或再传弟子的纂辑，发言的先后次第尤其混淆了，不能不说是一件遗憾。但要说"民可使由之，不可使知之"为愚民政策，不仅和他"教民"的基本原则不符，而在文字本身的解释上也是有问题的。"可"和"不可"本有两重意义，一是应该不应该；二是能够不能够。假如原意是应该不应该，那便是愚民政策。假如仅是能够不能够，那只是一个事实问题。人民在奴隶制时代没有受教育的机会，故对于普通的事都只能照样做而不能明其所以然，高级的事理自不用说了。原语的涵义，无疑是指后者，也就是"百姓日用而不知"的意思。旧时的注家也多采取这种解释。这是比较妥当的。孟子有几句话也恰好是这两句话的解释："行之而不著焉，习矣而不察焉，终身由之而不知其道者众也。"（《孟子·尽心上》）就因为有这样的事实，故对于人民便发生出两种政治态度：一种是以不能知为正好，便是闭塞民智；另一种是要使他们能够知才行，便是开发民智。孔子的态度无疑是属于后者。

孔子在大体上是一位注重实际的主张人文主义的人，他不大驰骋幻想，凡事想脚踏实地去做。他生在那么变化剧烈的时代，旧名与新实不符，新名亦未能建立，故他对子路问政主张先要"正名"，谓："名不正则言不顺,言不顺则事不成,事不成则礼乐不兴,礼乐不兴则刑罚不中,刑罚不中则民无所措手足。"所正的"名"既与"言"为类,正是后起的名辩之名,而不限于所谓名分。故"正名"也就如我们现在小之要厘定学名译名,大之要统一语言文字或企图拼音化那样,在一个社会制度大变革的时代的确是很重要的事,可惜他的关于如何去"正名"的步骤却丝毫也没有留下。

他生在大变革的时代,国内国外兼并无常,争乱时有,故尔他回答子贡问政,便主张"足食足兵";他并不是空口讲礼乐的空想家,而在礼成乐作之前是要有一番基本工作的。"如有王者,必世而后仁",要三十年之后才有仁政出现,则三十年间的基本工作,照逻辑上说来,也尽不妨有些地方类似乎不仁。"善人为邦百年,亦可以胜残去杀",他誉为"诚哉是言",不知道是他的前辈的哪一位所说的话,这仁政成功的期间可说得更久远,要费三个三十年代上了。这些年限并不一定有数学般的准确,但足以证明他并不是不顾实际的绥靖主义者。尽管他在说"道(导)之以德,齐之以礼,有耻且格",但也没有忘记"道之以政,齐之以刑,民免(勉)而无耻(没有可耻的事)"的。

他的从政者的步骤,有"尊五美,屏四恶"的信条。五美中的一美"因民之所利而利之"是最值得重视的。四恶的"不教而杀谓之虐,不戒视成谓之暴,慢令致期谓之贼,犹之与人也,出纳之吝,谓之有司"(有司二字疑有误),也的确都是值得摒弃的恶政。因之它们的反面便是要先教先戒,信守法令,惠与不吝了。该给人民的,不能不给人民,只要是为人民谋幸福的,不能吝啬而不与。虽然也主张"节用","道(导)千乘之国,敬事而信,节用而爱人,使民以时",但这节用是有条件的,便是以爱人为条件。这只是在消极方面限制为政者的奢侈,而非节省必要的政治施设使人民不得康乐。故"有国有家者不患寡而患不均,不患贫而患不安"。不过在实际上他是患贫也患不安,患寡也患不均的,看他积极地主张"庶矣……富之,富矣……教之",而强调"足食足兵,民信之矣",也就可以明瞭了。

离开实际的政治之外,还有一种理论的主张,便是"祖述尧、舜"。尧、舜的存在,除掉《尚书》里面所谓《虞书》、《夏书》之外,是很渺茫的,在可靠的殷、周文献里面没有提到他们,在甲骨文和金文里面也没有提到。甲骨文里面有"高祖夒"，经王国维考证，认为是殷人的祖先帝喾，但从《山海经》、《国语》等所保存的神话传说上看来，帝喾和帝舜并不是两人，而且他们都是神。孔子是特别称道尧、舜的，但孔门之外，如墨家、法家、道家、阴阳家，甚至如南方的《楚辞》都一样称道尧、舜，虽然批判的态度不尽相同。尧、舜的故事很显然是古代的神话，是先民口传的真正的传说，在春秋时被著诸竹帛，因而也就逐渐被信史化了。

孔子的称道尧、舜，单就《论语》来说，有下列数项：

> 大哉尧之为君也，巍巍乎唯天为大，唯尧则之。荡荡乎，民无能名焉。巍巍乎其有成功也，焕乎其有文章。（《泰伯》）
> 巍巍乎，舜、禹之有天下而不与焉。（同上）
> 无为而治者其舜也与？夫何为哉？恭己正南面而已矣。（《卫灵公》）

虽然很简单，但毫无疑问是把禅让传说包含着的。他之所以称道尧、舜，事实上也就是讴歌禅让，讴歌选贤与能了。

尧、舜禅让虽是传说，但也有确实的史影，那就是原始公社时的族长传承的反映。《礼运篇》称之为"天下为公"的时代，充分地把这个阶段乌托邦化了，因而成为中国历史上的黄金时期。这动机，是值得我们讨论的。明显的是对于奴隶制时代的君主继承权，即父子相承的家天下制，表示不满，故生出了对于古代原始公社的憧憬，作为理想。假使能够办得到，最好是恢复古代的禅让，让贤者与能者来处理天下的事情。假使办不到，那么退一步，也要如"舜、禹之有天下而不与焉"，"恭己正南面"，做天子的人不要管事，让贤者能者来管事。这动机，在当时是有充分的进步性的，无疑，孔子便是他的发动者。

认清了孔子的讴歌禅让，也才能够正视他的"君君、臣臣、父父、子子"的那个提示。那是说君要如尧、舜那样的君，臣要如舜、禹那样的臣，父也要如尧、舜那样的父（不以天下传子），子也要如舜、禹那样的子（"干父之蛊"）。齐景公不懂得他的深意，照着传统的奴隶社会的观念讲下去，便为："信如君不君，臣不臣，父不父，子不子，虽有粟吾得而食诸？"只顾到自己要饭吃，没有顾到老百姓也要吃饭，但这责任不能归孔子来负。

孔子倒是否认地下的王权的。这与其说是他的特出的主张,无宁是社会的如实的反映。当时的王权事实上是式微了,就是各国的诸侯事实上已多为卿大夫所挟制,而卿大夫又逐渐为陪臣所凌驾,大奴隶主时代的权威已经是被社会否认了。孔子想制作一个"东周",并不是想把西周整个复兴,而是想实现他的乌托邦——唐、虞盛世。

地上的王权既被否认,天上的神权当然也被否认。中国自奴隶社会成立以来,地上王的影子投射到天上,成为唯一神的上帝,率领百神群鬼,统治着全宇宙。但到西周末年,随着奴隶制的动摇,上帝也就动摇了起来。《诗经》中没落贵族们埋怨上帝的诗不计其数。春秋年间,王者既有若无,实若虚,上帝也是有若无,实若虚的。妖由人兴,卜筮不灵了。一般执政者对于上帝,是在习惯上奉行故事地承认着,而内心的认识可用子产的一句话来统括,便是:"天道远,人道迩,非所及也。"(《左传》昭公十八年)天尽他去天吧,我却要尽我的人事。

孔子对于天的看法反映了这种社会的动态。无疑地,他是把天或上帝否认了的,只看他说"天何言哉?四时行焉,百物生焉,天何言哉?"①他所称道的天已和有意想行识的人格神上帝完全不同。故在他心目中的天只是一种自然或自然界中流行着的理法。有的朋友认为这种看法太看深了,那么我们请从反对学派的批评来看,便可以知道实在一点也不深。墨子所批评的"儒之道足以丧天下者四政",第一政是:"儒以天为不明,以鬼为不神,天鬼不说。"(《墨子·公孟》)这所说的不正是孔子的态度吗?

> 子不语怪力乱神。(《论语·述而》)
> 子路问事鬼神,子曰:"未能事人,焉能事鬼?""敢问死。"
> 曰:"未知生,焉知死?"(《论语·先进》)

但无论怎么说,至少孔子总得是一位怀疑派。不幸他的实际家或政治家的趣味太浓厚,尽管否认或怀疑鬼神,而他在形式上依然是敬远着它们。这是他的所谓智者的办法,"敬鬼神而远之,可谓知(智)矣。"

---

① 《庄子·知北游篇》有一节话,是这几句话的扩张:"天地有大美而不言,四时有明法而不议,万物有成理而不说。圣人者原天地之美而达万物之理,是故至人无为,大圣不作,观于天地之谓也。"——作者注

但所谓"知"无疑并不是纯粹的理智，而是世俗的聪明。

实际上比孔子更深的已经有老聃存在。他不仅否认了上帝，并建立了一种本体说来代替了上帝。他是孔子的先辈，而且曾经做过孔子的先生，这是先秦诸子所一致承认着的。孔子自己也说"窃比于我老彭"，老彭就是老聃了。有的朋友因《道德经》晚出，遂并怀疑老聃的存在，或以为由思想发展的程序上看来，老聃的本体说是不应该发生在孔子之先。这些都仅是形式逻辑的推论而已。在春秋时代普遍地对于上帝怀疑，而在纷争兼并之中又屡有"一匡天下"的那种希望，正是产生老子本体说的绝好的园地。只是他的学说没有群众基础，不仅没有宰制到思想界，就连孔子也没有怎么接受它而已。老子的学说经过间歇之后，直到环渊、庄周又才得到充分的发展，并不是不可能的事。何况庄周之前还是宋钘、彭蒙、彭蒙之师，以及杨朱等人存在呢？

孔子既否认鬼神，但有一个类似矛盾的现象，他却承认"命"。他把命强调得相当厉害，差不多和他所主张的仁，站在同等的地位。"子罕言利，与命与仁"——他很少谈利，但称道命，称道仁。他既说"仁者不忧"，又说"知命不忧"。既说"君子无终食之间违仁"，又说"不知命无以为君子"。命与仁在他的思想中俨然有同等的斤两。命又称为天命。"君子有三畏：畏天命，畏大人，畏圣人之言"。他自己是"五十而知天命"。看来很像是一片神秘的宿命论（fatalism）。但问题是他所说的命究竟是什么。他既否认或怀疑人格神的存在，那么他所说的命不能被解释为神定的运命。他的行为是"学而不厌，诲人不倦"，"发愤忘食，乐以忘忧，不知老之将至"的；为政的理想是"先之劳之"而益以"无倦"；一切都是主张身体力行，颇有积极进取的精神，也不像一位宿命论者。故我们对于他所说的命不能解释为神所预定的宿命，而应该是自然界中的一种必然性。这种必然性有点类似于前定，是人力所无可如何的，故他说："道之将行也与，命也；道之将废也与，命也。公伯寮其如命何？"而对于这种必然性的制御，则是尽其在我，子夏所转述的这几句话："死生有命，富贵在天；君子敬而无失，与人恭而有礼；四海之内皆兄弟也"，也就是这个意思。不因为人必有死而贪生怕死，也不因为富贵可羡慕而妄求富贵，故敬以自处，恭以待人，爱人如弟兄骨肉，尽其在我，听其自然。《庄子·秋水篇》引孔子语："知穷之有命，知通之有时，临大难而不惧者,圣人之勇也。"这或许是假托,但假托得恰合乎孔子的真意。这便是孔子的天命观,分明是一种必然论(necessitanism),和宿命论是有区别的。

在孔子的整个思想体系上我们可以看出,他在主观的努力上是抱定一个仁,而在客观的世运中是认定一个命。在主观的努力与客观的世运相调适的时候,他是主张顺应的。在主观的努力与客观的世运不相调适的时候,他是主张固守自己的。

> 笃信好学,守死善道。(《论语·泰伯》)
>
> 志士仁人无求生以害仁,有杀身以成仁。(《论语·卫灵公》)
>
> 不义而富且贵,于我如浮云。(《论语·述而》)
>
> 君子义以为质,礼以行之,逊以出之,信以成之。(《论语·卫灵公》)
>
> 自古皆有死,民无信不立。(《论语·颜渊》)

他并不是低头于命定的妥协者,看这些辞句也就可以明瞭了。他只差这一点没有说明,便是一切都在变,命也在变;人的努力可以扬弃旧命而宰制新命。奴隶制时代的汤武能革命,使奴隶制崩溃了的人民也正在革命。孔子是生在这种革命潮流中的人,事实上他也正在参加着新必然性的控制的。他说他"五十而知天命",或者也就是说他探索了五十年,到这时才自觉到了自然的趋势所赋予他的新使命的吧。

(录自郭沫若著作编辑出版委员会编:《郭沫若全集·历史编》第二卷,人民出版社 1982 年版。)

儒家八派的批判

孔子死后,据《韩非子・显学篇》说:儒家是分为八派的,"有子张之儒,有子思之儒,有颜氏之儒,有孟氏之儒,有漆雕氏之儒,有仲良氏之儒,有孙氏之儒,有乐正氏之儒"。八派中把子夏氏之儒除外了,这里有一个重要的关键。这是韩非承认法家出于子夏,也就是自己的宗师,故把他从儒家中剔除了。现在只根据这八派来阐述儒家思想的展开。子夏氏之儒,我准备把它蕴含在《前期法家的批判》里面去叙述。

一

"子张之儒",《荀子・非十二子篇》曾加以痛骂,谓:"弟佗其冠。神禪其辞,禹行而舜趋,是子张氏之贱儒也。"荀子骂人每每不揭出别人的宗旨,而只是在枝节上作人身攻击,这是一例。像这,我们就不知道,子张一派的主张究竟有些什么特色。

照《论语》里面所保存的子张的性格看来,他似乎是孔门里面的过激派。孔子说"师也辟",辟者偏也;又和子夏的"不及"对比起来说他是"过"。但他的偏向是怎样呢?他是偏向于博爱容众这一方面的。

> 子夏之门人问交于子张。子张曰:"子夏云何?"对曰:"子夏曰:可者与之,其不可者拒之。"子张曰:"异乎吾所闻。君子尊贤而容众,嘉善而矜不能。我之大贤与?于人何所不容?我之不贤与?人将拒我,如之何其拒人也?"(《子张》)

看他这调子不是很有包容一切的雅量吗?曾子曾经说过:"以能问于不能,以多问于寡,有若无,实若虚,犯而不校。昔者,吾友尝从事于斯矣。"这所说的"吾友",虽然有人以为指的是老子,但其实应该就是子张。你看他"神禪其辞",不就是"有若无、实若虚"的表现？"禹行而舜趋"不就是"犯而不校"的表现？禹之父鲧为舜所诛殛,而禹臣服于舜。舜之弟象作恶不悛,而舜封之有庳。这些都是"犯而不校"的好榜样,所以子张氏之儒在摹仿他们,亦步亦趋。这在孔门的中庸之徒看来,应该是有点过火的,所以曾子批评他"堂堂乎张也,难与并为仁矣",子游也批评他:"吾友张也为难能也,然而未仁。"他那样的宽容,而说他不合乎仁道;大约是嫌他有点近于乡愿吧？然而"堂堂乎张也",倒确确实实是有所自立的。他本人的主张,残留得很少,《论语》里面有下列的两项,却充分地可以表现他的精神。

> 士,见危致命,见得思义,祭思敬,丧思哀,其可已矣。
（《子张》）

> 执德不宏,信道不笃,焉能为有？焉能为亡（无）？（《子张》）

临到危难的时候要把自己的生命拿出来,有所利得的时候先要考虑该不该受,度量要宽大,操持要坚忍……这些,岂是乡愿所能够做得到的！

《艺文类聚》①引《庄子》佚文"子路勇且力,其次子贡为智,曾参为孝,颜回为仁,子张为武",作为孔子向老子的介绍。这不一定是孔子自己的话,但可作为庄子或其后学对孔门五子的批评。"子张为武",所根据的大约就是上面所述的那些精神吧。武与勇有别,屈原《国殇》"诚既勇兮又以武",也是把武与勇分开来的。这就明显地表明:勇指胆量,武指精神了。

此外在《论语》中有关于子张和孔子的问对好多条,有"子张学干禄","问十世可知","问令尹子文","问善人之道","问明","问崇德辨惑","问政","问士何如斯可谓之达","问高宗谅阴","问行","问仁","问从政",大约是子张氏之儒所保留下来的一些记录。虽然主要是孔子所说的话,但可见子张所关心的是些什么问题,而且就是孔子的答辞也一定是经过润色,或甚至傅益的。例如像"问仁"和"问从政"两条,在《论语》中比较博衍,而和子张的精神却十分合拍,可能也就是出于傅益

---

① 见《艺文类聚》卷九十,又见《太平御览》卷九一五。——作者注

的例子。我现在把这两条整抄录在下边。

一、问仁：

> 子张问仁于孔子。孔子曰："能行五者于天下，为仁矣。"请问之。曰："恭、宽、信、敏、惠。恭则不侮，宽则得众，信则人任焉，敏则有功，惠则足以使人。"(《阳货》)

二、问从政：

> 子张问于孔子曰："何如斯可以从政矣？"子曰："尊五美，屏四恶，斯可以从政矣。"子张曰："何谓五美？"子曰："君子惠而不费，劳而不怨，欲而不贪，泰而不骄，威而不猛。"子张曰："何谓惠而不费？"子曰："因民之所利而利之，斯不亦惠而不费乎？择可劳而劳之，又谁怨？欲仁而得仁，又焉贪？君子无众寡，无小大，无敢慢，斯不亦泰而不骄乎？君子正其衣冠，尊其瞻视，俨然人望而畏之，斯不亦威而不猛乎？"子张曰："何谓四恶？"子曰："不教而杀谓之虐，不戒视成谓之暴，慢令致期谓之贼，犹之与人也，出纳之吝，谓之有司。"(《尧曰》)

这最后的"有司"两个字恐怕有错误，和"虐、暴、贼"不类。《荀子·宥坐篇》载孔子语"慢令谨诛，贼也；今生也有时，敛也无时，暴也；不教而责成功，虐也；已此三者，然后刑可即也"，和这儿所说的前三恶相近，但无"有司"一项。两者参照，《论语》的文句较为整饬，可以知道润色傅益是在所不免的了。

照这些资料看来，子张氏这一派是特别把民众看得很重要的。仁爱的范围很广，无论对于多数的人也好，少数的人也好，小事也好，大事也好，都不敢怠慢。严于己而宽于人，敏于事而惠于费。这在表面上看来和墨家有点相似。大约就因为有这相似的原故，子张氏的后学们似乎更和墨家接近了。《荀子·儒效篇》里面有骂"俗儒"的这么一段文字：

> (一)逢衣浅带，解果其冠，略法先王而足乱世术。(二)缪学杂举，不知法后王而一制度，不知隆礼义而杀《诗》、《书》。

其衣冠行伪(为)已同于世俗矣,然而不知恶者;其言议谈说已
无以异于墨子矣,然而明不能别。(三)呼先王以欺愚者而求
衣食焉,得委积足以掩其口,则扬扬如也;随其长子,事其便
辟,举其上客(举读为与,言参与也),偡然若终身之虏而不敢
有他志。是俗儒者也。(数目字余所加。)

这应该是统括着"子张氏之贱儒"、"子夏氏之贱儒"、"子游氏之贱儒"而
混骂的。我们把《非十二子篇》对于三派的分骂和这对照起来,便可以
看出这里面的分别。子夏氏之贱儒是"正其衣冠,齐其颜色,嗛然而终
日不言",和第一项相当。子游氏之贱儒是"偷儒惮事,无廉耻而嗜饮
食,必曰君子固不用其力",和第三项相当。那么第二项必然是指子张
氏之贱儒了。因此子张氏之儒的"弟佗其冠"即是颓唐其冠,这和"解果
其冠"不同,杨倞引或说"解果盖高地",即是高拱起来的意思。故"解果
其冠"即巍峨其冠,正与"逢衣浅带"为配。据此可知子夏氏一派讲究戴
高帽子,宽衣博带,气象俨然;而子张氏一派讲究戴矮帽子,随便不拘,
同乎流俗。"言议谈说已无以异于墨子",可见这一派的后生已经是更
和墨家接近了。《庄子·盗跖篇》有子张与满苟得对话的一节,从子张
的口里面说出了这样的话:

> 仲尼、墨翟穷为匹夫,今谓宰相曰"子行如仲尼、墨翟",则
> 变容易色称不足者,士诚贵也。

把墨翟和仲尼对举,而让子张说出,可见做这个寓言者的心目中也是把
子张看来和墨翟接近的。墨翟应该比子张迟,他在初本来是学过儒术
的人,照时代上看来,倒应该说墨翟受了子张的影响。不过他们尽管有
些相似,在精神上必然有绝对不能混同的地方,不然他们应该早就合流
了。子张氏之儒的典籍缺乏,我们不能畅论其详,但我想,他们如有不
容混同的差别,那一定是立场问题。子张氏在儒家中是站在为民众的
立场的极左翼的,而墨子则是站在王公大人的立场。这应该是他们的
极严峻的区别。

二

"子思之儒"和"孟氏之儒"、"乐正氏之儒",应该只是一系。孟氏自然就是孟轲,他是子思的私淑弟子。乐正氏当即孟子弟子的乐正克。但这一系,事实上也就是子游氏之儒。宋代程、朱之徒虽然把思、孟归为曾子的传统,但他们的根据是很薄弱的。他们所表张的《大学》其实并不是"孔子之言而曾子录之"及"曾子之意而门人记之"。他们之所以如此立说者仅因所谓传文里面有两处"子曰"和一处"曾子曰"而已。其实假如全是"曾子之意而门人记之",那就不必还要特别表著一句曾子的话了。既特别引用了一句曾子的话,那就可以知道全文决不是"曾子之意"的记录了。照我的看法,《大学》一篇无宁是"乐正氏之儒"的典籍,这且留在下面再加说明。先来讨论思、孟何以出于子游氏。

> 略法先王而不知其统,犹然而材剧志大,闻见杂博,案往旧造说,谓之"五行",甚僻违而无类,幽隐而无说,闭约而无解。案饰其辞而祇敬之曰:"此真先君子之言也。"子思倡之,孟轲和之。世俗之沟犹瞀儒,嚾嚾然不知其所非也,遂受而传之,以为"仲尼、子游为兹厚于后世"。是则子思、孟轲之罪也。
>
> (《荀子·非十二子篇》)

既言思、孟之学乃"仲尼、子游为兹厚于后世",这便是他们出于子游氏之儒的证据了。这一派也正是荀子所痛骂的"偷儒惮事,无廉耻而嗜饮食,必曰君子固不用其力"的"子游氏之贱儒"。称之为"子游氏之贱儒"不必便是骂子游,只是骂他的后学,说不定也就是指的孟轲。这种人,他在《修身篇》里面又骂为"恶少"——"偷儒惮事,无廉耻而嗜乎饮食,则可谓恶少者矣"。虽然孟子的年辈比起荀子来并不"少",但孟子的门徒当然又有"少"的存在。

这项极现成的重要资料,二千多年来都被人忽略了,甚至还有人说"子游"是错误了的。郭嵩焘云:"荀子屡言仲尼、子弓,不及子游;本篇后云'子游氏之贱儒',与子张、子夏同讥,则此子游必子弓之误。"(王先谦《荀子集解·非十二子篇》所引)这真是以不狂为狂了。问题是很简单的。别处之所以屡言"仲尼、子弓"者,是荀子自述其师承;本处之所以独言"仲尼、子游"者，乃指子思、孟轲的道统。这是丝毫也不足怪的。①

子游是孔门的高足，少孔子四十五岁。他和子夏、子张、曾子等同年辈，是孔门中的少年弟子。孔门有四科，在文学一科中他占第一位——"文学子游、子夏"。他的气概和作风，也与子夏不同。子夏是拘于小节的，是孔门中讲礼制的一派，荀子骂他们为"贱儒"，说他们"正其衣冠，齐其颜色，嗛然而终日不言"。子游也有类似的批评："子夏之门人小子，当洒扫应对进退，则可矣，抑末也；本之则无，如之何！"可见子游是重本轻末，末既是礼数小节，本应该是大处落墨的思想问题了。他曾为武城宰，而以弦歌施于民间，十分奖励教育。孔子讥笑他"割鸡用牛刀"。这样也就相当地"犹然而材剧志大"了，故尔可能更教育出了一批"犹然而材剧志大"的人物出来。

《礼记·礼运》一篇，毫无疑问，便是子游氏之儒的主要经典。那是孔子与子游的对话。开首几句是"昔者仲尼与于蜡宾，事毕，出游于观之上，喟然而叹。仲尼之叹盖叹鲁也，言偃在侧"云云。王肃伪撰《家语》谓"孔子为鲁司寇"时事，有人据此以为说，谓孔子为司寇时年五十一，子游年仅六岁，孔子五十五岁去鲁，子游年十岁，孔子决不会与十岁以下的孩子谈大同小康；因疑大同之说非孔子当日之言。这样的推断是大有问题的。《家语》伪书，本不足据，为鲁司寇时之推测虽亦本于《礼运注》"孔子仕鲁，在助祭之中"而来，此亦郑康成一时疏忽之语，同一不足为据。蜡乃岁终报田大祭，一国之人皆得参与。《杂记》："子贡观于蜡，孔子曰：'赐也，乐乎？'对曰：'一国之人皆若狂。'"此可见孔子与于蜡非必一定要在"仕鲁"或"为鲁司寇"时才有资格。孔子晚年返鲁，与鲁国君臣上下之关系在师宾之间。孔子死时，鲁哀公赐诔，竟大呼"旻天不吊，不慭遗一老"（《史记·孔子世家》），敬之实深，"与于蜡宾"的资格，当然是有的。那么在孔子晚年要同门弟子谈谈大同小康的故事，是没有什么不可能的了。

大同小康之说其实也并不怎样深远，那只是从原始公社和奴隶制

---

① 思、孟之学出于子游，康有为已明白地说过："子游受孔子大同之道，传之子思，而孟子受业于子思之门。"（见康著《孟子微序》）所据自即《非十二子篇》与《礼运篇》。——作者注

所反映出来的一些不十分正确的史影而已。虽然已经脍炙人口,不妨仍把那段文字来抄在下边。

> 大道之行也,与三代之英,丘未之逮也,而有志焉。
>
> 大道之行也,天下为公,选贤与(举)能,讲信修睦。故人不独亲其亲,不独子其子,使老有所终,壮有所用,幼有所长,矜寡孤独废疾者皆有所养。男有分,女有归。货恶其弃于地也,不必藏于己;力恶其不出于身也,不必为己。是故谋闭而不兴,盗窃乱贼,(止)而不作,故外户而不闭。是谓大同。
>
> 今大道既隐,天下为家。各亲其亲,各子其子,货力为己。大人世及以为礼,城郭沟池以为固,礼义以为纪,以正君臣,以笃父子,以睦兄弟,以和夫妇,以设制度,以立田里,以贤勇知,以功为己。故谋用是作,而兵由此起。禹、汤、文、武、成王、周公由此其选也。此六君子者未有不谨于礼者也。以著其义,以考其信,著有过。刑(型)仁讲让,示民有常。如有不由此者,在势者去,众以为殃。是谓小康。

这席话就是新史学家们也很能重视,有的更认为"十分正确"。其实正确的程度实在有限:因为它把原始公社太理想化了。这是一种人类退化观,不用说也就是因为有唯心论的成分掺杂进去了的毛病。把原始公社认为人类的黄金时代,以后的历史都是堕落,那是不合实际的。但这却合乎孔子"祖述尧、舜"的实际。他推崇尧、舜,根本是把原始公社的唐、虞时代作为了理想乡看的。又有的人甚至说大同思想是由墨子的"尚同"所派衍,那更是风马牛不相及的事:不仅对于这种见解没有作出正确的评价,连墨子的"尚同"是什么意思根本没有懂到。二者的相似就只有一个"同"字而已。

《礼运篇》,毫无疑问,是子游氏之儒的主要经典。那不必一定是子游所记录,就在传授中著诸竹帛也一定是经过了润色附益的。但要说孔子不能有那样的思想,子游也不能有那样的思想,那是把它的内容太看深远了。篇中也强调着五行,和《荀子》非难子思、孟轲"案往旧造说,谓之五行"的相合。

人者，其天地之德，阴阳之交，鬼神之会，五行之秀气也。

天秉阳，垂日星。地秉阴，窍于山川。播五行于四时，和而后月生也。是以三五而盈，三五而阙，五行之动，迭相竭也。五行、四时、十二月，还（旋）相为本也。五声、六律、十二管，还相为宫也。五味、六和、十二食，还相为滑（原误"质"，依阮元校改）也。五色、六章、十二衣，还相为质也。

人者，天地之心也，五行之端也。

像这样反复地说到五行，而且把"五"这个数字业已充分地神秘化了。色、声、味、季，都配以五行，月之一圆一缺也说为"五行之动"，真是配得上被批评为"甚僻违而无类，幽隐而无说，闭约而无解"。看到"五行、四时、十二月，还相为本"的一项，足以证明《月令》一篇也必然是这一派人的撰述。他们是主张五行相生的，春为木，夏为火，中气为土，秋为金，冬为水。木火土金水周而复始，岁岁循环。《月令》的五虫为鳞羽倮毛介，倮虫以人为首，除这人而外，《礼运》的龙凤麟龟四灵，也恰为鳞羽毛介的代表。"人者五行之端"，可见也就是说人为五虫之首了。其它五声、五色、五味、五祀，了无不同。

思、孟所造的五行说，在现存的思、孟书——《中庸》和《孟子》——里面，虽然没有显著的表现，但也不是全无痕迹。《中庸》首句"天命之谓性"，注云："木神则仁，金神则义，火神则礼，水神则智，土神则信。"章太炎谓"是子思遗说"（见章著《子思孟轲五行说》），大率是可靠的。孟子说："恻隐之心人皆有之，羞恶之心人皆有之，恭敬之心人皆有之，是非之心人皆有之。恻隐之心仁也，羞恶之心义也，恭敬之心礼也，是非之心智也。仁义礼智非由外铄我也，我固有之也。"（《告子》）又说："无恻隐之心非人也，无羞恶之心非人也，无辞让之心非人也，无是非之心非人也。恻隐之心仁之端也，羞恶之心义之端也，辞让之心礼之端也，是非之心智之端也。人之有是四端也，犹其有四体也。"（《公孙丑上》）又说："君子所性，仁义礼智根于心。"他把仁义礼智作为人性之所固有，但缺少了一个"信"，恰如四体缺少了一个心。然而这在孟子学说系统上并没有缺少，"信"就是"诚"了。他说："仁之于父子也，义之于君臣也，礼之于宾主也，知之于贤者也，圣人之于天道也，命也，有性焉，君子不谓命也。"(《尽心下》)这儿与仁义礼智为配的是"天道"。"天道"是什么呢？就是"诚"。"诚者天之道也，思诚者人之道也，至诚而不动者未之有也，不诚未有能动者也。"(《离娄下》)其在《中庸》，则是说："诚者天之道也，诚之者人之道也，诚者不勉而中，不思而得，从容中道，圣人也。"这"从容中道"的圣人，也就是"圣人之于天道"的说明，是"万物皆备于我矣，反身而诚，乐莫大焉"的做人的极致。再者，诚是"中道"，这不合乎"土神则信"，而土居中央的吗？子思、孟轲都强调"中道"，事实上更把"诚"当成了万物的本体，其所以然的原故不就是因为诚信是位乎五行之中极的吗？故尔在思、孟书中虽然没有金木水火土的五行字面，而五行系统的演化确实是存在着的。正是因为从这样的理论根据出发，所以孟子道"性善"，而《中庸》主张"尽性"，在他们自己是有其逻辑上的必然的。

在儒家的典籍里面除去上所举出者外，五行资料保存得最多的应当数《尚书》中的《洪范》、《尧典》、《皋陶谟》、《禹贡》诸篇。这几篇都是战国时的儒者所依托，近来已为学术界所公认了。但依托者为谁则尚无成说。据我的看法，这人也就是思、孟这一派的人。

《洪范》说明着五味由五行演化的程序，所谓"水曰润下，火曰炎上，木曰曲直，金曰从革，土爰稼穑。润下作咸，炎上作苦，曲直作酸，从革作辛，稼穑作甘"。这是只举了一隅。此外如人身上的五事——貌言视听思，发扬而为恭从明聪睿，肃又哲谋圣；又应到天时上的五征——雨旸燠寒风，也都是和水火木金土配合着的。"五"字本身也就成为了神秘的数字。就这样一个公式发展下去，便产生出五辰、五岳、五礼、五玉、五教、五典、五服、五刑(以上见《尧典》)，五采、五色、五声、五言(以上见《皋陶谟》)，"弼成五服，至于五千"，每服五百里(以上见《禹贡》)，真是五之时义大矣哉了！

"五"以皇极居中，而"五"之本身复具有中数，凡居中者具有支配性质。《中庸》所谓"诚者从容中道"，《礼运》所谓"王中心无为也，以守至正"，也就是《洪范》的"皇建其有极……无偏无党，王道荡荡；无党无偏，王道平平；无反无侧，王道正直；会其有极，归其有极"的意思了。这种强调"中"的观念，也正和子思书——《中庸》的思想完全合拍。

《史记·孟轲列传》谓孟子"所如者不合，退而与万章之徒，序《诗》、

《书》,述仲尼之意,作《孟子》七篇"。既言"序《诗》、《书》",可知《诗》、《书》的编制是孟氏之儒的一项大业,而荀子所以要"隆礼义而杀《诗》、《书》"①,一多半也就是因为这样的原故吧。故尔像《尧典》、《皋陶谟》、《禹贡》、《洪范》诸篇,在我看来,就是思、孟之徒的作品。

在这儿颇适宜于研讨《大学》。这篇文字除宋儒的旧说,如上所述,已属不可信外,近人冯友兰认为是"荀学"②。主要的根据是荀子言为学当"止诸至足。曷谓至足?曰圣也"(《解蔽篇》),而《大学》言"大学之道……在止于至善"。又如荀子言心术须"虚壹而静"(同上),而《大学》言"正心",主要均须无好恶。又荀子言"君子养心莫善于诚"(《不苟篇》),而《大学》言"心诚求之",言"诚意"。但这些证据是有问题的。因为父子固可以相似,而兄弟亦可以相似;我们不能单因相似,便断定父子为兄弟,或兄弟为父子。知止之说实原于孔子的"多闻阙疑……多见阙殆",及老子的"知足不辱,知止不殆"。正心之说原于孟子的"养心莫善于寡欲",及宋子的"情欲寡浅"。诚意之说则出于《中庸》与《孟子》之中心思想。是则冯氏的判断可以说是等于以兄为父了。

《大学》在我看来实是孟学。它是以性善说为出发点的,正心诚意都原于性善,如性不善则心意本质不善,何以素心反为"正",不自欺反为"诚"?又看它说,"好人之所恶,恶人之所好,是谓拂人之性,菑必逮夫身!"如性为不善,则"拂人之性"正是好事,何以反有灾害?性善性恶,本来都是臆说,但孟派尚能自圆其说,而荀派则常常自相矛盾,如既言性恶矣,而复主张心之"虚壹而静",如何可以圆通?"虚壹而静"之说采自《管子》的《心术》、《内业》诸篇,这些都是宋荣子的遗著(余别有说),荀子只是在玩接木术而已。

格物致知的两个条目,好像是《大学》的新发展了,但也采自《心术篇》的"舍己而以物为法"。孟子改变了一个说法,便是"舍己从人,乐取于人以为善"。古书格假二字通用之例至多,"格物"者"假物",假借于物之意。人心只是一张白纸(在孟子是白所以为善),要假借于物才有

<hr />

① "隆礼义而杀《诗》、《书》"在《儒效篇》中凡两见,郝懿行以为"杀盖敦字之误"。案《劝学篇》云"不道礼宪,以《诗》、《书》为之,譬之犹以指测河也,以戈舂黍也,以锥餐壶也",足证荀子对于礼义与《诗》、《书》自有隆杀之别。杀者减等也。——作者注
② 冯著《大学为荀学说》,原载《燕京学报》第七期,后收入《古史辨》第四册。——作者注

知识，而知识也才能达到尽头。使知识达到尽头是"致知"，知识达到了尽头是"知至"，到这时候便是"万物皆备于我"（《孟子》）了；故尔"反身而诚，乐莫大焉"（同上）。到这时候，也就是《中庸》所说的"能尽其性者，则能尽物之性"了。只是思、孟是由成功而言，《大学》是由入手而言，故尔有顺有逆。假使不是假物以致知，则孟子何必主张"博学而详说"呢？《中庸》的博学、审问、慎思、明辨、笃行，也就毫无着落了。

修齐治平的四条目，分明是由孟子演绎出来的，孟子曾说："天下之本在国，国之本在家，家之本在身。"（《离娄上》）这便是修身、齐家、治国、平天下之所本。《尧典》赞唐尧的圣德也恰恰包含着这些次第。

> 曰若稽古帝尧，曰放勋。钦明文思安安，允恭克让。光
> （横）被四表，格于上下，克明峻德，以亲九族，九族既睦，平章
> 百姓，百姓昭明。协和万邦，黎民于变时雍。

这儿很明显地也说的是修齐治平。"钦明文思"四字旧注称为"四德"，马融谓："威仪表备谓之钦，照临四方谓之明，经纬天地谓之文，道德纯备谓之思。"然在《史记·尧本纪》则采用《五帝德》之语，翻译为"其仁如天，其知如神，就之如日，望之如云"，似乎就是礼智仁义的变文了。克己复礼为仁，故以仁当乎钦；智而如神则明，故以知当乎明；如日之当乎文者，如日之有威仪，礼也；如云之当乎思者，思或作塞①，孟子谓"浩然之气塞于天地之间，是集义所生者"（《公孙丑上》），则是义了。这些正表明《尧典》出于思、孟之徒的又一证。而《大学》的首章，差不多也就是《尧典》这一节文字的翻译，下面把"《尧典》曰克明峻德"点明了出来，更加指示了它的思想的来源了。

复次，荀子是"隆礼义而杀《诗》、《书》"的，然而《大学》全篇里面却没有一个礼字，而《诗》、《书》则翻来覆去地引用，《诗》引了十二次，《书》引了七次（其中《康诰》四，《太甲》、《尧典》、《泰誓》各一），单只这一点也就和荀子大有距离了。

故在我看来，《大学》是孟学，而且是乐正氏之儒的典籍。何以见得

---

① 《后汉书·郅寿传》"晏晏之化"，注云："郑玄注《尚书考灵耀》云：道德纯备谓之塞，宽容覆载谓之晏"，分明出自《尧典》。可见今文思字作塞，安字作晏，郑注乃本马融说。——作者注

呢？第一，在孟派里面，乐正克是高足。第二，以乐正为氏是学官的后裔，《王制》云"乐正崇四术，立四教"，其职与《周官》的乐师相当，而次于大乐正。先代既为学官，当有家学渊源，故论"大学之道"。第三，乐正克，孟子称之为"善人"，为"信人"，又说"其为人也好善"。而《大学》仅仅一千七百四十三字的文章便一共有十一个善字露面。

准同样的理由，《礼记》中的《学记》一篇，我也认为是乐正氏所作。《学记》亦言"大学之道"，与《大学》相为表里。

> 古之教者，家有塾，党有庠，术有序，国有学，比年入学，中年考校。

> 一年视离经辨志，三年视敬业乐群，五年视博习亲师，七年视论学取友，谓之小成。九年知类通达，强立而不反，谓之大成。夫然后足以化民成俗，近者悦服，而远者怀之。此大学之道也。

"离经辨志，敬业乐群，博习亲师，论学取友"，便是"格物"，都是有所假于外物的。"知类通达"，便是"物格而知至"。"强立而不反"，便是"知至而意诚，意诚而心正"。这些是"修身"的事。"化民成俗，近者悦服，而远者怀之"，便是"齐家、治国、平天下"的事了。这样和《大学》的"大学之道"相印证，于是"格物"的意义也就更加明了了。

但在冯友兰氏，则依据"强立而不反"一语，以为与《荀子·不苟篇》"长迁而不反其初，则化矣"相类，乃性恶说之引申，故认《学记》为荀学。且因《学记》言"大学之道"，《大学》亦言"大学之道"，《学记》既为荀学，遂断言《大学》亦不得不为荀学。其《大学》为荀学说在事实上即以此为发端，继后才由《大学》中摘取与《荀子》相似之义以为证佐。故《学记》为荀学，实是《大学》为荀学说的大前提。然此大前提，也同样的靠不住。

"强立而不反"即《洪范》所谓"无反无侧，王道正直"，《中庸》所谓"中立而不倚，强哉矫"，亦即《孟子》所谓"强恕而行"或"中道而立，能者从之"。行是前进，也就是"不反"。物不进必退，无所自立，必反于不学无术，故"强立而不反"一语不一定要性恶说才能适用。

《学记》对于教育与学习是主张自发的，言"道（导）而弗牵，强而弗抑,开而弗达"。这和孟子的"君子深造之以道,欲其自得之也,自得之则居之安,居之安则资之深,资之深则取之左右逢其原"(《离娄上》),在精神上是完全合拍的。这是性善说者的内发主义,与荀子的偏重外铄,毕竟不同。故要把《学记》认为荀学,依然是大有距离的。

顺便再把《中庸》一篇研讨一下吧。《中庸》一篇,冯友兰氏虽认为"与孟子之学说为一类",而疑"似秦、汉孟子一派的儒者所作"。证据是"今天下车同轨,书同文,行同伦"为秦、汉统一中国后之景象。又有"载华岳而不重"亦疑非鲁人之言。

"载华岳而不重"一语无关重要。请看与子思约略同时而稍后的宋钘,便"作为华山之冠以自表",足见东方之人正因未见华山而生景慕。忽近而求远,乃人情之常,鲁人而言华岳,亦犹秦人而言东海而已。"书同文,行同伦",在春秋、战国时已有其实际,金文文字与思想之一致性便是证明,不必待秦、汉之统一。仅"车同轨"一语或有问题,但在目前亦尚无法足以断言秦以前各国车轨决不一致。秦人统一天下之后,因采取水德王之说,数字以六为贵,故定"舆六尺。六尺为一步,乘六马"(《始皇本纪》)。以此统一天下之车轨,此乃一种新的统一而已。故如冯氏所论,实不足以否定子思的创作权。不过《中庸》经过后人的润色窜易是毫无问题的,任何古书,除刊铸于青铜器者外,没有不曾经过窜易与润色的东西。但假如仅因枝节的后添或移接,而否定根干的不古,那却未免太早计了。

三

"颜氏之儒"当指颜回的一派。颜回是孔门的第一人,他虽然早死,但在他生前已经是有"门人"的。这一派的典籍和活动情形,可惜已经失传了。只有关于颜回个人,我们在《论语》和其它的书籍里面可以找得到一些资料。我们知道他是"其心三月不违仁"的人,"一箪食,一瓢饮,在陋巷,人不堪其忧,而回也不改其乐"。他很明显地富有避世的倾向,因而《庄子》书中关于他的资料也就特别多,全书计凡十见,《人间世》、《天运》、《至乐》、《达生》、《田子方》、《知北游》诸篇各一,《大宗师》、《让王》二篇各二。这些资料在正统派的儒家眼里都被看成为"寓言"去了。其实庄子著书的条例是:"寓言十九,重言十七。""重言"是"耆艾之言",要占百分之七十。因之,不见于正统儒书的记载,我们是不好全部认为假托的。特别值得重视的是论"心斋"与"坐忘"的两节文章,我且把它们摘录在下边。

一、论心斋:

> 回曰:"敢问心齐(斋)。"仲尼曰:"一若志。无听之以耳而听之以心,无听之以心而听之以气。听止于耳,心止于符。气也者,虚而待物者也,唯道集虚,虚者心齐也。"颜回曰:"回之未始得使,实自回也。得使之也,未尝有回也,可谓虚乎?"夫子曰:"尽矣。"(《人间世》)

二、论坐忘:

> 颜回曰:"回益矣。"仲尼曰:"何谓也?"曰:"回忘仁义矣。"曰:"可矣,犹未也。"他日复见,曰:"回益矣。"曰:"何谓也?"曰:"回忘礼乐矣。"曰:"可矣,犹未也。"他日复见,曰:"回益矣。"曰:"何谓也?"曰:"回坐忘矣。"仲尼蹴然曰:"何谓坐忘?"颜回曰:"堕肢体,黜聪明,离形去知,同于大通,此谓坐忘。"仲尼曰:"同则无好也,化则无常也,而(尔)果其贤乎,丘也请从而(尔)后也。"(《大宗师》)

这两节都是在内篇里面的文字。要说是假托,庄子为什么要把这些比较精粹的见解托之于孔、颜而不托之道家系统的人,或率性假拟一些人名呢?因而我想,这些应该都是"颜氏之儒"的传习录而在庄子是作为"重言"把它们采用了的。孔、颜当时不一定便真正说过这样的话,但有过这样的倾向,而被颜氏之儒把它夸大了,这不能说是不可能。凡是形成了一个宗派的学说,对于本派的祖师总是要加以夸大化的,古今中外都是如此。孔子本人原来就是有些超现实的倾向的人,他曾说:"饭蔬食,饮水,屈肱而枕之,乐亦在其中矣。"他又赞成曾皙的"暮春者春服既成,冠者五六人,童子六七人,浴乎沂,风乎舞雩,咏而归"的那种飘逸。这和颜回的"一箪食,一瓢饮,在陋巷……不改其乐"的态度确有一脉相通的地方。有像这样的师弟,又何故不能流衍出一批更超现实的后学呢?假如我们想到王阳明的弟子,不一二传便流于狂禅,这段史影是更容易令人首肯了。

孔子之门,在初期时实在很复杂,里面颇有不少的狂放的人物。孟子说:"如琴张、曾晳、牧皮者,孔子之所谓狂矣。"(《尽心下》)曾晳即曾点,是曾参的父亲,《檀弓》言季武子之丧,"曾点倚其门而歌"。这是见于儒家经典的事,其狂态已经可掬。琴张、牧皮见《庄子·大宗师》篇:

> 子桑户、孟子反、子琴张,三人相与友。曰:"孰能相与于无相与,相为于无相为?孰能登天游雾,挠挑无极,相忘以生,无所终穷?"三人相视而笑,莫逆于心,遂相与友。莫然有间而子桑户死,未葬,孔子闻子,使子贡往侍事焉。或编曲,或鼓琴,相和而歌曰:"嗟,来,桑户乎。嗟,来,桑户乎。而(尔)已反其真,而我犹为人猗?"

这和曾点"倚门而歌"的态度正相仿佛。孟子反即《论语》孟之反,马叙伦谓即牧皮,牧孟双声,皮反对转或因形近而误。这是说得很有道理的。曾晳是孔子弟子可不用说,由孟子看来,就连琴张、孟子反,也是孔门弟子了。这不是比颜回、原宪之徒已经更进了一境吗?

事实上就是曾参、子思、孟子也都是有这种倾向的人。《荀子·解蔽篇》替我们保存了他们的一些生活资料,照那情形看来,他们都是禁欲主义者,虽不能说是狂,却是有十分的狷。

> 曾子曰:"是其庭可以捕鼠,恶能与我歌矣?"
>
> 空石之中有人焉,其名曰觙,其为人也善射(猜谜)以好思。耳目之欲接则败其思,蚊虻之声闻则挫其精。是以目僻耳目之欲而远蚊虻之声,闲居静思则通。思仁若是,可谓微乎?
>
> 孟子恶败而出妻,可谓能自强矣。有子恶卧而焠掌,可谓能自忍矣。未及好也。
>
> 僻耳目之欲,可谓能自强矣,未及思也。蚊虻之声闻则挫其精,可谓危矣,未可谓微也。
>
> 夫微者至人也。至人也,何强?何忍?何危?故浊明外景(影),清明内景。圣人纵其欲,兼其情,而制焉者理矣。夫

何强？何忍？何危？

这一段文字有些错乱，前后脉络不甚清晰，但大体上是可以领会的。"孟子恶败出妻"，毫无疑问是一位禁欲主义者的行径，败是嫌男女之际败坏精神或身体，而不是妻有"败德"。这由上下文的"僻欲"、"焠掌"等便可以得到旁证。更值得注意的是在曾子、孟子、有子之间，夹一位"空石之中"的觙先生。这人决不会是子虚乌有，而且必然也是相当有名的孔门之徒，然后才合乎文理。因此我发觉，这位先生所隐射的正是子思。子思名伋，与觙同音，"空石之中"即为孔，荀子是痛骂子思的人，故因其"善射以好思"，故意把他姓名来"射"了一下。① 据此，足见子思也是一位禁欲主义者了。

曾子的一句话颇费解，但在《庄子·让王篇》有一段故事可相印证。"曾子居卫，缊袍无表，颜色肿哙，手足胼胝，三日不举火，十年不制衣，正冠而缨绝，捉衿而肘见，纳履而踵决，曳缞而歌《商颂》，声满天地，若出金石……"据此可见"是其庭可以搏鼠"乃表示食米狼藉，以致老鼠纵横，所斥责者的生活是与曾子相反的。曾参的作风，和他父亲曾点，不是颇相类似吗？

连曾子、子思、孟子都有这样严格禁欲的倾向，颜氏之儒会有心斋坐忘一类的玄虚，那是不足为异的。

四

"漆雕氏之儒"是孔门的任侠一派。《显学篇》言："漆雕之议，不色挠，不目逃，行曲则违于臧获，行直则怒于诸侯。"这种矜气尚勇的态度和孟子所说的"北宫黝之养勇也"相仿佛，后者也是："不肤挠，不目逃，思以一毫挫于人，若挞之于市朝。不受于褐宽博，亦不受于万乘之君，视刺万乘之君若刺褐夫。无严诸侯，恶声至，必反之。"北宫黝虽然没有"行曲则违于臧获"的一层，但孟子所说的是他受了委曲时的态度，假使他不是受了委曲，毫无"一毫挫于人"的地方，我相信他对于"褐宽博"也

———————

① 作者于 1972 年在这句之后，加写了一段文字："陶渊明《八儒》有云：'居环堵之室，荜门圭窦，瓮牖绳枢，并日而食，以道自居者，有道之儒子思氏之所行也。'陶氏去古未远，当有所据。"

是决不会侵犯的。孟子又说"北宫黝似子夏"，大约这位北宫先生也就是漆雕氏之儒的一人了。

漆雕究竟是谁呢？孔门弟子中有三漆雕，一为漆雕开，一为漆雕哆，又一为漆雕徒父，但从能构成为一个独立的学派来看，当以漆雕开为合格。他是主张"人性有善有恶"的人，和宓子贱、公孙尼子、世硕等有同一的见解。王充《论衡·本性篇》替我们保存了这项资料。

> 周人世硕，以为"人性有善有恶，举人之善性养而致之则善长，恶性养而致之则恶长"。如此，则性各有阴阳善恶，在所养焉，故世子作《养书》一篇。宓子贱、漆雕开、公孙尼子之徒亦论情性，与世子相出入，皆言性有善有恶。

这几位儒者都是有著作的。《艺文志》儒家中有下列著录：

《漆雕子》十三篇：

孔子弟子漆雕启后（后字乃衍文。盖启原作启，抄书者旁注启字，嗣被录入正文，而启误认为后，乃转讹为后也）。

《宓子》十六篇：

名不齐，字子贱，孔子弟子。

《世子》二十一篇：

名硕，陈人也，七十子之弟子。

《公孙尼子》二十八篇：

七十子之弟子。

这些书，除公孙尼子有《乐记》一篇传世外，可惜都失传了，《乐记》也是经过窜乱的。这几位儒者大约都是一派吧。漆雕子与宓子虽同是孔子弟子，但前者少孔子十一岁，后者少孔子四十九岁，两人之间可能是义兼师友的。两人不仅学说相同，遭遇亦颇近似。《墨子·非儒篇》言"漆雕刑残"，《孔丛子·诘墨篇》引作漆雕开，而《韩非·难言篇》，言"宓子贱不斗而死人手"。这显然是由于矜气尚廉，藐视权威的原故所致了。又《礼记》有《儒行篇》盛称儒者之刚毅特立，或许也就是这一派儒者的典籍吧。

五

"仲良氏之儒"无可考,或许就是陈良的一派。孟子说:"陈良,楚产也。悦周公、仲尼之道,北学于中国。北方之学者未能或之先也。"(《滕文公上》)他是有门徒的,陈相与其弟辛,"事之数十年",足见他在南方讲学甚久,门徒一定不少的。以年代言,屈原就应该出于他的门下。屈原的思想纯是儒家思想,他在南方必得有所承受。

唯仲良而氏之,与陈良复有不同。或许"陈"是误字,因有陈相、陈辛而抄书者联想致误的吧。

六

"孙氏之儒"就是荀子的一派,荀卿又称孙卿。他这一派在战国后半期是一大宗。他是赵国的人,游学于齐,曾为稷下先生,后应春申君之邀,入楚而为兰陵令。他后来回过赵国,在孝成王之前同临武君议兵;又曾游秦,向昭王和应侯传道,但结果没有被采用。他的死是在秦始皇兼并天下以后,焚书坑儒之祸说不定都是在他的生前出现的。《荀子》书末附有一段赞辞,便是明证。

> 为说者曰:"孙卿不及孔子。"是不然。孙卿迫于乱世,鳍于严刑,上无贤主,下遇暴秦。礼义不行,教化不成,仁者诎约,天下冥冥,行全刺之,诸侯大倾。当是时也,知者不得虑,能者不得治,贤者不得使,故君上蔽而无睹,贤人距而不受。然则孙卿怀将圣之心,蒙佯狂之色,视(示)天下以愚。《诗》曰:"既明且哲,以保其身。"其此之谓也。是其所以名声不白,徒与不众,光辉不博也。今之学者得孙卿之遗言余教,足以为天下法式表仪。所存者神,所过者化。观其善行,孔子弗过。世不详察,云非圣人,奈何,天下不治,孙卿不遇时也……(《尧问》)

这自然是荀子门人对于老师的赞颂,在他们心目中荀子简直是超过了孔子的。他"下遇暴秦","蒙佯狂之色",足见确是领略过秦始皇的暴政滋味。《盐铁论·毁学篇》言"方李斯之相秦也……荀卿为之不食",说者多以为为时过晚,其实那是由于把荀子的生年太定早了的原故。荀子门徒虽然把他当成圣人,但荀子本人却不曾这样地夸大。他是时常称道仲尼,把仲尼认为儒家的总教祖的。他又屡次称道子弓,和仲尼并举,足见他又是子弓的徒属了。

> 圣人之不得势者,仲尼、子弓是也……上则法舜、禹之制,下则法仲尼、子弓之义。(《非十二子篇》)
>
> 通则一天下,穷则独立贵名,天不能死,地不能埋,桀、纣之世不能污。非大儒莫之能立,仲尼、子弓是也。(《儒效篇》)
>
> 仲尼长,子弓短。(《非相篇》)

这样的一位"天不能死,地不能埋"的与仲尼并列的子弓,有人说,就是仲弓,本子路亦称季路之例,则仲弓亦可称为子弓。但这个例实在不好援用。因为仲尼不见称子尼,伯鱼不见称子鱼,而子思亦不见称季思,则子路仅亦字季路而已。子弓确有这么一个人,便是传《易》的馯臂子弓。《史记·仲尼弟子列传》云:

> 商瞿,鲁人,字子木,少孔子二十九岁。孔子传《易》于瞿;瞿传楚人馯臂子弘;弘传江东人矫子庸疵;疵传燕人周子家竖……

又《汉书·儒林传》云:

> 自鲁商瞿子木受《易》孔子,以授鲁桥庇子庸;子庸授江东馯臂子弓;子弓授燕周丑子家……

这两个传统是一套,《史记》的人名是字上名下的古式,《汉书》是名上字下的新式,足见《史记》的资料有双重的古意。第三代和第四代,两种传统互易了,我看当从《史记》,但《史记》的"馯臂子弘"应作"馯(姓)子弘(字)臂(名)"才能划一,那一定是后来的人照《汉书》的新式抄错了的。《易经》在秦时未遭火焚,传《易》者当然也不犯禁,故尔有它的详细传统,但谓"孔子传《易》于瞿",那只是《易》家后学的附益而已。孔子不曾见过《易》,连商瞿也不见得见过。我认为《易》是子弓创作的,详见拙作《周易之制作时代》一文。在先秦儒家中,荀子为谈到《易》的唯一的人,在《非相篇》与《大略篇》各引"《易》曰"一句,《大略篇》又论到"《易》之咸见夫妇",和《易·象传》的见解相符。大率在荀子晚年"蒙佯狂之色"的时候,他才钻进了《易》里面去的。他在别的地方并不曾把《易》来和《诗》、《书》、《礼》、《乐》、《春秋》并列(参看《劝学篇》),似乎在他的初年还不曾把《易》当成经。但等待他一钻进《易》去之后,便受了很深的影响,《易传》强半是出于他的门徒之手,因而《易传》中的许多"子曰",应该就是荀子在说。正因此,他是那样地把子弓神圣视了。

商瞿对于子弓,有些思想上的影响,是不成问题的。《孟子》书中曾言"子莫执中"(《尽心上》)。这位子莫虽然有人说是魏公子牟或者端孙子莫,但在我看来可能就是商瞿子木。又《尸子·广泽篇》有云"皇子贵衷",贵衷与执中同义,则皇子当即商子,商皇古音同在阳部。中之义为《易》所摄取,作《易》者的基本认识,是以为宇宙万物均在变化之中,变化是宇宙过程,而变化之所由生则因有阴阳刚柔相反二性之对立,由于无数对立物之相推相荡而变化因以无穷际。这是对于自然界的看法。但说到人事界来,便要参加一层斟酌的意义。人乘此变化,当处于中正之地位,使对立物无过无不及,使在人事界的变化,可以不至于走到极端("亢"),因而变化便可以静定下来,地位便可以长久安定("永贞")下去。这样便有百利而无一害。这大约也就是子莫所执的"中",皇子所贵的"衷"了。

这分明是一种直线式的折半主义,处己贵不刚不柔,称物是哀多益寡,那样便每每使变化静定,即使有变化也不能发展而为进化。所谓"《易》之道逆数也",传《易》者也早就明白它是反乎自然的。虽然乾卦的《象传》在说"天行健,君子以自强不息",但那只是做《象传》者的意见,而不是经的本意。要那样不息下去,经会警告你:"亢龙有悔"呵。孟子是反对这种"执中"形式的,他说"执中无权犹执一也",执一便是僵定,"举一而废百"。孟子既反对"无权",则他必然主张"有权"。权就是天秤的砝码,无权者是不用砝码,把两端的轻重去取一下,使其划一。有权者是要用砝码,增加轻的一端,使与重的一端平衡。这样所得到的平衡便是更高的一个阶段。在孟子确是有过这样的主张:他要"与民同乐",要"使有菽粟如水火",这大约就是两派虽同样主张"执中"而又互相非难的原故吧。

作《易经》的人很明显的是已经知道了五行说的。《坤卦》六五"黄裳元吉"，《离卦》六二"黄离元吉"，《遯卦》六二"用黄牛之革"，《解卦》九二"得黄矢"，《鼎卦》六五"鼎黄耳金铉"。二与五居下卦与上卦之中，不仅爻多吉辞，且以黄色表位，这分明是作者已经知道五方五色的配合的证据。

照年代说来，子弓和子思同时，他能知道五行说的梗概，是毫无问题的。这两派，在儒家思想上要算是一种展开，就在中国的思想史上也要算是最初呈出了从分析着想的倾向。他们同认宇宙是变化过程，而在说明这种过程上，子思提出了五行相生，子弓提出了阴阳对立。这两种学说后为邹衍所合并，而又加以发展，便成为了所谓阴阳家。接着，更加上迷信的成分，于是便成为二千多年的封建社会的妖魔窟。这是子思和子弓所初料不及的。

关于荀子思想的批判，当另为专文以论之，兹不赘述。

1944 年 9 月 11 日

（录自郭沫若著作编辑出版委员会编：《郭沫若全集·历史编》第二卷，人民出版社 1982 年版。）

顾颉刚儒学学案

顾颉刚(1893—1980),名诵坤,字铭坚,号颉刚,以号行,江苏苏州人。古史辨学派创始人,中国历史地理学和民俗学的开创者。

顾颉刚出身书香世家,6 岁入私塾,熟读四书及《诗经》、《左传》。16 岁考入苏州公立第一中学,受师友影响,极爱诗文,常到玄妙观旧书肆闲览。课余从祖父读《尚书》、《周易》、《礼记》。1913 年,考入北京大学预科。1916 年秋,考入北京大学文科中国哲学门。1920 年,大学毕业后留校工作,随胡适整理国故。1922 年,为商务印书馆编中学历史教科书,研究《诗经》、《尚书》、《论语》等,从尧舜禹地位的演化发现古史层累造成的特点。1923 年,在《努力周刊》发表《与钱玄同先生论古史书》,提出"层累地造成的中国古史"观念,认为时代愈后,传说的古史期愈长;时代愈后,传说中的中心人物愈放愈大;我们在这上,既不能知道某一件事的真确的状况,但可以知道某一件事在传说中的最早状况。"层累说"推翻了历代相传的三皇五帝系统,在学界引起了一场大论战。此次论战的有关篇章后被其结集为《古史辨》第一册出版。胡适谓此书"是中国史学界的一部革命的书,又是一部讨论史学方法的书。此书可以解放人的思想,可以指示做学问的途径,可以提倡那'深彻猛烈的真实'的精神"。其后十几年间,与师友生徒又先后编辑出版了六册《古史辨》,计数百万字,影响中国史坛近百年的"古史辨派"亦由此形成。其后,南下任教。1927 年,在中山大学发起成立民俗学会,是为我国第一个民俗协会。1929 年,回北京任职于燕京大学,因编纂《上古史研究讲义》而制定了"古史四考"(《帝系考》、《王制考》、《道统考》和《经学考》)

的宏大学术计划。在抗战前的数年间，先后完成《五德终始说下的政治和历史》（后改写为《汉代学术史略》，后又改题为《秦汉的方士与儒生》）、《三皇考》、《尧典著作时代考》、《两汉州制考》、《战国秦汉间人的造伪与辨伪》、《禅让说出于墨家考》、《九州之戎与戎禹》等。1934 年，同谭其骧创办《禹贡半月刊》，随后组织禹贡学会。20 世纪 50 年代后，在中国科学院历史研究所任研究员，主持标点《资治通鉴》、"二十四史"，并将研究重点转向《尚书》考辨。1962 年，发表《〈尚书·大诰〉今译（摘要）》，分校勘、解释、章句、今译、考证五个部分对《大诰》内容进行考辨释读，提出了现代《尚书》研究的完整体例。1971 年开始，担任"二十四史"和《清史稿》的总校工作。1980 年 12 月 25 日，于北京病逝。

顾颉刚是国内外享有盛誉的史学大师，其主要著作有《秦汉的方士和儒生》、《三皇考》、《史林杂识初编》、《中国历史地图集》（古代史）、《孟姜女故事研究集》、《吴歌甲集》等。

（刘　斌　毕晓乐）

秦汉的方士与儒生·序

　　这本小册子经过了二十余年的时间，现在又重版了。当时我为什么要写这本书，这是该详细向读者同志报告的，因此补上这篇序。

　　清朝这一代，最高的统治者挟了种族的成见，防止人民起义，屡兴文字狱，读书人一不小心就容易砍掉脑袋，甚至有灭门之祸。在这等淫威之下，逼得若干有些创造力的知识分子把他们的全部心思才力集中到故纸堆里，学问完全脱离了人生实用。这种学风当然是畸形的、偏枯的，但因他们下了苦功，也获得了意外的收获：就是在史料学的范围里开拓了一些新园地，帮助人们认识了若干未经前人揭出的史实。尤其是他们特别注意于两汉的经学——所以他们的学问叫做"汉学"——经过了长时期的搜集材料、整理材料，竟把向来看不清楚的两汉学术思想指出了一个轮廓。因为汉代学者是第一批整理中国历史资料的人，凡是研究中国古代历史和先秦各家学说的人们一定要先从汉人的基础上着手，然后可以沿源数流，得着一个比较适当的解释，所以汉代学术享有极崇高的地位，人们对于那时候的权威学说只有低头膜拜，就是有一二人不肯服从，驳斥它的不合理的地方，也会遭受到千万倍的压力把他压了下去，它的神圣不可侵犯的地位永远靠了模糊的面貌来维持。清代学者本来只是为了反抗空谈心性的宋、明理学而信仰汉代学术，但经他们深刻研究"汉学"的结果，竟使我们约略看出那时代的黑暗的内幕，知道所谓权威的汉代学术的大部分只是统治阶级麻醉民众和欺骗民众的工具，它的基础建立在宗教迷信上。我们看出了这一点，当然要对于它的黑暗面激起甚大的反感。这个反感分明是清代学者提供给我们的，然而他们自身却还没有想到会发生这个破坏性的后果呢。

　　我20岁以前住在苏州，那里是清代汉学的中心，最有接触经学书的机会，引得我喜欢在这些书里瞎摸；又因上了小学和中学，接受了一点资产阶级的科学的皮毛，所以再不能相信汉代经师的神秘话头。那时正在戊戌政变之后，这次政变是由康有为的经今文学鼓动起来的，他假借了西汉所谓《春秋》大师董仲舒的"三代改制"的话做理由，要求统治阶级变法自强。他的同道有谭嗣同、梁启超、皮锡瑞等维新派。同时和他取相反的立场的是保守派张之洞、朱一新、王先谦、王仁俊、叶德辉等人，他们的言论都载在苏舆编的《翼教丛编》里。戊戌以后，章炳麟主张种族革命，反对康有为的保皇论，又站在经古文学的立场上来抨击康氏的今文学，康氏说"新学伪经"出于刘歆一手所为，章氏便说刘歆是孔子以后的第一个人；其时助章氏张目的有刘师培等人，他们的文字多数载在邓实编的《国粹学报》。这是一场使人看得眼花缭乱的大战！少年时代的我，看他们打得这般热闹，精神上起了极大的兴奋；但自己还没有本领去评判他们的是非，又怀着异常的苦闷。不过，今文家喜欢称引谶纬，谶纬里十分之九都是妖妄怪诞的东西，这是我早已认定的，何况章氏站在革命的立场上来反对康氏的保皇呢，所以在我的理智上，认为古文家的思想是进步的，我们该走向古文家的阵营。

原来清代末年，全国的经学大师，俞樾是最有声望的一位。他担任杭州诂经精舍的山长三十余年，培养了很多的经学人才。他对于今文学和古文学采取兼容并包的态度，所以在他门下受业的人们也各就其性之所近走上了岔道：或专研古文，或笃信今文，或调和今古文。章炳麟是他门下古文派中的一个健将，崔适则是他门下今文派中的一个专家。今文经中最重要的一部书是《春秋公羊传》，那时别人多喜欢把《公羊》的话语结合当前的政治，在变法自强运动中起了大小不等的波澜，独有崔氏，虽把《公羊》读得烂熟，却只希望恢复《公羊》学的原来面目，自身未参预过政治运动。因为他极少写单篇论文发表他的主张，所以我不曾注意过他。

1916 年，我进了北京大学文科中国哲学门。这个门（即是后来的系）是清末京师大学中经科的化身，所以经学的空气仍极浓厚。教我们《中国哲学史》的是主张不分今、古、汉、宋一切都容纳了的陈汉章先生，教《春秋公羊学》的就是这位严守专门之学的壁垒的崔适先生。崔先生发给我们的讲义是他用了毕生精力做成的一部《春秋复始》，他把《公羊传》为主,辅之以董仲舒《春秋繁露》和何休《公羊解诂》等书,把一部《公羊传》分类解释,要使人们从这里看出孔子的《春秋》大义。他说《穀梁传》和《左氏传》都是古文学,就都是伪经学,绝对不是孔子的意思。他年已七十,身体衰弱得要扶了墙壁才能走路,但态度却是这般地严肃而又勤恳,我们全班同学都十分钦敬他。可是我总想不明白:《春秋》本是一部鲁国史书,为什么不该从东周的史实上讲而必须在孔子的意思上讲?就是说这部书真是孔子所笔削的鲁国史书,一字一句里都贯穿着他的意思,为什么《经》中屡有阙文,如"夏五"、"郭公"之类,表明它保存了断烂的史书的原样?如果说《公羊传》的作者确是孔子的门人,最能把握着孔子的微言大义,为什么《传》中常说"无闻焉尔",表明他并没有捉住孔子的意思?

直到 1920 年我在北大毕业之后才认识钱玄同先生。他在日本留学时是章氏的学生,回国以后又是崔氏的学生。他兼通今古文而又对今古文都不满意。他不止一次地对我说:"今文学是孔子学派所传衍,经长期的蜕化而失掉它的真面目。古文经异军突起,古文家得到了一点古代材料,用自己的意思加以整理改造,七拼八凑而成其古文学,目的是用它做工具而和今文家唱对台戏。所以今文家攻击古文经伪造,这话对;古文家攻击今文家不得孔子的真意,这话也对。我们今天,该用古文家的话来批评今文家,又该用今文家的话来批评古文家,把他们的假面目一齐撕破,方好显露出他们的真相……"这番议论从现在看来也不免偏,偏在都要撕破,容易堕入虚无主义。但在那时,当许多经学家在今、古文问题上长期斗争之后,我觉得这是一个极锐利、极彻底的批评,是一个击碎玉连环的解决方法,我的眼前仿佛已经打开了一座门,让我们进去对这个二千余年来学术史上的一件大公案作最后的判断了。

我既略略地辨清了今、古文家的原来面目,就又希望向前推进一步。为什么有今文家?为什么有古文家?他们出现的社会背景和历史条件是什么?固然,古文经一系列的组织和发展,由于刘歆站在最高学术地位上的鼓吹和王莽站在最高政治地位上的推动,这事对于王莽夺取汉家政权必然与以若干有利的条件,关于这一点早由方苞的《周官辨》和康有为的《新学伪经考》等书说明了。但这事如果单纯地只看作和王莽有关,那么当新室灭亡之际,古文经理应和它同归于尽,何以到了东汉反而昌盛,竟夺得了今文经的正统?又如今文学,如果单纯地只看作孔子学派师徒们的传授,那么由孔子到董仲舒不过三百年,终不该作一百八十度的转变,为什么会大讲其"怪、力、乱、神",和孔子的思想恰恰相反?想到这里,就不得不在秦、汉时代统治阶级的需要上来看今、古文两派的变化。研究的结果,使我明白儒生和方士的结合是造成两汉经学的主因。方士的兴起本在战国时代的燕、齐地方,由于海上交通的发达,使得人们对于自然界发生了种种幻想,以为人类可以靠了修炼而得长生,离开了社会而独立永存,取得和上帝同等的地位;同时同地有邹衍一派的阴阳家,他们提倡"天人相应"的学说,要人们一切行为不违背自然界的纪律。秦始皇统一六国,巡行到东方,因为方士和阴阳家们会吹会拍,他立刻接受了海滨文化。儒生们看清楚了这个方向,知道要靠近中央政权便非创造一套神秘的东西不可,所以从秦到汉,经学里就出了《洪范五行传》一类的"天书"做今文家议论的骨干,一般儒生论到政治制度也常用邹衍的五德终始说的方式来迎合皇帝的意图,使得皇帝和上帝作起紧密的联系。皇帝的神性越浓厚,他的地位就越优越,一般民众也就越容易服服帖帖地受皇帝的统治。这种政策,皇帝当然是乐于接受的,而且确实胜过了方士们的专在幻想中寻求希望,所以儒生的地位很快地超过了方士,凡是正途的官吏都要在儒生中挑选。到了西汉之末,刘歆整理皇家的图书,发现许多古代史料,他想表彰它们,本是史学上的一件盛举;但学术性的东西是皇帝所不需要的,一定要插入对于皇帝有利的东西方能借得政治的力量,所以他唯有在《左传》里加进新五德终始说的证据,又要做出一部《世经》来证明王莽的正统。在这种空气里,光武帝就必须用《赤伏符》受命,而谶纬一类妖妄怪诞的东西就大量产生了。因此,我觉得两汉经学的骨干是"统治集团的宗教"——统治者装饰自己身份的宗教——的创造,无论最高的主宰是上帝还是五行,每个皇帝都有方法证明他自己是一个"真命天子";每个儒生和官吏也就都是帮助皇帝代天行道的孔子的徒孙。皇帝利用儒生们来创造有利于他自己的宗教,儒生们也利用皇帝来推行有利于他们自己的宗教。皇帝有什么需要时,儒生们就有什么来供应。这些供应,表面上看都是由圣经和贤传里出发的,实际上却都是从方士式的思想里借取的。试问汉武帝以后为什么不多见方士了？原来儒生们已尽量方士化，方士们为要取得政治权力已相率归到儒生的队里来了。至于今文家和古文家，只是经书的版本不同或是经书上的解释不同，不是思想的根本有异。不过古文家究竟掌握了若干古代资料，又起得较迟，到了东汉时谶纬的妖妄性已太显著，不能取得脑筋清楚的儒生们的信仰，所以流入训诂一途，比较有些客观性而已。

1929 年，我担任了燕京大学历史系的课务，即想竭尽我的心力来探求这方面的问题。当时曾本崔适先生《史记探源》中所指出的刘歆利用了五德相生说来改造古史系统的各种证据，加以推阐，写成《五德终始说下的政治和历史》一文，刊入《清华学报》。到 1933 年，同系教授邓之诚先生患病，请假半年，嘱我代任他的《秦汉史》一课。我就把上述的意思编撰讲义，大抵分为三个段落：从第一章到第七章，说明在阴阳家和方士的气氛下成就的秦、汉时代若干种政治制度；从第八章到第十八章，说明博士和儒生怎样地由分而合，又怎样地接受了阴阳家和方士的一套，成为汉代的经学，又怎样地从他们的鼓吹里影响到两汉时代的若干种政治制度；从第十九章到第二十二章，说明汉代的经学如何转入谶纬，谶纬对于政治又发生了怎样的作用。这二十余章文字大部分暴露了汉代思想的黑暗面，虽不能包括那时的全部学术，但确是那时学术思想的主流，在当时的学术界里无疑地占有正统的地位的。

隔了两年，上海亚细亚书局新开，来函索稿甚急；我想，在我所编的讲义中，这一份还算自成一个段落，便寄给该局出版，姑且命名为《汉代学术史略》。然而汉代的学术方面尚有很多的辉煌的果实，例如唐都、落下闳、邓平、刘歆、张衡的天文学和历法学，张衡的地震学，王景、桑钦的地理学，赵过的农学，许商、平当、贾让的水利学，淳于意、张机、华佗的医学，马钧的机械学，桑弘羊、桓宽、王符、仲长统的经济政治学说，司马谈、迁父子和班彪、固父子以及荀悦、蔡邕的史学，刘向、歆父子的古文籍考订学，扬雄、爰礼、甄丰、服虔、许慎、马融、郑玄的文字学和训诂学，以及王充的唯物主义的怀疑思想等等，都是值得大书特书的。还有汉代四次学术性的大会议：昭帝始元六年(公元前 81 年)诏郡、国举贤良、文学之士，问他们民间的疾苦，他们都请罢盐、铁、榷酤的专卖，和御史大夫桑弘羊相辩难；桓宽集录为《盐铁论》一书。宣帝甘露二年(公元前 52 年)诏诸儒讲五经同异于石渠阁,皇帝和太子太傅萧望之等评定他们的是非,添立了四家博士。平帝元始元年(公元 1 年),王莽征求天下通一艺,教授十一人以上,及有《逸礼》、《古书》、《毛诗》、《周官》、《尔雅》、天文、图谶、钟律、《月令》、兵法、《史篇》文字的数千人到未央宫中改正乖谬,统一异说。章帝建初四年(公元 79 年)诏博士、议郎、诸儒等议五经同异于白虎观,魏应掌问难,淳于恭掌条奏,皇帝加以决定;班固集录这回的结论为《白虎通义》。这四次会议对于汉代学术的发展和蜕化一定有极大的关系。这本小册子里既大都没有叙及,就贸然戴上了一顶"汉代学术史"的大帽子,实在觉得不称,心中留着十分的惭愧和对于读者的无尽的歉疚。

这书出版不久,卢沟桥的战事就起来了。我流亡后方,常常一年中迁徙几次,手头又缺乏参考书籍,一切的研究都不能做;抗日战争胜利后又因兼职过多,不能集中精神在学术工作上;一蹉跎就是 18 年的长时间,我的头发全白了,还不能把这本书改写。今年,出版社方面不以这书为劣陋,要我加以修正重版;又适值我光荣地参加了国家的工作岗位,由上海迁到北京,生活还没有十分安定,只能作了一些字句的小修改。所幸的,现在得有机会,改题了《秦汉的方士与儒生》,书名和内容相符,可以使我减轻些内心的不安而已。

中国的文化,从书本材料来说,是胚胎于夏、商而化成于两周;以后二千余年,为了过分尊重经学的缘故,骨子里虽不断地在创造,表面上总是承继着两周。至于叙述和说明夏、商、周三代的文化,最重要的有三个时期。第一时期是两汉,他们的目标既在曲解经书来适应于当前的统治集团的利益,把古代史实勉强拉来和当时的东西相比,他们的方法又牵缠于阴阳五行的附会,处处要使得人事和自然界应弦合拍,在这样的主观愿望之下,势不能不流入于武断的玄学,所以名为整理而实际却是棼乱,使得我们要整理三代文化时逼得先去从事于两汉文化的探索,多出了几重麻烦。第二时期是两宋,他们的目标是内心的修养,用了全力去寻求古圣先王的传授心法,这当然也是一个水中捉月的主观愿望;可是他们的治学方法却因部分地接受了禅宗的"呵佛骂祖"的精神,敢于打破久踞在学术界宝座的偶像,又因有了刻版,古籍容易传布,见多自能识广,因此辨伪考证之风大兴,在整理方面开出了一个比较能客观研究的新境界。第三时期是清代,除了它的后期之外,一般学者的目标只是希望认识古代,既不想把古代的学术思想应用在当前的政治上,也不想把它应用在内心的修养上,而只是以周还周,以汉还汉,以宋还宋,洗刷出各个时代的本来面目;他们用了细密的手腕去搜罗材料,钩稽异同,其态度的谨严和在史料学上的成就都超过了汉、宋两代。只是他们太偏于客观主义,注重积聚材料而轻视理论,好像尽制砖瓦,不打建筑图样,自然也造不起房子来;结果流于烦琐细碎,使得人们怕去亲近。到今天,有了辩证唯物论和历史唯物论做我们一切工作的最高指导,我们接受了古人的遗产,就能用了正确的方法作全面的观察,更在缜密的计划之下来分工合作,这样充分自觉地精进,我相信,一部良好的中国学术史是不难出现的。有了这部完整的学术史,哪些是我们该吸收的古人的精华,哪些是我们该抛弃的古人的糟粕,就都明白地指示出来了。我这本小册子如果能在将来的学术史里贡献上一点参考资料,就不算我空费了在经学书里摸索多年的时间和精力。

可是,这本小册子终究是二十余年前的旧作,我绝不能因为它是旧作而加以原谅。现在看来,这册书里有着明显的错误。那时的我虽已知道应当从社会背景去解决问题,但因为没有学习马克思列宁主义,不能从两汉社会的经济基础来分析当时的政治制度与学术思想,这是违背历史唯物论的,是本书的根本缺点。再说,我对阴阳、五行的来源讲得太机械、太简单了,对于谶纬思想的怎么清除则一句也没有提到,好像这种思想是突然而来又突然而去的,这岂不是一种非历史主义的叙述?至于古代的宗教迷信都有其发生的原因,在它们的歪曲反映里都能见出其中含有真实的客观的东西,而决不是一概不值得一顾可以抛弃了事的。例如阴阳、五行,虽给方士和儒生们利用了它闹得乌烟瘴气,可是追本溯源,究竟它的本质含有素朴的唯物主义成分。我们祖国的古代人民长期观察物质世界的结果,知道世界上有正、反两种力量,叫它做阴、阳;有五种广泛存在的物质,叫它做金、木、水、火、土五行;物质与物质相接触之后会起着新生和灭亡两种作用,叫它做生、克:这种唯物的分析应当在我国科学史上占有重要的地位。又如谶纬,我虽敢说它十分之九是妖妄怪诞的东西,但终有它十分之一的可宝贵的资料,《尚书纬·考灵曜》说:"地恒动不止而人不知,譬如人在大舟中,闭牖而坐,舟行而人不觉也。"这不是触及了地球是在不断地运行这一客观真理,足以打破天动而地静的旧学说吗?这位一千九百年前无名的科学家的发现是多么该受我们的珍视!谶纬书里尚有这类的好材料,可见只要肯到砂砾中去搜寻自会拣到金子,决不该一笔抹杀。我在这书里,为了憎恨当时的统治集团的行为,过分强调了它的黑暗面,作下全部的否定,这不是非历史主义是什么!毛主席说:"没有历史唯物主义的批判精神,所谓坏就是绝对的坏,一切皆坏;所谓好就是绝对的好,一切皆好。"(《毛泽东选集》第三卷,第八三三页。)我拿了这几句话来作自我批判,知道我必该好好地学习马克思列宁主义并继续从事于两汉史的研究,才可以深入底里,发掘现在所不注意的材料,寻出现在所看不出的问题,然后方能正式写成一部《汉代学术史》,洗净了从前在不正确的观点和方法之下所发表的不正确的议论。

读者同志!我不敢请你们原谅我这本旧作,我深深地祈求你们:你们在里头见有错误的地方,请随时纠正吧!你们对于秦、汉时代的学术思想的看法和我有不同的时候,请随时见告吧!我如能依靠了群众的力量而达到比较正确的地步,那就是我的莫大的光荣了!我的通信处是北京中国科学院历史研究所。

顾颉刚

1954 年 12 月 3 日

(录自顾颉刚:《秦汉的方士与儒生》,上海古籍出版社 2005 年版。)

秦汉的方士与儒生(节选)①

第十七章　经古文学的建立

　　刘歆在哀帝时要立四种古文经传,碰了博士们一个大钉子,他忍气吞声,出来做了几任外官。但他的幸运终于到了。他少年时任黄门郎,恰好那时王莽也是一个黄门郎,两人都很博学,意气十分相投。自从平帝元年,王莽当了权,他就回到朝内,任右曹太中大夫,又任羲和、京兆尹。元始四年,王莽奏起明堂和辟雍等,规复古代的建筑,就是由刘歆主办的。因他有功,封为红休侯。又使他典儒林史卜之官,考定律历。这时候,刘歆已成为文化事业的中心人物,他可以用了自己的理想构成一个文化的系统了。于是《左氏春秋》、《古文尚书》、《逸礼》、《毛诗》都立于学官。向来反对他的博士们只得忍气吞声地领受他的报复。

　　他立了这四种古文经传,还不以为满足,索性更掀起一个大规模的学术运动。"六经"里面的《乐》,本来是有谱而无经的,他也找出了《乐经》而立于学官。又增加博士员,每经五人,"六经"共三十人;每一博士领三百六十个弟子,总共有一万零八百个博士弟子。他还以为不足,奏请征求天下异能之士,凡是通一经、教授十一人以上,和懂得《逸礼》、《古书》、《毛诗》、《周官》、《尔雅》、天文、图谶、历算、钟律、《月令》、兵法、小学、《史篇》、医术、《本草》的,地方官就替他备了车马,送到京城里来。在元始四、五年间(公元 4—5 年)到的数千人,都令在未央宫的廷中讨论记录,要他们改正前人的乖谬,统一各种的异说。这件事情,手段非常毒辣,既把古文学的种子散播到民间,又令今文学增加许多敌人,凡

---

① 这里节选的是该书第十七至二十章。

是古文学家眼光中感到的"乖谬"和"异说"都被打倒了。这是用了利禄的引诱来统一学术思想的办法，实在还是武帝立"五经"博士的老手段。

当时这一班人，现在已经不可考了，只知道那时通知钟律的有一百多人，他们的议决案是羲和刘歆领衔奏上去的。又知道那时说文字的有一百多人，其中以沛人爰礼的学问为最高，就任他为小学元士。黄门侍郎扬雄采取他们的讨论的结果，编成了一部《训纂篇》。汉代通行的文字，据《仓颉篇》只有三千三百字；现在《训纂篇》就有五千三百字了。到居摄时（公元 6—8 年），大司空甄丰又奉命校文书，给他改定的古文字也不少。那时有六种书法：一是"古文"，说是孔家壁中书的遗文；二是"奇字"，是古文的变体；三是"篆书"，就是小篆；四是"左书"，是秦的徒隶们写的简笔字；五是"缪篆"，是用来刻印的；六是"鸟虫书"，是用来写旗帜的。有了这个分别，于是今文经归入了"左书"，地位远在古文经之下了。这是文字学的一回大整理。他们用了这手段奠定了经古文学的基础。从此以后，文字愈多，东汉时班固作的《续训纂篇》就有六千一百多字，许慎的《说文解字》就有九千三百多字了。

我们知道，这些古文奇字有的是他们杂凑起来的，有的是完全杜撰的，也有从古器物上钞写来。但他们决不承认是零碎集成，屡次声明为整个的材料。他们说：壁中书是鲁恭王毁坏孔子宅时得到的，其中有《礼记》、《尚书》、《春秋》、《论语》、《孝经》。（诸位应记得，哀帝时刘歆责备博士的信上说孔壁里出来的东西只有《礼》和《书》，而今又添出了三种了！）还有汉初丞相张苍也献上古文的《春秋左氏传》。他们说：这种文字或是孔子手写，或是孔子同时人所写，所以古文经是最可靠的，它确为孔子的真传。我们翻开《汉书·艺文志》来，哪一种经书不是今古文并列，这可见他们建立古文学的工作是怎样的急进呵。所以，今文学是由春秋、战国以来五百年间渐渐构成的；古文学则是刘歆一手包办，在十余年间一齐出来的。我们说刘歆作伪，人家听了往往以为言之过甚，说他一个人的精力如何造得了许多。须知他一个人的精力固然有限，但他借着帝王的权势，收得三十个博士，一万零八百个弟子员，数千个奇材异能之士，漫说十几部书，就是几百部书也未始做不出呢！刘歆何须亲手做，只消他发凡起例，便自有人承应工作。这承应的工作虽成于他人之手，难道他就可不负造意的责任吗？

钱玄同说："古文经对于今文经的态度是这样：'我的篇章比你的多；我的字句比你的准；我的解释比你的古；我有你所没有的书，而你所有的我却一概都有。'因为他是这样的态度，所以就上了今文家一点小当。今文经中汉朝人伪造的文章，古文经也居然有了，如《易》之《说卦》以下三篇和《书》之《太誓》皆是。古文经据说非得自孔壁，即发自中秘，或献自民间，总之皆所谓'先秦旧书'也。先秦人用'古文'写的书中居然有汉朝人伪造的篇章，这不是作伪的显证吗？"

他们不但要造伪经，而且要造伪经的传授系统。例如《毛诗》，本来没有什么传授可说的，但他们也会想出一个很长的系统来（他们自己的记载是失传了；依据唐人书上写的是孔子传子夏，子夏传曾申，曾申传李克，李克传孟仲子，孟仲子传根牟子，根牟子传荀卿，荀卿传毛公，毛公做河间献王的博士；从此传下来，直到王莽时）。他们说：《诗经》该有三百十一篇，但今文经只有三百零五篇是不全的，他们失去的六篇是《小雅》里的《南陔》、《白华》、《华黍》、《由庚》、《崇丘》、《由仪》。这句话就露出破绽来了。钱玄同说："汉初传《诗》，即分鲁、齐、韩三家，这三家各自传授，并非同出一源，何以申培、辕固、韩婴三位老先生都把这六篇诗忘了，又都把其他的三百零五篇记住了？天下竟有这样的巧事，岂非大奇！更奇的是：古文之《毛诗》，这六篇的篇名虽然幸被保存了，偏偏它们的词句也亡缺了！今文《诗》据说是靠讽诵而传下来的，三位老先生既同样的背不出这六篇，而古文《诗》据说是从子夏一代一代传到大毛公，作《故训传》，被河间献王所赏识，立博士，则早已著于竹帛了，偏偏也是缺了这六篇，偏偏和今文三家同样的缺了这六篇。这种奇迹，居然能使自来的经学家深信不疑，刘歆的魔力真是不小哇！"

王莽自从辅了平帝之后，处处模仿周公，所以那时就有《周官》一书出现，说是周公作的，供给王莽许多模仿的资料。当居摄三年，王莽的母亲功显君死了，太后诏议他的服制，羲和刘歆和博士等奏道："摄皇帝要使汉朝和唐、虞三代同样的兴盛，所以开秘府，会群儒，制礼作乐，以成天功。他圣心周至，有独见之明，又发见《周礼》一书，可供损益古代礼制的参考。现在功显君薨了，摄皇帝承皇天之命，奉汉大宗之后，不得顾私亲。《周礼》里说，'王为诸侯缌缞'。应请用这天子吊诸侯之服，以应合圣制。"在这段话里，已亲切地告知我们，《周官》（即《周礼》）

这部书是王莽发见的。在这样崇拜周公的高潮之下,在周公的偶像这样支配现实政治的时候,恰巧发见了这一部书以供他制礼作乐时的参考,这部书的来历不是很可疑吗?因为有了这个参考,所以《周官》里"兆五帝于四郊",他就建郊宫;《周官》里"辨庙祧之昭穆",他就定祧庙;《周官》里有"九命作伯",他就受九锡;《周官》里有"嘉量",他就制嘉量;《周官》里说"羞用百有二十品",他就吃一百二十样的饭菜;《周官》里有"六宫"和"九嫔、世妇、女御"一班妃妾,他就于皇后之外列"和、嫔、美、御"之位:三个和人位视三公,九个嫔人位视九卿,二十七个美人位视大夫,八十一个御人位视元士:一共纳了一百二十个女子,比较古代的天子超过了十倍。

在其余的古文经传里也多寻得出帮助王莽做成皇帝的痕迹。例如《春秋》隐公元年只写"元年春王正月",不写"公即位",《春秋》家推求孔子所以不写的缘故,说隐公本有让国于弟桓公之意,故孔子以不写他即位来表显他的志愿。不过这仅是隐公的志愿而已,至于鲁公之位终究是他实任的。《左传》却说"不书'即位',摄也",这样说来,隐公就不是实任的君而是用了臣的资格来摄行君了。这对于王莽的做摄皇帝是怎样地给予他一种有力的根据呵!又刘歆所表章的《古文尚书》里有一篇《嘉禾》,其中的一段是"周公奉鬯立于阼阶,延登,赞曰:'假王莅政,勤和天下'",这是不是王莽做"假皇帝"的一个很好的先例?天下竟有这样的巧事,后世的人要什么就可以在古书里找出什么来!

古代的历史,古代的书籍,都为供给他们的需要而弄乱了。无数的知识分子,也都受了他们的麻醉了。光武帝虽说"光复旧物",但在文化上,他已经认不清谁是旧的,谁是新的。而且他以《赤伏符》受命,固已根本接受了王莽的学说。所以中元元年(公元 56 年),他就依照王莽的制度,筑起明堂、辟雍、灵台来。明帝继续了他的事业,坐明堂而朝列侯,升灵台以望云气,又临幸辟雍,亲祖割肉,行养老之礼;飨射礼毕,他正坐讲经,诸儒执经问难于前,数万个冠带齐整的绅士们环绕桥门,静静地听着(北京的国子监就是汉的辟雍遗制,可以到那边去想象那时的情形)。因为汉的火德只有用了王莽的历史系统才能说明,而这个系统,除了图谶之外,在古书中只有《左传》是寻得到证据的,所以《左传》被重视了。当光武帝时,就想立《左传》的博士,有一个老博士范升竭力反对,说道:

"《左传》不祖孔子而出于左丘明，又没有相传的师徒，又不是先帝所立的，为什么要立博士呢！"他和几个古文学者辨难了好久，又提出《左传》的不合处十四条奏上去。光武帝不听他的话，立了；后来又因许多人的反对，废了。到章帝初年，令贾逵自选二十个高才生，把《左传》教他们。八年（公元 83 年），又诏诸儒各选高才生受《左传》、《毛诗》、《古文尚书》等古文家的经典，又任贾逵的弟子为郎官，学者都欣欣地向慕。既有许多的高才生替它宣传，它在学术上就取得了新的生命，渐渐地成为《春秋》之学的正统，把原来唯一的《春秋传》(《公羊》)挤出去了。

东汉一代，博士共十四人，都是今文经之学。在表面上看，似乎是今文学的胜利；然而这胜利只有在表面上而已。所以然之故，古文视今文为后出，经过了一次整理，当然比今文进步；况且《左传》的记事何等详细，《周官》的典制何等绵密，今文经里哪里找得出来。因此，东汉时几个最有名的学者，如贾逵、服虔、马融、郑玄，都是古文家，或是兼通今古文的。到了魏、晋之后，五胡内迁，中原士大夫忙着南渡，今古文的经典和汉人的经说散失很多，今古文的界限就记不起了。到唐初作《五经正义》：《易》用晋王弼注，《书》用晋梅赜所献的伪《古文尚书》（刘歆的《古文尚书》已是假，这乃是假中之假）和伪孔安国《传》，《诗》用《毛传》和郑玄笺，《礼记》用郑玄注，《左传》用晋杜预注。后又加上《周礼》和《仪礼》的义疏，都用的郑玄注。郑玄所以在经学界中握有绝大权威，就为这七部正统的经典的注释，他一个人占据了四部之多。但他是兼修今古文的，常用古学说去改今学说，又用今学说去改古学说，所以后人骂他为搅乱家法的罪魁。这几种经典里，纯粹是古文学的，有《周礼》和《左传》的本身和《诗经》的《毛传》。虽然古文学还没有把经学界统一，但比了湮没了的今文学究竟占了绝大的优势，刘歆的势力赖此维持到清末。自从清代中叶（嘉庆十年，公元 1805 年）刘逢禄作了《左氏春秋考证》，他的地位才开始摇动；到清代末叶（光绪十七年，公元 1891 年）康有为作了《新学伪经考》，他方受了致命伤而倒坏了。刘歆为什么要造伪书伪史，这是汉代史中的问题。他造的伪书伪史在古书古史里发生怎样的影响，这是文籍考订学中的问题，也可说是上古史中的问题。所以现在我们的使命，就是要向他清算这一千九百余年来的搅乱古书和古史的总账。

第十八章　祀典的改定和月令的实行

　　我们翻开古书来看,觉得秦以前的国家宗教是很简单的。最大的祭礼是郊,一年一次,祭的是天,也把天子的最有功德的祖先去配享。例如周人,他们的始祖是后稷,后稷在农事上是有大功劳的,所以他们在郊祭时便以后稷配天,连带祈求年谷的丰登。其次是社,这仿佛像现在的城隍庙和土地堂一样,无论大都小邑,都有社庙;上自天子,下至庶民,都有他的社。他们不但在那边祭后土之神,就是碰见大水、大火等灾难,或是日食等灾难的豫示,都要击鼓杀牲而祭。逢到打仗,出兵和班师时都须祭社;献俘也在那边。因为那边成了军事机关,所以即在太平的时候也要借着社祭陈列军器,好像开国防博览会似的;齐国的社尤其有名。社既是代表国土,又作国防的中心,再加上了民食的稷,国家的意义已完全,所以"社稷"二字就成了国家的代名词。郊社之外,又有宗庙,是祭祖先的;又有旅和望,是祭国内的名山大川的。寥寥落落,只有这几种。要拿阴阳五行之说来分配,至多把郊配阳,社配阴;五行便无从说起。好在那时还没有系统的阴阳五行说,用不着人们发愁。

　　那时的祀典比较可和五行说接近的,是秦国的祀上帝。然而秦文公在鄜衍祭白帝,秦宣公在渭南祭青帝,秦灵公在吴阳祭黄帝和炎帝,都是随时随地建立,并没有顾到五行的方位。到汉武帝时,他在长安西北的甘泉建了泰畤坛去祭天,在长安东面的汾阴建了后土祠去祭地,也没有按照着方位。这种不择地的设置,足见其时尚没有极严密的阴阳五行说,所以不曾处处受着这些规律的束缚。武帝又喜欢求神仙,任方士,以致许多的民间信仰都变成了国家宗教。

　　武帝以后,阴阳五行的学说经过经师们的鼓吹,这空气愈来愈浓重了,简直笼罩着一切。他们以为属于木的一定居东,属于火的一定居南,属于土的一定居中,属于金的一定居西,属于水的一定居北;少阴为西,太阴为北,少阳为东,太阳为南,都是一定不移的方位。既有这些严格的学说,于是以前的种种宗教建设大家看得不顺眼了。成帝初即位(建始元年,公元前 32 年),丞相匡衡奏言:"帝王的事务没有比郊祀更重的,所以从前的圣王都尽心极虑地规定这制度。他们祭天于南郊,为的是就阳;祭地于北郊,为的是就阴。上天受天子的祭飨是在天子的都城里的。现在天子住在长安,祭天反到太阴方面的甘泉去,祭地反到少阳方面的汾阴去,和古礼太不合了。应当把这天地的祀典搬到都城来举行,从此祭天于南郊,祭地于北郊,回复古帝王的规模。"会议的结果,照办了。匡衡又奏:"甘泉的泰畤太奢华,有采镂黼黻的装饰,有鸾路骍驹的祭物,又有玉几玉器的陈列,又有童男童女的歌乐,这也和古制不合。古代的祭天之礼质朴得很,祭具是陶制或瓠制的,牲只用犊,席只用秸。现在也应当复古。"他还说:"秦国所立的上帝祠本不合礼,应当和其他不合礼的祠庙一齐罢废。"成帝都接受了。那时国家奉祀的祠庙本有六百八十三所,审查的结果只有二百零八所是合礼的,其他都废了。候神方士等七十余人,也都免职归家。这是把原有的祠宇作一次总整理、大淘汰,把汉武帝在封禅郊祀的狂热中的建设完全破坏了。实在说来,这是儒生对于方士的威胁,他们用了纯粹的阴阳五行说把随时随地发生的神仙庙祀打倒了。他们反对的是鬼神,保留的是术数。他们说是古代圣王如此,其实只是他们心目中的圣王是应该如此的。

成帝没有儿子,王太后急于抱孙,疑心为了迁废诸庙,受到鬼神的责罚,永始元年(公元前 16 年),她下诏把泰畤迁回甘泉,后土祠迁回汾阴,又恢复了许多祠庙。可是到底没有用,成帝也死了。王太后十分生气,她说:"皇帝遵了经义定郊礼,原是不错的。为了求福,所以又迁回去。现在到底没有得到一些福佑,还是顺了皇帝的原意,回复了长安的南北郊罢!"

哀帝即位之后也常常生病,为要求福,又征用方士,把以前所废的祠庙完全恢复了。他在一年之中祭过三万七千次。过了一年(建平三年,公元前 4 年),病还没好,又把泰畤和后土祠迁回原处。到平帝元始五年(公元 5 年),王莽又请复长安南北郊,并请把高帝、高后配享:冬至日,祠南郊,高帝配而望群阳;夏至日,祠北郊,高后配而望群阴。王太后都照准了。三十六年之间,天地之祠搬徙了五次。

因为王莽是一个笃信阴阳五行说的人,所以他既继承了匡衡的主张,用阴阳说定了南北郊,还要更进一步,用五行说定群神的祭祀。他和太师孔光、羲和刘歆等八十九人议,说道:"天子以父礼事天,以母礼事地。现在应称天神为皇天上帝泰一,兆(兆是祭坛)为泰畤;称地神为皇地后祇,兆为广畤。此外,再把群神以类相从,分为五部。这五部是:

（一）中央黄帝、黄灵后土畴，及日庙、北辰、北斗、填星、中宿、中宫，于长安城之未地兆（照十二辰的方位，"未"在西南角上）。

（二）东方帝太皞、青灵句芒畴，及雷公、风伯庙、岁星、东宿、东宫，于东郊兆。

（三）南方炎帝、赤灵祝融畴，及荧惑星、南宿、南宫，于南郊兆。

（四）西方帝少皞、白灵蓐收畴，及太白星、西宿、西宫，于西郊兆。

（五）北方帝颛顼、黑灵玄冥畴，及月庙、雨师庙、辰星、北宿、北宫，于北郊兆。

这就是《周官》里所说的"兆五帝于四郊"，他把这制度实现了。这五帝的名目，读者应当记得，便是第十六章里《五德终始表》的第一层。那时已是居摄中，正在酝酿着受禅，所以这五方之帝便是五行相生说下的古史系统中的帝王。再替这五帝添上五个辅佐，太皞之佐是句芒，炎帝之佐是祝融，黄帝之佐是后土，少皞之佐是蓐收，颛顼之佐是玄冥，使得这个系统的地位可以更加巩固。他们把这宗材料插入古文学的两部经典：第一是刘歆重编的《左传》，就附在"汉为尧后"说的一章之下，说这是五行之官，生时封为上公，死后祀为贵神的。第二是王莽征求通晓之士的《月令》，说太皞是春季的帝，句芒是春季的神；炎帝是夏季的帝，祝融是夏季的神；黄帝是中央的帝，后土是中央的神；少皞是秋季的帝，蓐收是秋季的神；颛顼是冬季的帝，玄冥是冬季的神。一年本来是四时，到这时硬把它拉长，成为五时了。

皇天上帝泰一是最高的天帝。太皞、炎帝们为五帝，是次一级的天帝。这个方式固然和汉武帝的泰一坛相像（见第五章），但武帝时的五帝只是五种颜色之帝，没有同传说中的古天子发生关系，而王莽定的制度则天帝的系统即是古史的系统了。这一点的差异，不能不说是王莽设下的阴谋，也不能不说是经古文学的中心问题呵！

《月令》这一篇，讲的是天子居明堂之礼。这篇的大意，是天子每一个月应当顺着时令做天人相应的工作（见第一章）。自从王莽当权，建筑了明堂，又征求通《月令》的人，一时祭祖先，封诸侯，行大射，都在那边，做得很有声有色。王莽失败之后，长安的明堂毁废，光武帝继续在洛阳兴造。明帝永平二年（公元 59 年），下诏祀光武帝于明堂以配五帝，又颁发时令，迎气于五郊：立春之日，迎春于东郊，祭青帝和句芒，车骑服饰都青色,唱的是《青阳》之歌。立夏之日,迎夏于南郊,祭赤帝和祝融,车骑服饰都赤色,唱的是《朱明》之歌。前立秋十八天,迎黄灵于中兆,祭黄帝和后土,车骑服饰都黄色,唱的是《帝临》之歌。立秋之日,迎秋于西郊,祭白帝和蓐收,车骑服饰都白色,唱的是《西皓》之歌。立冬之日,迎冬于北郊,祭黑帝和玄冥,车骑服饰都黑色,唱的是《玄冥》之歌。

从此以后,"顺时令"一义遂为帝王施政的总纲。章帝元和二年(公元 85 年),下诏道:"春天是生养万物的时候,应当息事宁人以奉天气。"这年的秋天,又下诏道:《月令》冬至之后,但有顺阳助生的明文,而不载鞫狱断刑的政令。天子的生杀是应当顺着时气的。现在特定一种法律:凡在十一月和十二月里,不许送上刑狱的报告。"那年十一月冬至,又依照《月令》,把关梁闭起。元和三年二月,又下诏道:"《月令》说孟春之月,应当好好地去视察丘陵土地所宜以备种植。现在荒地尚多,着即分给贫民,令他们各尽地力,勿得游手。"就在这一月里,他因要到中山去,又令道:"现在方春的时候,所过的地方不得有所砍伐。天子虽尊贵,但在不适当的时候砍去一株草木,就不算顺天,也就是不孝。巡行之际,凡车马可以避开的,便避开了。"章和元年(公元 87 年)七月,又诏道:"依照《秋令》,这一月里应当养衰老,着赐高年者每二人布帛各一匹,让他们自己备些醴酒和酪浆罢。"章帝之后,历朝帝王也多在春天养幼赈贫,在秋天养老恤刑。

一般的学者,把《月令》的著作时代说得早是周公作,说得迟是吕不韦作。但此书既在汉前,何以在西汉时不能发生什么影响而在东汉时便会发生大影响?何以汉武帝初年要立明堂只为朝诸侯,后来在汶上造明堂只有取资于方士的图画,而古制的再现必有待于王莽制礼作乐的时候?何以西汉时讨论明堂有纷纷之说,而一到东汉即翕然无异议,一切都有固定的方式可以遵循了?所以我觉得,这篇书的出现是很有问题的。虽则这篇书还见于《吕氏春秋》等书中,难道他们就不能把它插进去吗?

古时最大的祭礼是郊和社。到这时,郊是析为南郊和北郊了。北郊由后土祠来,祭地神,性质和社实在没有什么分别。但汉代在后土祠外另有官社,所以王莽更立官稷,又把夏禹配食官社,后稷配食官稷,恢复古代的社稷之祀。这个制度传下来,永远没有什么大改变。我们看,北京前门外有个天坛,这就是南郊;安定门外有个地坛,这就是北郊;天安门西边的社稷坛(今为中山公园),就是官社和官稷。还有一个先农坛,在天坛的对面,是祭农神的,好像和社稷坛的"稷"重复了,这是汉代所没有的。推原它的由来,当出于周人的"郊祀后稷以配天"。地坛祭地,先农坛祭后稷,社和稷都有了着落了,为什么还要立社稷坛?原来社稷一名已习用为国家的代名词,其本义已经送给地坛和先农坛了。

第十九章　谶纬的造作

古代人最喜欢作豫言,也最肯信豫言。那时的史官就是制造豫言的专家。还有一种豫言,说是上帝传给人们的,叫做谶。相传秦穆公曾经睡了七天不醒,醒来的时候,对人说:"我是到上帝那边去的,上帝告我将来晋国怎样,秦国怎样。"他叫人把这些话写出来,称它为"秦谶"。后来晋国的赵简子也像他一样,睡了七天,醒来的时候告诉他的大夫说:"我到了上帝那里,和许多的神灵游于钧天,听广乐,看《万舞》,快乐极了。忽然有一头熊要来抓我,上帝命我射它,一射就死了。又有一头罴扑来,我照样一射,罴又死了。我瞥见我的儿子也在上帝旁边,上帝指着一条翟犬,对我说:'等你的儿子长大时再给他罢!'"这些话也都记出藏好,当然成为赵谶。后来赵简子灭了晋的世卿范氏和中行氏,知道梦里射死的一熊一罴就是他们的象征。他的儿子襄子灭了代国,这翟犬的谶也应验了。这都是上帝的命令,但上帝不肯明白说出,只管用了仿佛相类的东西来作暗示,逼得人们去猜谜:他为什么这样喜欢耍手段呢?

秦始皇时,这类的豫言也常有。三十二年(公元前 215 年),他派燕人卢生入海求神仙。卢生到了海里没有见到神仙,却得到一本图书,上面写着"亡秦者胡也"。于是始皇发兵三十万人往北去打胡(匈奴),夺取河套地;不知道这个谶却是应在他的少子胡亥身上的!这个谶既有图又有书,其形式大概和现在流传的《推背图》相像。三十六年(公元前 211 年)秋天,有一个使者从关东来,晚上经过华阴,忽被一人拉住,那人一手把一块璧递给他,说道:"请你替我送给滈池君(长安西南有滈池);还告诉他,在这一年中祖龙要死了。"使者正要问他,那人已不见。

他把这事奏上；查考这块璧，乃是始皇二十八年渡江时沉在江里的。始皇很不高兴，但自己宽慰道："山鬼懂得什么！况且祖是人之先，也未必是我呵！"他为要避开这个恶运，就往南方去游玩。三十七年七月，他果死在路上。大家说，"祖"是始的意思，"龙"是皇的意思，这又是一个应验的谶言了。

但谶言真是上帝降下的吗？看下面一件事就很使我们疑惑。当始皇听得"祖龙死"的前几个月，有流星坠在东郡，化为石，有人在石上刻了"始皇帝死而地分"七个字。这句话说得太明显了，用不着猜谜，所以他知道这是自己的臣民所发出的咒诅，便派御史去查问，虽然没有得到主名，也把石旁的居民尽杀了，连这块石头也销毁了。其实从楚、汉之际看来，这句人造的谶言也是十分应验的。

西汉时，社会安定，这类刺戟人心的谶言当然减少。但到武帝之后，民穷财尽，国本动摇，谶言又得了发展的机会。例如上面提起的，昭帝时，泰山下一块卧地的大石忽然站起，上林苑的枯柳树忽然重生，眭弘就说将有新天子从匹夫中突起。又如成帝时，齐人甘忠可说上帝派赤精子下凡，传给他一部《包元太平经》，供给汉室再受命的应用（均见第七章）。王莽时，这种风气更盛了。武功长孟通掘井时发现一块白石，上面有"告安汉公莽为皇帝"八个红字，王莽就做了摄皇帝。临淄亭长发现了一口新井，巴郡得到石牛，扶风得到石文，摄皇帝就去掉了"摄"字。哀章把"天帝行玺金匮图"和"赤帝行玺邦传予黄帝金策书"送到高庙之后，汉高帝就让国与王莽了（均见第十四章）。在这些记载里最可注意的，是哀章的"金匮图"和"金策书"，足见这是既有图又有书的，和卢生在海里得到的东西相仿。

哀章的图书里写着王莽的大臣八人，取了两个吉祥的名字，唤做王兴、王盛，连他自己一共十一个人，都署定了官爵。王莽既登极，就照了这个上帝的单子去任命。于是王舜为太师，封安新公；平晏为太傅，封就新公；刘歆为国师，封嘉新公；哀章为国将，封美新公；以上四人称为四辅，居上公之位。又甄邯为大司马，封承新公；王寻为大司徒，封章新公；王邑为大司空，封隆新公；这三人居三公之位。又甄丰为更始将军，封广新公；王兴为卫将军，封奉新公；孙建为立国将军，封成新公；王盛为前将军，封崇新公；这四人称为四将。王兴、王盛，朝中并没有这两人,但姓这个姓、叫这个名的却很多;王莽访得同名姓的十余人,其中以退职的城门令史王兴、卖饼人王盛的容貌为最合于卜相的标准,就登用了他们,从此这二人跻于阔人之列,这种好运真是他们梦里也没有想到的。大家看见做官有这一条捷径,于是争作了符命献上去;虽已得不到公爵,也可以望封侯。至于不屑干这种事的,见面时常常戏问道:"你还没有得到天帝的委任状吗?"有人劝王莽道:"这实在开了奸人作福的门路,又是乱了天命,应当除去其根原才是。"王莽也觉得这种事情干得腻了,于是献符命的往往下了监狱。起初,甄丰和王舜、刘歆们都是王莽心腹人;王莽从大司马做到皇帝,甄丰也曾出过不少的气力,定过不少的计谋。到这时,他虽由了《金匮图》而得着公爵,但和卖饼的王盛同居于四将之列,反不及一个无赖的哀章,终觉得不高兴。他的儿子甄寻知道他的意思,就作了一通符命,说新室当依照周、召的故事分陕立二伯:更始将军甄丰为右伯,太傅平晏为左伯。王莽因他们都是旧人,也听从了。当甄丰任了右伯,尚未动身的时候,甄寻贪得无厌,又作了一通符命,说以前的汉平帝的皇后,汉亡后称为黄皇室主的,应当改嫁甄寻。平帝的后是王莽的女儿,他这一回可不答应了,怒道:"黄皇室主是天下之母,这是什么话!"他发吏收捕甄寻,那追随多年的右伯甄丰就只得自杀了。

王莽自从作了真皇帝,为要替自己宣传,派五威将王奇等十二人颁发符命四十二篇于天下,都是说些汉的火德是怎样的销亡,他的土德是怎样的兴起,皇天的符命是怎样地一次一次给予他的种种故事。文帝时黄龙出现于成纪(见第四章),不是公孙臣主张汉为土德的证据吗?但在这四十二篇里,居然把这事列为王莽的土德的符瑞了。经他这样一宣传,把这些观念深深印入国民的脑里,于是光武帝做皇帝时便非自承为火德不可,所以《赤伏符》就是跟着这四十二篇来的。

且说王莽时有个公孙述任导江卒正(那时改蜀郡为导江,太守为卒正),到王莽灭亡,四方兵起,他就自立为蜀王;后来又自立为天子(光武帝建武元年,公元 25 年),国号成。他根据王莽的五德系统,以为土生金,他在王莽之后应为金德,所以色尚白(现在四川奉节县东边有白帝城,即由此来);又建元为龙兴。他也和王莽同癖,好作符命。他以为谶书里说的"孔子作《春秋》,为赤制作,断十二公",赤是汉,高帝到平帝是十二代（连吕后数在内），可见汉的历数已经完了；一姓不得再受命，所以刘秀虽有《赤伏符》还是无效的。他又引《录运法》说，"废昌帝，立公孙"，《括地象》说，"帝轩辕受命，公孙氏握"，《援神契》说，"西太守，乙卯金"，以为他姓公孙，应当受命；又他以西方的太守起家，应当去乙（轧）绝卯金（刘）。他又说：五德之运，黄承赤而白继黄，所以他据西方而尚白，确是得到了帝王的正统。他屡次发出檄文，把这些意思宣传到中原来，要使大众相信他是一个真命天子。光武帝不怕打仗，却怕在谶书里真有别人做天子的证据，就给他一封信，说道：'《西狩获麟谶》上说的'乙子卯金'，是汉高帝以乙未年受命。'光废昌帝，立子公孙'，是霍光废掉昌邑王而立皇孙病已（宣帝）。'帝轩辕受命，公孙氏握'，乃是姓公孙的黄帝作了土德之君，也与你无关。而且谶书上又说：'汉家九百二十岁，以蒙孙亡；受以丞相，其名当涂高'，你是不是丞相当涂高呢？你年纪大了，应当替妻子们想一想，不要争夺这天下的神器罢！"公孙述看了这信，不答复，仍做他的皇帝。但到龙兴十二年上，究竟他的"西太守"靠不住，给"《赤伏符》"灭掉了。

在公孙述和光武帝二人的文告里，可以注意的事情有几项：第一，他们作天子的根据都出在谶书上。第二，他们对于谶书，各有各的解法，好像后人的详签详梦一般。第三，他们不讳言自己统治权的灭亡。光武帝是一个中兴之主，正在开国的时候，而已公开表示他的亡国的日期和亡他的国的人名，这是何等的度量！所以然之故，就为谶书里是这样说的，他不敢不信。谶书里何以这样说，则因他们相信做天子的也像做官一样，多少年后须换一个新任的，他们已在谶书里把五个德的帝王年代都规定了。第四，公孙述引的《录运法》、《括地象》、《援神契》，光武帝引的《西狩获麟谶》，都是谶书的名目，以前的人所没有见过的。《春秋经》的最后一条，是"（哀公）十有四年春，西狩获麟"，可知这《西狩获麟谶》定是属于《春秋》的谶书。此外，《援神契》是属于《孝经》的，《录运法》和《括地象》是属于《河图》的。

谶纬的著作，他们说是孔子编成了"六经"之后，深恐经文深奥，将来的人不能洞悉他的意思，所以别立纬和谶，讲说得通俗一点；又说有许多是黄帝、文王等九个圣人传下来的。谶，是豫言。纬，是对经而立的：经是直的丝，纬是横的丝，所以纬是解经的书，是演经义的书，自"六经"以及《孝经》都有纬。这两种在名称上好像不同,其实内容并没有什么大分别。实在说来,不过谶是先起之名,纬是后起的罢了。除了这两名之外,还有"图"和"书"。我们在上边,知道符命都是有图有书的。最早的图书是什么呢?他们说:是黄河里出来的图,叫《河图》;洛水里出来的书,叫《洛书》。刘歆的意思,以为伏羲氏王天下,受了《河图》,照样画出来,就是八卦;禹治洪水,天赐《洛书》,照样排列出来,就是《洪范》。纬书里更描写得好玩些,说:《河图》是龙马驮出来的,《洛书》是神龟献上来的。不管它究竟怎样,《河图》和《洛书》一定是最古的谶纬。因此,谶纬里以属于《河图》和《洛书》的为最多,就现在看得见的材料说,已占有了全部的四分之一。大概凡是归不进《六经》的,都归到这方面去了。就是光武帝受命的《赤伏符》,也是《河图》中的一种。这些书的名目,多半是不可解的;随便举出几个,让大家猜一猜:《稽曜钩》、《帝览嬉》、《皇参持》、《阎苞受》、《帝视萌》、《运期授》、《甄曜度》、《灵准听》、《宝号命》、《洛罪级》、《考河命》、《准谶哲》——你们看,这些名词是多么神秘呀!因为有图、有书、有谶、有纬,所以这些书的总称,或是"图书",或是"图谶",或是"谶纬",或是"谶记",或是"纬书";又因《尚书纬》中有十数种为《中候》,亦总称为"纬候"。

这些谶纬真是从黄帝到孔子许多圣人们所作的吗?恐怕除了丧失理性的人谁也不敢答应一声是的。但尚有许多人说这些书在西汉时早就有了。我们可以举出一个反证。刘向、刘歆父子的《七略》,房中术和劾鬼术诸书尚连篇地登载,那时如有谶纬,则即使因它怪诞而不收于《六艺略》,那《术数略》中总应有份;为什么不见影儿呢?谶纬的中心思想,是阴阳五行,是灾异祯祥,这正是极合汉代经学家的脾胃的,为什么他们都不引,必待至公孙述和光武帝们而始大引呢?所以我们可以说:《七略》不录谶纬,没有别的原因,只因那时尚没有这种东西,这种东西是在向、歆父子校书之后才出现的,这种东西是王莽时的种种图书符命激起来的。零碎的谶固然早已有了,但其具有纬的形式,以书籍的体制发表它的,决不能早于王莽柄政的时代。

第二十章　谶纬的内容

谶纬书的出现，大约负有三种使命。其一，是把西汉二百年中的术数思想作一次总整理，使得它系统化。其二，是发挥王莽、刘歆们所倡导的新古史和新祀典的学说，使得它益发有证有据。其三，是把所有的学问、所有的神话都归纳到"六经"的旗帜之下，使得孔子真成个教主，"六经"真成个天书，借此维持皇帝的位子。在两汉之际"民神杂糅"的社会中，自然该有这种东西大批的出现。

谶纬的内容，非常复杂：有释经的，有讲天文的，有讲历法的，有讲神灵的，有讲地理的，有讲史事的，有讲文字的，有讲典章制度的。可是方面虽广，性质却简单，作者死心眼儿捉住了阴阳五行的系统来说话，所以说的话尽多，方式只有这一个。我们只要记得了汉初的五色天帝，转了几转的王莽的五德说中的人帝，又记得了阴阳五行的方位和生克，就好像拿了一串钥匙在手里，许多的门户都可以打开了。

他们说：天上太微宫里有五帝座星。管春天的是苍帝，他的名字叫灵威仰，他的性情是仁良温让的，他身长九尺一寸，他使唤的是岁星。管夏天的是赤帝，他的名字叫赤熛怒，他的性情是宽明多智的，他的头形尖锐，身长八尺七寸，他使唤的是荧惑星。管季夏的是黄帝，他的名字叫含枢纽，他的性情是重厚圣贤的，他使唤的是填星。管秋天的是白帝，他的名字叫白招拒；他的性情是勇武诚信的，他使唤的是太白星。管冬天的是黑帝，他的名字叫汁光纪，他的头是大的，他使唤的是辰星。

在商、周时，固然天子也说自己的祖先是上帝所生，但是他们意想中的上帝只有一个。到汉代才依了五行说而分上帝为五个。到西汉之末，才因王莽的宣传而确认这天上的五帝的儿子轮流了做人间的帝王。例如汉高帝，如果说他以水德王的，他是黑帝的儿子；倘改说为火德，他就变成了赤帝的儿子了。天上赤帝的儿子在人间做帝王，也可以称赤帝，所以王莽得到的金策书上写的是"赤帝行玺邦"，而土德的王莽也就成了"黄帝"。他们说：这人间的五帝是有一定的任期的。苍帝应当传二十八世；白帝应当传六十四世；黑帝可以治八百年。光武帝所以自承"汉家九百二十岁，以蒙孙亡"，就因为赤帝是应当治九百二十年的缘故。他们又说：苍帝亡的时候要有大彗星出现，麒麟被捉；黄帝亡的时候要有黄星坠下,黄龙坠下;黑帝亡的时候要有狼星张在天空,灵龟被执;白帝亡的时候要有五残星出现,又蛇生了足,像一个伏着的人。

自从汉高帝以平民得天下,加以文、景以来五德说的争辩,武帝的封禅和改历,大家注目的是皇帝的受天命,觉得这是世界上唯一的大事。为什么受天命?受天命的手续怎样?受了天命之后应当做些什么?在当时人看来都是最重要的问题。到王莽当权,又把自己渲染为新受命的天子,上帝保佑他坐龙廷的奇迹显示了不知多少,这种热空气散布到民间,更使糊涂的人们增进了对于帝王受命的信仰和想象。于是我们的上古史就变了样子!

他们提起伏羲的故事,说雷泽里有大人的脚印,华胥去踏了,就生下了伏羲。他的样子是龙身、牛耳、虎鼻、山准、大眼睛,长九尺一寸(照王莽的系统,他是木德,所以和天上的苍帝一样高)。因为他的道德融洽于上下,所以天把鸟兽文章送给他,地把《河图》、《洛书》送给他。神农呢?少典的妃子安登到华阳去游玩,有一条神龙和她交感了,就生下了他;生得牛头、龙颜、大唇,长八尺七寸(也就是天上赤帝的高度)。因为他喜欢耕田,创造了耒耜,所以地出醴泉,天降嘉禾。黄帝更了不得,大电光绕着北斗,照到郊野,触着了附宝的身子,生下了他。他身逾九尺,日角、龙颜、河目、隆颡,胸前有文,是"黄帝子"三字。他将要做天子的时候,有黄云在堂前升起,凤凰衔了图放在他的面前,他再拜而受。少皞是刘歆临时插入古史系统里的,他的历史太短,人们知道的不多,这个位子还没有坐稳。但在黄帝的土德和颛顼的水德之间应当有一个金德的天子是很显然的,所以谶纬的作家就另插了一位朱宣进去,说道:黄帝时有虹一般的大星下流华渚,女节梦中和它交接了,生下了白帝朱宣。颛顼的出生也和他相像,说是有霓一般的摇光贯过月亮,感着女枢而生的。

王莽最注重的是尧、舜,要从尧禅舜上见出了汉禅新的必然性,所以在谶纬里关于尧、舜和他们禅让的故事讲得最有声有色。他们说:古时有一个从石头里出生的女子,名唤庆都,是火帝的女儿。她到二十岁还没有嫁,出游时仿佛常有神灵随着。有一天,一条赤龙背着图从河里跳出来,庆都替它解下,看见上面写着"赤受天运"四字;下面有图,画一个穿赤色衣的伟男子,眉有八彩,须发长七尺二寸,题的字是"赤帝起诚天下宝"。那时忽然阴风四合,那条赤龙和她合婚了,一接就有了身孕。后来生下了尧,面貌和图上一样。他坐船游河,有一凤凰负图飞来。这个图是用赤玉做的匣子,长三尺八寸,厚三寸,白玉的绳,黄金的检(绳上的封泥叫做检),盖的章是"天赤帝符玺"。他就以火德王天下了。舜的母亲名握登,感着大虹而生舜。他身长九尺,两目重瞳子。有一天,尧率领舜等一干人游首山,并观河洲,见有五个老人在那边。他们听得一个老人唱道,"《河图》将来告帝期";接着第二个老人唱"《河图》将来告帝谋";第三个接着"《河图》将来告帝书";又听得第四个"《河图》将来告帝图";最后一个是"《河图》将来告帝符"。不到一刻,有一条赤龙衔了图从河中出来,五个老人就化为流星,冲入昴宿。舜低头一看,龙也没了,留下了这图。尧把它打开,上面写着:"帝枢当百,则禅于虞。"他叹了一口气,对舜道:"舜呀,天运到了你的身上了,你好好儿干下去罢!"这样,舜就受了尧的天下。

从舜以下也都这样。修纪在山上见流星,感而生禹。扶都见白气贯月,感而生汤。太任梦见长人,感而生文王。刘媪梦见赤鸟如龙,和她游戏,生了执嘉。执嘉的妻含始在雒池上拾得一粒赤珠,刻有"玉英,吞此者为王客"几字,她吞了,就在这年生下了刘邦(到这时,才知汉高帝的父亲名叫执嘉,母亲名叫含始)。他们的状貌也很奇,得到的符命也很多,好在大家已经知道了这个格式,恕我不叙了。

纬是明说解经的,经是孔子定的,所以在谶纬里,孔子是一个中心人物,受渲染的程度比几位圣帝明王尤为高强。他们说:那时有一位少女徵在到大泽边游玩,玩得疲倦,就睡在那里。她梦见黑帝请她去;去了,就和他配合了。黑帝对她说:"你将来产生小孩一定要在空桑里面。"她一觉醒来,果真怀了孕,后来果真生产在空桑里。这个小孩的相貌特别极了:海口、牛唇、虎掌、龟脊;头像尼丘山,四周高,中央低;胸前有文,是"制作定,世符运"六字。后来长大了,就更好看了:身长十尺,大九围;坐着像蹲龙,立着像牵牛;他的仪表非常堂皇,发射出一种光彩,近看好像昴星,远看好像斗星。他不知道应叫什么,吹律(竹制的乐器)定姓,知道自己是殷的后裔孔氏,就姓了孔;头像尼丘山,就名了丘。照他们说,汤是水德,为黑帝之子,而孔子是汤的后裔,所以仍为黑帝之子。但是有一件不幸的事来了。天上的五帝为了要使自己的儿子做皇帝,所以才传种到人间；孔子既是黑帝之子，也须做皇帝才对。况且那时周已衰了，本该有新受命的天子起来了，孔子为什么还不做皇帝呢？他们揭开这个谜，说因周是木德，木只能生火，不能生水；孔子虽有水德，无奈不当令，他只得为火德代劳，替未来的汉朝制定许多法典——"六经"。所以《春秋纬》里说："黑龙生为赤。"又说："玄丘制命，帝卯行也。"

他有帝王之德而无其位，栖栖皇皇，一生不得志。有一夜，他梦见丰、沛一带有赤色的烟气升腾起来。他醒时，就驾起车子去看。到了那边，只见一个捡柴的小孩打坏了一头麒麟（不要忘记上边说的：苍帝亡的时候要有麒麟被捉；更不要忘掉，周为木德，即是苍帝）。孔子走上前去，那麟垂着耳朵，吐出三卷书来。书上写着："周亡，赤气起，火曜兴；玄丘制命帝卯金。"他知道上帝派他为卯金氏制法了。不久，天上又掉下一方血书，落到鲁国的端门上。书上写的是："趋作法！孔圣没，周姬亡，彗东出，秦政起，胡破术，书纪散；孔不绝。"第二天，子夏去看，血书变为赤鸟飞去了，留下一个图，画的是孔子制法的形状，上面题着"演孔图"三字。这件故事就叫做"端门受命"。当孔子把《春秋》和《孝经》——两部最重要的法典——作成时，吩咐七十二弟子向北辰弯了腰站着，又命曾子抱了《河图》《洛书》，他自己斋戒沐浴，穿着绛色的单衣，朝着北辰拜下去。那时天上就有云气起来，白色的烟雾一直降到地，一条赤色的彩虹从天而下，变作黄色的玉，长三尺，上有刻文。孔子忙跪下接起，读道："宝文出，刘季握。卯金刀，在轸北，字禾子，天下服。"（这是说刘季——高帝的字——要在轸宿分野的北面起事，后来统一天下。）

我们读了上文的武功白石、铜符帛图、金匮图和金策书（均见第十四章）之后，再来看这类玩意儿，它的意义当然可以不烦言而解。原来汉高帝得天下时简陋得很，他没有想到自己是赤帝子，该有种种受天命的花样。可是这种花样都给王莽想到了，他的得天下的场面就比汉高帝好看得多了。他虽失败，然而这种开国规模何等堂皇，刘家中兴人物刘玄、刘盆子、刘秀们哪有不想学样的，所以他们就钞了王莽的文章，替自己的祖先补造这一大套，见得高帝的受命已早于孔子时注定了，并且学术界中最大的权威者孔子即是为了这一件大事而出世的。装点孔子即是装点高帝，也即是装点自己；要把孔子捧作教主，也即是把汉家皇帝捧作教主；这对于他们保持这一份大家产（所谓"巩固皇图"）是怎样的有利呀！

有人读了上面一大篇，或者要发一声冷笑，说道："这种鬼话已绝不能存在于今日了，还理它作甚！难道当笑话讲吗？"如果有这种见解，我敢说他把事情看得太简单了。我们讲的是汉代史，凡曾在汉代发生过重大影响的东西就不该不讲；况且这种东西，表面上是死了，实际何尝死掉。试看辛亥革命之后，不是还有一班糊涂的人们天天望着"真命天子"出现吗？像陈焕章等一班提倡孔教的人，不是还把端门受命的故事当作他们宣传的中坚吗？一班迷信汉学的人，不是还把纬书里的华胥履迹、庆都感龙一类事当作真实的上古史料来用吗？就算脑筋清楚些的人肯不信这种东西，然而玄圣的"玄"，炎刘的"炎"，谁想得到中间大有问题？就说脑筋更清楚，连这种神话都不信了，然而有了社会学的观念，看着一大串不夫而孕的故事，又容易把它牵合到"男女杂交"、"血族群婚"、"母系社会"上面去了。他们不知道，这是从整个的王莽式的五德系统（见十六章）和他的天帝人帝打通说（见十八章）上来的。如果没有王莽们把全部古文化重新整理，在整理时作了种种有意的改变，哪里会有这种古史出来！所以这种上古史问题其实只是中古史问题，而两汉之间的社会情况就是解决这类乌烟瘴气的假上古史的最好法门。

（录自顾颉刚：《秦汉的方士与儒生》，上海古籍出版社 2005 年版。）

梁漱溟儒学学案

梁漱溟(1893—1988),原名焕鼎,字寿铭,曾用笔名寿名、瘦民、漱溟,后以漱溟行世,广西桂林人。中国现代思想家、哲学家、教育家、社会活动家,现代新儒家代表人物之一。

梁漱溟生于官宦家庭,父亲梁巨川曾任内阁中书。1906 年,考入顺天中学堂。1911 年,中学毕业。青年时代一度崇信康有为、梁启超的改良主义思想,后又潜心于佛学研究,经过几年的沉潜反思,又逐步转向了儒学。1918 年,受蔡元培之聘任教于北京大学。1922 年,出版《东西文化及其哲学》一书,阐发其"东方精神文明论"和现代新儒家思想,在学术界颇有影响。1924 年,到山东菏泽办高中,又创办了山东乡村建设研究院,完成《中国民族自救运动之最后觉悟》、《乡村建设大意》、《乡村建设理论》等著作,推行乡村建设运动。抗日战争时期,参加抗战活动,并在重庆北碚办勉仁书院。1940 年,参加发起"中国民主同盟",次年赴香港办《光明报》,为"民盟"言论机关。1946 年,参加重庆政治协商会议,并代表"民盟"参与国共两党的和谈。新中国成立后,从四川北上,出任中国人民政治协商会议委员。1955 年,由于批评当时的农民政策等,遭到政治批判。以后主要在家从事理论研究,完成《人心与人生》、《东方学术概观》等著作。1988 年 6 月 23 日,于北京病逝。

梁漱溟把孔子、孟子、王阳明的儒家思想,同佛教哲学和西方柏格森的"生命哲学"糅合在一起。他把整个宇宙看成是人的生活、意欲不断得到满足的过程,提出以"意欲"为根本;又赋予中国传统哲学中"生生"概念以本体论和近代生物进化论的意义,认为"宇宙实成于生活之上,托乎生活而存者也","生活就是没尽的意欲和那不断的满足与不满足罢了"。在东西文化观上,把人类文化划分为西洋文化、印度文化和中国文化三种类型,称中国文化以孔子为代表,以儒家学说为根本,以伦理为本位,它是人类文化的理想归宿,比西洋文化要来得"高妙",认定"世界未来的文化就是中国文化复兴",认为只有以儒家思想为基本价值取向的生活,才能使人们尝到"人生的真味"。断定中国是一个"职业分途"、"伦理本位"的社会,缺乏"阶级的分野",因此反对阶级斗争的理论,认为应该通过恢复"法制礼俗"来巩固社会秩序,并"以农业引导工业的民族复兴"。其主要著作有《东西文化及其哲学》、《印度哲学概论》、《唯识述义》、《乡村建设理论》、《中国文化要义》、《人心与人生》、《东方学术概观》等,今编有八卷本的《梁漱溟全集》。

（法　帅）

东西文化及其哲学(节选)^①

第一章　绪　论

一般人对这问题的意思

……

此次预备讲演的题目是："东西文化及其哲学。"这个题目看起来似乎很浮夸，堂皇好看，而我实在很不愿意如此引导大家喜欢说浮夸门面，大而无当的话……

大约两三年来，因为所谓文化运动的原故，我们时常可以在口头上听到，或在笔墨上看到"东西文化"这类名词。但是虽然人人说的很滥而大家究竟有没有实在的观念呢？据我们看来，大家实在不晓得东西文化是何物，仅仅顺口去说罢了……

我当初研究这个问题是在民国六七年的时候。那时我很苦于没有人将东西文化并提着说，也没有人着眼到此地，以为如果有人说，就可以引起人研究，但是现在看来，虽然有人说而仍旧并没有人研究，在我研究的时候，很有朋友劝我，说这个问题范围太广，无从着手，如张崧年先生、屠孝实先生都有此意……

以为这问题还远的不对

第一，我们先说这个问题是很急迫的问题，并非是很远的问题，可以俟诸将来再解决的。我们现在放开眼去看，所谓东西文化的问题，现在是怎样情形呢？我们所看见的，几乎世界上完全是西方化的世界！

---

① 　这里节选的是该书第一、三、四、五章部分内容，收录时有较多删减。

欧美等国完全是西方化的领域,固然不须说了。就是东方各国,凡能领受接纳西方化而又能运用的,方能使他的民族、国家站得住;凡来不及领受接纳西方化的即被西方化的强力所占领。前一种的国家,例如日本,因为领受接纳西方化,故能维持其国家之存在,并且能很强盛地立在世界上;后一种的国家,例如印度、朝鲜、安南、缅甸,都是没有来得及去采用西方化,结果遂为西方化的强力所占领。而唯一东方化发源地的中国也为西方化所压迫,差不多西方化撞进门来已经好几十年,使秉受东方化很久的中国人,也不能不改变生活,采用西方化!几乎我们现在的生活,无论精神方面、社会方面和物质方面,都充满了西方化,这是无法否认的。所以这个问题的现状,并非东方化与西方化对垒的战争,完全是西方化对于东方化绝对的胜利,绝对的压服!这个问题此刻要问:东方化究竟能否存在?

再其次,我们来看秉受东方化最久,浸润于东方化最深的中国国民对于西方化的压迫历来是用怎样的方法去对付呢?西方化对于这块土地发展的步骤是怎样呢?据我们所观察,中国自从明朝徐光启翻译《几何原本》,李之藻翻译《谈天》,西方化才输入到中国来。这类学问本来完全是理智方面的东西,而中国人对于理智方面很少创造,所以对于这类学问的输入并不发生冲突。直到清康熙时,西方的天文、数学输入亦还是如此。后来到咸同年间,因西方化的输入,大家看见西洋火炮、铁甲、声、光、化、电的奇妙,因为此种是中国所不会的,我们不可不采取他的长处,将此种学来。此时对于西方化的态度亦仅此而已。所以那时曾文正、李文忠等创办上海制造局,在制造局内译书,在北洋练海军,马尾办船政。这种态度差不多有几十年之久,直到光绪二十几年仍是如此。所以这时代名臣的奏议,通人的著作,书院的文课,考试的闱墨以及所谓时务书一类,都想将西洋这种东西搬到中国来,这时候全然没有留意西洋这些东西并非凭空来的,却有它们的来源。它们的来源,就是西方的根本文化。有西方的根本文化,才产生西洋火炮、铁甲、声、光、化、电这些东西;这些东西对于东方从来的文化是不相容的。他们全然没有留意此点,以为西洋这些东西好像一个瓜,我们仅将瓜蔓截断,就可以搬过来!如此的轻轻一改变,不单这些东西搬不过来,并且使中国旧有文化的步骤也全乱了——我方才说这些东西与东方从来的文化是不相容的。他们本来没见到文化的问题，仅只看见外面的结果，以为将此种结果调换改动，中国就可以富强，而不知道全不成功的！及至甲午之役，海军全体覆没，于是大家始晓得火炮、铁甲、声、光、化、电，不是如此可以拿过来的，这些东西后面还有根本的东西。乃提倡废科举，兴学校，建铁路，办实业。此种思想盛行于当时，于是有戊戌之变法不成而继之以庚子的事变，于是变法的声更盛。这种运动的结果，科举废，学校兴，大家又逐渐着意到政治制度上面，以为西方化之所以为西方化，不单是在办实业、兴学校，而在西洋的立宪制度、代议制度，于是大家又群趋于政治制度一方面，所以有立宪论与革命论两派。在主张立宪论的以为假使我们的主张可以实现，则对于西洋文化的规模就完全有了，而可以同日本一样，变成很强盛的国家。——革命论的意思也是如此。这时的态度既着目在政治制度一点，所以革命论家奔走革命，立宪论家请求开国会，设咨议局，预备立宪。后来的结果，立宪论的主张逐渐实现；而革命论的主张也在辛亥年成功。此种政治的改革虽然不能说将西方的政治制度当真采用，而确是一种改变；此时所用的政体决非中国固有的政治制度。但是这种改革的结果，西洋的政治制度实际上仍不能在中国实现，虽然革命有十年之久，而因为中国人不会运用，所以这种政治制度始终没有安设在中国。于是大家乃有更进一步的觉悟，以为政治的改革仍是枝叶，还有更根本的问题在后头。假使不从更根本的地方做起，则所有种种作法都是不中用的，乃至所有西洋文化，都不能领受接纳的。此种觉悟的时期很难显明地划分出来，而稍微显著的一点，不能不算《新青年》陈独秀他们几位先生。他们的意思要想将种种枝叶抛开，直截了当去求最后的根本。所谓根本就是整个的西方文化——是整个文化不相同的问题。如果单采用此种政治制度是不成功的，须根本的通盘换过才可。而最根本的就是伦理思想——人生哲学——所以陈先生在他所作的《吾人之最后觉悟》一文中以为种种改革通用不着，现在觉得最根本的在伦理思想。对此种根本所在不能改革，则所有改革皆无效用。到了这时才发现了西方化的根本的所在，中国不单火炮、铁甲、声、光、化、电、政治制度不及西方，乃至道德都不对的！这是两问题接触最后不能不问到的一点，我们也不能不叹服陈先生头脑的明利！因为大家对于两种文化的不同都容易马糊，而陈先生很能认清其不同,并且见到西方化是整个的东西,不能枝枝节节零碎来看!这时候因为有此种觉悟,大家提倡此时最应做的莫过于思想之改革——文化运动。经他们几位提倡了四五年,将风气开辟,于是大家都以为现在最要紧的是思想改革——文化运动——不是政治的问题。我们看见当时最注重政治问题的如梁任公一辈人到此刻大家都弃掉了政治的生涯而趋重学术思想的改革方面。如梁任公林宗孟等所组织的新学会的宣言书,实在是我们很好的参证的材料,足以证明大家对于西方文化态度的改变!

到了此时,已然问到两文化最后的根本了。现在对于东西文化的问题,差不多是要问:西方化对于东方化,是否要连根拔掉?中国人对于西方化的输入,态度逐渐变迁,东方化对于西方化步步的退让,西方化对于东方化节节的斩伐!到了最后的问题是已将枝叶去掉,要向咽喉去着刀!而将中国化根本打倒!我们很欢迎此种问题,因为从前枝枝节节的做去,实在徒劳无功。此时问到根本,正是要下解决的时候,非有此种解决,中国民族不会打出一条活路来!所以此种问题并非远大事业,是明明对于中国人逼着讨一个解决!中国人是否要将中国化连根的抛弃?本来秉受东方化的民族不只一个,却是日本人很早就采用西方化,所以此刻对此问题并不成问题;而印度、安南、朝鲜、缅甸,皆为西方化之强力所占领,对于此问题也不十分急迫,因为他们国家的生活是由别人指挥着去做。现在中国,无论如何还算是在很困难的境遇里自己可以自谋——对于自己的生活要自己作主。因为要自谋的缘故,所以对于政治采用某种,文化采用某种还要自决。所以别的民族不感受东西文化问题的急迫,而单单对中国人逼讨一个解决!可见这个问题在中国不是远的问题而是很急迫的问题了。

……

我们处在此种形势之下逼迫得很紧,实在无从闪避,应当从速谋应付的方法。应付的方法大约不外三条路:

(一)倘然东方化和西方化果真不并立而又无可通,到今日要绝其根株,那么,我们须要自觉的如何彻底的改革,赶快应付上去,不要与东方化同归于尽。

(二)倘然东方化受西方化的压迫不足虑,东方化确要翻身的,那么,与今日之局面如何求其通,亦须有真实的解决积极的做去,不要作梦发呆卒致倾覆。

(三)倘然东方化与西方化果有调合融通之道,那也一定不是现在这种"参用西法"可以算数的,须要赶快有个清楚、明白的解决,好打开一条活路,决不能有疲缓的态度。

这三条路究竟哪一条路对,我们不得而知,而无论开辟出哪条路来,我们非有根本的解决不成,决非马糊含混可以过去的……

随便持调和论的不对

……

据我们看,所谓一家文化不过是一个民族生活的种种方面。总括起来,不外三个方面:

(一)精神生活方面,如宗教、哲学、科学、艺术等是。宗教、文艺是偏于情感的;哲学、科学是偏于理智的。

(二)社会生活方面,我们对于周围的人——家族、朋友、社会、国家、世界——之间的生活方法都属于社会生活一方面,如社会组织、伦理习惯、政治制度及经济关系是。

(三)物质生活方面,如饮食、起居种种享用,人类对于自然界求生存的各种是。

我们人类的生活大致不外此三方面,所谓文化亦可从此三方面来下观察。如果就此三方面观察东西文化,我们所得到的结果:第一,精神生活方面,东方人的宗教——虽然中国与印度不同——是很盛的,而西方人的宗教则大受批评打击;东方的哲学还是古代的形而上学,而西洋人对于形而上学差不多弃去不讲;即不然,而前途却是很危险的。此种现象,的确是西洋人比我们多进了一步的结果。西洋人对于宗教和形而上学的批评,我们实在不能否认,中国人比较起来,明明还在未进状态的。第二,社会生活方面,西洋比中国进步更为显然。东方所有的政治制度也是西方古代所有的制度,而西方却早已改变了;至于家庭、社会,中国也的确是古代文化未进的样子,比西方少走了一步!第三,物质生活方面,东方之不及西方尤不待言。我们只会点极黑暗的油灯,而西洋用电灯;我们的交通上只有很笨的骡车,而西洋人用火车飞艇。可见物质方面的不济更为显著了!由此看来,所谓文化只有此三方面,而此三方面中东方化都不及西方化，那么，东方化明明是未进的文化，而西方化是既进的文化。所谓未进的文化大可不必提起，单采用既进的文化好了！我记得有一位常乃德先生说西方化与东方化不能相提并论，东方化之与西方化是一古一今；是一前一后的；一是未进的，一是既进的。照我们从生活三方面观察所得的结果看来，常君这种论调是不错的。我们看东方文化和哲学，都是一成不变的，历久如一的，所有几千年后的文化和哲学，还是几千年前的文化，几千年前的哲学。一切今人所有，都是古人之遗；一切后人所作，都是古人之余；然则东方化即古化。西方化便不然，思想逐日的翻新，文化随时辟创，一切都是后来居上，非复旧有，然则西方化就是新化。一古一今不能平等而观，是很对的。假使说东方化能翻身，即是说古化能大行于今后未来之世界；这话谁敢信呢？一般人或以为东方在政治制度，社会的风俗习惯，以及物质的享用虽不及西方人，而精神方面比西方人要有长处的。这种说法不单旧派人如此，几乎有些新派的人亦有此种意思。

……

论到此处可以看出，大家意思要将东西文化调和融通，另开一种局面作为世界的新文化，只能算是迷离含混的希望，而非明白确切的论断。像这样糊涂、疲缓、不真切的态度全然不对！既然没有晓得东方文化是什么价值，如何能希望两文化调和融通呢？如要调和融通总须说出可以调和融通之道，若说不出道理来，那么，何所据而知道可以调和融通呢？……

所以照我们看这个问题，西洋人立在西方化上面看未来的文化是顺转，因为他们虽然觉得自己的文化很有毛病，但是没有到路绝走不通的地步，所以慢慢的拐弯就可以走上另一文化的路去；至于东方化现在已经撞在墙上无路可走，如果要开辟新局面必须翻转才行。所谓翻转自非努力奋斗不可，不是静等可以成功的。如果对于这问题没有根本的解决，打开一条活路，是没有办法的！因此我们对于第二种意思——调和融通的论调——不知其何所见而云然？

以为无从研究的不对

第三个意思以为这问题太大，范围太宽，无从研究起，也是不对的。但是如何研究法，要到后文再说，此处仅只先说这种意思是不对的。现在且略说我为什么注意此问题,和我研究的经过,同时亦即所以对答第三个意思。他们所说的无法研究,还是由于大家的疲缓、劣钝;如果对于此问题觉得是迫切的,当真要求解决,自然自己会寻出一条路来!

……

第三章 如何是东方化? 如何是西方化?（下）

……

人生三种问题

这样一个根本的说法,加以三层修订,大体上可以说是妥贴的了。我们对于三方面文化的观察,以及世界未来文化的推测,亦皆出于此。这时我们再来看,虽然每一"事"中的问都有一答,而所答的不一定使我们的要求满足。大约满足与否可分为下列四条来看:

（一）可满足者:此即对于物质世界——已成的我——之奋斗;这时只有知识力量来不及的时候暂不能满足,而本是可以解决的问题。譬如当初的人要求上天,因为当时的知识力量不及所以不能满足,而自发明轻气球、飞行机之后也可以满足;可见这种性质上可以解决的要求终究是有法子想的。

（二）满足与否不可定者:如我意欲向前要求时为碍的在有情的"他心",这全在我的宇宙范围之外,能予我满足与否是没有把握的。例如我要求旁人不要恨我,固然有时因为我表白诚恳可以变更旁人的"他心",而有时无论如何表白,他仍旧恨我,或者口口声声说不恨而心里照旧的恨。这时我的要求能满足与否是毫无一定,不能由我作主的,因为我只能制服他的身体而不能制服他的"他心";只能听他来定这结果。

（三）绝对不能满足者:此即必须遵循的因果必至之势,是完全无法可想的。譬如生活要求永远不老死,花开要求永远不凋谢,这是无论如何做不到的,绝对不可能的,所以这种要求当然不能满足。

（四）此条与以上三条不同,是无所谓满足与否,做到与否的。这种生活是很特异的,如歌舞音乐以及种种自然的情感发挥,全是无所谓满足与否,或做到做不到的。

人类的生活大致如此。而我们现在所研究的问题就是：文化并非别的，乃是人类生活的样法。那么，我们观察这个问题，如果将生活看透，对于生活的样法即文化，自然可以有分晓了。但是在这里还要有一句声明：文化与文明有别。所谓文明是我们在生活中的成绩品——譬如中国所制造的器皿和中国的政治制度等都是中国文明的一部分。生活中呆实的制作品算是文明，生活上抽象的样法是文化。不过文化与文明也可以说是一个东西的两方面，如一种政治制度亦可说是一民族的制作品——文明，亦可以说是一民族生活的样法——文化。

人生的三路向

以上已将生活的内容解释清楚，那么，生活既是一样的，为什么生活的样法不同呢？这时要晓得文明的不同就是成绩品的不同，而成绩品之不同则由其用力之所在不同，换言之就是某一民族对于某方面成功的多少不同；至于文化的不同纯乎是抽象样法的，进一步说就是生活中解决问题方法之不同。此种解决问题的方法——或生活的样法——有下列三种：

（一）本来的路向：就是奋力取得所要求的东西，设法满足他的要求；换一句话说就是奋斗的态度。遇到问题都是对于前面去下手，这种下手的结果就是改造局面，使其可以满足我们的要求，这是生活本来的路向。

（二）遇到问题不去要求解决，改造局面，就在这种境地上求我自己的满足。譬如屋小而漏，假使照本来的路向一定要求另换一间房屋。而持第二种路向的遇到这种问题，他并不要求另换一间房屋，而就在此种境地之下变换自己的意思而满足，并且一般的有兴趣。这时下手的地方并不在前面，眼睛并不望前看而向旁边看；他并不想奋斗的改造局面，而是回想的随遇而安。他所持应付问题的方法，只是自己意欲的调和罢了。

（三）走这条路向的人，其解决问题的方法与前两条路向都不同。遇到问题他就想根本取消这种问题或要求。这时他既不像第一条路向的改造局面，也不像第二条路向的变更自己的意思，只想根本上将此问题取消。这也是应付困难的一个方法，但是最违背生活本性。因为生活的本性是向前要求的。凡对于种种欲望都持禁欲态度的都归于这条路。

所有人类的生活大约不出这三个路径样法:(一)向前面要求;(二)对于自己的意思变换、调和、持中;(三)转身向后去要求。这是三个不同的路向。这三个不同的路向,非常重要,所有我们观察文化的说法都以此为根据。

说到此地,我们当初所说观察文化的方法那些话——见第二章——可以明白了。生活的根本在意欲而文化不过是生活之样法,那么,文化之所以不同由于意欲之所向不同是很明的。要求这个根本的方向,你只要从这一家文化的特异彩色,推求他的原出发点,自可一目了然。现在我们从第一步所求得的西方文化的三大特异彩色,去推看他所从来之意欲方向,即可一望而知他们所走是第一条路向——向前的路向:

(一)征服自然之异采。西方文化之物质生活方面现出征服自然之采色,不就是对于自然向前奋斗的态度吗?所谓灿烂的物质文明,不是对于环境要求改造的结果吗?

(二)科学方法的异采。科学方法要变更现状,打碎、分析来观察;不又是向前面下手克服对面的东西的态度吗?科学精神于种种观念、信仰之怀疑而打破扫荡,不是锐利迈往的结果吗?

(三)德谟克拉西的异采。德谟克拉西不是对于种种威权势力反抗奋斗争持出来的吗?这不是由人们对人们持向前要求的态度吗?

这西方化为向前的路向真是显明的很,我们在第二章里所下的西方化答案:"西方化是以意欲向前要求为根本精神的。"就是由这样观察得到的。我们至此算是将预定四步讲法之第二步作到,点明西方化各种异采之一本源泉是"向前要求"的态度了。

……

答案讲明的第三步

现在我们总揽着西方文化来看他在事实上是不是由如我所观测那一条路向而来的?不错的。现在的西方文化,谁都知道其开辟来历是在"文艺复兴",而所谓"文艺复兴"者更无其它解释,即是西方人从那时采用我们所说"第一条路向"之谓也。原来西方人的生活,当古希腊罗马时代可以说是走"第一条路向",到中世纪一千多年则转入"第三条路向"，比及"文艺复兴"乃又明白确定的归到第一路上来，继续前人未尽之功，于是产生西洋近代之文明。其关键全在路向态度之明白确定，其改变路向之波折很为重要。我们要叙说一下。

西洋文化的渊源所自，世称"二希"——希腊（Hellenism）、希伯来（Hebrewism）。罗伯特生（Frederick Robertson）论希腊思想有数点甚为重要：（一）无间的奋斗；（二）现世主义；（三）美之崇拜；（四）人神之崇拜。可见他们是以现世幸福为人类之标的的，所以就努力往前去求他。这不是我们所说的"第一条路向"是什么？而希伯来思想是出于东方的——窃疑他还与印度有关系。他们与前叙希腊人的态度恰好相反，是不以现实幸福为标的——几乎专反对现世幸福，即所谓禁欲主义。他们是倾向于别一世界的——上帝、天国；全想出离这个世界而入那个世界。他们不顺着生活的路往前走，而翻身向后了——即是我们所谓"第三条路"。西方自希腊人走第一条路就有许多科学、哲学、美术、文艺发生出来，成就真的是非常之大！接连着罗马顺此路向往下走，则又于政治、法律有所成就，却是到后来流为利己、肉欲的思想，风俗大弊，简直淫纵、骄奢、残忍、纷乱得不成样子！那么，才借着这种希伯来的宗教——基督教——来收拾挽救。这自然于补偏救弊上也有很好的效果，虽然不能使那个文明进益发展，却是维系保持之功实在也是很大。然而到后来他的流弊又见出来了。一千多年中因为人们都是系心天国不重现世，所以奄奄无生气，一切的文化都归并到宗教里去了。于是哲学成了宗教的奴隶；文艺、美术只须为宗教而存；科学被摈，迷信充塞，乃至也没有政治，也没有法律。这还不要紧，因为教权太盛的缘故，教皇教会横恣无忌，腐败不堪，所以历史称为中古之黑暗时代！于是有"文艺复兴"、"宗教改革"的新潮流发生出来。所谓"文艺复兴"便是当时的人因为借着研究古希腊的文艺，引起希腊的思想、人生态度。把一副向天的面孔又回转到人类世界来了。而所谓"宗教改革"，虽在当时去改革的人意思或在恢复初时宗教之旧，但其结果不能为希伯来的路向助势，却为第一条路向帮忙，与希腊潮流相表里。因为他是人们的觉醒，对于无理的教训，他要自己判断；对于腐败的威权，他要反抗不受，这实在是同于第一路向的。他不知不觉中也把厌绝现世倾向来世的格调改去了不少。譬如在以前布教的人不得婚娶，而现在改了可以婚娶。

差不多后来的耶稣教性质逐渐变化,简直全成了第一路向的好帮手,无复第三路向之意味。勉励鼓舞人们的生活,使他们将希腊文明的旧绪,往前开展创造起来,成功今日的样子;而一面教权封建权之倒,复开发近世国家政治、社会组织之局面。总而言之,自文艺复兴起,人生之路向态度一变,才产生我们今日所谓西方文化。考究西方文化的人,不要单看那西方文化的征服自然、科学、德谟克拉西的面目,而须着眼在这人生态度,生活路向。要引进西方化到中国来,不能单搬运,摹取他的面目,必须根本从他的路向、态度入手。但是四五年来,大家只把科学方法,德谟克拉西的精神说来说去,总少提到此处……

中国文化的略说

我们先来拿西方化的面目来同中国化的面目比较着看:第一项,西方化物质生活方面的征服自然,中国是没有的,不及的;第二项,西方化学术思想方面的科学方法,中国又是没有的;第三项,西方化社会生活方面的"德谟克拉西",中国又是没有的。几乎就着三方面看去中国都是不济,只露出消极的面目很难寻着积极的面目。于是我们就要问:中国文化之根本路向,还是与西方同路,而因走的慢没得到西方的成绩呢?还是与西方各走一路,别有成就,非只这消极的面目而自有其积极的面目呢?有人——大多数的人——就以为中国是单纯的不及西方,西方人进化的快,路走出去的远,而中国人迟钝不进化,比人家少走了一大半。我起初看时也是这样想。例如,征服自然一事;在人类未进化时,知识未开,不能征服自然,愈未进化的愈不会征服自然,愈进化的也愈能征服自然;中国人的征服自然远不及西方化,不是中国人在文化的路线上比西方人差一大半是什么?科学方法是人类知识走出个眉目产生的,要既进化后,才从宗教玄学里解放出来的。虽然孔德(Comte)分宗教、玄学、科学三期的话不很对,受人的指摘,而科学之发生在后,是不诬的。中国既尚未出宗教、玄学的圈,显然是比科学大盛的西方又少走一大段路。人的个性伸展又是从各种威权底下解放出来的,那么,又是西方人已走到地点,中国人没有走到。差不多人类文化可以看作一条路线,西方人走了八九十里,中国人只到二三十里,这不是很明的吗?但其实不然。我可以断言假使西方化不同我们接触,中国是完全闭关与外间不通风的,就是再走三百年、五百年、一千年也断不会有这些轮船、火车、飞行艇、科学方法和"德谟克拉西"精神产生出来。这句话就是说：中国人不是同西方人走一条路线。因为走的慢，比人家慢了几十里路。若是同一路线而少走些路，那么，慢慢的走终究有一天赶的上；若是各自走到别的路线上去，别一方向上去，那么，无论走好久，也不会走到那西方人所达到的地点上去的！中国实在是如后一说，质而言之，中国人另有他的路向态度与西方人不同的，就是他所走并非第一条向前要求的路向态度。中国人的思想是安分、知足、寡欲、摄生，而绝没有提倡要求物质享乐的；却亦没有印度的禁欲思想（和尚道士的不娶妻、尚苦行是印度文化的摹仿，非中国原有的）。不论境遇如何他都可以满足安受，并不定要求改造一个局面，像我们第二章里所叙东西人士所观察，东方文化无征服自然态度而为自然融洽游乐的，实在不差。这就是什么？即所谓人类生活的第二条路向态度是也。他持这种态度，当然不能有什么征服自然的魄力，那轮船、火车、飞行艇就无论如何不会产生。他持这种态度，对于积重的威权把持者，要容忍礼让，哪里能奋斗争持而从其中得个解放呢？那德谟克拉西实在无论如何不会在中国出现！他持这种态度，对于自然，根本不为解析打碎的观察，而走入玄学直观的路，如我们第二章所说；又不为制驭自然之想，当然无论如何产生不出科学来。凡此种种都是消极的证明中国文化不是西方一路，而确是第二条路向态度。若问中国人走这条路有何成就，这要等待第四五章去说，到那时才能指出中国文化的精神及其优长所在。

印度文化的略说

我们再看印度文化，与中国文化同样的没有西方文化的成就，这是很明的。那么，要问：他是与西方同走一路而迟钝不及呢？抑另有他的路向态度与西方人不同呢？又要问：他如果与西方人不同其路向，那么与中国人同其路向不同呢？我们就来看他一看：其物质文明之无成就，与社会生活之不进化，不但不及西方且直不如中国。他的文化中俱无甚可说，唯一独盛的只有宗教之一物。而哲学、文学、科学、艺术附属之。于生活三方面成了精神生活的畸形发展，而于精神生活各方面又为宗教的畸形发达，这实在特别古怪之至！所以他与西方人非一条线而自有其所趋之方向不待说，而与中国亦绝非一路。世界民族盖未有渴热于宗教如印度人者，世界宗教之奇盛与最进步未有过于印度之土者；而世界民族亦未有冷淡于宗教如中国人者，中国既不自产宗教，而外来宗教也必变其面目，或与精神上不生若何关系（佛教则变其面目，耶教则始终未打入中国精神之中心，与其哲学文学发生影响）。又科学方法在中国简直没有，而在印度，那"因明学"、唯识学秉一种严刻的理智态度，走科学的路，这个不同绝不容轻忽看过，所以印度与中国实非一路而是大两样的。原来印度人既不像西方人的要求幸福，也不像中国人的安遇知足，他是努力于解脱这个生活的；既非向前，又非持中，乃是翻转向后，即我们所谓第三条路向。这个态度是别地方所没有，或不盛的，而在印度这个地方差不多是好多的家数，不同的派别之所共同一致。从邃古的时候，这种出世的意思，就发生而普遍，其宗计流别多不可数，而从高的佛法一直到下愚的牛狗外道莫不如此。他们要求解脱种种方法都用到了，在印度古代典籍所载的：自饿不食，投入寒渊，赴火炙灼，赤身裸露，学着牛狗，龁草吃粪，在道上等车来轧死，上山去找老虎，如是种种离奇可笑；但也可见他们的那种精神了！由此看来，印度的出世人生态度甚为显明实在不容否认的。而中国康长素、谭嗣同、梁任公一班人都只发挥佛教慈悲勇猛的精神而不谈出世，这实在不对。因为印度的人生态度既明明是出世一途，我们现在就不能替古人隐讳，因为自己不愿意，就不承认他！此外还有现在谈印度文明的人，因为西洋人很崇拜印度的诗人泰谷尔（Tagore），推他为印度文明的代表，于是也随声附和起来；其实泰谷尔的态度虽不能说他无所本，而他实与印度人本来的面目不同，实在不能作印度文明之代表。去年我的朋友许季上先生到印度去，看他们还是做那种出世的生活，可见印度的人生态度不待寻求，明明白白是走第三条路向，我们不可讳言。我们在这里仅指明印度文化的来历是出于第三条路向；至于印度人在这方面的成就及其文化之价值所在，也俟第四第五两章再为讲明。

第四章　西洋中国印度三方哲学之比观

......

试说从来的中国人生活

孔子的人生,既未实现,于是我们要看中国人生大概是怎样呢？大概言之,却都还是我们所谓人生第二路向。盖其间虽有印度态度输入,却未引起中国人生的变动,而转为中国民族性所化,及最近变法维新以后虽西洋态度输入而为时甚暂,均可不计外;大体上中国人生无论是孔是老,非孔非老,要皆属于第二路者。试从生活三方面略说一说：

（一）物质生活方面。中国人虽不能像孔子所谓"自得",却是很少向前要求有所取得的意思。他很安分知足,享受他眼前所有的那一点,而不作新的奢望,所以其物质生活始终是简单朴素,没有那种种发明创造。此在其结果之不好的一面看,则为物质文明之不发达,乃至有时且受自然界之压迫——如水旱种种天灾。盖此种知足的、容忍的态度,在人类初期文化——前所谓第一项问题（见第三章）还未曾解决时,实在不甚相宜,因为在此时是先要图生存的,当然不能不抗天行;又且物质上的不进步并不单是一个物质的不进步,一切的文物制度也都因此不得开发出来。此其弊害,诚不胜说。然在其结果之好的一面看,则吾人虽有此许多失败,而却有莫大之大幸。因为从此种态度即不会产生西洋近世的经济状况。西洋近百年来的经济变迁,表面非常富丽,而骨子里其人苦痛甚深;中国人就没有受著（西洋人受的苦痛,后面去说）。虽然中国人的车不如西洋人的车,中国人的船不如西洋人的船……中国人的一切起居享用都不如西洋人,而中国人在物质上所享受的幸福,实在倒比西洋人多。盖我们的幸福乐趣,在我们能享受的一面,而不在所享受的东西上——穿锦绣的未必便愉快,穿破布的或许很乐;中国人以其与自然融洽游乐的态度,有一点就享受一点,而西洋人风驰电掣的向前追求,以致精神沦丧苦闷,所得虽多,实在未曾从容享受。

（二）社会生活方面。孔子的伦理,实寓有他所谓絜矩之道在内,父慈、子孝、兄友、弟恭,总使两方面调和而相济,并不是专压迫一方面的——若偏敧一方就与他从形而上学来的根本道理不合,却是结果必不能如孔子之意，全成了一方面的压迫。这一半由于古代相传的礼法。自然难免此种倾向。而此种礼法因孔家承受古代文明之故，与孔家融混而不能分。儒家地位既常藉此种礼法以为维持，而此种礼法亦藉儒家而得维系长久不倒；一半由中国人总是持容让的态度，对自然如此，对人亦然，绝无西洋对待抗争的态度；所以使古代的制度始终没有改革。似乎宋以前这种束缚压迫还不十分利害，宋以后所谓礼教名教者又变本加厉，此亦不能为之曲讳。数千年以来使吾人不能从种种在上的威权解放出来而得自由；个性不得申展，社会性亦不得发达，这是我们人生上一个最大的不及西洋之处。然虽在这一面有如此之失败不利，却是自他一面看去又很有胜利。我们前曾说过西洋人是先有我的观念，才要求本性权利，才得到个性申展的，但从此各个人间的彼此界限要划得很清，开口就是权利义务、法律关系，谁同谁都是要算账，甚至于父子夫妇之间也都如此；这样生活实在不合理，实在太苦。中国人态度恰好与此相反：西洋人是要用理智的，中国人是要用直觉的——情感的；西洋人是有我的，中国人是不要我的。在母亲之于儿子，则其情若有儿子而无自己；在儿子之于母亲，则其情若有母亲而无自己；兄之于弟，弟之于兄，朋友之相与，都是为人可以不计自己的，屈己以从人的。他不分什么人我界限，不讲什么权利义务，所谓孝弟礼让之训，处处尚情而无我。虽因孔子的精神理想没有实现，而只是些古代礼法，呆板教条以致偏敧一方，黑暗冤抑，苦痛不少，然而家庭里，社会上，处处都能得到一种情趣，不是冷漠、敌对、算账的样子，于人生的活气有不少的培养，不能不算一种优长与胜利。

（三）精神生活方面。人多以为中国人在这一面是可以比西洋人见长的地方，其实大大不然；中国人在这一面实在是失败的。中国人的那般人与自然浑融的样子，和那从容享乐的物质生活态度，的确是对的，是可贵的，比较西洋人要算一个真胜利。中国人的那般人与人浑融的样子，和那淳厚礼让的社会生活态度，的确是对的，可贵的，比较西洋人也要算一个真胜利。至于精神生活乃无可数：情志一边的宗教，本土所有，只是出于低等动机的所谓祸福长生之念而已，殊无西洋宗教那种伟大尚爱的精神；文学如诗歌、赋、戏曲，虽多聪明精巧之处，总觉也少伟大的气概，深厚的思想和真情；艺术如音乐、绘画，我不甚懂，私臆以为或有非常可贵之处,然似只为偶然一现之文明而非普遍流行之文化。知识一边的科学,简直没有;哲学亦少所讲求,即有甚可贵者,然多数人并不作这种生涯;社会一般所有,只是些糊涂浅拙的思想。所以从种种看去,这一面的生活,中国人并没有作到好处。只有孔子的那种精神生活,似宗教非宗教,非艺术亦艺术,与西洋晚近生命派的哲学有些相似,或者是个作到好处的;惜乎除中间有些萌动外,没有能够流行到一般社会上!

中国的文化大概如此,既非西洋,亦非印度,而自成其为第二路向。不过在这条路向中,数千年中国人的生活,除孔家外都没有走到其恰好的线上。所谓第二路向固是不向前不向后,然并非没有自己积极的精神,而只为容忍与敷衍者。中国人殆不免于容忍敷衍而已,惟孔子的态度全然不是什么容忍敷衍,他是无入不自得。惟其自得而后第二条路乃有其积极的面目。亦惟此自得是第二条的唯一的恰好路线。我们说第二条路是意欲自为调和持中,一切容让忍耐敷衍也算自为调和,但惟自得乃真调和耳。

……

第五章 世界未来之文化与我们今日应持的态度

我们推论未来文化的态度

我们讲未来文化,并不是主张世界未来应当用某种文化,只指示现在的情形正朝着某方面去走。完全就客观的事实来看,并没有一些主观的意见在内;个人的主意是无效的。我们从客观的观察所得,看出为现在全世界向导的西方文化已经有表著的变迁,世界未来的文化似不难测。此刻可分三方面去说,从此三方面的变迁,指示未来的文化。所谓三方面就是:事实一面,见解一面,态度一面。

事实的变迁

第一先说事实一面如何变迁。我们所谓事实一面的就是指着经济现象说,因为在现今这是事实所在。在三种变迁之中这事实的变自然是顶重要的;由此事实的变而后文化乃不得不变,试看下文就知道了。于是我们来略述西方的经济变迁。原来西方在中世纪时各地都渐成了所谓自由都市。这自由都市便是经济的单位，也是政治的单位；到后来经济变迁，政治单位才也随着大了，成功近世的国家。在这种自由都市里面的经济，自其生产言之，都是手工业，虽亦有器械来帮助，但以人为主；又都是家庭工业，虽亦有伙计佣工来帮助，但以家为主；总是小规模的生产就是了。这些小工业其同一行业的各有一种组织谓之"同业组合"（guild），这同业组合实为自由都市的基础；他有对于组合内部的独立裁判权和独立行政权。由此同业组合为生产组织的单位，其生产与消费的关系总是以消费为本位——看要消费多少才生产多少，生产以与消费适相当为止。所以此种经济情况叫做消费本位的经济；为消费而生产，不同后来为生产而生产。这个样子的经济是很合理的，使人的生活很太平安全从容享乐，而后来却破坏了。从这破坏到成功现在的经济样子，自是种种缘故凑起来的，举其最重大者言之，约为三事。头一桩便是机械的发明。机械实在是近世世界的恶魔；但他所以发现的，则为西方人持那种人生态度之故。从西方那种人生态度下面定会发生这个东西：他一面要求物质幸福，想利用自然征服自然，一面从他那理智剖析的头脑又产生科学，两下里凑合起，于是机械就发明出来。自有机械以代人，于是手工的生产就变为机械的生产。起初机械还待人去发动，等到有汽机电机，那么差不多做什么都用汽机电机便好，更用不着人了。此时完全以机械为主，机械愈大，益非大资本不可，又非多数工人不可。于是情形大变，当初工业是手工的、家庭的、小资本的，现在成了机械的、工场的、大资本的。总而言之，小规模的生产组织破坏，而大规模的生产勃兴。同业组合于此破坏，自由都市于此破坏，资本主义的经济与近世的国家由此而兴。这时又有一桩事助成这个变局的便是分工之说。斯密亚丹倡合力分工之说，以为工愈分愈好，力愈合愈好。譬如一个针要始终由一个人去做，便做的慢而且不精好，若一人引丝，一人磨尖，一人穿孔……如是分开各专一事，那么便做的快而且精好。所以最妙是大家合力来作一事，而却要分任工作。分工于生产有非常的好效果，自然都盛行起来，那么工场规模遂愈大，资本遂愈合并集中。这时更有一桩事于促成现今经济局面力量非常之大的，便是自由竞争之说。当中世纪时那样的生产组织，于生产的量或质以及工人的待遇等许多事，不论巨细，都有管理保护的种种规矩法律。待那组织破坏而这种习惯还遗留未改——还持干涉保护的态度。于是就有许多学者如斯密亚丹、斯宾塞等等力倡自由竞争之说，他们以为人都要图自己利益的，这个心——利己心——是很对的；人的行为活动都为自己利益的，这个行为——利己行为——也非常好的，其结果增进了他个人利益幸福，并且增进社会大家的利益幸福。社会上大家彼此帮助的地方很多，但这都非出自慈惠利人之念，而实出于各为其利而自然行之的。许多人在一社会所以都能很好的去生活，社会所以得繁荣进步，初不要干涉鼓励；而干涉鼓励或未必行的。他自己会弄得很妥当很好，而干涉管理反要弄得不妥当不好了。因此他们就反对产业上保护干涉的办法，而主张听着人人各竞其利。人人各竞其利，产业就会非常快的发达起来，这也是诚然的。大机械有利，就竞着发明采用大机械而机械愈新；大资本有利，就竞着收合大资本而资本愈集中。于是这个变局因为没了管束羁勒，越发变的急骤猛烈而成了今日的样子。今日的样子是什么样子？就是全不合理的一个经济现象。当机械发明，变动相逐以来，小工业一次一次的破坏，那些在小工业居主人地位的——小资本家——便一次一次都夷为隶属的工人，到大工场去做工乞活。这个结果除少数善于经营而有幸运的人作了资本家，其余的便都变成了工人，社会上简直划然成两阶级，贫富悬殊的不合理还在其次。资本家与工人的关系看着是自由契约，一方要招他作工，一方愿意就招，其实资本家可以完全压迫工人制其死命，而工人则除你愿意饿，可以自由去饿之外，没有别的自由。因为你不作工就没有饭吃，要作工就得听命于他。这权操自一方的不合理还在其次，最不合理的是：求这样安于被制的工作而不可得，时时有失业的恐慌，和一方生产过剩膏粱锦绣堆积起来而一方人还是冻馁。原来自从一味提倡鼓励生产以后（机械、分工、自由竞争，都是提倡鼓励生产的），生产却是非常发达了，而这时的经济就变成以生产为本位。生产不是为社会上大家消费而生产的，只是要多多地生产，个人好去营利就是了。个人竞利在这时是天经地义，资本家各自占着生产机关，他去生产原是为营利，生产愈多愈有利，便只求多多生产，弄成为生产而生产的局面。这时就有所谓"市场"这个东西为销货办货两方折冲所在，生产出来的东西都到那里去竞争求售。而消费方面究竟怎样一个需要，事前不晓得，只顾生产，每每到了那里销售不去，这情形便谓之"生产过剩"，而同时工人就起了失业的恐慌。因为生产过剩，资本家就得赔钱，若再生产岂不更赔累，所以自然要停工，而工人无工可作，就无所得食。这样的事是常常有的，所以工人的生活不但是困苦受制，并且连这点生活还时时恐慌扰攘不宁。这个样子实在太不合理！尤其怪谬不合的，我们去生产原是为消费——织布原是为穿衣，生产的多应当大家享用充裕，生产的少才不敷用，现在生产过剩何以反而大家享用不着，甚至不免冻馁？岂非织布而不是为给人穿的了吗？然而照现在的办法竟然如此，这样的经济真是再不合理没有了！这种不合理的事决敷衍不下去。这全失我们人的本意，人自然要求改正，归于合理而后已。就是把现在个人本位的，生产本位的经济改正归到社会本位的，分配（消费）本位的。这出来要求改正的便是所谓社会主义。西方文化的转变就萌芽于此。

经济改正之必要

社会主义发生到现在很久了，其间派别自不胜数。然而我们看去，像是最初可说宗教气味的，此指圣西门一流，后来可说科学气味的，此指马克思一流；于今则有些可说哲学气味的，此指罗素、基尔特主义一流。这其间最后一派尤见出西方化的变动，我们在后面还要另自细谈。许多人总觉得他们都是空想；虽然最初那种不免为激于感情而生之空想；就是科学气味的其所推测到今也多未中，而阶级争斗社会革命固未见就崩裂出来；最后颇切实际，也有许多理想；然而无论如何，这改造要求是合理，那事实必归于合理而后已。而况如此的经济其戕贼人性——仁——是人所不能堪。无论是工人或其余地位较好的人乃至资本家都被他把生机斫丧殆尽；其生活之不自然、机械、枯窘乏味都是一样。现在的工人全与从前的伙计佣工情形大异。从前的与主人仍是朋友关系，彼此共同操作很有情趣，遇事也有些通融。现在的资本家或工厂管理对工人就不能再这样。简直一点情趣，一点情义没有；从前手工时代有点艺术的样子，于工作中可以含些兴味。现在一概都是大机械的，殆非人用机械而成了机械用人。此其工作非常呆板无趣，最易疲倦，而仍不能不勉强忍耐去作，真是苦极！又一件东西非复成于一二人之手，没有那成功完就的得意心理，是好是歹也全没兴味，真是干枯已极！作　天这样干枯疲闷无聊的工，得些钱自要寻乐。乐要待寻，乐即是苦。而况要急寻,则无非找些刺戟性的耳目口腹男女之欲:淫声、淫色、淫味……总之非淫过不乐;这境界真惨极!人的家庭之乐是极重要无比的,他最能培养人心,并且维系了一个人生活的平稳。而这时则工人的家庭多半破坏了;且亦不敢有室家。因为这时妇女儿童也都各自要去作工,一家都分散了,家庭的乐趣就失掉。又因生活困难,娶妻生子更负担不起,而男女各能依工为活,独身很觉自如,谁也不想嫁娶,所以多无家。既失其培养维系,又无聊寻乐,那风纪的紊乱、酗酒闹事、自杀、杀人种种情形于是就不可胜言了。倘使不合理的经济没有改正,无论如何想法子,这问题总不得根本解决。这种不可堪忍的局面断不会长此延留!……

因经济改正而致文化变迁

我们虽不能说现在经济将由如何步骤而得改正,但其必得改正则无疑,且非甚远之事。改正成功什么样子,我们也不便随意设想,但其要必归于合理,以社会为本位,分配为本位是一定的,这样一来就致人类文化要有一根本变革:由第一路向改变为第二路向,亦即由西洋态度改变为中国态度。这是为什么要这个样子呢?不为别的,这只为他由第一种问题转入第二种问题了(参看第三章)。人类头一步问题是求生存;所有衣、食、住,种种物质的需要都是要从自然界取得的,所以这时态度应当是向前要求的,就着前面下手的,对外改造环境的,以力征服障碍的。若不向前想法子而就着自己这面想法,那就不成功;譬如饥渴而不向前觅食,却自己忍饥,那么就不得生存了。近世以来,西洋的人生都是力持这态度;从这态度就有他那经济竞争——人与人之间的生存竞争;从这经济竞争结果将得个经济不竞争而安排妥协——人与人没有生存竞争;从这经济不竞争将不复持这态度——这种人生态度将随生存问题以俱逝。当西洋人力持这态度以来,总是改造外面的环境以求满足,求诸外而不求诸内,求诸人而不求诸己,对着自然界就改造自然界,对着社会就改造社会,于是征服了自然,战胜了威权,器物也日新,制度也日新,改造又改造,日新又日新,改造到这社会大改造一步,理想的世界出现,这条路便走到了尽头处!所谓生存问题逝去者,不是说这时便不生存,是说生产分配既有安排,则生存不成问题,人心目中的问题不在生存,而在别处了。在生存竞争中不能不持这态度,生存问题既逝即失其必要；而他种问题之兴，并有其变更之必要。所谓这条路——就前面下手改造环境以求满足的路——已走到尽头处，固谓改造到这一步无可更改造，亦谓到这一步将有新问题，这个办法不复适用。盖人类将从人对物质的问题之时代而转入人对人的问题之时代——前所列第二种他心问题之时代（第三期可说为个人自己对自己问题之时代）。而征服自然那种态度不能用在人与人之间；他心是完全在我范围之外的，就前面下手以求满足未定可得，昜者之满足求诸外求诸人，这时只得还而求诸内，求诸己。所谓人对人的问题不一，而男女恋爱问题为其最大者；我们很可以看出生存有了安顿之后，则男女恋爱将成为彼时人第一问题，亦即为彼时社会顶烦乱困难问题。又以前社会上社会秩序治安的维持，无论如何不能说不是出乎强制，即是以对物的态度对人。人类渐渐不能承受这态度，随着经济改正而改造得的社会不能不从物的一致而进为心的和同——总要人与人间有真妥洽才行。又以前人类似可说在物质不满足时代，以后似可说转入精神不安宁时代；物质不足必求之于外，精神不宁必求之于己。又以前人类就是以物质生活而说，像是只在取得时代而以后像是转入享受时代——不难于取得而难于享受！若问如何取得，自须向前要求，若问如何享受，殆非向前要求之谓乎？凡此种种都是使第一路向、西洋态度不能不转入第二路向、中国态度之重大情势；其如何转变将于后面试说之。我前于第三章剖看文艺复兴后的西洋人精神、心理时曾说道："第一要注意重新提出这态度的重字。这态度原来从前曾经走过的，现在又重新拿出来，实在与从前大不同了！头一次是无意中走上去的；而这时——从黑暗觉醒时——是有意选择取舍而走的。他撇弃第二条路而取第一条路是经过批评判断的心理而来的。在头一次走上去的人因为未经批评判别，可以无意中得之，亦可以无意中失之；而重新采取这条路的人，他是要一直走下去不放手的，除非把这一条路走到尽头不能再走，才可以转弯。"无论如何，中国人态度或印度人态度都不会轻易为近世的西洋人所接纳使用，除非真到有其必要的时节。虽然转弯还是由自己转弯，却非事实变迁摆在前面，他不转的。

　　……

社会主义之变迁

此处可以联带一说晚近社会主义——如基尔特社会主义等——怎样变他的态度而含有多少哲学气味。大约此刻大家的思想都不像以前那样简单朴陋，要改造社会的人也可以把他向来对于人生很简单的看法改进于深复。在以前他们眼中的人生实在是只有很低等价值的人生；他们以为圆满了物质生活，就圆满了人生；但要经济情形如他们理想得到改善，人类就得到丰美的生活，就成了黄金世界。这全为他们两眼只向外看，不留意自己人性是怎么一回事，只认得外界的问题，只想如何改造外境，误以为生活的丰美满足在被动的享受上，其实生活的丰美满足是只能得之于内，不能得之于外的；误以为外境一经圆满改造，就没问题。其实哪里便没问题，问题正多的很！但是现在他们的眼光都已从物质进到精神，从外界转到内界，晓得没有那样简单的事，并且很知道必要怎样提高了人生才行。改造社会为的是改换一种人生，不单在取得较多享用；只想去登一新的人生道路，不再想从此得满足。这般意思的变转，沿着西洋轨辙而走出来的社会主义已经掉换方向到东方的轨辙上去。我从李守常先生拿得一本基尔特主义的书（Sterling Taylor：*The Guild State Its Principles and Possibilities*），其末一章讲他们那派所抱人生观更可代表现在的西洋人是如何屏斥一味向前逐求的人生，而所向慕则在雍容安娴的中国态度。他说他们西洋人尽是事事求快，"这种什么都是要快的欲求，就表示现在的人称量一切事物是只问多少不管好坏，比如他们能有两个，他总觉得比有一个强；他所最不幸的是限于一张嘴，一个胃口，一天只二十四点钟罢了！"又说："正当的人生是安息的，不是跑的；是恬静的，不是忙乱的；他享受所临到他们前的，而不去寻逐所没在这里的。模范的人没有野心；他不渴想去图一大的幸运，或战胜或管着旁人。他可以不是黠灵的，或不强干的，或更确当是只在好的气味与好的态度。"谁敢否认这不是中国态度将代西洋态度而兴？

……

就生活三方面推说未来文化

以下分就文化的物质生活、社会生活、精神生活三方面简单着一为

推说:

(一)物质生活一面。今日不合理的经济根本改正是不须说的;此外则不敢随便想设。我于这上也毫无研究,所以说不出什么来;只不过基尔特一派的主张好多惹我注意之处,使我很倾向于他。大约那时人对于物质生活比今人(指西洋人)一定恬淡许多而且从容不迫,很像中国人从来的样子;因此那时社会上,物质生活的事业也就退处于从属地位,不同现在之成为最主要的;那么,便又是中国的模样。在生产上,必想法增进工作的兴趣,向着艺术的创造这一路上走;那么,又与中国尚个人天才艺术的采色相合(参看第二章)。这些都是现在大家意向所同,似无甚疑问;还有基尔特派中一部人有恢复手工业的意思,这就不敢妄测,恐事实上很难的。假使当真恢复手工业而废置大机械,那么,又太像中国从来不用机械用手工的样子了。

(二)社会生活一面。在这一面,如今日不合理的办法也不能不改变。不论是往时的专制独裁或近世的共和立宪,虽然已很不同,而其内容有不合理之一点则无异。这就是说他们对大家所用统驭式的办法,有似统驭动物一般。现在要问,人同人如何才能安安生生的共同过活?仗着什么去维持?不用寻思,现前哪一事不仗着法律。现在这种法律下的共同过活是很用一个力量统合大家督迫着去做的,还是要人算账的,人的心中都还是计较利害的,法律之所凭借而树立的,全都是利用大家的计较心去统驭大家。关于社会组织制度等问题,因我于这一面的学术也毫无研究,绝不敢轻易有所主张;但我敢说,这样统驭式的法律在未来文化中根本不能存在。如果这样统驭人的法律没有废掉之可能,那改正经济而为协作共营的生活也就没有成功之可能。因为在统驭下的社会生活中人的心理,根本破坏了那个在协作共营生活之所须的心理。所以倘然没有所理想的未来文化则已,如其有之,统驭式的法律就必定没有了。仿佛记得陈仲甫先生在《新青年》某文中说那时偷懒的人如何要责罚,污秽的工作或即令受罚人去作,或令污秽工作的人就工作轻减些。其言大概如此,记不清楚,总之他还是藉刑赏来统驭大众的老办法。殊不知像这类偷懒,和嫌恶污秽无人肯作等事,都出于分别人我而计较算账的心理,假使这种心理不能根本祛除,则何待有这些事而后生问题,将触处都是问题而协作共营成为不可能;现在不从怎样泯化改变这种心理处下手,却反而走刑赏统驭的旧路,让这种心理益发相引继增,岂非荒谬糊涂之至。以后只有提高了人格,靠着人类之社会的本能,靠着情感,靠着不分别人我,不计较算账的心理,去作如彼的生活,而后如彼的生活才有可能。近世的人是从理智的活动,认识了自己。走为我向前的路而走到现在的,从现在再往下走,就变成好像要翻过来的样子,从情感的活动,融合了人我,走尚情谊尚礼让不计较的路——这便是从来的中国人之风。刑赏是根本摧残人格的,是导诱恶劣心理的,在以前或不得不用,在以后则不得不废;——这又合了从来的孔家之理想。从前儒家法家尚德尚刑久成争论,我当初也以为儒家太迂腐了,为什么不用法家那样简捷容易的办法?瞎唱许多无补事实的滥调做什么?到今日才晓得孔子是一意的要保持人格,一意的要莫破坏那好的心理,他所见的真是与浅人不同。以后既不用统驭式的法律而靠着尚情无我的心理了,那么,废法之外更如何进一步去陶养性情,自是很要紧的问题。近来谈社会问题的人如陈仲甫、俞颂华诸君忽然觉悟到宗教的必要。本来人的情志方面就是这宗教与美术两样东西,而从来宗教的力量大于美术,不着重这面则已,但着重这面总容易倾在宗教而觉美术不济事。实亦从来未有舍开宗教利用美术而作到非常伟大功效如一个大宗教者,有之,就是孔子的礼乐。以后世界是要以礼乐换过法律的,全符合了孔家宗旨而后已。因为舍掉礼乐绝无第二个办法,宗教初不相宜,寻常这些美术也不中用。宗教所培养的心理并不适合我们作这生活之所须,而况宗教在这期文化中将为从来未有之衰微,其详如后段讲精神生活所说。脱开宗教气息的美术较为合宜,但如果没有一整统的哲学来运用他而作成一套整的东西,则不但不济事,且也许就不合宜。这不是随便藉着一种事物(宗教或美术)提起了感情,沉下去计较,可以行的;这样也许很危险,都不一定。最微渺复杂难知的莫过于人的心理,没有澈见人性的学问不能措置到好处。礼乐的制作恐怕是天下第一难事。只有孔子在这上边用过一番心,是个先觉。世界上只有两个先觉:佛是走逆着去解脱本能路的先觉;孔是走顺着调理本能路的先觉。以后局面不能不走以理智调理本能的路,已经是铁案如山,那就不得不请教这先觉的孔子。我虽不敢说以后就整盘的把孔子的礼乐搬出来用,却大体旨趣就是那个样子,你想避开也不成。

还有我们说过在这时期男女恋爱是顶大问题，并且是顶烦难没法对付的，如果不是礼乐把心理调理到恰好，那直不得了；余如后说。

（三）精神生活一面。我们已说过在这时，人类便从物质的不满足时代转到精神不安宁的时代，而尤其是男女恋爱问题容易引起情志的动摇，当然就很富于走入宗教的动机。在人类情感未得充达时节，精神的不宁也就不著；在男女问题缺乏高等情意的时节也不致动摇到根本；但此际情感必得充达和男女问题必进于高等情意都是很明的，那么，予人生以勖慰的宗教便应兴起。但是不能。这些动机和问题大半还不是非成功宗教不可的——另有非成功宗教不可的动机与问题；并且顺成宗教的缘法不具，逆阻宗教的形势绝重。宗教就是人类的出世倾向之表现，从这种倾向要将求超绝与神秘。神秘是这时必很时尚的——我指那一种趣味，因为是时尚直觉的时代。但超绝则绝对说不通，而且感情上也十分排距；因为知识发展的步骤还不到，感情解放活动之初亦正违乎这种意向。宗教的根本要件全在超越现前之一点是既经说过的，所以我敢断言一切所有的宗教不论高低都要失势，有甚于今；宗教这条路定然还走不通。但是宗教既走不通，将走哪条路呢？这些动机将发展成什么东西，或这些问题将由怎样而得应付？这只有辟出一条特殊的路来：同宗教一般的具奠定人生勖慰情志的大力，却无藉乎超绝观念，而成功一种不含出世倾向的宗教；同哲学一般的解决疑难，却不仅为知的一边事，而成功一种不单是予人以新观念并实予人以新生命的哲学。这便是什么路？这便是孔子的路，而倭铿、泰谷尔一流亦概属之。这时艺术的盛兴自为一定之事，是我们可以推想的；礼乐的复兴也是我们已经推定的；虽然这也都能安顿了大部分的人生，但吃紧的还仗着这一路的哲学作主脑。孔子那求仁的学问将为大家所讲究，中国的宝藏将于是宣露。而这一路哲学之兴，收拾了一般人心，宗教将益浸微，要成了从来所未有的大衰歇。说到这里，又恰与中国的旧样子相合：世界上宗教最微弱的地方就是中国，最淡于宗教的人是中国人，而此时宗教最式微，此时人最淡于宗教；中国偶有宗教多出于低等动机，其高等动机不成功宗教而别走一路，而此时便是这样别走一路，其路还即是中国走过的那条路；中国的哲学几以研究人生占他的全部，而此时的哲学亦大有此形势；诸如此类，不必细数。除了科学的研究此时不至衰替为与中国不同外，以及哲学艺术当然以进化之久总有胜过中国之点外，那时这种精神生活一面大致是中国从来派头，必不容否认。

……

世界文化三期重现说

质而言之，世界未来文化就是中国文化的复兴，有似希腊文化在近世的复兴那样。人类生活只有三大根本态度，如我在第三章中所说：由三大根本态度演为各别不同的三大系文化，世界的三大系文化实出于此。论起来，这三态度都因人类生活中的三大项问题而各有其必要与不适用，如我前面历段所说，最妙是随问题的转移而变其态度——问题问到哪里，就持哪种态度；却人类自己在未尝试经验过时，无从看得这般清楚而警醒自己留心这个分际。于是古希腊人、古中国人、古印度人，各以其种种关系因缘凑合不觉就单自走上了一路，以其聪明才力成功三大派的文明——迥然不同的三样成绩。这自其成绩论，无所谓谁家的好坏，都是对人类有很伟大的贡献。却自其态度论，则有个合宜不合宜；希腊人态度要对些，因为人类原处在第一项问题之下；中国人态度和印度人态度就嫌拿出的太早了些，因为问题还不到。不过希腊人也并非看清必要而为适当之应付，所以西洋中世纪折入第三路一千多年。到文艺复兴乃始拣择批评的重新去走第一路，把希腊人的态度又拿出来。他这一次当真来走这条路，便逼直的走下去不放手，于是人类文化上所应有的成功如征服自然、科学、德谟克拉西都由此成就出来，即所谓近世的西洋文化。西洋文化的胜利，只在其适应人类目前的问题，而中国文化印度文化在今日的失败，也非其本身有什么好坏可言。不过就在不合时宜罢了。人类文化之初，都不能不走第一路，中国人自也这样，却他不待把这条路走完，便中途拐弯到第二路上来；把以后方要走到的提前走了，成为人类文化的早熟。但是明明还处在第一问题未了之下，第一路不能不走，哪里能容你顺当去走第二路？所以就只能委委曲曲表出一种暧昧不明的文化——不如西洋化那样鲜明；并且耽误了第一路的路程，在第一问题之下的世界现出很大的失败。不料虽然在以前为不合时宜而此刻则机运到来。盖第一路走到今日，病痛百出，今世人都想抛弃他，而走这第二路，大有往者中世纪人要抛弃他所走的路而走第一路的神情。尤其是第一路走完，第二问题移进，不合时宜的中国态度遂达其必要之会,于是照样也拣择批评的重新把中国人态度拿出来。印度文化也是所谓人类文化的早熟;他是不持第一路第二路走完而径直拐到第三路上去的,他的行径过于奇怪,所以其文化之价值始终不能为世人所认识(无识的人之恭维不算数);既看不出有什么好,却又不敢菲薄。一种文化都没有价值,除非到了他的必要时;即有价值也不为人所认识,除非晓得了他所以必要的问题。他的问题是第三问题,前曾略说。而最近未来文化之兴,实足以引进了第三问题,所以中国化复兴之后将继之以印度化复兴。于是古文明之希腊、中国、印度三派竟于三期间次第重现一遭。我并非有意把他们弄得这般整齐好玩,无奈人类生活中的问题实有这么三层次,其文化的路径就有这么三转折,而古人又恰好把这三路都已各别走过,所以事实上没法要他不重现一遭。吾自有见而为此说,今人或未必见谅,然吾亦岂求谅于今人者。

……

我们现在应持的态度

我们推测的世界未来文化既如上说,那么我们中国人现在应持的态度是怎样才对呢? 对于这三态度何取何舍呢? 我可以说:

第一,要排斥印度的态度,丝毫不能容留;

第二,对于西方文化是全盘承受,而根本改过,就是对其态度要改一改;

第三,批评的把中国原来态度重新拿出来。

……

照我们历次所说,我们东方文化其本身都没有什么是非好坏可说,或什么不及西方之处;所有的不好不对,所有的不及人家之点,就在步骤凌乱,成熟太早,不合时宜。并非这态度不对,是这态度拿出太早不对,这是我们唯一致误所由。我们不待抵抗得天行,就不去走征服自然的路,所以至今还每要见厄于自然。我们不待有我就去讲无我。不待个性申展就去讲屈己让人,所以至今也未曾得从种种威权底下解放出来。我们不待理智条达,就去崇尚那非论理的精神,就专好用直觉,所以至今思想也不得清明,学术也都无眉目。并且从这种态度就根本停顿了进步,自其文化开发之初到他数千年之后,也没有什么两样。他再也不能回头补走第一路,也不能往下去走第三路;假使没有外力进门,环境不变,他会要长此终古!譬如西洋人那样,他可以沿着第一路走去,自然就转入第二路;再走去,转入第三路;即无中国文明或印度文明的输入,他自己也能开辟他们出来。若中国则绝不能,因为他态度殆无由生变动,别样文化即无由发生也。从此简直就没有办法;不痛不痒真是一个无可指名的大病。及至变局骤至,就大受其苦,剧痛起来。他处在第一问题之下的世界,而于第一路没有走得几步,凡所应成就者都没有成就出来;一旦世界交通,和旁人接触,那得不相形见绌?而况碰到的西洋人偏是专走第一路大有成就的,自然更禁不起他的威棱,只有节节失败,忍辱茹痛,听其蹂躏,仅得不死。国际上受这种种欺凌已经痛苦不堪,而尤其危险的,西洋人从这条路上大获成功的是物质的财,他若挟着他大资本和他经济的手段,从经济上永远制服了中国人,为他服役,不能翻身,都不一定。至于自己眼前身受的国内军阀之蹂躏,生命财产无半点保障,遑论什么自由;生计更穷得要死,试去一看下层社会简直地狱不如;而水旱频仍,天灾一来,全没对付,甘受其虐;这是顶惨切的三端,其余种种太多不须细数。然试就所有这些病痛而推原其故,何莫非的的明明自己文化所贻害;只缘一步走错,弄到这般天地!还有一般无识的人硬要抵赖不认,说不是自己文化不好,只被后人弄糟了,而叹惜致恨于古圣人的道理未得畅行其道。其实一民族之有今日结果的情景,全由他自己以往文化使然:西洋人之有今日由于他的文化,印度人之有今日全由于他的文化,中国人之有今日全由于我们自己的文化,而莫从抵赖;也正为古圣人的道理行得几分,所以才致这样,倒不必恨惜。但我们绝不后悔绝无怨尤;以往的事不用回顾,我们只爽爽快快打主意现在怎样再往下走就是了。

(录自梁漱溟:《东西文化及其哲学》,商务印书馆 1999 年修订版。)

钱穆儒学学案

钱穆(1895—1990),原名恩鑅,字宾四,笔名公沙、梁隐、与忘、孤云、晚号素书老人、七房桥人,斋号素书堂、素书楼,江苏无锡人。中国现代历史学家、教育学家。

钱穆为吴越国武肃王钱镠之后,至其父辈时已"沦为赤贫",但"书香未断"。其父亲钱承沛,秀才,对子女寄予厚望。钱穆9岁入私塾,熟习中国的传统文献典籍,13岁入常州府中学堂学习,17岁因家贫辍学,后自学。1923年后,曾在厦门、无锡、苏州等地任中学教员。1930年以后,历任燕京大学、北京大学、清华大学、四川大学、齐鲁大学、西南联大等校教授。1949年,迁居香港,创办新亚书院,从事教学和研究工作,至1964年退休。期间曾获得香港大学、美国耶鲁大学名誉博士称号。1966年,移居台湾台北市,在"中国文化书院"(今"中国文化大学")任职,为台湾"中央研究院"院士,台湾"故宫博物院"特聘研究员。1990年8月30日,于台北逝世。

钱穆治学颇受清儒章学诚"六经皆史"思想的影响,对中国历史尤其是对中国历代思想家及其思想源流的研究和考辨,均自成一家之言。他提出,先秦时期,儒、墨二家是后来诸子各派的发端,由此分源别派,旁通四达,互为中国古代文化的源流。他在儒学方面的研究成果也非常突出,如认为司马迁的《史记·孔子世家》真伪混杂,次序颠倒,后世传说亦不可轻信,遂详细考辨孔子的生平事迹,包括生卒年月、父母、志学、初仕、设教、适齐、适卫、过匡、过宋、仕鲁、至陈、至蔡及晚年居鲁等,以及孔子的政治活动和著述等,具有很高的学术价值。又如对晚清今文经学家如廖平、康有为等认定刘歆伪造古文经一事,撰《刘向歆父子年谱》,以令人信服的证据否定了今文经学家的观点,了结了晚清道、咸以来的经学今古文争论的公案。此外,对宋明理学尤其是朱熹之学,对清代学术尤其是乾嘉学派等,都有很深的研究。他重视探求中华民族文化的内在精华,并给予其高度评价,认为"我民族国家之前途,仍将于我先民文化所贻自身内部获其生机"。晚年时比较偏重于文化哲学的研究,并就中西文化的问题作了很多深入的思考,在其一生的最后一篇文章《中国文化对人类未来可有的贡献》中,对中国传统哲学的"天人合一"思想有了新的体认,并"深信中国文化对世界人类未来求生存之贡献,主要亦即在此"。其主要著作有《先秦诸子系年》、《论语要略》、《中国近三百年学术史》、《国史大纲》、《中国文化史导论》等。

（法 帅）

孔子传·序言

孔子为中国历史上第一大圣人。在孔子以前，中国历史文化当已有两千五百年以上之积累，而孔子集其大成。在孔子以后，中国历史文化又复有两千五百年以上之演进，而孔子开其新统。在此五千多年，中国历史进程之指示，中国文化理想之建立，具有最深影响最大贡献者，殆无人堪与孔子相比伦。

孔子生平言行，具载于其门人弟子之所记，复经其再传三传门人弟子之结集而成之《论语》一书中。其有关于政治活动上之大节，则备详于《春秋左氏传》。其他有关孔子言行及其家世先后，又散见于先秦古籍如《孟子》、《春秋公羊》、《穀梁传》、《小戴礼记·檀弓》诸篇，以及《世本》、《孔子家语》等书者，当尚有三十种之多。最后，西汉司马迁《史记》采集以前各书材料成《孔子世家》，是为记载孔子生平首尾条贯之第一篇传记。

然司马迁之《孔子世家》，一则选择材料不谨严，真伪杂糅；一则编排材料多重复，次序颠倒。后人不断加以考订，又不断有人续为孔子作新传，或则失之贪多无厌，或则失之审核不精，终不能于《孔子世家》以外别成一惬当人心之新传。

本书综合司马迁以下各家考订所得，重为孔子作传。其最大宗旨，乃在孔子之为人，即其所自述所谓"学不厌、教不倦"者，而以寻求孔子毕生为学之日进无疆、与其教育事业之博大深微为主要中心，而政治事业次之。因孔子在中国历史文化上之主要贡献，厥在其自为学与其教育事业之两项。后代尊孔子为至圣先师，其意义即在此。故本书所采材料亦以《论语》为主。凡属孔子之学术思想，悉从其所以自为学与其教育事业之所至为主要中心。孔子毕生志业，可以由此推见。而孔子之政治事业,则为其以学以教之当境实践之一部分。虽事隔两千五百年,孔子之政治事业已不足全为现代人所承袭,然在其政治事业之背后,实有其以学以教之当境实践之一番精神,为孔子学术思想以学以教有体有用之一种具体表现。欲求孔子学术思想之笃实深厚处,此一部分亦为不可忽。

孔子生平除其自学与教人与其政治事业外,尚有著述事业一项,实当为孔子生平事业表现中较更居次之第三项。在此一项中,其明白可征信者,厥惟晚年作《春秋》一事。其所谓订礼乐,事过境迁,已难详说,并已逐渐失却其重要性。至于删诗书,事并无据。赞《周易》则更不足信。

以上关于孔子之学与教,与其政治事业、著述事业三项层次递演之重要性,及其关于著述方面之真伪问题,皆据《论语》一书之记载而为之判定。汉儒尊孔,则不免将此三项事业之重要性首尾倒置。汉儒以《论语》列于小学,与《孝经》、《尔雅》并视,已为不伦。而重视五经,特立博士,为国家教育之最高课程,因此以求通经致用,则乃自著述事业递次及于政治事业,而在孔子生平所最重视之自学与教人精神,则不免转居其后。故在汉代博士发扬孔学方面,其主要工作乃转成为对古代经典之训诂章句,此岂得与孔子之述而不作同等相拟。则无怪乎至于东汉,博士皆倚席不讲,而太学生清议遂招致党锢之祸,而直迄于炎汉之亡。此下庄老释氏迭兴并盛,虽唐代崛起,终亦无以挽此颓趋。此非谓诗书礼易可视为与儒学无关,乃谓孔子毕生精神,其所谓学不厌、教不倦之真实内容,终不免于忽视耳。

宋代儒学复兴,乃始于孔子生平志业之重要性获得正确之衡定。学与教为先,而政治次之,著述乃其余事。故于五经之上,更重四书,以孟子继孔子而并称,代替了汉唐时代以孔子继周公而齐称之旧规。此不得不谓乃宋儒阐扬孔子精神之一大贡献。宋儒理学传统迄于明代之亡而亦衰。清儒反宋尊汉,自标其学为汉学,乃从专治古经籍之训诂考据而堕入故纸堆中,实并不能如汉唐儒之有意于通经致用,尚能在政治上有建树。而孔子生平最重要之自学与教人之精神,清儒更所不了。下及晚清末运,今文公羊学骤起,又与乾嘉治经不同。推其极,亦不过欲重返之于如汉唐儒之通经而致用,其意似乎欲凭治古经籍之所得为根据，而以兴起新政治。此距孔子生平所最重视之自学与教人精神，隔离仍远。人才不作，则一切无可言。学术错误，其遗祸直迄于民国创兴以来之数十年。今者痛定思痛，果欲复兴中国文化，不得不重振孔子儒家传统，而阐扬孔子生平所最重视之自学与教人精神，实尤为目前当务之急。本书编撰，着眼在此。爰特揭发于序言中，以期读者之注意。

　　本书为求能获国人之广泛诵读，故篇幅力求精简。凡属孔子生平事迹，经历后人递述，其间不少增益失真处，皆一律删削。本书写作之经过，其用心于刊落不着笔处，实尤胜过于下笔写入处。凡经前人辩论，审定其为可疑与不可信者，本书皆更不提及，以求简净。亦有不得尽略者，则于正文外别附疑辨二十五条，措辞亦力求简净，只略指其有可疑与不可信而止，更不多及于考证辨订之详。作者旧著《先秦诸子系年》之第一卷，多于孔子事迹有所疑辨考订，本书只于疑辨诸条中提及《系年》篇名，以便读者之参阅，更不再事摘录。

　　自宋以来，关于孔子生平事迹之考订辨证，几于代有其人，而尤以清代为多。综计宋元明清四代，何止数十百家。本书之写定，皆博稽成说，或则取其一是，舍其诸非。或则酌采数说，会成一是。若一一详其依据人名、书名、篇名及其所以为说之大概，则篇幅之增，当较今在十倍之上。今亦尽量略去，只写出一结论。虽若有掠美前人之嫌，亦可免炫博夸多之讥。

　　清儒崔述有《洙泗考信录》及《续录》两编，为考订辨论孔子生平行事诸家中之尤详备者。其书亦多经后人引用。惟崔书疑及《论语》，实其一大失。若考孔子行事，并《论语》而疑之，则先秦古籍中将无一书可奉为可信之基本，如此将终不免于专凭一己意见以上下进退两千年前之古籍，实非考据之正规。本书一依《论语》为张本，遇《论语》中有可疑处，若崔氏所举，必博征当时情实，善为解释，使归可信，不敢轻肆疑辨。其他立说亦有超出前人之外者，然亦不敢自标为作者个人之创见。立说必求有本，群说必求相通，述而不作，信而好古，亦窃愿以此自附于孔子之垂谕。

　　作者在 1925 年曾著《论语要略》一书，实为作者根据《论语》为孔子试作新传之第一书。1935 年有《先秦诸子系年》一书，凡四卷，其第一卷乃为孔子生平行事博引诸家，详加考辨，所得近三十篇。1963 年又成《论语新解》,备采前人成说,荟萃为书,惟全不引前人人名、书名、篇名及其为说之详,惟求提要钩玄,融铸为作者一家之言,其体例与今书相似。惟新解乃就《论语》全书逐条逐字解释,重在义理思想方面,而于事迹之考订则缺。本书继三书而作,限于体裁有别,于孔子学术思想方面仅能择要涉及,远不能与新解相比。但本书见解亦有越出于以上三书之外者,他日重有所获不可知,在此四书中见解倘有相异,暂当以本书为定。读者倘能由此书进而涉及上述三书,则尤为作者所私幸。

本书作意,旨在能获广泛之读者,故措辞力求简净平易,务求免于艰深繁博之弊。惟恨行文不能尽求通俗化。如《论语》、《左传》、《史记》以及其他先秦古籍,本书皆引录各书原文,未能译为白话。一则此等原文皆远在两千年以上,乃为孔子作传之第一手珍贵材料,作者学力不足,若一一将之译成近代通行之白话,恐未必能尽符原文之真。若读者爱其易读,而不再进窥古籍,则所失将远胜于所得,此其一。又孔子言行,义理深邃,读者苟非自具学问基础,纵使亲身经历孔子之耳提面命,亦难得真实之了解,此其二。又孔子远在两千五百年之前,当时之列国形势、政治实况、社会详情,皆与两千五百年后吾侪所处之今日大相悬隔。吾侪苟非略知孔子当年春秋时代之情形,自于孔子当时言行不能有亲切之体悟,此其三。故贵读此书者能继此进读《论语》以及其他先秦古籍,庶于孔子言行与其所以成为中国历史上之第一大圣人者,能不断有更深之认识。且莫谓一读本书,即可对了解孔子尽其能事。亦莫怪本书之未能更致力于通俗化,未能使人人一读本书而尽获其所欲知,则幸甚幸甚。

本书开始撰写于 1973 年之 9 月,稿毕于 74 年之 2 月。3 月入医院,为右眼割除白内障,4 月补此序。

1974 年 4 月钱穆识于台北外双溪之素书楼

(录自钱穆:《孔子传》,生活·读书·新知三联书店 2005 年版。)

朱子学提纲(节选)①

　　拙著《朱子新学案》,分篇逾五十,全书超百万言,恐读者畏其繁猥,作此提纲,冠于书端,庶使进窥全书,易于寻究。

一　孔子与朱子

　　在中国历史上,前古有孔子,近古有朱子,此两人,皆在中国学术思想史及中国文化史上发出莫大声光,留下莫大影响。旷观全史,恐无第三人堪与伦比。孔子集前古学术思想之大成,开创儒学,成为中国文化传统中一主要骨干。北宋理学兴起,乃儒学之重光。朱子崛起南宋,不仅能集北宋以来理学之大成,并亦可谓其乃集孔子以下学术思想之大成。此两人,先后蟲立,皆能汇纳群流,归之一趋。自有朱子,而后孔子以下之儒学,乃重获新生机,发挥新精神,直迄于今。

　　然儒学亦仅为中国传统文化中一主干,除儒学外,尚有百家众流,其崇孔尊孔,述朱阐朱者可勿论,其他百家众流,莫不欲自辟蹊径,另启途辙,而孔子朱子蟲立中道,乃成为其他百家众流所共同批评之对象与共同抨击之目标。故此两人,实不仅为儒学传统之中心,乃亦为中国学术思想史上正反两面所共同集向之中心。不仅治儒学者,必先注意此两人,即治其他百家众流之学,亦必注意此两人,乃能如网在纲,如裘在领。不仅正反之兼尽,亦得全体之通贯。

　　孔子年代,距今已远,其成学经过,已难详索。后之崇孔尊孔者,亦惟以高山仰止之情,发为天纵大圣之叹而止。朱子距今仅逾八百年,书籍文字可资稽考者尚多,凡朱子之所以为朱子,其成学之经过,实可按

---

　　①　这里节选的是该书第一至六部分。

图索骥,分年历述。故治朱子之学,比较可以具体而详尽,并亦有据而可证。学者潜心于此,可识儒学进修之阶梯,虽不能举一以概全,要之是典型之尚在,其所裨益,决非浅小。

孔子以来两千五百年,述之阐之者既多,反之攻之者亦众,事久而论定,故孔子之学,乃虽远而益彰。朱子距今仅八百年,后人之阐发容未能尽。而反朱攻朱者,多不出于百家众流,而转多出于儒学之同门。盖自有朱子,而儒学益臻光昌。自有朱子,而儒学几成独尊。于是于儒学中与朱子持异见者乃日起而无穷。群言淆乱,所争益微,剖解益难。故居今日而言朱子学,尚有使人不易骤获定论之憾。尊孔崇孔,乃朱子以后中国学术上一大趋向,而述朱阐朱,则尚是中国学术上一大争议。然诤朱攻朱,其说亦全从朱子学说中来。今果于朱子原书,能悉心寻求,详加发明,先泯门户之见,而务以发现真相为主。逮于真相既白,则述朱阐朱之与诤朱攻朱,正反双方,宜可得一折衷,由是乃可有渐得定论之望。此则不仅为治中国八百年来之学术思想史者一重大课题,实亦为治中国两千年来之儒学史者一重大课题。凡属关心中国文化大传统中此一主要骨干之精神所在,大旨所寄者,对于此一课题,皆当注意。作者不揣谫陋,发愤为此书,其主要意义亦在此。

二 先秦儒至汉儒的流变

今当自孔子以后迄于朱子,此一千七百年来之儒学流变,与夫百家众说之杂出,先作一概括之叙述。

自孔子殁后,孔门诸大弟子,分散列国,相与传扬孔子之道,其时儒学基础已奠定。然同时反对孔子与儒学者,亦即随而踵起。最著者有杨墨,孟子辞而辟之,廓如也。然百家众流,亦即继之竞兴,至荀子而有《非十二子》之篇。其所反对,不仅百家众流,即子思孟子亦在其列。当时称儒分为八,然惟孟荀称大宗。

及秦人一统,始皇帝颇尚法家言。汉兴,黄老道家骎盛。其时则战国时代之百家众流,渐趋消失,惟儒道法三家鼎峙成三,然儒家言犹尚若居道法两家之后。至汉武帝表彰六经,罢黜百家,而儒学跻于独盛。然此下汉儒之学,毕竟与先秦儒有区别。此种区别,大体由于双方所处时代背景不同而引生。

　　战国时代,列强纷争,天下未定,百家竞起,各欲揭其主张以为一世之蕲向。先秦儒为自身争存,亦相务于树新义,肆博辨。故其贡献,主要在理想方面者为多。汉代统一,局面大变,当时主要论点,在为此天下求实际之治平。汉初君臣,来自田间,本身初无学术修养,然深知民间疾苦,极欲与民休息,而道家清静无为之说,遂乘时兴起。然无为而治,事不可久,抑且无为即是不治,故汉初政治,实乃一依秦旧,承续法治之轨辙。及至武帝临朝,董仲舒对策,力言复古更化,复古乃复周之古,更化则更秦之化。周代绵历八百年,秦则不二世而亡,此乃历史教训,明白彰著。此下汉儒一般意向,均重在本历史,言治道。欲法周,则必上本之于六艺经典。当时谓六经起自周公而成于孔子之手,故曰孔子为汉制法。尊孔子,乃由于尊周治。尊周治,则必尊周公,尊六艺。故汉武帝兴太学,立五经博士,专以六艺设教,而《论语》乃与《孝经》、《尔雅》并列为小学书。《尔雅》乃五经之字典,而《孝经》、《论语》则仅是小学教本。《汉书·艺文志》上承刘向、歆父子,分群书为七略。首六艺略,次诸子略,儒家者言居诸子略之首,曾子、子思、孟子、荀子皆属之,而孔子不与焉。《论语》、《孝经》、《尔雅》则同附六艺略之后,此乃汉儒心目中之学术分野,亦可谓汉儒尊经尤重于尊儒。史汉儒林传中序列诸儒,皆起汉初,而曾、思、孟、荀亦不预。此乃一代之新儒,以传经言治为业,与战国诸儒之以明道作人为唱者,畸轻畸重之间有不同。此一区别,首当明辨。换言之,先秦儒在汉儒心目中,亦属百家言。汉儒传经,乃即所谓王官之学,一则主张于朝廷,一则兴起于田野,其为不同,显然可知。

　　汉儒固若无伟大特创之政治理想,亦若无伟大杰出之政治人物,然而定法制,垂规模,坐而言,即继以起而行。两汉郅治,永为后世称羡而效法。汉儒之功,要为不可否认。

　　汉儒言治道,必本之于经术,而经籍之整理,事亦不易。先秦儒如孟子、荀卿,虽亦时时称引《诗》、《书》,然仅止于随所意欲而加称引,非求于经籍有通体之发挥。秦火以后,经籍残缺。汉儒治经之功,一则曰纂辑,再则曰训诂,又后而有章句,始于全经逐章逐句,一一解释。其间容多未是,又复各家之说不同,未能会归一致。然而汉儒治经之功,亦要为不可没。

　　今再综合言之,汉儒之为功于当时者,一为治道之实绩,一为传经之专业。又复渐分两途,一则专务治术,一则专守经业。迄于东汉季世,朝政不纲,治道日替,务于治术之儒,日失其职,而专一经业之儒,退处在野,乃大为一世所仰重。如许慎、马融、郑玄诸人,亦永为后世治经之宗师。然若谓汉儒功在传经,而忽其言治,则终为得其一而失其一,无当于汉儒之大全。

三 三国两晋至唐五代的儒学流变

三国两晋时代,天下分崩,两汉统一隆盛之世,渺不复接。时则庄老道家言乃与儒生经学代兴。又值佛教东来,其先尚是道家言在上,佛家言在下。南北朝以后,则地位互易,释家转踞道家之上。儒家经学,虽尚不绝如缕,要之如鼎三足,惟儒家一足为最弱。

若专言儒业,自东晋五胡以下,南方儒亦与北方儒有区别。大体言之,东晋南朝虽属偏安,其政府体制、朝廷规模,尚是承袭两汉,大格局尚在。而释道盛行,门第专擅,治道无可言,故其时之南方儒,只有沿袭汉儒传经一业,抱残守缺而止。北方自五胡云扰,下迄北魏建统,两汉以来之政府体制、朝廷规模,已扫地而尽。故其至要急务,厥在求治。幸而胡汉合作,政府尚知重用儒生,而北方诸儒,其所用心,言治道更重于言经术。亦可谓其时北方儒生,多半沿袭了汉儒重治绩之一边。自魏孝文变法下至西魏北周崛起,政治开新,皆出北方儒生之贡献。

然则南北朝儒,乃是分承汉儒之两面,而各作歧途之发展。下迄唐代开国,两汉统一盛运再见,孔颖达奉诏撰《五经正义》,即承汉儒及南朝诸儒治经一业而来,此为经学成绩之一大结集。而贞观一朝言治,即就其荟粹于《贞观政要》一书者而言,亦可谓多属粹然儒家之言,此乃上承汉儒及北朝诸儒言治一业而来。此后唐代儒家,在治道实绩方面,尚能持续有表现。在经学方面,则可谓自《五经正义》后即绝少嗣响。唐代经学之衰,实尚远较两晋南北朝为甚。此中亦有原因可说。

一则下至唐代,虽仍是儒释道三足并峙,而实际上,佛教已成一枝独秀。远自隋代以来,已有所谓中国佛教之兴起。此指天台华严禅三宗。而自武后以后,禅宗尤盛,几于掩胁天下,尽归禅门之下。士大夫寻求人生真理,奉为举世为人之最大宗主,与夫最后归宿,几乎惟禅是主。至其从事治道实绩,则仅属私人之功名,尘世之俗业。在唐代人观念中，从事政治，实远不如汉儒所想之崇高而伟大。汉儒一心所尊，曰周公，曰孔子，六经远有其崇高之地位。唐代人心之所尊向，非释迦，则禅宗诸祖师。周公、孔子，转退属次一等，则经学又何从而获盛。

次则唐代人之进身仕途，经学地位亦远不如文学地位之高。欲求出身，唐代之文选学，已接代了两汉之六艺学。唐代人无不能吟诗，但绝少能通经。在诗人中，亦可分儒释道三派。如谓杜甫是儒家，则李白是道家，王维是释家。依此分类，唐诗人中，惟儒家为最少。文选诗中，亦最少儒家诗。陶渊明乃是鹤立鸡群，卓尔不凡。而其诗入文选者亦特少。故就唐一代言，可谓无醇儒，亦无大儒。

就唐代言儒家，则必屈指首数及韩愈，然韩愈已在唐之中叶。韩愈尽力辟佛，极尊孟子，乃是一议论儒，近似战国先秦儒，而较远于汉儒。韩愈又提倡古文，求以超出于文选学之外。此亦为在当时欲致力复兴儒学一必然之要道。但韩愈用力虽大，收效则微。在政治上提挈韩愈为韩愈所追随之裴度，乃唐代一贤相，然其人亦信佛。与韩愈共同提倡古文者有柳宗元，然宗元亦信佛。追随韩愈从事古文运动者有李翱，作《复性书》三篇，根据《中庸》，重阐儒义，然其文亦复浸染于佛学。韩李身后，古文运动亦告停息，儒学复兴运动，则更可不论。

故通论有唐一代，儒学最为衰微，不仅不能比两汉，并亦不能比两晋南北朝。其开国时代之一番儒业，乃自周隋两代培植而来。其经学成绩，亦是东汉以下迄于隋代诸儒之成绩。唐初诸儒只加以一番之结集而已。唐代士大夫立身处世，所以仍不失儒家榘矱者，乃从以前门第传统中来。远自东汉直至唐代，大门第迭起，实尚保有儒家相传修身治家之风范与规格。自唐中晚之际，大门第相继崩溃，此种规格与风范，渐已不复存在。其时社会上乃只充斥着诗人与佛教信徒。佛教信徒终不免带有出世性，诗人则终不免带有浪漫性，于是光明灿烂盛极一时之大唐时代终不免于没落，而且没落到一个不可收拾的地步。五代在中国史上乃成为一段最黑暗时期。其时则真所谓天地闭，贤人隐，远不能比东汉以下之三国两晋。三国两晋时代虽乱，却有人物。从其人物群兴之一方面说，三国两晋却差可与战国相比。有了人，纵是乱，后面还可有希望。乱到没有了人，人物等第远远地降退，此下便无希望可言。五代亦有人物，则全在禅门之下。

四 宋之新儒

下及宋儒，便使人易于联想到理学，理学则后人称为是一种新儒学。其实理学在宋儒中亦属后起。理学兴起以前，已先有一大批宋儒，此一大批宋儒，早可称为是新儒。在某一意义上讲，理学兴起以前之宋儒，已与汉儒有不同。比较上，此一大批大儒，可称为已具有回复到先秦儒的风气与魄力。

宋代虽亦称是统一时代，但宋代开国，北有辽，西有夏，并不曾有真统一。而且上承五代传下一派黑暗衰颓气象，因此宋代开国，绝不能和汉唐相比。汉唐诸儒，大体言之，似乎多怀有一番处在升平世的心情。宋代开国六七十年，儒运方起，当时诸儒所怀抱，似乎还脱不了一番拨乱世的心情。言外患，则辽夏并峙。言内忧，则积贫积弱，兵制财制，均待改革。而政府大体制，朝廷大规模，仍亦沿袭五代，初未有一番从头整顿。言社会文化风教，则依然是禅宗佛学，与夫骈四俪六之文章当道得势。宋儒处在此种形势下，不啻四面楚歌，因此其心情极刺激，不似汉唐儒之安和。而其学术门径，则转极开阔，能向多方面发展，不如汉唐儒之单纯。分析宋儒学术，当分几方面加以叙述。

一是政事治平之学。宋儒多能议政，又能从大处着眼。最著者，如范仲淹之十事疏，王安石之万言书，引起了庆历熙宁两番大变法。在汉唐儒中，惟汉初贾谊之陈政事疏，与夫董仲舒之天人对策，差堪媲美。惟贾董两文，开出了汉代儒家政治之新气运。而庆历熙宁变法，则转增纷扰，反而因此引起混乱局面，而北宋亦随之以亡。此乃由环境遗传种种因素相逼至此，不得怪范王对政事之无所见。其他诸儒，能议政，能从大处着眼，能阐申儒义，难于一一缕举。

其次曰经史之学，此与政事治平之学相表里。宋儒经学，与汉儒经学有不同。汉儒多尚专经讲习，纂辑训诂，着意所重，只在书本文字上。所谓通经致用，亦仅是因为政事，而牵引经义，初未能于大经大法有建树。宋儒经学，则多能于每一经之大义上发挥。尤著者，如胡瑗苏湖设教，分立经义治事两斋。经义即所以治事，治事必本于经义，此亦汉儒通经致用之意，而较之汉儒，意义更明切，气魄更宏大。神宗尝问胡瑗高弟刘彝，胡瑗与王安石孰优。刘彝对曰：

> 臣师胡瑗，以道德仁义教东南诸生时，王安石方在场屋中修进士业。臣闻圣人之道，有体，有用，有文。君臣父子仁义礼乐，历世不可变者，其体也。诗书史传子集垂法后世者，其文也。举而措之天下，能润泽斯民，归于皇极者，其用也。国家累朝取士，不以体用为本，而尚声律浮华之词，是以风俗偷薄。臣师当宝元明道之间，尤病其失，遂以明体达用之学授诸生，夙夜勤瘁，二十余年，专切学校，故今学者明夫圣人体用以为政教之本，皆臣师之功，非安石比也。

此虽刘彝一人称崇其师之辞，然即谓此种精神，乃是北宋诸儒间之共同精神，亦无不可。胡瑗则当可推为乃倡导此种精神之第一人。

论北宋诸儒之治经，如胡瑗之于《易》与《洪范》，孙复之于《春秋》，李觏之于《周官》，此等皆元气磅礴，务大体，发新义，不规规于训诂章句，不得复以经儒经生目之。孙复书名《春秋尊王发微》，李觏书名《周礼致太平论》，即观其书名，亦可想见其治经意向之所在。其他如欧阳修、刘敞、王安石、苏轼诸人，皆研穷经术，尚兼通，而亦皆喜辟新径，创新解，立新义，与汉儒治经风规大异，此亦北宋诸儒近似先秦儒气味之一征。

论及史学，尤是宋儒之擅场。如欧阳修之《五代史》《唐史》、司马光之《资治通鉴》，皆其荦荦大者。其他如苏辙之于古史，刘攽之于汉史，范祖禹之于唐史，刘恕之于上古及五代史，就一般而论，宋儒史学，显较汉唐儒为盛。而宋儒之于史学，亦好创立议论，不专于纂辑叙述考订而止。于著史考史外，特长论史，此亦宋代学术一新风气之特征。

又其次曰文章子集之学，此乃承唐韩愈之古文运动而来。远在五代，已有僧人在寺院内教佛徒读韩集。盖儒学既熸，治道大坏，一世不得安，虽寺院僧人，亦不能自外。故有寺院僧人提倡攻读韩集之事之出现，此诚大堪诧异，亦大值惊惕，而宋代学风将变，亦可据此而窥其端倪之已露，机缘之已熟。自欧阳修以下，古文大行。王安石、苏轼、曾巩尤为一代巨匠。宋诗亦与唐诗风格相异。而其时朝廷官式文章，则仍以四六为标准。虽欧阳王苏诸人，亦皆默尔遵守，独司马光为翰林学士，以不能为四六辞。神宗强之曰，如两汉制诏可也。世风之猝难骤革，即此可见。今专就文学论,汉代文学在辞赋,唐代文学在文选,皆在儒学范围之外。惟宋儒始绾文学与儒术而一之,此亦是宋儒一大贡献。

尤可注意者,乃北宋诸儒之多泛滥及于先秦之子部。即就儒家言,唐韩愈始提倡孟子,至宋代王安石特尊孟,奉之入孔子庙。而同时如李觏之常语,司马光之疑孟,皆犹于孟子肆意反对。然自宋以下,始以孔孟并称,与汉唐儒之并称周公孔子者,大异其趣。此乃中国儒学传统及整个学术思想史上一绝大转变,此风虽始于韩愈,而实成于宋儒。此当大书特书为之标出。其他如徐积有《荀子辩》,范仲淹以《中庸》授张载,苏洵闭户读书,当时号为通六经百家之说。及其子轼,父子为文,皆法孟子,兼参之《战国策》,有纵横家气息。轼尤喜庄子,其弟辙则喜老子。要之北宋诸儒,眼光开放,兴趣横逸。若依《汉书·艺文志》之学术分类,则汉儒如史汉儒林传所举,当多入六艺略,而宋儒则当入诸子略中之儒家者言。亦可谓汉儒乃经学之儒,而宋儒则转回到子学之儒,故宋儒不仅有疑子,亦复有疑经。如欧阳修之疑《十翼》,刘恕、苏辙、晁说之之疑《周礼》,此亦与汉儒之辨今古文争家法者大不同。经尚当疑,更何论后儒之经说。孙复有云:

> 专守王弼韩康伯之说而求于《大易》,吾未见其能尽于《大易》也。专守《左氏》、《公羊》、《穀梁》杜何范氏之说而求于《春秋》,吾未见其能尽于《春秋》也。专守毛苌、郑康成之说而求于《诗》,吾未见其能尽于《诗》也。专守孔氏之说而求于《书》,吾未见其能尽于《书》也。

宋儒之意,多贵于独寻遗经,戛戛自造一家之言,则于汉儒经说自不重视,故可谓宋儒之经学,实亦是一种子学之变相。

综是三者,一曰政事治平之学,一曰经史博古之学,一曰文章子集之学。宋儒为学,实乃兼经史子集四部之学而并包为一。若衡量之以汉唐儒之旧绳尺,若不免于博杂。又好创新说,竞标己见。然其要则归于明儒道以尊孔,拨乱世以返治。在宋儒之间,实自有一规格,自成一风气,固不得斥宋学于儒学之外,此则断断然者。故宋儒在自汉以下之儒统中,实已自成为新儒,不得谓自理学出世,始有新儒,此义必须明白标出。

五　宋代之理学

此下当论宋代之理学。

北宋理学开山，有四巨擘，周敦颐濂溪、张载横渠、程颢明道、程颐伊川兄弟。此四人，皆仕途沉沦，不居显职。在中朝之日浅，并未在治道实绩上有大表现。论其著作，濂溪分量特少，独有《易通书》与《太极图说》，一是短篇，一是小书，据朱子考订，《太极图说》亦当附《易通书》，非单独为篇，是则濂溪著书，仅有《易通书》一种。横渠有《正蒙》，亦如濂溪之《易通书》，皆是独抒己见，自成一家言。而《正蒙》篇幅特为宏大，组织亦更细密。要之厝此两家书于先秦子籍中，亦见杰出，决无逊色。窥此两家著书意向，竟可谓其欲各成一经，或说是各成一子，回视汉唐诸经儒，犹如大鹏翔寥廓，鷦鷯处薮泽。伊川一生，仅有《易传》一书，其书乃若欲与《五经正义》中王弼注争席，确然仍是经学传统，而在伊川本意，则其书非为传经，乃为传道。除此以外，明道伊川兄弟，皆仅有语录传世，由其门人弟子记录，体制俨似禅家。二程自居为孟子以下传统大儒，乃不避效袭禅宗之语录体，此等大胆作风，较之濂溪、横渠之欲自造一经自成一子者，似更远过。惟在二程语录中，极多说经语，亦有训诂考据，较之濂溪、横渠著书，洁净精微，只求自发己旨，绝不见说经痕迹者又不同。故此四人中，惟二程尚差与汉唐说经儒较近，此亦特当指出。

至于史学，此四人似皆不甚厝意。谢良佐上蔡自负该博，对明道举史书，不遗一字，明道告之曰：贤却记得许多，可谓玩物丧志。上蔡闻之，汗流浃背。上蔡又录五经语作一册，明道见之，亦谓其玩物丧志。然上蔡又曰：看明道读史，亦逐项看过，不差一字。今二程语录中亦时见其论史，而濂溪、横渠书中则颇少见。可知濂溪、横渠、明道、伊川四人，确然已是一种新学风，与以前北宋儒风又有大不同，惟明道、伊川尚犹稍近，不如周、张之甚。

若论文章之学，亦惟明道、伊川两人尚有文集传世。据《直斋书录解题》，濂溪亦有文集七卷，然皆不传，传者仅《爱莲说》等小文数篇。横渠于文章之学若更少厝怀。惟其所为《西铭》，乃悬为此下理学家中最大文字，明道称之曰：某得此意，无此笔力。又曰：自孟子后盖未见此书。要之此四人，皆不甚重文章。濂溪《通书》有曰：文所以载道，轮辕饰而人弗庸，徒饰也，况虚车乎？第以文艺为能，艺而已矣。明道亦言，学者先学文，鲜有能至道。如博观泛滥，亦自为害。伊川亦曰：今之学者歧而为三，能文者谓之文士，谈经者谓之讲师，惟知道者乃儒学。又曰：以博闻强记巧文丽辞为工，荣华其言，鲜有至于道者。盖此四人之为学，经籍固所究心，子部亦颇涉及，惟亦志不在此。至于文史之学，似更淡远，而于文章为尤甚。

上举宋儒学术三途，一曰政事治道，一曰经史博古，一曰文章子集，会诸途而并进，同异趋于一归，是为北宋诸儒之学风。及理学家出而其风丕变。其转变精微处，固是仅可心知其意，不当强指曲说。然就外面事象言之，一则濂溪以下四人皆于仕途未达，故言治道政事者较少。横渠《与范巽之书》有曰：朝廷以道学政术为二事，此正自古之可忧者。王安石变法，明道、横渠皆被摈，其专明道学，即所以争政术，此一也。又此四人既不在中朝，迹近隐沦，虽二程较显，然此四人交游声气皆不广，故其学特于反己自得有深诣。黄鲁直山谷称濂溪曰：

> 茂叔人品甚高，胸怀洒落，如光风霁月。好读书，雅意林壑，初不为人窘束。廉于取名，而锐于求志。陋于希世，而尚友千古。

山谷乃文章之士，而此称道濂溪者，后之理学家莫不认其为是知德之言，善乎形容有道气象。其廉于取名，陋于希世之四语，实道出濂溪当时之际遇与操心。张栻南轩亦谓濂溪之学举世不知。然则濂溪学之在当时，纵谓乃是一种隐士之学，亦无不可。

横渠有诗《上尧夫先生兼寄伯淳正叔》云：

> 先生高卧洛城中，洛邑簪缨幸所同。
> 顾我七年清渭上，并游无侣又春风。

汴京为当时政治中心，洛邑则为当时人物中心。邵雍康节与二程同住洛邑，其交游应接，上之视濂溪，同时视横渠，皆较为广泛与热闹。在北宋理学四巨擘中，二程学风较与濂溪、横渠不同，似亦不能谓与其交游应接间更无若干之关系。而当时理学之传，濂溪身后最阒寂，横渠门庭亦清淡,惟伊洛厥传最大,亦可证其中之消息。

以上乃从外貌上指出北宋理学家与其先宋儒学术不同。故北宋诸儒实已为自汉以下儒统中之新儒,而北宋之理学家,则尤当目为新儒中之新儒。今再进一步指出理学家之所以为学与其所谓为学者究何在。理学家在当时,自称其学曰道学,又称理学,亦可称曰性道之学或性理之学,又可称为心性义理之学。政事治道、经史博古、文章子集之学比较皆在外,皆可向外求之,而心性义理之学,则一本之于内,惟当向内求,不当向外求。昔汉儒以谶纬之学为内学,后人又以佛学为内学。然则于宋学中,是否亦可称理学为内学,似亦无妨,然在理学家中则决不认此称。

今人又谓宋代理学渊源实自方外,所谓方外,即指道释两家言。然当时理学家主要宗旨正在辨老释。唐韩愈著《原道篇》,亦为辨老释,惟辨之不精,老释之言流衍如故。北宋诸儒,只重在阐孔子,扬儒学,比较似置老释于一旁,认为昌于此则息于彼。欧阳修《本论》可为其代表。其言曰:

> 佛法为中国患千余岁,千岁之患遍于天下,岂一人一日之可为。民之沉酣,入于骨髓,非口舌之可胜。然则将奈何?
> 曰:莫若修其本以胜之。

凡政事治平,经史博古,文章子集之学,皆所以修其本。然亦有于此三途之学皆有深造,而终不免于逃禅之归,如王安石、苏轼其著者。其他宋儒中信佛者,更不胜缕举。理学家之主要对象与其重大用意,则正在于辟禅辟佛,余锋及于老氏道家。亦可谓北宋诸儒乃外于释老而求发扬孔子之大道与儒学之正统。理学诸儒则在针对释老而求发扬孔子之大道与儒学之正统。明得此一分辨,乃能进而略述理学家之所以为学,与其所谓为学之所在,亦即理学家之用心与其贡献之所在。

濂溪《太极图》,或谓传自陈抟,此层即朱子亦不否认。又有谓其与胡宿在润州同师鹤林寺僧寿涯,而传其《易书》。黄宗羲辟之曰:使其学而果是,则陈抟寿涯亦周子之老聃苌弘。使其学而果非,即日取二氏而谆谆然辩之,则范缜之神灭,傅奕之昌言,无与乎圣学之明晦。顾宪成谓元公不辟佛,高攀龙则曰:元公之书,字字与佛相反,即谓之字字阐佛可也。当时亦有谓濂溪初与东林总游，久之无所入。总教之静坐，月余忽有得，呈诗云云。要之濂溪学之所从来，今已无可深求，寿涯东林总之传说，其事皆可出伪造，然亦不待力辨。惟高黄所言，可谓的当。就其书而论其学，始为最可信。濂溪自言志伊尹之所志，学颜子之所学，此其自道所志所学，岂不与胡瑗、范仲淹等先起诸儒相近。此乃北宋儒学一大体趋向。惟外王之学，则似前胜于后，内圣之学，则似后胜于前，如此而已。

伊川为其兄作《明道先生行状》，谓：

> 先生之学，自十五六时，闻汝南周茂叔论道，遂厌科举之业，慨然有求道之志。未知其要，泛滥于诸家，出入于老释者几十年，返求诸六经而后得之。辨异端似是之非，开百代未明之惑，秦汉而下，未有臻斯理也。

又曰：

> 自孟子没而圣学不传，以兴起斯文为己任。其言曰：道之不明，异端害之也。昔之害近而易知，今之害深而难辨。昔之惑人也，乘其迷暗。今之入人也，因其高明。自谓之穷神知化，而不足以开物成务。言为无不周遍，实则外于伦理。

此曰泛滥诸家，出入老释，虽濂溪之学无可详言，当亦如此。即北宋前辈诸儒，虽多不染佛学，然其泛滥诸家，殆亦同然。惟曰如是者几十年，乃始返求诸六经，则不仅北宋诸儒无此先例，恐濂溪亦复不然。胡瑗治《易》，孙复治《春秋》，此乃宋儒研经开先两大宗。范仲淹先天下之忧而忧，后天下之乐而乐，感论国事时至泣下，其学当特重治道政事，而时称其泛通六经，尤长于《易》。则宋儒在先本近汉儒之通经致用。惟自欧阳修以下，则其学又似多从唐韩愈入。故特重文章，旁及于史，于经学则皆尚兼通，不务专修。濂溪似专务于研玩《易》书，转近先辈，要之决无先则泛滥出入于诸家与释老，继乃反求诸六经之事。不仅北宋诸儒不如此，即濂溪似亦不如此，甚至明道宜亦不如此。伊川之言，一则谓明道之学，其先虽由濂溪之启迪，最后则归于一己之自得。再则谓其学虽一本诸六经，实亦泛滥出入于百家与释老。先则兼通旁求，后则归于一本。如是参之，始为近实。若拘泥字句以求，转恐不得明道为学之真相，亦将不得伊川立言之真意。

再进一层求之，濂溪虽阐明正学，而无直斥异端之语。明道始排斥老释，而目之曰异端。又多两面对勘之辞。不入虎穴，焉得虎子，明道盖于老释异端，用心特深，故能针对老释而发扬孔子之大道与儒学之正统，其事端待明道而始著。又其推尊孟子，而自居为获得圣学不传之秘，此则亦是承袭韩愈，而一面又承自濂溪寻孔颜乐处之教。故其学一本心源，与文章博览之学，终属异趣。

伊川之学，与明道大同。观其在太学所为《颜子所好何学论》，可见其亦受启迪于濂溪令二人寻孔颜乐处之教。然伊川平生，不甚言濂溪，其言濂溪必曰茂叔，于胡瑗独称安定先生。盖胡瑗在太学主讲时命此题，伊川亲在弟子之列，胡瑗得伊川文而大奇之，处以学职。而伊川唯一著书为《易传》，安定濂溪，固皆治《易》，似亦不无影响。

或又谓明道不废观释老书，与学者言，有时偶举佛语，伊川一切屏除，虽庄列亦不看。朱子辨之云：释老书后来须看，不看无缘知他道理。然则明道、伊川两人，性气宽严固别，意量宏密亦异。纵朱子谓伊川后来亦须看释老书；然其融通释老，则必不能如明道之高浑。明道尝言：异日能使人尊严师道者，吾弟也。若接引后学，随人才而成就之，则予不得让焉。此不惟见两人为人之有异，亦见两人为学之有异。

横渠少喜谈兵，慨然以功名自许。年十八，上书谒范仲淹，仲淹责之曰：儒者何事于兵，手《中庸》一编授焉。遂翻然志于道，求诸释老，反之六经。是横渠亦探讨释老，而又能得其深旨。及至京师，拥皋比讲《易》，赴听者甚众。晤二程，乃横渠外兄弟之子，与语厌服。遂辍讲，告来听者曰：二程深明《易》道，可往师之。其学以《易》为宗，以《中庸》为的，以《礼》为体，以孔孟为极。所著书有《正蒙》、《横渠理窟》，及《易说》十卷，又《西铭》、《东铭》两篇。《易说》今不传，二程尤推崇其《西铭》，谓自孟子后未见此书。每以《大学》、《西铭》开示来学。伊川又曰：某接人治经论道者亦甚多。肯言及治体者，诚未有如子厚。然则横渠之学，能言性理，能言经术，能言治体，能深入释老而辟之，其规模极壮阔，然其学之传不广，远不能与二程伊洛相比。

然则在北宋理学中，若无二程，仅有濂溪、横渠，恐将不获有广大之传，而理学之名，亦恐不得成立。故言理学者，每以二程为宗。

以上略述孔子以下儒学传统与其流变既讫，此下当述及朱子。

六 朱子为集儒学之大成者

首当先述朱子之集理学之大成。

理学在北宋，惟伊洛程门有其传。及至南宋，所谓理学传宗，同时亦即是伊洛传宗。朱子亦从此传统来。但至朱子，乃始推尊濂溪，奉为理学开山，确认濂溪之学乃二程所自出。

吕希哲原明尝谓二程初从濂溪游，后青出于蓝。原明亲受业于伊川之门下。其孙本中居仁亦曰：二程始从茂叔，后更自光大。居仁又曾从游于杨时龟山、游酢定夫、尹淳和靖之门，三人皆程门弟子。然则谓二程学不从濂溪出，必乃程氏之门自言之。二程既只称濂溪为茂叔，未有先生之呼，而游定夫乃称周茂叔穷禅客，此五字并见于《程氏遗书》卷六。濂溪《太极图》，二程生平绝未提及。在南宋之世，正式主张濂溪启程氏兄弟以不传之妙，一回万古之光明者，为湖湘学者胡宏五峰。朱子继起，亦谓二程于濂溪，非若孔子之于老聃、郯子、苌弘。然同时汪应辰即贻书争辩。故朱子又曰：大抵近世诸公，知濂溪甚浅。即濂溪二子，亦失其家学之传。朱子始为《太极图说》与《通书》作解，濂溪著作，一一加以整理发明。又为稽考其生平，虽小节不遗，使后世重知濂溪其人之始末，与其学之蕴奥者，惟朱子之功。至其确定周程传统，虽发于五峰，亦成于朱子。

朱子又极盛推横渠。二程于横渠，固甚重其《西铭》，然明道尝谓有有德之言，有造道之言，谓《西铭》则仅是造道之言。伊川《答横渠书》，谓吾叔之见，以大概气象言之，则有苦心极力之象，而无宽裕温和之气，非明睿所照，而考索至此。故意屡偏而言多窒，小出入时有之。此则尤指其《正蒙》言。朱子则谓横渠心统性情之说，二程无一语似此切。又云：伊川说神化等，不似横渠较说得分明。又曰：横渠说工夫处，更精切似二程。此亦皆指《正蒙》言。朱子又为横渠《西铭》与濂溪《太极图》同作义解，并谓近见儒者多议此两书之失，或乃未尝通其文义而妄肆诋诃。当知此等诋诃，亦出理学门中。当时理学界，知重二程，不知重周张。陆九渊象山之兄九韶梭山，亦与朱子辨《西铭》，象山继之，后与朱子辨《太极》。即朱子至友吕祖谦东莱，亦于朱子之言《太极》、《西铭》者不能无疑。张栻南轩亦时持异议。朱子于庆元六年庚申一月辛酉，改《大学·诚意》章，越后三日，即为朱子易箦之日，此事尽人知之。然在前两夕己未，为诸生说《太极图》。前一夕庚申，为诸生说《西铭》。可见此两书朱子奉以终身，其谆谆之意，大可想见。后人言北宋理学，必兼举周张二程，然此事之论定，实由朱子。

朱子于北宋理学，不仅汇通周张二程四家，使之会归合一。又扩大其范围，及于邵雍尧夫、司马光君实两人，特作六先生画像赞，以康节涑水与周张二程并举齐尊。二程与康节同居洛邑，过从甚密。康节长于数学，然二程于此颇忽视。明道尝曰：尧夫欲传数学于某兄弟，某兄弟那得工夫。或问康节之数于伊川，伊川答曰：某与尧夫同里巷居三十余年，世间事无所不问，惟未尝一字及数。康节以数学格物，一日雷起，谓伊川曰：子知雷起处乎？伊川曰：某知之，尧夫不知也。康节愕然，曰：何谓也？曰：既知之，安用数推。以其不知，故待推而知。康节问：子以为何处起？曰：起于起处。朱子则于康节数学特所欣赏。康节又以数学研史，杨龟山有曰：皇极之书，皆孔子所未言，然其论古今治乱成败之变，若合符节，恨未得其门而入。朱子尤特欣赏康节之史学。康节疾革，伊川问从此永诀，更有见告乎？康节举两手示之，曰：面前路径须令宽。路窄则自无着身处，况能使人行。此不仅论立身处世，亦当可以推论学术。朱子为《伊洛渊源录》，康节不与，乃认康节与伊洛异趋。然以康节列六先生之一，此在理学传统内，殆亦有路径令宽之意。

涑水特长史学，著《资治通鉴》，朱子作《纲目》继之，其意盖欲以史学扩大理学之范围。涑水特与康节相善，然未尝及其先天学。涑水亦治《易》，而不喜康节先天之说。顾朱子于康节之先天学又特所推重。故朱子虽为理学大宗师，其名字与濂溪、横渠、明道、伊川并重，后人称为濂洛关闽，然朱子之理学疆境，实较北宋四家远为开阔，称之为集北宋理学之大成，朱子决无愧色。

其次当论朱子集宋学之大成。此乃指理学兴起以前北宋诸儒之学言。上分北宋儒学为三项，一政事治道之学，一经史博古之学，一文章子集之学。朱子自筮仕以至属纩，五十年间，历事四朝，然仕于外者仅九考，立于朝者仅四十日。洪氏年谱谓天将以先生绍往圣之统，觉来世之迷,故啬之于彼,而厚之于此。然朱子于政事治道之学,可谓于理学界中最特出。试观其壬午、庚子、戊申诸封事,议论光明正大,指陈确切着实,体用兼备,厝诸北宋诸儒乃及古今名贤大奏议中,断当在第一流之列。又其在州郡之行政实绩,如在南康军之救荒,在漳州之正经界,虽其事有成有败,然其精心果为,与夫强立不反之风,历代名疆吏施政,其可赞佩,亦不过如此。又朱子注意史学,于历代人物贤奸,制度得失,事为利病,治乱关键,莫不探讨精密,了如指掌。尤其于北宋熙宁变法,新旧党争,能平心评判,抉摘幽微,既不蹈道学家之义理空言,亦不陷于当时名士贤大夫之意气积习。以朱子之学养,果获大用,则汉唐名相政绩,宜非难致。朱子《祭张南轩》文谓:兄乔木之故家,而我衡茅之贱士。兄高明而宏博,我狷狭而迂滞。故我尝谓兄宜以是而行之当时,兄亦谓我盍以是而传之来裔。此固朱子逊让之辞,亦见朱子抱负所重在此。然论两人政事治道之学,朱子所成就决不下于南轩。此其一。

经学实不为理学诸儒所重视,虽亦时有说经之言,乃借之自申己意,多无当于经文之本旨。朱子博览群经,衡评北宋诸儒与二程、横渠之说,往往右彼抑此。于欧阳、王、苏诸人极多称重,而程、张转多贬辞。亦可谓程、张乃以理学说经,而北宋诸儒则以经学说经。若分经学、理学为两途,则朱子之理学,固承袭程、张,而其经学,则继踵北宋诸儒。能绾经学理学为一途,则端赖有朱子。

史学更非理学家所重。朱子史学,则不仅接迹温公,时且轶出其前。同时至友东莱,精治史学,其后流衍为浙东功利一派,大为朱子所非。盖朱子亦欲求理学史学之一贯,史学正可以开广理学之门庭。其违离理学而独立,则亦不为朱子所许。

至于文学,更为理学家所鄙视。惟朱子独精妙文辞,自谓其学文章,乃由慕效曾巩为入门。就理学言,虽韩愈、柳宗元,皆致纠弹。专就文学言,即如苏轼,其学术思想,朱子尝备极排拒,独于其文章,则推为大家,亦盛加称誉。尤其朱子之于《诗》,乃欲超宋越唐,上追《选》体。以旧风格表新意境,又另是一种旧瓶装新酒。北宋理学家能诗者惟邵康节。然朱子特重康节之数学与史学,乃不重其诗。此其襟怀之开阔,识解之平允,古今实少其匹。

至于子集之学,濂溪只称颜子。二程以孟子为限断。虽曰泛滥于百家,实于百家不见有广博之追寻。北宋诸儒,乃从韩愈之言而益加推衍,于西汉举出董仲舒与扬雄,于隋举王通,于唐举韩愈,以为儒家道统在是。朱子于董、扬、王、韩四人皆多评骘,尤于王通《中说》,辨其伪而存其正,阐其驳而抉其失,非浅浅用心者所能及。于董仲舒,则只取明其道不计其功,正其谊不求其利两语。于扬、韩,则尤贬抑为多。即于孟子,亦有微辞,谓其不如颜子。所以为此分别者,因颜子能明得四代礼乐,有此本领,可见于治道讲究有素。孟子说得粗疏,只说五亩之宅树之以桑,如其礼乐,以俟君子,未见得做得与做不得,只说着教人欢喜。又曰:孟子自担负不浅,不知怎生做。此等分辨,乃发理学家所未发。

其论理学兴起,则曰:

> 亦有其渐。自范文正以来,已有好议论。如山东有孙明复,徂徕有石守道,湖州有胡安定。到后来,遂有周子、程子、张子出。故程子平生,不敢忘此数公,依旧尊他。

又曰:

> 亦是时世渐好,故此等人出,有鲁一变气象。其后遂有二先生出。

伊川称明道之卒,当时同以为孟子之后,传圣人之道者,一人而已。推朱子之意,似未必于伊川之言完全首肯。厥后黄震东发传朱子之学,于此一端,特再提出。全谢山《宋元学案》,首胡安定,次孙泰山,次范高平,亦以此三人为首,乃见宋学理学之一贯相承,亦明标其意为一本于朱子。

老释之学,理学家同所申斥。朱子于庄老两家颇多发挥,亦不全加废弃。其于释氏,尤其于禅宗,则特有精辨。于理学家中,朱子辟禅之语最多。后代理学家所辨儒释疆界,其说几全本于朱子。

以上略述朱子集宋学理学之大成者,大致具是。此下当进而述及朱子集汉唐儒大成之所在。

汉唐儒之学,主要在经,亦可谓其时则儒学即经学。宋儒之学不专在经,文史百家之业与经学并盛,故可谓至宋儒,乃成为一种新儒学,经学仅占其一部分。抑且汉唐儒经学之成绩,主要在章句注疏,宋儒经学,不拘拘在此,重要在创新义,发新论,亦可谓宋儒经学乃是一种新经学。朱子治经,承袭北宋诸儒,而其创新义,发新论,较又过之。然朱子亦甚重汉唐经学之传统。

朱子极重视注疏,其早年为《论语训蒙口义》,即曰:

> 本之注疏以通其训诂,参之释文以正其音读,然后会之于诸老先生之说,以发其精微。

此则自始即以会通汉唐经学于当时新兴理学家言为帜志。直至其最后《论》《孟》集注、《中庸章句》成书,此一帜志终亦不变。朱子又曰:

> 祖宗以来,学者但守注疏,其后便论道,如二苏直是要论道,但注疏如何弃得。

理学家风气,正在要论道,朱子将论道与解经分开,最为明通之见。不仅以此矫北宋诸儒之病,更要乃在矫当时理学家之病。

朱子于汉唐儒最重郑玄,曾曰:康成也可谓大儒,考礼名数大有功。人只是读书不多,今人所疑,古人都有说了。只是不曾读得郑康成注。其弟子问《礼记》古注外无以加否,曰郑注自好,看注看疏自可了。又曰:

> 近看《中庸》古注,极有好处。摆脱传注,须是两程先生方始开得这口。若后学未到此地位,便承虚接响,容易呵叱,恐属僭越,不可不戒。

又论《中庸》至诚无息一段,谓诸儒说多不明,只是古注好。

> 郑氏说有如是广博,如是深厚,章句中虽是用他意,然当初只欲辞简,反不似他说得分晓。

朱子之于郑氏,其推尊如是。其解《中庸》至诚不息一段,尽弃当时理学家言,单采郑说,可谓是只眼孤明,迥出寻常。晚年修礼书,有曰:近看得《周礼》、《仪礼》一过,注疏现成,却觉不甚费力。又屡告其及门同预纂校之役者必注意注疏,奉为根据。

朱子重郑玄外亦重马融,并亦推重其他诸家。有曰:

> 东汉诸儒煞好,卢植也好。

又曰:

> 后汉郑玄与王肃之学,互相诋訾,王肃固多非是,然亦有
> 考援得好处。

又曰:

> 《礼记》有王肃注煞好。

虽专反郑玄如王肃,朱子亦有推许,此与后世之专一尊郑媚郑者,意趣
亦复大异。

然朱子于古注,亦非一味推尊。尝曰:

> 赵岐《孟子》,拙而不明。王弼《周易》,巧而不明。

又曰:

> 古来人解《书》,只有一个韦昭无理会。

又曰:

> 五经中《周礼》疏最好,《诗》与《礼记》次之。《书》易疏乱
> 道。《易》疏只是将王辅嗣注来虚说一片。

朱子论经学,既重注疏,亦重专家与师说。尝曰:

> 圣贤之言,有渊奥尔雅,不可以臆断。其制度名物,行事
> 本末,又非今日见闻所能及。故治经者必因先儒已成之说而
> 推之。汉之诸儒,所以专门名家,各守师说,而不敢轻有变焉。
> 但其守之太拘,不能精思明辨以求真是,则为病耳。然以此之
> 故,当时风气终是淳厚。近年以来,习俗苟偷,学无宗主。注经
> 者不复读其经之本文,与夫先儒之传注,以意扭捏,妄作主张。
> 今欲正之,莫若讨论诸经之说,各立家法,而皆以注疏为主。

然朱子意中所谓家法,亦不专限于汉儒。又曰:

《易》则兼取胡瑗、石介、欧阳修、王安石、邵雍、程颐、张载、吕大临、杨时。《书》则兼取刘敞、王安石、苏轼、程颐、杨时、晁说之、叶梦得、吴栻、薛季宣、吕祖谦。《诗》则兼取欧阳修、苏轼、程颐、张载、王安石、吕大临、杨时、吕祖谦。《周礼》则刘敞、王安石、杨时。《仪礼》则刘敞。二戴《礼记》则刘敞、程颐、张载、吕大临。《春秋》则啖助、赵正、陆淳、孙明复、刘敞、程颐、胡安国。

是朱子于经学,虽主以汉唐古注疏为主,亦采及北宋诸儒,又采及理学家言,并又采及南宋与朱子同时之人。其意实欲融贯古今,汇纳群流,采撷英华,酿制新实。此其气魄之伟大,局度之宽宏,在儒学传统中,惟郑玄差堪在伯仲之列。惟两人时代不同,朱子又后郑玄一千年,学术思想之递衍,积愈厚而变益新。朱子不仅欲创造出一番新经学,实欲发展出一番新理学。经学与理学相结合,又增之以百家文史之学。至其直接先秦,以《孟子》、《学》、《庸》羽翼孔门《论语》之传,而使当时儒学达于理想的新巅峰,其事尤非汉唐以迄北宋诸儒之所及。故谓朱子乃是孔子以下集儒学之大成,其言决非过夸而逾量。

今就朱子所举宋代经学名家,其中理学家,仅伊川、横渠两人,而濂溪、明道皆不列。程张以下,仅列杨时、吕大临,其他理学家亦不得与。可见当时理学家之于经学,在朱子意中,实多浅尝,非能深涉。厥后顾炎武谓经学即理学,舍经学安所得理学哉,此言亦恐不为朱子所首肯。而当时理学家谓二程直得孟子不传之秘,于汉唐以下经学,搁置一旁,不加理会,斯亦决非朱子所同意。

朱子又不仅于经学如此,尝谓:

> 《庄》、《老》二书解注者甚多,竟无一人说得他本义出,只据他臆说。某若拈出便别,只是不欲得。

此乃朱子之自信语。亦是朱子确曾下过工夫,故能有此自信。可见朱子于各家说《庄》、《老》者,亦曾博观纵览,乃欲以解经方法来解子,解《庄》、《老》二书,运用纯客观方法,以求发得《庄》、《老》二书之本义与真相。惟因精力不敷,兴趣不属,乃置而不为。其实朱子之解濂溪《太极

467

图说》与《通书》,以及横渠之《西铭》,其所运用之方法,亦是一种解经方法。朱子至友如张南轩,亦谓朱子句句而解,字字而求,不无差失。盖当时理学界风气,读书只贵通大义,乃继起立新说,新说愈兴起,传统愈脱落。此风在北宋诸儒已所不免,而理学家尤甚。即南轩亦仍在此风气中。惟朱子,一面固最能创新义,一面又最能守传统。其为注解,无论古今人书,皆务为句句而解,字字而求,此正是汉儒传经章句训诂工夫,只求发明书中之本义与真相,不容丝毫臆见测说之参杂。此正是经学上传统工夫。明得前人本意,与发挥自己新意,事不相妨。故经学之与理学,贵在相济,不在独申。合则两美,分则两损。朱子学之着精神处正在此。

　　以上略述孔子以下迄于朱子儒学传统之流变,及朱子之所以为集儒学之大成者,大体竟。下当转述朱子本人学术思想之大概。

　　(录自钱穆:《朱子学提纲》,生活·读书·新知三联书店 2002 年版。)

冯友兰儒学学案

冯友兰(1895—1990),字芝生,河南唐河人。中国现当代哲学家、哲学史家,现代新儒家代表人物之一。

冯友兰生于官宦家庭,父亲冯台异,进士,曾入张之洞幕下帮办洋务,任湖北崇阳县知县等。冯友兰从小就接受系统性的教育,1910年,入唐河县立高等小学预科。1911年,入开封中州公学中学班。1912年,转入武昌中华学校,同年冬入上海中国公学大学预科。1915年,考入北京大学法科,入校后即改入文科中国哲学门。1918年,从北京大学毕业,任教于开封中等技术学院。1919年,赴美留学,入哥伦比亚大学研究院哲学系。1923年,获哲学博士学位。回国后任中州大学、广东大学、燕京大学哲学教授,清华大学哲学系教授兼系主任、文学院院长,西南联合大学文学院教授、院长等。新中国成立后,任北京大学教授,中国科学院哲学社会科学部学部委员等。1990年11月26日,于北京病逝。

在学术上,冯友兰于1934年完成的《中国哲学史》是中国较早的一部较系统而有影响的中国哲学史论著,为以后的中国哲学史研究提供了范型。在这部著作中,他将中国哲学史分为“子学时代(先秦)”和“经学时代(汉至清)”。推崇孔孟儒家及程朱理学,认为“在中国哲学史中,孔子实占开山之地位”,“孔子是中国第一个使学术民众化的,以教育为职业的‘教授老儒’”。孔子开战国讲学游说之风,创立并发扬光大了中国的士阶级,其行为及影响“与苏格拉底之行为在西洋历史上之影响相仿佛”。孔子对于中国文化的贡献在于“开始将原有的制度加以理论化,与以理论的根据"。20 世纪 40 年代,他以程朱理学结合新实在论,构造了新理学思想体系,先后出版《新理学》、《新事论》、《新世训》、《新原人》、《新原道》、《新知言》,即"贞元之际所著书"(亦称"贞元六书")。《新理学》是"六书"的核心和总纲,是专门分析共相和殊相(即一般和特殊)的纯哲学论著。在《新理学》中,提出了"真际"与"实际"、"理"与"气"、"道体"与"大全"等哲学范畴,将传统哲学阐释到一个比宋明理学深入得多、明晰得多的境界,而其对西方哲学方法的了解和运用,又使中国旧哲学在他的思想体系中获得了现代哲学的意义。新中国成立后,他运用马克思主义的观点和方法,继续进行中国哲学史的研究。1960 年 7 月 22 日、29 日,在《光明日报》上发表《论孔子》一文,认为"孔子学说,在中国哲学史中也有重要意义。他是中国古代一位伟大的启蒙思想家。他创立了古代中国最早的学术流派。在中国历史上第一个提出了比较系统的理论体系。他的哲学观点,标志着古代思想开始从神权的束缚中解脱出来"。文章发表后,许多学者撰文与之商榷,由此引发了 20 世纪 60 年代有关孔子及其思想的论争。20 世纪 80 年代后,以他"现有的马克思主义水平",重新写作《中国哲学史新编》。

(徐庆文)

新理学·绪论

一　新理学与哲学

本书名为新理学。何以名为新理学？其理由有二点可说。

就第一点说，照我们的看法，宋明以后底道学，有理学心学二派。我们现在所讲之系统，大体上是承接宋明道学中之理学一派。我们说"大体上"，因为在许多点，我们亦有与宋明以来底理学，大不相同之处。我们说"承接"，因为我们是"接著"宋明以来底理学讲底，而不是"照著"宋明以来底理学讲底。因此我们自号我们的系统为新理学。

就第二点说，我们以为理学即讲理之学。普通人常说某某人"讲理"，或某某人"不讲理"。我们此所说之讲理，与普通人所说之讲理，虽不必有种类上底不同，而却有深浅上底大分别。我们所说之理，究竟是什么？现在我们不论。我们现在只说：理学即是讲我们所说之理之学。若理学即是讲我们所说之理之学，则理学可以说是最哲学底哲学。但这或非以前所谓理学之意义，所以我们自号我们的系统为新理学。

二　哲学与科学

我们现在先要说明者，即哲学与科学之分别。所谓科学，其意义亦很不定。有人以为凡是依逻辑讲底确切底学问，都是科学。如果所谓科学是如此底意义，则哲学亦是科学。本书所谓科学，不是取其如此底广义。本书所谓科学或科学底，均指普通所谓自然科学。就自然科学说，哲学与科学完全是两种底学问。

就西洋历史说，各种科学都是从古人所谓哲学中分出来者。因此有人以为,若现在所谓哲学者,或现在所谓哲学中之某部分,亦充分进步,则亦将成为科学。此即是说:哲学是未成熟底科学,或坏底科学。照这种说法,哲学与科学是一类底学问,其分别在于其是否成熟,是好是坏。若现在所谓哲学,完全成熟,则将只有科学而无哲学。若其将来永不能成熟,则适足以证明哲学是坏底科学。其中之问题是不当有者。这种说法,我们以为是不对底,我们承认有上所说之历史底事实,但以为古人所谓哲学,可以是一切学问之总名。各种科学自古人所谓哲学中分出,即是哲学一名的外延之缩小。现在所谓哲学一名的外延,或仍可缩小,但其中有一部分可始终称为哲学者,是与科学有种类上底不同。

一种科学所讲,只关于宇宙间一部分之事物;哲学所讲,则系关于宇宙全体者。因此有人以为哲学是诸科学之综合。照这种说法,哲学与科学亦是一类底学问,其分别在其所讲之对象,是全或分。这种说法,我们亦以为是不对底。所谓诸科学之综合,不外将诸科学于一时所得,关于宇宙间各部分事物之结论,聚在一处,加以排比整齐,或至多加以和会。但我们对于某种学问之了解,决不能靠只看其结论。若哲学之工作,不过排比或和会诸科学之结论,则对于诸科学,既已生吞活剥,其成就不过是一科学大纲。科学大纲,并不足称为哲学,亦不足称为科学。

又有一种说法,以为哲学之工作,在于批评科学所用之方法及其所依之根本假定。一种科学有其根本假定;假定既立,此种科学,即以之为出发点。至于此假定之性质若何,此种科学不问。例如几何学假定有空间;以此为出发点,即进而讲各种关于空间之性质。但空间本身之性质,几何学不讲。又科学很少有意地考虑其所用之方法。其所用之方法,经其有意地考虑者,多系关于实验之程序及仪器之使用等,而非关于推理之程序。但一种科学所用方法之此方面,及其所依之根本底假定,与其所得知识之全体,有很大底关系。哲学可于此等处作批评,考虑,以决定一种科学所得之知识,有无错误。这种说法,固然已看出哲学与科学是有种类上底不同。但照此种说法,哲学之工作,只是批评底,而不是建设底。我们以为这种说法,只说出哲学之一部分底工作,即批评底工作。在批评工作为主之哲学,亦是哲学之一部分,但照我们的看法,非其最哲学底之一部分。

三　思与辩

照我们的看法，哲学乃自纯思之观点，对于经验作理智底分析、总括及解释，而又以名言说出之者。哲学有靠人之思与辩。

思与感相对。在西洋很早底时候，希腊哲学家已看清楚思与感之分别，在中国哲学家中，孟子说："心之官则思。"(《孟子·告子上》)他把心与耳目之官相对待。心能思，而耳目则不能思，耳目只能感。孟子说这段话的时候，他说及心，只注重其能思，他说及思，亦只注意于其道德底意义。照我们的看法，思是心之一重要底活动，但心不止能思，心亦能感。不过思与感之对比，就知识方面说，是极重要底。我们的知识之官能可分为两种，即能思者，与能感者。能思者是我们的理智，能感者所谓耳目之官，即其一种。

普通说到思字，总容易联想到所谓胡思乱想之思。我们常有幻想，或所谓昼梦，在其中我们似见有许多事物，连续出现，如在心中演电影然。普通亦以之为思，然非此所谓思。幻想或昼梦，可名为想，不可名为思。思与普通所谓想象亦不同。我们于不见一方底物之时，我们可想象一方底物。但"方"则不可想象，不可感，只可思。反过来说，一方底物，只可为我们所感，所想象，而不可为我们所思。譬如我们见一方底物，我们说："这是方底。""这"是这个物，是可感底，是可想象底，但"方"则只可思，而不可感，亦不可想象。在我们普通底言语中，我们亦常说：某某事不可想象，例如我们说：战争所予人之苦痛是不可想象底。这不过是说：战争所予人之苦痛，是我们所从未曾经验过者；凡想象皆根据过去经验，我们对于战争之苦痛，既无经验，所以它对于我们，亦是不可想象底。但我们所从未经验过者，并不一定是不可经验底。而"方"则是不可经验底。可经验者是这个或那个方底物，而不是"方"。

思之活动，为对于经验，作理智底分析、总括及解释。例如我们见一方底物，我们说："这是方底。"此一命题可有两种解释。一种是普通逻辑中所说对于命题之内涵底解释。照这一种解释，我们说"这是方底"，即是说"这"有"方"之性；或是说"这"是依照"方"之理者。我们刚才所说之"方"即是指"方"之理说。关于"方"之理或其他理，我们以后详说。现只说我们说"这是方底"之时，我们的意思，若是说"这"有方之性,则我们所以能得此命题者,即因我们的思之官能,将"这"加以分析,而见其有许多性,并于其许多性中,特提出其"方"之性,于是我们乃得到"这是方底"之命题,于是我们乃能说"这是方底"。此即所谓作理智底分析。何以谓为理智底分析?因为这种分析,只于思中行之。思是理智底,所以说这种分析,是理智底分析。

"这是方底"之命题之另一种解释,是普通逻辑中所谓对于命题之外延底解释。照这种解释,我们说"这是方底",即是说"这"是属于方底物之类中。依此解释,则我们所以有此命题,乃我们知有一方底物之类。我们不知在实际中果有方底物若干,但我们可思一方底物之类,将所有方底物,一概包括。我们并可思及一类,其类中并没有实际底分子。此即逻辑中所谓零类或空类。例如我们可思及一绝对地方底物之类。但绝对地方底物,实际中是没有底。我们并可思一类,其中底分子,实际中有否,我们并不知之。例如我们可思及"火星上底人"之类。我们并不知火星上果有人否,但我们可思及此类,如火星上有人,则此类即将其一概包括。此即所谓作理智底总括。何以谓为理智底总括?因为这种总括,亦惟于思中行之。

如此看来,我们的思,分析则细入毫芒;总括则贯通各时各地。程明道的诗"心通天地有形外,思入风云变态中",可以为我们的思咏了。因我们的思对于经验作理智底分析及总括,我们因之对于真际有一番理智底了解,此即所谓作理智底解释。何以谓为理智底解释?因此解释亦只于思中行之,而且亦只思能领会之。

上文说:哲学之存在,靠人之思与辩。辩是以名言辩论。哲学是说出或写出之道理。此说出或写出即是辩,而所以得到此道理,则由于思。有人谓:哲学所讲者中有些是不可思议,不可言说者。此点我们亦承认之。例如本书第二章中所说之"真元之气",即绝对底料,即是不可思议,不可言说者。第一章中所说之"大一",亦是不可思议,不可言说者。但真元之气,大一,并不是哲学,并不是一种学问。真元之气只是真元之气,大一只是大一。主有不可思议,不可言说者,对于不可思议者,仍有思议,对于不可言说者,仍有言说。若无思议言说,则虽对于不可思议,不可言说者,有完全底了解,亦无哲学。不可思议,不可言说者,不是哲学,对于不可思议者之思议,对于不可言说者之言说,方是哲学。佛教之全部哲学,即是对于不可思议者之思议,对于不可言说者之言说。若无此,则即只有佛教而无佛教哲学。

四　最哲学底哲学

照上所说,我们可知哲学中之观念,命题,及其推论,多是形式底,逻辑底,而不是事实底,经验底。此言非一时所能解释清楚,读者须看下文方可明白。我们现在暂先举普通逻辑中所常举之推论之例,以明此点。普通逻辑中常说:凡人皆有死,甲是人,甲有死。有人以为形式底演绎底逻辑何以能知"凡人皆死"？何以能知"甲是人"？如欲知"凡人皆有死"则必须靠归纳法,如欲知"甲是人"则必须靠历史底知识。因此可见形式底、演绎底逻辑,是无用底,至少亦是无大用底。其实这种说法,完全是由于不了解形式逻辑。于此所举推论中,形式逻辑对于凡人是否皆有死,及甲是否是人,皆无肯定。于此推论中,形式逻辑所肯定者只是:若果凡人皆有死,若果甲是人,则甲必是有死底。于此推论中,逻辑所肯定者,可以离开实际而仍是真底。假令实际中没有人,实际中没有是人之甲,这个推论,所肯定者,还是真底。不过若使实际中没有人时,没有人说它而已。不仅推论如此,即逻辑中之普通命题,亦皆不肯定其主词之存在。不过旧逻辑中,未明白表示此点,所以易引起误会。新逻辑中普通命题之形式与旧逻辑中不同。例如"凡人皆有死"之命题,在新逻辑中之形式为:"对于所有底甲,如果甲是人,甲是有死底。"此对于实际中有否是人之甲,并不作肯定,但肯定:如果有是人之甲,此是人之甲是有死底。上文说:哲学中之观念命题及推论多为形式底,逻辑底,而不是事实底,经验底。我们必了解上所说逻辑之特点,然后可了解此言之意义。

哲学对于真际,只形式地有所肯定,而不事实地有所肯定。换言之,哲学只对于真际有所肯定,而不特别对于实际有所肯定。真际与实际不同,真际是指凡可称为有者,亦可名为本然;实际是指有事实底存在者,亦可名为自然。真者,言其无妄;实者,言其不虚;本然者,本来即然;自然者,自己而然。实际又与实际底事物不同。实际底事物是指有事实底存在底事事物物,例如这个桌子,那个椅子等。实际是指所有底有事实底存在者。有某一件有事实底存在底事物,必有实际,但有实际不必有某一件有事实底存在底事物。属于实际中者亦属于真际中;但属于真际中者不必属于实际中。我们可以说:有实者必有真,但有真者不必有实;是实者必是无妄,但是真者未必不虚。其只属于真际中而不属于实际中者,即只是无妄而不是不虚者,我们说它是属于纯真际中,或是纯真际底。如以图表示此诸分别,其图如下:

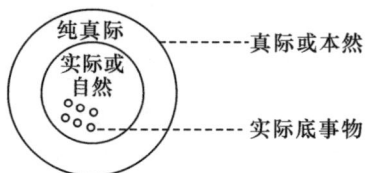

就此图所示者说,则对于真际有所肯定者,亦对于实际有所肯定。但其对于实际所肯定者,仅其"是真际底"之方面,而不及于其"是真际底"外之他方面。例如对于动物有所肯定者,亦对于人有所肯定。但其对于人有所肯定者,只其"是动物"之方面,而不及于其"是动物"外之他方面。我们说哲学对于真际有所肯定,而不特别对于实际有所肯定,特别二字所表示者即此。

如有人说:哲学中有些派别或有些部分不是如此。我们仍说,虽其不是如此者亦是哲学,但其是如此者,乃哲学中之最哲学底。凡哲学中之派别或部分对于实际有所肯定者,即近于科学。其对于实际所肯定者愈多,即愈近于科学。科学与哲学之根本不同在此。所以我们说哲学与科学之不同,是种类底不同。

然因有上所述之误解,故有以物理学讲形上学者,以为如此可得一科学底形上学。又有以心理学讲知识论者,以为如此可得一科学底知识论。其实如果需以物理学讲形上学,则不如直讲物理学。如果需以心理学讲知识论,则不如直讲心理学。此其所讲,必非哲学,至少非最哲学底哲学。

五 哲学与经验

照以上所说,哲学可以说是不切实际,不管事实。就哲学之本身说,诚是如此,但就我们之所以得到哲学之程序说,我们仍是以事实或实际底事物,为出发点。我们是人,人的知识,都是从经验中得来底。

我们经验中所有者,都是有事实底存在底事物,即实际底事物。哲学始于分析、解释经验,换言之,即分析、解释经验中之实际底事物。由分析实际底事物而知实际。由知实际而知真际。

哲学中之观念,命题,及推论,之系形式底,逻辑底者,其本身虽系形式底,逻辑底,但我们之所以得之,则靠经验。我们之所以得之虽靠经验,但我们既已得之之后,即见其并不另需经验以为证明。其所以如此者,因此种观念,命题,及推论,对于实际并无所主张,无所肯定,或最少主张,最少肯定。例如三加二等于五之命题,在我们未得之之时,必靠经验以得之。小儿不知三加二等于五,必以三个手指与两个手指,排在一起数之,正是其例。但我们于既知三加二等于五之时,则见其并不另需实际底例以为证明。其所以如此者,因此命题对于实际并无肯定。它并不肯定有三个桌子或两个椅子,所以亦不需要关于此诸物之存在之证明。

为说明此点,我们再举普通所谓唯心论或唯物论,以与本书所讲之哲学比较。普通所谓唯心论,或唯物论,以心或物为宇宙诸事物中之最根本底,一切皆可归纳于心或物。其所谓心或物,不必即是普通言语中所谓心或物,但与之是属于一类者。因其如此,所以普通所谓唯心论或唯物论,对于实际,即有所主张,有所肯定。因其如此,所以唯心论或唯物论,皆需举经验中许多事例以证明其所立之命题,即其对于实际所主张,所肯定者。因实际之范围,甚为广大,故无论举若干事例,其证明皆终不能谓为已足。对于实际有所主张,有所肯定者如此。若本书所讲之哲学,即所谓最哲学底哲学,虽亦有所说,如说:一切事物之成,均靠理与气。但此命题并不需许多经验中底事例,以为证明。对于不了解此命题者,固须举一二经验中底事例,以为解释,但既经解释之后,了解此命题者,即见其不需更多经验中底事例以为证明。其所以如此者,因此所举之命题是形式底,逻辑底。了解此命题者,不待经验中许多事例即见其为实际底一切事物所不能逃。因其为形式底,逻辑底,其中并无,或甚少,实际底内容,故对于实际,并无所主张,无所肯定,或甚少主张,甚少肯定。

六　哲学之用处

哲学或最哲学底哲学，所有之观念，命题，推论，多系形式底，逻辑底，其中并无，或甚少，实际底内容，故不能与科学中之命题，有同等之实用底效力。科学中之命题，我们可用之以统治自然，统治实际，而哲学中之命题，尤其所谓最哲学底哲学中之命题，则不能有此用，因其对于实际，并无主张，并无肯定，或甚少主张，甚少肯定。

哲学对于真际，有所肯定，而不特别对于实际，有所肯定。离开实际之真际，并非可统治者，亦非可变革者。可统治可变革者，是实际，而哲学，或最哲学底哲学，对之无所肯定，或甚少肯定。哲学，或最哲学底哲学，对之有所肯定者，又不可统治，不可变革。所以哲学，或最哲学底哲学，就一方面说，真正可以说是不切实际，不合实用。

就一方面说，哲学所以不切实际者，因其本不注重讲实际也。其所以不合实用，因其所讲之真际，本非我们所能用也。一个方底桌子，我们可以用之，但"方"则非我们所能用。哲学对于其所讲之真际，不用之而只观之。就其只观而不用说，哲学可以说是无用。如其有用，亦是无用之用。

"观"之一字，我们得之于邵康节。邵康节有《观物篇》。他说："夫所以谓之观物者，非以目观之也。非观之以目，而观之以心也；非观之以心，而观之以理也。"以目观物，即以感官观物，其所得为感。以心观物，即以心思物。然实际底物，非心所能思。心所能思者，是实际底物之性，或其所依照之理。此点上文已详。知物之理，又从理之观点以观物，即所谓以理观物。此所解释，或非康节之本意，不过无论如何，心观二字甚好。又有所谓静观者，程明道诗："万物静观皆自得，四时佳兴与人同。"静观二字亦好。心观乃就我们所以观说；静观乃就我们观之态度说。

就一方面说，以心静观真际，可使我们对于真际，有一番理智底，同情底了解。对于真际之理智底了解，可以作为讲"人道"之根据。对于真际之同情底了解，可以作为入"圣域"之门路。如下第五章、第十章中所说。就此方面说，哲学又有大用，其详看下第五章、第十章可知。

七 哲学之新与旧

我们既知哲学与科学，完全有种类上底不同，我们即可知哲学，或最哲学底哲学，并不以科学为根据。哲学之出发点，乃我们日常之经验，并非科学之理论。科学之出发点，亦是我们日常之经验，但其对于事物之看法，完全与哲学之看法不同。

哲学，或最哲学底哲学，不以科学为根据，所以亦不随科学中理论之改变而失其存在之价值。在哲学史中，凡以科学理论为出发点或根据之哲学，皆不久即失其存在之价值。如亚里士多德，如海格尔，如朱熹，其哲学中所谓自然哲学之部分，现只有历史底兴趣。独其形上学，即其哲学中之最哲学底部分，则永久有其存在之价值。其所以如此者，盖其形上学并不以当时之科学的理论为根据，故亦不受科学理论变动之影响也。

在中国哲学史中，先秦哲学，派别甚多，未可一概而论。自秦以降，汉人最富于科学底精神。所谓最富于科学底精神者，即其所有之知识，多系对于实际之肯定。当时所流行之哲学，为阴阳五行家。此派哲学，与其说是哲学，不如说是我们的原始底科学。其所主张，如五行之相生相胜，以及天人交感之说，皆系对于实际之肯定。凡先秦哲学中所有之逻辑底观念，此时人均予以事实底解释，使之变为科学底观念。详见第二章。所以汉人的哲学，至今只有历史底兴趣。

晋人则最富于哲学底精神。先秦哲学中所有之逻辑底观念，此时人又恢复其逻辑底意义。我们常见此时历史中说，某某善谈名理。所谓名理，即是对于实际无所肯定之理论，亦可说是"不着实际"之理论。因其"不着实际"，所以其理论亦不随人对于实际之知识之变动而变动。因此晋人的哲学至今仍有哲学底兴趣。

哲学对于实际虽无所肯定，而对于真际则有所肯定。晋人虽有"不着实际"之倾向，而对于真际并未作有系统底肯定。所以晋人虽善谈名理，而未能有伟大底哲学系统。在中国哲学史中，对于所谓真际或纯真际，有充分底知识者，在先秦推公孙龙，在以后推程朱。他们对于此方面之知识，不是以当时之科学底理论为根据，亦不需用任何时代之科学底理论为根据，所以不随科学理论之变动而变动。

哲学,或最哲学底哲学,不随各时代之科学的理论之变动而变动,其情形已如上述。然各种学问,其本身亦应有进步,哲学,或最哲学底哲学,其本身是否可能有日新月异底发现,如现在科学所有者?又是否可能有一种进步,使其以前哲学家的哲学,皆只有历史底兴趣,一如现代底科学与以前底科学之比?

就一方面说,这恐怕是不可能底。其理由可分两点说。

就第一点说,科学是对于实际有所肯定者。他对于一类事物之理,即一类事物之所以为一类事物者,必知其内容,然后可对于此类事物有所肯定。他对于一类事物之理,并不以其为真际底而研究之,而系因欲对于其类事物有所肯定而研究之。哲学只对真际有所肯定,但肯定真际有某理,而不必肯定其理之内容。例如树一类之物,哲学只须说:树一类之物必有其所以为树者,即必有树之理。但讲植物学者,则必对于树之所以为树者,即树之理之内容,加以研究,然后对于实际底树,可以有许多肯定,可以利用之,统治之。事物之类之数量,是无尽底。一类事物之理之内容亦是很富底。科学家向此方面研究,可以说是"仰之弥高,钻之弥坚"。他的工作可以说是"今日格一物,明日格一物"。他不断地"格",即不断地有新知识得到,所以科学可有日新月异底进步。哲学家以心观大全(大全解释见下),他并不要取真际之理,一一知之,更不必将一理之内容,详加研究。所以哲学不能有科学之日新月异底进步。

就第二点说,哲学中之道理由思得来。在历史中,人之思之能力,及其运用所依之工具,如言语文字等,如已达到相当程度,则即能建立哲学之大体轮廓,并知其中之主要道理。此后哲学家之所见,可更完备精密,但不易完全出前人之轮廓。在此点哲学又与科学不同。科学大部分是试验底,其研究大部分靠试验工具。因试验工具可以有甚多甚速底革新与进步,科学亦可有甚多甚速底革新与进步。哲学不是试验底,其研究不靠试验工具,而靠人之思之能力。人之思之能力是古今如一,至少亦可说是很少有显著底变化。思之运用所依之工具,如言语文字等,亦不能有甚多甚新底进步,数理逻辑以符号辅助文字,即欲将思之运用所依之工具,加以改进,然其所改进者,比于科学实验所用工具之进步,可以说是微乎其微。今人之所以能超过前人者,大部分靠今人有新工具。例如今人能飞行,古人不能飞行,此非因今人之体质在生理方面,与古人有何不同,而乃今人有飞机之工具,古人则无此工具也。哲学既只靠思,思之能力,古今人无大差异,其运用所依之工具,又不能或未能有大改进,所以自古代以后,即无全新底哲学。古代底哲学,其最哲学底部分,到现在仍是哲学,不是历史中底哲学。

然全新底哲学虽不能有,或不易有,而较新底哲学则能有,而且事实上各时代皆有。较新底哲学所以可能有之理由,可分三点言之。

就第一点说,人之思之能力,虽古今无大异,然各时代之物质底环境,及其所有别方面之知识,则可有改变。如其有改变,则言语亦随之改变。如现在我们所常用之言语中,有许多所谓新名词,新文法,五十年前之人,如死而复生,听我们现在所说之话,读我们现在所写之书,当有大半不知所谓。因此往往有相同,或大致相同底道理,而各时代之哲学家,各以其时代之言语说之,即成为其时代之新底哲学系统。此非是将古代底言语译成现代底言语之一种翻译工作。此种翻译,亦是一种工作;做此种工作者即注疏家。但注疏家不能成为一时代的哲学家。

哲学家是自己真有见者;注疏家是自己无见,而专转述别人之见者。上文说自古以来,无全新底哲学,但虽无全新底哲学,而却有全新底哲学家。例如柏拉图以后,不能有一全新底柏拉图哲学,但非不能有人,不藉读柏拉图之书,而与柏拉图有同样,或大体同样底见解。此人是一全新底哲学家,但其哲学则并非一全新底哲学。一时代的哲学家,必是将其自己所见,以当时底言语说出或写出者。因其所见,不能完全与前人不同,所以其哲学不是全新底哲学,但其所说或所写,是其自己所见,所以虽有与前人同者,但并非转述前人,所以异于注疏家。

例如最初游南岳者,将其所见写一游记。此后虽再有游者,即难写一全新底游记。但虽无全新底游记,非无全新底游者。各时代之游者,各以其所见写为游记,其所写游记,不能是全新底,但与未到南岳,仅转述他人所记者,自有大不相同之处。此喻只是一喻,因游人所见之南岳,其本身尚可有变动,而哲学所讲之真际,则是无变动底。总之凡对于某事物亲自有所见到者,其所叙述,与道听途说者之叙述,自然不同。所谓"实见得者自别也"(朱子语,见《语类》卷一百)。一亲自见南岳者,其叙述纵与前人同,而听之者,自觉有一种力量,为仅转述前人之言所不能有者。若其所用之言语,与前人不同,其所用之言语,本乎当时人之经验,合乎当时人之趣味,则其对于当时人之力量可以说是全新底。由此之故,一时代不能有全新底哲学,而可有全新底哲学家。

就第二点说,真际之本身,虽是不变底,但我们之知真际,乃由分析解释我们的经验。古今人之环境,及其在别方面所有之知识,可有不同,则古今人之经验,可有广狭之不同。今人之新经验之尚未经哲学分析解释者,一时代之新哲学家,可分析解释之,其结果或有对于真际之新见。即或无新见,而经此分析解释,新经验可与原有底哲学连接起来。一时代新经验之分析解释,亦即可成为一时代之新哲学。以前喻譬之,假令南岳是不变底,但上南岳之路,则可随时增加,若由新路上南岳,则对于南岳,或可有新见。

就第三点说,人之思之能力虽古今如一,而人对于思之能力之训练则可有进步。逻辑为训练人之思之能力之主要学问。今人对于逻辑之研究,比之古人,实大有进步。故对于思之能力之训练,今人可谓优于古人。用训练较精底思之能力,则古人所见不到者,今人可以见到,古人所有观念之不清楚者,今人可使之清楚。以前喻譬之,若今人之上南岳者,其目力因特殊底训练,可较前人为好,则其所见或可较前人为多。

由此之故,一时代虽不能有全新底哲学,而可有全新底哲学家,较新底哲学。一时代之哲学家之哲学,不是全新底,所以是"上继往圣"。但其哲学是较新底,其力量是全新底,所以可"下开来学"。

以上所说,是站在哲学之内,说实际底哲学之实际底发展。若站在哲学之外,以看实际底哲学与本然底哲学之关系,及哲学中各派别与哲学之关系,则另有一套理论,现在我们不能讲。因为那一套理论,亦是我们所讲底哲学之一部分,必须对于我们所讲底哲学,已有相当底了解,方可了解之。所以其详在第七章中。

〔录自冯友兰:《三松堂全集》(第四卷),河南人民出版社 2001 年版。〕

论 孔 子

一 孔子的生平和他的阶级立场

在奴隶主贵族专政时代,知识学问都掌握在大小贵族手里,他们都是"在官者"。他们的知识学问,都是"官学"。在奴隶主贵族制度开始崩坏以后,有些没落的贵族和原来称为"士"的最低级贵族才开始以私人资格传授知识学问,以维持生活。这才有私人讲学之事。从私人讲学之中,出了私人的学派。这些学派,对于"官学"而言,就成为"一家之言"。所谓"诸子百家之学"是对于贵族的统一的"官学"说的。

在中国历史中,孔子是第一个大规模私人讲学的人,也是第一个创立学派的人。他创立了儒家,同时也创立了"家学"。

在孔子的当时,有几种具有历史意义的变革,标志着中国社会在这个时代的伟大的转变。

第一种变革,就是郑国铸刑书,又过了二十多年,晋国也铸刑鼎(公元前 512 年),孔子对于晋国的这种措施,有与叔向相同的反对意见,他说:"夫晋国将守唐叔之所受法度,以经纬其民,卿大夫以序守之。民是以能尊其贵;贵是以能守其业,贵贱不愆,所谓度也。"就是说,晋国的奴隶主贵族,应该死守着从开国以来的传统的贵族制度,这样奴隶和人民就能服从贵族,贵族可以保守着他们的统治的和剥削的地位。孔子认为传统的制度的主要意义,就是要使"贵贱不愆"。正是因为如此,所以当时新兴的社会势力要冲破这些制度。这个后果,孔子也是看到的。他说:"今弃是度也,而为刑鼎。民在鼎矣,何以尊贵?贵何业之守?贵贱无序,何以为国?"(《左传》昭公二十九年)这就是说,有了成文法,又把它铸在鼎上公布出来,人民就专注意于成文法,对于贵族的重视就减轻了,贵族不能随便摆布("经纬")人民了,他们干什么呢?这完全是站在奴隶主贵族立场的言论。

当时的另外一种变革,就是奴隶主贵族的等级制度逐渐崩坏。照这种制度不仅贵族和奴隶与人民之间有绝对的等级上的划分,大贵族与小贵族之间也有等级的划分。在生活的每一个方面,每一个等级,都有一定的合乎自己身份的制度,如果超过了这个制度,就叫"僭越"。孔子所谓"贵贱不愆"也包括这些内容。在孔子的时候,各种"僭越"的事情越来越多。《论语》中记载了许多孔子谴责"僭越"的话。

在当时,"僭越"就是奴隶主贵族等级制度崩坏的表现。"僭越"是有其物质基础的,春秋以来,贵族都利用奴隶的劳动力,开垦土地,成为他们的"私田"。他们之中也有些以改善劳动生产者的待遇为手段招徕劳动力,增加他们的经济力量。这些贵族的经济力量大了,越来越富,政治力量也就越来越大。他们逐渐侵占国君的政权,甚至取而代之。例如鲁国的季氏,齐国的陈氏(亦称田氏)都是这样的贵族。这样的贵族,在一定程度上代表新的封建的生产关系,是社会的新兴势力。

孔子对于季氏和陈氏都持反对的态度。季氏用"八佾舞于庭","佾"是舞的行列。照奴隶主贵族等级制度的"礼",天子用八个行列。诸侯用六个行列,大夫用四个行列,季氏照"礼"只能用四个行列,可是他们竟然用八个。孔子说:"是可忍也,孰不可忍也。"(《论语·八佾》)他也反对季氏的富。孔子认为"季氏富于周公",可是他的学生冉求还在帮助季氏使他更发财。孔子很不赞成他,说:"非吾徒也,小子鸣鼓而攻之可也。"(《论语·先进》)

其实季氏在鲁国是比较得到人民的拥护的。季氏把鲁国的国君昭公赶出国外,死在外边。晋国有个贵族赵简子觉得很奇怪:为什么季氏能这样搞下去。有个史官叫史墨回答他说:"鲁君世从其失,季氏世修其勤,民忘君矣,虽死于外,其谁矜之!"(《左传》昭公三十二年)这是事情的很重要的一方面,这一方面孔子是不管的。

齐国的陈氏也很得人民的拥护,后来陈恒把齐君杀了,夺得齐国的政权。照奴隶主贵族的"礼"说,这是"臣弑其君",罪大恶极。孔子听见这消息就去见鲁君哀公,请发兵讨伐,当时鲁国跟齐国比较起来已经很弱小,怎么能向齐国动兵呢?孔子已明知道,不过认为总要有所行动以表示态度。

《论语》还记载有两件事情。一件是公山弗扰在费这个地方叛了，召请孔子去参加。一件是佛肸在中牟这个地方叛了，也召请孔子去参加。孔子都有意去，可是都没有去。有许多同志根据这两条认为孔子也是同情"乱党"，并不是死守旧礼。我不同意这样的推论。公山弗扰是鲁国大贵族季氏的家臣，对鲁君说，他是陪臣；佛肸是晋国大贵族赵氏的家臣，对晋君说，他是陪臣。他们的叛是对于季氏和赵氏的叛，他们可能以拥护鲁君和晋君为名，来反对季氏和赵氏。我这个推测有一个例证，季氏把鲁君昭公赶出去以后，季氏的家臣南蒯就在"费"这个地方叛季氏。南蒯失败，逃跑到齐国，有一天，在一个宴会上齐君景公说他是"叛夫"。他说："臣欲张公室也。"又一个贵族驳斥他说："家臣而欲张公室，罪莫大焉。"（《左传》昭公十四年）这个情况跟公山弗扰和佛肸的情况是一类的。他们以"张公室"为号召，所以孔子有意接受他们的召请。可是也许另有一说，照旧礼，陪臣不应该"张公室"，所以孔子还是没去。这跟孔子拥护贵族等级的基本主张，并无矛盾。（有人认为《论语》这两条记载根本不合事实，详崔述《洙泗考信录》。）

对于这两种政治和社会变革，孔子的态度是保守的。

当时政治上的另一种变革，就是有些国家已先后有了后来大一统的郡县制的开始。在国君大贵族与小贵族之间的斗争中，若果有些贵族被消灭了，国君或大贵族就不愿再有与他们敌对的贵族，而愿意在这些地方，用他所直接任命可以随时撤换的官吏，替他们管理地方事务。他们于是就把这些没收的土地改为"县"，由"县大夫"管理。县大夫是官吏，不是世袭的贵族。这样一国的政权就统一集中起来。在消灭了贵族的地方，新兴地主阶级也可以有比较多的"自由"土地，供他们买卖，比较多的政治地位，供他们占据。这是符合于地主阶级的利益的，也是向中央集权的封建主义社会走了一大步。所以这一种措施，在当时也是有很大的进步意义。

这种变革，孔子倒是赞成。公元前513年，晋国的魏舒"分祁氏之田以为七县，分羊舌氏之田以为三县"，派了十个人做县大夫，孔子对于晋国的这一改革，表示赞成。他说："魏子之举"是"近不失亲"（大夫中的一个是魏舒自己的庶子），"远不失举"，"以贤举，义也"。其中两个人以有力于王室而得为县大夫,孔子认为这是"忠"(《左传》昭公二十八年)。在这一段话里,可见孔子虽不要完全废除贵族制度的"亲亲",但是也在一定程度上主张"贤贤"。

当时的另外一种政治社会变革,就是奴隶主贵族用各种办法招徕劳动力,为他们垦荒,扩充土地。其中一个方法就是提高劳动生产者的地位,改善他们的生活。对于这种现象,孔子是赞成并且鼓励的,他主张一国的统治者要"节用而爱人,使民以时"(《论语·学而》)。他认为政治的最好效果是能使"近者悦,远者来"(《论语·子路》)。他认为一国如有了好的"在上者","四方之民襁负其子而至矣"(同上)。孔子的这种见解后来成为儒家的一贯主张。

对于这两种政治社会变革,孔子的态度是进步的。

孔子的态度的这两方面,在他并没有矛盾。这是他的阶级立场所决定的。孔子和他所创始的儒家,是代表奴隶主贵族转化过来的地主阶级的利益。这样的地主阶级,希望尽可能在不破坏奴隶主贵族制度的前提下,在这种制度的框子里,作一些改革。其中的要点包括承认人的作用,提高劳动生产者的地位,改善他们的生活,接收贵族以外的有能力的人参加政治。这两个要点,用当时的话说就是"徕远人"和"举贤才"。

孔子一生的行动及其全部思想是上面所说的这些态度所决定的。他反对"刑书"和拥护等级制度的态度在思想战线上表现为他对于"礼"的拥护,他对于"徕远人"和"举贤才"的态度,在思想战线上表现为他对于"仁"的提倡。

二 孔子关于"礼"的理论

孔子认为当时的奴隶主贵族制度("周礼")几乎是最完全的制度。他说:"周监于二代,郁郁乎文哉,吾从周。"他以继承周公的事业为一生的志愿,"久矣吾不复梦见周公"(《论语·述而》)。孔子把他的拥护礼的主张集中成为他所谓"正名"(《论语·子路》)的理论。这个理论的具体内容,就是如他向齐景公所说的"君君、臣臣、父父、子子"(《论语·颜渊》)。这就是说,事实上为君的人的行为,必需合乎"为君之道",事实上为臣的人的行为,必需合乎"为臣之道",事实上为父的人的行为,必需合乎"为父之道",事实上为子的人的行为,必需合乎"为子之道"。他认为每一个名,例如"君"、"臣"、"父""子"等,都有其一定的意义。这些意义就代表这个名所指的事物所应该如此的标准。这个标准,他称为"道"。他所谓"道"的具体内容,实际上是以奴隶主制度的"礼"为基础,加上他自己的一些修正和补充。"君"、"臣"、"父"、"子"的名,都代表君、臣、父、子的"道"。事实上处于君臣父子的地位的人,如果都合乎君臣父子的"道",就是"天下有道"。不然,就是"天下无道"。照他看起来,"无道"就是"乱",那就是说,奴隶主的社会秩序不能维持了。孔子看见在当时"礼"在很多方面已经不被遵守了。他不认为新势力对旧势力的破坏是进步的现象,而认为这是"天下大乱"。为了阻止这个"乱",他就企图用奴隶主制度中的"名"加上自己的一些新的扩充的意义,"校正"当时他所认为是不对的实际情况,这就是他所谓"正名"的实际意义。

在先秦哲学中,有一个重要的问题,就是关于"名"、"实"的问题。"名"就是名字,"实"就是有那个名的实际的东西。孔子的"正名"的主张,是这个问题的开端。孔子的"正名"本来只是政治上的社会上的一种主张。他所注意的并不是认识论的问题,也不是逻辑的问题。在他的主观意识中并没有这些问题。在春秋末年,认识论和逻辑的问题还没有提到哲学的日程上来。但是在客观上"正名"是牵涉到"名"与"实"的关系的问题。"君君、臣臣",头一个"君"字,头一个"臣"字是指事实上为君或为臣的具体的人,就是"实"。第二个"君"字,第二个"臣"字是代表"君""臣"的"道"的抽象的名。孔子的办法,是用抽象的"名"来"校正"具体的"实",他认为只要把"名"弄清楚,"实"自然就会改变。这是把"名"或"道"认为是比具体的事物更根本。在"名"、"实"的关系这个问题上,这是唯心主义的思想。

三 孔子关于"天"的见解

在奴隶主贵族制度的"礼"中,有大部分是关于宗教信仰与仪式。孔子主张维持原有的宗教仪式,以为继续麻醉人民之用。但是在宗教信仰上,他有一定程度的比较新的见解。

上面已经说过,原有的宗教认为世界有一个最高的主宰者。这个主宰称为"帝"、"上帝"或"天",孔子还是时常谈到"天"。他所谓"天"不一定有活灵活现的人格，对于自然界任何事情都"发号施布"，像传统的宗教所说的。他说："天何言哉？四时行焉，百物生焉，天何言哉？"（《论语·阳货》）但是他认为"天"有分别是非善恶的意志。孔子在匡这个地方跟匡人起了误会，受到匡人的围困。他说："天之将丧斯文也，后死者不得与于斯文也。天之未丧斯文也，匡人其如予何！"（《论语·子罕》）宋国有个贵族叫桓魋要加害孔子，孔子说："天生德于予，桓魋其如予何！"（《论语·述而》）可见孔子所说的这样的"天"是有意志的。

天的意志，就是所谓"天命"（天的命令）。孔子认为"天命"与君主（大人）及古人（圣人）的话，同样可敬畏的。"君子有三畏：畏天命，畏大人，畏圣人之言。"（《论语·季氏》）

天命的简称就是命，宗教宣传一个人的生死、祸福、富贵、贫贱都是命定的；富贵不可求，也不必求。这样的宗教思想是符合于剥削阶级的利益的。这样的宣传的目的，是要使在富贵地位的人，继续富贵，使在贫贱地位的人不进行反抗与斗争。

孔子的学生子夏说："商闻之矣，死生有命，富贵在天。"（《论语·颜渊》）"闻之"就是闻之于孔子。孔子也接受了宗教关于命的思想，但是孔子对于这个思想，有了比较重要的修正。孔子认为人做事成功失败是由天命决定的，但是人可以尽自己的力量，做他自己认为应当做的事情，不管结果是成功或失败。孔子认为，即使明知是不能成功的事，只要认为应该做，还是要努力去做。当时的人说他是"知其不可为而为之"（《论语·宪问》）。他的学生子路替他解释说："君子之仕也，行其义也，道之不行，已知之矣。"（《论语·微子》）

孔子认为一个人的贫富、贵贱是"天命"所决定的。但是一个人的"贤不肖"则不是由"天命"所决定的。他认为就一般情形论，人生来都是差不多相同的。不同是由于后来的习惯，"性相近也，习相远也"（《论语·阳货》）。因此，一个人要成为"贤"主要的是靠自己的努力。在古代哲学中"力"与"命"的关系也是一个重要的问题。孔子对于这个问题的解决，是为它们各划出"势力范围"。这是孔子对于宗教的天命所作的修正，也是对于命的权威所加的限制。

孔子这样的主张是跟他的教育家的身份相符合的，他广收弟子，教育他们成为"贤才"。以教育"贤才"为职业的人，必需承认是可以专靠努力成为"贤才"。

孔子对于传统宗教的态度的进步一方面比较清楚地表现在他对于鬼神的态度。他对于鬼神是否存在,持怀疑态度。他的学生子路向他问鬼神,他说:"未能事人,焉能事鬼?"子路又向他问死,他说:"未知生,焉知死?"(《论语·先进》)他又说:"敬鬼神而远之,可谓知矣。"(《论语·雍也》)从这些话里,可见他是肯定人生,注重现实生活的。他认为迷信鬼神,就是不智,就是愚。但是他对于"丧""祭"礼还是照旧重视,认为是不可改变的。他一方面"不语怪力乱神"(《论语·述而》),一方面说,"祭如在,祭神如神在"(《论语·八佾》),"所重民食丧祭"(《论语·尧曰》)。"丧礼"是有关于鬼的,"祭礼"是有关于神的。鬼神可以不存在,但是与原来宗教有关的丧祭礼,仍要原封保存,照他说起来这是对于人的一种教育。他的学生曾子说:"慎终追远,民德归厚矣。"(《论语·学而》)在这一方面,孔子也是在旧框子中,加上新内容。

四 孔子关于"仁"的理论

孔子的思想的进步一方面,更表现在他对于"仁"的理论。在他的思想中"仁"是一个最高的道德原则,它的主要内容是"爱人"(《论语·卫灵公》)。孔子所讲的"爱人"有两个来源,两个意义。

就两个来源说,一个来源是政治方面说,这是当时"徕远人"的政治在思想上的反映,上面已谈过。

"爱人"的理论的另一个来源,是奴隶主贵族注重氏族关系的所谓宗法,宗法是一种以血缘关系为基础的社会组织制度。宗法注重"孝"的道德。这种道德要求一个人全心全意为他的宗族服务。这就是所谓"亲亲"。孔子拥护"亲亲",也提倡孝的道德。但是,当时生产力的发展,使孔子也感觉到宗族的范围,未免狭小。因此他又提出"仁"的理论。就这一方面说,"仁"是"孝"的扩充。"孝悌也者,其为仁之本欤?"(《论语·学而》)仁要求一个人不但爱他的宗族,并且要把这个爱推广到他的宗族以外的人。

就"爱人"的"人"两个意义说,一个意义,人就是为上面所说的宗族以外的人。

"人"的另一个意义是与"己"相对的"别人"。这样的"爱人"实行起来有两方面。在消极方面，一个"仁人"要"己所不欲，勿施于人"（《论语·卫灵公》）。就是说，我不愿意别人怎样对我，我也不怎样对别人。这就是孔子所谓"恕"。在积极方面，一个"仁人"要"己欲立而立人，己欲达而达人"（《论语·雍也》）。就是说，我愿意别人怎样对我，我就怎样对别人。这就是孔子所谓"忠"。合起来称为"忠恕之道"。"忠恕之道"就是实行仁的方法，"为仁之方"。

在"仁"的这个意义下，"仁"要求人以人的资格，承认于"己"之外，还有与己相对的别人。它要求人互相承认对方有独立的意志，有与自己相同的人格。孔子在有些话里，也是承认人有独立的意志的，他说："三军可夺帅也，匹夫不可夺志也。"（《论语·子罕》）当然，我们对于孔子的这样理论的估价，应该有所保留。在"人"里面，孔子认为有"君子"和"小人"的阶级分别。他说："民可使由之，不可使知之。"（《论语·泰伯》）这就不是承认"民"与自己同样有独立的意志和人格。但是在奴隶占有制时代，这样的理论就是进步思想。这是奴隶主贵族向地主阶级转化在提高劳动生产者的地位时，对于人的作用的认识的一种表现。

孔子认为"仁"的基础是人的欲望和情感。孔子认为一个仁人首先必须老实诚恳，有真实的情感。他说："刚毅木讷近仁。"（《论语·子路》）这种品质，他称为"直"。不"直"的人，油腔滑调，夸夸其谈，是不能成为仁人的。他说："巧言令色，鲜矣仁。"（《论语·学而》）仁人是有真实情感欲望的、活生生的人。有人问孔子，要把"怨欲"都"克伐"掉，能否成为仁人。孔子说："可以为难矣，仁则吾不知也。"（《论语·宪问》）照他的意见，仁人之所以为仁人，并不在于他没有欲，而在于他能"己所不欲，勿施于人"，"己欲立而立人，己欲达而达人"。

孔子重视有情感欲望的具体的人，并企图以具体的人的情感欲望为基础，建立起"仁"的德。但是在阶级社会中，具体的人是有阶级性的。孔子所说人的欲望情感，其实就是统治阶级的人的欲望情感。只有以这种欲望情感为基础，才能成为仁人，所以他说："君子而不仁者有矣夫，未有小人而仁者也。"（《论语·宪问》）君子指统治阶级，小人指被统治的奴隶和人民。孔子说："唯女子与小人为难养也；近之则不逊，远之则怨。"（《论语·阳货》）可见孔子认为小人的品质是与君子有根本不同的地方。小人不能有君子的欲望情感，所以不能称为仁人。

所谓君子的欲望情感也是传统的礼所形成的。照奴隶主贵族的礼,如果他们的父母死了,他们就要行"三年之丧",在这三年之间,不做工作。孔子有个学生名叫宰我,觉得三年未免太久,耽搁的事情太多。他想把三年之丧缩短为一年,他把这个意见告诉孔子。孔子说:"在三年之内,你就吃稻米,穿丝绸,于心安么?"宰我说:"安。"孔子说:"你既然心安,你就那样做好了。"宰我出去以后,孔子说宰我"不仁"(《论语·阳货》)。照孔子看起来,宰我没有对于三年之丧的情感,所以是"不仁",其实这种情感就是统治阶级在传统的礼的影响下培养出来的。墨子从劳动人民的立场,就是反对三年之丧,可是墨子也认为仁是一个最高的道德原则。这就说明仁是有阶级性的。孔子所说的仁和墨子所说的仁虽然字面相同,但是有不同的具体内容。

五 孔子思想体系中"礼"、"天"、"仁"的统一

在孔子思想体系中,仁和礼的关系是他所谓"文"和"质"的关系。"质"是一种素材,"文"是在一种素材上的加工。"文"和"质"是后来讲历史哲学的一对范畴。它们之间的关系有点像内容与形式的关系,但不完全相同。孔子认为一个像样的贵族(君子)必须"文质彬彬"(《论语·雍也》),就是说,在他身上仁和礼密切地结合起来。孔子认为在"文"、"质"这一对范畴中,质应该占第一位。他认为只有仁德的人,才可以行礼,而不致使礼成为空洞的架子。他说:"人而不仁如礼何,人而不仁如乐何。"(《论语·八佾》)他企图用这个理论把当时已经腐旧的礼的空架子充实起来,把垂死的东西复活起来。

照我们看,仁和礼是有矛盾的。仁是以具体的人的真情实感为基础的。人的真情实感如果独立地自由地发展起来,他就必然要冲破礼的束缚。如果加强礼的束缚,具体的人的真情实感必然受到限制不能发展,以至于奄奄无生气。

但是照孔子看起来,仁和礼是统一的,其间并没有矛盾,因为照上面所说的,孔子所说的欲望情感。其实就是在传统的礼影响下培养出来的,它就是统治阶级的欲望情感,所以它只能给礼作基础,不能跟礼矛盾。孔子说,"克己复礼为仁",仁人要"己所不欲,勿施于人","己欲立而立人,己欲达而达人","为仁"须要"克己",这是很清楚的。但是也

要"复礼"，其内容是"非礼勿视，非礼勿听，非礼勿言，非礼勿动"（《论语·颜渊》）。所以在孔子思想体系里，仁和礼并没有矛盾。也就是在这些地方，孔子思想的阶级性表现得很清楚。从奴隶主贵族转化过来的地主阶级本来是一方面要维持旧制度的框子，一方面又要加进去新的内容。孔子所想的仁和礼的关系正是说的这一点。

在孔子思想体系里"仁"、"礼"和"天"的关系也是统一的。在《论语》里面，孔子有一段话，叙述他自己从 15 岁到 70 岁中间思想发展的几个阶段。他说："吾十有五而志于学，三十而立，四十而不惑，五十而知天命，六十而耳顺，七十而从心所欲不逾矩。"（《论语·为政》）"三十而立"，就是说，在 30 岁左右的时候他就对于礼有充分的掌握了。孔子说"立于礼"（《论语·泰伯》），又说"不知礼无以立也"（《论语·尧曰》），可见能"立"就是对于礼有充分的掌握。"四十而不惑"，就是说他对于事物有充分的了解。孔子说"智者不惑"（《论话·宪问》），智就是对于事物的了解。上边说过，孔子说："敬鬼神而远之，可谓智矣。"有智的人就不迷信，不迷信也就是不惑。

"五十而知天命"，所谓天命的意义，上面已经讲过。"六十而耳顺"，"耳"即"而已"之急言。这两句合起来就是说，孔子在 50 岁左右已经对于他所谓天命有了充分的了解，到了 60 岁左右就已经能够随顺着天命。"七十而从心所欲不逾矩"，就是说，在 70 岁左右已经能够随心所欲，随随便便，自然合乎规矩。

这些规矩是什么呢？就是礼，就是天命。孔子认为他虽然在 30 岁左右，已经掌握了礼，能够非礼勿视，非礼勿听，非礼勿言，非礼勿动，但是总还有些勉强，有些矜持。到了 70 岁，那就随随便便，自然合拍了。这就是说，他的欲愿和情感已经培养到一种程度，自然能够合乎礼和天命所规定的规矩。这样"仁"、"礼"、"天"，自然就成为一致的了。

从这段话看起来孔子已经用了比宗教细致的唯心主义，代替了宗教。他所讲的"天"跟当时传统的宗教是有不同。他所讲的仁，是一个新的东西，他所讲的礼，有了他所讲的仁以为基础，是也有与以前有不同的意义。归总起来，他的思想的总的方向还是在旧框子里加新东西，用旧瓶装新酒。

六　孔子的教育思想和思想方法

孔子在文化教育方面的贡献特别显著。在中国他是第一个以私人资格大规模教育学生的人。他招学生，不问阶级出身，"有教无类"（《论语·卫灵公》），在一定程度上普及了教育。

他的教育主要的是使学生通晓古代的典籍（文），熟悉奴隶主贵族的政治社会制度及贵族的"威仪"（礼），有艺术的修养（诗、乐），并特别注重贵族道德的实践（行）。由此他整理并且传授了古代文化遗产。对古代的典籍也有很不少的新的解释。

孔子是个非常好学的人，"学而不厌，诲人不倦"（《论语·述而》）。他也是非常博学的人，当时人说他是"博于诗书，察于礼乐，详于万物"（《墨子·公孟》）。《春秋》记载，公元前483年"冬十二月螽"。季孙问孔子是什么原因。孔子说："丘闻之，火伏而后蛰者毕，今火犹西流，司历过也。"（《左传》哀公十二年）他不说十二月螽是一种灾异，是一种天意的表示，而说这是由于历官的错误，少了一个闰月，所以十二月还有虫类生出。他的这种解释，是在科学的路上的。

《论语》中很多谈到思想方法。他的思想方法，注重现实，注重客观实在，在当时是很进步的。

孔子认为，他自己的知识并不是生来的，而是从学习古代典籍求得的（《论语·述而》）。他虽很喜欢"古"的东西，但不认为古代的传说一概都可信。他说：夏礼，殷礼，他都能谈，但是在当时，杞国（夏之后）、宋国（殷之后），都没有充足的材料可以证实（《论语·八佾》）。这可见，他也认为古代的传说必须能于现在证实，才是可靠的。这可见，他认为知识的来源除了古代典籍之外，还有个人及别人的经验。他说：求知识必需听得多见得多（《论语·述而》）。他的学生子贡说：孔子没有不学的东西，也没有一定的老师（《论语·子张》）。这就是说，凡有一点特长的人，他都认为是老师。就是有错误的人，他也认为是可以作为反面教员。他说："三人行必有我师焉，择其善者而从之，其不善者而改之。"（《论语·述而》）他喜欢以别人为师，总是觉得自己的知识不够。他说："吾有知乎哉？无知也。"（《论语·子罕》）

孔子又认为：对于自己及别人的经验也必须加以考核，才可相信。

他说：多闻多见是好的，但要把其中的可疑者阙之，只行其余的无可疑者。这样就可以少犯错误（《论语·为政》）。

孔子注重"阙疑"。他说：历史家对于所不知道的事情，最好是不要写（《论语·卫灵公》）。学习研究都应该取这种态度。他说"知之为知之，不知为不知，是知也"（《论语·为政》），知道就是知道，不知道就是不知道，不要强不知以为知，这样也就是知，因为知道自己不知道。

孔子认为：对于从经验得来的东西，不但要加以考核，还要加以引申和类推，由已知引申到未知。"告诸往而知来者。"（《论语·学而》）孔子的学生子夏说：他自己能"闻一以知二"，另一个学生颜回能"闻一以知十"（《论语·公冶长》）。颜回是孔子所最喜欢的学生。"闻一以知二"，在孔子看起来并不是很高的要求。他说：如果告诉一个学生，一个方的东西的一角是个什么样子，而他不能由此推知其余的三个角是什么样子，这个学生就不必再教了（《论语·述而》）。

孔子认为对于从经验得来的东西，只引申类推，还不能达到知识的最高标准。知识的最高标准，不是仅有许多经验，而要于经验中发现可以把它们联系起来的东西。他说这是"一以贯之"（《论语·卫灵公》）。发现了"一"才可以把许多表面上看是不相联系的事物贯穿起来。这才成为完全的知识。这个"一"就是从经验中发现的事物的规律。

多闻多见，向经典学习，向别人学习，都是属于孔子所谓"学"。"闻一知二"，"一以贯之"，把感性认识提高到理性认识，这要靠理智的运用，这就属于孔子所谓"思"。孔子说：多闻多见是"知之次"（《论语·述而》），因为知识的最后完成，是要靠"思"。但是若果离开了"学"而专"思"，"思"又是落空的。归结起来，"思"与"学"是互相为用，不可偏废的。孔子说，"学而不思则罔"，就是说，只有学习，没有思考就罔然无所得，即不能有所启发，有所提高。"思而不学则殆"，就是说，只有思考，没有学习，还是游疑不决，不能决疑，不能解决问题（《论语·为政》）。

《论语》又说孔子"绝四：毋意，毋必，毋固，毋我"（《论语·子罕》）。"意"是测度，也就是主观的成见。"毋意"就是没有主观的成见。孔子说"言必信，行必果"，是"小人"。后来孟子说："大人者言不必信，行不必果，惟义所在。"（《孟子·离娄下》）孔子与孟子所说的，显然是一个道理的两面。一般地说，"言而有信"（《论语·学而》），是应该的，但是也要看具体的情况。"言不必信,行不必果"是"毋必",孔子说他自己是"无可无不可"(《论语·微子》)。他认为行为的标准是可变的,而非固定的,是活的,而不是死的,是因时因地为转移的。他的行为"无可无不可",这就是"毋固",也就是"可与权"。就是说,不死守教条,可以随时变通(《论语·子罕》)。孔子善于向别人学习"择其善者而从之,其不善者而改之"。这就是"毋我"。

照《论语》的记载看起来,孔子对于学生所提出的问题的回答,总是因具体的环境和学生的具体思想情况而有不同。孔子的一个学生子路问孔子说:"听见一个道理,就立刻照着去行吗?"孔子回答说:"还有父兄在上,怎么自己就立刻去行?"又有一个学生冉有提出同样的问题。孔子回答说:"立刻照着去行。"另有一个学生公西华觉得很惑乱,就问孔子,为什么对于同一个问题,回答不同。孔子说:求(冉有)向来松懈,所以我鼓励他前进;由(子路)向来冒失,所以我向后拉他一下。(《论语·先进》)这也是孔子在教育方面"绝四"的一个例证。

照上面所引的,孔子的思想方法,注重闻见,注重证据,注重"阙疑",注重引申类推,注重"一贯",又注重"绝四"。就这一方面说,他的思想方法在一定程度上,是有唯物主义的精神,也有辩证法的意味。

七 简短的结论

上面已经说过,在春秋时代,奴隶占有制崩坏的时期,有一部分奴隶主贵族向地主阶级转化。孔子就是这个阶层的代言人,他的思想就是这个阶层的要求和愿望在当时思想战线上的反映。孔子思想的要点,就是尽可能维持当时旧东西的框子,在其中套进去新的东西。这两种成分的比重,是什么样子呢?大致说起来,对于当时的具体的政治问题,孔子的态度是偏于保守的。对于"周礼"孔子基本上是拥护的。

关于"天"和鬼神的问题,孔子接受了传统的宗教的见解,但也作了比较重要的修正。孔子关于这个问题的思想中的新的成分,使他倾向于无神论,但是没有使他脱离唯心主义。我认为孔子的自然观基本上还是唯心主义的。"仁"是孔子新提出的问题;把"仁"作为一个主要的道德原则,是以前所没有的。在文化和教育方面,孔子虽然把整理和传授古代典籍作为主要的工作,但是在这一方面,新的成分占主要的地位。他对于春秋以前的文化作了一种总结,而又使它提高一步。

总的来说,孔子虽然受了他的阶级的局限,但是提出了不少新的东西。在历史的发展中,新的东西总是可贵的。即使仅只有一个萌芽,它的前途总是远大的。

在春秋战国时期,孔子和儒家的思想,在政治上都没有占重要的地位。因为当时的社会,随着生产力的发展,是处在一个急剧转变的时代。在这个时代,社会的主要推动力是新兴地主阶级和商人,而不是从奴隶主贵族逐渐转化的地主阶级,新兴的地主阶级和他们所拥护的中央集权的君主,需要用一种比较猛烈的、革命的方法,消灭奴隶主贵族的统治。孔子和儒家基本上是改良主义的方法,就不合乎新兴地主阶级和他们所拥护的中央集权君主的需要。孔子以后的孟子,当时说他是"迂远而阔于事情"(《史记·孟子荀卿列传》)。就是说,缓慢而不切合实际。这种批评对于整个的儒家都是适用的。

到了汉朝初年,地主阶级打垮了奴隶主贵族的反扑,巩固了自己政权。他们又需要利用奴隶主贵族统治人民的办法,来为自己服务。孔子和儒家的学说,正合乎这种需要。汉高祖得了叔孙通等一班儒生,替他制定了"朝仪",才觉得"天子贵"。这件事情,说明封建贵族怎样需要奴隶主贵族统治人民的制度,来维持自己的统治。

所以在汉朝封建地主阶级的统一政权完全建立以后,孔子和儒家的思想逐渐得到了封建贵族的大力支持,成了中国封建社会中占统治地位的意识形态,成了巩固封建生产关系的上层建筑的一个组成部分。因为孔子和儒家的学说,不仅为剥削阶级的统治者提供了从精神上尤其是从伦理道德上,巩固封建等级制度的武器,而且在政治上,为封建统治者提供了缓和阶级矛盾从而维持其长远利益的对策。在孔子和儒家的学说中,也含有民主的和人道主义的因素。这样,孔子后来就成了封建时代人们所崇拜的"圣人"。他的学说对古代中国的政治生活和文化生活起了巨大的影响。

孔子学说,在中国哲学史中也有着重要的意义。他是中国古代一位伟大的启蒙思想家。他创立了古代中国最早的学术流派。在中国历史上第一个提出了比较系统的理论体系。他的哲学观点,标志着古代思想开始从神权的束缚中解脱出来。他还能够把人和现实生活提到重要的地位,从人的实际生活的需要,观察和了解一切问题,并教导人们对现实生活采取积极的态度,这都是孔子的贡献。

〔录自冯友兰:《三松堂全集》(第十二卷),河南人民出版社 2001 年版。原载《光明日报》1960 年 7 月 22 日、29 日。〕

傅斯年儒学学案

　　傅斯年(1896—1950),字孟真,山东聊城人。中国现代历史学家。

　　傅斯年 6 岁入学塾,11 岁读毕十三经,14 岁入天津府立中学堂接受新式教育,18 岁考入北京大学预科。1916 年,入北京大学文科国文门。1918 年,与罗家伦、毛子水等创立新潮社。1919 年,作为北京大学学生代表,参与五四运动。1920 年,入伦敦大学研读实验心理及生理。1923 年,入柏林大学攻读。1926 年,赴广州中山大学任教。1927 年,创立中山大学语言历史学研究所,刊行《语言历史学研究所周刊》,发表《论孔子学说所以适应于秦汉以来的社会的缘故》、《评〈春秋时代的孔子和汉代的孔子〉》等文。1928 年,参与创立中央研究院历史语言研究所,并出任所长,出版《与顾颉刚论古史书》、《〈诗经〉讲义稿》等。1933 年,兼职在北京大学上课,出版《夷夏东西说》等。1940 年,出版《性命古训辨证》等。1942 年,发表《论性命说之语学及史学的研究》等文。1943 年,赴重庆参加国民参政会,出版《理学之地位》等文。1945 年秋,被任命为北京大学代理校长,出版《殷历谱序》等文。1946 年,辞去北京大学代理校长职,兼任北平图书史料管理处主任。1948 年,当选中央研究院第一届院士及立法委员,11 月就任台湾大学校长。1949 年,发表《自由与平等》、《中国学校制度的批评》等文。1950 年 12 月 20 日,于台北病逝。

　　傅斯年担任中央研究院历史语言研究所所长多年,期间开展了系列开创性学术研究,极大地推动了现代中国史学、语言学、民俗学及考古学的发展。其儒学方面的研究成果如《〈诗经〉讲义稿》、《性命古训辨证》、《论孔子学说所以适应于秦汉以来的社会的缘故》、《理学之地位》等亦颇为学界推崇。在大学任教期间,更发现和培养了如傅乐焕、何兹全、邓广铭、张政烺等一批杰出学者。

（刘　斌　毕晓乐）

性命古训辨证（节选）①

第五章 《左传》、《国语》中之"性"、"命"字

《左传》、《国语》两书编成之时代未易断定，其史料价值亦多异见。欲详辨此事，非可于此书中为之，姑举吾所信之假定。春秋时大国各有其献典，亦各有其嘉言故闻，传于当朝，遗之后代，后世说林、说苑一体之祖，吕氏、刘子所取资以成类书者，在古谓之"语"，而"故志"、"训典"或容纳其中，所以教国子也（见《楚语上》）。其"国语"一名，始见于汲冢书中（《晋书·束皙传》，"《国语》三篇言楚晋事"）。不专一国，故谓国语，犹言列国语也。汲冢书名《国语》者，虽不在今《国语》中（如在其中，《晋书·束皙传》及杜预《集解后序》当明言之），要为一类之书。夫列国各有其语，则必有人辑之，或并整齐之焉，始为《国语》（传本《国语》中之《齐语》固为《小匡》篇文，其吴越语亦与他国文体词法不类）。至战国之世，春秋之学大显，春秋之号益尊，于是诸家著书每被春秋之名，晏子、虞卿、吕不韦皆是也。当有震于春秋之学，以《国语》改为编年者，合以当时列国纪年之书，墨子所谓百国春秋，乃成《春秋左氏传》，或曰《左氏春秋》。此书虽成，国别之国语犹存。后世所谓《国语》，其一本也，《汲冢》、《国语》，又其一本也。此编年之书虽比附《春秋》，犹各有详略，并无书法，至刘歆欲夺公羊之席，乃将此书加之书法，且于《春秋》所详，此所略者，敷衍成文，此即《春秋左传》也。〔吾尝试以刘申叔《左氏春秋考证》一书之规例遍检全传，觉襄公以前，传应经者，除大事外，皆空语，无事实，襄公以后则不然，未可一概论。如以改编年为刘歆事，则刘歆时

---

① 这里节选的是该书第五章。

何处得见列国(尤其是鲁国)纪年之书将其采入？故知据《国语》改为编年必在秦火之前，其加书法并使前数公之经文亦多有传可伍，则刘歆事也。〕

如上文所说不误，则《左传》、《国语》者实为东周第一宝书，其成书虽在战国，其取材则渊源甚早，所举宪典话言或有沿自西周者矣。今于《诗》、《书》之后取材于《左传》、《国语》者，顺时代之序也。

《左传》、《国语》中生字除私名外皆作出生解，或其引申之义，今不举列。但论两书中之性字。性字见于《左传》者九处：

襄十四，"天生民而立之君，使司牧之，勿使失性。有君而为之贰，使师保之，勿使过度……天之爱民甚矣，岂其使一人肆于民上，以从其淫而弃天地之性？必不然矣"。

按，"勿使失性"者，勿使失其生也，牧民所以保民之生，与性无涉，此本显然，不待索解。下文所谓"天地之性"亦必作生字然后可通，犹云，岂其使一人肆其暴行于民之上，以纵其淫欲而弃天之生斯民之德也？《易·系》云"天地之大德曰生"，正与此词相类。若以为性命字则与上文不合矣。

襄二十六，"夫小人之性，衅于勇，啬于祸，以足其性而求名焉者，非国家之利也"。此语中下性字必作生字始可解，"足其性"者，犹谓利其生也。上性字固可作性字解，然以为生字尤顺，犹云小人之生也，动于勇，贪于祸，以图厚其生而求名焉。

昭八，"今宫室崇侈，民力凋尽，怨讟并作，莫保其性"。此谓莫保其生也。

昭十九，"吾闻抚民者节用于内而树德于外，民乐其性而无寇仇"。此谓民乐其生也。

昭二十五，"则天之明，因地之性……淫则昏乱，民失其性……哀乐不失，乃能协于天地之性"。

独此节中之性字解作后世所谓性者为义较长，然解作生字亦可通。"因地之性"，犹云因地之所以生，即载物厚生者也。"民失其性"，犹云民失其所禀以生。"天地之性"，即所谓"天地之大德曰生"也。

《周语》上，"先王之于民也，懋正其德，而厚其性；阜其财求，而利其器用"。

"厚其性"者,厚其生也,《左传》文七年,"正德,利用,厚生,谓之三事"。成十六,"民生厚而德正,用利而事节"。襄二十八,"夫民生厚而用利,于是乎正德以幅之"。文十六,"时以作事,事以厚生"。皆其证也。(此一证丁声树君所举。)

如上文所分解,《左传》、《国语》中之性字,多数原是生字,即以为全数原为生字,亦无不可也。从此可知性之一观念在《左传》、《国语》时代始渐渐出来,犹未完全成立,至于性之一字,彼时决无之,后世传写始以意加心字偏旁,而所加多不惬当。

《左传》、《国语》中令字频见,其用处与《诗经》无二。如下:

第一类为需字之假借,所谓"令德"、"令名"、"令闻"、"令图"、"令终"、"令龟"、"令王"、"令主"皆是也。

第二类为令字之原始义,如"令无入僖负羁之宫"。《左传》、《国语》中凡此动用之令字多作命字;其偶作令者,恐是后人改写未尽者耳。

第三类为王令或君令之类名,即"政令"、"教令"之类也。如"未能行令"(宣十),"政令于是乎成"(成十六),"择楚国之令典"(宣十二),"以大国政令之无常"(襄二十二),"著之制令"(昭元),"夕以修令"(昭元),"先王之令有之"(《周语上》),"无以赋令"(《周语上》),或为单词,或为合词,皆是也。

第四类为第三类之一例,即"令尹"一词是也。既为专名自可别为一事。令尹亦见于金文,作"命尹"(伊毁,"王乎命尹瓩册命伊")。

《左传》、《国语》中之命字,其用法与《诗经》同。两书中出见繁多,不须遍举,今但论其可注意者五点:

一、两书中令、命两字混用,无甚界限,一如西周晚期金文及《诗经》。例如:

> 樊仲山甫谏曰:"不可立也! 不顺必犯,犯王命必诛,故出令不可不顺也。令之不行,政之不立,行而不顺,民将弃上……若鲁从之而诸侯效之,王命将有所壅。若不从而诛之,是自诛王命也。"(《周语上》)

此语中令、命实为一事,乃忽曰令,忽曰命。两书中令、命两字之混用,不可胜数也。

二、以命（或令）为政典教制之称，在两书中极多。此时命（或令）为文书之具体名，用之已甚普遍矣。（后世大体以令为政典，以命为教敕，分别不严，在古则无此分别也。）

三、以命为复词之一节，在两书中已甚多，是彼时命字之用及其变化繁矣。以命为上节者，如"命夫"、"命妇"、"命服"、"命书"（按，册典也）、"命祀"。以命为下节者如"好命"、"嘉命"、"时命"、"治命"、"后命"、"前命"、"共命"、"敬命"、"禀命"、"专命"、"用命"、"即命"（见文六年，谓就死也，犹云就身于天命之所定也）、"死命"、"成命"、"废命"、"逃命"（谓避身于命令之外也。宣十二"民闻公命如逃寇雠"，即其义。后世所谓亡命自此出）、"承命"、"违命"、"弃命"、"奸命"、"贰命"、"失命"、"听命"、"闻命"、"请命"、"待命"、"受命"、"辱命"、"将命"、"致命"、"复命"（诸子多作反命）、"改命"、"使命"、"发命"、"奔命"（谓奔赴王命无宁止也）、"一命"、"再命"、"三命"、"追命"、"坠命"（此词亦见金文，假述为坠）、"陨命"、"知命"（见文十三，谓知天命之正也）、"不堪命"，皆当时文告册书中之习语也。

四、动词之命，施用更广泛。在《诗经》中犹以上谓下为限，《左传》中乃有例外，如"叔向命晋侯拜二君"（哀二十六），叔向臣也而以命君，盖此命字犹言谓也。

五、命犹名也。例如下：

> 子同生，以大子生之礼举之……公与文姜宗妇命之（按，谓议命名也）。公问名于申繻。对曰："名有五，有信，有义，有象，有假，有类。以名生为信，以德命为义，以类命为象，取于物为假，取于父为类。不以国，不以官，不以山川，不以隐疾，不以畜牲，不以器币。周人以讳事神，名终将讳之。故以国则废名，以官则废职，以山川则废主，以畜牲则废祀，以器币则废礼。晋以僖侯废司徒，宋以武公废司空，先君献武废二山。是以大物不可以命。"公曰："是其生也，与吾同物。"命之曰同。（桓六年）

按，"命之"者名之也。"以名生为信，以德命为义，以类命为象"者，后世传写错误，其原文应作"以生名为信"（洪亮吉《左传诂》云："论衡作生

名,下德命作德名,类命作类名。"),记其实也。晋侯成师,郑伯寤生是
也。"以德名为义","命以义"也,取义于正则曰平,取义于灵均曰原者
是也。"以类名为象",若孔子首象尼丘是也。如作"以生命为信,以德
命为义,以类命为象",俾上下文一致,亦通,独如今流传本之颠倒错乱
者为不可通耳。下文云"大物不可以命"者,大物不可以名也。"命之曰
同"者,名之曰同也。

> 初,晋穆侯之夫人姜氏,以条之役生大子,命之曰仇,其弟
> 以千亩之战生,命之曰成师。师服曰:"异哉,君之名子也!夫
> 名以制义……嘉耦曰妃,怨耦曰仇,古之命也。今君命大子曰
> 仇,弟曰成师,始兆乱矣,兄其替乎?"(桓二年)

按,"命之",名之也。"古之命",古之名也。"命太子曰仇,弟曰成师",
名太子曰仇,名弟曰成师也。

楚人谓乳"縠",谓虎"於菟",故命之曰鬭縠於菟(宣四年)。此谓名
之曰鬭縠於菟也。

依此三例,命有名之一解,名亦可称命。然则卫君如待孔子为政,
孔子必先正名者,指整齐令典而言。苟仅如学究荀卿之正名,其指不过
如今之审定名词,固可曰"名不正则言不顺",不可说"事不成","刑罚不
中"也。是则所谓名家者,亦法家之一类也。

至于天命之说,命正之解,在《左传》已有深远之思想,既不涉文字,
当于中卷论之。

〔录自傅孟真先生遗著编辑委员会编,陈盘等校订增补:《傅斯年全
集》(第二册),台北联经出版事业公司 1980 年版。〕

《诗经》讲义稿(节选)

泛论《诗经》学

　　《诗经》是古代传流下来的一个绝好宝贝,它的文学的价值有些顶超越的质素。自晋人以来纯粹欣赏他的文辞的颇多,但由古到今,关于他的议论非常复杂,我们在自己动手研究他以前,且看二千多年中议论他的大体上有多少类,哪些意见可以供我们自己研究时参考?

　　春秋时人对于诗的观念:"诗三百"中最后的诗所论事有到宋襄公者,在《商颂》;有到陈灵公者,在《陈风》;若"胡为乎株林从夏南"为后人之歌,则这篇诗尤后,几乎过了春秋中期,到后期啦。最早的诗不容易分别出,《周颂》中无韵者大约甚早,但《周颂》断不是全部分早,里边有"自彼成康奄有四方"的话。传说则《时迈》、《武》、《桓》、《赉》诸篇都是武王克商后周文公作(《国语》、《左传》),但这样传说,和奚斯作《鲁颂》,正考父作《商颂》,都靠不住;不过《雅》、《颂》中总有不少西周的东西,其中也许有几篇很早的罢了。风一种体裁是很难断定时代的,因为民间歌词可以流传很久,经好多变化,才著竹帛:譬如现在人所写下的歌谣,许多是很长久的物事,只是写下的事在后罢了。《豳风·七月》是一篇封建制度下农民的岁歌,这样传来传去的东西都是最难断定它的源流的。《风》中一切情诗,有些或可考时代者,无非在语言和称谓的分别之中,但语言之记录或经后人改写(如"吾车既工"之吾改为我,石鼓文可证,吾我两字大有别)。称谓之差别又没有别的同时书可以参映,而亚当夏娃以来的故事和情感,又不是分什么周汉唐宋的,所以这些东西的时代岂不太难断定吗?不过《国风》中除豳、南以外所举人名都是春秋时人,大约总是春秋时诗最多,若列国之分,乃反用些殷代周初的名称,如邶鄘卫唐等名，则辞虽甚后，而各国风之自为其风必有甚早的历史了。约而言之，"诗三百"之时代一部分在西周之下半，一部分在春秋之初期中期，这话至少目前可以如此假定。那么，如果春秋时遗文尚多可见者，则这些事不难考定，可惜记春秋时书只有《国语》一部宝贝，而这个宝贝不幸又到汉末为人割裂成两部书，添了许多有意作伪的东西，以致我们现在不得随便使用。但我们现在若求知《诗》在春秋时的作用，还不能不靠这部书，只是在用它的材料时要留心罢了。我想，有这样一个标准可以供我们引《左传》、《国语》中论《诗》材料之用：凡《左传》、《国语》和《毛义》相合者，置之，怕得是他们中间有狼狈作用，是西汉末治古文学者所加所改的；凡《左传》、《国语》和《毛义》不合者便是很有价值的材料，因为这显然不是治古文学者所加，而是幸免于被人改削的旧材料。我们读古书之难，难在真假混着，真书中有假材料，例如《史记》；假书中有真材料，例如《周礼》；真书中有假面目，例如《左传》、《国语》；假书中有真面目，例如东晋伪《古文尚书》。正若世事之难，难在好人坏人非常难分，"泾以渭浊"，论世读书从此麻烦。言归正传，拿着《左传》、《国语》的材料求《诗》在春秋时之用，现在未作此工夫不能预断有几多结果，但凭一时记忆所及，《左传》中引《诗》之用已和《论语》中《诗》之用不两样了。一、《诗》是列国士大夫所习，以成辞令之有文；二、《诗》是所谓"君子"所修养，以为知人论世议政述风之资。

说到《诗》和孔丘的关系，第一便要问"孔丘究竟删诗不？"说删诗最明白者是《史记》："古者诗三千余篇，及至孔子，去其重，取可施于礼义，上采契后稷，中述殷周之盛，至幽厉之缺，始于衽席，三百五篇，孔子皆弦歌之，以求合韶武雅颂之音，礼乐自此可得而述。"这话和《论语》本身显然不合。"诗三百"一辞，《论语》中数见，则此词在当时已经是现成名词了。如果删诗三千以为三百是孔子的事，孔子不便把这个名词用得这么现成。且看《论语》所引诗和今所见只有小异，不会当时有三千之多，遑有删诗之说，《论语》、孟、荀书中俱不见，若孔子删诗的话，郑卫桑间如何还能在其中？所以太史公此言，当是汉儒造作之论。现在把《论语》中论《诗》引《诗》的话抄在下面。

《学而》

1　子贡曰："贫而无谄,富而无骄。何如?"子曰:"可也,未若贫而乐,富而好礼者也。"

子贡曰:"《诗》云'如切如磋,如琢如磨',其斯之谓与?"子曰:"赐也始可与言《诗》已矣,告诸往而知来者。"

《为政》

2　子曰:"诗三百,一言以蔽之,曰:'思无邪。'"

3　三家者,以雍彻,子曰:"'相维辟公,天子穆穆',奚取于三家之堂?"

4　子夏问曰:"'巧笑倩兮,美目盼兮,素以为绚兮',何谓也?"子曰:"绘事后素。"曰:"礼后乎?"子曰:"起予者商也,始可与言《诗》已矣。"

5　子曰:"《关雎》,乐而不淫,哀而不伤。"

6　子谓《韶》尽美矣,又尽善也,谓《武》尽美矣,未尽善也。

《泰伯》

7　曾子有疾,召门弟子曰:"启予足,启予手。《诗》云:'战战兢兢,如临深渊,如履薄冰。'而今而后,吾知免夫,小子!"

8　子曰:"兴于《诗》,立于礼,成于乐。"

9　子曰:"师挚之始,《关雎》之乱,洋洋乎盈耳哉!"

《子罕》

10　子曰:"吾自卫反鲁,然后乐正,雅、颂各得其所。"

11　"唐棣之华,偏其反而。岂不尔思? 室是远而!"子曰:"未之思也,夫何远之有?"

《先进》

12　南容三复白圭,孔子以其兄之子妻之。

《子路》

13　子曰:"诵《诗》三百,授之以政,不达;使于四方,不能专对。虽多,亦奚以为!"

《卫灵公》

14　颜渊问为邦。子曰:"行夏之时,乘殷之辂,服周之冕,乐则《韶》舞。放郑声,远佞人;郑声淫,佞人殆。"

《季氏》

15　齐景公有马千驷,死之日民无德而称焉。伯夷叔齐饿于首阳之下,民到于今称之。"诚不以富,亦祇以异",其斯之谓与?(此处朱注所校定之错简。)

16　陈亢问于伯鱼曰:"子亦有异闻乎?"对曰:"未也,尝独立,鲤趋而过庭,曰:'学《诗》乎?'对曰:'未也。''不学《诗》无以言!'鲤退而学《诗》。他日,又独立,鲤趋而过庭,曰:'学《礼》乎?'对曰:'未也。''不学《礼》无以立!'鲤退而学《礼》。闻斯二者。"

《阳货》

17　子曰:"小子何莫学夫《诗》?《诗》可以兴,可以观,可以群,可以怨。迩之事父,远之事君,多识于鸟兽草木之名。"

18　子谓伯鱼曰:"女为《周南》、《召南》矣乎?人而不为《周南》、《召南》,其犹正墙面而立也与?"

19　子曰:"恶紫之夺朱也,恶郑声之乱雅乐也,恶利口之覆邦家者!"

20　子所雅言,《诗》、《书》、执礼,皆雅言也。

从此文我们可以归纳出下列几层意思:

一、以《诗》学为修养之用;

二、以《诗》学为言辞之用;

三、以《诗》学为从政之用,以《诗》学为识人论世之印证;

四、由《诗》引兴,别成会悟;

五、对《诗》有道德化的要求,故既曰"思无邪",又曰"放郑声";

六、孔子于乐颇有相当的制作,于《诗》虽曰放郑声,郑声却在"三百篇"中。

以《诗》三百为修养,为辞令,是孔子对于《诗》的观念。大约孔子前若干年,《诗》三百已经从各方集合在一起,成当时一般的教育。孔子曾编过里面的《雅》、《颂》(不知专指乐或并指文,亦不知今见《雅》、《颂》之次序有无孔子动手处),却不曾达到《诗三百》中放郑声的要求。

一 西汉《诗》学

从孟子起,《诗经》超过了孔子的"小学教育"而入儒家的政治哲学。孟子说:"王者之迹熄而《诗》亡,《诗》亡然后《春秋》作。"这简直是汉初年儒者的话了。孟子论《诗》甚泰甚侈,全不是学《诗》以为言,以为兴,又比附上些历史事件,并不合实在,如"戎狄是膺,荆舒是惩"附合到周公身上。这种风气战国汉初人极多,三百篇《诗》作者找出了好多人来,如周公、奚斯、正考父等,今可于《吕览》、《礼记》、《汉经说遗》文中求之。于是一部绝美的文学书成了一部庞大的伦理学。汉初《诗》分三家,《鲁诗》自鲁申公,《齐诗》自齐辕固生,《韩诗》自燕太傅韩婴,而《鲁诗》、《齐诗》尤为显学。《鲁诗》要义有所谓四始者,太史公曰:"《关雎》之乱以为《风》始,《鹿鸣》为《小雅》始,《文王》为《大雅》始,《清庙》为《颂》始。"又以《关雎》、《鹿鸣》都为刺诗,太史公曰:"周道缺,诗人本之衽席,《关雎》作;仁义凌迟,《鹿鸣》刺焉。"其后竟以三百篇当谏书。这虽于解《诗》上甚荒谬,然可使《诗经》因此不佚。《齐诗》、《韩诗》在释经上恐没有大异于《鲁诗》处,三家之异当在引经文以释政治伦理。齐学宗旨本异鲁学,甚杂五行,故《齐诗》有五际之论。《韩诗》大约去泰去甚,而于经文颇有确见,如殷武之指宋襄公,即宋代人依《史记》从《韩诗》,以恢复之者。今以近所辑齐鲁韩各家说看去,大约齐多侈言,韩能收敛,鲁介二者之间,然皆是与伏生书、《公羊春秋》相印证,以造成汉博士之政治哲学者。

二 《毛诗》

《毛诗》起于西汉晚年,通达于王莽,盛行于东汉,成就于郑笺,从此三家衰微,毛遂为《诗》学之专宗。毛之所以战胜三家者,原因甚多,不尽由于宫廷之偏好和政治之力量去培植他。第一,申公、辕固生虽行品为开代宗师,然总是政治的哲学太重,解《诗》义未必尽惬人心,而三家博士随时抑扬,一切非常异义可怪之论必甚多,虽可动听一时,久远未免为人所厌。而《齐诗》杂五行,作多论,恐怕有识解者更不信它。则汉末出了一个比较上算是去泰去甚的《诗》学,解《诗》义多,作空谈少,也许是一个"应运而生"者。第二,一套古文经出来,《周礼》、《左氏》动荡一时,造来和它们互相发明的《毛诗》,更可借古文学一般的势力去伸张。凡为《左传》文词所动《周官》系统所吸者,不由不在《诗》学上信毛舍三家。第三,东汉大儒舍家学而就通学,三家之孤陋寡闻,更诚然敌不过刘子骏天才的制作,王莽百多个博士的搜罗;于是三家之分三家,不能归一处,便给东京通学一个爱好《毛诗》的机会。郑康成礼学压倒一时,于《诗》取毛,以他的礼学润色之,《毛诗》便借了郑氏之系统经学而造成根据,经魏晋六朝直到唐代,成了唯一的《诗》学了。

《毛诗》起源很不明显,子夏、荀卿之传授,全是假话。大约是武帝后一个治三家《诗》而未能显达者造作的,想闹着立学官(分家立博士,大开利禄之源,引起这些造作不少,尤其在《书》学中多)。其初没有人采他,刘子骏以多闻多见,多才多艺,想推翻十四博士的经学,遂把他拿来利用了。加上些和从《国语》中搜出来造作成的《左传》相印证的话,加上些和《诗》本文意思相近的话,以折三家,才成动人听闻的一家之学。试看《毛传》、《毛序》里边有些极不通极陋的话,如"不显显也"。"不时时也"之类,同时又有些甚清楚甚能见闻杂博的话,其非出于同在一等的人才之手可知。现在三家遗说不能存千百于十一,我们没法比较《毛诗》对于三家总改革了多少,然就所得见的传说论,《毛诗》有些地方去三家之泰甚,又有些地方,颇能就《诗》的本文作义,不若三家全凭臆造。所以《毛诗》在历史的意义上是作伪,在《诗》学的意义上是进步;《毛诗》虽出身不高,来路不明,然颇有自奋出来的点东西。

三 宋代《诗》学

经学到了六朝人的义疏,唐人的正义,实在比八股时代的高头讲章差不多了,实在不比明人大全之学高明了。自古学在北宋复兴后,人们很能放胆想去,一切传说中的不通,每不能逃过宋人的眼。欧阳永叔实是一个大发难端的人,他在史学、文学和经学上一面发达些很旧的观点,一面引进了很多新观点,摇动后人(别详)。他开始不信《诗序》。北宋末几朝已经很多人在那里论《诗序》的价值和诗义的折中了。但迂儒如程子反把《毛诗序》抬得更高,而王荆公谓诗人自己作叙。直到郑夹潩所叙之论得一圆满的否定,颠覆了自郑玄以来的传统。朱紫阳做了一部《诗集传》,更能发挥这个新义,拿着《诗经》的本文去解释新义,于是一切不通之美刺说扫地以尽,而《国风》之为风,因以大明。紫阳书实是一部集成书,韵取吴才老叶韵之说,叶韵自陈顾以来的眼光看去,实在是可笑了,但在古韵观念未出之前,这正是古韵观念一个胎形。训诂多采毛、郑兼及三家遗文,而又通于礼学(看王伯厚论他的话)。其以赋比兴三体散入虽系创见,却实不外《毛诗》独标兴体之义。紫阳被人骂最大者是由于这一部书,理学、汉学一齐攻之,然这部书却是文公在经学上最大一个贡献,拿着本文解《诗》义,一些陋说不能傅会,而文学的作用赤裸裸地重露出来。只可惜文公仍是道学,看出这些《诗》的作用来,却把这些情诗呼作淫奔,又只敢这样子对付所谓变风,不敢这样子对付大、小《雅》、《周南》、《召南》、《豳风》,走得最是的路,偏又不敢尽量地走去,这也是时代为之,不足大怪。现在我们就朱彝尊的《经义考》看去,已经可以觉得宋朝人经学思想之解放,眼光之明锐,自然一切妄论谬说层出不穷,然跳梁狐鸣,其中也有可以创业重统者(文公对于文学的观念每每非常透彻,如他论《楚辞》、陶诗、李、杜诗常有很精辟的话,不仅说三百篇有创见)。

又宋代人因不安于《毛诗》学,博学者遂搜罗三家遗说。例如罗泌不是一个能考六艺的人,然他发挥《商颂》为《宋颂》,《殷武》为宋襄公,本之《韩诗》(《韩诗》最后佚),而能得确证。宋末有一伟大的学者王伯厚,开近代三百年朴学之源,现在试把《玉海》附刻各经及《困学纪闻》等一看,已经全是顾亭林、阎百诗以来所做的题目。他在《诗经》学上有《诗考》,考四家诗;有《诗地理考》,已不凭借郑谱。虽然搜罗不多,但创始的困难每每这样子的。这实在都是《诗》学上最大的题目,比起清儒拘《郑笺》、拘《毛传》者,他真能见其大处。

四　明季以来的《诗》学

明季以来《诗》学最大的贡献是古韵和训诂两事,这都是语言学上的事,若在《诗》之作用上反而泥古,不及宋人。陈季立(第)顾宁人(炎武)始为系统的古韵学,以后各家继起,自成一统系者十人以上,而江、戴、孔、段、王发明独多。训诂方面,专治《诗》训诂者如陈奂、马瑞辰、胡承琪诸家,在训诂学第二流人物中;其疏通诸经以成训诂公谊者,如惠、戴、段、二王、郝、俞、章等,不以《诗》学专门,而在诸经学之贡献独大。但谈古音的人每不能审音,又少充分的认识方言之差别,聚周代汉初之韵以为一事,其结果分类之外,不能指实;而训诂学亦以受音韵学发达之限制,未能建立出一个有本有源的系统来。这是待从今以后的人,用新材料,借新观点去制造的。话虽这样,诸代人对于《诗经》中训诂的贡献是极大的,至于名物礼制,既有的材料太紊乱,新得的材料又不多,所以聚讼去,聚讼来,总不得结论。

从孔巽轩、庄存与诸君发挥《公羊》学后,今文经学一时震荡全国,今文经学家之治《诗》者,不幸不是那位学博识锐的刘申受,而是那位志大才疏的魏默深。魏氏根本是个文士,好谈功名,考证之学不合他的性质,他做《诗古微》,只是要发挥他所见的齐、鲁、韩《诗》论而已,这去客观《诗》学远着多呢! 陈恭甫（寿祺）朴园（乔枞）父子收集了极多好材料,但尚未整理出头绪来,这些材料都是供我们用的。

五 我们怎样研究《诗经》

我们去研究《诗经》应当有三个态度,一、欣赏它的文辞;二、拿它当一堆极有价值的历史材料去整理;三、拿它当一部极有价值的古代言语学材料书。但欣赏文辞之先,总要先去搜寻它究竟是怎样一部书,所以言语学、考证学的工夫乃是基本工夫。我们承受近代大师给我们训诂学上的解决,充分地用朱文公等就本文以求本义之态度,于《毛序》、《毛传》、《郑笺》中寻求今本《诗经》之原始,于三家《诗》之遗说、遗文中得知早年《诗经》学之面目,探出些有价值的早年传说来,而一切以本文为断,只拿它当做古代留遗的文辞,既不涉伦理,也不谈政治,这样似乎才可以济事。约之为纲如下:

一、先在《诗》本文中求《诗》义。

二、一切传说自《左传》、《论语》起,不管三家《毛诗》,或宋儒近儒说,均须以本文折之。其与本文合者,从之;不合者,舍之;暂若不相干者,存之。

三、声音、训诂、语词、名物之学,继近儒之工作而努力,以求奠《诗经》学之真根基。

四、礼乐制度，因《仪礼》、《礼记》、《周礼》等书，现在全未以科学方法整理过，诸子传说，亦未分析清楚，此等题目目下少谈为妙，留待后来。

匆匆拟《诗经》研究题目十事，备诸君有意作此工作者留意。

一、古代《诗》异文辑

宋刻本异文，诸家校勘记已详，石经异文，亦若考尽，四家异文，陈氏父子所辑略尽；然经传引《诗经》处，参差最多，此乃最有价值之参差，但目下尚无辑之者。又汉儒写经，多以当时书改之，而古文学又属"向壁虚造"，若能据金石刻文校出若干原字，乃一最佳之工作。例如今本《小雅》中"我车既攻"，《石鼓文》作"吾车既攻"，"吾"、"我"两字作用全不同，胡珂各有考证。而工字加了偏旁。汉儒加偏旁以分字，所分未必是，故依之每致误会。

二、三家《诗》通谊说

三家《诗》正如《公羊春秋》，乃系统的政治伦理学，如不寻其通谊，如孔庄诸君出于《公羊》学，便不得知三家《诗》在汉世之作用。陈恭甫父子所辑材料，既可备用，参以汉时致刑礼乐之论，容可得其一二纲领，这是经学史上一大题目。魏默深在此题中之工作，粗疏主观，多不足据。

三、《毛诗》说旁证

依《毛诗》为注者，多为《毛序》、《毛传》、《郑笺》考信，此是家法之陋，非我等今日客观以治历史语言材料之术。毛氏说如何与古文经若《左传》、《周礼》、《尔雅》等印证，寻其端绪之后，或可定《毛诗》如何成立，古文学在汉末新朝如何演成。我等今日岂可再为"毛、郑功臣"？然后代经学史之大题，颇可为研究之科目。

四、宋代论《诗》新说述类

宋代新《诗》说有极精辟者，清儒不逮，删《序》诸说，风义刺义诸论，能见其大。若将自欧阳永叔以来之说辑之，必更有胜义，可以拾检，而宋人思想亦可暂得其一部。

五、毛公独标兴体说

六诗之说，纯是《周官》作祟，举不相涉之六事，合成之以成秦汉之神圣数（始皇始改数用六）。赋当即屈、宋、荀、陆之赋，比当即辩（章太炎君说），若兴乃所谓起兴，以原调中现成的开头一两句为起兴，其下乃是新辞，汉乐府至现代歌谣均仍存此体，顾颉刚先生曾为一论甚精。今可取《毛传》所标兴体与后代文词校之，当得见此体之作用。

六、证《诗》三百篇中有无方言的差别？如有之，其差别若何？

历来论古昔者，不以方音为观点之一，故每混乱。我们现在有珂罗倔伦君整理出来的一部《广韵》，有若干名家整理的《诗经韵》，两个中间差一千年；若就扬子云《方言》为其中间之阶，看《诗经》用韵有循列国方言为变化者否？此功若成，所得必大。

七、《诗》地理考证补

王伯厚考《诗》地理，所据不丰；然我等今日工作，所据材料较前多矣，必有增于前人之功者。《诗》学最大题目为地理与时代，康成见及此，故作《诗谱》，其叙云："欲知源流清浊之所处，则其上下而有之（此以国别）；欲知风化芳臭气泽之所及，则旁行而观之（此以时分）：此诗之大纲也。举一纲而万目张，解一卷而众篇明。"先生之志则大矣，先生之结果则不可。康成实不知地理，不能考时代，此乃我等今日之工作耳。从《水经注》入手，当是善法，丁山先生云。

八、《诗经》中语词研究

《诗经》中语词最有研究之价值，然王氏父子但知其合，不求其分。如语词之"言"，有在动词上者，有在动词下者，有与其他语词合者。如证其如何分，乃知其如何用。

九、《诗》中成语研究

即海宁王静安氏所举之题。《诗》中成语多，如"亦孔子"、"不显"（即丕显）等。但就单词释诂训者，所失多矣。

《诗》中晦语研究。《诗》中有若干字至今尚全未得其着落者，如时字之在"时夏"、"时周"、"不时"，及《论语》之"时哉时哉"，此与时常训全不相干，当含美善之义，而不得其确切。读《诗》时宜随时记下，以备考核。

十、抄出《诗》三百五篇中史料

《书经》是史而多诬，《诗经》非史而包含史之真材料，如尽抄出之，必可资考定。

〔录自傅孟真先生遗著编辑委员会编，陈盘等校订增补：《傅斯年全集》（第一册），台北联经出版事业公司 1980 年版。〕

周予同儒学学案

周予同(1898—1981),初名毓懋,学名蘧、豫桐,字予同,笔名天行,浙江瑞安人。中国现当代经学家、经学史家。

周予同生于一个贫寒的廪生家庭,父亲和伯父都是塾师。少年时,就读于由孙诒让提倡创办的瑞安城区西北蒙学堂。1911—1915 年,就读于瑞安中学前身瑞安私立中学堂。1916 年,以第一名成绩考入北京高等师范学校(现北京师范大学)国文部,并于 1920 年以第一名的成绩毕业。1921—1932 年,在商务印书馆任国文部编辑、《教育杂志》主编,并在上海大学执教。1933—1935 年,在安徽大学任教,兼中文系主任、文学院院长。1935—1941 年,在暨南大学任教,兼史地系主任,南洋研究馆主任、教务长。1943—1945 年,任开明书店编辑兼襄理。1945 年,在复旦大学任教授。1949 年后,历任复旦大学历史系主任、副教务长,又兼任上海历史研究所副所长。"文化大革命"时期,因在"海瑞罢官"案上高举义旗谠言直声而遭批斗,以致双目失明、身体瘫痪。"文化大革命"后,冤案得到昭雪。1981 年 7 月 15 日,于上海病逝。

周予同早年受钱玄同、马裕藻、朱希祖等熏染,同时受新思潮影响,曾参加五四运动。1925 年起,研究重点转向中国经学史。中国经学史学科的出现是晚近以来经学转向史学的学科性标志,而其经学研究的大部分成果都是围绕着中国经学史这一主题设计和展开的,因此在中国经学史这门学科的建设过程中,他的工作具有开创性的意义。1925年,在《民铎》杂志发表《经今古文学及其异同》一文,其后又陆续完成《纬书与经今古文学》(1926)、《经学与经学之派别》(1927)、《经学历史》

(1928)、《朱熹》(1929)、《群经概论》(1933)、《谶纬史中的孔圣与他的门徒》(1933)、《孔子》(1934)、《五十年来中国之新史学》(1941)等一系列相关作品。

周予同强调自己"研究中国的经学与史学,主观上是要从思想上文化上清算长期的封建社会",指出"对于研究对象,首先先不要存肯定或否定或半肯定半否定的主观,然后在这古往今来,浩如烟海的文献中去找论证来替自己的臆说张目。论史当然不可限于'客观主义',但决不可以不'客观'。不然的话,此亦一是非,彼亦一是非,不是百家争鸣,只是迷惑当世,贻误后学"。去世后,其著作经弟子朱维铮编校,是为《周予同经学史论著选集》。

(刘　斌　毕晓乐)

中国经学史讲义(节选)^①

第一章　研究经学史的目的与方法

我们是从史的角度来研究经学,而不是从原来的经学上去研究。用马克思主义的观点来写经学史,这有待于我们今后的努力。

第一,批判地继承文化遗产,为社会主义服务。

第二,阐明经学在中国历史上所起的作用,正确地认识经济基础与上层建筑的关系。如"春秋大义"对中国古代政治的影响很大,这个问题却是目前中国史研究中薄弱的环节。

第三,正确地估计经学与中国文化史的关系,以及经学在学术思想史上的价值。经学史是文化史的缺门。封建经学家以经学概括一切领域,而我们则把经学置于学术思想史之中,又将学术思想置于文化史之中。

经学与中国文化史和学术思想史关系较大,不懂经学而要研究这两门学问,往往会出问题。目前有些著作存在问题,往往因为中国文献学的底子不厚,而经学是文献学中的最基本部分。我们学校文科教学中,文化史是不足的,讲授经学史可以弥补这个缺陷。

孔子、董仲舒、朱熹,可说是中国旧文化中的重要人物,而他们三位与中国经学关系较大。当前历史研究存在的问题,是上层建筑对经济基础的作用研究得很不够。古代经学,实在是讲政治思想的。如东汉何休的《公羊解诂》,形式上是章句之学,实际上是讲何休的政治思想。清代戴震的《孟子字义疏证》,也是讲哲学的,以经学为基础而谈政治哲

---

① 这里节选的是该书第一、二章。

学。因此,怎样把上层建筑与经济基础的关系问题讲明白,是史学工作者的重要任务。

我们是"超经学"派,先要跳进去,还要跳得出来。

第二章　经学史参考书目举要

(一)理论指导

马克思、恩格斯、列宁、斯大林:《论哲学史》,科学出版社,1959 年出版。

毛泽东:《新民主主义论》,《毛泽东选集》第二卷。

范文澜:《中国通史简编》,人民出版社出版。

(二)群经通论

皮锡瑞:《经学通论》,师伏堂原刻本,商务印书馆铅印本。

皮锡瑞,字鹿门,湖南善化人。他是今文学派,与谭嗣同是友人,曾被清政府拘禁过。他跟王先谦也是同学,但在政治上是对立的。他赞成变法维新,在近代教育史上有一定的地位,创办湖南高等学堂和师范学校。敬仰西汉《尚书》今文学大师伏生,将书斋名曰"师伏堂"。《经学通论》又称为《五经通论》,即《易经》通论一卷、《书经》通论一卷、《诗经》通论一卷、《三礼》通论一卷、《春秋》通论一卷。此书犹如今天大学里的专题讲座,每经一卷,每卷论述若干专题。《五经通论》内容是较深的,但还要研究,读一读,从前没有人用经学学派的观点来评论《诗经》,由此书而开始了新的研究途径。但是,皮锡瑞钻进经学,却不能跳出来,所以他是二流人物,不像康有为、章太炎那样多少跳出来一些,其影响不如康氏、章氏。

范文澜:《群经概论》,朴社,1932 年出版。

朴社,是由我们(顾颉刚、周予同等)组成的。范文澜的《群经概论》是在学校里讲课用的,它比较详细,但比较乱。解放后不愿重印。范老以前提出"山穷水尽的经学——鸦片战争以后",反映了他的观点。而我认为经学已成为历史的材料了,经学是文化史的一部分。

周予同:《群经概论》,商务印书馆,1933 年出版。

我的经学知识,从钱玄同那里接受了一些。解放以后,出版社要我改写重印,但我没有时间修订。

我的《群经概论》出版很早,简明扼要,适宜于初学者。当时我在商务印书馆工作,白天编辑《教育杂志》,晚上搞这本小册子。编辑工作对于做学问大有益处。

周予同:《经今古文学》,商务印书馆,"国学小丛书"本,1926 年出版,1933 年重印,列入商务印书馆"万有文库"。解放后作了一些修改,1955 年由中华书局重印。

附,江藩:《经解入门》,小字石印本。

江藩是清代汉学吴派学者,惠栋的再传弟子。根据顾颉刚的意见,《经解入门》实际上是缪荃荪编撰的,供初学者使用。缪氏是版本目录学家。

以上是经学基础知识,属于"五经总义"。西汉大多专研一经,东汉以后才有"通经"的,如《白虎通》及许慎《五经异义》等。群经通论性的专著,始自东汉末郑玄《六艺论》(已佚,仅有辑本)。

(三)经学历史:通史类、断代史类

皮锡瑞:《经学历史》,师伏堂刊本,商务印书馆铅印本。周予同注释重印本,1959 年中华书局出版。

至今没有一部严整而系统的经学通史。皮氏的《经学历史》还是有一读的价值。他是用会通的眼光来写中国经学史的第一人,今天我们更要从史学的观点来研究经学,不可以经学来搞经学,通与专,互有关系,不可把两者对立起来。

近人刘师培:《经学教科书》第一册,国粹学报社本,刘申叔遗书本。

刘师培,字申叔,号左盒,江苏仪征人。"师培"的意思,是师事于汉初《诗经》学大师申培公。曾祖父刘文淇,是清代汉学的专门家。刘师培后来倾向革命,改名"光汉"。还留学日本,成为同盟会会员。回国后,却投靠清政府权贵大臣端方。袁世凯复辟帝制时,他又是筹安会"六君子"之一。因此,在政治上名声不好。死时仅 36 岁。但刘师培的学问渊博,著作很多。《经学教科书》第一册讲经学历史,第二册论述《易经》,在经学观点上是属于古文学派。把第一册(油印发给大家)跟皮锡瑞《经学历史》(属于今文学派观点),对照起来读,还是有价值的,可以了解今古文学两派的不同意见。

今人马宗霍：《中国经学史》，商务印书馆"中国文化史丛书"本。

马先生是章太炎的后期学生，搞古文字学。他的这本书可作一般阅读参考，观点比较平稳。"中国文化史丛书"中有好的，也有差的。如《中国理学史》的作者，根本不懂中国文化。马先生的《中国经学史》还算是可以的，较容易懂。

日本学者本田成之：《经学史论》，商务印书馆"国学小丛书"本，1934 年出版。

这本书原名《支那经学史论》，江侠庵译。作者站在史的观点上，按朝代顺序，讲述秦汉、后汉、三国六朝、唐宋元明、清朝（清初、乾嘉时代、道咸以后）的经学。资料尚丰富，但结论不高明。

以上是通史类。至于断代史类，则以两汉与清代经学史最为重要。

近人康有为：《孔子改制考》、《新学伪经考》，万木草堂刊本，古籍书店排印本。

康有为是今文学派，称孔子是"托古改制"，认为"托古"是宣传的方法，"重言"而已，目的是"改制"。所谓"孔子改制考"，实际上也是"先秦诸子改制考"。康有为要解决儒经与儒家的关系问题，说孔子定六经是为政治服务。康有为有才华，而他的书中观点是"偏"的，今文学派往往有"狂妄"。人总有些"偏"的，郭老也是如此。但"太偏"了，就不容易搞出学问。

《新学伪经考》是讲汉代经学，观点也很偏，但了解其所属的学派，对于我们还是有用的。所谓"新"，是指王莽的新朝。"新学"即古文经学，康有为说"古文学"是假的东西，是西汉末刘歆伪造出来的。古籍书店本较好，后面有钱玄同的一篇文章《重论经今古文学问题——重印新学伪经考序》（1931 年 11 月 16 日）。这篇代序值得一读。

附，唐晏：《两汉三国学案》，朝阳郑氏刻本。这部书把正史中有关经学家的资料汇编起来，是不太好的资料书，可看可不看。

以上是讲从孔子到两汉经学史的著作。经学的开始与孔子有关，有了孔子、儒家、儒教（汉武以后），才有经典。两汉是经学得以稳定与巩固的时代，当时经学家往往也是政治家，以经学服务于政治。魏晋南北朝不仅是"乱世"而已，而是变动的时代。在门阀制度下，讲孝不讲忠，经学不发展，玄学却兴盛。清代汉学家对魏晋学十分痛恨，章太炎则很重视,鲁迅也很重视,例如研究嵇康。宋、元、明主要是理学、道学,这是儒、道、佛混合的东西。《宋元学案》和《明儒学案》,对于研究思想史哲学史还可以用,但搞经学史是不够用的。总之,自魏晋至明朝,断代经学史著作几乎是空白的,还没有写进断代类的书。

及至清代,经学又发展了。关于清代经学史的著作,有以下几种:

清江藩:《国朝汉学师承记》,通行本,以粤雅堂丛书本较好。周予同选注本,商务印书馆出版。此外,江藩还撰有《国朝宋学渊源记》,也是学术史著作。江藩是清代汉学吴派惠栋的再传弟子,为学派所局限,论述是不够全面的,如对常州学派就没有论及,更不可能预见到今文学派的萌芽。

徐世昌:《清儒学案》,这书不是他自己写的,而是门客代编的,只有资料而无观点,只可参考,不可依据。而且没有资料出处,令研习者无法追根求源。因此,这部书的价值绝不能跟《明儒学案》相比。至于唐鉴的《国朝学案小识》,也不行,唐鉴不过是腐儒而已。

章太炎:《检论·清儒》。要了解清朝三百年学术史,一定要读这篇《清儒》,它是清代学术的概论。章太炎是走戴震的治学道路的,可说是皖南经学与浙东史学的混合者。章太炎的另一部书《国故论衡》,不及《检论》。

梁启超:《清代学术概论》、《中国近三百年学术史》,饮冰室合集本。梁氏论述近三百年学术史,实在是从章太炎《清儒》那里来的。

附,钱穆:《中国近三百年学术史》。这部书还是可以参考的。

(四)经学史料:传记类、目录类、文物制度类

第一,传记类,即以经师人物为主资料。

清洪亮吉:《传经表》、《通经表》。洪北江全集本,花雨楼丛钞续钞本;式训堂丛书本,校经山房丛书本。或署名毕沅,实系洪氏代毕氏而撰。《传经表》述西汉经师,《通经表》记东汉经师。西汉经师是专传一经的,东汉则是通经的,即通习五经。

清汪大钧:《传经表补正》,愈妄阙斋所著书本,此书已不多见。

清胡秉虔:《汉西京博士考》,艺海珠尘续编本。

清张金吾:《两汉五经博士考》,知不足斋丛书本,花雨楼丛钞续钞本。

王国维：《汉魏博士考》，王静安遗书本。这是一部资料书，有很大价值。

此外，还有各史中的《儒林传》、《儒学传》，以及重要经师的列传。《史记》始创《儒林列传》，所谓"儒林"，实际上是指经学家。往后各代正史，都有《儒林传》或者《儒学传》。今天还没有把历代《儒林传》编纂起来，如果条件具备，可以做这件工作。

第二，目录类，即经籍书目及提要。

我们要懂一些目录学，可以参阅王欣夫的《中国文献学》讲稿（油印本）。

中国目录学之祖，当推西汉后期的刘向、刘歆父子。刘向撰有《别录》，已佚，清姚振宗《快阁师石山房丛书》中有辑佚文。刘歆著有《七略》，已佚，内容保存于《汉书·艺文志》中。《汉书·艺文志》是中国目录学最重要的文献。从前有这样的说法：读熟《庄子·天下篇》和《汉书·艺文志》，就可以掌握先秦和汉代的学术文化了。姚振宗的《汉书艺文志条理》以及宋王应麟的《汉艺文志考证》，均见于《二十五史补编》，可以参考。

下面介绍经典研究书目。

清朱彝尊：《经义考》，雅雨堂丛书本，浙江书局本（此本不善），中华书局四部备要本。

朱彝尊，号竹垞，是词人，而不是经学家。有人说《经义考》不是朱氏本人撰写的，这未必可靠，我们还是认为朱氏所撰。但他的书是一部资料参考书，三百卷，只供翻阅备考而已。四部备要本较好，实用些，但排印容易错。《经义考》没有四部丛刊本（商务印书馆）的。

清翁方纲：《经义考补正》，苏斋丛书本，粤雅堂丛书本。这本书不太重要，仅供参考。我很想撰写一部新的《清经义考》，这是可以大家一起做的工作。

附，清钱东垣：《补经义考》四十卷、《续经义考》二十卷。他是钱大昕的侄子，两部书今不见刊印，只是范希曾的《书目答问补正》中提及。如果找到稿本，那还是有意义的。张之洞（实际上是缪荃荪撰）的《书目答问》，以及范希曾的《书目答问补正》，对于研究国学有很大的方便。

又附，清沈廷芒：《续经义考》未完成；目见于蒋光煦《东湖丛记》卷二,别下斋本。此书尚不知下落,要找稿本。

清纪昀主编:《四库全书总目》提要"经部"。

"书目提要"之类,早在宋代已有人搞,如陈振孙、晁公武等。《四库总目提要》是我国目录学最重要的著作,至今仍有利用的价值。一般地说,"经部"存在的问题较少,问题大多在于"史部"和"集部"。邵懿辰的《四库简明目录标注》,讲版本,也可参阅。今人周雪青(现任北京商务印书馆编辑)撰有四库提要"笺注"一书,今少见。

宋郑樵:《通志·艺文略》。《通志》中最重要的只是二十略,其他通史体内容不成功。《通志·艺文略》是"十通"中论述南宋以前学术文化的第一篇。清代学者往往否定郑樵其人其书,只有章学诚对他是肯定的。应当说,二十略是有价值的。

元马端临:《文献通考·经籍考》。自朱彝尊《经义考》流传之后,《通考·经籍考》的作用不多了。

此外,历代正史中《艺文志》或《经籍志》,都记述了经部书目。我们若把这些"志"汇编起来,并加上《二十五史补编》中的补志,合为一书,点校注释,是了不得的工作。我还主张所有著作都要摘好索引,出版社就应该重视索引,以便于读者查阅。

第三,文物制度类,研究者尚不注意这方面资料。

清顾炎武:《石经考》,石经堂函本,亭林遗书本,借月山房丛书本。

清万斯同:《石经考》,墩花庵丛书本,刻砚堂丛书本,原刻本。

清杭世骏:《石经考异》,杭氏七种本,石经堂函本。

近人张国诠:《历代石经考》,燕京大学排印本。

以上是关于石经的研究。所谓"石经"就是把经典刻在石碑上,供学者校核经书。我国刻石始于秦,至汉代大为发展。最早的石经,是东汉灵帝时"熹平石经";蔡邕主持此事,用隶书刻的,又称"一体石经"。曹魏时有"正始石经",正始年间用隶、小篆、古文刻的,又称"三体石经"。唐代石经尚残存于今西安碑林,五代后蜀石经尚保存于上海图书馆。顾炎武是研究石经的第一位学者。《历代石经考》等对石经源流、字体诸问题作了考释,可供我们继续研究之参考。

王国维:《五代两宋监本考》,王静安遗书本。所谓"监"是指国子监,封建王朝最高学府。国子监制度与读经教育密切相关。研究经学、

经典书籍、经学史要注意学校制度与选举制度,这方面参考书有以下几种:

唐杜佑:《通典·选举门》。

宋郑樵:《通志·选举略》。

元马端临:《通考》中的"选举考"、"学校考"。

做学问须经常从目录学做起,这是"史"与"论"相结合的第一步。北图赵万里、上图顾廷龙是现代目录学专家。上海图书馆编的《中国丛书综录》,凡三卷,对目录学贡献很大。自《四库全书总目》之后,清周中孚的《郑堂读书记》,记述了"四库"未收书;今人孙殿起的《贩书偶记》,记载了乾隆至民国初年的一些书目提要。王欣夫也正在搞"续四库提要"。

(录自周予同:《中国经学史讲义》,上海文艺出版社 1999 年版。)

方东美儒学学案

　　方东美(1899—1977)，名珣，字东美，曾用笔名东瀛，后以字行世，安徽桐城人。中国哲学家，现代新儒家代表人物之一。

　　方东美出身书香世家，与哲学家方以智、桐城派始祖方苞有宗亲关系。自幼受到中国传统文化的熏陶，3岁始读《诗经》，后进入新式小学学习。1913年，入桐城中学。1917年，中学毕业，考入南京金陵大学，进入预科第一部学习。1918年，正式进入金陵大学哲学系学习。期间曾任校学生自治会会长，参加过五四运动。1921年，赴美留学，入威斯康辛大学。1922年，获硕士学位，后转学至俄亥俄州立大学研究黑格尔哲学。1923年，回威斯康辛大学。1924年，通过博士学位考试，回国。同年，被聘为武昌高等师范大学教授，后历任东南大学、中央政治学校、中央大学等校教授。1948年，赴台湾，先后任台湾大学、辅仁大学教授。1977年7月13日，于台北病逝。

　　方东美作为现代新儒家重要代表人物之一，在中国传统文化尤其儒家文化研究上有着重要贡献。他以弘扬中国传统文化的精神价值，尤其儒家《易经》的生命精神为其学术宗旨，在融会古今中西诸家之学后形成了自己独特的哲学系统，即通过对原始儒家《易经》中生生之理的创造性诠释与发展而形成的生命哲学。他以宽广的胸襟对待中国传统文化中的各种思想流派，将原始儒家(孔子、孟子、荀子)、原始道家、大乘佛学、新儒学(宋明儒学)看作中国四大文化传统，但不同意仅把儒家文化作为中国文化的正统，也不同意儒家所强调的"道统论"。他还把世界文化分为中国、希腊、欧洲、印度四大文化传统，认为世界文化的未来在于各种文化的互相融合、多途并进。虽然他以一种宽广的胸怀看待各种文化传统,但其思想的根底却是在儒家《易经》中所蕴藏的生命精神。因此,他在深入中西哲学的堂奥、融汇百家诸子之学后,最终又回归到中国文化的精神,也就是以一种根本的生命精神来统摄古今中外各种文化传统,这也是中国及世界未来文化发展的根本方向。其主要著作有《生生之德》、《华严宗哲学》、《大乘佛教哲学》、《哲学三慧》、《中国哲学之精神及其发展》等。

（法　帅）

原始儒家道家哲学(节选)^①

七 从符号到道德

学《易》分三个步骤,第一是要了解六十四卦符号系统的出发点,构成步骤,和完成的结果,就这点来说,是"学《易》者,所以通其象"。第二方面是"学《易》者,所以通其辞"。因为六十四卦的符号系统之外,有六十四卦的卦辞,每卦有六爻爻辞,想了解《周易》,就要先了解卦爻辞所以成立的经过,和它中间的意义的连锁,就是把文字句法弄清楚,此书才可读,这两部分是处理《周易》最原始的符号资料和次原始的文字记录。把这两部分当作基础,再进而做哲学的研究。这个研究可以从《十翼》出发,而这《十翼》是春秋时代才有的,是孔子和他的门弟子,包括商瞿的贡献。有人认为《十翼》像《说卦传》、《系辞传》有某些句子用"子曰",不可能是孔子写的,而是门弟子记载的,因此有人以为《十翼》是属于战国后、西汉初年的文字,这种说法殊不可取。我们从经学传授方面来看,其他经都犯了很大的忌讳,到秦始皇时代就被烧掉了,而《周易》原本是卜筮之书,因此没有给烧掉。不但没有烧,而且在司马迁《史记·仲尼弟子列传》、《太史公自序》中对于易学传授的源流说得清清楚楚,传授《十翼》第一代是孔子,第二代是商瞿,如此推下去,一直到西汉初年第六代是田何,第七代是王同,第八代是杨何,然后汉代的《易》是施孟梁丘,同时也是第八代。司马迁的父亲司马谈学《易》于杨何,是第九代,司马迁传其家学,是第十代,如此从孔子到司马迁,十代传《易》都未尝断过,就经的传授言,《诗经》没有这个情形,《书经》只有伏生,其余

---

① 这里节选的是该书第三章"原始儒家思想——《易经》部分"第七、八、九部分。

没有了。《春秋》更是从孔子到左丘明以后就没有了,到了汉代虽有刘氏父子、公羊谷梁,但是其传授线索不明,唯有易学的传授情形是清楚的。

如此看来,所谓"子曰"者,譬如西方有了个人著作之后,到了十八世纪,像黑格尔时代,没有一本书是没有作者的,所谓的"写作传统"已经形成了。但是《黑格尔全集》有不同的版本,而其中早一点的是黑格尔已写成的,也有后来门弟子根据笔记的部分加上去的,但是在最后的普遍版本中,这种差别就没有了,连这个"子曰"也埋没了,本文和答记都成了黑格尔的书了。如此看来,十八世纪尚且有这种困难,何况春秋战国时代,是在写作传统形成之前,没有大量的纸,只有竹简,而竹简的记载不能印刷,只能传抄,因此在辗转流传的过程中,竹简当中有时是"子曰",有时连"子曰"都没有了。因为春秋战国时代没有个人著作,只有集体著作,没有写作传统,只有口说传统。在这种情况之下,要断定《易经》成于孔子一人之手,是没有这个说法的,因为《易经》是集体著作啊。换言之,《十翼》之形成是从孔子发动,再由门弟子的历代易学专家完成,因此这部书从春秋时代起,经历了战国,而不是成于一人,成于一代。如此,像宋代欧阳修说《系辞大传》不是出于孔子的问题,谁也没有确实证据去证明。我们只晓得它的整个传统,从商瞿到西汉盛世,都以孔子和他门弟子写的《十翼》来解释古代的"象"、"象辞"和"爻辞"。真正研究《周易》的哲学是从孔孟学派开始。

了解这些,我们知道孔子以前,一套符号系统已经完成了,孔子接受了它而已,同时以常识的文字写成的"象辞"和各卦的爻辞也完成了。而这个符号系统,以近代的逻辑说,只是一套符号的形式而没有内容,只是一种抽象的可能。因此还须等待解释,仿佛代数上的变项,要以事物的常项代替了方可以取得意义,而"X"、"Y"就它本身言,只是空洞的符号,要等到它代替了具体事物,符号的意义才变成实物的意义。这个符号系统就有各种不同的解释。第一是从起源与结构来看,也就是"八卦而小成"的阶段,从中国的氏族、宗法社会来解释它。其次像《说卦传》中的解释,可以说是一种常识性的解释,就这方面说,我可以介绍一本书,是清代初年赵继序在《周易图书质疑》中做一个统计,看《周易》卦爻辞中有许多事是指人在生活时所用的器具,结果发现其中有八十几种植物,三十几种动物,还有几十种日用的东西,这类是没有哲学意义的,只有常识意义的。还有一种是初期科学的解释,像汉代郑康成天文学的解释。所谓"爻辰之说",虞翻的"卦气"的解释,是气象的解释。譬如《说卦传》中以"坎"代表"水","离"代表火,"巽"代表"风"、"艮"代表"山",是以具体的天象,天文气象学来解释的。这种也称为自然科学的解释。

最后有人本主义的解释。其中包括"比事"和"仪礼"两种,譬如"需"卦中,是一个军事行动的描写,大军到前线,穿过一个沙漠,要等候这个时机才能进行,因此说"需于沙"、"需于血"。再如打猎的事件也如此,这是所谓的"比事"。再有所谓"仪礼",是指古代祭祀,像周公武王祭祀,以文王为对象。再有许多关于风俗人情,生活习惯的解释;这些统称为人本主义的解释。等到有这种解释之后,情况就不大相同了。从中国的传统看来,上次讲《尚书·洪范篇》的时候,已提到成周时代,从武王到周公到成王,可以说是中国古代文化上一个大的革命,是古代神秘的宗教逐渐变化,逐渐转移到现实世界上来说明一般人的共同生活,而这个共同生活挪到一个普遍范畴当中,也就是清明的道德理性。因此成周时代在中国文化上形成了一个道德上的革命。这个道德革命一方面保留了原始宗教价值,而把它转化成道德价值,把神圣世界和现实世界联系在一起,成就一个人类的生命的道德秩序。如此,成周时代在中国文化上形成了一个新的文化姿态,所谓伦理、道德文化的形成。

《周易》本来不属于《尚书·洪范篇》的系统,但是传古代《周易》的周公是一个枢纽,孔子接受了周公的传统,就连带追问,像周代这种高度的道德文化,是什么样的精神形成的? 了解这个背景之后,我们就可以读《周易·象传》,了解《象传》中尽是道德规范或道德范畴的理由。

再进一步我们看到美学的秩序。在美学秩序这方面是中国古代儒家的贡献比较大,因为中国的儒家是要"志于道"、"据于德","据于德"之后要"依于仁","依于仁"之后要"游于艺"。儒家讲礼乐是最后讲,但是不一定是在易学上讲,而应该在文学上讲,因此孔子说"不学诗、无以言",连办外交也需要有文学造诣的人才可以办,这在儒家的文化中是以一部《诗经》来发挥,而不必以《周易》。因此《周易·象传》中大多数的文字是讨论高尚人格的道德生活,连带说明艺术精神和道德精神是可以贯通的,是连在一起的,则春秋时代的中国人和希腊时代的希腊人相像,不仅要讲善,还要讲美,变成尽善尽美。

中国人亦复如此,道德和艺术可以扩大成为价值精神,这可以称为价值学的解释。这个价值学的解释,在《十翼》中就是《文言传》。如此发展来,先就社会现象、自然现象,已经予以解释,然后再回到人类精神生活上给它道德伦理上的解释,一切都不离开价值,集中在道德艺术价值哲学的系统上。如此的系统一旦完成,儒家的思想领域就产生了,不必再附会于《周易》这部书。要会通《周易》,就得连带读《礼记》,其中尤为重要者,乃是《大学》、《中庸》。和这个密切关联的,是《周易》的《象传》,因为《象传》的解释不只是道德的、美学的、价值学的解释,而是统一的哲学解释。换言之,从伦理、艺术转变到宇宙论上,这还不够,因为宇宙论只说明宇宙的发生,而发生了之后宇宙的万类、万有——从天之气象、山河大地到物质事物,构成一个外在为统一的宇宙,其中分配了矿物、植物、动物、人类。就这些说,中国表现一种特殊的观点和西洋哲学的立场不同,像希腊哲学的发展,头一步是形成一个自然界的系统,一种自然哲学;由此一变而为天文学或自然科学,再扩大到人文科学。其根本出发点集中在物质宇宙的探讨上。就中国的哲学来说,也是形成一个统一的宇宙,但是统一宇宙当中的基本现象并不是纯粹自然事物而已,更是一个生命现象。

八　价值与生命

因此中国的哲学从春秋时代便集中在一个以生命为中心的哲学上,是一套生命哲学,这生命不仅是动植物和人类所有,甚至于在中国人的幻想中不曾承认有死的物质的机械秩序。所谓的原初存在乃是生命的存在。如果用抽象法将生命中高级的宗教道德艺术精神化除的话,所余只是一个赤裸裸的物质存在而已。因此从中国人看来,希腊哲学的发展,是一个抽象法的结果。而中国向来是从人的生命来体验物的生命,再体验整个宇宙的生命。则中国的本体论是一个以生命为中心的本体论,把一切集中在生命上,而生命的活动依据道德的理想,艺术的理想,价值的理想,持以完成在生命的创造活动中,因此《周易》的《系辞大传》中,不仅仅形成一个本体论系统,而更形成以价值为中心的本体论系统。第一是以生命为中心的哲学体系,第二是以价值为中心的哲学体系。则《周易》从宇宙论、本体论、价值论的形成,成了一套价值中心的哲学。

而要了解这种精神,就要从《易经》中来贯通《礼记》,因此清代中叶的惠栋说《易》之微言大义到何处去找?就是在《中庸》里找。尤其《中庸》谈到"唯天下至诚,为能尽其性……"一段,可说是《中庸》的核心。那么"能尽其性,则能尽人之性;能尽人之性,则能尽物之性;能尽物之性,则可以赞天地之化育;可以赞天地之化育,则可以与天地参矣",是儒家根据生命为本源的精神扩大其宇宙的观点,推广其精神,完成自己的生命,也要连带完成其他的生命,也连带完成一切存在的生命。这一切变成了之后,整个宇宙是一个生命秩序。然后在一切生物中把人的尊严提高,因为人不仅是物质状态,也是心灵状态,从心灵状态中表现欲望、情绪、情感、意志和广大的理性,如此一步步充实发挥起来,人就是万物之灵了。如此再看荀子的一句话:"善为《易》者不占。"就不像后代的朱子把《周易》当作卜筮之书。

而真正了解《周易》最透彻的是孟子。《周易》是从孔子传到子思的家学,孟子则从子思领受了《周易》的精神,然后从一切生命的观点、价值的理想、哲学的枢纽,安排于人的尊严上。如此就"大而化之之谓圣,圣而不可知之之谓神",事实上就是解释《中庸》的。在这种情况之下,圣人就成了宇宙的枢纽,这个宇宙的枢纽我在《中国人生观》(英文本)一书中曾经画了一图,如果全图是表示宇宙整体,则一方面宇宙的上界是"天",下界是"地","天"与"地"根据《周易》的符号系统,《系辞大传》中所说:"乾"、"乾元"代表"大生之德","坤"、"坤元"代表"广生之德",然后"天"的生命与"地"的生命合并起来,是一个广大悉备的天地生生之德,是一股创造的冲劲向前推进,而人处在天地之间就成为天地的枢纽(附图),用孟子的一句话,就是"大而化之之谓圣",所谓"圣人",从道德的名词上说,可以叫做"君子",所谓"君子","所过者化,所存者神,上下与天地同流"。圣人的生命气魄,在产生一种"天地与我并生,万物与我为一"的境界,一个充实完备的人格,就应该与宇宙大化冥合为一。在这个宇宙中,上为"天"的生命创造过程,下为"地"的生命创造过程,中间一条线代表人对于天地是上应天、下应地的人的创造过程,合并起来,每个人的生命就不仅仅是个人的生活了,而是要表现一个宇宙的生命。以人的创造过程与天的创造过程配合起来,因此在《中庸》当中说人要"赞天地之化育,可以与天地参矣"。人是一个参赞化育者,天地宇宙的创造精神却把握在人的创造生命中。

这种思想不仅表现在儒家当中。这种精神形成之后,在中国文学上成了中国文艺精神的灵魂,不了解这种精神的话,就不能了解楚辞,如《离骚》、《天问》,甚至于唐代的李太白。李白在思想上接近道家、庄子一派,而他同时也曾受儒家的影响,因此谈到他艺术的创作时,有一句话,"揽彼造化力,持为我神通"。大艺术家之所以能创造,其创造力取之于天,取之于地,取之于宇宙本体,将宇宙本体一切创造力把握住,拉到自己的人格中来运用,如此一来,人的创造直可与天地之创造比美。不了解这种大化冥合的意境,就无法把握整个的中国哲学精神。而这个思想的本源直接从孟子来,而孟子又从子思的《中庸》中来,《中庸》又是从《周易》的《文言传》、《系辞大传》中来。因此真正讲《周易》哲学是从孔孟起,然后历代传下去,传到后代,又有不同思潮的附会,因此一部易学史牵涉到整个中国思想的发展。魏晋的王弼代表一种"道家易",把老庄哲学附会到《周易》上可以做例子。

明了这些情况,就可以回到前面所讲的一句话:"学《易》者所以通其理"。所谓《周易》哲学有两种,一种是狭义的《周易》哲学,专就《周易》的符号系统如何完成,及常识的文字解释如何了解来说明《周易》,那是王弼、韩康伯、孔颖达所做的工作,是狭义的《周易》。

到了宋代与朱子同时的,讲《周易》古本的虞廷,则代表宋代的狭义的《周易》哲学。而我们处在这个时代,接触过印度、西方的哲学思想之后,哲学的观点又和从前不同了;因此对于《周易》不仅仅讲狭义的《周易》哲学,同时也可以讲广义的《周易》哲学,以《周易》纯粹的儒家思想来贯通佛家华严的思想;同时以近代的法国柏格森的思想,或是英国的怀德海来说,也可以多方面地贯通。如此看来,因为我们所接触的哲学传统多了,我们可以拿近代人的眼光来看《周易》,而弥补《周易》之不足。

九　时间与空间

因为尽管孟子称赞孔子为"圣之时者"，而且《周易》中许多卦提到"时之义大矣哉"；但是对于什么是"时"，《周易》本身却没有表示，这可以说是它理论的缺陷。如果要真正了解《周易》中"时之义大矣哉"，要真正了解它的时间观念，在《周易》本身找不到适当的说明，反而在《管子》当中可以发觉一个描写时间的重要原则："轮转而无穷"。这代表春秋时代对于时间的观念，这个观念在《周易》中虽然没有明说，但是却在《周易》中运用了。这在世界哲学的体系上是很重要的时间观念，从周易本身一直到宋代像邵康节，以及历代的历法中的时间观念即根据此。而这个观念是不能以近代西方的思想来附会的。譬如希腊的时间观念，我们可以在法国柏格森的《创化论》一书中看得很清楚。希腊哲学中，巴曼尼德斯、柏拉图、苏格拉底不重视这个观念；到了亚里斯多德，以及和巴曼尼德斯同时的赫拉克利图，讲宇宙变化，以及这个变化所形成的矛盾，就比较重视时间观念。但是就整个的希腊哲学来说，除了赫拉克利图是唯一的例外，其他的可以借近代罗素的一句话来概说："了解时间之不重要，为智慧之门。""为什么以了解时间的不重要为智慧之门？"因为希腊人把时间的体系化成空间的体系，然后再就时间看，表面上是有过去、现在、未来的时间连续性，而这个过去、现在、未来，都可以化成现在的影像。换句话说，是把真实现在变成空间化的现在，这样就便于把过去的影像纳入了现在，把未来的影像也以前瞻的方式把它收到现在当中，然后以一个空间化的现在宠罩一切过去、现在和未来。

如此情形之下，时间的重要性就淹没了，一切都被化成空间的影像，更在希腊后期从天文学形成几何学，这个几何学一形成之后就拿这个空间的架构把整个宇宙囊括进去，其中都是以空间的度量来表现自然界的万物。因此希腊人，除了赫拉克利图之外，都不瞭解时间的重要，他们把时间化成空间，时间的度量成为空间的度量，而空间的度量当中表现时间时乃是用"一条线"。这就形成了支配整个西方对于时间观念的思想，是一种时间的直线的进程，以空间一条线来表现。而从几何学上来看，空间一条线乃是由不同的点构成，这些点在画的时候，诚然有一个先后性，但是这条线一画成了之后，起点、终点和中间的点就同时性的了,成为并存的关系,一并存之后,时间就不重要了。因此整个希腊哲学把时间化成空间的影像,使一个时间的延续性变成一个空间的并存性,以后在画的时间有先后,从起点到中间到终点,是一个直线进程的系列。

西方的科学及近代西方的哲学,在柏格森和怀德海以前,都没有了解时间的重要。譬如笛卡儿安排一切宇宙的存在时,都是把它挪到一个座标系统中,形成一个空间的构造。在牛顿的古典科学中物质与空间的因素重要,而时间却没有地位了,他是以空间为唯一的凭藉。再从哲学上看,康德原先还指出时间对于人的意识是个重要的形式,但是他最后接触了欧几里得几何,接触了牛顿物理学之后,也把时间的重要性丧失掉了。比较重视时间的要算黑格尔,黑格尔在历史哲学及精神现象学中以时间为重要,但是他究竟是亚里斯多德的信徒,也把复杂的时间化成了时间的分析构造,成为时点,而时点又都集中在现在,这是亚里斯多德的哲学:"过去不重要,未来也不重要,真正重要的只有现在。"以"现在"为一核心,是一个空间化的核心。一切变化却是现在之不同的延续。然后在"现在"中找出其焦点,是一个不变核心之空点。

如此像亚里斯多德,虽然他的整个宇宙体系是一个发展系统,但是他一讲变化就等于不变,把它化成空间化的永恒现在。近代哲学上也把空间当作重要而时间不重要,也是把时间化成空间的影子,如此在一条线的构成当中好像有先后,有持续性,而这个持续性却形成一个直线的进程,害尽了欧洲人对于历史观念的形成,以为过去不重要,因为现在是过去的延续,因此现在才重要,同时现在又将演变为未来,因此未来只是一个前瞻的现在,并将实在存在,而必须化成一个现在的影像才能存在。因此西方的历史哲学只是一个"直线的进程":一到了现在,就把过去忘掉了,而现在马上又变为过去,因此要把握现在来期待未来,表面上是现实主义的身份,实际上又是一个未来主义者。这一点使西方的历史成为一个不连贯的历程。

无法讲历史的持续性,过去的成就也没有办法还到过去;希腊人的价值系统不能接受,中世纪也已经成了过去,因此也不要它。到了现在,也只有一个单薄的现在,只是一个时间的焦点,相当于欧几里得几何当中的一个点。这个点徒然隔离了现在和过去,现在和未来,使得现在和真实的过去、未来却衔接不上，使近代欧洲人的思想成了一个孤绝的现在，失去了历史的持续性，同时也无法处理价值问题。

因此近代的科学一兴起，马上就要求道德的中立，第二层则要求美学的中立，第三层又要求宗教的中立。结果道德、美感、宗教、价值一概不要，导致了宗教和哲学的死亡，连讲伦理学也只成了一个玩弄伦理名词的，只是讲概念，而真正的道德精神，真正的价值却丧失了。

因此就这一点来说，近代人把西方文化的来源"希腊文化"丢掉了。连中世纪高度的宗教文化，近代的许多历史家也只说是"黑暗时代"，把中世纪的宗教精神放弃了，成了"宗教死亡"的局面。再看看东方的哲学，他们也只觉得印度哲学是神秘主义，谈一谈或许很有意思，而以它为哲学来研究则不感兴趣。又对于中国哲学所表现的高度道德、美学及价值学的文化，西方人因为经过了科学主义把一切价值观念漂白之后，讲中国哲学也进不了门，只能止于门外。因为他一进了中国哲学的范围，就要接触道德、美学及价值理想。而近代的欧洲是守着道德中立、美学中立、宗教中立的立场，在科学型态的文化当中，整个宇宙是一个价值中立的世界，一切从希腊以来讲的价值一洗而尽，所遗留下来的像美国的实用主义，是一个讲究实用价值的，否则商业生活里的经济人便做不成了。

那么关于《易经》的哲学原理，可以参见《哲学三慧》一书十八到二十页以及英文本《中国人生观》中二十到二十一页、三十一页和第二章，根据《周易·象传》、《文言传》、《象传》、《系辞大传》、《说卦传》的头一半，把它归到哲学的原理上，也就是刚才所提的几个原则。孔子是"圣之时者"，他在哲学上的贡献是《十翼》，而《十翼》当中讲的"时之义大矣哉"并没有描写到时间的意义，这点却可以在《管子》的"轮转而无穷"一句话中暗示了春秋战国时代一个极重要的时间观念，我在《中国人生观》当中，称它为回旋的时间观念，而不是直线的时间观念。讲时间的意义，第一层就要讲变化，而所谓变化是如何一种方式的变？如果把时间化成了空间的话，那就成了"交易"，如果是像希腊人把时间集中于现在，那就成了"不易"，很容易形成一种"忽视时间"的观念，而把《周易》本身所提出的见解毁灭了。在这当中，只有所谓"变易"的方式才是一个创造的进程，它的立足点是现在，但要把过去的缺点淘汰，使得过去的优点集中在现在,然后以这个现在为一个跳板,再依据一种持续的创造过程,把现在转变成为未来,如此就保持一种时间的持续性,一种历史的持续性,然后才可以讲创造。而这种进程所说明的时间是一个回旋的结构,而不是一个直线的结构。它的好处是人在任何时间的段落都能够含摄过去的要素,才不会成为一个贫乏的人,而是成为一个充实的人。以这个作为跳板,挟持现在极大的创造力量,然后投射到未来,如此在未来当中也能把现在的缺陷都淘汰了,把优点都贯注了。因此从时间的持续性及历史的持续性,才有办法讲文化演变中价值的保持和发扬光大,才可以处在任何时代而教它的时代不流于贫乏,使它成为一个丰富的时代,在如此一种体验之下,思想家可以瞻前,也可以顾后,又可以把握现在,对于时间上这三段,都不至于落空,而把一切最优良美好的价值都集中在人的创造生命中。

1974 年 1 月 3 日讲

（录自方东美:《原始儒家道家哲学》,台北黎明文化事业公司 1983 年版。）

哲 学 三 慧

此篇原为中国哲学会第三届年会论文,当时座客尽系哲学专业者,心源略同,我方宣趣,彼已会心,故篇中只揭简要义例,事证不待繁举。原稿写就,迟未发表,拟俟拙著《生命情调与美感》成书后弁诸简端,作为长序,嗣因《哲学评论》主编索稿甚急,寄沪刊载,讵料未及出版而倭寇发难,稿本竟成灰烬。迨倭陷首善,平日积稿俱殉京国,独此篇副纸于避地窜身时犹有存者。吾尝端居幽思,觉哲学所造之境,应以批导文化生态为其主旨,始能潜入民族心灵深处,洞见其情与理,而后言之有物,所谓入乎其内者有深情,出乎其外者乃见显理也,此意尝于《生命情调与美感》(一部分已刊载中央大学《文艺丛刊》第 1 卷第 1 期)中发之。惜属稿未竟,藏书已佚,只今徒存空想而已。宋直方云:"新样罗衣浑弃却,犹寻旧日春衫著",焉得不令入郁伊惝恍耶!篇中名词虽有与佛学语类近似者,然用来皆自抒己意,非敢冒袭也;至立言枢机,先后略求一贯,首为主辞,主辞不尽意,乃系以辅句,辅句有余蕴,更藉助语补足之,其序列略如 6,6.1,6.2,6.3,6.11,6.111,6.112,6.113,6.114,千言万字只说数句,数句之义萃于一句,一句义如未了,俟其解者旦暮遇之。

释 名 言

1. 太初有指,指本无名,熏生力用,显情与理。

1.1 情理为哲学名言系统中之原始意象。情缘理有,理依情生,妙如连环,彼是相因,其界系统会可以直观,难以诠表。

1.2 总摄种种现实与可能境界中之情与理,而穷其源,搜其真,尽其妙,之谓哲学。

1.3 哲学意境内有胜情,无情者止于哲学法门之外;哲学意境中含至理,违理者逗于哲学法门之前。两俱不入。

2.衡情度理,游心于现实及可能境界,妙有深造者谓之哲学家。

2.1 情理境界有远近,有深浅,有精粗,有显密,出乎其外者末由窥测,入乎其内者依闻、思、修之程度而定其等差,故哲学家有大小之别。

2.2 人类含情而得生,契理乃得存,生存原为人类根本权利,故哲学之在宇内,势用可以周遍圆满,其有反对哲学,轻心以求生存者,常堕于无明,人之大患端在无明!

3.人生而有知,知审乎情,合乎理,谓之智。智有所缘之谓境,境具相状,相状如实所见,是谓智符。人生而有欲,欲称乎情切乎理,谓之慧,慧有所系之谓界,界阃精蕴,精蕴如心所了,是为慧业。

3.1 智与慧本非二事,情理一贯故,知与欲俱,欲随知转,智贯欲而称情合理,生大智度;欲随知而悦情怡理,起大慧解。生大智度,起大慧解,为哲学家所有事,大智度大慧解为哲学家所托命。

3.2 知有是非,故智分真伪;欲有净染,故慧分圆缺,演事理而如如,趣于真智,絜性情而化化,依乎圆慧,是哲学家之理想生活。

4.此标三慧,非闻、思、修,"闻所成慧,思所成慧,修所成慧",乃哲学境界之层次,哲学功夫之阶梯,闻入于思,思修无间,哲学家兼具三慧,功德方觉圆满。闻所成慧浅,是第三流哲学家;思所成慧中,是第二流哲学家;修所成慧深,是第一流哲学家。修而不思,思而无闻,为哲学之倒行;思不与闻修俱,为哲学之逆施;闻不与思修俱,为哲学之竭泽而渔。

4.1 哲学智慧生于各个人之闻、思、修,自成系统,名自证慧。哲学智慧寄于全民族之文化精神,互相摄受,名共命慧。本篇诠释依共命慧,所论列者,据实标明哲学三慧:一曰希腊,二曰欧洲,三曰中国。

建 义 例

(一)标总义

1.观摩哲学可分两边:一、智慧本义;二、智慧申义。共命慧属本义,自证慧属申义,共命慧统摄种种自证慧,自证慧分受一种或多种共命慧。

2.成慧赖有天才,共命慧依民族天才,自证慧仗个人天才。个人天才又从民族天才划分,民族天才复由个人天才集积。共命慧为根柢,自证慧是枝干。兹舍枝干,独详根柢。

2.1 希腊人以实智照理,起如实慧。

2.2 欧洲人以方便应机,生方便慧。形之于业力又称方便巧。

2.3 中国人以妙性知化,依如实慧,运方便巧,成平等慧。

3.实智照理,方便应机,妙性知化,三者同属智慧现行,摄持现行更有种子。

3.1 太始有名,名孚于言;太始有思,思融于理,是为希腊智慧种子。

3.2 太始有权,权可兴业;太始有能,能可运力,是为欧洲智慧种子。

3.3 太始有爱,爱赞化育;太始有悟,悟生妙觉,是为中国智慧种子。

4.智慧种子未起现行,寄于民族天才,深藏若虚,是为民族灵魂。种子变现,熏生行相,趣令个人天才各自证立思想系统,创造赓续,革故取新,其势若水,流衍互润,其用如灯,交光相网,融成理论文化结构。

4.1 希腊如实慧演为契理文化,要在援理证真。

4.2 欧洲方便巧演为尚能文化,要在驰情入幻。

4.3 中国平等慧演为妙性文化,要在挈幻归真。

5.共命慧意义深密,常藉具体民族生命精神为之表彰;而民族生命精神之结构又甚复杂,包容许多因素,要而言之,各得三种决定成分。

5.1 希腊民族生命之特征可以"大义安理索斯"、"爱婆罗"、"奥林坪"(Dionysus,Apollo,Olympos)三种精神为代表,大义安理索斯象征豪情,爱婆罗象征正理,奥林坪象征理微情亏,虽属生命晚节,犹不失为蔗境,三者之中以爱婆罗精神为主脑。

5.2 欧洲民族生命之特征可以"文艺复兴"、"巴镂刻"、"罗考课"(The Baroque,The Rococo)三种精神为代表,文艺复兴以艺术热情胜,巴镂刻以科学奥理彰,罗考课则情理相违,凿空蹈虚而幻惑。兼此三者为浮士德精神。

5.3 中国民族生命之特征可以老(兼指庄,汉以后道家趋入邪道,与老庄关系甚微)孔(兼指孟、荀,汉儒卑卑不足道,宋明学人非纯儒)墨

（简别墨）为代表。老显道之妙用，孔演《易》之"元理"，墨申爱之圣情，贯通老墨得中道者厥为孔子。道、元、爱三者虽异而不隔。老孔墨而后，杂家（取义极广，非仅歆、固所谓杂家）隳堕，语道趣小不尽妙，谈《易》入魔而堕障，说爱遗情而无功。

6.共命慧之圆成，常取适可之形式以显示体、相、用。体一相三而用运体相，因应咸宜。

6.1 希腊慧体为一种实质和谐，譬如主音音乐中之主调和谐。慧相为三叠现。慧用为安立各种文化价值之隆正，所谓三叠和谐性。

6.2 欧洲慧体为一种凌空系统，譬如复音音乐中之复调对谐。慧相为多端敌对。慧用为范围各种文化价值之典型，所谓内在矛盾之系统。

6.3 中国慧体为一种充量和谐，交响和谐。慧相为尔我相待，彼是相因，两极相应，内外相乎。慧用为创建各种文化价值之标准，所谓同情交感之中道。道不方不隔，不滞不流，无偏无颇，无障无碍，是故谓之中。

6.11 一种组织，不论体制大小如何，其形式圆满无缺，其内容充实无漏者，名曰实质和谐。此在希腊谓之宇宙（Cosmos），其式如一体三相太极图。希腊人之宇宙取象"太极"，太极含三为一，天苞其外，人居环中，国家社会连系于其间，形成一体三相之和谐。

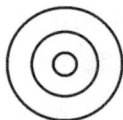

6.111 希腊世界秩序形成一种具体有限之大宇宙（Macrocosm），其机构为三相贞夫一体。一体指实质和谐。三相叠现指柏拉图之法象、数理及物质三种境界，或至善、主宰、物质三种区域（Timaeus）。新柏拉图学派三分宇宙为神灵、灵魂、物体，取义亦同。

6.112 希腊国家体制形成一种具体有限之政治宇宙（Politicosm），理想国家以 5040 户人口为最适宜，其机构为三相贞夫一体，一体指正谊之理想，三相叠现指哲王、武士、劳工之功能。

6.113 希腊个人心性之构造形成一种质实厚重之小宇宙（Microcosm），其机构为三相贞夫一体，一体指美满人格，三相叠现指理、情、欲。理为主，所以节情；情为辅，所以制欲。

6.114 此一体三相之和谐（三叠和谐性）适为希腊文化价值之典型。悲剧诗之纯美表现一宗三统律（The Law of the Unity of Three unities）：一、动作统一律；二、空间统一律；三、时间统一律。建筑之纯美表现三叠和谐性：一、左右之对称；二、上中下之比例，三、前中后之均衡。对称、比例、均衡三者交互和谐。雕刻之纯美表现中分律（Law of Frontality according to Professors J. Lange, E. Löwy and A. Furtwängler）：从头顶画一直线，通过脊骨至立足地，其中分线必经过鼻尖肚脐及两足中间三点，仍现一体三相之和谐。

6.21 一种境界不论范围广狭如何，其性质深秘微密，其内容虚妄假立者，名曰凌空系统，此在欧洲谓之二元或多端敌对系统。其式如矛盾图。甲乙两方以矛陷盾，锋镝回互，抵触无已，其多端敌对者即以此图旋转。

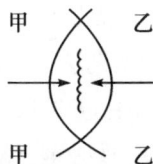

6.211 欧洲世界形成真虚妄，假和合，无穷抽象之系统，见之于学理则有：（一）初性次性分别说（Distinction between Primary and Secondary Qualities）；（二）感觉理性功用谬说（Descartes vs. Hume）；（三）精神物质势用相违说（Newton, et al vs. Hegel, et al）；（四）物质生命理体乖舛说（Vitalism vs. mechanism）；（五）心身遇合无缘说；（六）现象物如并行相悖说（Kant）；（七）假相真相变现破产论（Hegel, Bradley）；（八）质能理体矛盾论（古典主义物理学与新兴物理学之对争）；（九）体空相续断灭和合论（The Wavicle Theory of Matter）；（十）普遍因果似有还无论（休姆破因果论证及新量子论中之"不确定"原理）。

6.212 欧洲政治之组织形成一种庞大帝国，拓殖膨胀，邻于无穷。其内在矛盾层出叠现，政府求集权，人民争自由，双方仇视，引起政治斗争，资产阶级好掠夺，劳工阶级苦困穷，两阵树敌，激发阶级斗争。驯至专政体之流为庶民平等，庶民主义之变成阶级专制，阶级专制之幻作个人独裁，个人独裁之标榜自由平等宪法，无不是由对立矛盾而辗转幻化。欧洲政治沿革直如幻灯流焰，转变无常，怪怪奇奇，闪烁心眼。

6.213 欧洲个人心性之构造形成两重人格，其普遍典型为解克博士与哈德先生（Dr. Jekyl and Mr. Hyde）两人互变，方生方死，方死方生，一体俱化，两用不穷，或浮士德与魔鬼之寻寻觅觅，戏捉迷藏。如是演为学理，则有：（一）身心不相应行法（Spinoza, Descartes）；（二）感觉理智相违论（Descartes, Pascal）；（三）挈身归心论（内省派心理学与唯心论）；（四）灭心归身论（行为派心理学与新唯实论之一部）。

6.214 此内在矛盾之系统，适为欧洲文化价值之权衡，文学无穷心理动机冲突发展之行相，毕竟驰情入幻，如段葵素（Don Quixote）传奇，哈穆勒（Hamlet）名曲，浮士德诗剧，其著例一也。建筑上倾斜倚侧，危微矗立，锥峰凌霄，廊庑空灵之教堂，其著例二也。绘画上之透视，浓淡分层，明暗判影，切线横斜，幻尺幅空间之远近，艳色掩虚，饰瑰奇美感之假有，其著例三也。

6.31 一种意境，不论景象虚实如何，其神韵纡余蕴藉，其生气浑浩流衍者，名曰充量和谐，此在中国谓之同情交感之中道，其意趣空灵，造妙入微，令人兴感，神思醉酡。中道明通周普，其旨易解，交感义稍晦涩，可譬以情词："尔侬，我侬，忒煞情多，情多处热似火。把一块泥捻一个你，塑一个我，将咱们两个一齐打破，用水调和，再捻一个你，再塑一个我。我泥中有你，你泥中有我，生同一个衾，死同一个椁。"（管仲姬）

6.311 中国人之宇宙形成一种宙合赅备之格局，苞裹万物，扶持众妙，布运化贷，均调互摄，滏溟而大同。老子冲虚周行之妙道，孔子旁通统贯之大易，墨子尚同一义之兼爱，皆为此谊所摄，其余百家之言，凡宗老孔墨而得其一面之真者，亦莫不以此为归宿。前称中国慧体为交响和谐，盖寓言也，实则中国宇宙太和之意境，大方无隅，大公无私，尚同无别，质碍都消，形迹不滞，天地为官，万物成材，至人儦能，一体俱化，巧运不穷，推于天地，通于万物，施于人群，尽属精神之理序，顿显空灵之妙用矣。

6.312 中国历代圣王明君，建国治人，立政教众，必尚中和。自唐尧以降，内之平章百姓，外之协和万邦，皆以允执厥中，保合大和，顺天应人之道本为矩蠖。《易》所垂诫，《诗》所歌咏，《书》所诏诰，《礼》所敷陈，以及《春秋》之训示，诸子之阐述，莫不以中和建国者为盛德，其故盖可知矣。

6.313 中国人顶天立地,受中以生,相应为和,必履中蹈和,正己成物,深契"非彼无我,非我无所取"之理,然后乃能尽生灵之本性,合内外之圣道,赞天地之化育,参天地之神工,完成其所以为人之至德。

6.314 此同情交感之中道正是中国文化价值之模范。《周礼》六德之教,殿以中和(大司徒郑注:忠言以中心),其著例一也,诗礼乐三科之在六艺,原本不分,故诗为中声之所止,乐乃中和之纪纲,礼是防伪之中教,《周礼》《礼记》言之綦详,其著例二也。中国建筑之山回水抱,得其环中,以应无穷,形成园艺和谐之美,其著例三也。六法境界之分疆叠段,不守透视定则,似是画法之失,然位置、向背、阴阳、远近、浓淡、大小、气脉、源流,出入界划,信手皴染,隐迹立形,气韵生动,断尽阂障,灵变逞奇,无违中道,不失和谐,其著例四也。中国各体文学传心灵之香,写神明之媚,音韵必协,声调务谐,劲气内转,秀势外舒,旋律轻重孚万籁,脉络往复走元龙,文心开朗如满月,意趣飘扬若天风,——深回宛转,潜通密贯,妙合中庸和谐之道本,其著例五也。

(二)立别义

1.哲学生于智慧,智慧现行又基于智慧种子,故为哲学立义谛,必须穷源返本,以智慧种子为发端。希腊人之"名理探",欧洲人之权能欲,中国人之爱悟心,皆为甚深甚奥之哲学源泉。

2.哲学之成立,其影响布濩弥漫,普及于全民族,决定整个文化之理论结构。希腊文化之契理,欧洲文化之尚能,中国文化之妙性,揆厥缘由,都有的解,譬如观水,溯流可以逢源;譬如升木,循本可以达杪。

3.三慧之流露,虽各苞举三重决定成分,但决定成分中之最胜决定又贞夫一。此所谓一,俨然形成全民族文化与哲学之宗主,继承共命慧之大统。

4.爱婆罗精神,巴镂刻精神(浮士德精神之主脑),原始儒家(宗孔子,秦汉以后儒家)精神,横亘奥衍,源远流长,各为希腊人、欧洲人、中国人文化生活中灵魂之灵魂。此处建立哲学智慧之别义,特以"宗主共命慧"为依据,所以示限制也。

5.民族之气运有盛衰,哲学之潮流有涨落,盛衰涨落均非依稀恍惚,出于偶然。当其盛且涨也,人人服膺哲学之胜情至理。当其衰且落也,人人堕入无明之迷途。坐是之故,民族生活可划分哲学鼎盛期与哲学衰微期。复兴民族生命，必自引发哲学智慧始，哲学家不幸生于衰世，其精神必须高瞻远瞩，超越时代以拯救时代之隳堕。

6.希腊人之智照实境，慧孚名理，依据下列原理：

（1）宇宙之存在是有而非无，社会之幸福是真而非妄，人性之根身是善而非恶。

（2）宇宙、社会、人性三者所含摄之情理，断尽迷障，风不能挠，雨不能渗，雪不能寒，逐处都是空明境界，晴云缱绻，清辉流照。

（3）天之高明，地之博厚，人之纯笃，各抱至诚，守正谊（Justice）以为式。

（4）心灵精纯，可以阐幽辨微。

（5）知识之在宇宙，能摄一切相及一切相相，性质伟大，价值崇高，莫与伦比（爱婆罗精神之优美处）。

（6）万事万物之变现，如其实以求之，是为人类到真理所由之善路（Parmenides）。

（7）心能明理，还须自察，知能烛物，还须自照。夫以察察之心，显昭昭之理，不仅生智，更起智知，不仅成慧，更使慧明，知之为知之，又知知之所以为知之。人各明其理，复以其理之明，回光返照。人各致其知，转以其知之真，凝神内注。故智慧不特是智慧，又为智慧之智慧。

（8）心之所求，神之所守，悉准智慧，归趋幸福，反是则陷入无明，激起祸害。

7.希腊实智照理之精神，固极优美卓越，令人佩仰，然其哲学无形中亦隐伏一种颓废之弱点。希腊共命慧之成分吾前已列举三项，是三项中大义安理索斯胜于豪情，爱婆罗富于正理。希腊先民当纪元前六、五两世纪时代，独能以豪情运正理，故长恢恢旷旷，表现瑰奇伟大智慧，如悲剧诗人之所为者。然自五世纪以后，雅典文化兴盛，正理荣光昭明至于极度，渐使生命豪情灏气，蔽亏隐匿，趋于消沉。此种思想转变，实以苏格拉底为枢纽。尼采有见于此，尝以苏格拉底为希腊智慧之败坏者，无明之倡导者，其立言虽甚苛，但论据却极确。

8.苏格拉底之大错在以知识之唯一标准判断宇宙之真相，分析社会之构造，计量人生之美德。知识诚可以对镜照理，考核智符，但仅凭理智，不能生情，情亏而理亦不得不支离灭裂，渐就枯萎矣。

9.此种极端唯理主义,一入苏格拉底手中,便把大义安理索斯及爱婆罗两层伟大精神,转变成为日就颓废之奥林坪精神矣。吾尝称此为奥林坪哲学,其意蕴有可得而言者数端:

(1)现实生存流为罪恶渊薮,不符理想,可能境界含藏美善价值,殊难实现,是现实与可能隔绝,罪恶与价值乖违,人类寄迹现实,如沉地狱,末由游心可能,契会善美,故哲学家之理想,生不如死,常以抵死为全生之途径。

(2)躯体都为物欲所锢蔽,精神却悬真理为鹄的,身蔽不解,心智难生,故哲学家必须涤尽身体之溷浊,乃得回向心灵之纯真。

(3)遗弃现实,怜于理想,灭绝身体,迫近神灵,是以现实遮可能,觉此世之虚无,以形骸毁心灵,证此生之幻妄。世宙冥无论,形体非有说,纯属悲观论者之绝命词,哪能准此归趋真理,引发高情,产生智慧?从此可知希腊文化之崩溃,哲学之衰落,实为逻辑之必然结果也。

10.欧洲人之崇权尚能,熏生业力,虽有精纯智慧,究属方便善巧,其哲学之根基符合下列条件:

(1)宇宙之客体,社会之形式,人性之构造,原极渺渺茫茫,不能遽定为实有,一切存在纯是某种疑似境界。近代欧洲人诚心向往物质大宇宙,而中古传统之态度则指此为潢原。近代欧洲人创建自由新国家,而中古遗留之宗教则召之返天国。近代欧洲人热情启发淳朴天性,而中古沿袭之学说则目之为宿孽。

(2)宇宙恍如梦境,生命幻若俳优,莎士比亚言之详矣。当近代之初期,欧洲人寄迹人间世,形同孤儿诞生,一无凭仗,倍觉落寞凄凉,怨愤惨怛。浮士德实为标准欧洲人,目击宇宙之空幻,知识之渺茫,不禁狂吼怒号,感叹身世。"哲学法律余所专精兮,兼医方神理之辩核。竭智尽能昕夕以探其奥兮,怅暗昧之纷陈犹如畴昔。宇宙空幻微茫,疑莫能明兮,揆余中情,恨知识之刺骨。"

(3)希腊人生性酷爱真理,自能欣然引发智慧,照烛世相,如实了解。欧洲人游心梦境,恨知识之无征,于是驰情入幻,一往不复,将幻生幻,玩弄知识。此层又为浮士德一语道破:"心所不能知,利用最饶益;心所已知者,弃置无足惜。"

(4)欧洲人最初不能把握世界,稳定脚跟,表面上似无创建伟大知识系统之可能,讵知其实又大谬不然也。正缘世界无定相,知识无法仪,欧洲人乃幻化莫测,毫无拘束,运飘忽之智力,建神变之臆说,玄之又玄,想入非非,造作种种虚立假有之意境,以为哲学证理科学推论之对相。欧洲人之于宇宙,如中狂魔,格物致知,探索奥秘,一境深似一境,一相精似一相,穷极根柢,犹不止息,"知其不可为而为之,知其不可得而求之",曼陀(Mephistopheles)如此赞美浮士德,我亦如此赞美欧洲人。

(5)一种智境如有实理可照,一种慧境如有真情可取,不妨径据慧眼直观,穷其要眇,无庸预设方法定理,援之求真。但在欧洲,宇宙内容虚妄假合,必依方法始能推证,幻与不幻,等是假设,所不幻者,惟有逻辑。职是之故,欧洲人每一思想体系之成立,逻辑原则乃其先决条件。吾人窥测欧洲智慧,如不学得一套逻辑善巧方便,便于科学哲学格格不入。

(6)培根建议科学大改革,其目的端在理性之完备运用,以拓展心智之权力。揆其用意,盖指逻辑方法确立之后,自然外界始能获得的解。新逻辑之目标,不在树立论证,而在确定方术,不在敷陈疑似理由,而在筹度工作计划。科学即是逻辑,知识厥为权力。知识欲之表现,不外权力欲之发泄。欧洲人戡天役物之精神实寄于此处。

(7)权能为里,业力为表。欧洲人既已崇权尚能,自然触发慧心,作业用力,启迪广泛文化现象。菲希特(Fichte)所倡言之"业力"(Thathandlung)一词,实是欧洲哲学智慧之中心观念。歌德于此言之,尤详且确:"思想之线索已断,知识之嫌疑未决,且临情欲深渊,优游餍饫怡悦,任万象逞奇,我观摩自得,时间奔腾踊跃于目前,余心之甘苦忧劳成败,川流而不竭,原夫人之所以为人,活动赓续完成其大节。"

(8)吾人旷观欧洲人之崇尚权能,灵变生奇,启迪智慧,诚应倾倒。但一穷究,觉其哲学核心亦非毫无缺陷者。欧洲共命慧之策动,初以文艺复兴时期艺术热情为发端,挥运灵奇深心感召宇宙幻美。但因心弦脆弱,不能忍受万象之震撼拨刺,终久流为艺术之诞妄,于是辗转推移,折入巴镂刻时代之科学理智。而此种理智又因驰骤空冥,援无证有,百折入迷,自毁其方法标准,毕竟未由契合宇宙之真情实理。自是以后,不得不趋于罗考课时期之幻灭悲剧矣(其详细理由具于拙著《科学哲学与人生》第六章"生命悲剧之二重奏"一文)。

11. 欧洲哲学智慧之弱点有可得而言者三端:

（1）一切思想问题之探讨，义取二元或多端树敌，如复音对谱，纷披杂陈，不尚协和。举一内心而有外物与之交迕，立一自我而有他人与之互争，设一假定而有异论与之抵触，建一方法而有隐义与之乖违。内在矛盾不图根本消除，凡所筹度，终难归依真理。

（2）哲学智慧原本心性，必心性笃实，方能思虑入神，论辨造妙。欧洲人深中理智疯狂，劈积细微，每于真实事类掩显标幽，毁坏智相，滋生妄想。观于心性之分析，感觉现量本可趋真，而谓摄幻；理性比量原能证实，而谓起疑。幻想似量究属权宜，而谓妙用。其甚也，人格之统一，后先相承，而谓断灭，身心之连谊，彼此互纽，而谓离异。内外之界系，尔我交喻，而谓悬绝。

（3）遐想境界，透入非非，固是心灵极诣，但情有至真而不可忽玩，理有极确而不能破除。欧洲人以浮士德之灵明，往往听受魔鬼巧诈之诱惑，弄假作真，转真成假，似如曹雪芹所谓"假作真时真亦假，无为有处有还无"也。吾于他文分析欧洲学术文化之转变，究将趋于虚无主义之幻灭，非故好为怪论，盖深有所感慨，遂不觉其言之直截耳。

12.中国人知生化之无已，体道相而不渝，统元德而一贯，兼爱利而同情，生广大而悉备，道玄妙以周行，元旁通而贞一，爱和顺以神明。其理体湛然合天地之心，秩然配天地之德，故慧成如实。其智相辟宏天下之博，翕含天下之约，故善巧方便。存其心如生，成其德无息，博者因其博，约者应其约，无有偏私隐曲，故运智取境，平等平等，成慧摄相，亦平等平等。准此立论，中国之哲学，可以下列诸义统摄焉。

（1）生之理。生命苞容万类，绵络大道，变通化裁，原始要终，敦仁存爱，继善成性，无方无体，亦刚亦柔，趣时显用，亦动亦静。生含五义：一、育种成性义；二、开物成务义；三、创进不息义；四、变化通几义；五、绵延长存义。故《易》重言之曰生生。

（2）爱之理。生之理，原本于爱，爱之情取象乎《易》。故《易》以道阴阳，建天地人物之情以成其爱。爱者阴阳和会，继善成性之谓，所以合天地，摩刚柔，定人道，类物情，会典礼。爱有五相四义：五相者，一曰雌雄和会；二曰男女构精；三曰日月贞明；四曰天地交泰；五曰乾坤定位。四义者：一曰睽通，睽在《易》为"二女同居其志不同行"（《睽·象》），"二女同居其志不相得"（《革·象》），通在《易》为"天地睽而其事同，男女睽而其志通，万物睽而其事类"（《睽·象》）；二曰慕说，慕说在《易》为"柔进而应乎刚"（《兑·象》），"二气感以相与，止而说，天地感而万物化生"（《咸·象》），"刚来而下，柔动而说"（《随·象》）；三曰交泰，交泰在《老子》为"天地相合，以降甘露"，在《易》为"阴阳合德而刚柔有体，以体天地之撰"（《系辞下》），"男女正，天地之大义"（《家人·象》）。其他归妹、渐、鼎、升、萃、益、离、临、同人、泰诸卦又复言之綦详。又《左传》昭公五年正义曰："阳之所求者阴，阴之所求者阳，阴阳相值为有应。"四曰恒久，在《易》为"恒与既济定"。《恒·象》曰："刚柔皆应，恒。亨，无咎，久于其道也……观其所恒而天地万物之情可见矣。"

（3）化育之理。生为元体，化育乃其行相。元体是一而不局于一，故判为乾坤，一动一静，相并俱生，尽性而万象成焉。元体摄相以显用，故流为阴阳（阴阳者翕辟之势，义非阴阳五行说所摄），一翕一辟，成和而万类出焉。生者，贯通天、地、人之道也。乾元引发坤元，体天地人之道，摄之以行，动无死地，是乃化育之大义也。

（4）原始统会之理。生之体是一，转而为元。元之行挚多，散为万殊。老子曰："道生一，一生二，二生三，三生万物。"道乃能生，能生又出所生，所生复是能生，如是生生不已，至于无穷。品类之分歧至于无穷，可谓多矣。然穷其究竟，万类含生以相待，浑沦而不离。《易大传》所谓天下之动贞夫一。《道德经》所谓"抱一为天下式"，并属此义。宇宙全局弥漫生命。生命各自得一以为一，一与一相对成多，多与多互摄，复返于一。王弼曰："统之有宗，会之有元，故繁而不乱，众而不惑"，颇得大易妙道之微义也。

（5）中和之理。中和之理实为吾国哲学甚高甚深极广极大之妙谛。故易尚中和，诗书礼乐尚中和，修齐治平亦莫不尚中和。不偏为中，相应为和。语其要谊，可得五点：一、一往平等性；二、大公无私性；三、忠恕体物性（同情感召性）；四、空灵取象性；五、道通为一性。

（6）旁通之理。大易之用，大道之行，全在旁通。旁通一词统摄四义：一、生生条理性；二、普遍相对性；三、通变不穷性；四、一贯相禅性。《易大传》剖析旁通之理，最得要领。

易准天地，弥纶大道，范围万化而无过，曲成万物而不遗，故曰广大悉备也。其在易象，六爻发挥旁通之例，虞翻言之而未具，张惠言、焦循阐之极精微。专家之书，彰彰可考，兹从略焉。

13.中国人悟道之妙，体易之元，兼墨之爱，会通统贯，原可轰轰烈烈，启发伟大思想，保真持久，光耀民族。但一考诸史乘，则四千年来智慧昭明之时少，暗昧锢蔽之日多，遂致文化隳堕，生命沓泄，揆厥缘由，约有数端：

（1）中国古代为贵族封建社会，民族智慧寄托于六艺，然六艺皆帝王经世之道，其要用只在出治佐治，独为士大夫阶级所专有，庶民不得与焉。坐是之故，学术寄于官府，文化托于少数，虽有智慧，不能普及，虽有创造，难以赓续。

（2）东周之后，官学失统，诸子之言始纷然杂陈，各出体裁，竞创新说，是诚哲学黄金时代。然一厄于战国之纷争，二残于秦王之火毁，兼之秦取天下，暴戾恣睢，巧袭古代遗制设官掌学，以博士之鲜能寡耻，垄断学术，上图取悦暴君于一时，下以夸耀荣利于当世，已失为学术求学术，为真理守真理之要义，断绝文化之新生命。

（3）汉承秦火之余，典籍散失，士大夫承学，皆遵口说，于是世守门户，破碎释经，灭大慧以小义，隐至理于故籍，只知守成，莫敢创造，纵有创造，亦以谶纬迷惑穿凿附会，不见真理。

（4）汉以后因袭博士官学制度（宋以后科举制度犹是变相官学），以利禄熏人心，以权威约真理，经世致用，空存美谈，钓名渔利，长留秽德。总之，中国学术失坠（哲学为尤甚）之原因，乃在历代均以政治统御文化，箝制思想自由，苟有专心致志之思想家，不为利禄所诱惑，便为淫威所慑伏。中国大患在无动机纯粹、用心专一之学者。除少数特立独行者外，均不敢以高超文化理想统御政治。旷观国史，历代相沿，只有实际政治，特少理想政治，可胜叹哉！犹幸中国偶有隐逸者流，间世一出，不受实际政治支配，孤寄冥往，潜心学理，学术生命之不绝，独赖有此耳。

（5）哲学智慧之启迪，原属天才分内事。但在中国古代，贵族藏守学术，秦汉以后，博士垄断学术，是以多数民族天才或因失学而昏盲，或因趋利而灭智，不能专心致志，寻求真理，即有杰特学人，倾心真理，又多怵于惯例，姝姝媛媛，抱持师说，谬袭经生习气，饾饤琐屑，不图依据逻辑原理建立精审方法，如是立说，理无所据，证难确立，微茫恍惚，常堕智障。

(6)中国伟大哲学智慧,往往出于绝顶天才。天才本身,神乎其技,每创新义,辄以短简直觉方式发抒名言,隐示至理,不事辛勤立量,绌绎理论效果,致令后人无法体验原有之真实证据,如遇疑谬之处,更难指摘弱点,破除迷惑,转生真理。

(7)中国哲学家之思想向来寄于艺术想象,托于道德修养,只图引归身心,自家受用,时或不免趋于艺术诞妄之说,囿于伦理锢蔽之习,晦昧隐曲,偏私随之。原夫艺术遐想,道德慈心,性属至仁,意多不忍,往往移同情于境相,召美感于俄顷,无科学家坚贞持恒之素德,颇难贯串理体,巨细毕究,本末兼察,引发逻辑思想系统。

判 效 果

1.吾于首段敷陈信念,标出智慧一词,据为哲学典要,藉以证验多种境界之情理;复在上部凭所浅知,剖析希腊、欧洲、中国三种哲学之体相用,略显其在文化生活中之影响,并就个别思想主潮,衡论其得失。兹当悬揣将来,预测哲学发展之前途。

2.哲学之在今世,尚犹有前途否,并世学人颇多疑惑。吾尝遐想过去,觉哲学实为民族文化生活之中枢,现前种种纵有抛弃智慧,削弱哲学势用之倾向,终亦不能灭绝人类智种,阻遏伟大新颖哲学思想之重光,然则吾又何难据前世之已验,测未来之可能。

3.时间狂澜,汹涌前趋,越过去以入现在,现在又奔腾勇往,引进于将来。吾人寄迹世宙,体时序之创化,感慧心之振奋,自不能拘墟束缚,回向过去,默守旧闻。是则指点前程,触发新机,光大哲理,助益文化,事属分内,责无旁贷也已。

4.希腊思想实慧纷披,欧洲学术善巧迭出,中国哲理妙性流露,然均不能无弊。希腊之失在违情轻生,欧洲之失在驰虑逞幻,中国之失在乖方敷理。矫正诸失,约分两途:一者自救,二者他助。希腊人应据实智照理而不轻生,欧洲人当以方便应机而不诞妄,中国人合依妙悟知化而不肤浅,是为自救之道。抑有进者,希腊人之所以逃禅,欧洲人之所以幻化,中国人之所以穿凿,各有历史根由深藏于民族内心,仅凭自救,或难致果,他山取助,尤为切要。希腊之轻率弃世,可救以欧洲之灵幻生奇;欧洲之诞妄行权,可救以中国之厚重善生;中国之肤浅蹈空,又可救以希腊之质实妥贴与欧洲之善巧多方,是为他助之益。

5.尼采生当欧洲末世,伤痛智慧之衰颓,文化之式微,于是提出理想超人,冀其壁立万仞,振奋绝世天才,触发旷代行谊,高标美妙价值,创造新奇境界,预为人类生命前途展布无穷远景,显现至上希望。吾尝端居幽思,深佩其理想之高超,转患其实现之乏术。盖尼采所意想之超人,须践踏一切过去,在世宙为狂魔,于人类属新种,揆诸优生学理,殊难忽幻奇迹,顿现灵才,苟既存人类都应灭绝,何缘忽来怪异超人,完成空前伟业?提神太虚,故作空幻奇想不难,侧身现世犹能实抒卓见匪易。

6.超人负荷人间世之意义,一切价值自应重加估量,排除过去一切污秽,洗涤现世一切溷浊,"果然现存人类尽入横流,污染不净,愿身作海,疏濯一切横流,犹能芳洁自持,泥而不泞。噫戏!我今提示超人,超人现身为海,腾波尽洗世之滋垢,玮意瑰行,珍重若是,谁能契会此境?祝尔高标志行,俯临流俗,鄙弃一切。"

7.尼采之超人理想真切不虚,但据其臆断,超人应鄙夷一切过去人类,毋乃诬妄特甚。据余所知,希腊人、欧洲人、中国人各在生命领域中创获如许灿烂文化价值,堪受推崇,殊难抹煞。超人空洞理想更当以希腊、欧洲、中国三人合德所成就之哲学智慧充实之,乃能负荷宇宙内新价值,担当文化大责任。目前时代需要应为虚心欣赏,而非抗志鄙夷,所谓超人者,乃是超希腊人之弱点而为理想欧洲人与中国人,超欧洲人之缺陷而为优美中国人与希腊人,超中国人之瑕疵而为卓越希腊人与欧洲人,合德完人是超人。试请澄心遐想,此类超人若能陶铸众美,起如实智,生方便巧,成平等慧,而无一缺憾,其人品之伟大,其思想之优胜,其德业之高妙,果何如者!

准此可知哲学未来发展,不难以历史智慧之总摄受推进之,使底于完美境界也。

(录自方东美先生全集编纂委员会编辑:《生生之德》,台北黎明文化事业公司1979年版。)

高亨儒学学案

　　高亨(1900—1986),初名仙翘,字晋生,吉林双阳人。中国现代古文字学家、训诂学家、先秦文化史研究专家。

　　高亨生于一个普通的农民家庭,由于家境贫寒,学习不易,自知刻苦用功。1910—1918 年,入临村私塾就读,精读《论语》、《孟子》、《诗经》、《尚书》等重要古籍,为从事古代文史研究打下了坚实的基础。1918 年,考入吉林省立第一师范学校。1923 年,入北京弘达学院,补习英语,继而转到北京师范大学、北京大学。1925 年,考取清华学校研究院国学专业首届研究生。1926 年毕业后,任吉林省立法政专门学校教授兼第一师范学校教员。1929 年,任沈阳东北大学教育学院国文专修科教授。"九一八"事变后,随东北大学到北平。之后,又历任河南大学、东北大学、武汉大学、齐鲁大学、西北大学和湘辉学院教授等。1953 年,任山东大学教授。1957 年,兼任中国科学院哲学研究所研究员。1967 年,调至北京专门从事古代学术、古典文学研究工作。1986 年 2 月 2 日,于北京病逝。

　　高亨自称其治学宗清乾嘉学派的高邮二王父子(王念孙、王引之)之家法,尤精于《周易》、《尚书》和《诗经》的研究。他曾力求运用唯物史观的立场和方法考释及论述《周易古经》及《周易大传》,富于说理,颇多创见。1926—1945 年,辗转流徙于各所大学教书,其《周易古经通说》、《周易古经今注》大体都完成于此时,从而确立了其在现代易学研究中的地位。从 1964 年开始,撰写《周易大传今注》。"撰《易经今注》,则力求经文之原意,不受《易传》之束缚,尽扫象数之陈说。撰《易传今注》,

则力求传文之本旨,只讲《易传》固有之象数说,不讲《易传》原无之象数说。"他非常重视对《周易古经》及《周易大传》的考释,指出《易传》解经与《易经》原意往往相去甚远,研究时应该"以经观经,以传观传",但是,自汉以后,注释《周易》的人约有千家,都是将"经"、"传"熔于一炉,依"传"说"经",牵"经"就"传"。这样,"传"解"经"正确了,注释也就正确了,"传"解"经"错误了,注释也就错误了,不能尽解经的原意,而且失去传的本旨。"解经则从筮书的角度,考定经文的原意,不拘牵于传的说释,不迷惑于传为经所涂的粉墨脸谱,这样才能窥见经的真相。解传则从哲学书的角度,寻求传文的本旨,探索传对经的理解,并看它哪一点与经意相合,哪一点与经意不合,哪一点是经意所有,哪一点是经意所无,这样才能明确传的义蕴。"其主要著作有《周易古经今注》、《周易大传今注》、《周易杂论》、《老子正诂》、《老子注译》、《诸子新笺》等,后均收入《高亨著作集林》。

（徐庆文）

周易古经今注·重订自序

1940 年我在四川乐山武汉大学任教时,写成《周易古经今注》。解放后,初步学习马克思列宁主义,认识较前有所提高,检查旧作,觉得有些地方须加修订。但总是没有时间,一拖再拖,今年修订几卦,明年修订几卦,直到最近,才完成了这一工作。我很感谢中华书局的同志,尤其是金灿然先生的热情鼓励和督促,使我多做了一点工作。不然,我还要拖下去。

《通说》部分修订很少,《今注》部分修订较多。在修订过程中,又翻阅了一些有关《周易》的书籍,特别是于省吾先生的《双剑诗易经新证》,闻一多先生的《〈周易〉义证类纂》,李镜池先生的《〈周易〉校释》,读得比较仔细,对他们的创见,有所甄采。于氏《新证》作于拙著之前,但我在写《今注》时,并未见到。闻氏《义证》则作于拙著之后。于、闻两家之说有几条与管见不谋而合。这几条,重订本都引用彼说,不再注明是管见所及,意在不掩人之善,不掠人之美而已。

本书有两个主要特点,应该略予说明。

第一个特点是不守《易传》。《周易》卦爻辞为经,《十翼》为传。历代学者注《易经》,都是以传解经,而我注《易经》,则离传释经,与前人大不相同,这是有我的看法的。我认为《易经》作于周初,《易传》作于晚周,其间相去已数百年,传的论述当然不会完全符合经的原意。而况《易传》作者往往借用经文,来发挥他们的世界观,使经由筮书领域跨入哲学书领域。古画添上新彩,古鼎刻上新字,加工的《易经》就不是原样的《易经》了。然而《十翼》有正确的解说,有独具的价值,也是不可否认值得重视的。因此,我说《十翼》仅是出现最早的、颇有可采的《易经》注解,并非精确悉当的、无可非议的《易经》注解。我们生在科学昌明的今天,若仍遵循古人的故辙,一味信从《十翼》,拿古人的盆扣在自己的头上,用古人的绳捆在自己的手上,就难于考见《易经》的原意。因此,我主张讲《易经》不必受《易传》的束缚,谈《易传》不必以《易经》为归宿,照察两书的本来面貌,探求两书的固有联系,才是研究《周易》经传的正确途径。这就是我不守《易传》的理由。

第二个特点是不谈象数。《易经》本是筮书。每卦有它的卦象,每爻有它的爻象和爻数。爻变则卦变,卦爻变则象也变。古人在占筮时,某卦某爻的为吉为凶,自然是以卦爻的象数为根据。某卦写上某种卦辞,某爻写上某种爻辞,也应该以卦爻的象数为根据。所以讲《易经》的占筮是离不开象数的。但是讲《易经》的卦爻辞则可以不管象数。据我考察,卦爻辞有些语句与象数的关系可以理解,有些语句与象数的关系难于理解。例如八卦的基本象征是"《乾》为天,《坤》为地,《震》为雷,《巽》为风,《坎》为水,《离》为火,《艮》为山,《兑》为泽"。然而《乾卦》的卦爻辞没有一句谈天;《巽卦》的卦爻辞没有一句谈风;《离卦》的卦爻辞没有一句谈火;《艮卦》的卦爻辞没有一句谈山;《兑卦》的卦爻辞没有一句谈泽。只有《坤卦》的爻辞——初六"履霜坚冰至",上六"龙战于野",并非讲地,而与地有关;《坎卦》的爻辞——初六"习坎,入于坎,窞",九二"坎有险",六三"来之坎,坎险且枕,入于坎,窞",九五"坎不盈,祗既平",并非讲水,而与水有关。而《震卦》的卦辞——"震来虩虩,震惊百里",爻辞——初九"震来虩虩",六二"震来厉",六三"震苏苏,震行无眚",九四"震遂泥",六五"震往来",上六"震索索,震不于其躬,于其邻",却全讲雷。卦爻辞或与卦的基本象征有关,或与卦的基本象征无关,如此参差歧异的现象实在难于理解。又据《说卦》,《乾》的卦象不为龙,《震》的卦象乃为龙,而《乾卦》爻辞——初九"潜龙勿用",九二"见龙在田",九四"或跃在渊",九五"飞龙在天",上九"亢龙有悔",用九"见群龙无首",竟大谈其龙,这也难于理解。上述二类,其例很多。由此看来,卦爻辞与象数的关系,有显有晦,晦者不可强做说解。我们如果认为卦爻辞都是根据象数而写的,把找出卦爻辞与象数的关系看成研究《易经》必须坚持的一个原则,那就不免越钻研越碰壁,越摸索越扑空。碰壁而凿孔穿隙,扑空而增枝添叶矣!这样,《易经》的巫术化就越来越深了。古人注《易经》都未能摆脱象数。《十翼》则讲本卦卦象及爻象爻数,而不讲之卦卦象。《左传》、《国语》则讲本卦与之卦的卦象而不讲爻象爻数。自汉以来,有不少注家,既讲本卦卦象及爻象爻数,又讲之卦卦象,加上互体卦象。纷纭纠缠,使一些读者遍览众家之说,反坠入五里之雾,只好皱眉退步,望洋兴叹。我们今天并不把《易经》看做神秘宝塔,而是把《易经》看做上古史料,要从这部书里探求《易经》时代的社会生活及人们的思想意识、文学成就等。从这个目的出发来注解《易经》,基本上可以不问《易经》作者在某卦某爻写上某种辞句,有什么象数方面的根据,只考究卦爻辞的原意如何,以便进一步利用它来讲那个时代的历史,也就够了。读者也容易理解。这就是本书不谈象数的理由。

《易经》有些辞句,真不易读通。我的注解,自问也非处处满意。但总是每句每字都未轻轻放过,或采用别家成就,或提出个人新释,朴朴实实地诠说了全经。不过这仅是初步整理,谈不到完全符合经文的原意。希望读者和《易》学专家们纠正本书的错误。

1963 年 3 月写于山东大学
1981 年 9 月重订告竣
高亨于北京

〔录自高亨:《周易古经今注》(重订本),中华书局 1984 年版。〕

周易大传今注·自序

《周易》本经简称《易经》，凡六十四卦，每卦六爻（《乾》、《坤》两卦各多"用"辞一条），卦有卦名与卦辞（卦名多不代表全卦之意义），爻有爻题与爻辞，是西周初年作品。原为筮（算卦）书，要在用卦爻辞指告人事的吉凶。但客观上反映出上古社会的多种情况，抒写出作者片段的思想认识，含有极简单的哲学因素；且常用形象化的语句，带有朴素的文学色彩。因而这部书是有一定价值的上古史料。

《周易大传》简称《易传》，乃《易经》最古的注解。凡七种：（一）《彖》，解释六十四卦的卦名、卦义及卦辞；（二）《象》，解释六十四卦的卦名、卦义及爻辞；（三）《文言》，解释《乾》《坤》两卦的卦辞及爻辞；（四）《系辞》，是《易经》之通论；（五）《说卦》，记述八卦所象的事物；（六）《序卦》，解说六十四卦的顺序；（七）《杂卦》，杂论六十四卦的卦义。均作于战国时代，不是出于一人之手。作者对《易经》一书多加以引申枝蔓甚至歪曲附会的说释，以阐述他们的世界观，可以说《易传》是借旧瓶装新酒。《易传》虽是筮书的注解，然而超出筮书的范畴，进入哲学书的领域。作者虽然不是一人，而其世界观并无矛盾。各种互相补充，构成独具特色的思想体系。其主要特色是含有古朴的辩证法因素，较为突出，先秦诸子均不能与之相比。因而《易传》是先秦时代相当重要的思想史料，特别是此时代首屈一指之辩证思想史料。但作者乃是站在封建统治阶级的立场，维护封建统治阶级的权利，其借《易经》旧瓶所装新酒，大都是用封建主义为曲糵而酿造的，毒素亦不少。

《易传》解经与《易经》原意往往相去很远，所以研究这两部书，应当以经观经，以传观传。解经则从筮书的角度，考定经文的原意，不拘牵于传的说释，不迷惑于传为经所涂的粉墨脸谱，这样才能窥见经的真相。解传则从哲学书的角度,寻求传文的本旨,探索传对经的理解,并看它哪一点与经意相合,哪一点与经意不合,哪一点是经意所有,哪一点是经意所无,这样才能明确传的义蕴。而自汉以后,两千余年,注释《周易》的人约有千家,都是熔经传于一炉,依传说经,牵经就传,传解经而正确,注家也就正确了,传解经而错误,注家也就错误了,不能尽得经的原意,而且失去传的本旨。

《易经》六十四卦,各有卦象,每卦六爻,各有爻象(爻的阴阳)与爻数(爻的位次)。这叫做“象数”。《易经》既是筮书,筮人自然要根据卦爻的象数来判断人事的吉凶。《易经》的卦爻辞自然有些语句和象数有联系。然而决不是句句都有联系。象数乃筮人用以欺世的巫术。我们研究《易经》,目的在考察上古史实,能读通卦爻辞,洞晓它的原意就够了,追求古代巫术没有什么用处,我认为注释《易经》应当排除一切象数说。

先秦古籍,《论语》、《礼记》、《尸子》(辑本)、《荀子》、《吕氏春秋》、《战国策》等引用《易经》或论述《易经》,均不涉及象数(《荀子》只有一条谈象数),至于《左传》、《国语》记春秋时人用《易经》以占事或引《易经》以论事,则多谈卦象,不仅谈本卦卦象,而又谈变卦卦象,但不谈爻象与爻数,这大概是先秦易学的一派,似乎是春秋以前的旧易学。《易传》则多以本卦卦象与爻象爻数解《易经》,而不谈变卦卦象,这大概是先秦易学的又一派,似乎是战国时代的新易学。

《易传》作者多用象数以释《易经》的卦名、卦义与卦辞、爻辞,以抒写其对于自然界、社会、政治、人生诸方面的种种观点,因而《易传》成为比较难读的书。《易传》本身既有象数说,因而注释《易传》,研究其中的哲学思想,不能扫除象数说。然而《易传》解经不是尽用象数说,不用象数说的地方也不少。我以为注释《易传》,须讲明其固有的象数说,但要至此而止,不可多走一步。《易传》原无象数说的地方,宜保存其朴素的面目,切勿援用《易传》象数说的义例,增涂象数说的色彩。而历代《周易》注家则不然,不仅大谈《易传》固有的象数,而又大谈《易传》所无的象数,画蛇添足,滥加花样。其巫术的伎俩越多越巧,而《周易》经传的真谛越晦越失。读者遍览千家之言,反坠入五里之雾。注家自己走入泥潭,也引读者走入迷途。但历代注家在文字训诂考释方面,尚有许多贡献,未可一笔抹杀。

解放前,我撰有《周易古经今注》一书(又有《周易古经通说》乃《今注》之首卷)。解放后,初学马克思、列宁、毛主席著作,旷若发矇。重检旧撰,再加考索,匡谬补阙,有所增删与改正。自一九六四年开始撰写《周易大传今注》,历时数年,至今竣事。我撰《易经今注》,则力求经文之原意,不受《易传》之束缚,尽扫象数之陈说。撰《易传今注》,则力求传文之本旨,只讲《易传》固有之象数说,不讲《易传》原无之象数说。此种研究道路尚不背实事求是之精神。但以余学力不足,认识水平甚低,参考旧注有限,《今注》中误解经的原意与传的本旨的说法当然不在少数。

毛主席在《新民主主义论》中指出:"中国的长期封建社会中,创造了灿烂的古代文化。清理古代文化的发展过程,剔除其封建性的糟粕,吸收其民主性的精华,是发展民族新文化提高民族自信心的必要条件;但是决不能无批判地兼收并蓄。必须将古代封建统治阶级的一切腐朽的东西和古代优秀的人民文化即多少带有民主性和革命性的东西区别开来。"那末,注释含有封建主义毒素亦杂有进步内容的《易传》,自当掌握辩证唯物观点、阶级观点、历史观点,随处加以必要的批判。然而我读马克思、列宁著作极少,读毛主席著作,则以理解力不强,记忆力更弱,不善于运用,实不具有批判的能力。所以这部《易传今注》仅能讲明《易传》本文,为研究者提供参考与批判资料而已。

1970 年高亨写于北京

(录自高亨:《周易大传今注》,齐鲁书社 1979 年版。)

孔子思想三论

我看到一些讨论孔子思想的文章,觉得大家对孔子思想的看法还有不少分歧,评价有高有低。我对于孔子,没有作过深入的研究,但"管窥蠡测"所及,有的不与大家相同,现在提出我的看法,向同志们请教。这篇三论包括论孔子的仁与忠恕,论孔子对人民的态度和方针,论孔子的礼与法先王。

一 论孔子的仁与忠恕

冯友兰先生说:"孔子的仁,它的主要内容是'爱人'。忠是'己欲立而立人,己欲达而达人',恕是'己所不欲,勿施于人'。忠恕是实行仁的方法。"①(录其大意)关锋、林聿时两先生也有类似的说法②。这个看法,我很同意,与管见不谋而合。但是他们未加论证,不免使读者感到缺憾或怀疑或反对。自然有些同志还信从朱熹、章炳麟等对忠恕的解释③。因此,有再申明的必要。我在一九三七年左右,写过一篇《孔子哲学导论》④,对于仁与忠恕,做了简要的论证。现在为了向大家请教,再把我的看法写在下面。

先论孔子所谓忠恕。《论语》:

> 子曰:"参乎! 吾道一以贯之。"曾子曰:"唯。"门人问曰:"何谓也?"曾子曰:"夫子之道,忠恕而已矣。"(《里仁》)

---

① 见《孔子讨论文集》第 1 集。
② 《人民日报》,1961 年 7 月 23 日。
③ 朱说见《论语集注》。章说见《章氏丛书·检论·订孔下》。
④ 见《经世月刊》第 1 卷第 3 期,1937 年 2 月 15 日。

可见忠恕在孔子思想中好比钱贝的贯，穿着各个思想。忠恕是什么呢？《论语》：

> 子贡问曰："有一言而可以终身行之者乎？"子曰："其恕乎？己所不欲，勿施于人。"（《卫灵公》）

这是孔子给恕字下的极为明确的定义。至于忠字，《论语》中虽然也出现多次，但未曾予以明确的定义，以致后人异解纷纭，莫衷一是。其实，我们根据恕的定义，可以推出忠的定义。己所不欲、勿施于人叫做恕，乃是消极之道。以封建社会的圣人孔子，哪能仅有消极之道，而没有积极之道呢！那末，恕为消极，则忠为积极，是可推而知的。己所不欲，勿施于人叫做恕，则己所欲施于人叫做忠，也可推而知的。忠是己所欲施于人的积极之道，在先秦古籍中也有明证。《礼记》：

> 子曰："忠恕违道不远，施诸己而不愿，亦勿施于人。君子之道四，丘未能一焉：所求乎子，以事父，未能也；所求乎臣，以事君，未能也；所求乎弟，以事兄，未能也；所求乎朋友，先施之，未能也。"（《中庸》）

此章乃讲忠恕之道，首句是个纲领，下文"施诸己而不愿，亦勿施于人"一句，与《论语》孔子答子贡的话相合，毫无疑问，这是恕字的解释。那末，"君子之道四"六句就是忠字的解释了。"所求乎子以事父"，换句话说，是"所欲于子以施于父"。"所求乎臣以事君"，换句话说，是"所欲于臣以施于君"。"所求乎弟以事兄"，换句话说，是"所欲于弟以施于兄"。"所求乎朋友先施之"，换句话说，是"所欲于朋友以施于朋友"。这就是己所欲施于人叫做忠的明证。（《中庸》所记未必真是孔子的话，但也是孔门相传的说法。）由此可见，孔子所谓恕是消极之道，忠是积极之道，都是推自己的爱憎以及于旁人，是一而二，二而一的东西。

次论孔子所谓仁。《论语》中孔子所谓仁，内容广阔，用综合分析的方法，寻求仁的各种具体含义，比较容易；若给仁字下个概括精要的定义，比较困难。曾经有人说"仁是各项道德的总名，完全人格的简称"，也没有揭出仁的实质。我认为仁即忠恕的合体，请申明此说。《说文》：

> 仁，亲也，从人，从二。（《人部》）

这是仁字的本义。人爱人为仁，所以仁字从二人。《论语》：

> 樊迟问仁，子曰："爱人。"（《颜渊》）

《论语》中，其它论仁之处虽然很多，总之必以爱人为基础，离不开爱人的原则。这是可以肯定的一个论点。人没有不爱己的，忠恕是推爱己之心以爱人。人能爱人而后才能不害人，己所不欲勿施于人的恕，就是不害人，就是消极的爱人；人能爱人而后才能利人，己所欲施于人的忠，就是利人，就是积极的爱人。这是可以肯定的又一个论点。依此两个论点，便得出这样结论——忠是仁的积极体现，恕是仁的消极体现，所以说仁是忠恕的合体。仁是忠恕的合体，也有明证。《论语》：

> 子曰："夫仁者，己欲立而立人，己欲达而达人。"（《雍也》）

此即忠统于仁的明证。《论语》又记：

> 仲弓问仁，子曰："……己所不欲，勿施于人……"（《颜渊》）

此即恕统于仁的明证。忠恕皆统于仁，仁不小于忠恕，也不能大于忠恕。忠恕去一，则仁的体有缺。忠恕兼备，则仁的量乃尽。忠恕合而为仁，仁分而为忠恕，这就是仁与忠恕的关系。

再次论孔子所谓一贯。前已述过，忠恕是孔子思想的贯，这也有加以阐明的必要。《论语》记孔子讲伦理的话很多，如"君君、臣臣、父父、子子"（《颜渊》），"友于兄弟"（《为政》），"朋友信之"（《公冶长》）等等，只是没有论述夫妇。可见封建社会的五伦之道——父慈、子孝；兄友、弟悌；夫义、妇贞；君敬、臣忠（此狭义的忠）；朋友有信，基本上都符合孔子伦理学说的精神。五伦之道，就是以仁与忠恕为原则。从父子相爱出发，人愿意他的父亲对他慈，那就以慈对他的儿子；愿意他的儿子对他孝，那就以孝对他的父亲。这就是己所欲施于人、积极相爱的忠，也是仁的一面。人不愿意他的父亲对他不慈，那就不要以不慈对他的儿子；不愿意他的儿子对他不孝，那就不要以不孝对他的父亲。这就是己所不欲勿施于人、消极相爱的恕，又是仁的一面。再申说一步，父亲所愿意的是儿子的孝，儿子所愿意的是父亲的慈，所以父慈子孝即父子相待的忠。父亲所不愿意的是儿子的不孝,儿子所不愿意的是父亲的不慈,所以父无不慈、子无不孝即父子相待的恕。可见父慈子孝是根据忠恕的原则而提出的伦理教条之一。其余四伦,依此类推。那末,忠恕是孔子伦理思想的贯了。《论语》记孔子论政治的话也很多,其中"子曰:修己以安百姓"(《宪问》)一句话,代表着孔子的最高的政治理想。修己以安百姓便含有推爱己之心以爱百姓之意,此即忠恕之政,也即仁政。因为仁政不外乎为人民兴利除害而已。君所欲是利,民所欲也是利,所以君为民兴利,就是君所欲施于民,就是积极的忠道和仁政。君所不欲是害,民所不欲也是害,所以君为民除害,就是君所不欲勿施于民,就是消极的恕道和仁政。君推行政治,如果能忠能恕,则政为仁政,君为仁君;如果不忠不恕,则政为暴政,君为暴君。由此可见,忠恕又是孔子政治思想的贯,孔子对人民的态度和方针,也足以说明这一点(详下)。至于孔门所提出德目,如义、信、敬、笃、温、良、俭、让等,也都围绕着忠恕的原则,体现忠恕的精神,这里不多谈了。

总之,孔子所谓仁是忠恕的合体,忠是己所欲施于人,即"己欲立而立人,己欲达而达人"。恕是"己所不欲勿施于人"。仁与忠恕是孔子思想的贯,可以说,是孔子思想的核心。

现在补充说明三点。第一,忠恕是孔子思想的贯,即仁是孔子思想的贯。而仁的基本义蕴是爱人。那末,孔子的仁道是只爱人,不恶人吗?不是的。孔子曾说:"唯仁者能好人,能恶人。"(《里仁》)可见仁道的爱人不是绝对的,而是相对的。那末,仁道是爱什么人,恶什么人呢?孔子又说:"我未见好仁者恶不仁者。好仁者无以尚之,恶不仁者其为仁矣,不使不仁者加乎其身。"(《里仁》)可见仁道是爱仁人、恶不仁之人。社会上,除自己以外,人有千千万万,其中存在着是非善恶的矛盾。自己对人不会有爱而无恶。如果一切人都爱,爱汤武也爱桀纣;或者爱恶颠倒,爱桀纣而恶汤武,那还能算仁吗?因此,孔子才提出爱仁人是仁,恶不仁之人也是仁。我们不妨说:爱人与恶人的矛盾统一是仁道的辩证运用。第二,孔子的仁即忠恕,忠恕是推爱己之心以爱人,这是从个人出发,以人己兼利为原则。而己与人的利害有时发生矛盾。孔子主张,在己与人利害矛盾之下,是损人而利己呢,还是损己而利人呢?无疑是属于后者。孔子说:"志士仁人无求生以害仁,有杀身以成仁。"

(《卫灵公》)我们研究孔子的仁,应该特别重视这两句话。它指出了志士仁人不肯为了追求个人的生存而损害仁,却肯牺牲个人的生命而完成仁。就是在自己与别人、自己与集体、自己与国家利害矛盾的时候,决不损人利己,甘愿损己利人,甚至杀身,也所不惜。这是一种崇高的精神品质,这种精神品质是我们民族传统的精神品质之一,有着巨大的教育和感召意义。文天祥的绝命词"孔曰成仁,孟曰取义。惟其义取,所以仁至。读圣贤书,所学何事!而今而后,庶几无愧"便是很好的范例。第三,根据《论语》,孔子不轻易许人以仁,对于令尹子文、陈文子、子路、冉求、公西赤等都不称许为仁(并见《公冶长》)。那末,怎样人物才能符合孔子的仁的尺度呢?这在《论语》中有几个人物。伯夷、叔齐为了让国,逃出孤竹,孔子说他们是"求仁而得仁"(《述而》)。殷纣残暴,殃民祸国,"微子去之,箕子为之奴,比干谏而死",孔子赞扬他们说:"殷有三仁焉。"(《微子》)"管仲相桓公,霸诸侯,一匡天下。"孔子说:"民到于今受其赐,微管仲,吾其被发左衽矣。"从而肯定管仲"如其仁!如其仁!"(《宪问》)由此可见,孔子所称许的仁人有数种类型:即不贪富贵、甘愿让国、品操高洁的人物;反抗暴君、因而或自动抛弃爵位,或被罚做奴隶,或者被杀的人物;对社会、人民和国家建立大功的人物。这些人物,自今天看来,并非无可批判;但是根据马克思列宁主义的历史主义观点,他们在封建社会各起着不同的积极作用,都应该肯定。孔子称许他们为仁,足以说明孔子重视那样的高洁品操,重视那样的反抗暴君,重视那样的建功利民,都是从大处、特别是人民和国家的利益着眼。这样的尺度在封建社会中是很高的,也是正确的。我们研究孔子的仁,这一点也未可忽视。总之,孔子的仁有较多方面的进步意义,成为封建社会的一种主要的指导思想,并不足怪。

依上所述,孔子的仁似乎是尽美尽善了。这也不然。仁也有它的阶级性和封建性。仁的阶级性表现在他的礼治学说。下文再谈。

二 论孔子对人民的态度和方针

毛主席曾经指示我们:"无产阶级对于过去时代的文学艺术作品,也必须首先检查它们对人民的态度如何,在历史上有无进步意义,而分别采取不同态度。"①毛主席这话虽然是针对古代文艺作品而说的,但同样适用于评价古代思想家及其他人物。

关于孔子对人民的态度问题,大家看法有所不同。管见以为孔子不仅以仁对待家属、宗族、亲戚、朋友、邻里及统治阶级的人物,而且主张以仁对待劳动人民。我们考察《论语》,便知道孔子主张爱民、养民、利民、富民、教民、安民、博施于民;反对统治者对人民的剥削压迫过于残酷。他说:"道千乘之国,敬事而信,节用而爱人,使民以时。"(《学而》)可见孔子主张爱民。但是有的同志认为孔子所谓"人"与"民",含义有别,"爱人"不是爱民,正如"使民"不是使人。我不赞同此说。因为把《论语》一书,加以客观的全面的考察,可以看出此处的"爱人"包括爱民在内(观下文自明)。孔子爱民的动机,当然主要是为了巩固统治阶级的统治,然而不可因此而否认他有爱民的思想。他从爱民思想出发,主张养民,所以赞扬子产说:"其养民也惠。"(《公冶长》。其实不是统治者养民,而是民养统治者。)又主张利民,所以又说:"因民之所利而利之。"(《尧曰》)又主张富民、教民,《论语》记:"子适卫,冉有仆,子曰:'庶矣哉。'冉有曰:'既庶矣,又何加焉?'曰:'富之。'曰:'既富矣,又何加焉?'曰:'教之。'"(《子路》)很显明,庶是指人民的殷盛,那末,富之教之是富民教民了。养民、利民、富民、教民达到成功的境地,就是能安民,所以《论语》记:"子路问君子,子曰:'修己以敬。'曰:'如斯而已乎?'曰:'修己以安人。'曰:'如斯而已乎?'曰:'修己以安百姓。修己以安百姓,尧舜其犹病诸!'"(《宪问》)同时也就是能博施于民,所以《论语》又记:"子贡曰:'如有博施于民而能济众,何如? 可谓仁乎?'子曰:'何事于仁,必也圣乎! 尧舜其犹病诸!'"(《雍也》。何晏《论语集解》引孔安国注:"病犹难也。")总之,孔子主张爱民、养民、利民、富民、教民,最高理想是能够"安百姓"、"博施于民而能济众"。

有的同志看到孔子讲"安百姓"、"博施于民而能济众",尧舜不易做到;从而认为孔子放弃了这种理想。我也不赞同。第一,根据《论语》,孔子认为"安百姓"及"博施于民而能济众",须有三个条件:一、有仁的美德;二、有圣的才能;三、掌握政权。孔子理想中的尧舜确具有这三个

---

① 《毛泽东选集》(第3卷),人民出版社1959年版,第871页。

条件。然而根据传说，尧舜也是忧虑辛勤，经过长时期、多方面的奋斗，才能征服洪水，诛放"四凶"，获致政治上的卓越成就，安百姓而济万民。可见孔子所说"尧舜犹病"的话正符合传说的情况。他对古代人物发出这样评议，怎么会导致出他放弃这样理想的结论！第二，以孔子个人而论，他曾说："若圣与仁，则吾岂敢！"（《述而》）谦虚地不敢以仁圣自居。尤其孔子基本是当时士阶层中的人物，非王侯大夫，没有政权，凭借什么地位来安百姓、济万民？以孔子的谦虚及其地位的限制，说出这样话来，正恰如其分。他不肯夸夸其谈地说过分的话，也导致不出他放弃这样理想的结论。第三，孔子既然主张养民、利民、富民、教民，如果有仁德、圣才和政权，获致成功，人民各得其养，各蒙其利，各致其富，各受其教，这不就是能"安百姓"、"博施于民而能济众"吗？"养利富教"是孔子的政治方针，而"安"与"博施济众"是孔子的最高的政治目的，怎能说主张"养利富教"的孔子反而放弃"安"与"博施济众"的理想呢？总之，同志们这个论点是不能成立的。

接着再讲孔子对人民的政治方针的另一面。孔子拥护阶级统治，可是也反对统治者对人民的过分剥削和压迫。以赋税剥削而论，《论语》记："季氏富于周公，而求也为之聚敛而附益之。子曰：'非吾徒也，小子鸣鼓而攻之可也！'"（《先进》）冉求做季氏的邑宰，替季氏聚敛民财，引起孔子的强烈愤怒，要鸣鼓声讨。突出地反映了孔子反对统治者把残酷的赋敛剥削加在人民的头上。以徭役剥削而论，孔子既说"使民以时"（引见上文），又赞扬子产说"其使民也义"（《公冶长》），又说"择可劳而劳之"（《尧曰》），《论语》又记："仲弓问仁，子曰：'……使民如承大祭。'"（《颜渊》），指出减轻徭役（包括兵役）是仁的内容之一。可见他坚决反对统治者任意地把繁重的徭役剥削加在人民的头上。以刑罚的压迫而论，孔子并不重视刑治，他说："道之以政，齐之以刑，民免而无耻。"（《为政》）指出靠刑罚统治人民，结果是失败的。可是孔子并不主张废弃刑罚，却强调刑罚得当，所以说："刑罚不中，则民无所措手足。"（《子路》。中，当也）当时统治者们贪婪无厌，暴敛横征，把人民刮得精光，又争权夺利，为奸作恶；人民起来反抗，就用刑罚加以迫害和镇压。孔子对这种现象，认为统治者的贪婪与奸恶是人民为"盗"与"犯上作乱"的根源；主张统治者纠正自己的恶行，反对统治者用刑罚压迫人民。《论语》记：

> 季康子患盗，问于孔子，孔子对曰："苟子之不欲，虽赏之
> 不窃。"（《颜渊》）
>
> 季康子问政于孔子曰："如杀无道以就有道，何如？"孔子对
> 曰："子为政，焉用杀！子欲善，而民善矣。君子之德风，小人之
> 德草，草上之风必偃。"（同上）

孔子把人民的为"盗"与"无道"的责任归在统治者的身上，是含有进步
因素的。

综合上述，知道孔子主张爱民、养民、利民、富民、教民，最高理想是
安民和博施于民；反对统治者的赋税剥削、徭役剥削、刑罚压迫过分残
酷。他所主张，正如孟子所说"所欲与之聚之"；他所反对，正如孟子所
说"所恶勿施"（并见《孟子·离娄上》）。前者是忠，是积极之仁。后者
是恕，是消极之仁。那末，孔子对待人民是根据仁与忠恕的精神，符合
仁与忠恕的原则。这种对待人民的态度和方针是值得肯定的。尤其在
春秋时代，各国统治者，一般说来，都贪婪残酷，政是暴政，君是暴君，孔
子提出这些，有较大的进步意义；对后代封建王朝，也起着一定的指导
作用。

孔子对待人民的态度和方针诚然不坏，但也有它的局限性。他说：
"民可使由之，不可使知之。"（《泰伯》）一般理解，这是说人民知识简单，
可以让他们行其当然，不可让他们知其所以然，含有鄙视人民的意味。
可是这二句依康有为读法，是"民可，使由之；不可，使知之"（见康氏《论
语注》）。是说人民认可，则叫他们去做；不认可，则进行说服。这样解
释，就不含有鄙视人民的意味了。康氏读法虽也圆通，我以为恐非孔子
的原意。其次，《论语》记："樊迟请学稼，子曰：'吾不如老农。'请学为
圃，子曰：'吾不如老圃。'樊迟出，子曰：'小人哉！樊须也！……'"
（《子路》）鄙视劳动人民的思想暴露得更为明显。然而《论语》又记："南
宫适问于孔子曰：'羿善射，奡荡舟，俱不得其死然。禹稷躬稼，而有天
下。'夫子不答。南宫适出，子曰：'君人哉若人！尚德哉若人！'"（《宪
问》）孔子一方面批判"请学稼学为圃"的樊迟为"小人"；一方面又赞扬
称述"禹稷躬稼"的南宫适为"君子"，未免自陷于矛盾。这个矛盾反映

了孔子思想上的矛盾，似乎也说明了孔子并非绝对轻视耕稼。但无论如何，以属于士阶层、为统治阶级服务的孔子不会不在一定程度上轻视劳动和劳动人民的。

最后应该明确一个问题，孔子依据仁的精神和原则，来确定他对待人民的态度和方针，是不是站在劳动人民的立场呢？不是的。孔子基本是站在统治阶级的立场，他的仁有它的阶级性，他对待人民的态度和方针被仁的阶级性所决定。这也表现在他的礼治学说，下文就谈。

三　论孔子的礼与法先王

孔子既然主张以仁与忠恕对待劳动人民，那末，阶级社会里，少数统治者剥削多数人民，少数统治者压迫多数人民，岂不是天下的大不仁、大不忠、大不恕吗？孔子为什么拥护而不反对呢？这就由于仁与忠恕有它的阶级性了。仁与忠恕的阶级性是由礼制约的。关、林两先生说得好："仁是礼的内容，礼是仁的形式……"的确，仁要有具体实践，仁的具体实践要受礼的制约，而孔子的礼是为统治阶级服务的。所以从孔子对礼的态度可以看出孔子的仁的阶级性。

孔子非常强调礼治，在政治方面，他指出统治者对人民："道之以德，齐之以礼"，人民就能"有耻且格"（《为政》）。在个人方面，他教导颜渊"非礼勿视，非礼勿听，非礼勿言，非礼勿动"（《颜渊》），又说："恭而无礼则劳，慎而无礼则葸，勇而无礼则乱，直而无礼则绞。"（《泰伯》）总之，他要求统治者齐民以礼，要求人人守礼。先秦人所谓礼有两个含义：一是社会制度，如赋税制度、等级制度等，即《礼记》所谓"经礼三百"，例如《周礼》所记；二是冠、婚、丧、祭、燕、射、朝、聘等等仪式，即《礼记》所谓"曲礼三千"（并见《礼器》），例如《仪礼》所记。前者是株干，后者是枝叶。后者附属于前者，枝叶产生于株干。我们研究孔子的礼，首先应该抓住"经礼"，即抓住孔子所主张的社会制度。

阶级社会里，统治阶级剥削劳动人民的制度，先秦人也称之为礼，它是体现生产关系的最重要的礼。我们研究孔子的礼有无进步意义，也要首先考察这一点。可惜，孔子对于地租制度，主张如何，《论语》没有明确的记载，只有这样的一章："哀公问于有若曰：'年饥，用不足，如之何？'有若对曰：'盍彻乎？'曰：'二，吾犹不足，如之何其彻也！'对曰：

'百姓足，君孰与不足！百姓不足，君孰与足！'"（《颜渊》）有若是孔子弟子，主张实行彻法，孔子是否也主张实行彻法，难于论定。孟子曾经指出："夏后氏五十而贡，殷人七十而助，周人百亩而彻，其实皆什一也。"又指出"贡者校数岁之中以为常"。这是岁有定额的实物地租。又指出助是"方里而井，井九百亩，其中为公田，八家皆私百亩，同养公田"（并见《滕文公上》）。这是农夫代耕公田的劳役地租。至于彻的具体内容无从考见。孙诒让说："彻之名虽不见于《周礼》，而其法仍当于《周礼》征之……《司稼》云：'巡野观稼，以年之上下出敛法。'此以年之丰凶为税法之差也。《载师》云：凡任地，近郊十一；远郊二十而三，甸稍县都皆无过十二，此以地之远近为税法之差也……是谓之彻。彻之云者通乎年之上下、地之远近，以为敛法……"（《籀膏述林·彻法考》）这是岁无定额的实物地租。《周礼》虽然不是西周作品，但此敛法当有所据，也许就是彻法。孔子所赞同的地租制度曾见于《国语》，《国语》记："季康子欲以田赋，使冉有访诸仲尼。仲尼……曰：'先王制土，籍田以力，而砥其远迩；赋里以入，而量其有无；任力以夫，而议其老幼。于是乎有（宥）鳏寡孤疾；有军旅之出，则征之，无则已；其岁收，田一井出稷禾、秉刍、缶米，不是过也。先王以为足。若子季孙欲其法也，则有周公之籍矣；若欲犯法，则苟而赋，又何访焉！'"（《鲁语》）籍田以力是劳役地租剥削，赋里以入是贡物剥削，任力以夫是徭役剥削。据此，孔子是主张实行劳役地租制度，并认为它是周公的旧法。但《国语》所记是否全是孔子的话，还是问题。（《左传·哀公十一年》也记此事，没有这些话。）总之，孟子所说的贡助彻未必是夏商周三代制度，它们的剥削数量未必是约占农人收入的十分之一，孔子的主张也未必是实行劳役地租制度。然而有一点可以肯定，就是孔子、有子、孟子等都主张统治者减轻对劳动人民的剥削，到十分之一左右。并且减轻徭役剥削。

我认为我国由西周开始进入封建社会，西周是领主封建社会，劳役地租是领主对农奴的剥削方式。春秋时代是由领主封建社会向地主封建社会过渡，领主对农奴的剥削制度逐渐转变为地主对农民的剥削制度。而地主对农民的剥削是采用实物地租的方式。这种方式的采用，据我考察，齐国至迟当于公元前六八五年开始，晋国至迟当于公元前六四四年开始，鲁国于公元前五九四年开始，楚国至迟当于公元前五四七年开始，郑国至迟当于公元前五四二年开始。① 孔子生于公元前五五一年。那末孔子时代，实物地租制度已经广泛建立了。《论语》中所谓"民"，是现实中的封建实物地租制度下的农民，不是农奴，更不是奴隶。孔子是对于这样农民，提出减轻赋税剥削和徭役剥削的主张。当时各国统治者，在实物地租的制度下，进行残酷的剥削，齐国是"民参其力，二人于公，而衣食其一"（《左传·昭公三年》）。鲁哀公所谓"二"，当是公与民平分为二，即所谓对分制②。（何晏《论语集解》引孔安国注："二谓什二而税。"按：什二不能省称二。）其余可推而知。孔子所谓礼，在地租制度方面，其具体内容虽不能论定，而其基本原则是不超过什一，比当时的各国制度，大有利于人民，这是具有进步意义的。

孔子所谓礼在其它方面，也很重要的是维护分封、世袭（包括宗法）、等级制度。扼要地讲，天子封诸侯以国，天子或诸侯封大夫以邑，爵土世世父子相继。天子、诸侯、大夫、士、庶人分为五个等级。诸侯又分为公、侯、伯、子、男五个等级。这三个制度确定了贵族们享有种种特殊权利。孔子基本上都予以肯定。他说："君君、臣臣、父父、子子。"（《颜渊》）他反对"季氏八佾舞于庭"，"三家者以《雍》彻"，"季氏旅于泰山"（并见《八佾》），他作《春秋》来正名，笔伐所谓"乱臣贼子"，严格遵守等级的名号，都是维护等级制度和世袭制度的具体表现。

有些同志认为孔子的礼倾向保守和复古，这并不完全正确。据《论语》，孔子的礼是周代先王之礼。他说："夏礼吾能言之，杞不足征也。殷礼吾能言之，宋不足征也。文献不足故也……""周监于二代，郁郁乎文哉！吾从周。"（并见《八佾》）又说："甚矣吾衰也！久矣，吾不复梦见周公！"（《述而》）子贡也说："文武之道未坠于地……夫子焉不学。"（《子张》）足见孔子的礼不是夏礼殷礼，而是文武周公之礼。以形式逻辑推论，孔子的礼治便是保持或恢复西周的农奴制度了，这不是保守主义和复古主义吗？

问题不是这样简单。我们研究孔子，首先应该认清这一点，孔子的

---

① 见拙著《周代地租制度考》，载《文史哲》1956 年 10 月号及《中国古史问题论丛》。
② 近来西南师范学院历史系考察甘孜藏族的社会历史，"关于地租制度的变化问题，他们认为对分制在初期封建社会中，是劳役地租过渡到实物地租必须经过的形式。劳役地租开始变化时，对分制度是主导形式"。见《光明日报》，1961 年 9 月 19 日。

思想成为二千多年地主封建社会的指导思想,他被地主封建社会尊崇为圣人。如果他在政治方面,主张一切都保守领主封建制度之旧,恢复领主封建制度之古,没有什么进步意义,怎会适合地主封建社会的需要!他的思想怎会成为地主封建社会的指导思想!他怎会被地主封建社会尊崇为圣人!因此,我认为孔子的礼治思想有进步的一面,有保守的一面,都是重要的。有些同志强调他的保守与复古,是不切当的。

谈到这里,就必须联系到自孔子倡始的儒家法先王的学说(墨家等也有此学说,从略)。法先王的学说自有其历史渊源和具体内容。儒家所称道的先王主要是尧、舜、禹、汤、文、武、周公(不妨把周公归入先王之例)。以法先王的历史渊源而言,尧、舜与禹是原始社会中有功于人类、杰出的领导者。先秦古籍所记载的他们的形象,是传说中的,经过后人依照自己理想一次一次地加以美化的,又经过东周思想家为了托古改制,再加塑工的形象,大部分是夸饰,不是历史真实。汤和文、武、周公是推翻暴君、革除虐政,减轻人民灾难、开基创业的贤明统治者。先秦古籍所记载的他们的形象,是历史和传说糅合一起的,经过后人依照自己理想一次一次地加以某些美化的,又经过东周思想家为了托古改制作某些塑工的形象,较小部分是夸饰,不是历史真实。所以儒家学说里的先王都或多或少地有传说的成分,后人美化的成分,东周思想家伪托的成分,并非历史上真实的先王。法先王自然不等于保守和复古。以法先王的具体内容而言,历史上的尧、舜、禹、汤、文、武、周公本来有值得歌颂之处,加上传说,后人加工、东周思想家再塑,表达了劳动人民和进步人士的一些理想,自然会成为具有多方面的进步意义的典范形象。所以法先王的学说是改进当代社会不合理的现实的一种手段,也不等于保守和复古。以孔子和他的弟子们而论,孔子讲"吾从周",《左传》称述过"周文王之法"(昭公七年)。"周公制周礼"(文公十八年),"周之王也制礼"(哀公七年),"周公之典"(哀公十一年),《国语》称述过"周制"、"周之秩官"(并见《周语》),"周公之籍"(《鲁语》),似乎孔子时代,有记载西周礼制的书,然而是否文、武、周公所定,则很成问题(今存《周礼》非周公所作)。因此,得不出孔子要复西周之古的结论。例如孔子理想中的地租制度,以仅取人民劳动果实的十分之一为原则。孔子要以这样轻微的地租剥削,代替当时统治者夺去人民劳动果实三分之二或二分之一的剥削制度,怎能说是复古呢？怎能说没有进步意义？即使西周有过什一的地租制度,孔子要复这样的古,事实虽不可能,然而他追求有利于人民的意愿还是应该肯定的。进一步考察,《论语》称述先王之处,约有七六章(见《学而》、《为政》、《八佾》、《雍也》、《述而》、《泰伯》、《子路》、《宪问》、《卫灵公》、《微子》、《子张》、《尧曰》各篇),的确都是赞扬或向往。其中空洞的赞扬,可以不论。具体的称述,除上文引过"修己以安百姓,博施于民而能济众,尧舜犹病",及"禹稷躬稼而有天下"外,有下列几条：

> 有子曰："礼之用,和为贵,先王之道斯为美……"(《学而》)
>
> 子曰："殷因于夏礼,所损益可知也。周因于殷礼,所损益可知也。其或继周者,虽百世可知也。"(《为政》)
>
> 舜有臣五人,而天下治。武王曰："予有乱臣十人。"孔子曰："才难,不其然乎！唐虞之际于是为盛,有妇人焉,九人而已。三分天下有其二,以服事殷,周之德,其可谓至德也已矣。"(《泰伯》)
>
> 子曰："禹,吾无间然矣。菲饮食,而致孝乎鬼神；恶衣服,而致美乎黻冕；卑宫室,而尽力乎沟洫。禹,吾无间然矣。"(《泰伯》)
>
> 子夏曰："舜有天下,选于众,举皋陶,不仁者远矣。汤有天下,选于众,举伊尹,不仁者远矣。"(《颜渊》)
>
> 颜渊问为邦,子曰："行夏之时,乘殷之辂,服周之冕,乐则《韶》舞……"(《卫灵公》)
>
> 周公谓鲁公曰："君子不施其亲,不使大臣怨乎不以,故旧无大故则不弃也,无求备于一人。"(《微子》)
>
> (汤)曰："……朕躬有罪,无以万方。万方有罪,罪在朕躬。周有大赉,善人是富。虽有周亲,不如仁人。百姓有过,在予一人……"(《尧曰》)

总起来看,孔子和他的弟子所称述的尧、舜、禹、汤、文、武、周公,其具体内容是为人民谋福利,任用贤人,生活俭约,严格责己,而最突出的是任用贤人。这些政治原则,在春秋时代都有较大的进步意义。其中并非全是史实,有后人以及孔门的理想成分,怎能说成保守和复古呢! 即或是保守和复古的话,他要保守的是先王的优良传统,他要恢复的是先王有利于社会和人民的古道,还是具有改进当时政治的意义。如果我们看到法先王的学说,不问其具体内容如何,便扣上保守和复古的帽子,简单而概念化地加以批判,就不切当了。再看,孔子诚然重视先王之礼,但不是也不可能是兼采并用,也主张有所因革损益,他明确指出:殷对于夏礼,周对于殷礼,都有所因革损益,继周而起的王朝对于周礼,也将有所因革损益。他告诉颜渊“为邦”之道,就提出采用夏的时历、殷的辂车、周的冕帽、舜的《韶》乐。所举都不是重要的政治制度,而却可以看出孔子法先王的主张含有因革损益的意义,当然所谓“吾从周”也不是把文武周公的旧一套全盘搬来。就是说,孔子和他的弟子所提倡的法先王具有一定的进步内容。如果我们根据《论语》“吾从周”等语,便指定他主要是、基本是、甚至一切是要保守西周之旧,恢复西周之古,也是不切当的。

虽然如此,法先王的口号毕竟不免引人向后看,而且《论语》所述法先王的具体内容中,就春秋时代来讲,也有落后观点,如“周公谓鲁公”等语,正是维护贵族们,如国君的宗室、外戚、大臣、故旧等的特殊权利,这种权利在春秋时代,已经逐渐削弱,是进步的倾向,走向地主封建社会的必然趋势,而孔子的弟子们还津津乐道周公的话,正反映了他们的落后观点。而且周公这几句话,与“周有大赉,善人是富,虽有周亲,不如仁人”的说法,存在着一定的矛盾。因为前者是维护贵族的特殊权利,而后者含有尊尚贤才的意味;前者是亲亲而不尚贤,后者是尚贤而不亲亲。两者虽有统一的时候,而也有矛盾的地方。据我观察,春秋时代,各国政治上都存在亲亲与尚贤的矛盾,孔子弟子们的政治思想也存在着这个矛盾,所以从《微子》、《尧曰》这两章反映出来。其次,孔子称述文王“三分天下有其二,以服事殷”为“至德”,也是一个落后观点。当殷纣在位时,人民生活在苦难中,如水益深,如火益热,文王如果有力量,应该急速把殷纣推翻,才够得上仁德。孔子竟赞扬文王的事殷,这也是落后的观点。这一观点与孔子称述克殷诛纣的武王,也存在一定的矛盾。因为孔子一方面主张“君君、臣臣”;一方面主张“吊民伐罪”,两者也是矛盾的,孔子赞扬文王事殷,又肯定武王伐纣,正是他思想上矛盾的反映(据他书所记,文王时,周与殷的形势和关系并不像孔子所说那样)。

不仅这些,孔子的礼与法先王最大的落后之点是维护分封、世袭、等级制度。这基本是西周的旧制度。春秋是一个战乱时代,其根本原因是生产力的发展冲破旧的生产关系和上层建筑。西周王朝确定领主阶级特别是贵族们的利益,主要是上述三个制度。分封制度产生了诸侯分国而治、大夫分邑而治的割据局面。世袭制度保障着贵族长远处于统治剥削的地位。等级制度维护着贵族有等级的特殊权利。这三个制度相结合着滋长贵族的荒淫腐朽;使他们把持政权,乱搞政治,任意压榨人民;使他们因贪婪无厌,分赃不均,而争夺权利,大动干戈。总之,这三个制度促使统治阶级内部的矛盾及统治阶级与被统治阶级的矛盾更加尖锐,这是必须而且必然改变的。当时也正在逐渐破坏和崩溃着。然而孔子却在维护着它们。以后的地主封建社会,像西周那样的分封制度和世袭制度基本上取消了,只有少许变质的残余;像西周那样的等级制度没有了,另有一套等级制度;也强调"君君、臣臣、父父、子子",而相待的方法与西周不同。然而孔子却似乎在维护西周的原样。这是违反当时社会的需要,对当时社会的发展起着一定消极作用的。在孔子的礼治与法先王的学说中,这是保守的复古的落后的一点。

孔子所主张的阶级剥削制度和减轻刑罚,他所维护的分封、世袭、等级制度,两者存在着不可调和的矛盾。这实质是地主封建社会的经济基础与领主封建社会的上层建筑的矛盾。以主要的一般的情况来说,孔子主张十分取一的地租,并减轻徭役。然而这三个制度保障贵族世世享有种种特殊权利。贵族在五世亲尽的宗法下,有些地位下降,但是其趋势是日渐庞大。以较小的曹国就有"乘轩者三百人"(《左传·僖公二十八年》),其余可想而见。庞大的贵族集团都靠剥削人民,过着享乐荒淫的生活,势必加重人民的赋税和徭役。同时,分封不仅造成割据局面,而且规定贵族拥有不同的武装力量,万乘的王,下有千乘的侯;千乘的侯,下有百乘的大夫。贵族为了满足无厌的贪欲,要求扩大剥削区域,遇到时机,就将凭借拥有的武装力量,进行兼并战争。贵族为了发动或应付战争,也势必加重人民的赋税和徭役。人民在繁重的赋税和徭役下,无法生活,自然采用种种方式起来反抗。贵族又势必加重刑罚,加以迫害和镇压。由此可见,孔子的进步的政治主张和落后的政治主张存在着不可调和的矛盾,后者如不革除,前者必然落空。孔子以及儒家维护分封、世袭、等级制度,是他们政治思想中最严重的缺点。秦用商鞅的法治,采用了中央集权、君主专制、官吏选任的政治制度,取消了贵族的许多特殊权利。秦始皇统一中国以后的各封建王朝都是采用内法外儒的统治方针。孔子和儒家维护西周那三个制度的落后的政治主张,实际被抛弃了。这是社会发展的必然结果。

从孔子的阶级来看,他本是士阶层的人物。士阶层具有其两面性,一方面维护统治阶级利益,一方面对人民抱一定的同情。孔子又做过短时间的大官,平生又多在公侯大夫之间进行政治活动,所以他的思想一部分代表了人民的某些利益,一部分又代表贵族领主的利益,是毫不足怪的。

附　言

孔子的思想是复杂的,本文只论述了它的几个重点。关于孔子的记载是纷繁的,有《论语》中的孔子,有《春秋》中的孔子,有《左传》、《国语》中的孔子,有《周易大传》中的孔子,有二戴《礼记》及《孟子》、《荀子》中的孔子,有《公羊传》、《榖梁传》中的孔子,有非儒家书中的孔子,而以《论语》为最可信。都应该加以探讨,才能看出孔子的本来面貌和后人加笔的脸谱,从而做出全面的总结。本文只是以《论语》为主。其次,本文所谈,不免有些主观偏见,希望读者指正。

（录自《哲学研究》1962 年第 1 期。）

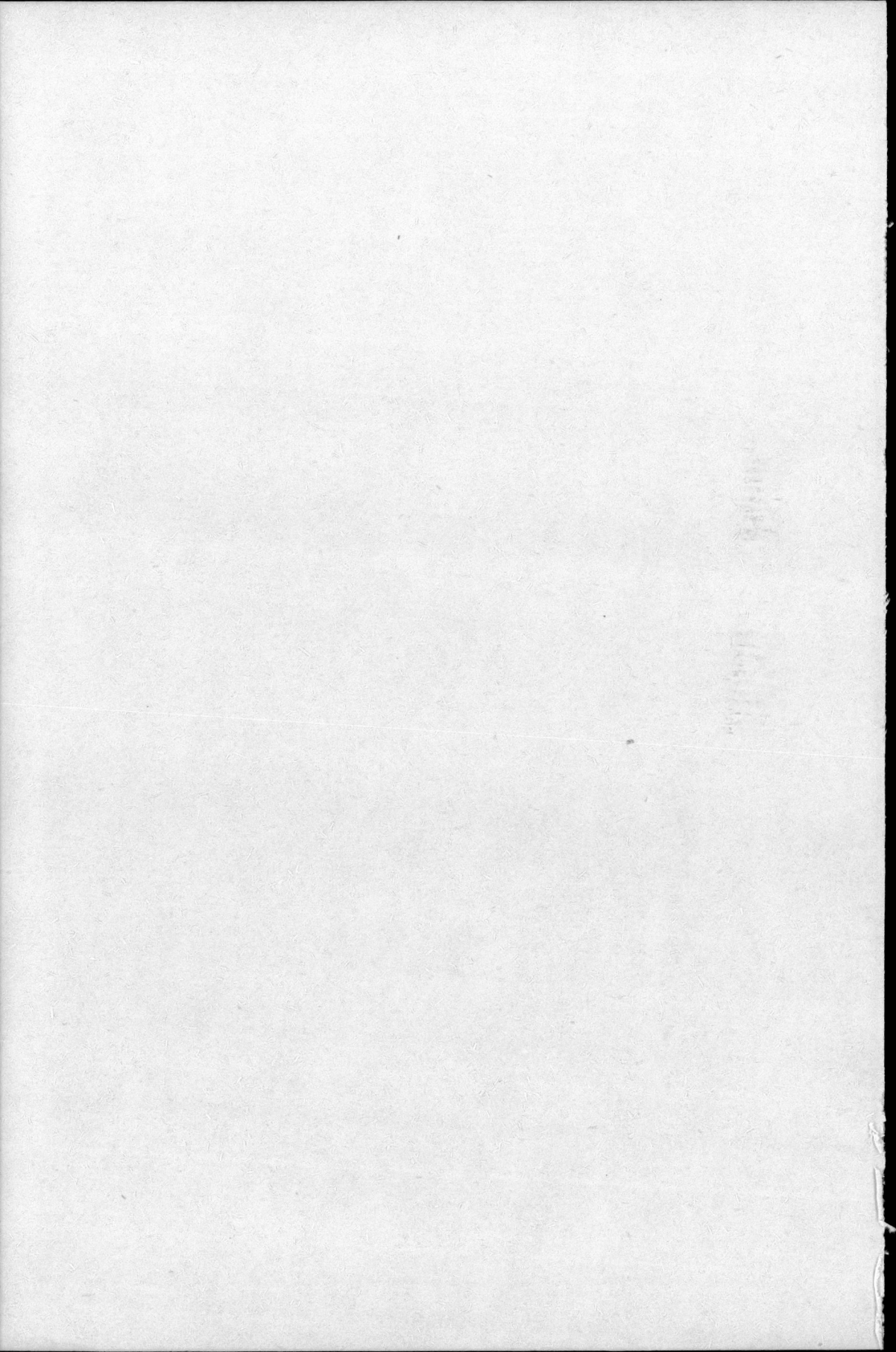